各國の政黨〔第一分冊〕（昭和二年）

外務省歐米局 編纂

昭和二年發行

各國の政黨〔第一分冊〕

日本立法資料全集 別巻 1147

信 山 社

外務省歐米局編纂

各國の政黨

國際聯盟協會發行

凡例

一、大正十二年外務省歐米局編纂に係る「各國の政黨」刊行以來、旣に滿四年を經過し、其の間各國政狀の變化著しきものあるに鑑み大正十四年六月在外公館に是が追補調査を委囑し玆に其の結果を蒐錄せり。從て本書は大正十二年以後の各國の政黨及政況を記述する目的を以て編纂せるものなり。

一、本書に於ては大體左記各項に關する調査を主眼とせり。

(一)各政黨の名稱及其の主義綱領

(二)各黨派成立の由來、其の勢力の優劣、其の勢力の根據

(三)各政黨現領袖株の人物及略歷

(四)現在議會の黨派別

(五)地方政府及地方自治體と政黨との關係

(六)外交に關する各黨派の政見

(七)各黨主要機關紙

(八)各政黨の黨費及其の調達方法

(九)議員の歲費及其の他の特權

（十）議會の會期

一、本書に於ては單純なる國別列擧をやめ、各政黨の類似性に基き之を「アングロ・サクソン」系、「ゲルマン」系、羅典系及其の他の四系統に分ち、各部類冒頭の緒言に於て其の特徵とする所を摘記せり。是れ專ら解說に便せむとする微意に出でたるに過ぎず、從て各政黨の分類必ずしも適確ならざるは數の免れざる所なり。

一、國名は我國に於ける一般の呼稱に從ひ大體之を五十音順に列記せり。

一、各編標題の下に調査の時期を記註せしが、其の以後に發生せる事態に關しても爾後在外公館の詳細なる報告あるものは之を追記せり。

一、本書中には專ら西洋紀元を用ひて本邦の年號を用ひず。是れ大正十五年の改元に依る經過年月理解上の困難を避けんとする趣旨に外ならず。

一、本書に於ては平假名を用ゐ、句讀點を施し外國呼稱の音譯には「　」を、引用文句には『　』を用ゐ解說に便せり。

昭和二年六月

外務省歐米局

各國の政黨　目次

第一類　「アングロ・サクソン」系諸國の政黨

第八編　南阿弗利加の政黨……三九五

第二類　「ゲルマン」系諸國の政黨

目次

第三類　羅典系諸國の政黨

第五編　白耳義國の政黨

第四類　東北歐及亞細亞諸國の政黨

追　錄

第一類

「アングロ・サクソン」系諸國の政黨

緒　言

北米合衆國、英本國、英帝國海外自治領（愛蘭、南阿弗利加、加奈陀、濠太利）印度及埃及國を假に一團として「アングロ・サクソン」系諸國となす。是れ其の政黨が假令其の由來及發達の狀況等に於て相互に幾分の差異ありとするも、大體に於て所謂二大政黨主義を特徴とする點に於て相一致する處あるを以てなり。即ち此等の諸國に於ては假令第三黨乃至第四黨ありとするも、其の勢威微々として振はざるを原則とし、少くとも到底舊來の二大政黨に拮抗して之と覇を上下するの盛容無し。

斯くの如く此等諸國は表面上二大政黨主義を其の特徴とする點に於て相類似するも、而かも更に進で政黨發達の本源に溯りて詳細に檢討する時は、更に分て左の二派となすことを得。

即ち

（一）正系「アングロ・サクソン」系は其の一なり。「アングロ・サクソン」人種を其の構成分子とするもの之れに屬し英本國、加奈陀、北米合衆國等是なり。

（二）傍系「アングロ・サクソン」系とも云ふ可きもの其の二なり、其の人種的構成分子は必ずしも「アングロ・サクソン」には非ざるも、永年「アングロ・サクソン」の政治的支配を受けたる結果、政黨組織に於ても、他の一般文化同様、著しく「アングロ・サクソン」の影響を受けたるもの是なり。愛蘭、南阿弗利加、濠太利、印度及埃及は即ち之に屬す。

前者に在りては二大政黨主義は即ち人種的、內面的要因に由來するものと稱すべきに對し後者にありては寧ろ、外來的、後天的原因に基くものと云ひ得可し。今之を政黨成立の由來に付て考覈せんに、

（一）正系「アングロ・サクソン」系諸國　換言せば、英本國、加奈陀、北米合衆國に於ては政黨は個人を中心として集合せる團體に非ず。又一部特殊階級の利益擁護を目的として結合せるものにも非ず、政黨の由來は主として關稅政策の歸趨にありと見ることを得べし。即ち保護貿易政策に依る可きか、又は自由貿易主義を採る可きかにあり。保護貿易政策を主張するものは英本國に於ては保守黨となり、北米合衆國に於ては共和黨となり、加奈陀に於ては保守黨となれり。之に反して自由貿易主義を提唱するものは英本國に在りては自由黨となり、北米合衆國にありては民主黨となり、加奈陀にありては自由黨となりぬ。素より此等の諸國に於ても一部特殊階級の利益擁護を旗幟とするもの無きに非ず、例へば英本國に於ける勞働黨、北米合衆國に於ける社會黨、又は加奈陀に於ける進歩黨の如き是なり。然れども英本國の勞働黨を除きては何れも勢力微々たるものにして、到底爾餘の二大政黨と比肩す可くもあらず、依然政界は二大政黨の支配下にありと云ふも過言に非ざるなり。

（二）傍系「アングロ・サクソン」系諸國　即ち愛蘭、南阿弗利加、濠太利、印度及埃及の政黨は前者と相當其の趣を異にする點少からず是れ一面其の人種的構成分子が「アングロ・サクソン」のみにあらざると、又他面此等諸邦に於ては關稅政策問題は其の重要の度に於て到底對英本國關係問題に比肩すべくもあらざるに依るべし。從て政黨成立の根據は即ち英本國との關係を密接にす可きや、將又反對に之より分離して一獨立國を建設す可きやの問題にあり。右二政策の中前者即ち親英主義を奉ずるものは愛蘭にありては政府黨となり、南阿弗利加にありては南阿黨となり、埃及にありては統一黨となりぬ。又後者即ち排英主義を標榜するものは愛蘭に於ては反條約黨となり、南阿弗利加に於ては國民黨となり、埃及に於ては「ワフド」黨となりぬ。唯印度及埃及は其の政黨の由來に於て又狀況に於て他の諸邦と同じからざるも便宜上姑く之を「アングロ・サクソン」傍系中に入れたり。

前述せる所を要約すること左の如し。

- 「アングロ・サクソン」系諸國の政黨
  - (一)正系「アングロ・サクソン」諸國（英、米、加）
    - (一)二大政黨主義
    - (二)政黨成立の由來は關稅問題にあり。
  - (二)傍系「アングロ・サクソン」諸國（愛、濠、南亞、印、埃）
    - (一)「アングロ・サクソン」の影響に基く二大政黨主義
    - (二)政黨成立の由來は對英本國關係問題に在り。

第一編　亞米利加合衆國の政黨（一九二六年十一月調）

第一章　政黨の沿革及現狀

第一節　二大政黨の對立及小政黨の職能

米國には現在二箇の大政黨の外に數箇の小政黨あり。而して二大政黨制度の基礎鞏固にして共和黨及民主黨は殊んど絕對的に優越なる地步勢力を占めて相對立し、其の他の小政黨は其の地位實力に於て格段の差異あり。到底二大政黨と同列に論ずるを得ず。之を現在の共和民主兩黨の確然對立するに至れる一八六〇年以後に於ける大統領選擧に就て見るに、一九一二年共和黨に分裂を生じ、同黨系「ルーズヴェルト」派が別に進步黨を組織して四百萬餘の「ポピュラー・ヴォート」を得たると、最近の一九二四年の大統領選擧に獨立候補として立ちたる「ラフォレット」が社會黨、農民勞働黨、其他の諸團體の支持を得て四百八十餘萬の「ポピュラー・ヴォート」を得たるとの二回の特殊の場合を除かば、共和民主兩黨以外の第三黨にして全投票數の約一割を占め得たる唯一の事例は一八九二年に於ける「ポピュリスト」黨の得票あるのみ。而して同年の大統領選擧に於ては共和民主兩黨が各五百萬以上の投票を得たるに對し、其他の小政黨は「ポピュリスト」黨一、〇四一、〇二八、禁酒黨二六四、一三三、社會勞働黨二一、一六四、合計一、三二六、三二五を獲得して全投票數一二、〇五九、三五一の一割以上を占めたるが、右以外に於ては一八六〇年以來の大統領選擧に於て、二大政黨以外の諸政黨の得たる投票の合計は大抵全投票數の二十分の一以下に過ぎず。而かも前記「ポピュリスト」黨は其の政綱民主黨により採用せられて幾許もなく消滅し、「ルーズヴェルト」派の進步黨も反對黨たる民主黨が政權を握るに及びて間もなく共和黨に復歸するに至り、又「ラフオレツト」一派の新黨組織計畫も「ラフオレツト」の死去により一頓挫を來したる形勢等を觀察するときは、以て米國に於ける二大政黨が傳統的に如何に優勢にして其他の小政黨の勢力が如何に微弱なるかを知るに足るべし。

斯の如く米國に於て二黨制度行はれ、他國に於けるが如く多數政黨の並立を見ざる原因は種々あるべきも、其の主たる原因は米國政治組織の特質に由來するものと云ふを得べく、先づ第一に憲法に依り中央政府及び議會の權限を局限せるの結果、他國に於て往々多數政黨分立の原因となるが如き問題、例へば宗教及び人種問題等に付ては各州に於て又は地方的には問題とせらるゝことあるべきも、中央政府及び議會に於ては之を有效に討議決定するの權限を有せず、從て一般の黨爭問題より除外せられ居ることにあり。第二に更に重要なるは大統領選擧方法にして、米國に於ては人民之が選擇に關與するの結果、其の選擇に利する爲め勢ひ二大政黨組織を發達せしむることゝなり居れり。蓋し自己の選擇を最も有效ならしむるが爲めには、投票者は勢ひ二大政黨中の候補者の何れかを選ばざるべからざることゝなり、而して之が爲には更に之に先ち二大政黨の大統領候補者の豫選に於て自己の不可とする候補者の指名せらるゝことを妨げ自己の最も可なりとする候補者を指名するに努めざるへからざるの結果となる。又他方に於て若し三黨以上の政黨並立して「エレクトラル・ヴオート」を分ち、何れの黨派の大統領候補者も當選確定數たる過半數の投票を得ざる場合には憲法の規定する所に從ひ、大統領の選擧は中央下院の手に移らざるべからざるが、此種事例が如何に不滿足にして且つ危險なるかは過去に於て一八〇〇年及び一八二四年の二回の經驗の證する所なり。(一八二四年には「ジヤツクソン」は最多數の「ポピユラー・ヴオート」並に「エレクトラル・ヴオート」を得居りたるにも拘らず、却て落選し「ジヨン・クインシー・アダムス」當選せるの結果を見たり。)更に大統領就任と共に政府の重要なる各種官職には自黨々員中より之を任命するの制度となり居ることも一般に自黨に對する關係を一層緊密ならしめ、延ては既存二大政黨の對立を維持するの結果となり居ることも之を注意せざるべからず。第三には中央議會に選出せらるべき各黨議員候補者選擇に對する豫選制度並に大統領候補者を指名すべき各黨全國大會代表者に對する豫選制度も亦二大政黨の勢力を增大し小政黨の發達を妨ぐるものなり。蓋し此等豫選制度によるときは、人民は自己の特殊利益の促進を圖る爲に獨立の政黨を組織せずとも、何れかの大政黨の豫選に入り以て自己の利益の促進に好都合なる人物の指名を計り、又自己の欲する政策を黨の政綱として採用せしむることを計るを得べく、假令此等の目的を達成せざる場合と雖も、自己の意見を主張宣傳するの好機會を與へらるゝのみならず、又假令自己の意見により大政黨を動かし得ざるときに於ても尙ほ總選擧の際に於て更に自己の選擇の自由を行使し得る二重の利益ありと云ふを得べければなり。

米國に於ける二大政黨は共の勢力全國的に涉り、共の中には各種相異れる幾多の利益團體を包含し居り、共の內部に於ける利害關係は極めて複雜なるものあるの結果として、表面に現はるゝ共の政綱に於ては實質的に明確に相違する點少なく、寧ろ兩黨共動もすれば共の主義政策を明確に發表するを躊躇し、又利害關係錯綜し解決困難なる等、苟くも自黨の爲めに都合惡しきが如き問題に付ては努めて妥協遷延回避を事とする傾向なきにあらず。之が爲に二大政黨制度を攻擊するの聲は往々之を聞く所なるも、他方に於て二黨の間に政權を受授することにより互に善政を競ひ、共の弊を牽制するの作用を發揮することは、又政權の運用を規則的ならしめ政治の安定を維持するの效果ありと云ふべく、更に又一般に米國民が傳統的に二黨制度に慣れ、寧ろ當然の事理として之を受入れ居るの傾向あることも亦二大政黨制度の發達維持を助成し居るものと云ふを得べし。

以上の如く二大政黨の基礎鞏固にして共和民主兩黨は殆んど絕對的勢力を有するも固より此等既成政黨に對する不滿は常に存する所にして、又米國內に各種の社會的並に經濟的團體存在し米國の社會經濟狀態が常に何等かの問題を提供し居ること等は過去及び現在に於て幾多の小數黨の出現せる所以なり。而して今日迄の經驗に徵するに此等小政黨が一地方又は一部階級の利益を基礎として二大政黨に對立するが如き有力なる獨立の第三黨を樹立せむとする計畫は常に失敗に終はり居れるも、此等小政黨は他方に於て又重要なる職能を有するものにして其の目的とする所は自黨より大統領を當選せしめ且つ其の主義政策を實行せむとするよりは、寧ろ其の主張する特殊利害關係事項に關し一般輿論を喚起し大政黨をして反省せしめ大政黨の間に介在して勢力の均衡を計り、又新なる政策及理想を提供して大政黨をして其の主義政策を採用實行せしむるに在りと云ふを得べく、此等の點に於て小政黨は重要なる存在理由を有するを注意せざるべからず。

第二節　現在の政黨

共和民主の二大政黨以外に如何なる政黨現存するやを正確に示すことは多少の困難を感ぜざるにあらざるも、最近に於ける大統領選擧たる一九二四年十一月の政戰を標準として之を見るに同選擧に於ては、共和黨及び民主黨以外に於て米國社會黨及び農民勞働黨は獨立候補として立てる「ラフオレツト」を支持し、其の他禁酒黨、社會勞働黨、勞働者黨、米國獨立黨、單一税黨(Commonwealth Land (Single-tax) Party)等各自黨大統領候補者を指名して投票を得居るを以て其の勢力の優劣大小は暫く之を措き、米國に於ける現在の政黨として左記諸黨を舉ぐるを得べし。

共和黨 (Republican Party) 現在の政府黨
民主黨 (Democratic Party)
禁酒黨 (Prohibition Party)
米國社會黨 (Socialist Party of America)
社會勞働黨 (Socialist Labor Party)
農民勞働黨 (Farmer-Labor Party)

労働者黨（共産黨）(Workers' (Communist) Party)

米國獨立黨 (American Independent Party)

「コンモンウェルス・ランド」黨 (Commonwealth Land (Single-tax) Party)

此等諸政黨の中には或は其の活動存在一地方のみに限られ、或は一時的に名のみを存するに過ぎずして、果してよく政黨たるの實質を有するや否や殆んと疑問なるものあるも、以下此等各黨の成立由來其の主義綱領勢力の優劣及び根據等に付簡單に記述すべし。

一、共和黨

米國獨立の當時に在りて既に中央政府組織問題に關し「フェデラリスト」(Federalist) 及び「アンチ・フェデラリスト」(Anti-Federlist) の二派を生じ、「ワシントン」、「ハミルトン」及び「ジョン・アダムス」等を首領とする中央集權派は鞏固なる中央政府の建設を唱へたるに對し、「ジェファーソン」等を首領とする地方分權派は各州固有の權利を主張して之に反對したるが、兩派の對立は一七八八年合衆國憲法の制定及び之に次ぐ中央政府の組織成就と共に一旦終止したるも、其の後政府の政策に對し幾多の反對者を生ずるや「ジェファーソン」は巧に之を糾合して（一）個人の自由（二）統治方法の簡捷（三）憲法の嚴格なる解釋を以て同黨派の政策とし、一八〇一年の選擧には「ジェファーソン」大統領に當選して同黨派政權を握り「フェデラリスト」に對し次第に勢力を增大し、一方「フェデラリスト」が一八一二年の英國との戰爭に反對したるが爲め愈々其の勢力を失墜すると共に「ジェファーソン」系共和黨(Jeffersonian Republican Praty と稱す)は唯一の有力政黨となれり。然るに其後幾許もなく同黨内に分裂を生じ、一八二四年の總選擧及び之に次ぐ「ジョン・クインシー・アダムス」大統領時代に「アダムス」及び「ヘンリー・クレー」派（後一八三〇年頃 National Republican Party

なる黨名を用ふるに至り同黨員は更に一八三四年頃 Whig なる名稱を取るに至れり）が國立銀行の設立、道路運河等の改良及び保護關稅を主張せるに對し、「ジャックソン」の傘下に集まりたる所謂 Jackson Men は平等を叫び一般成年選擧權（universal manhood suffrage）、州及び地方官吏の選擧、官職交代、國立銀行の如き金融機關獨占の反對等を主張して之に反對し、一八二八年の大統領選擧には「ジャックソン」は「アダムス」を破れり。「ジャックソン」の黨派は初め Democratic Republican Party と稱したるが、一八三二年より單に Democrats と呼ばるゝに至れり。是れ即ち今日の民主黨なりとす。然るに其後奴隷問題に關する論爭を生じ新に有力なる政黨を生じ、米國政界に二大政黨の對立を見るに至れり。即ち一八五四年の「カンサス・ネブラスカ」法（Kansas-Nebraska Act）に反對して立てる Anti-Nebraska Men は Whigs, Anti-Nebraska Democrats, Free Soilers, Abolitionists 等を糾合し、一八五六年「ピッツバーグ」に於ける大會に於て、茲に今日の共和黨を組織せり。其の主義とする所は新領土に奴隷制度を許すことに反對するに在り。Republican なる名稱は其の運動を個人の自由を主張したる「ジェファーソン」の運動と結び付けむが爲に之を採用せるものにして、同黨は又製造工業州たる「ペンシルヴァニア」の支持を受くる爲め保護關稅政策を其の政綱に採用せり。一八六〇年共和黨の黨首「リンカーン」大統領に當選し幾許もなく南北戰爭勃發して同黨は聯邦の結合を保持する爲め戰爭を遂行する責任を負ふに至れるが、戰爭の結果却て黨の結束を固め又民主黨員の一部を引入るるを得て黨勢を擴張せり。然るに戰後の復興時期に於ては南部諸州に於て新に選擧權を得たる黑人を引入れて黨勢を擴張せむとしたる爲め同方面に於ける多數白人の投票を失ひ、又「グラント」大統領時代に發達せる官職濫與制度（spoils system）も亦北部諸州に於ける改革分子の多數を失ふ原因となれり。南北戰爭當時の高率關稅に對する輕減の要求の爲め共和黨は漸次保護政策を採用し、又同黨の財政政策には相當動搖ありたるも、一般に債務を金貨にて支拂ひ正金支拂制度に復歸せむとする方針を採り、一八七八年此の目的を達成せり。共和黨は又南北戰爭後久しく同戰爭に於ける功績を擧げて國民の支持を求め以て民主黨を苦しめ、又軍人恩給規定に意を用ひたり。金銀本位制問題に關しては一八九六年金本位制度に贊成する旨を聲明し、一九〇〇年金本位法の通過と共に同問題は選擧に於ける黨爭問題たらざるに至れり。「マッキンレー」大統領時代に比律賓諸島を獲得して以來共和黨は帝國主義的態度を採るに至り、今日に於ても尙幾分此の態度を保持するが如し。「ルーズヴェルト」大統領時代に資源節約及び「トラスト」征伐に關する運動起り、又文官制度改革を主張したり。斯くの如く共和黨は大體進步的政策を採れるに拘らず其の極端なる保護政策と大商人の跋扈及び高壓手段による下院の抑制等は一九〇九年乃至一九一〇年同黨內に分離を生ぜしめ、「タフト」大統領の「ペイン・オルドリッチ」關稅法(Payne-Aldrich tariff law)擁護、進步的政策の無視及び一九一二年の共和黨全國大會に於ける「タフト」派の高壓的態度は前大統領にして野心滿々たる「ルーズヴェルト」の一派をして別に進步黨を組織するに至らしめ、遂に共和黨の分裂を來たしたる爲め同年の總選擧には共和黨大敗し、民主黨大統領候補者「ウイルソン」の當選を見たり。其の後進步黨は結局共和黨に復歸するに至り、一九一六年の總選擧には「ルーズヴェルト」は共和黨大統領候補者「ヒューズ」を支持したるも、總選擧の結果は再び民主黨の勝利に歸したるが、其の後幾許もなく米國の參戰となり次で巴里に於ける講和會議に「ウイルソン」大統領自ら出馬して采配を振ひ其の專斷的行爲は漸く批議を招くに至り、且つ「ウイルソン」の內治外交政策に對する不滿殊に國際聯盟加入問題に對する一般の反對により一九二〇年の總選擧には共和黨は大勝して「ハーデイング」大統領に就任し、次で同大統領の死後「クーリッヂ」其の後を襲ひ、更に一九二四年の大統領選擧には「クーリッヂ」は三百八十二票對百三十六票を以て民主黨大統領候補者「デーヴィス」を破り大勝を博せり。【註一】

共和黨は南北戰爭の當時聯邦政府を支持したる北部諸州に於て傳統的に有力なる地盤を有し、又其の後に於て聯邦に入れる極西部諸州の間にも相當の勢力を張り居り、其の黨勢は同黨成立の當初より民主黨に對し大抵多數黨として優勢なる地位を占め來りたり。其の主義政策は之を明確に指摘すること困難なるも同黨が從來保護關稅政策を主張し又最近に於て國際聯盟加入に反對せる等の點は、最も顯著にして其の他比律賓獨立問題に對し獨立尚早論を以て之に反對せることも亦民主黨の政策に比し相違する點なりとす。

試に一九二四年の大統領選擧の際に於ける共和黨政綱の大要を見るに、政府經費の節約を力說し、右に對する「クーリッヂ」大統領の主張を稱讚支持し、共和黨政府が過去三年の短期間に課稅年額十二億五千萬弗を輕減し、公債二十四億三千二百萬弗を償還し、歲出を年額五十五億弗より約三十四億弗に削減したる功績を擧げて、更らに課稅の輕減を約し、行政部局の改造に贊成し、保護關稅を維持し農業者に對する援助を誓ひ、道路の建設に對する中央政府の協力を約し、幼年勞働法の改正に贊成し、鐵道の競爭を減少する樣鐵道を統一し、又た鐵道賃金率を科學的に調整すべきを主張し、公企業 (Public Utilities) の政府所有若は國有に反對し、米國人の建造し所有し操縱する有力なる商船隊の發達を主張すると共に、現在政府の所有する商船は米國市民に賣却し得るに至る迄は政府に於て經濟的且つ有效なる管理を繼續すべしとし、世界大戰從軍軍人に對する共和黨の施設取扱振を賞揚して是が繼續を約し、其他水路、資源の保存及び開發、「ハワイ」、「アラスカ」、比律賓、移民、商業飛行、陸海軍及び私刑反對等に關する共和黨の繼續を主張し、更に禁酒問題に關しては禁酒の文字を示すことなくして單に『吾人は法律を實施せざるべからず政府の存在は實に法律の實施に懸れり』と爲し、又「キュー・クラックス・クラン」に付ても該名稱を明示することなくして『共和黨は憲法中に包含せる市民の政治上宗教上の自由に對する信仰を確認す』と聲明し居れり、外交政策に關しては「ハーディング」「クーリッヂ」兩大統領の政策を稱讚是認し、常設國際司法裁判所加入に贊成したる後『現政府は國際聯盟加入及び聯盟規約に基く義務を引受くることを決定的に拒絕せるが、右は共和黨の態度にして外交政策の根本主義は他國の權利及び必要に冷淡ならざる獨立と他國との同盟に引入れらるゝことなき協力とにあらざるべからず。』と爲し、更に歐洲の狀態が軍縮會議に關する商議及び協力を好都合とし可能ならしむるときは「クーリッヂ」大統領の提議せるが如く陸上兵力の制限、潜水艦及び有毒瓦斯の使用制限に關し更に軍縮會議を召集すべしとし、對外債權に關しては各國對債務の帳消に反對し、一切の債務國との間に英國の對米債務償還協定と性質に於て同樣なる解決を得むことを主張し居れり。

【註一】 共和黨の由來及沿革に就ては大正十二年外務省歐米局編纂「各國の政黨」四頁乃至十六頁參照

二 民主黨

民主黨は現存政黨中最も古く前記の如く一八二四年の大統領選擧に大統領候補者として立ちたる「ジヤツクソン」の一派が「レパブリカン」派の大統領「ジヨン・クインシー・アダムス」の人物及び政策に反對せるより起り、一八二八年の大統領選擧には「ジヤツクソン」は遂に「アダムス」を破りて勝利を得て、玆に今日の民主黨を組織せるものなり。同黨は「ジヤツクソン」に對する人氣と其の積極的內治外交政策が一般に好評を博したるとにより、爾後漸次勢力を增大するに至りたるが、「ポルク」大統領時代に米國領土を擴張したる結果、奴隷問題に關する論爭及び南北戰爭の原因を作ることゝなり、「ピヤース」大統領時代に「カンサス・ネブラスカ」問題に關し民主黨は南部諸州に與し、「ミヅリー」及び「アイオワ」兩州の西部に於ける右新領土中に奴隷制度を認めむとするの態度に出でたる爲め遂に「アンチ・ネブラカス・メン」は同黨を脫退し、玆に民主黨は新に出現せる共和黨と對立するに至り、一八六〇年の大統領選擧には共和黨の爲に破られたり。南北戰爭中多數の黨員は共和黨に走り、而して戰後の民主黨は其の勢威振はず、恰も一八一二年英國との戰爭後に於ける「フエデラリスト」と同樣の情況に在りたるが、其の後戰後復興時期に於ける共和黨の政策は南部諸州の白人をして共和黨より離反せしめ、他方共和黨の官職濫與も北部諸州に於ける改革分子の脫退を誘起せしめたる結果、民主黨は再び次第に勢力を回復し、遂に一八八四年に至り政權を握るに至れり。然るに「クリーヴランド」大統領時代に民主黨內に同大統領の關稅政策及び健全なる貨幣政策(Sound money policy)を支持する一派と之に反對して銀貨の自由鑄造及び農民保護を主張する一派とに分裂を生じ、後者の勢力を占むるに及び、實業家は民主黨を去るに至り、其の後同黨は久しく政權を得るの機會なかりしも、一九一二年共和黨側に「ルーズヴェルト」一派の脫退により黨內に分裂を生じたる結果同年の大統領選擧には民主黨大統領候補者「ウイルソン」當選し、民主黨政府成立し、次で世界大戰の勃發を見たるが、第一次「ウイルソン」內閣の對內政策及び其の歐洲戰爭に參加せざりしこと等は相俟て一九一六年の大統領選擧に於て民主黨を再勝せしむる原因となれり。然るに其の後に至りて米國が歐洲大戰に參加するに至れること及び「ヴェルサイユ」條約に定めたる平和條件等は米國內に於ける多數の獨逸人系、愛蘭人系及び伊太利人系の投票者を民主黨より失はしむることゝなり國際聯盟に對する一般輿論の反對は遂に一九二〇年の大統領選擧に於て民主黨を慘敗せしめ、更に一九二四年の大統領選擧に於ても共和黨の勝利に歸せり。【註一】

以上に依りて略々明なるが如く民主黨は共和黨に對し概ね少數黨たり、而して共和黨が南北戰爭に於て北部諸州たりし地方に主なる地盤を有するに對峙して、民主黨は同戰爭に於て Southern Confederacy を組織せる南部諸州に所謂 solid south と稱し傳統的に拔くべからざる地盤を有する外、紐育を中心とする都市住民の間にも亦相當の勢力を有す。一九二四年の同黨全國大會に於ける大統領候補者の指名に際しては主として農業者の支持を有する「マッカードー」派の Agrarian Democrats と、紐育を中心として勢力を有する「スミス」派の Urban Democrats との兩者の間に競爭を生じ、結局兩者共指名を得るに至らずして中間に在りたる「デーヴイス」の指名を見たり。

民主黨の主義綱領は共和黨の夫れと同じく旗幟鮮明を缺く所尠からざるも、其の傾向よりすれば概して各州の權利及び個人の自由に重きを置き、又商工業家の利益よりも農業者の利益を主張し、關稅政策に於ては一般に自由貿易主義を唱へ、財政政策に於ては一般に銀行獨占に反對して中央銀行の設立及び「フェデラル、レザーヴ」制度の設立に反對し、又民主黨は合衆國の一州となり得ざる海外屬領地の獲得及び維持に反對し、從て比律賓の獨立に贊成し、其の他概して共和黨に比し大陸海軍建設の爲め經費を支出することに反對し、又一九一九年以來民主黨は大體の傾向としては米國の國際聯盟加入に贊成し、且つ常設國際司法裁判所加入にも贊成の態度を示し居れり。

更に之を一九二四年に於ける大統領選擧に同黨全國大會の採用せる同黨政綱に見るに、國際聯盟加入問題を全國民の一般投票によりて決定すべきことを主張し、保護關稅及び「メロン」藏相の租稅案は資產階級を利益するものなりとして之を糾彈し、農業者に對し關稅及び運賃率の改正、外國市場の回復、農產物販賣組合の奬勵、適當なる信用制度及び國內水路水力の發達等を約し、鐵道運賃率の低下、「マッスル・ショールス」發電所の處分及積極的開發政策を主張し、海軍油田の回復及び收賄事件關係官吏の訴追を約し、石炭工業及び生活必需品を支配する一切の會社に對する政府の取締法規制定を約し、幼年勞働法の修正に贊成し、州權の保護、亞細亞移民の排斥、比律賓獨立の即時許與、軍備縮少等を主張し、又同黨は言論出版及び信敎の自由を尊重するものなることを確認し、法律に對する服從を要求し、宗敎上若くは人種上の不和軋轢を惹起する一切の政策を排斥し、禁酒問題に關しては共和黨を以て禁酒法の勵行を怠り同法違反者の保護者となれりと批難し、民主黨は憲法及び一切の法律を尊重履行することを約すとの趣旨を掲げ居れり。

【註一】 民主黨の由來及沿革に就ては大正十二年外務省歐米局編纂「各國の政黨」四頁乃至十六頁參照。

三、禁酒黨

禁酒黨は現存の小政黨中最古のものにして、一八六九年 The Order of Good Templars の大會に於て組織せられ、一八七二年の大統領選擧以來每回大統領及び副大統領の各候補者を指名し來れるが、當初より得票少なく一八八〇年に至りて同年の「ポピュラー・ヴォート」總數九百萬中一萬票餘を得、一八八四年には約十五萬票、一八八八年には約二十五萬票を得たるも、是尙ほ全投票の二「パーセント」餘に過ぎず。一八九二年には「ポピュラー・ヴォート」の二「パーセント」

四分ノ一を得て同黨得票の最高記錄に達したるも、幾許もなく通貨問題に關聯し一八九六年黨員中銀貨の自由鑄造を主張する一派（National Party と稱す）脫黨するに至り、爾後禁酒黨は再び昔日の勢力を回復するを得ず、禁酒法制定の直前たる一九一六年の大統領選擧に於てすら同黨の得票數は一八八八年及び一八九二年に於けるよりも減少し、又禁酒法制定後に於ける一九二〇年の大統領選擧には同黨の得票は「ポピュラー・ヴォート」總數の千分の五餘に減退し、一九二四年には「ポピュラー・ヴォート」總數二千九百餘萬中僅に五萬七千五百二十票を得たるに過ぎず。

禁酒黨は其の名稱の示す通り禁酒運動を目的とするものなるが、當初は啻に國民的禁酒を主張するのみならず、大統領及び副大統領の直接選擧、文官制度改革、婦人に對する平等選擧權の付與、公共經費による普通學校の設置、「リベラル」なる移民政策、其の他通貨問題、郵便電信料金並に鐵道賃銀の輕減、勞働階級に對する資本階級の偏頗乃至一切の獨占及び階級的立法に反對する等各種の改革を其の政綱中に加へたるが、一八八〇年には斯の如く政綱多岐に渉るは同黨の利益にあらざるを發見して、專ら禁酒問題のみに其の勢力を集注することゝしたり。然るに同黨は一八八四年及び一八八八年には當時共和黨の主要政策たりし保護關稅に贊成し、其の後一九〇〇年には再び政綱を禁酒問題のみに局限したるも、爾後の大統領選擧には時事問題中投票者の投票を引付くるが如き各種問題を其の時々に政綱中に入れ居れり。

禁酒黨は其の主義政策の一般的性質のものたる結果として其の支持者は一地方のみに限局せられず、寧ろ全國的なるが特に宗教家及び婦人等の特殊階級に後援者を有す。

禁酒運動は遂に米國の輿論を動かし、一九一八年十一月二十一日戰時禁酒法（War Time Prohibition Act）となりて現はれ、翌一九一九年一月二十九日には米國憲法第十八項の修正行はれ、之に依り米國領土內に於ける酒類の製造販賣運搬及び輸出入は禁止せらるゝに至れり。

禁酒黨の努力が禁酒運動を促進したることは明かなるも、而かも同黨が政黨としての實勢力極めて微弱なりし結果として、同黨の活動貢獻は寧ろ禁酒問題に關する輿論を喚起し二大政黨を動かし、禁酒を其の政綱中に採用せしめたる點にあり。他方に於て Anti-Saloon League の如き非黨派的禁酒團體の活動の效果寧ろ大なるものありし事實亦之を看却するを得ず。

憲法第十八項修正に依り禁酒黨は其の存立の意義を大に減ずるに至りたるが、同黨幹部は尙ほ禁酒法の精神を普及徹底せしめ、其の勵行を計ると共に、其他の改革を爲すを目的として獨立黨としての存在を存續しつゝあるも、今日に於ては其の政治的勢力は固より云ふに足らず。

四、社會勞働黨

一八七六年の米國獨立百年記念大博覽會開催當時費府に於て主として獨逸人系の社會主義的勞働者集りて一團體を組織したりしが、社會勞働黨は正しく右團體より生じたるものにして「マルキシズム」を米國の無產階級に宣傳するを目的とせるが、米國無產階級は一般に「マルキシズム」には冷淡にして之を顧みる者なかりし爲め、同黨は多年政治的勢力を得るに至らざりしが、一八八八年同黨本部所在地たる紐育に於て他の獨立せる諸勞働運動の活動を見たるに勵まされ、同黨は初めて同年の總選擧に參加するに至れり。同黨は當時大統領廢止を主張し居りたるを以て大統領候補者を指名せず、其の得票數も亦言ふに足らざりしか、一八九二年よりは大統領候補者を立て、一八九六年には三萬六千の投票を得たるが、之を同年大統領選擧に於ける「ポピュラー・ヴォート」の總數に比すれは其の千分の二半に過ぎず。當時の黨幹部は頑固なる「マルクス」主義者にして米國生れの勞働者を引入るゝに成功せざりしのみならず、黨務の處理に付ても專斷なりし爲め多數の黨員を失ひ、一八九九年には黨員の多數は幹部を排斥して脫黨し、後述するが如く米國社會黨に投ずるに至りたる爲め社會勞働黨の勢力大に衰へ、僅に紐育を中心として僅少の勢力を維持するに止まり、一九〇〇年以後に於ても大統領選擧には毎回自黨大統領候補者を立て居るも、未だ一八九六年に於けるが如く多數の投票を得ず、共の米國政界に於ける勢力は微々たり。

最近に於ける社會勞働黨の主義主張は當初に於けるが如く「カール・マルクス」の說を基礎とするものにして、彼等が米國社會黨と異る主なる點は Labor Unionism に對する態度にあり。米國社會黨が賃銀取得者の組織する各種の經濟的團體に對し常に中立的態度を取り居れるに對し、社會勞働黨は賃銀取得者の政治的並に經濟的團體は互に相提携すべきものなりとし、米國勞働總同盟(American Federation of Labor)に依りて代表せらるゝが如き職工組合組織(Trade-unionism)に反對し、總ての賃銀取得階級が其の職業の如何を問はず團結して The Industrial Workers of the World 及び特に The Worker's International Industrial Union の如き結合せる Industrial Unions を組織せむことを主張するものなり。一九一四年の大統領選擧には同黨は勞働者は產業の監督指揮及び經營を引受け以て社會主義的產業共和國(Socialist Industrial Republic)の建設の爲め革命的政治團體を組織せざるべからざることを要求し、大統領候補者として「ジョンス」(Frank T. Johns of Portland, Oregon)を、副大統領候補者として「レーノルツ」(Verne L. Reynolds of Baltimore, Maryland)を選定し全國に於て三萬六千四百二十八票の「ポピュラー・ヴォート」を得居れり。

五、米國社會黨

米國社會黨は、米國社會主義運動を政黨組織に統一せむとするの目的を以て開催せられたる一九〇一年七月二十九日の「インディアナポリス」の大會に於て創設せられたり。當時米國には前揭社會勞働黨の存在したる外に又社會民主黨(The Social Democratic Party)既に存在したり。社會民主黨は一八九七年主として中西部地方に於ける社會主義者の一團により組織せられたるものにして「デブス」(Eugene V. Debs)及「バージャー」(Victor L. Berger)其の有力者たり。「デブス」は急進勞働運動の首領たりしが後社會主義運動に參加するに至れる者にして、又「バージャー」は多數の獨逸人居住し「マルキシズム」の宣傳に好都合なる「ミルウオーキー」市に於て社會主義運動の首領たりし者なり。一九〇〇年、デブス」は社會民主黨の大統領候補者に指名せられ自黨のみならず嘗て社會勞働黨員たりし者よりも投票を得、又社會民主黨は北東部諸州の工業中心地よりも極西部諸州に於ける急進的坑夫及農業勞働者の間に勢力を得居りて同年の大統領選擧には約十萬の投票を得たり。

前記一九〇一年「インディアナポリス」に於ける大會に於ては右「デブス」及「バージャー」を首領とする社會民主黨と社會勞働黨を脱退せる「ヒルクイット」(Morris Hillquit)を首領とする一派とが合同せる結果、玆に現在の米國社會黨を組織するに至れるものにして、右に對し社會勞働黨は之に加入することを拒絕し、又所謂基督教社會主義者(Christian Socialist)の多くは政治的行動を避けたるを以て社會主義者を單一の政治團體に結合せむとする同大會の目的は達成せられざりしも、之に依りて米國社會黨は政界に於ける一勢力たらむとするの勢を示すに至り、一九〇二年の選擧には大に得票を增加し、又第二「インタナショナル」よりは米國に於ける International socialism の代表團體と認めらるゝに至り、一九〇四年には「デブス」再び大統領候補者に指名せられ四十萬票餘の投票により「ポピュラー・ヴォート」總數の約三「パーセント」を占め、更に一九〇八年の大統領選擧に於ては一方民主黨は前回に比し一層共和黨の强敵にして、「ブライアン」の立候補は急進分子の意向に投じたる事情ありたるにも拘らず、三度大統領候補者として立ちたる「デブス」は幾分得票を增加して以て米國社會黨が從前の社會黨運動の如く一時的現象にあらざることを示し、更に一九一〇年には「バージャー」は「ミルウオーキー」より聯邦下院に選出せられ、且つ米國社會黨は同市市政を掌握して同黨最初の勝利を占め、一九一二年の大統領選擧には「デブス」四度立候補して殆んど九十萬票を獲得し、一九一四年には「ロンドン」(Meyer London)が紐育に於ける選擧區より聯邦下院に選出せらるゝ等着々成功を收め、同黨は從來の小數黨中最も有力のものとなれり。

然るに其後に勃發せる世界大戰は米國の社會主義運動には不利なる影響を及ぼし、米國産業界の前例なき繁榮は勞働に對する需要を激增し、賃銀大に高騰し、勞働者の生活狀態大に向上し、彼等は社會主義者の宣傳に共鳴せざるに至れり。之が爲に一九一六年社會黨大統領候補者に立ちたる「ベンソン」(Allan L. Benson)の得票は遙に一九一二年に於ける「デブス」の得票に及ばざるの結果を齎らしたり。加之社會黨は其の主義よりして米國の大戰參加に反對したるが爲に黨員の一部を失ひ、又米國社會黨内に於ける左翼分子と右翼分子との爭は露國革命後其の傾向一層顯著となり、一九一九年八月三十日市俄古に於て開催せられたる臨時大會に於て左翼分子は分離して別に所謂共產黨(Communist Party)及共產勞働黨(Communist Labor Party)の二派を形成するに至りしのみならず、他方政府の社會主義者共產主義者に對する取締は一層嚴重となり、有力なる社會主義者にして密偵法(Espionage Act)に依り檢擧せらるゝ者多く、「デブス」の如きは收監せられ、「バージャー」は其の公職を褫奪せらるゝ等多大の打擊を受けたり。

以上の如き出來事ありたるに拘らず、米國社會黨の多數黨員は其の組織を維持し、一九二〇年の大統領選擧には「デブス」は五度大統領候補者に擧げられて九十萬票餘を得たり。右に依れば得票數は一九一二年に比し幾分增加し居るも、全體の投票數が亦增加せるを以て、其の割合は一九一二年に於けるよりも低く一九〇四年に於ける割合と略ゝ同一なり。而して之を各州に於ける得票に就て見るに、大戰前に於ては米國社會黨の勢力は極西部にあり。一九一二年に於て「デブス」が「ポピュラー・ヴオート」の一割以上を得たる八州中、太平洋沿岸に於ける「ワシントン」、「オレゴン」、「カリフオルニア」の三州の外之に隣接せる山部地方に於て「モンタナ」、「アイダホ」、「ネヴアダ」及「アリゾナ」の四州を加へ七州迄は極西部地方にして、他の一州は「オクラホマ」州たり。又同黨は當時「ウイスコンシン」州に於て相當の勢力を有し、之に次で中部及北中部に於ても幾分の得票あり。又南部に於ては「オクラホマ」州以外に於て投票を得たるは「フロリダ」

州あるのみ。更に北東部に於ては紐育以外にては一般に勢力微弱なりしも、一九二〇年に於ける得票に於ては同黨は極西部に於ける從前の勢力を失ひ、即ち從來最も有力なる地盤たりし「ワシントン」、「オレゴン」兩州に於ては得票數大に減少し、「アイダホ」、「モンタナ」兩州に於ては無得票なる結果を示し、又極西部以外に於て「ウイスコンシン」州に於ては全投票數の一割以上を得たるが、他方北東部の工業地諸州に於ては「マサチユーセツツ」州より「メーリーランド」に至る迄何れも一九一二年に於けるよりも多數の得票を占め、特に紐育州に於ては始めて全投票數の五「パーセント」を得たり。尚以上紐育州及「ウイスコンシン」州以外に於ても、「ミネソタ」、「オクラホマ」、「ネヴアタ」及「カリフオルニア」の諸州に於て何れも五「パーセント」以上の投票を得たり。即ち右に依りて見れば一九二〇年の選擧に於ては米國社會黨の地盤關係に注意すべき變化を生じたるを見るべく、大體に於て同黨は從前に比し極西部に於ける農業勞働者及坑夫の投票を失ひたるも、之と共に北東部に於ける都市住民の投票增加したりと云ふを得べし。

然るに其後二年にして米國社會黨は更に頽勢を示し、一九二二年紐育に於ける聯邦下院議員選擧に於て「ロンドン」(一九二〇年再選せり)大敗し、同黨は僅に「ミルウオーキー」より「バージヤー」を再選せしむるを得たるに止まりたるが、同黨は一九二四年の大統領選擧には大統領候補者を指名せず。同年七月四日より「クリーヴランド」に於て開催せられたる「プログレツシヴ・ポリチカル・アクシヨン」大會に參加し、之に出席したる米國社會黨代表者「ヒルクイツト」は獨立候補たる「ラフオレツト」の大統領候補に對する同黨の支持を誓ひ、同年の大統領選擧には米國社會黨は「ラフオレツト」派を援助したり。

更に最近一九二六年十月米國社會黨の首腦たる「デブス」の死去せることは同黨に對する一打擊なりと云ふべし。

六、農民勞働黨

農民勞働黨は一九二〇年「ルーズヴェルト」進歩黨の殘黨中所謂四十八委員會(Committee of Forty-Eight)と呼ばれたる一派、北西部（一名中西部とも稱す）に於ける勞働組合の首腦者及所謂 Spring wheat 產出地方の不平農民の間に主として地盤を有する北西部の急進派の一團等が合同して組織せるものにして、其の主張する所は農民勞働階級の利益を擁護すると共に都市並に地方勞働者の各利益を調和し、統一せる有力なる勞働黨を形成せんとするを目的とし、其の政綱に於ては二大政黨を攻擊し、資產階級による政治は人民の權力を剝奪せるものなりとし、市民の自由の回復を要求し、合衆國裁判官の公選、勞働爭議に對し裁判官の發する禁止命令（Injunction）の制限、實際軍事侵略を受けたる場合の外は宣戰の決定は一般投票に依るべきことを主張し、又帝國主義的植民並外交政策に反對し、國際聯盟にも反對し、鐵道炭坑其の他の基本的產業は政府之を所有經營すべく中央政府及各州に於て銀行を設立すべしとし、而して Federal Farm Loan System の擴張等幾多の農民救濟制度を主張し、其他大戰從軍者に對する特別給與、戰時利得大所得及相續に對する高率課稅等を主張し居り、所謂勞働者の權利を主張し、農民の利益を代表すると共に都市勞働團體の利益をも代表せむとするものなり。

一九二〇年の農民勞働黨全國大會は從來共和黨內にありて黨幹部派に反抗し來り、北西部農民の間に信望ある「ウイスコンシン」州選出上院議員「ラフオレツト」を最初大統領候補に指名したるも、同氏は共和黨を去るを欲せずとし之を拒絕したるを以て、前進步黨員たりし「クリステンセン」(Parley P. Christensen) を大統領候補者に、又嘗て社會黨の有力者たりし「ヘイス」(Max S. Hayes) を副大統領候補者に選定したるが、同年の大統領選擧に於ては同黨は「ニューイングランド」地方及南部諸州に於ては殆んど投票を得ず、又中部大西洋地方に於ても少數の投票を得たるのみなりしが、中部諸州に於ては相當の投票を得、殊に北西部中の北中部及西中部、又極西部に於て山部地方の北部並に太平洋沿岸に於て最も多數の投票を得、例へば「ワシントン」州に於ては殆んど民主黨を排除して第二位を占めむとし、「モンタナ」「サウス・ダコタ」兩州に於ても亦相當の成績を收め、極西部に於ては小數黨としては社會黨に代りて最も優勢を占めたるも、要するに農民勞働黨は猶未だ二大政黨より農民及勞働者の多數投票を奪取する迄には至らず。而して同黨の全得票數は二十五萬餘に過ぎずして、之を同年の大統領選擧に於ける全投票數に比すれば其の約一「パーセント」に當り、又社會黨の得票數の三分の一に足らざる劣勢にあり。

斯くの如く農民勞働黨運動の第一歩は多大の成功を收めざりしも、同黨は其後凡そ三種の原因により引續き其の活動を繼續しつゝあり。其の第一は農業上の不景氣殊に小麥生產地方に於て不況の繼續せることにして、北西部及「ロッキー」高原地方の小麥生產者は戰後の不景氣より回復せずして苦境にあり、農民救濟の聲は次第に高まり、此間に處して民主黨側に於ては之を以て政府黨たる共和黨攻擊に資したるが、一方反對黨たる民主黨の餘りに無力なることは共和黨の施政に不滿なる農業利益代表者をして、寧ろ共和黨の政策を變革せしむるか又は困窮せる農民の特殊利益擁護の爲に努力すべき新政黨を樹立せんと企つるに至らしめ、此等の結果として農業州に於ける共和黨候補者の豫選に於て農民救濟問題は主要問題とせられ、之に助力を約する共和黨候補者の指名を見るもの多きに至れるが、之と同時に他方に於て此等農民の間に於ける不滿は農民勞働黨の活動にも好機會を與へ、一九二二年には「ミネソタ」州に於て共和黨上院議員の改選に當り農民勞働黨候補者は共和黨を破り、續いて翌年には同州より更に一名の上院議員を選出するに至れり。農民勞働黨の活動に氣勢を添へたる第二の原因は有力なる勞働團體の首領連の中に二大政黨を離れて獨立の政黨組織を爲さむとするに至れることにして、例へば米國勞働總同盟の幹部は從來常に勞働團體が獨立して政治的活動を行ふに反對し來れるか、二大政黨に對する不滿及英國勞働黨内閣の成立等は總同盟中の一部の者をして從前の態度を變更するに至らしめたり。又有力なる鐵道從業者の諸團體に於ては此種の傾向最も顯著にして、農民勞働黨が一九二〇年に其の政綱としたる鐵道國有の要求は此の一派の最も歡迎する所となり、一九二四年の大統領選擧戰近づくに從ひ此等團體は一層政治運動に注意を拂ふに至れり。但し鐵道從業者の團體は同年の大統領選擧には農民勞働黨を支持することを拒絶して同年七月四日「クリーヴランド」に於ける Conference for Progressive Political Action の開催を支持したり。

農民勞働黨の活動に氣勢を添へたる第三の原因は社會黨運動の振はざることにして、米國社會黨の首領たる「デブス」、「バージャー」、「ヒルクイツト」等の溫和派は米國に於ける社會黨運動の振はざる結果として非社會主義的勞働運動の首領と同盟を結ばむとさへするに至り、一九二四年春「デブス」の如きは此の趣旨の意向を表明したり。他方に於て更に極端派社會主義者殊に共產主義者等は又別の理由よりして同樣の政策を取らむとし、例へば「フォスター」(Foster)「ルーセンバーグ」(Ruthenburg) 其他の極端派は米國政界に共產主義運動を繼續せむが爲に有力なる勞働運動に參加せむとせり。

以上の如き情況にありて四十八委員會委員長「ホプキンス」(J. A. H. Hopkins) の發起にて一九二四年六月十七及十八日「セント・ポール」に於て The Farmer-Labor Progressive Convention を開催したるが、同大會には鐵道の國有、天然資源の公有、貨幣及信用は政府及組合の銀行を通じて國民之を管理すること、憲法の保障せる人民の權利の回復及勞働爭議に禁止命令を發せざること等の五綱領に贊成する一切の團體はこれに代表者を出席せしむるを得ることゝしたる爲め、之に參加する者其の範圍頗る廣く共產主義者並に極端社會主義をも包含したり。(但し共產派の參加するを聞くや之が爲に同大會に參加を拒める者も亦多數に上れり) 同大會前「ラフォレツト」は同大會運動に共產主義者及び其他の極端派の參加せるを彈劾せる書面を送りたるが爲め同大會にては「ラフォレツト」の立候補を支持せず。而して同大會は共產派の「フォスター」等に左右せられ、且つ一旦大統領及副大統領候補者を指名したるも、後七月十日に至り執行委員會は之を變更し、既に共產黨にて指名したる「フォスター」を大統領候補者に「ジトロー」を副大統領候補者に指名したり。共後七月四日より「クリーヴランド」に於て開催せられたる「プログレッシヴ・ポリチカル・アクション」大會は前記「セント・ポール」大會に於ける共產主義的「プログラム」を否決し、且つ「セント・ポール」大會より派遣したる代表者「マホニー」(William D. Mahony)を排斥したるが、之に對し「フオスター」及「ルーゼンバーグ」は陳述書を發表して『「ラフオレツト」派の大會は同年開催せられたるものゝ中最も反動的なる政治大會なり』と罵れり。

一方右「クリーヴランド」に於ける「プログレツシヴ・ポリチカル・アクシヨン」大會に於ては「レフトウイツチ」(George W. Leftwich)は農民勞働黨を代表して同黨は「ラフオレツト」の大統領候補及「ホイーラー」(Burton K. Wheeler)の副大統領候補を支持すべきを誓ひ、同年の大統領選擧には農民勞働黨は「ラフオレツト」派を支持したるが尙ほ「レフトウイツチ」は右大會に於て農民勞働黨は今や三十五州に組織せられ百萬以上の投票者を有すと述べ居れり。

七、勞働者黨(共産黨)

前記の如く一九一九年八月市俄古に於て開催せられたる社會黨臨時大會に於て、社會黨左翼分子は分離して別に共産黨及共産勞働黨を形成せるが、此の中前者は主として露西亞人系の首領により統率せられ專ら莫斯科の指揮命令を受けて動き居るものと見られ、又後者即ち共産勞働黨は前者程過激にあらず且つ前者程莫斯科側の統御の下にあらざりしも、要するに兩者何れも露國「ボリシエヴイキ」と同樣に革命を目的とする宣傳者の團體たりしが、此等兩黨は其の成立後間もなく米國國體を危くするものなりとの理由の下に、政府の壓迫に遭遇し黨員中檢擧せられたる者多數に上り兩派は其影を潛むるに至れり。其後一九二一年に至り、「フオスター」及「ルーゼンバーグ」並其の一味たる過激分子は勞働者黨(Workers' Party)なるものを組織し、自ら共産黨なることを標榜し米國政界に共産主義運動を行ふに至れり。

此の黨派は主として紐育及市俄古を其の中心地とし外國人系過激分子を糾合して勢力を得るに努め、今日に於ては約二萬の會員を有し日刊「デーリー・ワーカー」(Daily Worker)、週刊「ヴオイス・オヴ・レーバー」(Voice of Labor)及月刊「リベレーター」(Liberator)を刊行し居り、而して此の一派は莫斯科に於ける第三「インタナシヨナル」と關係を有するものと一般に信ぜられつゝあり。同黨の首腦者としては、前記「フオスター」及び「ルーセンバーグ」の外、「キャノン」(James P. Cannon)、「エングダール」(J. Louis Engdahl)、「ダン」(William F. Dunne)、「ペッパー」(John Pepper)等有名にして、一九二四年の大統領選擧戰には同黨は「フオスター」を大統領候補者に又「ジトロー」(Benjamin Gitlow)を副大統領候補者に指名して戰ひ、紐育州に於て八千票以上、「ウイスコンシン」「ミネソタ」及「アイオワ」三州に於て各四千票以上、「ペンシルヴエニア」、「マサチユーセッツ」及「イリノイ」三州に於て各二千五百票以上、「ニユージャージー」州に於て千五百餘票、「インディアナ」州に於て約一千票、其他「ワシントン」、「コロラド」「ノース・ダコタ」「モンタナ」、「ロード・アイランド」の各州に於て數百票宛の投票を得、共他の各州に於ては全然得票なく合計三萬六千餘票を得たるも其の勢力は固より言ふに足らず。

八、米國獨立黨(American Independent Party)及び單一稅黨(Commonwealth Land (Single-taz) Party)

此等の兩黨も一九二四年の大統領選擧に夫々自黨候補者を選定して各少數の「ポピユラー・ヴオート」を得居れり。尙ほ米國獨立黨は「キユー・クラックス・クラン」の支持を求めたりと云ふ。

第二章 「ラフオレット」の第三黨運動

一九二四年の大統領選擧に於て最も顯著なる現象は「ラフオレット」の第三黨運動なり。二大政黨以外に於て獨立の政黨を組織せむとする運動は米國政界に於て從來幾度か繰返へされたる所にして、先づ最初に出現せるものとしては南北戰爭の直後貨銀及物價の暴騰により農民が非常なる困窮を經驗したる際紙幣の增發を政府に要求し、以て困窮せる農民を救濟し富の平均を齎らさんとしたる所謂「グリーンバッカース」(Gre:n backers) と稱する一派あり。蓋し米國の紙幣の背面は綠色なるを以て俗に紙幣を「グリーンバック」と稱する所より此の名を得たるものなるが、此の一派は一八七六年「ピーター・クーパー」(Peter Cooper) を大統領候補者に選定し八萬一千票を得、それより二年後勞働團體と合同して「グリーンバック・レーバー」黨 (G een back-Labor Party) と改稱し、一八八〇年及一八八四年にも候補者を選定したるも何れも思はしき得票なく、一八八八年には消滅するに至り、其の黨員は一部は民主黨に入り、又一部は新に「ユニオン・レーバー」黨 (Union Labor Party) を組織して一八八八年の大統領選擧に紙幣問題並に政府による通貨の管理を提げて爭ひ、十四萬六千九百票を得たるも是亦失敗に終れり。次で出現せるは「ポピュリスト」黨 (Populist Party) にして、此の黨派は農產物の價格低落に對する不平に基く西部農業者の運動より生じ、一八九〇年前記「グリーンバッカー」及び「ユニオン・レーバー」黨の大部分を吸收して組織せられたるものなるが、其の政綱に於て十六對一の比價により金銀貨の自由且つ無制限鑄造、紙幣の增發、政府經費の節減、郵便貯金銀行の設立、累進所得稅法の制定、鐵道電信電話の國有及政府經營、法人及び外國人の土地所有廢止等を主張し、同黨は西部及南部諸州に於ける民主黨の地盤を侵略して此等の諸州に於ては第一黨又は第二黨たるの勢力を占め、一八九二年の大統領選擧には百萬以上の「ポピュラー・ヴォート」を得又「エレクトラル・ヴォート」二十二票を得たるが、其後一八九六年の民主黨全國大會は「ポピュリスト」黨の政綱の大部分を採用し、而して「ポピュリスト」黨は民主黨「ブライアン」の大統領候補を助け一九〇〇年にも同一の態度を取るに至り、結局「ポピュリスト」黨も獨立の第三黨運動としては不成功に終り其後全く消滅するに至れり。一九一二年共和黨より分離せる「ルーズヴェルト」一派は進步黨 (Progres·ive Party) を組織し、同年の大統領選擧には「ルーズヴェルト」を大統領候補者に「ハイラム・ジョンソン」を副大統領候補者に立て、四百萬以上の「ポピュラー・ヴォート」及八十八の「エレクトラル・ヴォート」を得て共和黨を凌ぎ民主黨に次で第二位を占めたるが、其後軍備問題に關する第一次「ウイルソン」内閣の政策に對する不滿は幾許もなく進步黨の大部分をして再び共和黨に復歸するに至らしめたり。

以上の諸黨派は何れも現存せざるものにして、此の外今尚存在せるものに禁酒黨、米國社會黨、農民勞働黨等幾多の小政黨あることは既に記述せる通なり。此等過去に於ける第三黨運動は何れも大なる成功を得るに至らざりしも、而かも既存二大政黨たる共和民主兩黨に對し不滿を有する分子は常に少からざるを以て、有力なる獨立の第三黨を組織せむとする所謂第三黨運動は米國政界に繰返へし行はるゝ所にして、一九二二年十二月「クリーヴランド」に於て開催せられたる「プログレッシヴ・ポリチカル・アクション」會議以後此の氣運は促進せられ、多年共和黨内に於ける急進派の巨頭にして同黨内保守的幹部に反抗し其の選出州たる「ウイスコンシン」州内に於て多大の聲望を有するのみならず、それ以外の北西部其他に於ても農民、社會主義者、勞働者の不平分子急進分子の間に支持を有する上院議員「ラフオレット」(Robert Marion La Follette) を中心として第三黨運動漸次醸成せらるゝに至り、更に右の機運は一九二三年米國政界に於ける「ティーポット・ドーム」(Teapot Dome) 油田に關する不正事件により大政黨の腐敗を曝露するに至れること等によりて一層促進せられ、一九二四年二月「セントルイス」に於て開催せられたる「プログレッシヴ、ポリチカル、アクション」第三回會議は同年七月四日獨立祭を期し「クリーヴランド」に於て大統領及副大統領候補者指名大會を開くべきことを決議せり。右決議に基き開催せられたる「クリーヴランド」大會に於ては、出席代表者一千名以上に上り多數の婦人も之に參加し、又其の代表する團體の主たるものには農民勞働黨、米國社會黨、鐵道從業員四大「ブラザフッド」(機關士、火夫、乘務員、驛員)、其の他の勞働組合「ノンパーチザン・リーグ」等なりしが、同大會が「ラフオレット」を推して其の立候補を促すや、一九二〇年農民勞働黨の黨首となることを拒絕し又一九二四年六月「セント・ポール」に於ける大會に於て農民勞働黨より大統領候補者に指名せられたるに對しても之が受諾を拒絕したる「ラフオレット」は、右「プログレッシヴ・ポリチカル・アクション」大會の推戴を承諾すると共に同大會に陳述書を送り、特に新政黨の候補者として立つ次第にあらず獨立候補として全國民の支持に訴ふるものなることを聲明し、第三黨の組織は之を選擧後にすべき旨を明にしたり。右は「ラフォレット」が愼重考慮して案出せる巧妙なる策戰にして、其の目的とする所は新なる小政黨を組織せむとするにあらずして現存の二大政黨を改造せむとするにあり。即ち「ラフォレット」は當初より自ら「エレクトラル・ヴォート」の過半數を獲得すべきを豫期せず、斯の如きは事實不可能なるを以て、其の欲する所は共和民主兩黨より成るべく多數の投票を奪ひ相當の「エレクトラル・ヴォート」を獲得し、以て共和民主兩黨大統領候補者をして當選確定數たる過半數の投票を得ること能はざらしめ、玆に所謂「デッドロック」を生ぜしめ其の間を利用して現存二大政黨を切り崩さむとするにあり。如何となれば過半數の「エレクトラル・ヴォート」を得たる者なき場合には、憲法の規定に基き大統領は下院にて又副大統領は上院にて選擧せらるべく、而して大統領は最高の投票を得たる候補者三名に就き下院之を選擧すべく、且つ其際各州は一票宛の投票權を有すべき處一九二二年選擧による下院に於ては共和民主兩黨の勢力伯仲し、兩黨何れも自黨のみにては各州選出議員の過半數を制し得ざる形勢にあり。而して斯の如き情況の下にありては兩黨の一部分は「キャスチング・ヴォート」を有する「ラフォレット」を援助するに至るべく、三候補者間に下院議員の爭奪戰を爲すの結果は二大政黨の双方若は少くとも一方の倒壞とならざるを得ず。又若し下院に於て大統領を選擧せざる場合には結局一方上院に於て選擧せられたる副大統領が大統領となるべき處、當時に於ける上院も亦共和民主兩黨間の勢力伯仲し、「ラフォレット」及少數の其の一味は其の間に介在して決定權を握り上院に於ける形勢を支配し得るの地位にあり。此の事態は此等の事實を熟知せる上院の形勢に影響を及ぼすべきは必然にして、而して共和民主兩黨に於て第三黨が右選擧に決定權を行使することを防止せむとするには、兩者何れかが自黨候補者の當選を斷念して他方を助けざるべからず。然るに斯の如き目的の爲め一度「パーティー・ライン」崩壞するときは、之を舊に復すること頗る困難なるは明白なるを以て、結局「ラフォレット」派に有利なる結果を齎らすことゝなるべく、從て以上より仔細に考究すれば「ラフォレット」派は勝つも敗くるも何れにする現存二大政黨改造の目的を達し得べしと云ふにあり。

「ラフオレット」派は其の政綱に於て政府が私人の獨占を助成せずして之を撲滅せむことを要求し、水力の公有、一切の國家的資源の政府管理及永久的保存、附加稅、超過利得稅、相續稅等の存續、過重なる關稅及 Nuisance tax の廢止、Federal Reserve System 及 Federal Farm Loan System の改造、Government Marketing 及 Esch-Cummins Law の廢止、鐵道の國有、勞働爭議に對する禁止命令の廢止及び法廷侮辱罪に關しては陪審官の審理に附することなくして拘禁を行ひ得る裁判官の權限の廢止、合衆國裁判官を一定の任期を附して選擧すること、幼年勞働法修正の通過、「グレートレークス」より海に至る水路の開鑿等を要求し、又現共和黨政府の外交政策は財政上の帝國主義者及國際的銀行業者の利益の爲にするものなりとして之を糾彈し、「ヴェルサイユ」條約の改正及軍備縮少を要求し居れり。

前記「クリーヴランド」に於ける「プログレッシヴ、ポリチカル、アクション」大會は七月七日、百六票對十七票を以て「ラフオレット」の大統領候補及び其の政綱の採用を可決し、之に依りて「ラフオレット」は社會黨及農民勞働黨の支持を受けたるのみならず其他の各種團體の後援を得、米國勞働總同盟の如きも其後幹部會を開きて各大統領候補に對する態度を決したる際、專ら產業手段によりて勞働者の境遇を改善するを旨とし政爭の渦中に投することを禁物なりとする總同盟從來の主義は之を變更せざるも、特に「ラフオレット」に對して好意を寄せ個人として之を支援することとしたるが、四百萬の會員を有する右總同盟の措置は「ラフオレット」に對する大なる聲援なりと稱せられ、選擧前に於ける形勢は豫想外に有利なるを傳へられたるが、選擧の結果は意外の結果を示し、「ラフオレット」は「エレクトラル・ヴォート」に於て僅に其の故鄕「ウィスコンシン」州の十三票を制し得たるのみにて慘敗せり。

斯くの如くにして「ラフオレット」派の第三黨運動は豫期の如く多數の「エレクトラル・ヴォート」を獲得するを得ざりし結果、當初の目的を遂するに至らずして畢はり、共後に於ても同派の氣勢揚らず。一九二五年二月二十二日市俄古に於て開催せられたる「プログレッシヴ・ポリチカル・アクション」會議に於て新政黨を組織すべきことを決議したるも、次で同年六月「ラフオレツト」の死去により同派の新黨運動も頓挫を來し、同派系たる「ネブラスカ」州選出上院議員「ノリス」以下の一味は引續き共和黨內に其の籍を保ち居れる情況にあり。

但し玆に注意すべきは以上の如く「ラフオレツト」派は慘敗せりと雖、米國の大統領選擧方法は一州が擧げて何れかの候補者に歸する樣に仕組まれ居るを以て「エレクトラル・ヴオート」の數は「ポピユラー・ヴオート」の數を直接に反映し居らざる點にして、即ち之を一九二四年の選擧に見るに「エレクトラル・ヴオートに」於ては共和黨「クーリツヂ」は三百八十二票、民主黨「デーヴイス」は百三十六票、「ラフオレツト」は十三票を得居るも、「ポピユラー・ヴオート」に於ては投票總數二九、〇九一、四一七票中「クーリツヂ」一五、七二五、〇一六票、「デーヴイス」八、三八六、五〇三票、「ラフオレツト」四、八二二、八五六票にして、之に依りて見れば「ラフオレツト」は人民の支持に於て必ずしも著しく劣勢にありたるものと云ふを得ざること明瞭なり。由來米國に於ける第三黨運動は從來常に失敗に終はり居る所なるは既に前述せる通にして、其の理由は多々あるべく、現存二大政黨の基礎牢固にして又二黨制度の發達維持に好都合にして强大なる第三黨運動の成功を困難ならしむる事情あることに付ても亦既に言及せる所ありたるが、要之第三黨が既成二大政黨に對立するが如き發達を見るが如きことは米國現下の政界に於ては差當り望みなきものと云はざるを得ざるも、同時に第三黨は二大政黨の腐敗を防止し、兩政黨をして反省せしめ、之に新政策の採用を暗示する等の點に於て重要なる役目を勤むるものなることは、之を看過するを得ず。而して「ラフオレツト」に對する國民の支持の相當に大なりしこと米國の社會經濟狀態が常に何等かの新問題を提供し居り、且共和民主兩黨に對し不滿を抱く分子の少からざること等を考察すれば第三黨運動は將來も引續き繼續せらるべきものと見ざるべからず。

第三章　外交に關する各黨派の政見

米國の外交政策は、大體に於て、歐洲との關係に於ては歐洲の內政に關與せず、所謂歐洲問題の渦中に捲き込まるが如き恒久的同盟關係を形成することを絕對に避くるを以て其の建國以來の國是とし、中南米諸國に對する關係に於ては「モンロー」主義を振翳すと共に、汎米運動を唱道して自ら其の覇者たらむとすると共に、特に中米諸國に對しては所謂「カリビヤン」政策を遂行し、場合に依りては事實上此等諸國の內外政に干涉して之を支配せむとするが如き態度を失はず。東洋方面に於ては機會均等門戶開放主義を主張して、米國に一步を先んじて勢力を得居る列强に遲れざらむとし、其の政策は各時代を通じて大體確定し居るを以て、各政黨の外交に關する主義政策には槪して大なる相違點なし。唯々其の間國際聯盟問題に關する民主共和兩黨の政策の全然相反せることは最も顯著なる除外例なりと云ふを得べし。一九二四年の大統領選擧に際し主要黨派たる共和民主兩黨及び「ラフオレツト」派の採用せる政綱を見るに世界平和、戰爭防止、軍備縮少、常設國際司法裁判所加入等の各種問題に關する各派の政見は其の實質に於て大差なきものと云ふを得。今試に以上三派の政綱中外交に關する部分を揭ぐれば左の如し。

一、一九二四年大統領選擧の際に於ける外交に關する共和黨政綱

共和黨は戰爭を防止し平和を維持する爲にする各國間協定を支持することを確認し、此の方向に於ける重要なる第一步として常設國際司法裁判所を裏書し、「クーリツヂ」大統領の推奬により米國の同裁判所加入に贊成す。現政府は國際聯盟加入及聯盟規約に基く義務を引受くることを決定的に拒絕せり。右は共和黨の取り居れる立場たり。

吾人は吾人を歐洲政局紛爭の渦中に投ずるが如き政治的約束を爲すを欲せざると同時に、吾人の愛着する傳統に從ひ、

人道的努力に付他國と協力を繼續するは米國の意圖且特權たらざるべからず。

米國外交政策の根本主義は他國の權利及必要に冷淡ならざる獨立と、他國との同盟に引入れらるゝことなき協力たらざるべからず。國民により是認せられたる右政策は世界大戰終結以來實證せられつゝある所なり。

「ハーディング」大統領及「クーリッヂ」大統領の政府の下に米國が世界的問題に參加せることは國民的判斷の妥當及分別を證せり。政治的同盟關係を生ずることなくして米國が世界平和の爲に貢獻し得べき能力を有する最も顯著なる實例は獨逸賠償の難問題解決に對する「ドーズ」委員會の有效有益なる事業に於て示されたり。

「ハーディング」大統領により召集せられたる華府會議は軍備制限及極東に於ける利害を有する列强の關係の調整を完成せり、同會議の結果軍備縮少協定成立し、關係競爭列國國民をして主力艦の建造及維持より生ずる課税の重荷を免かれしめ、極東に於に新に廣汎且善良なる了解を保證し、太平洋方面に於ける平和を保障し、極東の市場に於ける貿易通商に對する門戸開放主義を正式に採用したり。

右歴史的會議は歐洲に於て戰爭再發の危險を避け、且必要なる經濟的安定を回復するに至るの道を開けるものなるが、米國の陸軍兵力は平時の基礎に縮少せられ居れるに、他國の陸上並空中兵力は增加せられ、常に世界平和に對する脅威となり、戰前の繁榮を恢復する障礙となりつゝあり。

共和黨は永久的賠償計畫の採用により歐洲に於ける狀態が商議及協力を好都合且可能ならしむるときに於て「クーリッヂ」大統領の提議せるが如く陸上兵力の制限、潛水艦及有毒瓦斯の使用制限に關する會議召集を熱心に主張す。

吾人の權利を擁護し且前聯合諸國の權利を毀損することなき平和條約により共和黨政府は米國と獨逸國及墺地利國との間の戰爭を終結せり。共和黨は過去三年間に平和及好意を助長する爲め五十以上の條約及國際協定を他國との間に締結調印せり。

新なる協定と永久的協調の新なる證據とは全羅甸亞米利加諸國と米國との關係を表徴し智利及秘露間の積年の爭議は合衆國大統領を仲裁者として之を其の仲裁に委することゝせることにより解決の步を進むるに至り、米國の協力により亞米利加共和國十六國の代表者の署名せる條約調印せられたるが、右は亞米利加大陸の狀態を安定し戰爭の機會を縮少すべし。

墨西哥との難局は幸にして最も友好的なる調和を齎らしたり。相互信頼は回復せられ、隣接せる兩共和國の政府間に存在せざるべからざる親善及援助に對する道途は劃せられたり。兩國市民の各他方政府に對する要求に付ては之を司法委員會によりて決定する爲め協定成立せり。吾人は南方に境界を接する墨西哥共和國との間に更に一層永久にして鞏固なる關係を得るに至らむことを確信して期待するを得。

政治的義務を引受くることなくして他國民に實際的援助を與へむとする我政策は顯著に實證せられたり。日本及露西亞國民の窮乏に對し米國が敏速鷹揚に之に應じたることは、他國に於ける困窮者の福祉に對し吾人が有用なる利害關係を有する證據たり。

婦人小兒の賣買、痲酔藥の生産及分配、武器の賣買の如き一般的利害關係ある問題及公衆衛生及道德に關係する事項に關する米國代表者の事業は、吾人の國民的行動の自由を喪失制限することなくして、人道及文明の爲に吾人の役割を有效に遂行し得るを證するものなり。

米國民は其の獨立を愛するも、一切の人類に對する其の責務の念は極めて大にして、世界各國民間に平和親睦を助成する問題に對しては常に援助貢獻及指揮を惜まざるものなり。

共和黨は國際法の改善及編纂の爲め時々國際會議を開催することに贊成す。

（以上の外對外債權問題に關しては、共和黨は其の政綱中に特に左の通掲記し居れり。）

一九二〇年の政綱中に誓約せる所に從ひ、吾人は各國の對米債務帳消を考慮することを拒絕し來れるが、此の態度は倍務の即時償還を求め、現存の財政狀態を無視する苛酷なる債權者の態度にあらずして、各國が負擔せる此種道義上の義務は無視せられべきにあらずとの確信に基くものなり」

共和黨は一切の債務國との間に、英國の對米協定と性質に於て同樣なる解決を得むことを主張す。共和黨政府の成就せる右英米協定は、世界史上最大の國際的財政的取引協定にして、之に依り米國は英國が米國に負へる債務約四十六億弗に對し、最後には全部の返還を受くる明確なる約束の下に今や年々償還を受けつゝあり。

大國民は廢棄の主義を承認するを得ず。斯の如きは國際貿易通商及信用に缺くべからざる誠意を覆へす所以なり。對外債權全部の三割五分は今や整理の途にあり。

二、一九二四年大統領選擧の際に於ける外交に關する民主黨の政綱

民主黨は競爭的陸軍計畫及軍艦建造なからしむる樣陸海軍備の嚴格且一般的なる縮少を要求し、此の目的の爲め國際協定成立する迄は、國家の安全に適應せる陸海軍を主張す。

米國政府は事實上攻擊を受け、又は攻擊を受くる危險ある場合の外は開戰を一般投票に附する爲め各國と共同的協定を締結せざるべからず。

民主黨は戰爭を排斥する爲め全力を盡すべきを誓ひ、戰場に於ける人類の大規模なる殺戮が個人の殺人に比し人類の發達に必要なるものと信ずることを拒絕す。

世界平和及經濟的回復實現の唯一の方法は戰爭の原因を除去し、暴力に代ふるに法律及秩序を以てする爲め、各國が團結して努力するに存す。

民主黨の指導の下に一の實際的計畫（國際聯盟を指す）案出せられ、右計畫の下に今や五十四國活動し、平和事業に對

する各國民の自由なる協力を其の根本目的と爲しつゝあり。

米國政府は過去四年間何等の外交政策を有せざりし結果として、世界政治經濟機關の復興を遲延せしめ、内に於ては政府の自尊外に對して國家の威信を毀損し、又海外市場を失ひ、且つ米國農産物の價格を破壞せり。

米國が常に最大の道義問題の正しき側に在ることは、文明及人道の爲め最も重要なるを以て、民主黨は世界平和の理想を信じ、國際聯盟及常設國際司法裁判所が共に世界平和組成に對する現代政治家の才能及宗敎的信念の最高努力たることを信ずることを再び聲明す。更に民主黨は前の綱領中に明示せられ居る米國の國際團體内に於ける道義上の指導者たる地位を確保する爲め全力を盡すは次の「アドミニストレーション」の目的たるべきことを聲明す。平和の爲に働きつゝある機關としては國際聯盟の右に出づるものなし。從て恒久平和の爲に又國民をして戰爭の大負擔より免れしむるが爲に將又此等重要諸問題に關し「アドミニストレーション」の變更あるも、一切變更せざる永久的外交政策を確立するが爲に、本問題を黨派問題外に置くの賢明緊要なるを信じ、而して此の目的の爲に『米國は聯盟規約に大統領及合衆國上院の同意する留保又は修正を附して國際聯盟の一員となるべきや否や』との問題に付一般投票により米國民の意向を確かめむことを主張す。

民主黨は「ローザンヌ」條約に反對す。同條約は「チェスター」油田利權の爲に之を米國人の正當なる權利と交換し、且「アルメニア」人を裏切るものなり。

民主黨は土耳古に於ける「アルメニア」人の權利の保護並「アルメニア」に關する「ウイルソン」大統領の仲裁決定の履行を主張す。

民主黨は希臘の民主共和國となりたるを歡迎し、同政府及國民に對し眞摯なる好意を表す。

羅甸亞米利加諸共和國と米國合衆國との間には其の建國當初より友好關係存在し居り、右友好關係は相互關係密接となるに從ひ益々鞏固となりつゝあり。民主黨は此等諸共和國に對し『神は我等を隣人とせられたり正義は我等を友人として保つべし』との誠意ある挨拶を送る。

（尚右の外亞細亞移民排斥に關し特に左の通聲明し居れり。）

民主黨は亞細亞移民の排斥に贊成する我黨確定の地位を維持することを約す。

三、一九二四年大統領選擧の際に於ける外交に關する「ラフオレット」派の政綱

吾人は財政上の帝國主義者、石油獨占者及國際的銀行業者の利益の爲にする最近「アドミニストレーション」の射利的外交政策（The mercenary system of foreign policy under recent administrations）を糾彈す。

吾人は休戰條件に從ひ「ヴエルサイユ」條約を修正し又戰爭を排斥し、徵兵制度を廢止し、陸海軍軍備を徹底的に縮少し、講和及宣戰に對する一般人民投票を保障する爲め各國との鞏固なる條約協定を促進する積極的外交政策に贊成す。

愛蘭人の自由及獨立を得むとする要望に對し深厚なる同情を表す。

現在獨逸に於ける飢饉其の他他國に於て同樣の窮乏ある場合には、米國の傳統及前例に從ひ米國政府が剰餘食糧供給の形式に於て緊急に應じ、適當なる分量及條件により救助を與ふるを公正なりと思惟す。

吾人は米國の「ハイチ」、「サン・ドミンゴ」、「ニカラグワ」及其他の中米南米諸國に對する關係に於て屢々行はれたるが如く、弱國の開發を助くる爲に合衆國の兵力を使用することを糾彈す。

第四章　各黨派の勢力の優劣

第一節　從來に於ける民主共和兩黨の勢力比較

米國に於ける政黨勢力の消長を見る爲め建國の當初より政黨の歴史を觀察すれば大體之を四期に大別するを得べし。第一は一七八九年「ワシントン」の大統領就任より「ジョン・アダムス」大統領の任期終了迄「フエデラリスト」が中央政府の支配を掌握したる時期にして、此の時代に於ては「フエデラリスト」は主として富有階級の支持を得、而して特に當時に於て最も有力なりし北部太西洋沿岸地方に於ける商業者と「ヴアジニア」州に於ける煙草栽培者と「サウス・カロライナ」州に於ける米耕作者との利益の融和に其の勢力の根據を置きたるものなり。第二は「ジエフアーソン」が右勢力の結合を破り一八〇一年政權を握りたるときより、「ジエフアーソン」系共和黨が黨內に分裂を生じ、決潰するに至れる一八二八年に至る迄の時期にして、「ジエフアーソン」が「フエデラリスト」を破りて勝利を得たるは「メイン」州より「ジョージア」州に渉る奥地の穀物耕作者の大部分を糾合せるにあり。第三は「ジヤツクソン」が「ジョン・クインシー・アダムス」を破りて一八二九年大統領に就任し、民主黨の基礎を作りたるときより、其後新に成立せる共和黨の「リンカーン」が民主黨を破りて大統領に就任せる一八六一年に至る時期にして、「ジヤツクソン」の成功も亦「ジエフアーソン」と同樣に當時急速に西方に發展し勢力を增大しつつありし穀物耕作者の大部分の利益を結合したるにあるが、此の第三時期に於ては民主黨は優勢を占め、一八二九年乃至一八六一年の三十二年間に自黨大統領を出すこと二十四年、上院の多數を占むること同く二十四年、下院に於て多數を制すること二十二年なり。第四は一八六一年より現時に至る共和黨の優勢時期にして、此の六十五年間に於て共和黨は自黨大統領を出すこと四十九年、上院に於ける多數を制すること五十五年、下院の多數を保てること四十一年にして、殊に同黨は自黨大統領を出せる間は大低上下兩院の多數を制し居れるに對し、民主黨が自黨大統領の下に上下兩院に於ける多數を保ち得たるは第二次「クリーヴランド」內閣の前半二年間と「ウイルソン」の施政八年中の六年間とに過ぎず。

依是觀之、現存二大政黨の對立を見るに至りしより以來、共和黨は大體に於て民主黨よりも優勢を占め來れるを見るに足るべし。

參考の爲め歷代大統領の氏名、黨派別及任期を揭ぐれば左の如し。

	大統領名	黨派別	就任年次	備考	
1.	George Washington	「フェデラリスト」	一七八九	十二年間	「フェデラリスト」
2.	John Adams	同	一七九七		
3.	Thomas Jefferson	「ジェファーソン」系 「レパブリカン」	一八〇一	二十八年間	「ジェファーソン」系 「レパブリカン」
4.	James Madison	同	一八〇九		
5.	James Monroe	同	一八一七		
6.	Jahn Quincy Adams	同	一八二五		
7.	Andrew Jackson	民主黨	一八二九	十二年間	民主黨
8.	Martin Van Buren	同	一八三七		
9.	William Henry Harrison	「ウイッグ」黨	一八四一		
10.	John Tyler	民主黨	一八四一		
11.	James Knox Polk	同	一八四五	四年間	民主黨
12.	Zachary Taylor	「ウイッグ」黨	一八四九		

13.	Millard Fillimore	同	一八五〇		
14.	Franklin Pierce	民主黨	一八五三	八年間	民主黨
15.	James Buchanan	同	一八五七		
16.	Abraham Lincoln	共和黨	一八六一	二十四年間	共和黨
17.	Andrew Johnson	同	一八六五		
18.	Ulysses Simpson Grant	同	一八六九		
19.	Rutherford Birchard Hayes	同	一八七七		
20.	James Abram Garfield	同	一八八一		
21.	Chester Alan Arther	同	一八八一		
22.	Grover Cleveland	民主黨	一八八五	四年間	共和黨
23.	Benjamin Harrison	共和黨	一八八九	四年間	共和黨
24.	Grover Cleveland	民主黨	一八九三	四年間	民主黨
25.	William McKinley	共和黨	一八九七	十六年間	共和黨
26.	Theodore Roosevelt	同	一九〇一		
27.	William Howard Taft	同	一九〇九		
28.	Woodrow Wilson	民主黨	一九一三	八年間	民主黨
29.	Warren Gamaliel Harding	共和黨	一九二一		共和黨
30.	Calvin Coolidge	同	一九二三		

更に上下兩院に於ける各黨勢力の消長を比較する爲め一八五五年（第三十四議會）より現在の第六十九議會一九二五

年乃至一九二七年）當初に至る迄に於ける議會内各黨の議員數を見るに左の如し。

議會	上院					下院				
	定員	共和黨	民主黨	第三黨	缺員	定員	共和黨	民主黨	第三黨	缺員
第三十四議會	六二	一五	四二	五	—	二三四	一〇八	八三	四三	—
第三十五議會	六四	二〇	三九	五	—	二三七	九二	一三一	一四	—
第三十六議會	六六	二六	三八	二	—	二三七	一一三	一〇一	三三	—
第三十七議會	五〇	三一	一一	七	一	一七八	一〇六	四二	二八	二
第三十八議會	五一	三九	一二	—	—	一八三	一〇三	八〇	—	—
第三十九議會	五二	四二	一〇	—	—	一九一	一四五	四六	—	—
第四十議會	五三	四二	一一	—	—	一九三	一四三	四九	—	一
第四十一議會	七四	六一	一一	—	二	二四三	一七〇	七三	—	—
第四十二議會	七四	五七	一七	—	—	三四三	一三九	一〇四	—	—
第四十三議會	七四	五四	一九	—	一	二九三	二〇三	八八	—	二
第四十四議會	七六	四六	二九	—	一	三九三	一〇七	一八一	三	二
第四十五議會	七六	三九	三六	一	—	二九三	一三七	一〇六	—	—
第四十六議會	七六	三三	四三	—	—	二九三	一二八	一五〇	一四	一
第四十七議會	七六	三七	三七	二	—	二九三	一五二	一三〇	一一	—
第四十八議會	七六	四〇	三六	—	—	三二五	一一九	二〇〇	六	—
第四十九議會	七六	四一	三四	—	一	三二五	一四〇	一八二	二	一

第五十議會	七六	三九	三七	―	―	三二五	一五一	一七〇	四	―
第五十一議會	八四	四七	三七	―	―	三三〇	一七三	一五六	一	―
第五十二議會	八八	四七	三九	二	―	三三三	八八	二三一	一四	―
第五十三議會	八六	三八	四四	三	一	三五七	一二六	二二〇	八	三
第五十四議會	八六	四二	三九	五	―	三五七	二四六	一〇四	七	―
第五十五議會	九〇	四六	三四	一〇	―	三五七	二〇六	一三四	一六	一
第五十六議會	九〇	五三	二六	一一	―	三五七	一八五	一六三	九	―
第五十七議會	九〇	五六	二九	三	二	三五七	一九八	一五三	五	一
第五十八議會	九〇	五八	三二	―	―	三八六	二〇七	一七八	―	一
第五十九議會	九〇	五八	三二	―	―	三八六	二五〇	一三六	―	―
第六十議會	九二	六一	二九	―	二	三八六	二二二	一六四	―	―
第六十一議會	九二	五九	三二	―	一	三九一	二一九	一七二	―	―
第六十二議會	九二	四九	四二	―	一	三九一	一六二	二二八	一	―
第六十三議會	九六	四四	五一	一	―	四三五	一二七	二九〇	一八	―
第六十四議會	九六	三九	五六	一	―	四三五	一九三	二三一	八	三
第六十五議會	九六	四二	五三	一	―	四三五	二一六	二一〇	九	―
第六十六議會	九六	四八	四七	一	―	四三五	二三七	一九一	七	―
第六十七議會	九六	五九	三七	―	―	四三五	三〇〇	一三二	一	二
第六十八議會	九六	五一	四三	二	―	四三五	二二五	二〇七	三	―

第六十九議會	九六	五六	三九	一	一	四三五	二四七	一八三	五	一

第二節　政黨勢力關係より見たる政治的地方別

米國獨立の當初に於ては所謂十三州より成り總て太西洋沿岸諸州なりしを以て、「ワシントン」の大統領時代に於て東部諸州と稱せられたるものは所謂「ニュー・イングランド」諸州を指し「ペンシルヴァニア」及「メーリーランド」兩州の境界を以て北部諸州と南部諸州とを分ち又西部と稱するは「ニュー・イングランド」の西北「マホーク」谿谷の邊より「アツパレーシアン」山脈の間の谿谷に沿ひ「ジョージア」州に至る山地奥地を指したるものなるが、其後米國は次第に西方に領域を擴張し遂に太平洋沿岸にまで達するに至りたるを以て、「ワシントン」時代の所謂西部は今日の東部に過ぎず。「ジヤツクソン」時代の西部は寧ろ今日の東部に近く、「リンカーン」時代の西部は今日米國の中部たるに至れり。

玆に所謂米國の政治的地方別は固より何等公式に決定せる次第にあらず。單に各政黨の勢力地盤關係より考察して便宜上地方別に色別けして之を呼稱するに過ぎず。「ハーバード」大學敎授「ハルカム」(Arthur N. Holcombe) 博士の著書に從へば現今に於ける米國の政治的區分を大體現存二大政黨の對立するに至れる當初に遡り、即ち奴隷解放問題に關し南北二派に對立したる當時の色別けを基礎として南北に大別し、之に西部の新州を加へ、三大別するものにして、所謂北部と稱するは一八六〇年に於て奴隷制度に反對せる諸州の外西方に於て之に隣接せる南北「ダコタ」兩州、「ネブラスカ」州及「カンザス」州を包含せしめ、所謂南部と稱するは一八六〇年に於て奴隷制度を存したる諸州の外之に隣接し一九〇七年新に一州を成せる「オクラホマ」州を包含す。更に右以外の西部諸州は之を建國當初の所謂西部と區別する爲め極西部と稱す。

右三大別を更に小大別して北部を北東部及び北西部（中西部とも呼ばる）に分ち、南部を上南部及下南部に分ち、之に極西部を加へて五小大別とし、更に此等小大別を小別して北東部を「ニュー・イングランド」地方と中部太西洋地方とに、北西部を中部、北中部及西中部に、上南部を上南部太西洋地方と南中部地方とに、極西部を山部地方と太平洋沿岸地方とに分ち居れり。

今以上政治的地方別及之に包含せらるる諸州を地圖及表を以て示せば左の如し。

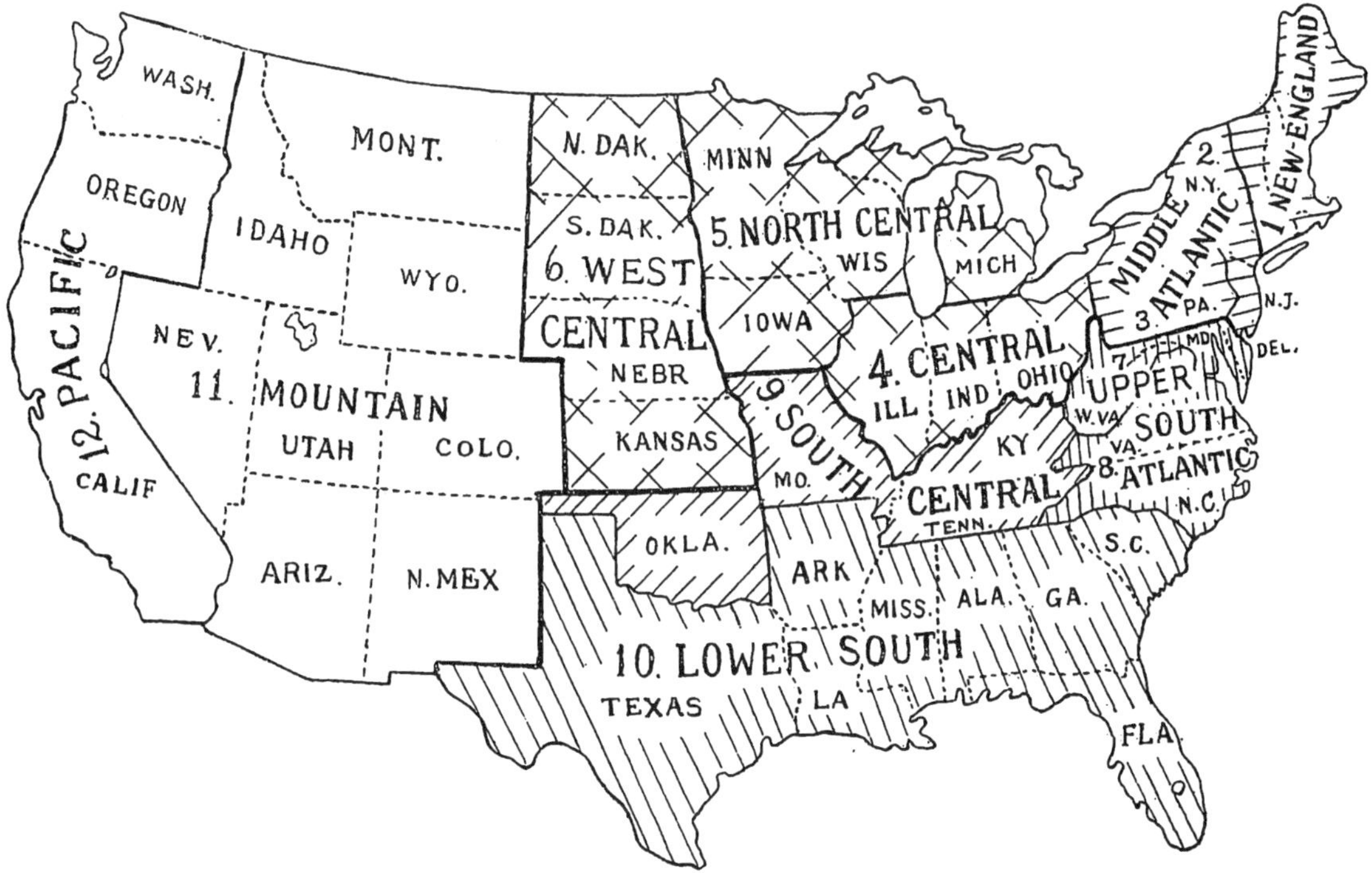
WASH.
MONT.
OREGON
IDAHO
WYO.
N. DAK.
S. DAK.
6. WEST
CENTRAL
NEBR
KANSAS
MINN
5. NORTH CENTRAL
WIS
MICH
IOWA
1. NEW-ENGLAND
2. N.Y.
MIDDLE
ATLANTIC
3 PA.
N.J.
DEL.
MD
4. CENTRAL
ILL
IND
OHIO
7 UPPER
W.VA
VA.
SOUTH
8. ATLANTIC
N.C.
9. SOUTH
MO.
KY
CENTRAL
TENN.
12. PACIFIC
CALIF
NEV.
11. MOUNTAIN
UTAH
COLO.
ARIZ.
N. MEX
OKLA.
ARK
MISS.
ALA.
GA.
S.C.
10. LOWER SOUTH
TEXAS
LA
FLA

（右の分類に依る小別地方中、例へば中部太西洋地方中の「ニューヨーク」「ニュージャージー」兩州の如き所謂 Metropolitan States と「ペンシルヴァニア」州の如き傳統的に共和黨の地盤として特色ある州とは便宜上更に之を獨立の單位に分ち、又上南部太西洋地方に付ても所謂 Border States と稱せらるゝ「デラウェア」、「メーリーランド」及「ウェスト・ヴァジニア」の三州と「ヴァジニア」、「ノース・カロライナ」両州とを各獨立の單位に分ち此の如くにして全體を十二の政治的區分に分ち之に1より12に至る數字を附したり。）

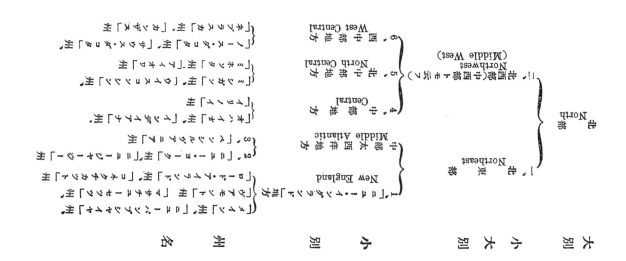

大別	小大別	小別	州名
北部 North	一、北東部 Northeast	1、「ニュー・イングランド」地方 New England	「メイン」州、「ニューハンプシャイヤ」州、「ヴァモント」州　「マサチューセッツ」州、「ロード・アイランド」州、「コネクチカット」州
		中部太西洋地方 Middle Atlantic	2、「ニュー・ヨーク」州、「ニュージャージー」州
			3、「ペンシルヴァニア」州
	二、北西部（中西部トモ云フ） Northwest (Middle West)	4、中部地方 Central	「オハイオ」州、「インディアナ」州、「イリノイ」州
		5、北中部地方 North Central	「ミシガン」州、「ウイスコンシン」州、「ミネソタ」州、「アイオワ」州
		6、西中部地方 West Central	「ノース・ダコタ」州、「サウス・ダコタ」州、「ネブラスカ」州、「カンザス」州

南部 South
- 三、上南部 Upper South
  - 7、8、上南部太西洋地方 Upper South Atlantic
    - 7、「デラウエア」州、「メーリーランド」州、「ウエスト・ヴアジニア」州
    - 8、「ヴアジニア」州、「ノース・カロライナ」州
  - 9、南中部地方 South Central
    - 「ケンタツキー」州、「テンネツシー」州、「ミヅーリ」州、「オクラホマ」州
- 四、下南部 Lower South
  - 10、下南部地方 Lower South
    - 「サウス・カロライナ」州、「ジョージア」州、「フロリダ」州、「アラバマ」州、「ミシシツピー」州・「ルイジアナ」州、「アーカンサス」州、「テキサス」州

極西部 Far West
- 五、極西部 Far West
  - 11、山部地方 Mountain
    - 「モンタナ」州、「アイダホ」州、「ワイオミング」州、「コロラド」州、「ユタ－」州・「ネヴアダ」州、「ニュー・メキシコ」州、「アリゾナ」州
  - 12、太平洋沿岸地方 Pacific
    - 「ワシントン」州、「オレゴン」州、「カリフオルニア」州

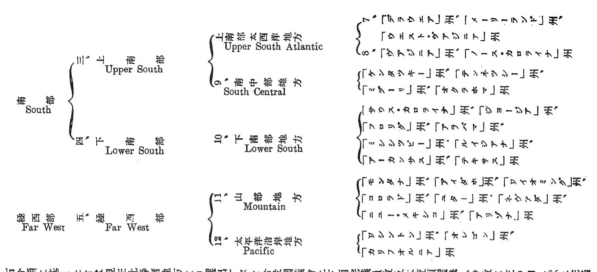

右分類に基くときは現在此等諸地方より選出すべき合衆國議會上下兩院議員數及大統領選擧人の數は左の如し。（上院議員は各州より二名宛を選出し下院議員は一九一〇年の人口調査を基礎とし、二一一、八七七人に對し一人の割合を以て各州に割當てゝ各州選擧區より之を選出し大統領選擧人の數は各州より選出する上下兩院の數を合計したるものなりとす。）

地方別		上院議員定員	下院議員定員	大統領選擧人
一、北東部	1、「ニュー・イングランド」地方	一二	三二	四四
	2、「ニュー・ヨーク」州及「ニュージャージー」州	四	五五	五九
	3、「ペンシルヴアニア」州	二	三六	三八

二、北西部	4、中部地方	六	六二	六八
	5、北中部地方	八	四五	五三
	6、西中部地方	八	二〇	二八
三、上南部	7、「デラウエア」州、「メーリーランド」州、「ウエスト・ヴアジニア」州	六	一三	一九
	8、「ヴアジニア」州、「ノース・カロライナ」州	四	二〇	二四
	9、南中部地方	八	四五	五三
四、下南部	10、下南部地方	一六	七四	九〇
五、極西部	11、山部地方	一六	一四	三〇
	12、太平洋沿岸地方	六	一九	二五
合計		九六	四三五	五三一

更に此等各地方に於ける共和民主兩政黨の勢力如何を見るに左の如し。

1、「ニュー・イングランド」六州は「コネクチカット」州が一八七〇年代の中頃より一時 doubtful state となりたることあるの外何れも共和黨の地盤にして同黨の勢力固し。

2、「ニュー・ヨーク」及「ニュージャージー」兩州は共和黨が絶對優勢を占めたる二時代（「リンカーン」の大統領に就任せる一八六一年より共和黨が下院の「コントロール」を失へる一八七五年まで、及び「マッキンレー」の大統領に就任せる一八九七年より「タフト」內閣の時下院議員選擧に破れたる一九一一年まで）には共和黨に傾きたるも其他に於ては常に doubtful state たり。

3「ペンシルヴァニア」州は共和黨の最も鞏固なる地盤たり。

4、中部諸州即ち「オハイオ」、「インディアナ」及び「イリノイ」の三州は doubtful states にして、共和黨の勢力は共の中「イリノイ」州に於て最も強く、「インディアナ」州に於て最も弱し。「イリノイ」州は一八九六年までは doubtful state なりしが同年以後は共和黨州と目せらる。

5、北中部諸州即ち「ミシガン」、「ウイスコンシン」、「ミネソタ」及「アイオワ」の四州は當初より共和黨の勢力強かりしが、一八八〇年代及一八九〇年代に其の勢力幾分衰へたるも、尙共和黨州たり。近年同黨内保守派と進歩派との合同後一層共和黨の勢力を增せり。但し「ウイスコンシン」州は「ラフオレツト」派の進歩派の有力なる地盤にして、同じく共和黨州と稱するも、其の間自ら色彩を異にせるものあることは之を注意せざるべからず。

6、西中部諸州、即ち「カンザス」、「ネブラスカ」、「サウス・ダコタ」及「ノース・ダコタ」の四州に於ては共和黨の勢力に相當の變遷あり。此等地方は當初共和黨の勢力強かりしも、一八九〇年代に民主黨州となり、其の後更に共和黨州となり居れるも、其の共和黨的色彩は北中部諸州に於ける程確實にあらず。例へば「ノース・ダコタ」州に於ては一九二〇年の總選擧に於て共和黨優勢を占めたるも、右は Non-Partisan League の策戰が民主黨の勢力を弱めたる結果にして、眞に共和黨の勢力を强めたるものにあらず。同樣の傾向は同州以外の隣接諸州にも之を見る所なり。

7、「デラウエア」、「メーリーランド」及「ウエスト・ヴアジニア」の三州(The Eastern Border States とも稱せらる)は「マツキンレー」と「ブライアン」と爭ひたる一八九六年の選擧戰以後一時 doubtful states たりし以外に於ては民主黨常に幾分優勢を占め居れり。

8、「ヴアジニア」及「ノース・カロライナ」兩州は一般に民主黨州たり近年此の傾向更に强し。

9、南中部諸州、即ち「テンネツシー」、「ケンタツキー」、「ミヅーリ」及び「オクラホマ」の四州は民主黨の地盤にして、下南部諸州程には決定的ならざるも民主黨の勢力强し。

10、下南部諸州即ち「サウス・カロライナ」、「ジヨージア」、「フロリダ」、「アラバマ」、「ミシシツピー」、「ルイジアナ」、

「アーカンサス」及び「テキサス」の八州民主黨の最も鞏固なる地盤たり。

11、山部地方即ち「モンタナ」、「アイダホ」、「ワイオミング」、「コロラド」、「ユター」及「ネヴァダ」の諸州に一九一二年より新に「アリゾナ」及「ニューメキシコ」の二州を加へたる八州に於ては其の黨派的傾向區々にして、明確に之を擧示すること困難なるも、一般的に云へば南北戰爭以後共和黨に傾き居りたるも、「ブライアン」が初めて立候補したる一八九六年の大統領選擧には民主黨勢力を占め、其の後に於ても大體より見て何れかと云へば共和黨よりも民主黨に傾けるが如く、而して右と同時に共和黨的色彩は北方殊に「アイダホ」及「ワイオミング」兩州に顯著にして、又民主黨的色彩は南方に之を認め得る所なり。

12、太平洋沿岸諸州即ち「カリフォルニア」、「オレゴン」及「ワシントン」の三州は元來 doubtful states なりしが幾分共和黨側に傾き、而して一九〇〇年以後に於ては共和黨的色彩一層强きに傾けり。

第三節　一九二四年大統領選擧に於ける各黨派得票數

一九二四年十一月四日に擧行せられたる大統領選擧に於ても共和黨は有力にして、完備せる選擧機關に加ふるに豐富なる選擧費用を以てし、「クーリッヂ」大統領の政費節約及減税を説きて納税者に負擔輕減の希望を抱かしめたると、副大統領候補者「ドーズ」が憲法問題を提げて愛國的保守的分子の支持に訴へたることは他方民主黨側内部に南部及西部地方の agrarian democrats に後援を有する「マッカードー」派と紐育及北東部の urban democrats に後援を有する「スミス」派との間に競爭を生じ、黨内に一致を缺きたること等と相俟ちて共和黨に有利なる結果を齎らし、選擧の結果は共和黨の大勝に歸し、「エレクトラル・ヴォート」總數五百三十一票中共和黨は三百八十二票を占めたるに對し、民主黨は百三十六票、「ラフォレット」派は僅に其の郷里「ウイスコンシン」州に於ける十三票を得たるに過ぎず。之を更に「ポピュラー・

ヴォート」に付て見るに全投票二千九百九萬一千四百十七票中共和黨一千五百七十二萬五千十六票、民主黨八百三十八萬六千五百三票、「ラフォレット」派四百八十二萬二千八百五十六票なり。

參考の爲に各州に於ける各黨派得票數を表示すれば左の如し。

右に依て見れば民主黨が明に多數を制し得たるは一八六一年 The Southern Confederacy を形成せる南部十一州にして、此の外に「オクラホマ」州に於て共和黨よりも稍多數を制し居れるに對し、共和黨は一八六〇年「リンカーン」に味方せる北部諸州中「ウイスコンシン」州及「アイオワ」州を除き其の他の全部に於て總て「ポピュラー・ヴォート」の多數を制し居る外、「デラウエア」、「カンザス」、「サウス・ダコタ」、「コロラド」、「ワイオミング」及「ワシントン」の諸州に於ても同じく優勢を占め、又「メーリーランド」、「ウエスト・ヴアジニア」、「ケンタツキー」及「ミヅーリ」の四州及中西部中「アイオワ」、「ネブラスカ」及「ノース・ダコタ」の三州及「ロツキー」山部地方中「モンタナ」、「アイダホ」、「ユター」、「ネヴアダ」、「ニユーメキシコ」及「アリゾナ」の六州に於ては、何れも僅少の多數を制したり。更に「ラフォレツト」派は「ウイスコンシン」州に於て優勢を得たるの外は北西部に於て「アイオワ」州及「ミネソタ」州より南北「ダコタ」兩州を通して太平洋沿岸に至り「カリフォルニア」州及「ネヴアダ」州ヲ包含する合計十一州に於て民主黨を第三位に墮して第二位の得票を占め居るも東部諸州に於ては同黨は得票少なき第三位を占め居り、更に南部諸州に於ては殆んど得票を有せざるを見るを得べし。

第四節　一九二六年度選擧の結果並に現在議會の黨派別

一九二六年七月第六十九議會第一會期の閉會當時に於ける議會內各黨派勢力の分野は左の如し。

上　院　　定員九六名（各州より二名宛選出す）

共和黨　五五名
民主黨　四〇名
農民勞働黨　一名

而して上院議員は任期六年にして二年毎に三分の一宛改選せらるゝを以て右の中

一九二六年十一月改選せらるべき者	共和黨	二五	民主黨	七
一九二八年　同　同	共和黨	一一	民主黨	二〇
	農民勞働黨	一		
一九三〇年　同　同	共和黨	一九	民主黨	一三

下院　定員四三五名（任期二年全部一九二六年十一月改選す）

共和黨　二四四名
民主黨　一八二名
農民勞働黨　三名
社會黨　二名
缺員　四名（内二名は其後同年八月三十一日「カルフォルニア」州に於て共和黨議員補缺選出せられたり）

右に依りて明なるが如く、共和黨は上下兩院に於て多數を制したるが、玆に注意すべきは共和民主兩黨內には各其の幹部の意向を奉ぜざる所謂頑固派と稱せらるる異分子あることにして、殊に共和黨上院に於ては所謂「ラフオレット」系急進派と目せらるゝ「ノリス」(Norris) 及「ハウエル」(Howell)(共に「ネヴラスカ」州選出)、「ナイ」(Nye) 及「フレーザー」(Frazier)（共に「ノース・ダコタ」州選出）、「ラフオレツト」(Robert M. La Follette, jr.)(「ウイスコンシン」州選出）の五名の異分子あるのみならず、此の外に尙「ボラー」(Borah)（「アイダホ」州選出）、「ジョンソン」(Hiram Johnson)（「カリフオルニア」州選出）及「クーザンス」(Couzens)「ミシガン」州選出）等の如き動もすれば黨幹部に反抗するの傾向ある分子を包含せることにして、米國の常設國際司法裁判所加入問題に關し此の一派が政府側に反抗し極力反對の行動に出でたるは最近に於て最も顯著なる事例なり。下院に於ても此等の一派に相呼應する分子あるは勿論にして、此等頑固派の向背は議會內に於ける勢力に重大なる影響を及ぼすものと云はざるべからず。

本年(一九二六)は二年目每に行はるゝ選擧年度に當り上院の三分の一及下院議員全部改選せらるゝを以て、其の結果は多大の注意を以て迎へられ、特に上院改選議員三十二名は一九二〇年共和黨の大勝の結果として其の中二十五名迄は共和黨議員にして、僅に殘餘の七名が民主黨議員なる處、本年の選擧に於て共和黨が果して斯の如き優勢を占め得るや否やは頗る疑問とせられ、從て次期議會に於て同黨が上院に於ける多數を制し得るや否やは注目の焦點たりしが、本年十一月二日に擧行せられたる選擧の結果は、先づ上院に付ては改選議員三十四名（內二名は unexpired term に對する短期議員なり）中共和黨二十名、民主黨十四名當選し、民主黨は新に七州に於て共和黨を破れり。

即ち上院に於ける分野は左の通となれり。

現議會（本年十二月六日より開會せられ一九二七年三月四日迄繼續すべき第六十九議會第二會期）

共和黨	五二名
民主黨	四二名
農民勞働黨	一名
缺員（「メイン」州）	一名（一九二六年十一月二十九日補缺選擧擧行の筈）

第七十議會（一九二七年三月四日以後）

共和黨	四七名
民主黨	四七名
農民勞働黨	一名
缺員	一名

右「メイン」州に於ける補缺選擧の結果は共和黨議員の選出を見ること略々確實なるを以て、第七十議會に於ては共和黨四十八名を算することゝ見て上院に於ける形勢は、數字上に於ては共和黨は民主黨に對し一名の多數を有し、農民勞働黨の「シツプステツド」が民主黨と行動を共にし可否同數となるときに於ても、上院議長たる「ドーズ」副大統領の表決權行使により共和黨は多數を制し得るも、之が爲には黨內頑固派全部の共和黨側に投票するを必要とし、而して今回の選擧により「ラフオレツト」系急進派は更に「ブレイン」(Blaine)(「ウイスコンシン」州選出)及「ブルツクハート」(Brookhart)(「アイオワ」州選出)の二名を加へて合計七名となりたるを以て、之に前記「ボラー」「ジヨンソン」等の分子を加へたる共和黨內頑固派は益々其の勢力を得、此等異分子の一團が其の向背により上院に於ける形勢を支配し、所謂「キヤスチング・ヴオート」を掌握するの勢を更に强めたることゝなり現共和黨政府側の立場は從前に比し一層困難を加へたるものと言はざるべからず。

次に下院に付ては本年十二月六日より再開せらるべき現議會に於ては、

共和黨	二四八名
民主黨	一八二名
農民勞働黨	三名

社會黨　二名

なる處今回の選擧の結果一九二七年三月四日以後の第七十議會に於ては、

共和黨　二三七名

民主黨　一九五名

農民勞働黨　二名

社會黨　一名

となり共和黨は多少其の數を減じたるも依然下院に於ける多數を制し得る形勢にあり。

第五章　各黨領袖の人物略歷

米國の政黨には黨の總裁なるものなく、黨の最高機關としては四年に一度開催せらるゝ全國大會ありて黨の政綱、內黨大統領候補者を決定し、常設機關としては全國委員會ありて黨務を見るも、此等は何れも合議的機關たり。大統領は其の地位上自然表面的に自黨の中心と仰がるゝと雖も、黨の組織上自黨を統率するものにあらず。重要なる問題に關しては黨の有力者と協議して政府の政策方針を決定するを通例とす。又議會には各黨の院內總理あれども、之は院內の關する限り黨議員の統率を行ふものにして、而も黨の議員間には必ず Party line に從つて行動すべしとの了解なく、或問題に關し黨の大勢に反する行動に出でたる議員と雖も必ずしも其の黨より懲戒、除名等の處分を受くることなし。要之黨としての結合は他國の政黨に比し幾分鞏固密接ならざるものあるを注意せざるべからず。更に事實上より見るときは、全國大會に於て大統領候補者として指名を受くる者は必ずしも所屬黨の最大人物たるを意味せず。黨中眞に第一流の人物は却て各種の障礙に制せられて大統領候補者として指名を受くること困難なる事實尠からず。又閣員の如きも大統領の個人的關係により選任せらるゝことと往々にして、黨人として有力者たらざることあり。中央上院議員の多數は各自州に於ける自黨の有力者なりと云ふを得べきも、其數多數なるを以て一々之を茲に擧ぐるを得ず。仍て本章には一般に各黨内に於て重要なる人物と目せらるる者を「アルファベット」順に掲記するに止めたり。

尚社會勞働黨、勞働者（共產）黨等の有力者に關しては詳細なる材料なきに付之を省略せり。

一、共　和　黨

一、「バットラー」(William Morgan Butler)「マサチューセッツ」州選出上院議員

一八六一年「マサチューセッツ」州「ニュー・ベッドフォード」に生る。一八八四年「ボストン」大學法律學校を卒業、次いで辯護士の資格を得、一八九五年迄郷里「ニュー・ベッドフォード」に、同年より一九一二年迄「ボストン」に辯護士を開業す。一八九〇年より九一年迄州下院議員、次で一八九二年より一八九五年迄州上院議員となり、而して最後の二年間は州上院議長たり。一九二四年の共和黨全國大會に於ては同黨全國委員會委員長に擧げられ「クーリッヂ」派の選擧委員長たり。一九二四年十一月「マサチューセッツ」州知事の任命により同州選出上院議員となる。現大統領の同郷として最も密接なる關係を有し共和黨内に於ける「クーリッヂ」派の有力者たり。最近一九二六年十一月に行はれたる選擧に於ける改選に於て「バドラー」に對しては大統領より特に推薦狀を發し、選擧當日には大統領夫妻は態々同氏選擧の爲め、「マサチューセッツ」州に赴きたる爲に「バットラー」は幾分形勢を盛返へせりと傳へられたるが、結局遂に民主黨候補「ウオルシュ」に敗れたり。右は一面大統領の威信に對する打擊なりと評せらる。

二、「カッパー」(Arthur Capper)「カンザス」州選出上院議員

一八六五年「カンザス」州「ガーネット」に生る。同地にて初等及び中等教育を了へたる後同州「トペカ」の「トペカ・

デーリー・キャピタル」の植字工より身を起し、同紙探訪員、編輯人となり、一八九一年紐育に赴き紐育「ヘラルド」の記者となり、翌年には華府に於ける特別通信員となりたるが、一八九三年自ら週刊新聞「ノース・トペカ・メール」を買收し、後之に「カンサス・ブリース」紙を合せ、更に數年後「トペカ・デーリー・キャピタル」其他を買收せり。一九一四年「カンザス」州知事となり一九一六年再選、一九一八年同州選出上院議員となり、一九二四年更に再選せらる農民の利益を代表する farm man として知らる。

三、「ドーズ」(Charles G. Dawes) 副大統領

一八六五年「オハイオ」州「マリエッタ」に生る。「マリエッタ・カレッヂ」及「シンシナチ」法律學校卒業後一時辯護士たりしが、後實業界に入り瓦斯事業に關係し、又一八九七年より一九〇二年迄 Comptroller of the Currency たり。一九〇二年以來市俄古の Central Trust Co. の總裁たり。歐洲大戰中 General Purchasing Board の委員長、歐洲派遣軍の General Purchasing Agent たり。又 Allies Purchasing Board 及 Liquidation Commission of the Allies の一員たり Brigadier-General の階級を與へらる。一九二一年には Director of the Federal Budget System となり、更に一九二三年獨逸賠償問題に關する特別委員に擧げられ、遂に有名なる「ドウズ」案を作成して聲名を馳するに至りたるは普く人の知る所なり。同案は獨逸賠償の難問題解決の基礎を發見して、之に依りて休戰以後歐洲の平和に最大の貢獻を爲せるものとして米國の誇とする所なり。一九二四年七月の共和黨全國大會に於て副大統領候補者に指名せられ、同年十一月四日副大統領に當選す。頭腦明晰の人なり。上院議事規則改革を唱導す。

四、「デイニーン」(Charles S. Deneen)「イリノイ」州選出上院議員

一八六三年「イリノイ」州「エドワーズヴイル」に生る。同州「レバノン」の「マッケンドリー」大學及市俄古の「ユニオン・カレッヂ・オブ・ロー」(現在の「ノースウエスタン」大學の前身)に法律を修め、Illinois General Assembly の

員、State's Attorney を經て一九〇四年同州知事となり、一九〇八年再選任期終了後市俄古にて辯護士となれるが、同州選出上院議員「マツコルミツク」の死により一九二五年二月「イリノイ」州知事の指名に依り其の補缺として上院議員に選任せらる。

五、「ヂレツト」(Frederick Huntington Gillett)「マサチユーセツツ」州選出上院議員

一八五一年「マサチユーセツツ」州に生る。一八七七年辯護士となり、同州の檢事副總長の職に居ること數年、州議會を經て一八九二年合衆國下院に選出せられて以來、每期引續き下院議員に當選し、第六十六及第六十八の兩議會には下院議長に擧げられ、一九二五年三月より上院議員となる共和黨の長老株たり。

六、「ケロツグ」(Frank Billings Kellog) 國務長官

一八五六年紐育州「ポツダム」に生る。一八七七年「ミネソタ」に於て辯護士となり市及郡の Attorney たりしことあり。又「トラスト」關係訴訟事件に關し屢々政府の辯護士たりしことあり。一九一七年より一九二三年迄「ミネソタ」州選出上院議員たり。一九二三年駐英大使となり「ヒユーズ」の後を襲ひて一九二五年二月國務長官に就任す。

七、「ラ・フオレツト」(Robert M. La Follett, Jr.)「ウイスコンシン」州選出上院議員

一八九五年「ウイスコンシン」州「マヂソン」に生る。一九二四年の總選擧に第三黨運動を起し、大統領候補者として名乘りを上げたる「ラフオレツト」の子なり。

八、「レンルート」 Irvine L. Lenroot)「ウイスコンシン」州選出上院議員

一八六九年「ウイスコンシン」州に生る。辯護士、一九〇〇年、一九〇二年、一九〇四年州議會に選出せられ、一九〇三年及一九〇五年其の議長たり。第六十一議會より第六十五議會迄引續き合衆國下院に選出せられ、一九一八年四月補缺として上院に入り、一九二〇年再選す、共和黨内の有力者にして、第六十九議會に於て米國の常設國際司法裁判所加入問

題の討議に共和黨側領袖として戰ひ注目を惹けるか、之か爲め一九二六年改選期には同州に於て勢力を有し、且同裁判所加入に極力反對せる「ラフォレット」派は同裁判所問題を主題として「レンルート」を苦戰に陥らしめ、八月の同州に於ける共和黨豫選に於て「レンルート」は遂に敗るゝに至れり。

九、「ロングウオース」(Nicholas Longworth) 下院議長

一八六九年「オハイオ」州「シンシンナチ」に生る。「ハーヴアート」大學及「シンシンナチ」法律學校を卒業後辯護士となる。一八九九年州下院に一九〇一年州上院に入り、次で第五十八議會以來引續き中央下院議員たり。第六十九議會に於て下院議長となる。將來を囑目せらるゝ有力者なり。尙ほ夫人は故「ルーズヴェルト」大統領の女なり。

十、「ロウデン」(Frank Orren Lowden) 前「イリノイ」州知事

一八六一年「ミネソタ」州「サンライズ・シチー」に生る。一九〇六年より一九一一年迄中央下院議員たり。一九一七年より一九二一年迄「イリノイ」州知事たり。一九二〇年の共和黨全國大會に於ては有力なる大統領候補者たりしが、其の選擧運動者中に不正事件をなするものありたる爲指名を得るに至らざりしも、將來の大統領候補者の一人と目せられ屢々噂せらるゝ有力者なり。

十一、「ノリズ」(George W. Norris)「ネブラスカ」州選出上院議員

一八六一年「オハイオ」州「サンダスキー」郡に生る。少時より貧困の中に在りて力行苦學し法律を修め一八八三年辯護士となり、一八八五年「ネブラスカ」州に移住し、後裁判官となり、更に五十八議會より六十二議會迄合衆國下院議員に選出せられ、一九一三年三月上院議員となり、一九一八年及一九二四年再選す。所謂「ラフオレット」系進步派の有力者にして、共和黨內に於ける頑固派の頭梁株なり。

十二、「テイルソン」(John Guillin Tilson)「コネクチカット」州選出下院議員

一八六六年「テンネッシー」州「クリアーブランチ」に生る。「エール」大學及「エール」法律學校を卒業し「コネクチカット」州「ニューヘヴン」に於て辯護士となる。米西戰爭に從軍し軍籍に在りたることあり。一九〇四年「ニューヘヴン」より州議會に選出せられて一九〇七年には其の議長となる、其の後同州選出下院議員となり引續き下院に議席を有し現に共和黨下院總理たり。

十三、「ワツトソン」(James E. Watson)「インディアナ」州選出上院議員

一八六四年「インディアナ」州「ウインチェスター」に生る。一八八六年 De Pauw University 卒業、一八八七年辯護士の資格を得、父と共に辯護士を業とす。一八九四年同州選出下院議員となり、一八九六年落選せるも、一八九八年より一九〇六年迄引續き五回再選、一九一六年上院議員に當選し、一九二〇年再選す。同年六月市俄古に於ける共和黨全國大會には決議委員會委員長たり。【註一】

【註一】 尙「ボラー」(William Edgar Borah)、「カーチス」(Charles Curtis)、「デーヴイス」(James John Davis)、「クーリッヂ」(Calvin Coolidge)、「ウオヅワース」(James W. Wadsworth. Jr.)「タフト」(William Haward Taft)、「スムート」(Reed Smoot)、「ルート」(Elihu Root)、「メロン」(Andrew William Mellon)、「フーヴアー」(Harvart Clark Hoover)、「ヒューズ」(Charles Evans Hughes)、「ジヨンソン」(Hiram Warren Johnson)、「ウッド」(Leonard Wood) に就きては大正十二年外務省歐米局編纂「各國の政黨」三六頁乃至五三頁參照。

二、民　主　黨

一、「グラツス」(Carter Glass)「ヴァジニア」州選出上院議員

一八五八年「ヴァジニア」州「リンチバーグ」に生る。同市の朝刊及夕刊新聞を所有す。一八九九年より一九〇三年迄

州上院議員たり。一九〇二年以後一九一八年迄引續き中央下院議員に選出せられ、一九一八年十二月「ウイルソン」内閣の大藏長官に任命せられて下院議員を辭す。一九二〇年大藏長官を辭職して自州選出上院議員となり、一九二四年再選す、兩院を通じて最も有能なる財政通として知らる。「ヴアジニア」州民主黨の有力者なり。

二、「マツカードー」(William Gitbs Mcadoo) 元大藏長官

一八六三年「ジョージア」州「マリエツタ」に生る。後「テネシー」州に移り同州々立大學に法律を修め二十一歳の時辯護士となる。一八九二年紐育に移り「ハドソン」河床「トンネル」開鑿事業の發案者として其の工事を目的とする會社を組織し、一九一二年より一三年迄其の社長たり。又一九一二年民主黨全國委員會の副委員長となり、同年の總選擧には臨時委員長として活動す。一九一三年「ウイルソン」内閣に入りて大藏長官となり、大戰中の財政を處理して名聲を擧ぐ。一九一八年十二月個人的財政上の理由により辭職し、再び紐育に辯護士を開業し、更に一九二二年春加州羅府に移る。「ウイルソン」の女婿なり。政治家として一般的資格を兼備し勇氣と實行力とに富むと稱せらる。一九二〇年の民主黨全國大會に於ては大統領候補者として次點者たり。更に一九二四年の同大會に於ては當初より最も有力なる大統領候補者たりしが、「アルフレツド・スミス」と競爭し、幾度か投票を重ねて互に所要の三分の二の得票を得ざりし結果結局「デーヴイス」の指名を見るに至れり。

三、「リーチー」(Albert Cabell Ritchie)「メーリーランド」州知事

一八七六年「ヴアジニア」州「リツチモンド」に生る。一八九六年「ジョンスポプキンス」大學卒業「メーリーランド」大學其の他の學位を有す。獨身者なり。一八九八年「ボルチモーア」に於て辯護士となり、一九〇三年より一九一〇年迄同市の「アツシスタント・シテイー・ソリシター」、一九一〇年より同一三年迄同市「パブリツク・サーヴイス・コンミツシヨン」の「アツシスタント・ジエネラル・カウンセル」、一九一六年より一九二〇年迄「メーリーランド」州「アツターネ

ー・ジェネラル」たり。一九二〇年同州知事に當選し、一九二四年再選す。一九一六年乃至一九二〇年並一九二四年民主黨全國大會委員たり。民主黨內に於ける大統領候補者の一人に數へらるゝ有力者なり。

四、「スミス」(Alfred E. Smith) 紐育州知事

一八七三年紐育市に生る。宗教學校にて教育せられ、一八九五年より一九〇三年迄紐育市 Commissioner of Jurors の事務所の書記たり。一九〇三年より一九一五年迄州下院議員の職にあり、其の間一九一一年州下院に於ける民主黨領袖となり、又一九一三年、州上院議長となる。一九一五年には州憲法大會代表者となり、又同年より一九一七年迄紐育「カウンチー」の「シェリフ」たり。一九一七年紐育市參事會議長となる。一九一九年より一九二〇年に渉り紐育州知事となり、更に一九二三年以來引續き同州知事たり。民主黨員の團結にして紐育市政を左右し居れる「タマニー・ホール」(Tammany Hall) と密接なる關係あり。多年紐育市政を掌握して動かすべからざる勢力を張り居り、民主黨の最も有力なる人物なり。一九二四年の大統領選擧には民主黨全國大會に有力なる大統領候補者として「マッカードー」と競爭したるが、何れも三分の二の投票を得ざる爲め六月三十日より七月七日迄投票を重ぬること百三回、結局「デーヴィス」の指名を見たり。其の間「スミス」の得たる投票中最高のものは三百六十八票、「マッカードー」の最高得票數は五百三十票なり。將來に於ては民主黨大統領候補者として最も呼聲高き有力候補者の一人なり。

五、「スワンソン」(Claude Augustus Swanson)「ヴァジニア」州選出上院議員

一八六二年「ヴァジニア」州に生る。青年時代より苦學し、遂に「ヴァジニア」大學に法律を修め、同州「チャタム」に辯護士を開業し、一八九三年より一九〇五年迄同州選出下院議員となり引續き第五十九議會にも再選せるも、一九〇六年より一九一〇年迄「ヴァジニア」州知事たり。次で一九一〇年八月以來引續き同州選出上院議員たり。上院外交委員會に於ける民主黨の筆頭委員たり。米國の常設國際司法裁判所加入問題に關し第六十八議會に於て「スワンソン」案を提議し、

次で第六十九議會に於ける同問題の討議には民主黨側を指揮して奮闘したり。【註一】

【註一】 尙「ベーカー」(Newton Diehl Baker)、「キング」(William H. King)、「リード」(James A. Reed)、「ロビンソン」(Joseph Taylor Robinson) に就ては大正十二年外務省歐米局編纂「各國の政黨」八〇頁乃至八九頁參照。

三、禁酒黨

一、「フアリス」(Herman Prestor Faris)

一八五八年「オハイオ」州に生る。十三歲の時「ミゾリー」州「クリントン」に於ける印刷所に雇はれ、後同市に於ける商社の「オフイス・ボーイ」となり、一八七八年「コロラド」州「トリニダツド」に於ける區裁判所の書記補となり、翌年再び「クリントン」に歸り、一八八七年以來同地 Brinkerhoff-Faris Trust and Savings Co. の會計係、支配人、Clinton Realty Co. 及 Brinton Land Co. の社長、支配人たり。一八八八年「ミゾリー」州に於ける禁酒黨候補者たり。知事候補者たること三回、一九二四年には禁酒黨大統領候補者たり。現に「クリントン」Y. M. C. A. の會長たり「プレシビテリアン」敎會員たり。

二、「ブレーム」孃 (Miss. Marie Caroline Brehm)

一八五九年「オハイオ」州に生る。小學敎育を受けたるのみにて病氣の爲專門的敎育を受けざりしも、父に就き獨逸語佛蘭西語及市民學を修め、一八九一年以後 Young Women's Christian Temperance Union に關係し其の講演者となり、又女權擴張を說き前記「ユニオン」の女權擴張部を主宰す。一九〇二年より一九〇六年迄「イリノイ」に於ける同「ユニオン」の會長となり、一九〇九年、一九一一年及一九一三年歐洲各地に開催の萬國禁酒大會に代表として出席す。一九二〇年「ネブラスカ」州「リンカーン」に於ける禁酒黨全國大會に議長に擧げられ、一九二一年十月四日以來加州 State

Woman's Legislation Council の副總裁たり。一九二四年には禁酒黨副大統領候補者たり。

三、「ヒンショー」(Virgil Goodman Hinshaw)

一八七六年「アイオワ」州に生る。同州「ペン」大學及「ミネソタ」州大學法科を出で全國大學禁酒協會(National Intercollegiate Prohibition Association)に入り其の遊說部員となり、各地を廻り一九〇〇年乃至一九〇六年及一九〇八年乃至一九一〇年の間に百八十五の「カレッヂ」を訪へりと云ふ。一九一〇年より一九一二年迄「オレゴン」州「ポートランド」に辯護士たり。一九一二年より一九二四年迄禁酒黨全國委員會の委員長たり。【註一】

【註一】 尙「ワトキンス」(Aaron Sherman Watkins) に就ては大正十二年外務省歐米局編纂「各國の政黨」一〇九頁乃至一一〇頁參照。

四、米國社會黨

一、「デブス」(Eugne Victor Debs)

一八五五年「インデイアナ」州に生る。佛國人系の米人なり。鄕里の小學校を卒業したる後「インデイアナポリス」鐵道の火夫となり、次で鄕里の一雜貨店に住込むこと數年、此の間自ら二三の勞働組合を組織す。一八七八年火夫組合機關雜誌の記者となり、後之が支配人となる。之より漸次鄕黨に其の名を知られ、州議會に選出せらるゝこと二回、其後一八九三年に至る迄數年全國を轉々遊說して同年米國鐵道從業者組合を組織し、一八九七年迄之を總裁す。其の間大北鐵道の罷業を率ゐ、又一八九四年西部諸鐵道の所謂「プルマン・ストライキ」を主宰し Conspiracy に問はれ審理中法廷侮辱の廉を以て六ケ月の懲役に處せられ、收監中社會主義を硏究し、急進勞働運動の首領より社會主義運動に參加するに至れるものにして、一八九六年には民主黨大統領候補「ブライアン」を支持したるも、其の後社會主義に改宗せることを公然發表し、一八九七年前記鐵道從業者組合を解散し、「ステドマン」「ヴイクトル・バージヤー」等一味と共に社會民主黨を組織し、黨勢を擴張し、一九〇〇年の大統領選擧には同黨大統領候補者に指定せられ、一九〇一年同黨が社會勞働黨を脫退せる「ヒルクイツト」一派と合同して現在の米國社會黨成立せる後に於ても、一九〇八年、一九一二年及び一九二〇年の大統領選擧に社會黨大統領候補者に選定せられ。一九一八年「オハイヨ」州に於て戰爭反對演說を爲して密偵法に觸れ懲役十年に處せられたるが、入獄中一九二一年十二月大統領の赦免により出獄せり。（附記、「デブス」は本年（一九二六年）十月二十日死亡せり）。

二、「バージヤー」（Victor L. Berger）「ウイスコンシン」州選出下院議員

一八六〇年墺洪國に生る。一八七八年家族と共に米國に移住し、其の後學校教師となり、更に新聞記者となる。一八八一年以來勞働運動に參加し、一九一〇年「ミルウオーキー」より第六十二議會下院議員に選擧せられ、更に一九一八年第六十六議會に選出せられたるが、米國の參戰に反對し、同問題に關する意見を述べたる記事を書きたる爲め各地にて告發せられ、一九一九年二月市俄古に於て裁判の結果有罪として二十年の懲役を宣告せられ、下院よりは出席を拒絕せられたるが、同年十二月更に多數の得票を以て下院議員に再選せらる。下院は再び其の出席を拒絕せるが「バージヤー」は前より一層の多數を以て第六十八議會に再選せられたり、一九二一年合衆國大審院は前記裁判所宣告を取消し、翌年政府は同人に繋屬せる一切の事件を撤回するに至れり。第六十九議會にも再選せられ現に社會黨下院議員たり。社會黨の運動の急先鋒にして多年同黨の幹部として有力者たり。現に社會黨新聞たる「ミルウオーキー・リーダー」（日刊）の編輯人たり。

三、「ステドマン」（Seyriour Stedman）

一八七一年「コネクチカツト」州に生れ。父母と共に「カンザス」州に次で市俄古に移住し、或は商店に働き、或は「メツセンジヤー・ボーイ」となる。十七才の時辯護士たらんとして法律學校に入りしか、中途にして州民主黨に加はり遊說

を爲し雄辯家として市俄古に名を成せり。二十才の時辯護士となりたるが、時恰も米國鐵道組合の大罷業に際し之に投じて「デブス」に識らるゝに至り、爾來影の形に伴ふが如き關係に於て「デブス」を助け來れり。「デブス」其の他の黨員が密偵法に問はるゝや之が辯護人として活動せり。一九〇八年一九一〇年社會黨副大統領候補者に選定せらる。

四、「ロンドン」(Meyer London)

一八七一年露西亞に生る。一八九一年米國に移住し、一八九八年辯護士となり、爾來紐育に開業す。多年社會黨及び勞働問題の爲に活動し、紐育市より民主黨及共和黨の候補者を破り、社會黨議員として聯邦議會下院議員たること三回、一九二二年の選擧には大敗す。

五、農民勞働黨

一、「クリステンセン」(Parley Parker Christensen)

一八六九年「アイダホ」州に生る。「ユタ」大學を卒業し、「コーネル」大學の學位を有す。辯護士なり。一九一〇年より一九一二年迄「ユタ」州議會下院議員たり。一九一六年「ソルトレーキ・シチー」市街電車罷業の調停者たり。一九一二年共和黨進步派に投じ進步黨員たりしが、其の後之を脫し農民勞働黨員となる。一九二〇年市俄古に於ける四十八委員會常任委員長となり、同年農民勞働黨大統領候補者に選定せらる。一九二一年より市俄古に移り辯護士たり。

二、「ヘイス」(Max S. Hayes)

一八六六年「オハイオ」州に生る。一八八三年兩親と共に「クリーヴランド」に移る。小學教育を受けたるのみ印刷業を習ひ、一八九〇年二月「クリーヴランド・シチズン」紙(The Cleveland Citizen)の設立を助け二年後其の編輯人となる。同紙は一八九六年迄「ポピュリスト」黨系に屬したるが、同年以後社會黨新聞となる。一九〇〇年二月紐育州「ロチェスター」に於ける社會勞働黨全國大會にて副大統領候補者に選定せられたるも、二ヶ月後同黨が社會民主黨と合同するや右候補を辭す。諸勞働組合及社會主義的團體に關係して役員たり。一九一九年 National Labor Party の實行委員會委員長となり、翌一九二〇年には農民勞働黨副大統領候補者に選定せらる。

三、「シツプステツド」(Henrick Shipstead)「ミネソタ」州選出上院議員

一八八一年「ミネソタ」州に生る。一九〇三年市俄古北西大學齒科を卒業、「ミネソタ」州「グレンウツド」に齒科醫を開業し、其の間市政及州政に關係す。一九二〇年「ミネアポリス」に移り、齒科醫を業とす。一九二二年農民勞働黨より上院議員候補者に指名せられ、同年十一月共和黨候補者「ケロツグ」(現國務長官)及民主黨候補者「オレソン」を破り上院議員に當選す。上院中唯一の農民勞働黨議員なり。

第六章　各黨に對する主要新聞の黨派的色彩別

今日米國に於て大新聞と稱せらるゝものは巨額の資本を擁して莫大の收益を擧げつゝあり、從て其の多くは財的基礎鞏固にして所謂新聞の獨立を保持し、各新聞は主として營利的方面より打算して其の主義政策を定むるの傾向あり。米國の新聞に就て、或新聞は共和黨新聞にして又或新聞は民主黨新聞なりと云ふが如くに、恰も各政黨の機關紙あるかの如くに說明するは誤れるものにして、今日に於ては寧ろ政黨の機關紙なるものは存在せず。唯々一般的に一の新聞は民主黨的色彩を有し、他の新聞は共和的色彩を有すと云ふが如くに黨派的色彩を區別し得るに過ぎす。而して此等黨派的色彩濃厚なる新聞に於ても、各箇の問題に對する意見態度は獨自的見地によりて決し、其の信用を博するの方針に出づる結果として、往々にして其の黨派的色彩を有する黨派の政策に不利なる記事論說を揭げ同黨の施政を非難することなしとせす。一九二五年出版の American Newspaper Annual and Directory に依れば、米國に於ける新聞數は日刊二、二九三、週刊一三、

三八三、其他五、〇七六なるが、此等各州により又各地方に於て各々獨立の存在を有する大小無數の新聞より其の黨派的色彩の有無判別を爲すは固より容易の業にあらず。茲には單に手近に於て比較的著明なる少數の新聞に就て其の黨派的色彩特に顯著なるものを掲記して參考に資するに止むべし。

一、共和黨色彩を有する諸新聞

一、New York Sun　夕刊（日曜休刊）

所　在　紐育市

發行者　The Sun Printing and Publishing Association

本新聞は「イヴニング・テレグラム」紙と共に Frank A. Munsey の所有する所たりしが、一九二五年十二月同氏死亡の結果同氏の遺産は其の遺言により Metropolitan Museum of Art（市立美術館）に贈與せられたるが、一九二六年九月末 The Sun Printing and Publishing Association の代表者たる William T. Dewart は故人の意思を體し前記新聞社其の他を約一千三百萬弗を以て右美術館より買收し、新聞社は之を前記 Association の組合員の共同經營としたる旨を發表せり。

主　義　獨立を標榜するも共和的色彩濃厚なり。

發行部數　二五三、二八九

幹　部　Managing Editor:　Keats Speed

Chief Editional Writer:　Frank M. O'Brian

二、New York Herald Tribune　朝　刊

所　在　紐育市

發行者　New York Tribune, Inc

Ogden M. Reid 一族の所有に屬し、一九二四年三月十八日紐育「トリビューン」(一八四一年創立)は紐育「ヘラルド」(一八三三年創立)を買收したる旨發表し、兩新聞を合併して新に紐育「ヘラルド・トリビューン」の名を附せるものなり。

主　義　獨立を標榜するも共和黨に傾く、但し時に共和黨政府の措置を幾分批評攻擊することあり。外交問題に米國が廣く關與せんとする問題に關しては政府の態度を支持す。日本に對しては友好的なり。

發行部數　平日　二七五、三一一

　　　　日曜　三三〇、五〇四

幹　部　Editor: Ogden M. Reid

　　　　Managing Editor: Julian S. Mason

三、Washington Post 朝刊

所　在　華府

發行者　The Washington Post Company

株の殆んど全部は Edward B. McLean の所有する所にして、同氏は又 Cintinnati Inquirer の所有主たり。

主　義　獨立を標榜するも共和黨に傾く、過去に於ては事每に政府を支持し殆んど之に追從せるの觀ありたるが、元駐英大使たりし George Harvey 主筆となるや、現大統領の政策の一部を批評するに至り、其の後一九二五年中同氏本紙より去れる後には本紙は一層政府攻擊的論調を取るに至れり。右は「マツクリーン」は「ハ

ーディング」大統領時代には同大統領と最も親密なる關係にありたるも「クーリッヂ」大統領との間には斯の如き關係なきに由ると見るものあり。本紙は米國の常設國際司法裁判所加入に關する大統領の主張に執拗に反對し、又苟くも米國が歐洲問題に關與するに至るの虞ありと見做さるゝ提議には總て反對するの態度を執り居れり。日本に對しても餘り友好的ならざる論調を有す。又海軍並空軍の維持擴張問題に對する大統領の方針に對しても露骨に反對す。

發行部數　平　日　六三、一三三

　　　　　日　曜　七五、三六一

幹　　部　Edward B. McLean 自ら Editor たり。

　　　　　Harvey Ira Bennett Editional Director たり。

四、Evening Star　夕　刊

所　　在　華　府

發行者、The Evenning Star Newspaper Company

本社の株は大多數 Noyes 及 Kaufmann 兩家の有する所なり。

主　　義　獨立を標榜するも現政府の政策支持に傾く。

發行部數　平　日　九七、八七九

　　　　　日　曜　一〇四、七六九

幹　　部　Theodore W. Noyes 表面上「エヂイター」たるも事實上は Frank P. Noyes 之を主幹す。同人は同時に又米國聯合通信社々長たり。

五、Philadelphia Inquirer 朝刊

所在　費府

發行者　The Philadelphia Inquirer Company

主義　共和

發行部數　平日　二八七、一五七

日曜　四一九、〇五一

幹部　Editor: Charles H. Henstis

Managing Editor: John T. Custis

六、Philadelphia Evening Bulletin 夕刊

所在　費府

發行者　Bulletin Company

主義　獨立を標榜せるも共和黨に傾く

發行部數　平日　五三一、九一一

日曜　休刊

幹部　Editor: William L. McLean

七、Boston Evening Transcript 夕刊

所在　「ボストン」

發行者　Boston Transcript Conpany

主たる株主は George S. Mandell なり。

主　義　獨立を標榜する共和黨に傾く、但し時に政府の政策に對し幾分批評的見解を取ることあり。日本及日米關係に關しては幾分訓誡的論調を取り兩國の友好關係は自覺的努力の結果なりと爲すが如し。

發行部數　平　日　三四、五六三
　　　　　日　曜　五五、六八九

幹　部　Editor: George S. Mondell
　　　　Henry T. Clans

八、Chicago Daily Tribune　朝　刊

所　在　市俄古

發行者　The Tribune Company

株の殆んど全部は McCormick 及 Patterson 兩家一族之を所有す。

主　義　獨立を標榜するも共和黨的色彩濃厚なり。尤も「クーリッヂ」大統領の政策に關して屢々反對を表明せることあり。概して所謂孤立主義を提唱するものにして、米國の常設國際司法裁判所加入に反對し、本問題に關する政府の政策を攻擊し、國際聯盟に反對する分子に對する最も有力なる支持者たり。軍備問題に關しては大海軍の建設維持、空軍擴張を主張す。日本に對しては不信疑惑の態度を示す。

發行部數　平日　六一九、三三六
　　　　　日曜　一、〇一六、五一六

幹　部　Editor: Robert R. McCormick

九、Kansas City Star 夕刊（Kansas City Times と稱する朝刊を有す）

所　在　「カンサス・シチー」

發行者　William R. Nelson Estate

本紙の創立者たる William R. Nelson は死亡せるとき本紙を其の娘たる Mrs. Irwin Kirkwood に讓りたるが、其の遺言中に同夫人の死後二ケ年内に本紙を賣却すべく、其の賣得金は在「カンサス・シチー」William F. Nelson Art Gallery の維持費とすべき旨を定めたり。

主　義　獨立を標榜するも共和黨に傾く米國に於ける保守的新聞の一と見做さる。

發行部數（朝刊 Kansas City Times を含む）

平　日　四九七、二七二

日　曜　二六七、七四八

幹　部　Editor: Irwin Kirkwood

Managing Editor: Ralph Stout

二、民主黨的色彩を有する諸新聞

一、New York world 朝刊

所　在　紐育市

發行者　Press Publishing Company

株の大部分は Pulitzer 家之を所有し、同會社長たる Ralph Pulitzer は本紙の經營に直接關係す。

主　　義　獨立を標榜せるも民主黨的色彩强く、一般に民主黨機關紙と看做さる。特に共和黨政府の外交政策を攻擊す。日本に對しては概して友好的態度を維持す。

發行部數（Evening World をも含む）

　平　日　三四八、一四八

　日　曜　五八一、六六〇

幹　　部　Editor: Walter Lippman

　Managing Editor: Herbert Bayard Swope

二、New York Times　朝　刊

所　　在　紐育市

發 行 者　New York Times Company

株の大部分は Adolph S. Ochs 之を所有し、同氏は本紙の經營に直接關係す。

主　　義　獨立を標榜するも民主黨的色彩强く、一般に民主黨機關紙と目さる。日本に對しては友好的なり。

發行部數　平　日　三五二、八八二

　日　曜　五九八、二四四

幹　　部　Editor: Rollo Ogden

　Managing Editor: Car Van Anda

「オグデン」は社說欄を擔當し、重要社說は其の筆に成るものなり。同氏は數年前、前任者 Charles Miller の死後 New York Evening Post より「タイムス」社に入れる者なり、

「ヴアン・アンダ」は名義上本紙の經營に當れる者にして、目下病氣の爲め一年以上療養中にして、事實上の事務は Assistant Managing Edìror なる F. T. Birchill 之を取り居れり。

三、New York American 朝刊

所在　紐育市

發行者　New York American, Inc

株の大部分は William Randolph Hearst 之を所有す所謂「ハースト・ペーパーズ」の一なり。

主義　獨立を標榜するも民主黨に傾く。茲に注意すべきは、紐育「アメリカン」のみならず總て「ハースト」系諸新聞は大抵の政府の政策に反對することにして、又時としては特殊問題を提げて共の宣言せる獨立の態度を維持することあり。紐育「アメリカン」は明に排日的にして大海軍建設空軍擴張を極力主張す。

發行部數　平日　二六一、九二〇

日曜　一、〇八八、三〇三

幹部　Editor: E. I. Clapp

Managing Editor: Victor A. Watson

尙、Arther Brisbane は「ハースト」系夕刊諸新聞の Editor なるが事實上全「ハースト」系新聞の Editor にして毎日同人の筆に成る同一の社說を各新聞「今日」欄に掲載す。

四、Brooklyn Daily Eagle 朝刊

所在　「ブルツクリン」

發行者　Herbert F. Gunnison

主　義　獨立ヾ標榜する民主黨色彩張し。

發行部數　平　日　七〇、九五七

　　　　　日　曜　八一、五三七

幹　部　Editor: Arthur M. Howe

　　　　　Managing Editer: Harris M. Crist

五、Philadelphia Record　朝　刊

所　在　費　府

發行者　The Record Publishing Company

主　義　獨立を標榜する民主黨的色彩强し。但し政府の外交政策に對しては多く之を支持す。又屢々日本に對し友好的態度を示す。

發行部數　平　日　一四八、八五三

　　　　　日　曜　一二一、三一四

幹　部　Execution Editor: Melville F. Ferguson

六、Baltimore Sun　朝刊及夕刊

所　在　「メリーランド」州「ボルチモア」市

發行者　A. S. Abell Company

株の大多數は Van Lear Black 之を所有す。

主　義　獨立を標榜する民主黨的色彩强し。國際協調、平和運動に對し熱心なる態度を示し、米國の常設

國際司法裁判所加入に賛成し、國際聯盟運動に對しては常に同情を有す。日本に對し中傷的なる Hector C. Bywater の特別通信を時々掲載するも、同時に他方に於て其社說は常に日本に對し友好的にして、又一九二五年秋 Felix Morley を東洋に派遣し、日本の政治經濟狀態を友好的に報道し注目を惹けり。外國通信に於ては「マンチエスター・ガーヂヤン」と連絡を有す。

發行部數　平　日　二四七、六七二、(夕刊 Evening Snn を含む)
　　　　　日　曜　一八二、〇九六
幹　　部　Editor: I. H. Adams 及 Hamilton Owens
　　　　　Managing Editor: Stanley M. Reynolds

三、米國社會黨機關紙

Milwaukee Leader 朝刊(日曜休刊)

所　　在　「ミルウオーキー」市　一九一一年創立
發 行 者　Milwaukee Social-Democratic Publishing Company
主　　義　社會民主主義
發行部數　平　日　四九、一〇二
幹　　部　Editor: Victor L. Berger

四、勞働者(共產)黨機關紙

Daily Worker　朝刊（日曜休刊）

所　在　市俄古　創立一九二四年

發行者　Daily Worker Publishing Company

主　義　米國に於ける第三「インターナショナル」の機關紙にして、一九二四年の大統領選擧には勞働者黨の代表者「フオスター」の立候補を支持せり。支那に於ける共産主義思想の傳播情況を紹介し、又時々片山潜の署名せる論文を掲載することあり。

發行部數　平日　二八、五〇〇（日曜休刊）

幹　部　Editor: I. Louis Engdall 及 Willam F. Dumm

第七章　政黨の組織及活動

政黨の最も重きを置くは選擧にあり。上は大統領の選擧より下は市町村の吏員の選擧に至る迄一として政黨の運動に依らざるはなし。此の目的の爲にする米國政黨の機關は頗る發達完備し居り、其の範圍廣汎且つ複雜なり。素より小政黨は二大政黨の如き完備せる機關組織を有せざるも、之を二大政黨に付て見るに大要左の如し。

先つ各政黨の機關として政黨の常務を處理する常設機關としては全國委員會（National Committee）あり。而して此の外に各州には州中央委員會（State Central Committee）あり、其の下に各州内に於て合衆國下院議員、裁判官、其他の行政官を選出する爲め法律を以て規定せる選擧區（District）には選擧區委員會（District Committee）あり。更に州内各郡（County）には郡委員會（County Committe）あり。小數の大都市に於ては郡委員會とは獨立に市委員會（City Committe）あり其の下に更に市内の區、郡内の町等（Ward, School District, Townships, Town aud City）には夫々其の委員會を設け、而して最後に其の下に各投票區に所謂 Precinct 委員若くは委員會を置きて以て上下協力して黨務を處理し、黨勢の擴張を計らしむ。

右の外二大政黨の常設機關としては又各黨の上院委員會（Senatorial Committee）及下院委員會（Congressional Committee）あり。

更に以上の外臨時機關として重要なるものに四年目毎に、大統領選擧の際召集せらるゝ各政黨の全國大會（National Committee）あり。又從來州大會及郡市其の他下級團體に相當する各地方大會ありて夫々州郡市の官公吏候補者の指名を行ひ來りたるも、今日に於ては法律を以て之を廢し、各政黨の指定候補者を直接に人民の投票に依りて定むる所謂直接豫選（Direct Primary）の制度を採用する州多數となれり。

今此等政黨の機關の重要なるものに付簡單に説明を加ふべし。

一、全國委員會（National Committee）

全國委員會は政黨の主要執行機關にして、共和黨に於ては各州の外（「デイストリツクト・オブ・コロムビア」）及各屬領地（「アラスカ」、比律賓、「ポルト・リコ」及布哇）より一名宛の代表者を出し、且各州より一名宛の婦人 Associated Member を出して之を組織し、民主黨に於ては各州及び上記各屬領地の外に巴奈馬運河地帶（Canal Zone）を加へたるものより男子及び婦人各一名宛の代表者を出して之を組織す。全國委員は一九一二年迄は各黨全國大會により選擧せられたるが同年民主黨全國大會は之を各州豫選に依り選出することを決議せり。兩黨の全國委員には大低各州に於ける黨の首領之に選定せらる。全國委員會は全國大會を開くべき時期及場所を決定して之を召集し、各州より全國大會に出席せしむべき代表者の數を決定し全國大會の假議長等を選定し、又同大會出席代表者の議席に關する爭議を決定し、選擧費用を調達配給する等の權限を有し、此等權限の行使により大統領及副大統領候補者の指定、政綱の決定等を左右することあり。

二、州中央委員會 (State Central Committee)

州中央委員會は各州に於ける各黨主要機關にして、中央と地方との聯絡に當る重要なる職務を有し、州に於ける自黨候補者の豫選に關する重要機關にして、州知事の權限にある各種官吏の任命にも勢力を及ぼし、又時には州政に關する政綱の決定に與かることあり。殊に大統領選擧の際には全國委員長の一般的指揮の下に各州に於ける選擧に最も重要なる役割を勤むる機關なり。各州中央委員會の委員數は「アイオワ」州の十一名より加州の約四百六十名に至るが如く區々なれども大低三四十名を通例とし、其の選擧方法は又州により異なるも多くは州豫選法に依り直接投票により、又時としては州大會代表者により一定の選擧區域より選定せらるゝことあり。

三、各黨上院委員會 (Senatorial Committee) 及び下院委員會 (Congressional Committee)

各黨の合衆國上院議員及び下院議員中より任命せらるゝものにして、夫々上院議員又は下院議員の選擧に關する事務を執行し、又大統領選擧運動に協力す。下院委員會は共和民主兩黨共各州選出議員中より各一名を出して組織し、上院委員會の委員數は共和黨七名民主黨六名なり。

四、全國大會 (National Convention)

各黨全國大會は各黨大統領候補者を指名する最も重要機關なるが、各州及び屬領地より選出せらるゝ代表者を以て之を組織す。代表者の數及選出方法は黨により多少差異あり。民主黨に於ては各州より其の大統領選擧委員の數の二倍を選出する外各屬領地より六名を選出し、共和黨に於ては各州より上院議員の數及び州を代表し、州全體より選擧せらるゝ下院議員（Congressman-at-large）の數の各二倍、前回の大統領選擧に共和黨に「エレクトラル・ヴォート」を投じたる州より各三名、各州に於ける合衆國下院議員選擧區より各一名の外、共和黨に一萬票以上の投票ありたる選擧區よりは更に一名を加へ、更に各屬領地より二名の代表者を選出す。斯の如くして兩黨全國大會は何れも一千名以上の代表者を有し、且つ各代表者は何れも一名宛の代理者（Alternate）を伴ふものとす。

此等全國大會代表者選定方法は、州全體より選出せらるゝ者及び下院議員選擧區より選出せらるゝ者は夫々州全體又は當該選擧區に於て直接選擧(Primary Election）又は大會(Convention）によりて之を選定す。又屬領地に付ては兩黨共之を大會に依りて選出するや、直接選擧に依るやは各屬領地の選ぶ所に從ふを得ることゝし居れるが、今日に於ては實際上各屬領地共大會に於て選出するの方法を採用す。全國大會は大統領選擧の年六、七月の頃之を開き各黨の政綱の作成、大統領及副大統領候補者の指名及び全國委員の任命等を爲すを共の主たる任務とす。民主黨に於ては從來各州代表者は一團として投票すべき所謂 Unit Rule あり一九一二年之に修正を加へ、州法に依り合衆國下院議員選擧區より選出せられたる代表者は單獨に投票し得ることとせるが、共和黨には斯の如き規則なし。又大統領及び副大統領候補者の指名は、共和黨に於ては過半數の投票を以て之を決定するに反し、民主黨に於ては三分の二以上の投票を要す。

右の結果として、民主黨に於ける候補者は過半數の得票を得るも所定の投票を制し得ざること往々にして生ず。一九二四年に於ける「マッカードー」對「スミス」の競爭の場合の如き共の好適例なり。從て右は三分の一内外の少數を以て多數の意思を蹂躪するものなりとして民主黨内に於て之が改正を叫ぶ者ある所以なり。

五、大統領及副大統領の選擧

大統領及び副大統領の選擧は複選擧法に依るものにして、合衆國憲法は各州は州法の定むる所に從ひ各州が合衆國議會に選出し得べき上下兩院議員總數と同數の選擧委員（Presidential Electors）を選定すべく、右に依り選定せられたる選擧委員は各其の州に於て會合し大統領及副大統領を投票に依り選擧すべきことを規定す。

右は憲法制定當時の發案者が大統領は黨派的區別を離れ全國に於ける Best minds に依り選擧せらるべしとの考より案出せるものなるが、政黨の發達殊に各黨內に於ける豫選制度は全然此の期待を裏切る結果を生ずるに至れり。即ち現今實際に行はるゝ所は先づ第一段に於て各黨派內に於て自黨大統領及び副大統領候補者の指名を行ふものにして、其の指名は各黨全國大會に於て之を行ひ、前揭の如く共和黨に於ては過半數の得票ある者を以て之を選定し、民主黨にありては三分の二以上の得票あるを要す。

右に次で大統領選擧委員の選定を行ふを要す。大統領選擧委員に付ても先づ各黨は各州に於て其の候補者の指定を行ひ、其の指名は州法の規定に從ひ州大會又は直接選擧に依りて之を行ふ。斯くの如くにして自黨間の競爭を了へたる上は更に第二段に於て各黨間の競爭に移り、前記憲法の規定する所に從ひ各州に於て選擧委員を選擧するものなるが、各州に於て現在行はれつゝあるは直接選擧にして、即ち各政黨より提出せる前記選擧委員候補者に對し一般選擧人の投票に依り選擧委員を選擧す。斯の如くして選定せられたる選擧委員は更に各州に於て大統領及び副大統領を選擧するものにして、而して法理上より云へば選擧委員は自黨候補者以外の者をも選擧し得べきも、實際に於ては未だ曾て人民の委任に叛きたる例なく、從て選擧委員の投票は單に一片の形式的行爲たるに過ぎず。

全選擧委員の過半數の投票を得たる者を以て夫々大統領及び副大統領に當選したるものとす。尙ほ若し右過半數の得票者なき場合には下院は大統領候補者中比較的多數の得票者三名中より大統領を、又上院は同様比較的多數の副大統領得票者中より副大統領を選擧すべきこと既に述べたるが如し。

六、合衆國上下兩院議員の選擧

各州より選出する上下兩院議員の選擧に關しても亦二重の手續を採るものにして、各黨候補者指名の方法としては州大會に於て指名する州と州内各黨直接豫選の方法によつて指名する州とあるも、後者の方法を採用する州次第に多きを加へつつあり。

七、地方政府及び地方自治體と政黨との關係

以上に依りて明かなるが如く、米國に於ては政黨は地方政府又は地方自治體とは最も密接なる關係を有す。政黨は中央政府及び議會に於て勢力を有せむとすると同時に此の目的を達するが爲には地方に於て確固たる勢力を占めざるべからず。而して各州に於ては州上院及び下院議員より州知事、副知事以下各種の行政官、裁判官、市長其他の地方團體の主要吏員に至る迄概ね人民の選擧によりて選擧せらるゝの結果、地方に於ける政黨活動の範圍は頗る廣汎にして、各政黨は州政市政に對し重要利害關係を有せざるを得ず。之を以て州政市政は常に黨派黨爭の目的物たり、自黨が地方に於ける州政市政を支配すると否とは全般の黨勢に大影響あり。是れ前記の如く各政黨が地方に於て州以下町村の小區に至る迄整然たる機關組織を具備し黨勢の擴張を計る所以なり。

第八章　選擧費用並に政黨の黨費調達方法

各政黨が各種選擧に於て他黨と角逐し、其の他政黨としての活動を爲すには常に巨額の資金を要するは言ふを俟たざる所にして、試に具體的數字を擧ぐれば、一九一〇年の總選擧戰に於ける二大政黨の選擧費用に付上院特權及選擧委員會（Committee on Privileges and Election）の調査に係る報告書によれば、共和黨及民主黨の費せる所左の如し。

The Republican Nationl Committee	五、三一九、七二九弗三二仙
The Democratic National Committee	一、三一八、二七四弗〇二仙
Tbe Republica Congressional Committee	三七五、九六九弗〇五仙
The Democratic Congressional Committee	一四、四九八弗〇五仙
The Republican Senatorial Committee	三二六、九八〇弗二九仙
The Demcratic Senatorial Committee	六、六七五弗〇〇仙
The Republicân State Committees	二、〇七八、〇六〇弗五五仙
The Demcratic State Committees	八八八、三二三弗六四仙

即ち兩黨の費せる所合計一〇、三三八、五〇九弗九二仙に達し、此の外尚ほ共和黨大統領指名候補者十名は二、八五九、五五一弗を、又民主黨大統領指名候補者七名は一二〇、四八二弗を費し居るを以て、同年の各種選擧に兩政黨の費せる選擧費用は千三百萬弗を超過し、而して右以外にも「ディストリクト」「カウンティー」市及び其他の地方委員會に於て少からざる額を費せること又容易に想像し得べき所なり。

又之を一九一四年に於ける大統領選擧のみに付て見るも、同じく上院に於ける調査委員會の報告書によれば、共和黨は四、一一七、〇六二九弗、民主黨は九〇三、九〇八弗を費せることゝなり居るも、此の外尚ほ兩黨の各州に於ける諸團體が費せる巨額の費用をも計上せざるべからず。尚又黨として從來最も巨額の費用を費したる例は一八九六年共和黨が一六、五〇〇、〇〇〇弗を費したることにして、之に對し同年民主黨の選擧費用は六七五、〇〇〇弗なり。而して一八六〇年以來最も巨額の選擧費用を費したる政黨は選擧に勝利を得るを常とし、之が唯一の例外は一九一六年に於ける民主黨の勝利なりとす。政黨選擧費用の大部分は紐育、「コネクチカツト」、「ニユージヤージー」、「オハイオ」、「インデイアナ」、「イリノイ」、「ウエスト・ヴアジニア」、「ミヅーリ」及「カリフオルニア」等形勢明かならざる所謂 Doubtful States に於て費さるゝものにして、而して選擧費用の使途は多岐多樣なるも、例へば紐育市及び市俄古市にある全國的本部の維持費用は一日約五千弗を要すと稱せられ、其の他主要都市に於ける常設的本部も亦多大の維持費を要すべく、又集會所の借入費並に其の裝飾も時として一晩一萬弗に達すべく、其の他演說者の雇人、演說の印刷、其他の印刷物の印刷並發送、新聞に對する廣告、主要演說者に對する車馬費用、選擧運動員に對する手當等巨大なる費用を要するは明なり。

斯の如き政黨黨費の出所如何と云ふに其の調達方法は一般よりの任意寄附、自黨員にして、州及び市等の地方公職に在る者に對する割當金及び黨候補者よりの寄附にあり。以前には會社は巨額の寄附者にして時として共和民主兩黨へ寄附せしこともあるも、今日に於ては會社の寄附は不法として禁ぜらるゝ所なり。近年二大政黨は成るべく少額の寄附を得むとするに努め、「ルーズ・ヴエルト」は一九〇四年一弗選擧費寄附表（$1 Campaign Subscription List）運動を起し、一九〇八年民主黨も之に倣ひ又一九一六年共和黨は十弗以上の寄附者に對しては美麗に彫刻せる受領證を與へたり。一方に於ては又一般公衆が政黨黨費の出所並に其の巨額なることを知るに從ひ選擧費用調達に關聯する腐敗行爲を防止し、選擧費用の出所を制限し、選擧費用の正當なる使途を決定し、且つ政黨に對する寄附又は其の使途又は其の兩者の公表を求むる立法を要求するに至り、又個々の候補者に對しても多くの州に於ては此の目的の爲に種々の立法を見、法律を以て或は選擧費用の出所を詳細發表せしめ、或は會社等よりの寄附を禁止し、或は候補者の費用を一定額に制限し、或は選擧に要したる費用は一定の時期に詳細之を報告せしむることと爲し居れり。

尙ほ上下兩院議員の選擧費用に對する制限に關しては合衆國議會は選擧に於ける腐敗行爲及び巨額の費用の使用を防止する爲め一九一〇年六月二十五日 Federal Corrupt Practices Act を通過し、以て上下兩院議員候補者の指名及び選擧に關する費用を一萬弗に制限したる處、一九一八年「ミシガン」州に於ける選擧戰に於て上院議員候補者「ニューベリー」(Truman H. Newberry) 等は十萬弗以上を費したること判明し、地方裁判所に於て前記法律違反たるの判決を受けたるが、「ニューベリー」は豫選を取締る前記法律は議會の權限踰越なりとの理由により大審院に上告し、之に對し政府側は豫選は選擧の必要部分なることを主張したるも、一九二一年大審院は所謂選擧を取締るの權限なるものは憲法採用當時に行はれたる法規に依る選擧を意味するものにして、當時豫選制度は存在せざりし所なるを以て、前記法律は違憲なりとの決定を下したる事件あり。

近時各州に於て多く採用せらるゝ豫選制度は各候補者の選擧費用を益々巨大ならしむるの傾向あるを以て一般識者の注意を喚起しつゝあるが、此の點に於て最近特に一般の注意を惹けるは「ペンシルヴァニア」及び「イリノイ」兩州に於ける豫選にして、一九二六年五月十八日に行はれたる「ペンシルヴァニア」州に於ける共和黨豫選に於ては、上院議員候補者の指名に付き現大統領及び大藏長官「メロン」等の援助を有したる現上院議員「ペッパー」、禁酒法勵行を標榜する同州現知事「ピンショット」及び禁酒法緩和を標榜する現下院議員「ヴェーア」(William S. Vare) の三者の間に激烈なる競爭行はれ、結局「ヴェーア」の勝利に歸したるが、右豫選には巨額の出費を爲したる旨の風評傳へられ、殊に腐敗不正行爲ありたる旨の風說をも生じたる爲め上院選擧費調査委員會に於て調査を行ひ、其の結果同委員會は七月八日報告書を發表せるが、右に依れば前記三候補者の豫選費用左の如し。

「ピンショット」側

州委員會既出額　一一八、八六六弗二三仙

同　未拂分	四、一二六弗八一仙
郡委員會支出額	二二、七二八弗八二仙
「ピンショット」自身よりの支出額	四三、七六七弗三一仙
計	一八八、四八九弗一七仙
「ヴェーア」側	
「ヴェーア・バイデルマン」選擧委員會支出額	四八三、八三八弗二六仙
郡選擧委員會支出額	一二、三五八弗八七仙
禁酒法改正委員會支出額	一六、八〇六弗四八仙
「ヴェーア」自身よりの支出額	七一、四三五弗八〇仙
「バイデルマン」選擧委員會支出額	一〇五、四六三弗九三仙
「バイデルマン」郡委員會支出額	一四、一七六弗三五仙
未拂分	九六、〇三四弗九一仙
計	八〇〇、一一四弗六〇仙

（「バイデルマン」は「ヴューア」側より推されたる知事候補者なり）

「ペッパー」側	
西部「ペンシルヴァニア」正規共和黨委員會支出額	一六七、一九三弗三八仙
中央選擧委員會支出額	一三二、〇〇八弗一九仙
共和黨派市民委員會支出額	四八〇、六〇〇弗〇七仙

中央「ペンシルヴァニア」「ペッパー・フイツシャー」委員會支出額	九五八弗〇〇仙
「ペッパー」自身よりの支出額	二、五〇〇弗〇〇仙
愛國聯盟支出額	二、〇〇〇弗〇〇仙
「ペッパー・フイツシャー」愛國委員會支出額	二、七三六弗六六仙
郡委員會支出額	二九二、三二四弗二〇仙
未拂分	七二四、六六二弗七五仙
計	一、八〇四、九七九弗二五仙
總計	二、七九三、五八三弗〇二仙

（「フイツシャー」は「ペッパー」側より推されたる知事候補者なり）

更に又一九二六年四月十三日擧行せられたる「イリノイ」州に於ける共和黨側豫選に於ては「スミス」(F.ank L. Smith) は現上院議員「マッキンレー」を破り同黨上院議員候補者に指名せられたるが、右豫選に於ても多大の運動費を費し、「マッキンレー」側は約百萬弗、「スミス」側は約二百萬弗を費したりと傳へられ、殊に「スミス」は現に州公共企業委員長 (Chairman of the State Tublic Utilities Commision) たる地位を利用し其の選擧費調達に不正行爲ありたりと傳へられたる結果、是亦上院調査委員會に於て調査せられたり。而して「ヴェーア」及「スミス」は共に其の後十一月二日の選擧に於て當選し居るも、以上の結果として其の當選效力は議會に於ける問題となり、議員當選資格に關しては最終決定權を有する上院に於て論議を見ることゝなるべき形勢にあり。

右兩州に於ける選擧費問題は多大の注意を惹き之が弊害を矯正する爲め「ペンシルヴァニア」州選出上院議員「デイヴイツド・エー・リード」の如きは直接豫選制度を廢止して紐育州、其の他六州（「コネクチカット」、「デラウェア」「アイダホ」、「ニュー・メキシコ」、「ロード・アイランド」及び「ユター」の各州）に現に行はれ居るが如く黨指名法を採用せむことを提案し、又上院選擧費用調査委員「ラフオレット」等は上院が豫選費を二萬五千弗に制限せむことを提唱し、更に下院議員「ルベー」(Thomas L. Rubey)（「ミヅーリ」州選出、民主黨）の如きは議會は上下兩院議員の指名及び選擧に於ける詐欺及び腐敗行爲を防止するの權限を有すべく、上院議員候補者の場合に於ては指名及び選擧に關する全費用が一萬弗を超過したるとき、又下院議員候補者の場合に於ては五千弗を超過したるときは議員たるを得ざる旨の憲法改正議案（一九二六年六月十五日提出 H. J. Res. 279）を提出し居れり。其の他上院法規委員會に於ては上院議員候補者の豫選費用は旅行費、印刷費、筆墨紙費其他の必要費を除き一萬弗を以て限度とし、又其の全額に於て州全部の投票數に三仙を乘じたる金額を踰過せず、且つ如何なる場合にも全額二萬五千弗を越ゆるを得ざる旨の決議案を採擇し本會議に報告することゝせる處、前記「ニューベリー」事件に對する大審院の決定あるに顧み右の如き決議が議會に於て成立する場合にも法的拘束力を有するや否や疑の餘地あるべきも、此等の措置は現在に於ける豫選制度の結果に對する輿論の不滿を立證するものと認むるを得べし。

第九章　議員の歲費額其他の特權

合衆國憲法は上下兩院議員が其の「サーヴィス」に對する報償(Compensation)を受くべきことを規定し、之に基き上院議員及び下院議員は現今に於ては每年各一萬弗の歲費を受く。右の外上下兩院議員は一哩に付十仙の割合を以て船車料を受け（鐵道「パス」の制度なし）各會期每に百二十五弗宛の筆墨紙費を受け、又議會に各自事務所を給せられ、且書記を雇入れ使用するの費用を受く。

上下兩院議員は合衆國憲法の規定する所に從ひ議會の會期に出席中並議會に出席し又は議會より歸還する途中に於ては

國事犯、重罪犯及び治安破壞罪(Treason, felony, and breach of the peace)以外の罪によりて逮捕を受けざるの特權を有し、又上院又は下院に於て爲せる演說又は討議に對し他の何れの場所に於ても訊問せられざるの特權を有す。

第十章　議會の會期

合衆國議會は二年を以て一期とす。是れ下院議員の任期が二ヶ年なるに基くものにして其の任期中を一議會期とす。議員の選擧は偶數の年の十一月に行ひ（上院議員は任期六年にして二年每に三分の一宛改選す）其の任期は選擧を行ひたる翌年即ち奇數の年の三月四日正午より開始し、其れより二年後の(上院議員の場合には六年後)三月四日正午を以て終了す。

合衆國議會は憲法の規定する所に從ひ每年少なくとも一回會合するを要し、其の開會期日は十二月の第一月曜日とす。所謂通常會期(Regular Session)是れなり。通常會期と通常會期との間に於て臨時の必要により開かるゝ特別會期(Special Session)は大統領の召集によりて之を開く。一議會期は二年なるを以て其の中に二回の通常會期を有し、奇數の年に始まる會期は議會の事務終了する迄繼續するを以て長會期（Long Session）と稱せられ通例翌年初夏に終了し、又偶數の年に始まる會期は短會期（Short Session）と稱せられ翌年三月四日迄のみ繼續することを得。蓋し議員の任期終了し一議會期終了するを以てなり。通常第何十何議會第一會期又は第二會期と稱するは右一議會期中の長會期及び短會期を夫々指すものとす。

尙同一議會期に於ける二會期の間は議會の議事は繼續するも、一議會期の終了と共に議事は終了し、次回議會期には全く議事を新にするものとす。

第二編　英吉利國の政黨　（一九二六年十月調）

第一章　保守、自由、勞働三黨の構成並其の勢力

第一節　概　　說

一九一八年末より一九二六年に至る間に英國に於ては前後四回の總選擧行はれたり。而して各選擧の結果は實に英國一般民衆の政治的判斷と各政黨の勢力消長とを反映したるものと謂ふべく興味實に津々たるものあり。

抑も一九一八年末の總選擧により國民の信任を新にしたる「ロイド・ジョージ」聯立內閣は戰爭より平和への過程を通じて國家の利益を擁護伸暢すべき重大なる使命を有したり。然るにこの聯立內閣にありては首相の地位は自由黨國民派の首領たる「ロイド・ジョージ」之を占めたるも內閣樞要の地位は殆んど凡て統一黨員の占むる所なりしと同時に同內閣を支持せる自由黨國民派は政府黨內にても少數なるが上に同內閣反對の自由黨獨立派とは其政治的發達の根幹を同じくしながら互に相排擠せるに反し、保守黨は政府黨內の多數派たると共に其の黨員の大部分は政府派に屬し、且つ著名の領袖孰れも之に加擔し居りたるを以てこの聯立內閣は事實上保守黨內閣たるの本質を有し、其の遂行せる政策も一般に保守的傾向を帶びたり。かくて自由黨の閣內勢力は一に「ロイド・ジョージ」の人物才幹に懸る觀ありたるが當時は保守黨所屬閣僚も亦「ジョージ」に對し不斷の忠誠を示し英國の政治は全く人物本位の外觀を呈し、二大政黨對立の傳統も一時中絕せるかと疑はれたり。然れども右內閣が一九二二年の末遂に瓦解し、其結果純然たる保守黨の單獨內閣出現するに至りしは、英國政治思想の傳統的價値より判斷して蓋し必然の經過なりしと謂はざるべからず。是に於て嘗て「バルフオア」內閣が一九〇五年の

末「ジョセフ・チェンバレン」の保護貿易提唱を機として國民の信任を失ひて以來、保守黨は今や十六年振りにて目醒しき再興の勢を示したるが、之に反して自由黨は一九一六年以來の不斷の内訌に惱み、一旦其兩派の合同を見るに至りしも遂に其得意の時代より沒落して衰運に自らを委するに至り、其間勞働黨の發展は一方に於て保守主義への反動を刺戟すると共に他方に於て自由黨の存在價値に一般的疑惑を投じたるものと謂ふべく、戰後英國政界の渦卷は保守黨の再興、勞働黨の發展、自由黨の衰退の三巴を描いて流轉し來れるものなり。今茲に右三黨の盛衰の跡を述ぶるに先ちて現在に於ける三黨の統制機關の組織と其衝に當れる重要人物の顔觸とを一瞥し置くを便宜とすべし。

第二節　各政黨の構成

第一款　保守黨

保守黨は院内に於て The Conservative and Unionist Party と稱す。

又院外黨員の主たる團體にして、「院内保守黨」の背後に在る「院外保守黨」は普通保守黨と稱するも、其の正式の名稱を The National Union of Conservative and Unionist Associations と云ふ。（本部所在地 Palace Chambers, Bridge Street, Westminster, London, S.W. 1.）右兩者は之を合體して保守黨と稱すべきものなれども前者は院内に於ける實際政治に當り後者は院外に在りて議員席獲得、保守主義の宣傳、政策に關する宣言決議等により前者を支持激勵する任に當るものにして、兩者の間に命令從屬の關係なく各々活動の分野を異にして協同的運動を爲し居り、たゞ共に同一の首領現在「スタンリー・ボルドウイン」を推戴し居ることに依り一個の保守黨を形成し居るものなり。

院内保守黨は現今首領「ボルドウイン」を中心とし、其他の領袖(朝に在りては内閣を組織し野に在りては所謂 "Shadow

Cabinet"を組織するもの）之を援く。右首領の地位は保守黨上下兩院議員並に議員候補者の會合に於て選擧の結果與へらるゝものなるも、同黨の政策は一切其の領袖會議の決定する所にして院外保守黨の宣言決議等は之を拘束するものに非ず。從て其統制は一種の巨頭政治の形式を有す。保守黨は下院に於ては首領自ら黨員を統率し其の下に其の任命にかゝる十名の院內幹事（Whip）を置き議事採決上の策戰を定む。現在其の首席幹事（Chief Whip）は B. Eyres-Monsell なり。（註一）

又同黨の上院に於ける統率者は現在 Salisbury 侯（國爾尙書）にして「バルフオア」「バアクンヘッド」「ケイヴ」等の諸卿之を援く、尙其の上院內首席幹事は現在「クラレンドン」伯なりとす。

次に「院外保守黨」の構成を略述せんに The National Union of Conservative and Unionist Associations は其の創立當時（一八六七年）The National Union of Conservative & Constitutional Associations と稱したるが其後、一九一一年 The National Conservative Union と改稱し次で一九一二年 The National Unionist Association of Conservative & Libersl Unionist Organisation と稱し更に一九二〇年 The National Unionist Association と改稱し最後に一九二四年現在の名稱を採用するに至りたるものにして英蘭及び「ウェイルズ」の全部に亘り保守主義の宣傳、議員選擧の運動に從事し居れり。（註二）

扨てこの National Union は各選擧區に存在する主たる保守黨系協會並に五十名以上のものより成る其の他の團體倶樂部にして、一年最少限一「ギニー」（それが勞働者倶樂部なる時は半「ギニー」）の會費を其の本部に貢納するものを以て其の主たる構成分子とす。即ちこの National Union の主たる性質は團體の集合たる一の Federation なるが其の結合の度合は甚だ强固にして右加盟に際しては右諸團體は National Union の執行委員會の承認を經ることを要すると共に將來黨規を嚴格に遵奉するの義務あり。尙ほ右執行委員會は右の團體たる黨員の外、年五ギニーを納むるものを一年黨員とし、一括二十五「ギニー」を納むるものを終身黨員とし黨に加入せしめ得。此等個人會員は其の貢納金の如何により夫々一年間若くは終身右の National Union の副總裁たるの名稱を與へらる。又この外黨の中央評議會は黨の事業に對し功績ありたるものを名譽副總裁として選擧し、又執行委員會は一年一「ギニー」を收むるもの、及び一括十「ギニー」を收むるものを以て夫々一年間若くは終身、黨の名譽會員たらしむることを得。

尙右團體竝に個人よりの貢納金は終身貢納金を除くの外、一切本 National Union の地方支部 (Provincial Division) の活動資金に宛てらる。右 The National Union は院內保守黨と同樣其の首領として現在「ボルドウィン」を推戴するも別に其の年次大會の選擧にかゝる一年任期の總裁を置き現在 George Richard Lane-Fox 之に任す。(註三)(註四)

次に本團體には首領の任命にかゝる無期限任期の會長 (Chairman) を置き院外黨の編制其の他の黨務の處理に任ず現在は Lt. Col. F. Stanley Jackson 同會長たり。(註五)(註六)

尙本黨黨務遂行の主たるものは左の如し。

(イ) 中央評議會 (The Central Council)。本評議會は黨の首領、總裁、會長、院內幹事、選擧運動長、執行委員會の委員等の黨の幹部、National Union に加盟せる英蘭及び「ウェイルズ」各州選擧區內の主たる保守黨系協會の各代表者二名(男子一名、女子一名、この外特に賃銀勞働者を一名代表として送ることを得) The Association of Conservative Clubs の議長竝に其の三名の代表者 The National Society of Conservative & Unionist Agents の議長、名譽幹事竝に各州選擧運動員聯合の代表者一名、黨の院內幹事の指揮を受くる同黨代議士、Primrose League の代表者六名(內少くとも二名は女子たること) Junior Imperial League の代表者六名 National Union の地方支部の議長外一名等より成る尨大なる會合にして、其議長(現在は現海相夫人たる Dame

Caroline Bridgeman)は保守黨全國大會の議長を兼ぬ。尚本評議會の事務は黨の綱領政策編制等の審議其の他黨務の執行に在るも其の會合數は一年二回位なるを以て右事務は事實上執行委員會に於て之を管掌す。

(ロ) 執行委員會(Executive Committee)。本委員會は現在會長の意思により分劃せられたる英國及び「ウェイルス」の十二地方に於て同地方出身の中央評議會委員が選擧したる各數名の當該地方代表者黨の主たる幹部、首領の指名による六名の同黨代議士、及び執行委員會自身が選擧したる十二名のもの等約七十名より成り其の議長は黨の會長之に任ず。尚本委員會は每年一回其事業報告を中央評議會に呈出する義務あり。

(ハ) 全國大會。中央評議會は每年十月の交、一回國内の一都市に於て各支部、加盟保守黨系協會、倶樂部等の代表、黨の諸幹部同黨の代議士等を糾合して其の全國大會を開く。其事務は中央評議會の年次報告を審議すると共に黨の政策其他の諸問題に付き研究、討議、宣言等を爲し、又院内保守黨に對する共勸告等を決議するに在り。通常保守黨大會(Conservative Conference)と稱するものはこの大會のことなり。一九二六年十月「スカアバラ」に於て開かるべき同大會には全國より二千六百名の代表者參集すべしといふ。以て本黨組織の大規模なることを知るべし。尚ほ本大會の決議は院内保守黨を拘束せず。單なる保守黨員の示威運動たるかの感あり。

(ニ) 保守黨選擧運動員協會(National Society of Conservative & Unionist Agents)現在 Sir Herbert E. Blain 保守黨選擧運動長として本協會長に任ず。(註七)

右の如き保守黨本部内の機關の外に保守黨員の組織する團體倶樂部等は甚だ多し。其重なるものを擧ぐれば左の如し。

イ、The Scottish Unionist Association。本團體の活動範圍は蘇格蘭にして英蘭並に「ウェイルス」地方を活動の本據とする The National Union of Conservative and Unionist Associations と協力し居るものなり。其の總裁は Brigadier-General R. Gordon Gilmour なり。

ロ、The Assoction of Conservative Clubs。(本會員總數は五十萬に達すといふ)

ハ、The Junior Imperial League

ニ、Young Britons

ホ、The Young Conservatives' Union

ヘ、Primrose League

ト、The Carlton Club

チ、The Ladies' Carlton Club 其の他

【註一】 氏は一八八一年の生、一九一一年一九一四年の間保守黨の院內幹事たりしことあり。後 Treasurer of Household (一九一九―二一年) Civil Lord of Admiralty (一九二一―二二年) 竝に大藏次官 (一九二三年及び一九二四年より現在) 等に歷任す、性溫厚なれども決斷に富み首席幹事として適任と目せらる。

【註二】 蘇格蘭は The Scottish Unionist Association の活動範圍なり。

【註三】 氏は一八七〇年に生れ、イートンを經て牛津「ニュー•コレッヂ」に學ぶ。元來法律家なるが豫備陸軍中佐にして大戰に參加したることあり。一九〇六年より下院に列し一九二二―二四年及び一九二四年十一月より現在迄鑛山大臣に任ず。這次の炭坑爭議に當りては兩當事者の間に立ちて調停の任に當り居れり。

【註四】 一九二六年十月初旬「スカアバラ」に於て開催せられたる保守黨大會に於て「レイン•フオクッス」氏に代り Lord Tredegar 同黨總裁に選擧せられたり。同卿は一八六七年の生にして「イートン」に修學したる「モンマス」州出身の貴族、軍人にして南阿竝に歐洲の兩戰役に參加したることあり、頑固なる保守主義者なり。

【註五】 一八七〇年の生、Allerton 男の長子、南阿及び歐洲の兩戰爭に參加す。一九二二―二三年の間陸軍省の Financial Secretary に任じたることあり。一九二三年本會長に任ず。黨內に於て人望高く同黨機關の組織發達の爲め貢獻したる所多し。一九二

四年の總選擧に於ける保守黨の大勝利は氏の劃策宜しきを得たるに依る所多しといふ。尙ほ最近印度「ベンゴール」州の知事に任ぜられ現職を去るべしとの噂あり。

【註六】一九二六年十一月四日保守黨首領「ボルドウイン」は「ジャックソン」氏の後任として J. C. C. Davidson. M. P. を本會長に任命せり。氏は一八八九年一名醫の子として生る。劍橋「ペンブロウク」大學を終へ二十一歲にして當時自由黨內閣に植民大臣たりし Crewe 侯の秘書となり、次で一九一五年成立の第一次聯立內閣時代より一九二一年迄「ボナアー・ロー」の秘書となる。次で第一次「ボルドウイン」內閣の際「ランカスタア」公領尙書と首相の Political Secretary とを兼任し第二次「ボルトウイン」內閣にては海軍省の Financial Secretary となる。今回の總罷業に際しては Chief Commissioner となり當時發布せられたる緊急法令の實施に任じ全國の交通運搬の事業を主宰し大いに組織的才幹あることを認められたり。其の初めて議會に入りたるは一九二〇年にして保守黨內に於ける人望高し。

【註七】一八七〇年「リヴアプール」に生れ、工業技師を職とし、「リヴアプール」倫敦等の電車會社、地下鐵道會社等の「マネジア」又は重役等を勤めたることあり。現に英國安全第一協會の副總裁たり。同氏の計劃に依り保守黨の機關今日の如く整頓するに至れりと稱せらる。

第二款　自　由　黨

自由黨は院內に於ける同黨議員の集團を The Liberal Party と稱し院外に於て之を支持するものに二個の全國的機關を有す、一は Liberal Central Association 二は National Liberal Federation なり。

院內自由黨は其の首領「オックスフオード」卿（前の「アスキス」）を中心とし其の他の領袖（朝に在りては內閣員となり野にありては所謂 "Shabow Cabinet" を組織すべきもの）之を援く、同黨首領は黨員の選擧に依らず。同黨最近の內閣の首相たりしもの野に在りても首領の地位を保つ慣習なり。（註一）同黨の政策は一切右の領袖會議の決定する所にして院外自由黨(殊に National Liberal Eederation)の宣言決議等は同會議の承認なき限り之を拘束するものに非ず。從て同黨最高の統制は保守黨と同じく巨頭政治の形式を有す。自由黨は今日其の首領が上院議員たるを以て下院に於ては議會の毎會期に同黨議員團體の議長 (Sessional Chairman)を選擧す。現在「ロイド•ジョージ」右議長に任ず。其の下に首領の任命にかゝる二名の院內幹事あり。其の首席は現在 Sir Godfrey Collins (註二) 之に任ず。又上院に於ては「オックスフォード」卿親ら自由黨員を統率する地位にあるも現在に於ては別に上院自由黨の首領を置く、現に Lord Beauchamp (註三) 之に任ず。

次に「院外」自由黨の構成を略述せんに、

Liberal Central Association は自由黨の本部にして (所在地 21 Abingdon Street, Westminster, London, S. W. 1.)議員候補者の選定、選擧區の割當、選擧運動員に對する情報供給其の他の事務を掌る。本協會の總裁は同黨の首領たる「オックスフォード」卿にして其の會長は院內主席幹事たる「サア•ゴッドフレイ•コリンス」其の職權として之に任ず。其の內部の機關としては自由黨の上下兩院議員及び自由黨內有力者を以て組織する執行並に總務委員會ありて事務を執る。

National Liberal Federation (所在地、42 Parliament Street, Westminster, London, S.W.1.) は一八七七年の全國に存在する自由黨系協會の聯合なれども其の聯合の强度は薄弱にして之に屬する各協會は其の獨立性を失へるものに非ず。其の目的は全國に於ける選擧運動の統一と政策の宣言決議等に依り院內自由黨を支持するに在り其の總裁は現在 J.A. Spender なり。(註四)其の任期は一年、每年本聯合評議會大會に於て改選せらる。

本聯合の構成機關は左の通りにして一九二三年五月末の Buxton に於ける同聯合評議會の特別大會に於て決定したるものなり。即ち、

(イ)執行委員會。本聯合の總裁並に會計監督及び英蘭並に「ウェイルス」に存在する地方自由黨聯合會より選出せられた

る二十四名の委員より成る同黨代議士は之に加入するを得ず。其の機能は黨務を處理するに在り。

（ロ）評議會 （Council）。自由黨役員、執行委員會委員並に自由黨上下兩院議員及び英蘭並に「ウェイルス」の各選擧區に於ける主たる自由黨協會の代表者より成る。本聯合の總會とも稱すべきものにして其の機能は宣言決議等に依り英蘭並に「ウェイルス」に於ける自由主義者の意見を發表するに在り。尚ほ本評議會は通常毎年一回五月頃大會を開く。通俗に自由黨大會と稱するもの是なり、

（ハ）地方自由黨聯合 現在自由黨の地方的機關として英蘭並に「ウェイルス」内に約十個の地方自由黨聯合ありて各選擧區内自由黨團體を糾合し居れるが右は孰れも全國自由黨聯合に加盟し居れり。

尚ほ蘇格蘭には別に「オックスフォード」卿を總裁とする Scottish Liberal Federation あり、蘇格蘭に於ける一切の自由黨協會を其の旗下に糾合し之を東西の二部に別け Executive Council 並に General Council を設けて之を統轄す。前者は各選擧區の自由黨主要團體よりの男女各一名の代表者より成り、後者は蘇格蘭出身自由黨上下兩院議員並に同地方自由黨團體の代表者各十二名（一部は婦人）より成るものにして、本聯合の總會とも稱すべく少くとも年に二回大會を開いて事務を處理し自由主義政策の研究討議に當る。本聯合の創立は夙に一八八〇年に在り當時は North and East of Scotland Association（「エヂンバラ」を本部とす）と稱し、一八八七年 Scottish Liberal Federation（「グラスゴウ」を本部とす）と合同して Scottish Liberal Association と改名し次で一九一八年 Scottish Women's Liberal Federation と合同して其の現稱を採りたるものなり。

右の外自由黨系主要團體は左の通なり。

イ、Liberal and Radical Candidates Association（現在會員二六三名）

ロ、Women's National Liberal Federation

ハ、National Reform Union

ニ、Liberal Social Council

ホ、Liberal Summer School (Ramsay Muir 外一名を主任として毎夏自由主義者の政治敎育を行へるが其の研究は今後相當自由黨の政策を動かすものとなるべしと豫期せらる。)

ヘ、Society of Certified and Associated Liberal Agents (Sir G. Collins を總裁とす。)

ト、Scottish Liberal Organizers Association

チ、National Union of Liberal Clubs

自由黨系倶樂部の聯合にして右部員の政治的訓練を目的とする團體にして現在五〇八個(全員數十萬餘)の倶樂部之に加入せり。

リ、National Reform Club

ヌ、Eighty Club

ル、National Liberal Club

ヲ、94 Club

ワ、Ninety-Nine Clnb

【註一】「オックスフォード」卿は一九二六年十月十四日附書簡を以て National Liberal Feberation 總裁「スペンダア」Scottish Liberal Federation 總務委員會議長 Sir John Anthony に宛て同黨首領辭任の旨を申送りたり。自由黨は前述の如く首領を特別に選擧することなきを以て何人が首領の後任となるべきかは現在不明なれども同黨は上院には「ビーチャム」卿、下院には「ロイド•ジョージ」何れも同黨員團體の首領として存在し居るを以て其の統制上の缺陷は重大なるものに非ず。但し将来右二氏の中一人か若くは Lord Reading（猶太種、一八六〇年倫敦の一商業家を父として生る。倫敦大學及び「ブラッセル」「ハノウヴァ」等に法律を學び、一九〇四―一三年の間 Reading 出身の自由黨代議士たりき、自由黨内閣に於て檢事次長（一九一〇年）檢事總長（一九一〇―一三年）たりしことあり。次で Lord Chief Justice of England（一九一三―二一年）となり、其間北米合衆國に特派大使（一九一七―一八年）として派遣せられたることあり。一九二一年より一九二六年迄印度總督となる。一九一〇年「ナイト」に叙せられて以來累進して本年侯爵となる其の原名は Rufus Daniel Isaacs）或は Sir Herbert Louis Samuel（猶太種、一八七〇年「リヴァプール」に生れ、倫敦及び牛津等の大學に修學す。一九〇二年―一八年の間自由黨の下院議員たり。同黨内閣に於ては内務次官（一九〇五―〇九年）「ランカスタア」公領尙書（一九〇九―一〇年並に一九一五―一六年）郵政總監（一九一〇年―一四年並に一九一五―一六年）内務大臣（一九一六年）等に歴任し自由黨内に於ける有力なる人物なり。一九二〇―二五年の間「パレスタイン」の高級委員となり、歸國後一九二五年政府の任命したる「石炭工業に關する委員會」の議長となり現在の英國炭坑爭議に於て問題となれる所謂「サミュエル」委員會報告書の責任者なり）を以て同黨首領となすべしとの說あるも未だ確ならず。因に最近「サミュエル」は自由黨の中樞機關なる Liberal Organization Committee の會長に就任せり。

【註二】一八七五年生る。「アスキス」系の議員なり。尙は第二章第八節末段を參照すべし。

【註三】同卿は一八七二年に生れ「イートン」並に牛津「クライスト・コレッヂ」等に學ぶ。「ウスタア」の市長（一八九五―九六年）たりしことあり。其の後「ニュウ・サウス・ウェイルス」州の軍司令官（一八九九―一九〇一年）となり、又後英本國の土木長官（一九一〇―一四年）樞密院議長（一九一〇年及び一九一四年）等に任ず。現在英蘭内に五千英町の土地を有すといふ。自由黨内にては現在「ミッドランド」自由黨聯合、Free Trade Union 等の總裁に任じ又 National Liberal Federation の總務委員會議長たり。

【註四】一八六二年に生れ「バース」大學並に牛津「ベイリオル・コレッヂ」に古典學を修む。新聞記者を以て立身し一八九六年―一九二二年の間「ウエストミンスター•ガゼツト」の發刊人なり。其の數多の著書中「カメル•バンナマン」傳並 The Public Life（一九二五年）は殊に有名なり。

第三款　勞　働　黨

勞働黨は院の內外に於て同じく The Labour Party と稱す。是に於て一般に院內勞働黨（議員の團體）を The Parliamentary Labour Party と通稱し院外の夫れと區別す。同黨の構成は一九一八年の同黨特別大會に於て決定したる處にして英國政黨中最も民衆的なる組織を具ふ。

院內勞働黨は下院に於ては其の首領を中心とし執行委員會。（註一）ありて之を援く、首領の地位は黨議員の選擧する所に依る。副首領（現在 J. R. Clynes）の地位（勞働黨獨得の地位）も亦同じ、執行委員會委員（同議長、副議長、首席院內幹事の外十二名より成る）院內幹事（十名、其の首席は現在「アァサー•ヘンダソン」）も亦黨議員の每年一回選擧する所に依り決定せらる。右委員會の議長は勞働黨內閣當時に於ては Robert Smillie（註二）にして其の副議長は George Lansbury（註三）之に任じ居たりしが現在は首領「マクドナルド」副首領「クラインズ」夫々右委員會の議長及び副議長に選擧せらる。

勞働黨の議會に於ける政策は右の執行委員會の決定する所にして議員全體は每週一回右決定の政策に付き討議表決を爲す爲め會合す。勞働黨大會の決定したる同黨の一般政策に付ては院內勞働黨は之に拘束せらるゝものとす。從て勞働黨の最高機關は同黨の大會に在り。（註四）

次に院外勞働黨の構成を略述せむに

The Labour Party（本部所在地 33. Eccleston Square, London, S. W. 1.）は一九一八年其の構成法を改正し從來

の單なる Federation（勞働團體其の他社會主義者等の團體のみの聯合）の形式を變更して之を二種の構成分子より組織することゝなしたり。即ち一は從來通りの團體たる黨員（Trade Unions, Socialist Societies, Co-operative Societies, Trade Councils and Local Labour Parties）二は個人たる黨員とす。個人たる黨員とは勞働黨の政綱に加盟して Local Labour Party の個人會員となり、若くは勞働組合員たる資格を有するものにして勞働組合主義者たるものを指す。Local Labour Party は地方の勞働團體、社會主義者團體を團體として黨員たらしめ得ると共に右の如き個人會員をも加盟せしめ得るものなり。勞働黨の個人會員採用制度の一利益は一個人にして或る事情の爲め勞働組合員たるを得ざるもの、勞働組合員なるも其の屬する組合が勞働黨に加盟し居らざるもの、又社會主義者を標榜することを好まざる智識階級者等を其の黨員たらしめ得ることに在り。而して勞働黨員は同黨大會の決議に服從するの義務あり。

同黨大會は毎年十月の交一回開催せらるゝを普通とす。同大會に於ては團體たる黨員（地方勞働黨竝に Trade Councils を除く）は其の會員一千名に付き一票の投票權を有し、各選擧區に於ける地方勞働黨は同地方選出代議士數と同數の投票權（原則として一票）を有し Trade Councils（註五）は一票を有す。尙ほ同黨全國執行委員會委員、同黨下院議員、及び公認候補者は大會の會員たるも投票權を有せず。

全國執行委員會（The National Executive）は毎年大會に於て選出せられたる會計監督を含む二十三名の委員より成り、院外同黨々務の最高地位を占め一般の院外黨務の遂行に當り又院內勞働黨執行委員會と共に同黨の事業及び一般政策に付き商議協力すると共に更に勞働組合議會（The General Conucil of the Trade Union Congress）總幹事會と協同して政治運動に當る。同黨候補者はこの全國執行委員會が選擧區の地方勞働黨と協力して選定し且つ公認すべきものとす。

現在右委員會の議長は R. Williams (National Sailors and Firemen's Union)（註六）會計監督は「マクドナルド」幹事長は「アーサー・ヘンダソン」なり。尙ほ右委員は加盟團體より十五名、選擧地方勞働黨より五名、婦人より四名を選ぶこととし又會計監督並に幹事長は大會にて特別に選擧せらるゝものとす。

最後に勞働黨は一九二五年の年次大會に於て決定したる所に依り選擧運動員 (Registration and Election Agents) を採用するため試驗制度を設け居り、其の試驗合格者には六箇月間の特殊敎育（選擧法、有權者登錄事務施行、選擧區內勞働黨の組織等に關するもの）を施して之を選擧運動に從事せしむることゝなしたり。右運動員は現在總數約二百名あり各地方選擧區に配置せられ議會並に地方政治機關勞働黨議員選擧運動に當れり。右運動員の全國的機關は The National Association of Labour Agents と稱し、勞働黨全國執行委員會と共に Adjustments Board を組織して同黨運動の統一を計り居れり。右運動員長は現在 Egerton P. Wake なり。

【註一】保守自由兩黨の所謂 "Shadow Cabinet" に當るものなるも內閣組織の際同委員會が全部閣員となるものに非ず。本執行委員會の存在は一九二四年初め勞働黨が內閣を組織したる際同內閣と同黨議員との聯絡機關として設置せられたるに起源を有し、同黨下野の後も本制度を維持し居るものなり。

【註二】十五歲の時より「クライド・バンク」の造船工場に勞働者となり十七歲の時より炭坑夫に轉ず。炭坑組合の中に漸次地位を占め Scottish Miners' Federation（一八九四―一九一八年及び一九二一年以來現在迄）並に Miners' Federation of Great Britain（一九一二―二一年）の總裁たりしことあり。一九二三年より下院に列す。夙に勞働運動に關係し、一八九三年の獨立勞働黨組織の際には「ケア・ハアディ」等と共に元勳の功あり。今日勞働黨內の元老として重きをなす。

【註三】一八五九年生る牛津の鐵道下請負人の子なり。敎育は小學校を終へたるのみにて少年の時より諸種の勞働に從事したりしが夙に急進的政見を有し、獨立勞働黨に加盟して社會主義の宣傳に當る。倫敦の貧民區 Bow and Bromley 區より代議士となる。（一九一〇―一二年並に一九二二年より現在迄）貧民救濟事業に心血を注ぎ禁酒、禁煙の人道主義者なり。一八九一年より倫敦「イースト・エンド」「ポプラ」區の Poor Law Guardian、一九〇三年より同區區會議長となり一九一九―二〇年の間は同區長に就任す。現在は倫敦市會議員なり。大戰前婦人參政運動に加擔して投獄せられ、戰後「ポプラ」區に於て貧民救濟金を過剩に供給し、法律に觸れ再び入獄す。一九一二年現在勞働黨の機關紙となりたる「デイリー・ヘラルド」を創刊し、無產階級の爲め大に現政革新の必要を叫ぶ。一九二五年右新聞の發刊人を辭し自ら Lansbury's Labour Weekly を創刊す。又現に Victoria House Printing and Publishing Co. の議長たり。人道的精神の權化として民衆の敬慕する人物にして勞働黨內に於ては同氏を中心とする所謂 Popular Group は Wheatley, Maxton を中心とする所謂 Clyde Group と共に同黨內の左翼 (Ginger Group と俗稱す) を形成す。同氏は共產黨に同情を有し同黨と勞働黨の諒解に付て現に努力中なり。

【註四】 尙ほ今日勞働黨內に於ては同黨院內執行委員會を完全に同黨大會に從屬せしめ之を同黨（院外）全國執行委員會の命令下に置き內閣組織に當りても首領の獨斷を排せむとする運動あり。勞働黨は上院に於ては「ホルデイン」「パアモア」卿等を以て其の首腦となし其の代表一名を下院の執行委員會に參加せしめて議會內に於ける黨略の統一を計らしむ。

【註五】 地方に於ける勞働組合支部の聯合にして英國に於ける一の「ソヴイエト」式組織なり。勞働黨が本團體を加盟せしめ居るは必然的に其の會員の重複性を招致するも選擧運動上其の加盟を有利とするものなり。

【註六】 一九二六年十月中旬「マーゲット」に於て開催せられたる勞働黨年次大會に於て F.E. Roberts 同黨全國執行委員會議長に選擧せられたり。同氏は一八七六年 East Haddon に生れ、小學教育を終へたるのみて植字工となり、其の勞働組合中に認められて一九〇九―一八年の間 Northampton Typographical Society の幹事となり、現在 Typographical Association の幹事會の會員にして同組合より推されて一九一八年以來 West Bromwich 選出の代議士となり、一九二四年の勞働黨內閣に入つて恩給大臣となりし人なり。(註終り)

第四款　結　論

今や各黨の構成に關する概念を得たるが其の一般的結論として先づ勞働黨は其の組織最も整然とし且つ鞏固にして其の構成最も民主的なるものと云ふべく、從つて同黨の宣傳運動の成功は近來に於て加速度を以て進展し來り、其の支持者は最も意識的に其の支持する黨派の何物なりやを諒解し居れる傾向ありと云ふべく、次に保守黨は其の組織に於て比較的整然たるものあるも其の構成に於ては未だ巨頭政治の域を脱し得ず從て其の支持者は未だ保守黨の本質の何物なるかに付て意識的の諒解なくして之に投票し居るも少からざる有様なり。然るに自由黨は其の結合軟弱なると共に構成も尙ほ巨頭政治の形を採り殊に其の資金の統一的管理の缺如せる點に於て重大なる弱點あり。其の結果は漸く同黨の衰退として現はれ來れりと云ふも過言に非ず。

最後に黨の規律なるものに付き一言すべし。今日各黨の中黨の主義に對し其の黨員の忠誠を要求すること最も嚴格なるものは普通に勞働黨なりと認められ居れるが政界の事情に通じたる一政客（勞働黨員　O. Moseley 同氏は曩に保守黨議員たり）の言によれば保守黨の規律は勞働黨のそれに比し遙かに峻嚴なるものありと云ふ。其の事情は今之を詳かにし難きも右は保守黨の構成既に前述の如く巨頭政治の性質を有し且つ又之に對する外間の偉大なる社會經濟的利益（新聞を含む）の壓迫猛烈なるを以て同黨員（所謂下層階級の保守黨支持投票者の問題は別とするも）にして殊に其の代議士たるべきものは院の內外に於て相當黨紀振肅の名に於て同黨の巨頭、幹部及び之を支持する上流階級より其の政見に付き外間の者が感知するを得ざる一種の壓迫制限を相當多分に受け居るものなることを意味すと觀察せらる。

一方勞働黨に至りては新興の政黨にして且つ特に主義の純粹性を保持する必要上常に黨紀の振肅を旨とし、院內同黨執行委員會の權威を認むると共に院外に於ては黨員の士氣振興の名に於て其の黨員間に於ける個人的言論の相互に非難反駁せらるゝこと現在英國政黨中同黨に及ぶものなし。是に於て黨員中の意見が極端に其の主義に背馳する時は勞働黨は之に對し公式の措置を執る。(かゝる例は未だ保守黨には表面上出現せず) 即ち同黨が一九二四年の大會決議により其の地方勞働黨より共産黨員を除名し又右の決議を實行せざりし地方勞働黨十三團體を本年其の本部より除名したるが如きは其の著しき例にして更に極端なるに至りては勞働黨の加盟團體の一たる純社會主義の獨立勞働黨が本年春其の黨員 Ben Spoor（勞働黨內閣時代院內首席幹事兼大藏次官となりし人物）を同人が勞働黨は自由黨と合同（fusion）すべしとの意見を發表したるの故を以て同黨より除名するの措置に出でたることあり。(尤も勞働黨自體よりは除名せられず) 以て其の規律の嚴格なることを知るべし。

然るに今翻つて自由黨を見るに同黨は所謂自由主義の精神により其の黨員の意見を拘束すること院の內外に亘り最も寛大なるを以て其の團體としての規律は最も振はず。例へば現に同黨員は下院內に於て諸法案の採決に際し一致の行動を執る場合尠く其の議員はかくして上は幹部より制御せらるゝこと保守黨の如く嚴しからず、下は一般黨員竝に支持者より牽制せらるゝこと勞働黨の如く甚だしからざるを以て其の結果が大戰中に於ける自由黨の分裂及び其の後に於ける黨內機關の不統一、領袖間の確執等を惹起するに至りたるものにして、一九二六年五月の總罷業後に於て「アスキス」が「ロイド・ジョージ」の總罷業に對する態度を詰問したるが如きは勿論自由黨內にもある程度の規律の存在することを示すものなるも右は自由黨本來の長所にして且つ其の弱點たる黨紀問題を解決せずして寧ろ其の結果に付て不滿を表現したるものとして却つて「アスキス」の爲め遺憾の行爲なりしと云はざるべからず。

尙右三大政黨を別とする時は現在英國共産黨の規律の甚だ嚴格なるは勿論著名なる事實なり。

第三節 各政黨の勢力竝に其の變遷

第一款 上院

今茲に英國議會内に於ける各政黨の勢力分布の狀況を檢するに當り其の研究の主要點を下院に於ける各黨の情勢に置くこと勿論なるが、暫く序を以て少しく上院内に於ける各黨の勢力配分狀態を見るに一九二六年一月現在に於て英國上院議員七四三名の内自由黨に屬する議員は一〇五名、勞働黨に屬する議員は僅かに十一名に過ぎず。其の殘部は十五名内外の無所屬議員を除き凡て保守黨に屬す。

然れども英國憲政の法制上上院の權限が縮少せられ居ると其の慣習上殊に近來上院が下院に反對の態度を執らざることに依り今日上院に於ける各黨勢力分布の狀態は政治上の價値に於て下院に於ける夫れと甚だ異り、英國の政黨を論ずるに當りては上院に於ける其の情勢の多くを述ぶる必要なし。(但し茲に注意すべきは現在保守黨の一部に於て上院の權限を擴大し以て下院に於ける勞働黨の活動を上院に於て牽制せむとする運動あることなり。本問題に付ては第二章第七款末段を參照すべし)

尚ほ勞働黨の上院議員は元自由黨に屬し居たるもの、無所屬たりしもの、勞働黨内閣當時閣員として上院に出席する爲め貴族に列せられたるものより爲るものにして、其の大部分は穩和社會主義系の「フェイビアン」協會に屬するものなり。

第二款 下院

第一項 議會內

次に今下院に於ける各政黨の勢力竝に其の變遷の跡を最近に於ける四回の總選擧の結果に基きて示せば左の如し。

	一九一八年	一九二二年	一九二三年	一九二四年
保守黨聯立派	三三四	合同三四四	二五八	四一二
保守黨非聯立派	五〇			
自由黨聯立派	一三六	六一	合同一五九	四〇
自由黨獨立派	二九	五三		
勞働黨聯立派	一三	(消滅)		
勞働黨非聯立派	五九	一四二	一九一	一五一
愛蘭國民黨	七	二 (除外)		
シンフェン黨	七三	一 (除外)		
其の他	六	一二	七	一二
合計	七〇七	六一五	六一五	六一五

右の表は數字の上に各黨の勢力竝に其の變遷の跡を示して明かなるが、右に付少しく說明する所あらむに右表中の所謂聯立勞働黨の中には當時未だ聯立內閣に地位を有し、一九一八年の勞働黨大會に於ける聯立內閣脫退の決議に服從せず、同年の總選擧に於て聯立勞働若くは無所屬として選擧せられたるもの四名と勞働黨以外の聯立派の勞働階級方面を代表すと稱する National Democratic and Labour Party 所屬の九名とを含めるものにして孰れも一九二二年以後の選擧に於て其の形影を沒したるものなり。

次に勞働黨が一九一八年以來團體と個人とを同じく黨員たらしむる構成法を執りたることは前述の通りなるが勞働黨本

來の勢力の源泉は今日と雖も同じく其の直接加盟團體に在ることは最近二回の總選擧の結果選擧せられたる同黨代議士を其の所屬勞働團體（其の選擧費用支出の責任を執りたる）に依りて左の通り分類することに依り之を示し得べし。

加盟團體別	一九二三年	一九二四年
勞働組合	一〇一	八八
社會主義團體		
獨立勞働黨（I. L. P.）	三九	二九
地方勞働黨（個人黨員の加盟を許すもの）	三九	二五
Social Democratic Federation	四	三
Fabian Society	二	一
消費組合團體	六	五
合計	一九一	一五一

右の中殊に勞働組合を代表する議員が最多數を占むることは注意に値すべき現象にして（註一）英國の勞働黨が純社會主義者の純思想的勢力に影響せられず、實際的政策に忠實なる所以の一は勞働組合選出の議員が其の實際上の勞働運動の經驗に照らし勞働黨内の右翼（若くは勞働黨内の Senate と稱すべし）として純社會主義者の左傾的奔放性を抑制し居れるが爲めなりと謂ふを得べし。

又右表中地方勞働黨は各地方の Trade Council と合計して一九二四年末に約五百三十存在したりしが右兩種團體は今日各州に於ける選擧運動統一協同の目的を以て各州毎に一 Federation を組織しつゝあり。一九二六年七月末には其の聯合數二十五に達したり。以て勞働黨内の組織が複雜且つ鞏固になりつゝあるを知るべし。

尙ほ又右表中消費組合に屬する議員は議會に於て勞働黨院內幹事の指揮下に立つものなるも院外に於ては勞働黨に加盟せず、獨立の Co-operative Party と稱する政治團體を代表し居るものにして、其の政綱は大體に於て勞働黨のそれに等しく中央及び地方政治に於ける特殊利益の宣明擁護に努め居れり。序を以て同黨の內容を略述するに同黨の設立は一九一七年 Swansea に於ける Co-operative Congrees 第四十九回年次大會に於て決議せられたるものなるが、同黨は一九二四年末現在に於て主として英國內消費組合大多數の聯合たる Co-operative Union に屬する三九三個の消費組合（會員數合計一、八三五、六七一名）を之に加盟せしめ居れり。當時英國內には消費組合にして同黨に屬せざるもの九五九個（會員合計二、七二二、二一三名）ありたるを以て將來同黨發達の可能性は甚だ多しと謂ふべし。尙ほ右消費組合は全體に於て今日約一二五、〇〇〇、〇〇〇磅の主として勞働階級のものゝ出資よりなる資本を有し年に約二五〇、〇〇〇、〇〇〇磅の取引高あり。以て其の社會に於ける經濟利益の相當に大なるものあるを知るべく、從つて同黨の成立は極めて有意義にして英國勞働黨の研究に於て見逃がすべからざる附隨題目たりとす。

最後に前記表に於て一九二二年以後愛蘭選擧議員數が消滅したるは同自由國建設の爲め同國議員が「ウエストミンスター」に代表せられざるに至りしに依る。又保守黨並に自由黨內の各兩派の合同に付ては第二章に讓る。

【註一】 尤も勞働組合に屬する代議士の多數も急進的社會主義者たるべきことは一九二四年選出の勞働黨代議士中一〇六名が獨立勞働黨議員たりしことに徵しても明かなり。

第二項　議　會　外

議會外に於ける各政黨の勢力を硏究するに當りては之を五方面より見るべし。即ち（A）各政黨の得票數（B）各黨支持選擧民の階級的性質（C）其の地方的性質（D）其の宗敎的性質（E）其の機關新聞紙の勢力是れなり。

第一、各政黨の得票數

數字的表示の煩雜を避くるため一九一八年以後の總選擧に於て主要三政黨が獲得したる投票數を示せば左の如し。

（無競爭選擧區の票數を含まず）

	一九一八年	一九二二年	一九二三年	一九二四年
聯立保守黨	三、四七二、〇〇〇	合同五、五八二、〇〇〇	五、五三九、〇〇〇	七、八五六、〇〇〇
保守黨	六六五、〇〇〇			
國民自由黨	一、五〇二、〇〇〇	一、六七三、〇〇〇	合同四、三一一、〇〇〇	二、九二九、〇〇〇
獨立自由黨	一、三二〇、〇〇〇	二、五一六、〇〇〇		
聯立勞働黨	二〇六、〇〇〇	（消滅）		
勞働黨	二、三九九、〇〇〇	四、二四一、〇〇〇	四、四三九、〇〇〇	五、四八九、〇〇〇

更に各黨得票數を投票總數に比例して示せば左の如し。

（無競爭選擧區の票數を含まず）

	有權者數	投票總數	各黨得票數の投票總數に對する比 保守	自由	勞働	其の他	有權者に對する投票者數の比
一九一八年	一八、三〇七、〇〇〇	一〇、七八九、〇〇〇	四八	一二•二	二二•二	一七•六	五八•九
一九二二年	一九、一八一、〇〇〇	一四、三九四、〇〇〇	三八•二	二九•一	二九•五	三•二	七五•四
一九二三年	一九、六二〇、〇〇〇	一四、五四九、〇〇〇	三八•一	二九•七	三〇•五	一•七	七四•一
一九二四年	二〇、六五四、〇〇〇	一六、六四一、〇〇〇	四八•三	一七•六	三三•〇	一•一	八〇•六

今茲に右の數字の提起する諸問題を少しく考察するに其の一は投票總數の有權者に對する割合が著しく增加したること

なりとす。

英國に於ては一九一八年普通選擧制を實施し二十一才以上の男子に選擧權を附與すると共に三十才以上の婦人にもある制限を加へて投票權を附與（註一）することとなりたる爲め有權者數は一九一〇年總選擧當時に於て七百七十萬餘なりしものが、一九一八年に於ては總數二千百四十萬に上るに至りたり。而して斯くの如き投票數の著しき增加は主として婦人及び青年の政治的覺醒に基因するものにして殊に一九二三年の總選擧の爭點は「保護貿易か自由貿易か」に在りしを以て當時各黨政治家が本問題を通俗平易に取扱ひ如何にこの兩政策の差異が家庭の臺所に影響するやを說きて婦人直接緊要の問題となしたることが大に婦人有權者の選擧心理に作用したることは疑なき事實なりとす。

又一九二四年の總選擧に於ては勞働黨內閣の親露政策甚だ國民の心頭を惱まし居りたる際なりしかば、保守自由兩黨員がこれを利用して巧に恐露的宣傳を爲したることは時事問題に對する一般の注意を喚起し婦人青年を選擧場に驅るに與て力ありき。

かるが故に婦人及び青年有權者間に黨勢を張ることは近時各政黨宣傳運動の重要問題にして各黨とも夫々黨內に婦人及び青年者の團體機關を設け諸種の社交的會合、教育設備、演說家の養成、宣傳等の事業に從事し居れり、此等の目的を有する各黨の主要團體は大略左の如し。

保守黨

The Women's Unionist Organization　會員數不明なれども數十萬を算すべし稱せらる。

The Junior Imperial League　今日全國に一千個以上の支部ありて活動しつゝあり。

Young Britons　前二團體の保護指導の爲に一九二五年設立せられたる六才より十四才に至る少年者の愛國的敎育を目的とする團體。

自由黨

Women's National Liberal Federation　一九一九年 Women' s Liberal Federation 及 Women's National Liberal Association が合體したものにして一九二五年現在の會員約九萬、加盟婦人團體九百七十に上る。

National League of Young Liberals　一九〇三年の創立に係る。年齢に制限なく十六才以上の男女を會員とし全國に五百の支部を有す。

London Young Liberal Federation　前者と同一の目的を有する倫敦内の團體なり。

勞働黨

Women's Section　地方勞働黨に附屬する團體にして一九一八年の組織に係る。其の數一九二六年に於て全國に千六百五十餘を算し會員數二十五萬を超ゆ。Labour Women's Advisory Councils（全國に四十八個）と共に婦人政治運動に從事し一年一回勞働黨婦人大會を開く。右婦人部の首席役員は現在 Dr. Marion Phillips なり。

Young People's Section　一九二四年の勞働黨年次大會に於て設立を決定せられたる十四才より二十一才迄の青年の團體にして、地方勞働黨の組織内に屬す。其の團體數一九二五年に於て約二百餘を算すと稱せらる。尙ほ本團體は最近 Labour Party League of Youth と改稱せり。

Young Labour League　本團體は前記勞働黨内の Young People's Sectiong と合同しつゝあり。

I.L.P. Guild of Youth　獨立勞働黨の保護指導し居る青少年者の團體にして一九二四年初めの設立に係り全國に支部を置き其の會員現在約六千を數ふ。

第二に右の數字の示す所は各政黨の議會内と議會外との勢力が甚だ均衡を失し居ることの事實なり。即ち若し英國に比例代表制あらむには議會内に於ける各黨の勢力は議會外に於ける投票數に應じて著しく變更を加へらるべし。この現象の著しかるべきは一九二四年の總選擧の結果に之を見る。即ち若し比例代表制の下に議員を選擧したる場合と現在制度の場合とを比較すれば左の如し。

一九二四年の總選擧の場合（無競爭當選の場合を含まず）

	現存制度	比例代表制度（正確なる比例を以て代表せられたりとして）	投票總數に對する各黨得票數の比例
保守黨	三九九	二七九	四八・三
自由黨	三六	一〇四	一七・六
勞働黨	一四三	一九三	三三・〇
其他	五	七	一・一

（右の選擧に於ける無競爭當選は夫々保守一六、勞働九、自由六及び其他一、合計三二名なりき）

現在の選擧制度が右の如き不合理を有することは自明の理なるが、此の現象の著しく現はれたるは云ふ迄もなく第三黨たりし勞働黨が勃興し來りて從來の地盤を攪亂し來りたる以來のことに在り。而してこの不合理なる制度に惱むものは自由黨最も甚だしく保守黨は却て之に依り利益し居る傾向あり。而して勞働黨に至りては勿論之に依り現在不利の立場にあるものなれども將來自ら今日の保守黨に代りて之により利益するに至るべき地位を考慮し又自由黨が消滅すれば比例代表制度の必要も自ら消滅すべしとの立場より現在自由黨切崩しに專心となり、選擧制度改革には現在の複數投票權に反對する外比例代表制採用に對しては熱心を有せず、此に於て現存制度を廢止し之に代ふるに比例代表制度若くは選擇代表制度を採用すべしとは自由黨の主張する所にして同黨の「グレイ」卿を總裁とする The Proportional Representation Society は自由黨員を其の主たる會員として右の主張の宣傳に努め居り、又自由黨內部に於ても既に一九二二年五月の National Liberal Federation の總委員會に於ては國會及び地方政治機關議員選擧に於て比例代表制度を採用すること緊急の必要なりとの決議をなし、一九二二年暮の總選擧に於ては自由黨獨立派は之を政綱の一として掲げ、又勞働黨內閣の時代には自由黨は比例代表制度法案提出に付き勞働黨の公式支持を要求したることあり。又一九二五年一月右N.L.F.か召集したる自由黨全國大會に於て採用せられたる「自由黨の主義及び目的」に關する宣言中に(第三章第八節參照)比例代表制度若は是が實行不可能の場合は選擇代表制度を採用することに依り民衆政治を改革すべしとの決議を採擇せり。

この選擧制度の問題に關しては現存制度、比例代表制度、選擇投票制度（alternative vote）の其の何れが最も適當なるやの議論は素より相當行はれ居ることとなるが要するに現存制度の改革を主張するものは選擧民の支持の上より見たる事實上の少數黨內閣（戰後の保守黨內閣勞働黨內閣は何れも少數黨內閣なり）の出現を妨止せむとするに在り。然れども若し現在の英國に於て比例代表制度採用せられむには、英國の內閣は當分ある形態の聯立內閣制を繼續せざるべからざるの狀態となるべく、尙ほ又撰擇代表制度の難點は各政黨の政治的旗幟が分明とならざるに至るべき虞れあるに在り。何れにしても三黨分立の英國の政界は當分ある種の不合理を忍びて保守主義と改革主義との間を往還すべく、この問題の解決は要するに自由黨の將來如何に在りと云はざるべからず。

【註一】　英國現在の選擧法にては二十一才以上の男子が全く財產資格なしに選擧權を有せるに反し、婦人は三十歲以上にして且つ一定の財產資格を有するもののみが有權者となり居れるを以て婦人のこの政治的不平等待遇を廢止し全く男女同權とせむとする主張あり。勞働黨自由黨はこの主張を採用し居る點に於て一致せり。保守黨內閣亦時勢の進運につれ次第に自由主義を懷抱するに至り、最近內閣內に內相を首班とする委員會を組織して女子選擧權享有年齡を從來の三十才より男子同樣二十一才に低下するの問題を考究しつつあり。

第二、各黨支持選擧民の階級的性質

各政黨が如何なる階級の選擧民によりて「支持」せられ居るやの問題は其の選擧せられたる議員が如何なる階級の利益意

見を代表し居るやの問題と必ずしも一致するものに非ず。今日英國の勞働黨が勿論勞働階級に其の地盤を有し勞働階級に依り支持せられ勞働階級の利益を「代表」し居るものなることは事實にして、此の點に於て同黨の政綱が全國民の經濟的平等の理想を掲ぐとは云へ其の現在の形態は疑ふべからざる階級的政黨なり。然るに現在英國の資本家階級の政黨即ち資本主義是認の立場にある保守自由兩政黨が單に貴族地主金滿家階級等のみに依りて「支持」せられ居るとの觀察は勿論誤れるの甚だしきものにして、彼等が勞働黨と同じく勞働者階級よりも大いに「支持」せられ居ることは次の諸數字の示す所なるが、彼等の支持者が此の如く全階級全國民的性質を有することを別とする時は彼等が右資本家階級の利益即ち社會階級、經濟利益差別の思想を「代表」し居るものなることは疑ふべからざる事實なるを以て、之を約言すれば保守自由の兩黨は勞働黨とは逆に其の政綱の傾向が階級的なるに拘らず、其の現在の形態は全國的政黨なりと云ふことを得べし。

今玆に一九一九—二〇年間に於ける英國の富分配の狀況に關する數字を擧ぐれば左の如し。

平均所得（所得稅 Excess Profits Duty 及び Super Tax を差引たる純所得）より見たる英國社會階級別

階級別一年所得額(磅)	人　口	平均所得額(磅)
一、極貧者（一三〇以下）	一三、〇〇〇、〇〇〇以上	一〇〇(若くは其以下)
貧者（一三〇—一六〇）	三、五〇〇、〇〇〇	一三九
右合計（一六〇以下）	一六、五〇〇、〇〇〇（所得階級全人口の五分の四）	一〇八(若くは其以下)
二、中產の下(一六〇—四〇〇)	三、五六七、〇〇〇（所得階級全人口の六分の一）	二〇五
三、中產の上(四〇〇—二、〇〇〇)	六五三、〇〇〇（所得階級全人口の三十二分の一）	六四五

四、富裕階級の下(二,〇〇〇—一〇,〇〇〇)	七九,〇〇〇	一二,五〇〇
五、富裕階級の中(一〇,〇〇〇—五〇,〇〇〇)	九,六〇〇	九,五〇〇
六、富裕階級の上(五〇,〇〇〇以上)	六六〇	四五,〇〇〇

(右に依れば富裕階級の人口は八九,六二〇にして所得階級全人口の二三〇分の一を占め國民所得全額の十分の一を收入し居れり)

尚ほ英國內に於ける資本其の他の財產の分配に付ても右の表と類似の階級的差別に關する結果を得べし。

右の統計數字は保守黨並に自由黨が其の利益を代表すと觀察せらるゝ貴族、地主、資本家の數の英國全人口に對する比が甚だ微少なることを示せるものなると共に之を各政黨に投票したる有權者數に關する統計と比較研究するときは右兩黨は勞働黨と同じく一般民衆勞働階級の「支持」によりて存在せる事實を明示せり。但し勞働階級有權者が如何なる程度に保守、自由兩黨を「支持」し居るやは正確に表現し難きも大體次の如き觀察を許すべし。即ち今右表第三類中產の下(四〇〇磅以下の年收あるもの)以下の者を以て勞働階級と見做し(この假定は常識的に定む)、其れ以上を以て勞働階級に非ず(少くとも勞働黨に同情せず)と見做す時はこの中產以上の者の合計は約七十五萬、更に今この數を以て七十五萬家族を代表するものとし一家族に平均二名の有權者ありとして茲に百五十萬票の非勞働階級投票ありと算定し、この百五十萬票は完全に保守黨若くは自由黨に投票すと見做す時は一九二四年の例に付て見るに

全投票數	一六,六四一,〇〇〇
非勞働階級投票數	七五〇,〇〇〇
勞働階級投票數	一五,八九一,〇〇〇

の結果を得べく右選擧に於て勞働黨の事實上の得票數は約五百五十萬票なりしを以て今之を全然勞働階級よりの投票と見

るときは少くとも右勞働階級總投票の中一千萬票以上は保守、自由兩黨に與へられたるもの從つて右兩黨の得票の殆んど全部は勞働階級より投ぜられたるものとの結論を見るべし。是に於てこの「支持」者と「代表者」との關係が斯くの如く懸絶し居る事實は勿論一面に於て保守、自由兩黨が露骨なる階級政治を爲さず賢明なる民主政治を行ふに吝かならざるに基くものなるべしと雖も、又他面に於て英國民衆の政治意識が其の社會的經濟意識と一致し居らざる證左にして、英國民の近代政治に對する理解の不徹底を曝露せるものなるが、同時に政治は富の分配のみの問題に非ずして特殊の人間性例へば權力崇拜(この部類に屬する英國民衆の心理中顯著なるものは即ち其の帝國主義なり。勿論今日英國の帝國主義は領土擴張の如き露骨なる侵略主義を第一義とは爲さざるも其今日の主要點は所謂「血は水よりも濃し」との思想を以て帝國内の「アングロサクソン」種の協同並に其の優越的地位を保持せむとするに在り。從つて自由黨が帝國内特惠關税設置に反對し勞働黨が帝國内土人の利益進展を主義とするに對して保守黨は帝國内の發達英人優越權の確立等の思想を以て大いに民衆の心裡に同感を起さしめむとす。而してこの種思想の宣傳は單なる政策の理論的問題のみに非ずして寧ろ其の主たる點は The British "Empire" なる「偉大」文字の響に對する一種の「讃嘆」と「畏敬」との國民的感情の問題なり。英國の民衆が今日の如く右の如き保守黨の宣傳に感應を持つ間は同黨の政治的地位は容易に搖がざるべしと觀察せらる。)革新政策に對する不安と保守的反動性(この部類に屬する心理としては英國勞働黨の性質並に其の提案を露國過激派の夫れと同一視せむとする一般的無智より來る社會的傾向を殊に現在顯著なる事象とすべし)、傳統的精神に對する依頼心と非理智的安心(例へば英國人は鈍重にして一般に保守的なれども其の實際的社會利益は英國一流の憲政制度の發達にて進展し來りたりとの所謂傳統的國民性なるものに對する自負心ある爲め純理論的の社會改革論に熱心ならざること)等に支配せられ居るものなることを知るべし。かるが故に今日英國に於て勞働階級の支持を最も多分に享受し居るものは少しく反語的に聞ゆるも保守黨なりと云はざるべからざるべく、勞働黨は勿論純粹に多數勞働階級の支持を有せること保守黨に劣らざるべきも自由黨に至つては現在其の支持最も少く從つて黨勢の振はざること夥し。蓋し自由黨の改進的傾向が純民衆的理想を掲ぐるの程度迄進み得ざりしことは遂に其の隨伴者を勞働黨の軍營に走らしむるに至りたるものにして自由黨は今日中産階級に其の傳統的地盤を占むるのみ。更に立入りて這般の消息を窺ふ爲め一九二二年の總選擧の結果に付き議會に「代表」せられたる資本勞働兩階級的利益の實狀を檢すれば左の如き結果を得べし。即ち一九二二年の總選擧の結果保守黨並に自由黨の得たる合計四五八名の議員に付て先づ觀察せむに右の中約六十名は所謂 “placeman” と稱せらるる議員にして即ち彼等は議員たると共に當時の保守黨政府内の地位を有せる爲め其の地位上反政府的投票を爲し得ざる立場に在るものなり。彼等の中大臣席を有するものは公衆會社（Public Company）の株を所有する事は許さるるも其の重役たることを得ず。從て彼等は大臣に就任するや其の會社との表面上の關係を斷絶せざるべからざるも大臣の席を離るゝや再び右會社の重役となるもの多し。

例へば Sir Robert Horne （註一） Sir Eric Geddes （註二）及び Reginald Mckenna （註三）等は近來に於ける其著しき例なるが、今右保守自由兩黨議員四五八名より右六十名の「プレイスメン」を除きたる約四百名の中に於て當時鐵道、船舶、石炭、鐵工、金融其の他の七百以上に上る公共會社（Public Company）（其の全資本合計二十億磅）の重役たりしもの二二六名を數ふべく又大地主たりしもの二九名（地主にして會社の重役たるものありたり）ありたり。尙ほ當時英國内には八萬足らずの有限責任會社ありて其の内八割は私的營利會社（Private Company）たりしが、保守自由兩黨議員にしてこの種會社に利益を有するものゝ數は右公共會社の場合より推して多數に上るべきことを察し得べく、以て英國下院には如何に資本「代表」の優勢なるかを察知することを得べし。又同樣の事實は勿論上院議員にも之を見るべく、當時上院には七六一個の公共會社の重役たる一九三名と總計七百五十萬英町（英國全面積の約十分の一）を所有せる二四一名の地主たる議員ありたり。加之右の如き個人の資本家は單に個々の會社の重役たるに止まらず、其の個々の會社の屬せる會社聯合又は商業會議所の會員たる者多きを以て彼等の代表する背後の經濟的利益は愈々莫大なるものと云ふべし。今日英國に於て資本家の最も有力なる聯合は The Federation of British Industries なり。同聯合は一九二〇年の當時、一六九の會社聯合を糾合し居り一、七一九の會社を含み總計約四十億磅の會社利益を代表し居ると稱せられたり。而して前掲一九二二年選出の資本家代議士の中下院に於ては六十六名上院に於ては七十名が右大聯合加盟會社の重役なりき。同聯合は今日英國經濟界に於ける資本家の牙城にして此の種聯合中世界第一の有力なるものと稱せられ勢力は政府竝に議會の內外に隆々たるものあり。戰後に於て同聯合が英國の財政經濟政策を左右したること一再ならずと稱せらる、以て保守自由兩黨員殊に保守黨員の議會に於ける地位が如何なる社會的利益を如何なる程度に代表し居るやを察知すべし。

然るに今翻つて之を勞働黨代議士の個人的職業に見れば一九二二年選出の一四二名の同代議士を大體次の如く分類し得。

勞働組合役員	七八名
其の他勞働團體役員	三名
筋肉勞働者	一三名
教師（四名の大學講師を含む）	一〇名
著述家又は新聞記者	一〇名餘
辯護士	三名
牧師	二名
醫師	二名

資　本　家　六　名
地　　　主　一　名

勞働黨代議士は右の如く勞働組合の役員を以て其の主要なる構成分子となす。而してこの代議士を送りたる勞働組合の中にても諸種のものゝある中に炭坑並鑛山業勞働組合最も優勢にして其の數一九二二年には右七十八名の勞働組合役員たる代議士中四十三名を占む。次は機械、造船、鐵工等の九名、一般勞働の八名、運搬の五名、鐵道及び紡績の各三名等を主要なるものとす。

是に於て吾人は勞働黨と其の組成分子たる諸團體殊に主として同黨の根幹たる勞働組合との關係を攻究せざるべからず。

前述の如く勞働黨の地盤は勞働階級に在り。然れども勞働階級に屬するもの凡てが勞働黨に投票するものに非ず。今日英國の勞働階級と稱せらるべき俸給及び賃銀勞働者（平均一週參磅以下の收入を有する階級）數は約一千五百萬以上を算すべし。（前掲英國人口所得類別表參照）然れどもこの勞働者の中勞働黨の糾合の聲に應ずるものは未だ其の三分の二に及ばず。更に英國の「勞働組合」の歷史は古く而して其の發達は近代民衆運動の一偉觀たり。然りと雖も英國に於てさへ今尙ほ全部の勞働者が勞働組合に加入せるに非ず而してこの組合結束弱少の傾向は農業勞働者間に於て殊に甚だしく又年少勞働者は殆んど結合し居らず。一九二四年現在英國の勞働組合の數は大小合計一千一百五十五を算せり、然れども其の會員數は近時に於ける勞働組合の全盛時代（一九二〇年）に於てさへ勞働者總數の約二分の一（八百五十萬餘）に及べるに過ぎず。

更に玆に勞働組合の中勞働と密接の關係を有するものは「勞働組合議會」（Trade Union Congress）に加盟せる諸組合なりとす。勞働組合議會は一八六八年の創立に係り一九〇〇年勞働代表委員會（勞働黨の前身）出生の母體を爲せるものなるが右議會は勞働黨と共に勞働問題に關する協同の政策及び行動を確保する爲め National Joint Council を組織す。本評議會は右議會の總幹事會（General Council） 勞働黨の執行委員會及び院內勞働黨執行委員會の代表者より成るものにして每月一回會合して共同政策遂行を審議し居れるが右の外勞働黨及び勞働組合議會は一九二六年四月迄協同して政治經濟の研究情報蒐集及び宣傳の爲め Joint Departments を組織し居れり。（註四）尙ほ勞働運動の機關新聞たる Daily Herald の經營は右二團體の協同補助に係る。

扨て勞働組合議會に加盟せる勞働組合は斯くの如く勞働黨と密接の關係を有し且つ最も有力多數の組合を包含し居れるか右の如き勞働組合は英國內全勞働組合數に比し少數なるのみならず。（一九二四年の現在にて二〇三）右議會に屬する組合と雖も必ずして勞働黨に加盟し居るものに非ず（一九二四年の現在にて勞働黨加盟の組合は一〇八個）。從て勞働黨の最も賴るべき勞働階級の支持者は英國勞働者にして勞働組合議會竝に勞働黨自身に加盟せる勞働組合の會員たるべきものとす。

今茲に右の記述の根據となるべき數字を揭出せば左の如し。

（一九二四年に於ける狀態）

英國の勞働階級全人口	約	一五、〇〇〇、〇〇〇
全勞働組合に屬する勞働者數	約	五、五〇〇、〇〇〇
勞働組合議會に加盟せる勞働組合員	約	四、三〇〇、〇〇〇
勞働黨に屬する勞働組合員	約	三、一六〇、〇〇〇

今更に一九二〇年以來の全勞働組合員數、右組合議會竝に勞働黨に加盟せる組合員數の增減出入に關する數字を各總選擧に於ける勞働黨得票數と併せて擧示せば左の如し。

	一九二〇年	一九二一年	一九二二年	一九二三年	一九二四年	一九二五年
全組合員數	八、五00、000	六、八00、000	五、六00、000	五、四00、000	五、五00、000	
組合議會に加盟せる組合並に其の會員數	二一五 六、五00、000	二一三 六、四00、000	二〇六 六、100、000	一九四 四、四00、000	二〇三 四、三00、000	二〇五 四、三五0、000
勞働黨に加盟せる組合並に其員數	一二二 四、三00、000	一一六 四、000、000	一〇二 三、三00、000	一〇六 三、000、000	一〇八 三、二00、000	—
總選擧に於ける勞働黨得票數	—	—	四、二四一、000	四、四三九、000	五、四八九、000	—

勞働組合議會に屬する勞働組合は必ずしも勞働黨に加盟せるものに非ざること（又其の逆の場合もあり）は右の表にて明かなれども右の數字のみにては未だ勞働黨の實勢力を少しく低價に見積る處あり。何となれば（一）勞働組合議會に於けるが如く殆んど凡ての重要有力なる組合が加盟し居り（二）且つ勞働組合中には組合議會に對するよりも表面上組合員數を少數に算して勞働黨に加盟せるものあればなり。

然らば勞働黨員數と同黨に對する投票數との關係如何。

勞働黨は前述の如く主として勞働組合の外に社會主義者團體より成立す。一九二六年に勞働黨に加盟せる社會主義者團體は左の八個にして之を當時の其の員數と共に示せば左の如し。

「フェイビアン」	會員	一、八九九名
Herald League		三六〇名
獨立勞働黨		三〇、〇〇〇名
Jewish Socialist Labour Party (Poale Zion)		九八〇名
Social Democratic Federation		二、〇〇〇名

Society of Socialist Christians	一三六名
Teachers Labour League	三六〇名
University Labour Federation	五〇〇名
合　計	三五、一二五名

一九二〇年勞働黨に加入せる社會主義團體員數は四萬二千に餘りたれども爾後勞働組合員數と同樣、減少の傾向に在り然れども右兩者は又一九二四年頃より何れも員數增加の傾向を示し來れるがこの勞働黨內諸團體の員數の出入、竝に組合等の勞働黨及び組合議會に對する加入脫退の事情は一に社會的經濟的事情に依るものにして勞働爭議の解決如何、竝に一般の景氣不景氣に伴はれ其の增減を見るものなり。今勞働黨加入の社會主義者團體員數の比較的少數なることを知る吾人は右諸團體の長き歷史に比較し轉た其の發展の除々たるに驚かざるを得ず。然れども英國に於ける社會主義者の使命は少くとも現在迄其の同志を糾合することよりも其の思想を傳播することに成功したる點に於て彼等亦自ら慰むべきなりといふべし。例へば英國の勞働組合が其の綱領中に同主義の政策を揭げざるものなきに至りたるは其の宣傳の效果なり。又勞働組合の首領連が勞働黨內に於て穩和中庸の態度見解を執れるに對し純理智的社會主義者が之を叱咤激勵するは勞働黨の急進的傾向を促進せしむるに足る。又社會主義者團體は比較的智識階級より成れるを以て同主義者は中產智識階級の思想に影響を及ぼすと共に社會事象の研究と改革の建設的提案を爲すべき勞働黨內の智囊となれる形あり。勿論勞働組合が社會主義の綱領を揭ぐとは云へ其の組合員中には個人として保守黨自由黨に投票するものあり。即ち一九一三年の Trade Union Act は勞働組合が會員の秘密投票に依り同意を得たる時は政治的目的の爲に會員より金錢を徵收すること、所謂 Political Levy を行ふことを許し、若し會員中之に反對なるものある時は右會員は自ら其の除外を要求し得ること（所謂 Contracting out)を規定したるが現在勞働組合員中右 Levy の除外を求め居る者の數(彼等は即ち組合員にして勞働

黨を援助せざるものと見ることを得）の極少なるべきは一九二五年十一月英國内相が議會に發表したる一九二四年末日調査の統計數字によりて推察することを得。即ち當時四十五の大組合全體に付いて之を見るに其の會員中二百四十萬はLevyに應じ約八萬が此の除外例を求め居たるに過ぎず。即ち其比例は三パーセント餘なり（此の點に關しては第一章第七節末段參照）。是に於て吾人は勞働黨の支持者たる社會主義者、勞働組合員等の協助的活動並に其の結束の鞏固なることを知り得べきも、勞働黨に對する投票數が勞働黨自身に屬する諸團體員數よりも遙かに多數に上り、更に勞働組合議會に屬する組合員數と社會主義者團體員數との合計に超過する所以のものは、組合議會外の勞働組合員の投票と社會主義者の宣傳による中產階級者の投票支持の賜に外ならずとの結論に達す。尙ほ又一九二四年の總選擧に於て勞働黨は五十名以上の下院議席を失ひたれども百萬票以上の投票を增加せり。之を當時の事情に徵せば全投票總數に於て既に前回の總選擧の際に比し二百萬以上の增加あり。然るに自由黨は當時百萬餘を失ひ一方保守黨は二百萬票を增加したるを以て右勞働黨百萬票の增加が果して幾何を自由黨より奪取し又幾何を右の通り增加したる投票總數より得たるやは正確なる結論を許さざる困難なる問題なれども、今少しく之を明白にする必要あるべし。蓋し當時の總選擧に於ては保守自由兩黨は勞働黨候補者に機會を與へざらしめむが爲め所謂「三角競爭」なるものを避けて右兩黨相互の諒解の下に勞働黨候補者と競爭する場合は其の何れかの候補者を（殊に自由黨の夫れを退かしめ他の一方を）以て勞働黨候補者と直接「對立競爭」を爲さしむべき場合を多く造りたり（第二章第六節參照）是に於てこの「對立競爭」の場合に自由保守兩黨支持者は其の黨派の如何に拘らず反勞働黨候補者に投票したる傾向甚だ多し。此の事實は自由黨の失ひたる投票が主として保守黨に奪はれ勞働黨投票數の增加の多くは投票總數の增加分より來りたるものなりとの結論を許すべし。尙ほ當時の選擧に於ては所謂「ジノヴイエフ」の「赤書翰」問題あり。選擧民の勞働黨に對する同情は急激に疑惑と反感の念に變り、豫定得票數の減少し行くこと手に執るが如く感ぜられたるも結果は却つて得票數の增加並に得票の總投票に對する比例の增加さへ見たるを以て少くともこの時の得票數は將來に於ても常に勞働黨が獲得を豫期し得る最少限の票數なりと信ぜらる。

尙ほ各政黨に對する勞働階級の「支持」に關聯して近來の各黨の選擧政策の傾向を注意する必要あるべし。即ち勞働黨が勃興して一に勞働階級民心の收攬に努力するに至るや保守自由の兩黨心安からざるものあり。特に自由黨は其の進步的政綱を勞働黨に奪はれるや共の打擊最も甚だし茲に於て右兩黨は一九二四年の總選擧後に至り漸次勞働階級引留の運動を開始せむとする傾向あり。一般的に見て右兩黨の勞働黨に對する非難排斥の論議盛となれるは勿論なるも其の中著しきは保守黨が一九二四年「ニューカッスル」にて開催したる同黨年次大會に於て保守的勞働者が議會に列席せざることは黨竝に國家の重大なる危險となるべきを以て次の選擧の時より勞働階級の男女を出來得る限り議員候補者たらしむべしとの趣旨の決議を通過し、又一九一八年普通選擧施行以來設立したる保守黨內「勞働小委員會」Labour Sub-Committee は一九二四年以來其の選擧區の同黨團體に孰れも勞働部を設け勞働階級內に於ける宣傳を行ふ樣勸奬せり。尙ほ同黨は最近各地に保守黨學校を設け勞働者の政治敎育を行ふと共に宣傳冊子の發刊を增加せり。この外宣傳以外の保守黨の勞働黨勢力削減運動の主たるものは保守黨內閣時代に速かに一九一三年の勞働組合法を改正すべしとの主張なり。この主張は殊に一九二六年の英國勞働者總罷業以後宣傳せらるゝに至りしが、是れ若し具體化せむには勞働黨に對する一大打擊となるべし。（第二章第七節參照）

次に自由黨の地盤擴張政策の中、近來著しきは後述する所ある如く一九二四年の總選擧慘敗の後黨首「アスクキス」によりて任命せられたる黨勢復活硏究委員會の勸告に基き一九二五年一月の同黨全國大會が百萬磅選擧費を募集すること竝に次の選擧には六百名の候補者を立つべきを決議したることにして其の趣旨とする所は政黨費を政黨に特別關係を有する富豪の私財にのみ求めずして之を一般民衆より募集し其の收支を公表する時は同黨候補者の多數となることゝ相俟つて同黨に對する一般民衆の同情と理解を增加し得べしと云ふに在り。右基金募集の成績は其の後捗々しからざる如きも一九二六年五年迄に約豫定額の五分の一を募集し得たるに過ぎずと云ふ。右の外政綱刷新旗幟鮮明の目的を以て前記自由黨全國大會に於ては "Liberal Principles and Aims" なるものを宣言したるが其の內容從來の主張に比し何等進步なく、又一方「ロイドジョージ」の下に組織せられたる委員會は土地政策問題を研究して社會主義者の主張に極めて接近せる土地國有政策を同黨に獻策し以て其の政策に一新色彩を添へむとしたるも、是又今年二月の同黨大會に於て溫和的自由黨政策に引戻され一時の單なる政界の「センセイション」として消えたるやの觀ありしが（第二章第八節參照）この外最近に至り著しき同黨の勞働階級抱込運動は The National League of Liberal Trade Unionists の組織に現はれたり。右聯盟は Nationl Liberal Federation 竝に Liberal & Radical Candidates' Association 主催の下に一九二六年九月十八日倫敦 Caxton Hall に於て開かれたる英蘭竝に「ウェールス」の勞働組合員の會合に於て設立せられたるものなるが、其の目的とする所は各選擧區に於て自由黨に屬する勞働組合員の團體を組織し、之を各地方の自由黨の支部に加盟せしめ且之を全國的に結合せしめて自由黨の主義に遵ひ其の權利の伸張に努めしむると共に勞働組合に關する問題又は產業の改革等に付議會に於ける自由黨と協力して黨の政策を實現するに盡力せしむることとし、殊に勞働組合の「政治的徵金」に關して會員の相談に對し勸告助力を與へしめむとするものなるが、右聯盟は之を以て勞働組合本來の事業を妨害するに非ずとなし居れり。右大會に於て選擧せられたる右聯盟の議長は Fred Maddison なるが彼は一八八六年勞働組合議會の總裁を爲したることある齡古稀に及ぶ人物にして、一八九七―一九〇〇年竝に一九〇六―一〇年の間 Liberal Labour 派（勞働階級を代表するも自由黨の援助を受け且之を支持せむとするものにして大戰前に於ける勞働黨員の一變態）の代議士となりたることあり。又其の名譽幹事は嘗て勞働黨の選擧係長（Chief Agent）となりたることある Arthur Peters なるが右大會には英蘭及び「ウェールス」內の六十七の勞働組合より二四二名の代表者出席したりと云ふ。右の運動が如何なる程度迄自由黨黨勢の再興と勞働黨の切崩しに成功するやは興味ある將來の問題として觀察するの要あるべし。尙ほ本運動は勞働黨側よりは未だ何等の反應なく一の蔑視的態度を以て迎へられつゝあり。

最後に一九二六年の保守黨年鑑（The Constitutional Year Book）に掲出せられたる本項記述關係の下院に於ける社會利益代表分別表を左に掲ぐべし。

下院議員の代表する社會利益類別表

（一九二五年十二月調）

	保守黨	自由黨	勞働黨	合計
一、土地利益				
地主	一九	二	一	二二
貴族の子息	三五	三	—	三八
二、政府役員				
大臣竝に前大臣	六一	一〇	三八	一〇九
海軍軍人	一一	二	—	一三
空軍軍人	三	二	—	五
陸軍軍人				
正規軍	四三	一	二	四六
義勇騎兵隊	三六	一	一	三八
義勇軍竝に義勇國防軍	四五	一	二	四八
其の他遣外軍事關係者	一九六	一四	一一	二二一

內政、外交植民地役員	一六	四	二	二二
三、自由職業者				
前僧侶	二	—	一	三
Barristers & Advocates	八七	一〇	八	一〇五
Solicitors	一九	三	一	二三
醫師	五	一	五	一一
教師竝講師	一二	二	一三	二七
劇場關係者	三	—	一	四
四、文筆業者				
新聞所有主	四	—	—	四
著述家、新聞記者	一九	三	一二	三四
印刷業者	六	一	一	八
五、商工業				
銀行重役等	六	—	一	七
商人	一八	二	一	二七
製造業者	二二	三	—	二五
石炭及鐵礦業者	五	二	一	八
船舶關係者	八	一	—	九

建築測量其の他	一七	二	一	二〇
株屋	六	一	—	七
鐵道業	三	—	—	一四
酒、食料品業	六	—	—	六
農業企業家	一二	—	—	一二
小賣商人	二	—	—	二
會計士	二	—	—	二
其の他の商業家	三八	一	一	四〇
六、勞働階級				
社會主義團體役員	—	—	七	七
勞働組合役員	一	一	八五	八八
筋肉勞働者	一	—	六	七
熟練勞働者	一	一	二一	二三
七、規定の職業なきもの	三五	二	四	四一

（注意、右分類表中の數字には同一人にして二個以上の職業に屬するものを多數含めり）

【註一】一八七一年生る。蘇格蘭人にして牧師の子、「グラスゴウ」等の大學に哲學を修め後法律家となる。一九一八年以來保守黨員として下院に列す。一九一八年聯立內閣の Third Civil Lord of the Admiralty となり、次で勞働省（一九一九年）商務院總裁（一九二〇―二一年）藏相（一九二一―二二年）となる。强硬なる聯立內閣派たりしを以て一九二二年の「ロー」內閣に加はらず。一九二四年の「ボルドウイン」內閣には藏相として入閣すとの噂ありしも閣外に止まり現に「スエズ」運河會社 Great Western 鐵道會社、「ロイド」銀行、「ボルドウイン」鐵工會社（本會社は首相「ボルドウイン」一家の主たる利益を有するものなり）等の重役たり。

【註二】一八七五年印度に生る。蘇格蘭人、牛津陸軍大學出身一九一八―二二年の間劍橋選出の保守黨代議士たり。戰時中軍隊輸送等の事務を掌り一九一七年には海軍中將となり一九一八年には帝國戰時內閣の閣員となる。海軍大臣（一九一七―一八年）無任所大臣（一九一九年）交通大臣（一九一九―二一年）に歷任す。一九二三―二四年の間 Federation of British Industry（後述參照）の總裁たり。現に「ダンロップ」護謨會社、帝國航空會社等の Chairman たり。

【註三】一八六三年生る。蘇格蘭人、倫敦劍橋等の大學に數學を學ぶ。一八九五―一九一八年の間自由黨の代議士にして大藏次官（一九〇五）文相（一九〇七―八年）海相（一九〇八―一一年）內相（一九一一―一五年）藏相（一九一五―一六年）等に歷任し其の藏相として在任中、時計、活動寫眞「フイルム」等に關稅を設け所謂「マッケナ」關稅に依りて有名なり。同氏は自由黨員なりしが近來保守黨に寢返りする意思ある如く一九二三年の第一次「ボルドウイン」內閣に藏相として入閣する豫定なりしも健康不良の爲め之が實現を見ざりき。

【註四】Joint Departments の廢止は組合議會側の事務擴張となりたる爲め其の申出により實行したる所なるが必要の範圍に於ては右二團體は右諸種の事業に付き其の協力を繼續し居れり。

第三、各黨支持選擧民の地方的性質

如何なる地方の選擧民が孰れの政黨を維持するやの問題は一般的記述をなし難し。殊に戰後保守黨は常に第一黨の地位を維持し現在の如きは絕多多數を擁するが故に同黨の勢力は全國に至らざるなし。是に於て本問題は寧ろこの保守黨の大勢力に對して他の兩黨が如何なる程度迄侵略し居れるやを觀察の中心とするを妥當とす。今先づ地理的に大別して議會代表の狀態を一九一八年以來四回の選擧の結果に付て觀察せむ。

一九一八年

（愛蘭國民黨「シンフェン」等を表示せず）

	聯立保守	保守	聯立自由	自由	聯立勞働	勞働
英國	二二九	二〇	九三	一九	一一	四三
「ウェイルス」及び「モンマスシヤ」	一	三	二〇	一	一	一〇
蘇格蘭	三〇	二	二六	八	一	七
愛蘭	三	二三	｜	｜	｜	｜
合計	三三三	四八	一三九	二八	一三	六〇

一九二二年

	保守黨	國民自由	獨立自由	勞働
英蘭	三一五	三八	三九	九五
「ウェイルス」及「モンマスシヤ」	六	九	一	一八
蘇格蘭	一五	一四	一三	二九
愛蘭（北部）	一一	｜	｜	｜
合計	三七四	六一	五三	一四二

一九二三年

	保守黨	自由黨	勞働黨
英蘭	二二七	一二四	一三八
「ウェイルス」及「モンマスシヤ」	四	一一	一九

蘇格蘭	一六	二三	三四
愛蘭（北部）	一一	―	―
合計	二五八	一五九	一九一

一九二四年

	保守黨	自由黨	勞働黨
英國	三五二	二〇	一〇九
「ウエイルス」及「モンマスシヤ」	九	一一	一六
蘇格蘭	三八	九	二六
愛蘭（北部）	一三	―	―
合計	四一二	四〇	一五一

右の諸數字の示す大體的印象は英蘭及北部愛蘭に於て保守黨が壓倒的勢力を有するも蘇格蘭竝に「ウエイルス」に於ては自由黨勞働黨の勢力必ずしも保守黨に劣らず。否寧ろ之より優勢なるものありと云はざるべからず。右の如き地方的差異は一には各地方民族性格竝に其の經濟生活の特殊性（例へば蘇格蘭地方は山嶽河川に富み自ら「自由」の氣象を住民に與ふると共に同地方民族には一種の內面性の深みあること又同地方は古來自由黨並に勞働黨の偉人を出し以て後進を啓發するに足ること又「ウエルス」地方も同樣の地勢にて現在其の北部地方は「ロイド・ジョージ」の感化强く又南部地方は甚だ發達せる炭坑地方なること等）にも依らむが、右蘇格蘭竝に「ウエルス」地方は元來夫々英蘭に合併せられたりし關係上、保守的傾向を有する英蘭人に對する一種の民族的反抗性が引いては、此等地方の政治をして極めて進歩的ならしめたる一原因なるべし。此の關係はもと愛蘭國民黨が自由黨と提携し進歩的傾向を有し居りたる事情と相似性を有するものに

して現に Scottish Home Rule 並に Welsh Home Rule 等の運動は勞働黨並に自由黨議員の一部に依り行はれ居る所なるが（註一）右二運動の政治上の實際的價値は若し右兩地方に獨立の議會設立せられむか一方に現在の英國議會の繁多なる事務を輕減し得ると共に他方に右兩地方には勞働黨若くは自由勞働兩黨聯立の進步的內閣出現しべしと云ふことに在り。

尙ほ愛蘭自由國建設以來英國內の愛蘭人の投票は殆んど勞働黨に歸するに至れりと云ふ。扨て一九二二年の總選擧の結果勞働黨議員は前回に比し百名近くの增加を見たるが、この增加は主として炭坑地方が勞働黨を支持したる結果なり。「ラナークシヤ」南「ウエイルス」「モンマスシヤ」「ダラム」「ノサムバランド」「カムバランド」「ファイフ」「ヨークシヤ」等其の主要なるものにして、其の他「グラスゴー」「ニューカツスル」「セフイルド」等の工業地方は勞働者代表に付顯著なる成績を示したる地方なりき。而して右の如き勞働黨の成功は當時大部分「ロイド●ジョージ」派の國民自由黨の候補者を葬り去るたる事は大に注意に値す。然るに一九二三年の總選擧の結果、勞働黨は更に約五十名の議員を增加したるが、この增加の中約半數は倫敦市並に大倫敦內の保守黨の地盤侵入に成功し得たるに依るものにして永らく倫敦は鞏固なる保守的區域と見做され居たるも、本回の總選擧に於て急遽保守黨は右地方に於ける多數の投票を中間的政黨たる自由黨に非ずして寧ろ左翼系の勞働黨に奪はるゝの事態を現出せり。其の他勞働黨議員の增加に貢獻したる地方は東部「ミツドランド」地方、東部英蘭諸洲並に南部蘇格蘭なり。

一九二四年の選擧に於ては勞働黨の議員數は一九二二年の選擧の結果と同樣の程度迄引戾されたるが（但し倫敦內の舊議席は殆ど之を保持す）當時の選擧が勞働黨に甚だ不便なる狀態にて行はれたるにも拘らず、事實上其の得票數は百萬も增加したるに鑑み同黨の現在有する地盤は將來破壞せらるる事なき甚だ鞏固なるものなりと信ぜられる。

然るに今自由黨の狀勢を見るに前述の如く地方別にして大體「ウエールス」（殊に北部地方）蘇格蘭等に比較的勢力を有

するが如きも漸次保守、勞働兩黨の挾擊的侵略に惱み殊に一九二四年の總選擧には保守黨側に其の大半の既得議席を讓り事實上無能の政黨となれり。

保守黨は全國に地盤を有すること前述の如きも勞働、自由兩黨の殊に侵略を難しとするは一般に農業地方（北部蘇格蘭、中部「ウェルス」南部英蘭）海岸の遊覽地方、西部「ミッドランド」地方（即ち「バァミンガム」を中心とする工業地方なるが同地方は夙に「チェムバレン」一家の勢力偉大なるに依り傳統的に保守的氣分濃厚なり。然れども一九二四年の選擧には同地方より一名の勞働黨員初めて當選し又一方同地方より出でたる「ネヴェル•チェムバレン」（現保健相）が勞働黨員に對し些少の差を以て辛じて當選したるは漸くこの保守黨の牙城搖がむとするの兆なり）及び一般に都會地に於ける商業及び住宅地方なりとす。

是に於て勞働黨は一九二四年の總選擧以來所謂 Backward Area 殊に農業地方に於ける宣傳に努力するに至りしが、其の結果は都會地方に於ける地盤擴張を怠りつゝありとの噂あり。然れども右宣傳方針の結果は最近に於ける勞働黨の農業政策の決定（註二）に現はれたるが本政策は自由黨「土地政策」（第二章第八節參照）と對抗して農業地方人心の集攬に用ひらるべく、其の結果は將來の興味ある問題なるべし。

【註一】　この二個の「ホームルール」運動中蘇格蘭の方は殊に眞劍なり。今日 Scottish Home Rule Association（一九一八年創立「グラスゴー」に本部を置く）は George Scott を總裁とし非政黨的團體として全國的運動に從事し居れり。

【註二】　勞働黨が現在農業地方に勢力なきことは次の表に依りて之を見るべし。（一九二四年總選擧の結果、但し無競爭當選を含まず。）

	保守黨	勞働黨	自由黨
倫敦市	三四	二〇	三

英國都市區	一一三	五二	一二
英國地方區	一八〇	三六	四
「ウェールズ」都市區	四	三	二
「ウェールズ」地方區	五	六	七
蘇格蘭都市區	一二	一七	三
蘇格蘭地方區	二四	九	二
英國大學區	七	一	三
北部愛蘭	一〇	一	一

本問題に關する右の表の特徴は英蘭内地方區にあり。即ち右三黨が實際に於て得たる票數は保守黨三、〇八一、五七一票勞働黨一、五一三、〇六九票及び自由黨一、三〇三、九六六票なり、今此の數字を二黨の選出議員數に比較せば比例代表法を採用せざるために起る不公平の甚しきを知るに足るべし。此の點に於て勞働黨の宣傳益々必要なれとも同黨が從來無力なりし原因は（イ）農民（Agricultural Labourers）の住居が散在する爲め之を組織結合し得ざること（現在農民は約百萬人近く存在するも其の英國に於ける勞働組合は僅かに三（Agricultural Workers' National Union, Scottish Farm Servants Union 竝に Workers' Union 組合員の一部）あるのみにして之に加盟せるものゝ總數は一九二五年に於て僅かに六萬人餘に過ぎず。（ロ）農民は一般に農業企業家（Farmers）の監督の下に立つ場合の多きこと、殊に英國農村には tied cottages なる制度ありて今日殊に住宅拂底の爲め農民は多くこの農業地附屬の農家に住居するを强制せられ居るを以て一般に保守的なる農業企業者の監視の下に立ち易く勞働黨の宣傳に同情を表するを恐れ居ること、（ニ）勞働運動自身が都會に於て起りたるものなるを以て都會より來る社會主義宣傳家は往々農村の事情に通ぜず、從つ

し農民の心理に訴ふるの說を爲し能はざること。（ホ）同上の理由にて勞働黨に確固たる農業政策が缺け居ること。（ヘ）選擧の際運動員は候補者及び其の友人連の自働車等を以て無賃にて有權者を驅り集め得ることを許され居る處勞働黨候補者竝に其の友人連にかゝる便宜なきを以て自然其の得票數の減少を免れざること等に在り。而して勞働黨に於ては農業地方に勢力なき爲め工業（例へば炭坑）地方と農業地方が合併して一選擧區を爲せる地方に於ては農業地方との合併の爲め其の工業地方のみならば當選疑ひなき場合にても屢々候補者の落選を見ることあり。是に於て勞働黨の農業地方開拓は益々急務なり今英國内の或る農業地方の有權者を職業竝に其の政治的傾向に依り分類すれば大體次の結果を得べし。

職業	人口比例	政治的傾向 保守	自由	勞働
大農業企業者	五	五	一	一
固定的農業勞働者	三〇	七・五	一	二一・五
一時的農業勞働者	一〇	三	一	七
家庭使用人（運轉手、庭師等）	一五	一二	一	三
大工左官鍛冶等	一〇	四	四	二
官公吏竝其の引退したるもの	一〇	五	四	一
小商業家	一〇	七	三	一
小農業企業者（農業勞働者を雇はざるもの）	一〇	四	四	二
合計	一〇〇	四七・五	一五	三七・五

右の表により農業地方に於て農業に直接關係せざるものが多數を占め居るを知るに足るも、其大多數はやはり農業關係者なるを以て、一九二六年の年次大會に於て勞働黨が農業政策を決定し之を以て農村の宣傳に臨まむとするは相當に意味あることゝ云ふべし。尙ほ右勞働黨の農業政策は今之を詳細に說明し得ざるも其の要點は(イ)農業土地を補償を支拂つて國有とすること。(ロ)農業經營を私營より漸次公營(農務省、農業勞働者組合竝に農業企業者組合の代表より成る County Agricultural Committee の下)に移すこと。(ハ)農業勞働者に生活賃銀を與ふること。(ニ)農產物の賣出に付き Co-operative Societies を保護發達せしむること。(ホ)長期短期の農業信用の設定(ヘ)國內農產物價格の維持を計る爲め農產物輸入を國家的に管理すること。(ト)農業民の特殊敎育を施すこと等に在り。右の政策は現在英國の農業問題改革の第一步にして其の最終の理想なるものに非ざれども、本政策は勞働黨全國執行委員會、院內勞働黨執行委員會及び勞働組合議會總幹事會の三つが協同して協定作成したる所にして勞働組合議會は一九二六年九月の年次大會に於て勞働黨は同十月の年次大會に於てこの政策を可決通過したるを以て右は勞働黨が公式に「コンミツト」したる政策として其の炭坑國有政策(右三團體竝に Miners' Federation of Great Britain の代表者が協同して協定を作成し一九二五年設立の炭坑事業調査(「サミユエル」)委員會に提出したる案、本案も亦一九二六年十月の勞働黨年次大會に於て可決せらる從つて本案も亦同黨の公式の政策となれり)と共に將來の勞働黨內閣が遂行すべき具體案となれり。

第四、各黨支持選擧民の宗敎的性質

英國選擧民の間に於ける政黨の分野と其の宗敎的分派との關係は必ずしも判然たるものなし。只從來の一般的傾向として保守黨が國敎擁護國敎敎會への寄進繼續等の政策を執り、又逆に國敎敎會が保守主義の鞏固なる牙城たりし關係上同黨が主として國敎徒の支持を受け居るに反し國敎派の特權に對し爭鬪を繼續し來りたる所謂 Noncomformists(非國敎派)が自然的に自由黨を支持し來りたることは事實にして、又今日勞働黨も同じく其の宗敎に對する自由的立場より特にこの非國教派信者の支持を受くることゝなりしが、殊に其の著しき一例を擧ぐれば一九二二年の總選擧の結果選出せられたる勞働黨代議士一四二名の中五十名位は嘗て基督教日曜學校其の他非國教派の教會に於て說教等を爲したることある人物なりき。然れども戰後に於ては英國教會の內部に於ても其の舊來の形式的禮拜を去り純粹なる宗教的精神の訓練說投に重きを置くべき運動起り來り、從來迄國教教會僧師の指導の下に主として保守的思想の養成所と迄見做されたる牛津劍橋を主とする諸大學に於ても國教教會の道德的權威漸く薄らぎつゝありと云ふ。右の外羅馬教會の信者は一九二二年愛蘭の分離後英國政界に特殊の色彩を加へざるに至りしが、英國內の愛蘭人は其の後主として勞働黨に投票するに至りたるを以て英國內の羅馬教會派は主として勞働黨を支持するものと云ふべし。

尙ほ英國內の宗教的人口調査は一八五一年以來施行なきを以て其の現狀を知り難きも一九二三年の「イースター」の時に國教派は英蘭（The Church of England）に於て約二百五十萬人、蘇格蘭（The Church of Scotland）に於て約七十五萬人の Communicants を有し、非國教派は全國に於て約二百萬を、又羅馬教會派は英蘭並に「ウェールズ」內に二百萬、蘇格蘭に六十萬人の信者を有したりと稱せらる。尙ほ一九二〇年「ウェールズ」に於ては國教教會を廢止することゝなりたり。

第三款　新聞紙と各政黨の勢力

從來英國保守主義の大支柱として國教教會、既得財産權及び酒類販賣業の三個が數へられ居たるも、左に同主義支持の武器として保守主義者の有する宣傳機關たる新聞の狀態を考察せんとす。今日の英國大新聞紙の狀況を見るに些少の例外を除き何れも大地主大工商業家等の獨占する所にして從つて其の宣傳する所は主として保守主義の謳歌に在り。之に次で自由主義系の新聞勢力を占め、勞働黨に至りては其の勢力實に微々たるものなり。今茲に英國內日刊新聞の全體に付いて

之を類別表示すれば左の如し。（一九二四年調）

英蘭及び「ウェールズ」

	倫敦		地方		合計
	朝刊	夕刊	朝刊	夕刊	
	二六	四	三八	八〇	一四八

蘇格蘭

	蘇格蘭		愛蘭		合計
	朝刊	夕刊	朝刊	夕刊	
	八	九	九	六	三二

尚一九二四年發行中なりし新聞總數は二、一九〇種ありしが其の內英蘭竝に「ウェールズ」には一、三四九種（倫敦內に四二一種）蘇格蘭に二三四種ありき朝刊新聞全體の發行部數は Lord Riddell の計算に從へば約九百五十萬部にして夕刊新聞全體は六百五十萬、日曜新聞は千百萬乃至千二百萬なりと云ふ。今この全體に付各政黨系類別を示すことを得ざるも最近新聞會社資本合同の傾向漸次急激となり來りし結果成立したる五大新聞團を表示して以て英國の貴族資本家が如何に新聞の勢力を獨占せるかを指摘すべし。

一、保守黨系新聞團

（イ） Rothermere 團

本團は「ロウザメア」卿（故「ノースクリッフ」卿の弟）の利益を擁護する新聞團にして Associated Newspapers, Ltd.,（資本三百萬磅）を其の主たる所屬會社とし其の發刊するものに The Daily Mail, The Evening News, The Weekly Dispatch あり。次に Daily Mirror Newspaper, Ltd.,（資本百十一萬磅）The Sunday Pictorial,

Ltd.,（資本百三十七萬磅）The Daily Sketch and Sunday Herald, Ltd.,（資本百七十一萬磅）等何れも本團に屬し右諸新聞の發行部數總數は日刊紙一日三百五十萬、週刊紙一週三百萬を算す。尙ほ本團は Daily Mail Trust を通じて The Daily Express, The Sunday Express 及び The Evening Standard の四割九分の通常資本を所有し又本團は英國竝に「ニューファウンドランド」に紙製造工場を所有し又「ロザメア」卿は「デーリー・メール」大陸版の所有者なり。

（ロ） Beaverbrook 團

本團は「ビイヴァブルック」卿の利益を有する新聞團にして「ロザメア」卿亦之に半數足らずの利益を有す。是が支配する新聞は即ち The Daily Express. The Sunday Express,（資本金約五十四萬磅を有する London Express Newspapers, Ltd., の所有）及び The Evening Standard なり。其の發行部數は「デーリー・エックスプレス」一日百萬「スタンダード」一夕四十萬「サンデー・エックスプレス」一週四十萬に及ぶ。

（ハ） 右の外保守黨系に屬する新聞に Northumberland 卿所有の Morning Post（發行部數四萬）、Burnham 卿所有の Daily Telegraph（發行部數二十萬）、Astor 卿所有の Observer（週刊發行部數八萬）、Riddell 卿の支配する News of the World, Ltd., 發行の News of the World（週刊發行部數三百萬と稱す）等あり。右は何れも保守主義を固持して是が宣傳に努め居れり。

二、自由黨系新聞團

（イ） Berry 團

本新聞團は Sir William Berry 並に其の弟 Gomer Berry 二氏の支配的利益を有するものにして其の管理するものに二個の大會社あり即ち Allied Newspapers, Ltd.,（資本金約八百二十萬磅）Allied Northern Newspapers,

Ltd.,（資本金四百萬磅）是にして、本團が發刊する新聞は倫敦に於て The Financial Times, The Daily Graphic（發行部數十萬）、The Sunday Times（發行部數二十萬）、Star（夕刊發行部數七十五萬）、The Sunday Chronicle, Weekly Telegraph, Graphic（週刊）、The Bystander 等あり地方に於ても亦多數の新聞を有す。例へば Manchester の The Daily Dispatch, The Evening Chronicle, The Empire News, 等又 Newcastle の The North Mail, The Newcastle Evening Journal, The Sunday Sun 等又 Glasgow の The Glasgow Daily Record, The Glasgow Evening News, The Sunday Mail 等其の主なるものなり。

（ロ） United Newspapers（1918）Ltd.,

本會社の資本金は三百萬磅、倫敦に於ては The Daily Chronicle（發行部數百萬）竝に Sunday News（發行部數百五十萬）等を發行し地方に於ては The Daily Chronicle の Leeds, Edinburgh Evening News, The Yorkshire Evening News, The Doncaster Gazette 等の所有す。本會社に於ては從來自由黨の「ロイド•ジョージ」氏の普通株の大半を所有し居たりしが、一九二六年十一月中頃に於て右「ジョージ」は其の株主を同じく自由黨の巨頭 Reading 侯竝に其の友人の一團に賣却せり。

（ハ） Cowdray 團

本團は自由黨 "Shadow" Cabinet の會員 Cowdray 卿を初めとし、Sir Charles Starmer 及び英國自由主義の企業家にして「チョコレート」製造を以て名高き Rowntree 一家の共同支配する所にして倫敦に於ては The Westminster Gazette（發行部數三十萬）、地方に於ては Darlington の Northern Echo を主とし The Birmingham Gazette, Nottingham Journal, The Sheffield Independent, The Swindon Evening

Advertiser 其の他數種を發行す。

（ニ） 右の外自由黨の新聞としては「ローントリイ」等と相並んで自由主義の企業家を以て誇れる「バアミンガム」の Cadbury 兄弟會社の所有せる Daily News（發行部數五十萬）等あり。

以上の敍述によりて見らるゝが如く英國の新聞は殆んど大企業家の專有たるかの觀あると共に、其の政治的重要性の奈邊に存するやは問はずして明かなるべく、從つて之を勞働黨支持の唯一の日刊新聞紙たる「デーリー•ヘラルド」（勞働黨並勞働組合議會が共同に所有し且つ每年財政的に援助する其の公式機關紙にして營業上常に損害を蒙りつゝあり）が約四十五萬の讀者を有するに比し如何に偉大なる宣傳的效果を收めつゝあるかを知り得べし。蓋し斯くの如き保守主義者の新聞經營上の成功は勿論主として其の資本を豐富に有することに在れども、同時に經營上の方針として一般民衆に對する一種の娛樂的情報（所謂三面記事の種類、「スポーツ」に關する情報、馬券に關する案內）を臆面もなく供給しつゝあることに在るに反し、勞働黨側の機關紙は政治的宣傳を主として右の如き種類の情報に主きを置くを潔しとせざると共に商工業者が之に廣告揭載を依賴すること少き事情に依ること甚だ大なりと觀察せらる。是に於て勞働黨側に於ては保守黨側のこの壓倒的宣傳に對し今日全國に存在する約五百萬の勞働組合員に對し一種の自由的義務として右「デーリー•ヘラルド」を購讀せしむることにすべしとの運動をなすと共に、一九二六年十月の勞働黨大會に於ては右新聞の紙面を增加して勞働組合に關する情報を增加する一面同黨員にして著名なる筆者が其の論文を發表せんとする場合には他政黨支持の新聞紙よりも此の「デーリー•ヘラルド」への寄稿を優先的に取扱ふべしとの決議を通過したり。但し勞働黨側に於ても週刊新聞の數は相當に有し居り其の主たるものとして獨立勞働黨の機關紙たる The New Leader、勞働黨左翼派の代議士「ジョージ•ランズベリイ」の有する The Lansbury's Labour Weekly 及び蘇格蘭勞働黨員の機關紙たる Forward を擧ぐべく、右の外約三十種の週刊紙各地方並に勞働組合內に於て發刊せられ居れり。

尚ほ最後に自由黨の新聞に就て注意すべきは、同黨內に「アスキス」派と「ジョージ」派とが對立する如く、其の新聞の傾向にも兩派あり。而して其の前者を支持するものは前述の Cowdray 團の新聞にして其の他は凡て「ジョージ」系なり。（Manchester Guardian が極力「ジョージ」の急進的傾向を支持し居るは殊に注意すべし）

最後に各政黨は何れも出版部を有し常に宣傳冊子を發行し居れるが殊に近來保守黨が The Unionist Workers' Handbook なる名稱の下に諸種の政治問題に關する冊子の發行を增加したることは注意すべく、自由黨も亦之に劣らず。勞働黨に至つては精力を茲に集注し居る姿なり。殊に同黨並に自由黨側が單に宣傳冊子に止らず眞劍なる社會問題研究に關する諸冊子を發刊し居ることは英國政治研究家の大に多とする所なり。現在勞働黨內に於ては獨立勞働黨「フェイビアン」協會及び Labour Research Department の發刊冊子最も注目すべし。尚ほ定期刊行物として（イ）年鑑類には保守黨に"Constitutional Year Book" 自由黨に Liberal Year Book 勞働黨に Labour Year Book 有り。（ロ）月刊の機關紙として保守黨に Gleanings and Memoranda, The Man in the Street, Home and Politics, The Imp 等自由黨に Liberal Magazine 勞働黨に Labour Magazine 等ありて、各々政見を發表し居れり。

第四款　地方政治機關內に於ける各政黨の勢力

英國に於ける地方政治の組織は相當に複雜し居れるが今其の主要なる機關を擧ぐれば左の如し。

（一）County Councils
（二）County Borough Councils
（三）Borough Councils
（四）Urban District Councils
（五）Rural District Councils
（六）Parish Councils,
（七）Boards of Guardians

右の中(一)及(二)は同等の階級にあるものにして、前者は一般地方後者は大都會(「マンチェスター」「リヴァプール」の如き)の行政に當り共に權限最も大なるものとす。(三)及(四)も亦同等の階級にあるものにして中小の都會區の行政に任じ(五)と共に County Councils の行政監督の下に立つものなり。

尙ほ倫敦の市政は他の地方とは別個の組織の下に行はるゝものにして London County Council を最高とし、其の下に Metropolitan Borough Councils, Boards of Guardians 等あり。尙ほ又 the City of London は特別の自治機關なり。

右各地方政治機關は主として法律の規定する所に依り夫々其の地位に應ずる義務權限を與へらる。衞生、敎育、道路、警察、都市計劃、住宅建築、公營事業(水道、電氣、交通機關、瓦斯等)並に農業地方によりては小田畑貸付等の事業は其の主なるものなり。尙ほ Boards of Guardians は貧民救濟の事業に當る。

地方機關の議員は各住民の選擧する所により其の選擧權の範圍は(一)男子は二十歲以上にして一地方に六ヶ月間土地若くは家宅を占有(所有若くは賃借)し居るものにして(二)女子は同じく二十歲以上にして(イ)右男と同樣の資格あるもの及び(ロ)右男子有權者の妻たるものに及ぶ。

扨て地方政治は人民の國内生活に直接の利害關係甚だ重大なるものある處、假令議會に於ける立法が一政黨の政見を體現したるものなりと雖も、其の施行は之を直接に地方政治に適用するものゝ政見如何により手加減さるゝこと少からず。例へば議會に於ては地方政治機關に補助金(Grant-in-Aid)を支給し、又之に國庫より貸出を爲し、又政府各省に於ては諸種の法律に基き地方政治機關の義務遂行に關する規則を制定し得るも、地方機關の意思に依りては補助金及び貸出の金高に關し其の要求額の多少に付き異議を生ずべく、又其の選擧義務の遂行に關しては廣狹の相違を生じ來るべし。是に於て各黨が地方政治にも重きを置くこと當然なりと雖も、現在英國に於ける各全國的政黨の中其政黨內の同一組織を以て地方政治機關議員選擧に臨むものは今勞働黨あるのみにして（即ち勞働黨に加盟せる Local Labour Parties 及び Trade Councils 之に當る）、他の二政黨は全國的政黨と別個の組織を以て之に當ることになり居り、從つて精確に言へば之を全國的政黨自身の勢力の延長と見ることを得ず。保守主義者若くは自由主義者が全國的政黨とは無關係に地方政治機關に參與し居ると謂ふに止まる。こは勿論各地方の政治が特別の要件事情を有することに鑑み全國的政黨が劃一的政綱を揭げ得ざることに因ること大なりと雖も、同時に最近に至る迄勞働黨の勢力は微弱にして、一方保守、自由兩主義者の間には地方政治に關して大なる政見の相違なかりしに依るものなり。然るに勞働黨は其の民衆的政治を徹底せしむると共に社會主義の實際に付き民衆を敎育する爲には是非とも地方機關內に勢力を占むること必要なりとの思想（この思想は殊に「フェイビアン」協會が夙に唱導したる所なり。）に基き同黨最新の組織を應用して地方政治機關を左右せむとする活動に出でたるものなり。是に於て勞働黨員は地方機關內に於ても Labour Party と稱し居るも保守、自由主義者の間に於ては Conservative 又は Liberal Party と稱するよりも普通前者は Moderates 若くは Reformers 等と稱し、後者は Progressives 等の他の名稱を其の團體の上に冠し居れるが、其の他の團體としては Constitutionalists, 無所屬派、Rate Payers' Associasion 等ありて大體保守主義者と協力せり。而して現在地方政治に於ける爭點は其の財政問題に在り。即ち勞働黨は敎育、住宅建築、貧民窟取拂ひ、貧民救助其の他の政策甚だ熱心なるを以て資金の必要を認め一般的傾向として地方稅を重課せむとす。然るに他の政治團體はこの課稅政策を以て不當となし、常に勞働黨の放漫政策を攻擊し居り、其の結果地方にては勞働黨に對抗する爲め他の二團體が協助聯立の諒解を成立せしめ居る所甚だ多し。

右各團體の地方機關內に於ける勢力は今之を詳述することを得ざるも、大體に於て議會に於ける各政黨の勢力と比例し居ることを觀取し得べし。例へば London County Council の Councillors の例によりて之を類別すれば左の如し。（右 Councillors は三年每に三月初め改選せらる）

	一九一九年	一九二二年	一九二五年
Moderates	六八	八二	八三
Progressives	四〇	二七	六
Labour	一五	一六	三五
Independent	一	一	一

又倫敦 Metropolitan Borough Councils は總數二十八區ある中、現在の狀態にては保守主義者（Municipal Reformers）並に之と協同する團體が十九區に多數を制し、勞働黨は八區に多數を制せり。（他の一區は兩派平等）

尙ほ勞働黨は現在農業地方の County Councils に代表せらるゝこと殊に少し。蓋し農業地方が議會議員選擧に不利なると同一の原因に基くものなるが、同黨は都會地に於ては着々其の地步を占め居れり。

第四節　各政黨の黨費及び其の調達方法

第一款　保守黨

保守黨の政治資金は國內の資產家其他有志者の出資に依るものを主とし同黨加盟團體よりの徵金は單に名義上の制度に過ぎず。今其の年次會計の內容を明かにするを得ざるも同黨は英國政黨中最も潤澤なる資金を有するものにして其の資金の管理者として現在「バルフォア」卿を首班とする四名の貴族を任命せり。

第二款　自　由　黨

自由黨聯合たゞ普通會計（黨の政治的基金を含まず）は一九二五年度に付て之を見れば約四千六百磅の收支を示せり。元來自由黨は從來保守黨と同じく資産家たる會員よりの貢納金を以て其資金の主たる財源となし居りしが最近其の涸渇するに及んで Liberal Million Fighting Fund と稱する大運動を開始せり右は一九二四年の總選擧後右聯合が一般民衆より次の總選擧迄に於ける黨費として寄附金の大募集（百萬磅を目標とす）を開始したるものを謂ひ現在右聯合內に募集部として Vivian Phillips を議長とする National Committee を、其の管理部として Sir Donald MacLean を議長とする Administrative Committee を設く。

尙自由黨內には現在別に「ロイド•ジョージ」が聯立內閣時代より管理し居りて未だ同黨の本部に屬せざる政治的基金（約百萬磅と稱す）あり。「ジョージ」は之を以て其の開始したる土地政策等の宣傳事業に當り居れるが黨內に於て之を不平とするもの多く右基金の管理問題は今日自由黨內訌と關聯し一大難問題となりつゝあり。

第三款　勞　働　黨

勞働黨資金の本源は其の徵金制度にありて加盟團體（選擧區地方勞働黨並に Trade Coucils を除く）よりは其の會員一名に付三片宛を中央資金に貢納せしむ。但最少限額三拾志なることを要す。又 Trade Councils は一團體として普通年三十志、選擧區地方勞働黨は會員一名に付き最少限男子よりは年一志女子よりは六片を徵金し右の中より一名に付き年二片を中央資金に貢納せしむることゝす。（右は勿論勞働黨中央資金の問題なるが、其の加盟團體は孰れも最低限額を決定して其の會員より徵金し又勞働組合に於ては別に政治的徵金(Political Levy)の制度一九一三年の勞働組合法に依り認められ居れり。其の他勞働黨の大小の集會等に當りては聽衆より寄附金を募集すること敎會等に於けると同じ。

今同黨の一年間の收支の大要を一九二四年末に終る一年間の勘定に付て檢するに其の一般勘定（General Account）は收入に於て

前年よりの繰越金	七、三五四磅六志八片
加盟團體會費	
勞働組合竝に社會主義團體	三六、〇七九磅一〇志一片
地方勞働黨竝に Trade Councils	一、一八九磅一五志四片
出版物賣上高（Daily Herald を含まず）	二、六八八磅一八志一一片

等を主たるものとし合計約五萬磅の收入あり。之に對し支出額は役員、宣傳運動家への俸給、地方勞働黨への補助等の爲に約二萬磅、年次大會の爲め約千磅、院內勞働黨の一般費用竝に其の使用人の俸給として約二千磅、勞働組合議會との協同事業たる研究、宣傳其の他の爲め約七千五百磅、事務所費の爲め約一萬三千磅等を其の主要なるものとす。尙ほ選擧費に付ては各加盟勞働團體竝に個人等の特別出資あること勿論なり。

第二章　英國最近の政界

第一節　「ロイド•ジョージ」聯立內閣の瓦解

第一款　聯立內閣の治績上の失敗

「ロイド・ジョージ」の聯立内閣は戰後復舊改造の事業遂行の爲め内外多事を極めたるが内政としては五百萬に近き歸還兵士の解隊就職の問題を初めとして先づ住宅問題の解決策としては保健大臣 Dr. Addison の案なるものに着手したるも其效果の擧らずして住宅拂底前の如く(註一)、又戰爭中に生産增加を示したる內國農業保持發達の爲めには一旦一九二〇年に農業法を制定して小麥及び燒麥最低價格保障の爲め農業家に補助金を支給し其の他二三の改革的規定を作成したるも、右農産物價格下落のため政府が大損害を蒙る虞ありしを以て、一九二一年には此の政策を放棄せざるを得ざるに至り、又一般重工業の方面に於ては一方に於て鐵道炭坑業、機械工業、其の他の方面に大罷業連續して起ると共に他方に於て政府は此等工業並に農業の國家管理を廢止して戰前の狀態に復歸せしめ、又法律を以て失業保險制度を擴張して一九二〇年には百二十萬の失業者を支持する策を立てたるも、一九二一年の不景氣以後この政策も亦滿足なる結果を見ず。更に又政府は國內の重要工業の保護及び爲替相場下落を利用する外國商品の「ダムピング」を防止する爲め一九二一年には Safe-guarding of Industries Act を制定して英國の傳統的商業政策と視らるゝ自由貿易主義に相當大なる制限を加へ(自由黨獨立派は本案に大反對なりしものにして又一九二六年自由黨は本法令更新法に反對せり。蓋し本案の成立は聯立內閣が保守黨の勢力下にありし最大の證左なり)。同時に外國貿易促進の目的を以て商業家に特殊信用を與ふる Trade Facilities Act を制定して國內產業の保護に當り、又英帝國內の重要事件としては一九一九年に「モンタギュ・チェルムスフォード」報告に基く Government of India Aot を立法し、更に一轉して戰後甚だしき混亂狀態に陷りたる愛蘭問題解決の爲めに一九二〇年には The Irish Government Act を制定し南愛蘭には「グラッドストン」型の「ホーム・ルール」を許與することゝせり。北愛蘭には獨自の議會を建設することを許したるが南愛蘭の騷擾鎭まらざるため復仇と稱して一時は軍隊を以て叛徒の鎭壓に努めたるも成功せざりし結果、一九二一年十二月には英本國南北愛蘭代表を會して一條約を作成し、之に依て遂に南愛蘭には「ドミニオン」の地位を與ふることにして漸く本問題を解決する等問題は多々ありしが、又他方には外交問題としては一九一九年六月の對獨條約を主とし、其の他の平和條約及び一九二二年の華府海軍軍備制限條約等の締結、賠償問題、經濟會議等國際會議の開催に寧ろ早く且つ是等の會議には首相自ら出馬せるもの多く、一九二〇年一月より一九二二年一月迄の間に二十回の國際會議開催せられたりと云ふを見ても、其の頻繁なりしことを知るべし。然るに斯る國際會議が一般的に無效果に終りたることは其の會議の大袈裟なりしことゝ對比して聯立內閣に對する一般の不滿足と蔑視とを招來したるが、又この聯立內閣は反露政策を採り居り、殊に其の陸軍大臣「チャーチル」の意見にて露國封鎖策を執り Murmansk 及び Archangel に英軍を留め居ると共に、一方「デニキン」「コルチャック」等の白軍に軍器を供給し居りたるが、一九一九年の末には白軍の失敗の爲め本政策を放棄せざるを得ざるに至り又一九二〇年夏には露波間の紛爭に當り英國亦波蘭を助けて露國と戰はむとする形勢迄馴致せり。然るに當時英國勞働黨竝に勞働組合議會は Council of Action を組織して波蘭に送らるべき軍需品の製造、運搬竝に英國軍の輸送を拒む爲め勞働者の罷業を行はむとする全國的運動を起し、同時に佛國の C. G. T. とも同樣の目的の爲め聯絡を執らむとし、隱然政府に對する一敵國の觀ありき。（この運動は英國に於ける最初の總罷業的威嚇なりき）英露間の紛糾は幸にして是以上進展せざりしが、愈々最後にこの聯立內閣がなせる外交的失敗は實に一九二二年の希土戰爭なり。蓋し英國は一九二二年希臘を刺戟して土耳古侵略の政策を執らしめたるも、事豫期に反して土耳古軍の大勝利となり、希臘軍の慘敗に終るや、他の聯合國と協同することなく Chanakの占領を繼續すると共に內閣大臣の多數は土耳古と戰はむとする主張迄有し居りたるが、勞働黨自由黨猛烈に之に反對し、事件は幸ひに「カーゾン」卿の巴里訪問に依り佛伊との諒解を得て對土交涉を開くことを得るに至りて大事となるに及ばずして終りたるが、此の如き外交の失敗は首相に對する不信任の氣分を釀成するに至り、當時政界より引退中なりし「ボーナー・ロー」も亦この政府の聯合國との協調を缺きたる外交の失敗に慊らずして愈々茲に保守黨の內閣脫退の意見を固め、其の後同內閣は遂に保守黨の脫退に依り一九二二年末瓦解せり。

【註一】英國の住宅拂底問題は今日重大なる問題にして右は主として勞働階級の爲めの住宅建築問題並に貧民窟取拂ひの問題なるが其の住宅拂底の原因は主として戰爭中家屋新築の餘裕なかりしに依る。今日其の拂底の家屋數は一百萬戸乃至一百五十萬戸に上り、又毎年の朽廢家屋を充塡する爲めには、少くとも年十萬戸の家屋を建築する必要ありと云ふ。

尙ほ Dr. Addison は本聯立內閣失脚後勞働黨に加盟し、其の建設的政策の硏究に貢獻し居れり。

第二款　中央黨組織の運動

英國の聯立內閣は戰時の一時的便法として發生したる政黨政治の一變態に過ぎず。其の瓦解は時の問題と見做すべきものなりし處、一九一八年以後の聯立內閣の繼續は戰後の內外政處理の爲め國家一致の政策を必要とすることを理由とし、又殊に傳統的二政黨の一致の內閣を以てして第三黨たる新興の勞働黨が產業的不安を利用し、其の勢力を獲得せむとする機會を妨害せむとする目的を有し居りたる事は疑ひを容れざる所なるが、この聯立內閣存續の意義に關する懷疑說は其の成立の初めより聯立內閣派自身の一部にも旣に存在し居りたる所にして、旣に其の成立の當時に於て「ロイド・ジョージ」と保守黨側首領との間には其の孰れかゞ聯立を好まざるに至りたる時は何時にても之を解體することを得との諒解成立し居たり。然るにこの分解を可とする意見は內閣內よりも寧ろ各選擧區內に漸次有力になり來りつゝありたるものゝ如く其の結果は一九一八年以來の補缺選擧に於て非聯立派に屬する保守自由兩黨と勞働黨側候補者の成功するもの著しく多くなりたることに依りても察知し得らるゝ所なるが、この聯立派の將來に關する意見並に運動が先づ聯立派自由黨黨首「ロイド・ジョージ」の意見とし聯立內閣を支持する各黨を合同して Centre Party とも稱すべき一大新政黨を樹立せむとする方面に於て發展したるは興味ある一現象なりき。

今この事情を略述せむに、先づ一九二〇年三月十六日首相「ロイド・ジョージ」は其の自ら懷抱し居りたる右聯立內閣派各黨の合同による一中央黨組織問題に付自由黨に屬する閣僚と共に腹藏なき意見の交換を行ふ處ありたるが、其の結果は右閣僚連の大部分は「ジョージ」の豫期と反對の態度に出でたるを以て、この時「ジョージ」と同意見なりし陸相「ウィンストン・チャーチル」は熱心に聯立派內に於て合同と迄行かずとも「一層密接なる協力」を爲し以て勞働黨反對の旗幟を明かにすべしと勸奬する所あり。是に於て首相は即ちこれに從ひ聯立派の合同 fusion よりも其「一層密接なる協力」をなすことが今日必要なりとの結論をなし、かくて合同論は一時茲に消滅したりしが、之に對し三月二十四日自由黨獨立派の首相「アスキス」は National Liberal Club に於て「ジョージ」の所謂「密接なる協力」とは結局保守黨との合同に導くものに外ならず。又其の提唱する如く赤化の危險に對する爲め聯立派の勢力が必要なりとなすは政黨の根據を階級の差別の上に置かむとするものにして、甚だ危險なりとなし、自由黨員は須らく聯立內閣に反對せざるべからずとの演說を爲し又其の翌日には National Liberal Federation の執行委員會に於ては滿場一致を以て首相の所謂保守黨との「一層密接なる協力」の勸奬を拒絕する旨の決議を通過し自由黨獨立派の旗幟を鮮明になしたるが(註一)。又一方聯立派保守黨に於ては當時首相「ボーナー・ロー」「ロイド・ジョージ」の說に贊成を表したれども、この政策は政界を勞働、反勞働の二派に分裂せしむることゝなるべしとの理由にて同じく保守黨（殊に北部地方）內に於ても之に對し反對的氣分生ずるに至れり。

【註一】當時の自由黨の組織は院內に於て上の如く分裂し居たれども院外に於ては兩派は獨自の本部を有し居りたる差あるのみにて他の自由黨諸團體は National Liberal Federation を初めとし何れも各派の支持者を包含し居りたる有樣にて此の諸團體は多數決にて其の孰れを支持するやを決議し居りたる次第なることを注意するを要す。

第三款　聯立派分解運動

爾來聯立派兩黨の間には合同說は問題外のことゝなりたるも兩黨の協同に就ては其の首領間に愈々密接の諒解を作りたるものゝ如し。然れどもこの聯立派分解運動は聯立外に立てる兩黨議員及び各選擧區內に於て漸次勢力を占むるに至りこの傾向を默過するに於ては事實上聯立派合同既成政黨の分裂等の現象に迄發展する虞あり。元來自由黨は一九一六年各々巨頭を戴いて獨立、國民の兩派に分離したる後兩派の間に甚しき軋轢排擠の氣分あり。從て其の分離は完全にして今日中央黨組織せらるゝも同黨全體としての大勢には關係なき狀態なりしが、一方保守黨に於ては聯立派外に立てるもの極めて小數にして且つ首領株は殆んど全部聯立派なりしを以て同黨の聯立內閣に對する態度は自由黨の之に對する態度と自ら異らざるを得す。即ち同黨內非聯立派の勢力有力となり、選擧區民又この分解運動に同情するにも拘らず、同黨領袖が强て聯立內閣內に止まる時は黨員自身殊に其の領袖間に自由黨に於けるが如き分解を示す虞あり。是に於て漸く聯立內閣の動搖を見んとし、一方「ロイド•ジョージ」の施政に慊らざる「ノースクリフ」卿の機關紙等は愈々政府攻擊の論鋒を激烈にし、一九二一年の初めには近く總選擧施行せらるゝに至るべしとの噂さへ新聞紙に上りたるが、この時は政界は暫く其の儘にて落付きたゞ同年三月十七日「ボーナー•ロー」病氣の故を以て國爾尙書兼下院總理の職を辭し閣外に去りしを以て當時藏相たりし「オースチン•チエムバレン」「ロー」の後を襲ひ同時に下院總理となり、其の他 Sir R. Horne（商務院總裁）藏相に轉じ「ホーン」の後に大藏次官たりし「スタンリー•ボルドウイン」を移し、其の他四五の閣外大臣の更迭行はれたるのみなりき。

然るに一九二一年末愛蘭問題に關する南北愛蘭及び英國政府代表との會議紛糾し來るや、先づ十月三十一日には政府の溫和政策を非難する決議案下院に一保守黨非聯立員より提出せられ、議會は之を殆んど政府不信任案と同一の重要さを以て論議したる後之を否決したるが其の後十一月の中頃には保守黨は其の首領「チエムバレン」の率ゆる政府派と「アルスター」の要求絕對支持の「ダイ•ハーヅ」の一派とに分れ　同黨分裂の虞れさへ生ずるに至れり。是に於て十一月十七日「リヴアプール」に開催せられたる National Unionist Association の大會に於ては右二派の間に激烈なる政論戰はされたるが其の結果保守黨領袖に對する信任投票の意味に於て政府の遂行しつゝある愛蘭兩派との交涉繼續、事態の平和的處理に關する決議案を絕對多數を以て通過することゝなりしを以て、玆に又統一黨分裂の危險も一先拭ひ去られたり。纔に越えて一九二二年に入り經濟界は漸く安定し、勞働爭議も下火となり、一般に賃銀値下の妥協も成立し大罷業も殆んど發生せざるに至り、國家的危險除去せらるゝに至りたるを以て、聯立內閣の使命も終りたるものと云ふべし。

蓋し當時聯立派分離の念兩黨の間に盛なりしを以て「タイムス」は既に一月初めに議會は月末に解散せらるべしと報じたる位なりしが、當時この解散は主に National Unionist Association 會長 Sir George Younger を主とする保守黨內の反對によりて避けられたりと稱せらる。彼等の說によれば聯立派は當時保守黨絕對多數（(保)三五九(自)一二六）を占め居りしを以て總選擧の即時施行は保守黨の自由黨に對する不誠實を表示するものにして現內閣は殊に貴族院改革に着手する義務あると共に甚だしき產業衰退の時に總選擧を行ふは勞働黨に時の利を與ふ可しと云ふにあり。

この重大なる反對により「ロイド・ジョージ」は其考慮中なりと傳へられたる議會解散案を放棄するに至れりとのことなるが、此の時に於て英蘭四百の自由黨諸團體の中三百二十は自由黨獨立派に其の忠誠を表示し居りし狀態にして、彼等は「アスキス」の言を借りて云へば何時たりとも總選擧に直面する用意あるものにして聯立內閣が The Safeguarding of Industries Act を作成して自由貿易の原則を蹂躙し愛蘭に對する報復手段の策つきて後漸く本問題の平和的解決をなしたる如き、又其財政々策の放漫なる聯合國最高會議（The Supreme Council）に依る外交政策の失敗の如きは孰れも聯立內閣の終末を要求し之に代ふるに自由黨內閣建設の必要を指示するものとの意見を有し居りたり。

然るに一方當時保守黨內の一部殊に其の首領たりし「オースチン・チェンバレン」並に當時大法官たりし「バアクンヘッド」卿等の如きは數年間の「ロイド・ジョージ」との聯立內閣內に於ける政治的協力の間に離すべからざる個人的友情を醸

したる事情もあり、聯立派協同說の熱心なる支持者となりて社會主義の危險に對抗する爲め各黨の聯立を必要とすとの意見を固持するに至りしものにして、三月三日牛津に於ける「チエンバレン」の演說によれば當時「ジョージ」より保守黨內に於ける不安の風潮に鑑み若し保守黨聯立派に於て彼の引退が國家の利益となるべしとの意見なれば何時にても引退すべしとの意見を再三「チエンバレン」に申送りたるも、「チエンバレン」は之を其の同僚に諮りたる上反對に「ジョージ」の引退を引留めたる趣にて一方「ジョージ」派の「チャーチル」は三月五日 Loughborough に於て社會主義對抗の爲めに聯立派の間より確固たる統一を有する永久的國民黨が生じ出でむことを希望すとの演說を爲して再び一九二〇年當初の中央黨出現を暗示したり。然れども保守黨內「ダイ・ハーヅ」派は愈々聯立瓦解の運動を猛烈にし四月五日同派に屬する Sir William Joynson-Hicks（註一）。は下院に於て「現聯立內閣に確定且つ統一的政策の缺如せるに鑑み政治的原則に付て一致せるものを以て政府を形成するを要す」との聯立派に對する挑戰的動議を提出し保守自由兩黨の政策を妥協することなく保守黨首領は聯立內閣を去るべしと論じたるが、之に對し聯立支持の反對動議保守黨聯立派の Lt. Colonel Hurst より提出あり。之に對し「チエンバレン」は今日統一黨が聯立內閣を去ることの危險並に「ジョインソン・ヒックス」の動議中には何等新政策の開示なきことを論じ、結局右反對動議二八八票對九五票の多數にて可決せらるゝことゝなりたるが、かゝる間に聯立反對の氣分保守黨內に於て漸く濃厚となり來り、其反對者數は最初少數なりしにも拘らず十月頃に至りては其の數却つて聯立支持者の數を超過するに至れり。是れ結局「ロイド・ジョージ」に對する責任が薄らぎ來りたると保守黨が多數派となりて支持し居る聯立內閣には保守黨より首相を出すべきものなりとの意見有力となれるに起因するものなり。

然るに此の間「ロイド・ジョージ」も愈々內閣抛出に決心し其の意思を保守黨首領「チエンバレン」に暗示する所ありたるを以て、一九二二年十月九日「チエンバレン」は Carlton Club に保守黨閣僚並に同黨下院議員を會して黨の將來に付協議會を開くことゝなしたるが、この會合は保守黨の將來に一展開を與へたるものとして後に甚だ有名なるものとなれり。

右の會合に於ては「チェンバレン」「バルフォア」等は聯立支持を熱心に主張したるも「ボーナー・ロー」「ボルドウイン」等は極力之に反對し遂に同會は保守黨は自由黨と協同することは其の喜ぶ所なるも自黨の首領及び政綱の下に獨立の一黨として次の選擧戰に臨むべき旨の決議案を一八七對一〇〇票の大多數にて通過したり。右諸氏の本會合に於ける演說の中に於て「ボルドウイン」は「ロイド・ジョージ」は一の大動力とも稱すべきものにして、彼と提携することは彼が其の壓力を以て自由黨を分裂せしめたるが如く保守黨殊に其の領袖間の分裂を導くに至るべきものなりと論じ、「ボーナー・ロー」は今日聯立內閣反對は保守黨內大多數の意見なりと思はるゝが若し本問題にて保守黨が二黨に分るゝことあらば保守黨內にても溫和派と見らるゝ聯立贊成の少數派を同黨より失ふことゝなり、其の結果は同黨をして一般反動的政黨とならしむべく、假令今日迄保守黨內に反動的分子ありたるにせよ、今日同黨を全然反動派たらしむることは同黨を一時代も時勢に遲れしむる結果となるべしとなして此の際一致聯立內閣脫退の要を說きたり。

是に於て「チェンバレン」は直に會議の結果を「ロイド・ジョージ」に報告したるを以て「ロイド・ジョージ」は即時內閣の辭職をなし後任として「ボーナー・ロー」を推薦したりしが、次で彼は十月二十一日「リーヅ」に於て「聯立內閣の瓦解は「保守黨內「ダイ・ハーヅ」派の頑迷的所論が勝利を得たる證據にして、結果は社會運動左翼派の勢力を增加することになるべし」との演說をなしたり。

右は其の後一年にして勞働內閣が成立したる事情に鑑み甚だ先見の明ある意見なりしと云はざるべからず。

【註一】一八六五年生る。Solicitor を職とし「ジョインソン・ヒックス」商事會社の社長なり。一九〇八年「マンチェスター」北西區に於て「チャーチル」を破り初めて下院に入る。一九二二年の「ロー」內閣に入つて海外貿易局政務官（一九二二―二三年）となり、次で第一次「ボルドウイン」內閣の郵政總監（一九二三年）大藏次官（同）保健大臣（一九二三―二四年）等を經て第二次「ボルドウイン」內閣にて內相の席を占むるに至り、閣內重きをなす。夙に下院に於ける「ダイハーヅ」派の領袖として名あり極端保守派の一人にして、頑固なる帝國主義者なり。其の內相就任以來國內過激派の取締を嚴重にし、常に社會共產兩主義者の誹謗の的となる。議會內にて通俗に "Jix" の名を以て呼ばれ有名なり。一九一九年「バロネット」に列す。

第二節　保守黨單獨內閣の成立

「ロイド•ジョージ」の辭任に次て當時政界引退中なりし「ボーナー•ロー」は十月二十三日保守黨の一五二名の上院議員、二二〇名の下院議員及び六十七名の同黨候補者より成る會合に於て全會一致の下に「オースチン•チエンバレン」に代り再び保守黨首領に選擧せられ、即時內閣を組織したるが右內閣は一九〇五年末「バルフオア」內閣失脚以來初めての保守黨單獨內閣にして、この時より再び保守黨擡頭の形勢を示し來れるものなり。本內閣は聯立內閣に對する反動として主として「ダイハーヅ」派の主張により曩に聯立內閣の熱心なる支持者たりし「オースチン•チエンバレン」「サア•ロバート•ホーン」「バアクンヘツド」卿等に對し大臣の地位を與へざりしが、この氣勢は其の後も長く繼續し、次の第一次「ボルドウイン」內閣組織の際に當りても此等諸氏は臺閣に列するの機會を得ざりき。右の如き保守黨內の分裂的傾向は自由黨內の夫れと同じく黨內の重大問題にして自由黨兩派の合同運動と同樣保守黨內の統一問題は常に同黨の統制當事者を惱ましたるものにして後に「ボルドウイン」が保護政策を提唱して之を國民に訴へむとする時に當つては殊に右舊聯立派領袖連の諒解協力を求むるに苦心し右の中「バアクンヘツド」卿を入閣せしめむとする手段さへ講じたるが是亦失敗し、當時に於てさへ尙ほ未だ兩派の融合の完全ならざることを示したるが其の後第二次「ボルドウイン」內閣には「ホーン」を除く右諸氏の入閣を見るに至り保守黨の統一玆に漸く完成せり。

「ロー」內閣は成立後直ちに十月二十六日議會を解散し十一月十五日總選擧を擧行することゝなりしが今回の選擧は論理上先づ國民は聯立內閣と單獨內閣の何れを選ぶやを決すべき性質のものなりしと雖も、今や「ロイド・ジョージ」は其人望を失つて勝算なきこと明かなりしを以て當時に於て本選擧の結果「ジョージ」の反對者たる保守黨若くは他の非聯立黨（自由黨獨立派、勞働黨）の何れが優勢となるべきやが政爭の中心的興味となるに至り、「ジョージ」派は一方に曩の友人たる保守黨を敵に廻し他方本來の友人たるべき「アスキス」派竝に勞働黨とも戰はざるを得ざるの窮境に陷りたり。當時に於ける各黨の政綱を略述すれば左の如し。

保　守　黨

聯立內閣時代の內外政放慢不安定の政策に極力反對し、靜穩安定の政策を第一義とし、此の主義より出發して內政に於ては財政の可成的緊縮、失業救濟に對する緊急措置及び農業の補助を主とし帝國內問題に付ては愛蘭條約の批准北愛蘭地方の自由と安全保護、一九一九年憲法に基く印度政治の發達、帝國經濟會議の召集等を主たるものとし、外交政策に付ては諸國との現存協約上の義務は遵守するも、將來斯る義務は減縮する方針のこと、佛、米、兩國を初めとし諸國と協調し國際聯盟を支持すること等を主義とす。

自由黨獨立派

國際聯盟に依る平和確立と軍縮實行、海外英軍活動の廢止、賠償竝に聯合國間債務問題の改正、財政の大緊縮、勞資協調失業者の困苦緩和、無制限自由貿易、Safeguarding of Inlustries Act の廢止、男女性の政治的竝に法律的平等待遇、土地價格稅賦課による土地制度の改革、比例代表制度の採用、社會事業の促進。

自由黨國民派

平和主義を政策とし可成的同盟國と協調し國際聯盟を支持するも追從外交を行はざること、獨乙をして支拂能力に應じ賠償を支拂はしめ露國との商業取極を更新すること、財政の緊縮、關稅の廢止、產業上の協調、農業の寬大なる保護獎勵帝國內發達の爲め國債利用のこと。

勞　働　黨

一、內政……五千磅以上の財產に對し累進稅を課し以て戰爭債務辨濟資金とす（所謂資本課稅案）、Death Duty 並に Super Tax の增率、年一二五〇磅以下のものゝ稅率を低下す。土地價格稅の賦課、失業者の就職と其の手當の增加、勞働農業者賃銀增加、家屋增築、土地、鐵道等の國有、勞働者の企業管理權の增加、男女性の參政權平等。

二、外政……平和條約の改正と支拂能力に基く獨乙の賠償、國際聯盟の支持、埃及の眞正獨立承認。

三、帝國內政……印度の自治並に愛蘭自由國憲法の承認等。

本選擧各黨の政綱の中特に目立ちたるは保守黨側が靜穩安定主義を第一とし「ロイド・ジョージ」の放漫政策に飽きたる民心の收攬に努めたると勞働黨が其の新提議として資本課稅を主張したることなり。

本主張は本選擧に於て忽遽として第一義的政爭の中心となり、從てこの提唱に對する反對黨の攻擊殊に保守黨側の中傷盲目的批評甚だ猛烈なるものあり。是に於て當時同黨の首領たりし「クラインズ」は其の政略として各候補者に對して本案は勞働黨の「サゼスチョン」に過ぎずして其の確立的提案に非ずとの一般的訓令を與へたる位なりしがこの爭論にも拘らず、結果に於て勞働黨が增加したることは注意すべき現象なりき。

本選擧に於ける各黨候補者數は議席總數六一五に對し保守黨には四四四名別に一名の無所屬保守主義者あり。勞働黨は四〇八名別に四名の消費組合側よりの候補者と一名の無所屬勞働派より成り自由黨獨立派は三三九名自由黨國民派は僅かに一三八名にして「ロイド・ジョージ」派は戰はざるに既に意氣の昂らざるものありしが、選擧の結果は愈々保守黨の勝利に歸して、茲に全然聯立內閣の餘影を斷ち得ることゝなり、自由黨に於ては「ジョージ」派は慘敗となり、殊に「チャーチル」も落選したるが、又一方「アスキス」派の成績も豫期の如く擧らず、之に比して勞働黨は勢力を二倍にして「ウエストミンスター」に復歸せり。蓋し保守黨の勝利は「ジョージ」內閣の放慢政策に對し國民が慊らざるに至り一に保守黨提唱の安定第一主義に感應したるものと見るを得べく、勞働黨の勝利は國民漸く新經濟政策の價値を諒解し來りたるに依ると見るべし。

かくしてこゝに地歩を確めたる新內閣最初の事業は一九二三年の一月早々藏相「ボルドウイン」自ら英蘭銀行總裁「ノルマン」と共に北米に渡り當時約九億七千八百萬磅に上り居たる英國對米債務辨濟方法の協議を纏め來りしことに在り。抑々本問題に關しては從來英國政府の方針は「ロイド・ジョージ」にせよ「バルフオア」卿にせよ又「ロー」にせよ何れも英國が單獨にて對米債務を決濟することを不可となし、聯合國間全體の債務關係を總括的に整理せむとする意見にして聯立內閣の末期この方針を以て「サア・ロバート・ホーン」を渡米せしめむとする運びに成りしが內閣瓦解の爲めならず。是に於て「ロー」內閣の時に至りて同樣の方針にて對米交渉を開始する爲め「ボルドウイン」渡米したる次第なるが、「ボルドウイン」は政府の既定の方針にも拘らず對米債務單獨整理協定案を携へて歸來したるを以て政府內竝に輿論にも反對の聲少からず。「ロー」自身も本案に賛成するより寧ろ首相の地位を辭職せむと迄考へたりとの事なりしが、彼は遂に內閣の安全竝に國家の統一を主眼とし之が受諾に賛成するに至りて本問題の落着を見たるが、右の如き理由に依り英國の對米債務整理問題は今日に至る迄「ボルドウィン」の責任なりとのことになり居れり。「ロー」の新內閣は其の後家屋增築問題解決に成功せず、一般選擧民に人望を失ひ當時未だ議會に席を有せざりし閣僚の補缺選擧に於て保健大臣 Sir A. Griffith-Boscawen 其の他二三名落選するの運命に到達したりしが、其の內首相「ロー」は病の故を以て內閣を退き五月二十二日「スタンリー・ボルドウイン」(註一)之に代つて新內閣を組織したるが彼は次で同月二十八日「セシル・ホテル」に於ける同黨員の會合に於て正式に同黨首領に推戴せられたり。

「ボルドウイン」は政黨の統帥としては失敗なりとの說あるも其の眞摯なる人格は能く英國國民性に訴ふ。保守黨の聯立內閣脫退を主張したることは曩に述べたる所にして「ジズレリイ」を崇拜する保守主義の信者なるが、其の第二次內閣成立後なしたる勞資協調奬勵の演說は「ボルドウイン」の「新保守主義」として有名なるものなり。

彼が「ロー」の後を襲いて保守黨の首領となり、同內閣の首相となりたるは嘗て黨首領たりし「バルフォア」卿既に高齡に達し居たることゝ、當時首相候補として一般に信ぜられ居りたる「カーゾン」卿が上院議員にして政府反對黨の存在する下院に議席を有せざりしことゝ、又保守黨の古參にして頭梁の才ある「オースチン・チエンバレン」が「ロイド・ジョージ」との間に聯立時代密接の關係を有したる事情ありしこと等により右三人共新首領として不適當なりしが爲めに御鉢の持廻りにて其の地位を占めたる觀あるも、又彼が英國の對米債務決濟問題に付き其の才幹を示し一般の信用を買ひ居りしにも依るものなり。

本內閣在任當時の顯著なる事件は帝國國防に關し新嘉坡根據地擴張の實行に着手したることにして(第三章參照)內には自由勞働兩黨の反對を買ひ外には諸國の猜疑を招きたるが、右の外同內閣は農業信用法を制定して戰後債務に苦しめる農業家に對し企業促進の爲めある程度の信用を與ふるの策を立て、又住宅問題に付ては保健相「ネヴイル・チエムバレン」(註二)の案に基き家屋建築を促進する爲め政府より二十年間地方當局竝に公共利益を目的とする建築會社等に對し一戶に付き二十年間六磅宛の補助金を出し更に個人企業者には補助金を與ふるか又は地方稅の全部又は一部を免除する等の案を立て後の勞働黨內閣の住宅計劃の基礎を造りたり。然れども本內閣政策の眞の特徵は保護關稅の提唱に在り。本問題は節を改めて說くべし。

【註一】「ボルドウイン」は Worcestershire の人、一八六七年に生る。父は「アルフレッド・ボルドウイン」にして南「ウエルス」を中心とする石炭鐵工業關係の資本家なりき。「スタンレー」は幼にして「ハロウ」に學び、次で劍橋「トリニテイ」に轉じ法律を修めたり。早くより乃父の事業に參與し、又長じて Great Western Railway 會社の取締役に在任したることあり。政界に入りたるは比較的最近の一九〇八年 Worcestershire の Bewdley より保守黨議員に選出せられたるに初まる。其の後一九一七年迄「ボウナア・ロー」の秘書を務めたることあり。爾來一九二一年迄大藏次官として止まり、次で商務院總裁（一九二一―二二年）大藏大臣（一九二二―二三年）に歷任せり。性單純素朴の地方人にして煩瑣なる政務の間にも田園地方の古雅を憧憬し居ると云ふ。其の性格の率直溫和なるが故に議會に於て屢々反對黨の術策に陷り味方を混亂に陷らしむることあると共に保守黨內に於ても Sir Robert Horne 等の代表する重工業派の頑固派と A. N. Skelton 等の代表する社會改革派の新人團體の双方の間に立ち屢々政見上の統一を缺くことあり。（第二章第七節參照）

【註二】一八六九年の出生にして有名なる「ジョセフ・チェムバレン」の息、現外相「オースチン」の異母弟なり。「ラクビイ」を卒へ「バアミンガム」の「メイソン」大學に學ぶ。夙に「バアミンガム」の市政に參與し、一九一一年には同市都市計畫委員會の議長となり、一九一五―一六年の間同市の市長となる。次で現內閣に加入して郵政總監（一九二二―二三年）となり、保健相（一九二三年）、藏相（一九二三―二四年）等に歷任す。其下院生活は一九一八年「バアミンガム」の Ladywood 區より選ばれたるに初まるが、性穩厚着實の士にして沈着なる議論家、容貌性格共に其の兄「オースチン」より乃父の面影を有すること多く、將來の保守黨黨首を以て目せられ居ると云ふ。彼は其の後一九二四年の總選擧に於ては右の Ladywood に於て勞働黨候補者 O. Moseley と逐鹿し、接戰の結果七十七票の差を以て漸く之に勝ち得たり。「モウズレー」は勞働黨の新進にして Sir O. Moseley の息、「カーゾン」卿の女婿、頭腦明快、雄辯豁達の士、初め軍人となり大戰中佛國戰線に立つ。一九一八年歸來後年二十二歲にして「ハロウ」より選ばれて保守黨の代議士となりたるも、後同黨を離れ一九二二年總選擧には無所屬として立候補し、次で一九二四年に勞働黨に屬することゝなりて「バアミンガム」に右「チエンバレン」と逐鹿することゝなりたるなり。彼亦將來首相たるべきの器量ありと稱せられ、人望甚だ高し。其の「チエンバレン」と「バアミンガム」に爭ひたるは既に述べたるが如く、同地方が保守黨の鞏固なる牙城なるを以て其の地方侵略の爲め勞働黨が「モウズレー」に其の責任を負はしたるに依る。同地方の保守黨の勢力が漸く揺かむとするは一の歴史的事件なるが、一九二六年夏「チェンバレン」は右 Ladywood の選擧區を去り、安全なる隣接區 Edgbaston に其の地盤を移すことになしたり。尚ほ一九二四年保守黨内閣組織の際「チェンバレン」は藏相の地位を與へられむとしたるも自ら之を辭し、家屋問題と云ふ難問題を控ふる保健省に席を求めたることは其の人格の眞摯性を語るものと云ふ可し。

第三節　自由黨兩派の合同

自由黨は一九二六年初め國民獨立の兩派に分れ前者は「ロイド・ジョージ」を首領とし其幕僚に W.S. Churchill, Sir Alfred Mond, H.A.L. Fisher, Dr. T.J. MacNamara, Captain F.E. Guest 等儕々たる多士ありて聯立内閣に參劃し後者は「アスキス」を首領として、其の下に Sir John Simon. Walter Runciman, Sir Donald Maclean, J.M. Robertson 等の有能の人物を糾合して野に在り、兩々自由黨内の勢力競爭に激烈の鬪爭を行ひ來りしが、この兩者は主義上の相違大なりしと共に首領間の個人的感情相互に相容れざるものありて自由黨としては統制上甚だ困難なる立場に再會し居たりき。

然るに一九二二年の總選擧の結果、保守黨は絕對多數黨として單獨内閣を組織すると共に、一方には勞働黨の新興の勢力侮るべからざるものあり。自由黨分裂の状勢は殊に不利を極むるに至りしが、尚ほ且自由黨内國民派中には保守黨内閣に加擔して獨立派とは反對に議會に於て政府案諸件賛成の投票を爲すものあり。又更に同派内には舊聯立保守派と合同して一中央黨を組織せむとする意見未だ消滅するに至らず。自由黨の政策は彼此統一性を缺如し來りたるが同黨兩派の有志間に於ては甚だ之を遺憾とするものあり。兩派合同の運動は是に於て一九二三年の初めより漸く具體化し來り國民派より先づ獨立派に近づくの事態を現出せり。

先づ自由黨獨立派の J.M. Hogge は一九一八年より G.R. Thorne と共に同黨議員より選擧せられて其の院内連帶幹事（Joint Liberal Whip）の地位を占め居りたりしが、一九二三年二月中旬同年議會開會直前「アスキス」が多年其の秘書たりし Vivian Phillips を「ソーン」の後任として院内主席總務に任命し「ホッヂ」を Scottish Whip として其の下に置くことになしたるを以て「ホッヂ」は之を快しとせずして其の地位を辭職したる事件あり「アスキス」の右の措置は當時「ホッヂ」が熱心なる自由黨合同論者なりしに鑑み「アスキス」の反合同意見を示したるものと解釋せられたるが「ロイド・ジョージ」は當時既に自ら自由黨兩派の統一的活動並に共同の政策樹立の必要を論じ、昔時の如く自由黨が保守黨に對する唯一の alternative なりし時代と異り並に勞働黨が出現したる上は兩派の合同愈々必要にして又彼自身はこの合同後の自由黨の首領となる意思なしとの意見を發表し獨立派に一種の「ヂェスチュア」を爲す所ありしが一方「アスキス」の股肱たる「サア・ジョン・サイモン」は自由黨の合同は誠實なる自由主義者によりて形成せらるべく數月前迄保守黨と協同し更に新く中央黨を組織せむとしたる如き人物今日自由黨合同を唱導するは其の信義知るべからずとし「アスキス」亦同樣の意見の如くなりしが、この自由黨合同の運動はかゝる首領連の意見の相違にも拘らず自由黨一般民衆間に有力となり、この意見を代表する自由黨議員等は連名して「アスキス」「ロイド・ジョージ」に議會及び選擧區に於ける合同的活動並に一致の政策作成の爲め「アスキス」「サイモン」「ロイド・ジョージ」「モンド」を以て一委員會を作成し之問題を解決せむことを要求したるが、本提議は三月二十一日夜の獨立派の會議に於て先づ「アスキス」の蔑視的の反對を受けて物とならず。同會議は反對者一人にて「自由黨合同促進機關設立の前提條件として先づ兩派は議會並に選擧區に於て規則的且連續的協同を爲すべし」との決議を通過したる處、右の前提條件は國民派の直に同意する所困難なりしを以て當時本問題は暫く打切りとなりたるも、其後四月二十九日「ロイド・ジョージ」は再び「マンチェスター」の Manchester Reform Club に於て自由黨は自由貿易と云ふ單一政策の基礎の上に合同し、保守黨とも勞働黨とも合同すべからず。其語は「自由」の文字にして其の敵は保護貿易、社會主義及び「ファシズム」なりと演說したるが、之に對し「アスキス」は五月四日「ボンマウス」に於て自由黨合同は今日「ロイド•ジョージ」派が今尙ほ議會に於て政府側に投票し自由黨獨立派側と反對し居る間は不可能にして、又この自由黨合同論者中にはこの合同を以て意見の相違甚だしき人物より成る一中央黨を組織せむとする一行程となすものありとしての思想を排斥し又自由黨と勞働黨との關係は極端に相排斥し居るものにあらずと主張せり。

然るに一方「ウィンストン•チャーチル」は同日 Aldwych 倶樂部に於て保守黨內閣の施政未だ見るべきものなく、又自由黨が內訌に沒頭する時は勞働黨の勢力恐るべきものとなるべしと論じ、現保守黨と自由黨兩派の間には政黨に大なる相違なきを以て社會主義と戰ふ爲め協同すべしとなして一中央黨の成立の必要を暗示し、次て六月十三日保守黨聯立派に屬し居りたる「バアクンヘッド」卿亦上院に於て同樣の趣旨と解せらるゝ演說をなし、前揭「アスキス」の危惧を裏書するの事實を示したるが之より先五月三十日 Buxton に於ける National Liberal Federation の年次大會に於ては出席代表の大部分は「ロイド•ジョージ」が其の過誤の悔悟を告白するに非ざれば彼と和解する事を得ずとの見解にして J. M. Hogge の提出せる兩派首領は自由黨合同に關し最善と思考せらるゝ策に付討議すべしとの案を四分の三の多數を以て否決したる後「アスキス」に信任投票を與ふると共に同大會は兩派合同運動の進展を喜ぶものなるも他の政黨との協同を排斥する旨の決議をなせり。

然るに端なくも後述するが如く保守黨の提出に係る保護關稅政策は其の反射的影響として一九〇六年の場合に於けるが如く自由貿易の立場に在る自由黨兩派の完全なる合同を導き來れり。

保守黨內閣の保護政黨採用確定するや、十一月十三日「アスキス」「サイモン」「ロイド•ジョージ」等兩派の巨頭は之を機として會合し、自由黨員全體の統一的活動竝に本部及び選擧區に於ける協調に關する取極を行ひ次の選擧に於ては如何なる場合に於ても兩派の候補者を競爭せしめざることゝし、各候補は單純に自由黨候補者と稱すべく、且つ自由黨は全體として之を支持することに決定し自由黨は之より政府の保護貿易策採用、外交の失敗を攻撃し又失業問題其の他の內政問題に關する自由黨政策を提示すべしとの宣言をなし玆に自由黨の合同は遂に完成したり。この時同黨の首領は當然「アスキス」之に任ずることゝなり、「ロイド・ジョージ」は副首領とも云ふべき地位を有することゝなりたるが、「ジョージ」は當時自己の本部を「アスキス」の本部と合併することを爲さず、又自ら管理し居りたる國民派の政治的基金を自由黨總本部の管理に移すことゝせず、從て黨內の一部に不平の種を殘したるが(第二章第八節參照)合同後の同黨は爾來必ずしも幸福に非ず。一九二三年の總選擧には幸ひに其の地位を保ち得たるも一九二四年の總選擧以後は一方に黨としての衰退を示したるのみならず、他方「アスキス」「ジョージ」間竝に其の兩派間の軋轢尙未だ熄まず。從て同黨の將來は分裂若くは衰頽の虞あり。本問題は更に後節に說く所なり。

第四節　保守黨(第一次「ボルドウイン」)內閣の失脚

一九二三年十月帝國會議と竝行して帝國經濟會議開催せらる。本會議開催は旣に「ロー」內閣當時よりの旣定計劃なりしものにして其の第一回會議は十月二日なり。この時商務院總裁「サー・フィリップ・ロイド・グリーム」(註一)開會の辭を述べ、其の中に當時英國の前古未曾有の失業者群救濟の爲めに英政府は輸出貿易市場擴大の必要を認め、この目的の爲めには同政府は自治領及び屬領を以て最も適當の市場と考察したる旨を述べてこの政策實行の目的を以て、第一に帝國內人口分配、第二、本國及自治領間の財政的協力即ち帝國內に於て現在英國に於けるが如き The Trade Facilities Act に相似したる便宜を設くること、第三に帝國特惠問題を攻究する必要あるべく、右の中最も重要なるは第三點なりとの意見を發表し其後同總裁よりは本會議に殖民地産乾果、乾「カラント」、砂糖漬果物、砂糖及び煙草、林檎、鮭鑵詰、果物汁、蜂密、葡萄酒等に對する特惠關税の新設又は增徵等を含む案を提出し、一般に自治領代表の歡迎する所となりたり。是に於て保守黨内閣の保護貿易政策採用の形勢明かとなりしが、次で十月二十五日首相「ボルドウィン」は「プリマス」に於て『現下緊急の難問題たる失業問題解決の武器は本國市場の保護に在り』との演説を爲し愈々其の意思を明かになしたり。本問題に關し首相當初の意見は前首相「ロー」が一九二二年總選擧の際新議會繼續中は何等國家の財政政策に根本的變化をなさずとの證言を與へたるを以て「ボルドウィン」自身もこの證言に拘束せらるゝと思惟するも、國家立法中に於て既に受諾せられたる原則を少しく擴張し又は新に適用することはかゝる證言の破棄なりと思惟せずとのことなりしも、其の後十月三十日首相 Swansea に於ける演説中保護貿易問題に關し總選擧を行ふへきことを宣明し、其の保護貿易政策は現在財政方針の單なる擴張にあらざることを示したるが、彼は最後に十一月二日「マンチエスター」の Free Trade Hall に於て愈々左の六點に依り失業問題を解決せむことを提議せり。

一、英國に於ける失業の大部分を惹起したる特種輸入品に課税すること。

二、自治領に對し實質的特惠待遇を與ふること。

三、但し肉類穀物には關税を課せざること。

四、農業保護の最良策に付研究すること。

五、養老、健康及失業保險に關する現行制の調査及び改善をなすこと。

六、帝國内諸財源の發達。

右「ボルドウィン」の保護貿易提唱に對する反對は早速自由黨勞働黨双方より提起せられたるが、自由黨の論點 Dewsbury に於ける十一月五日の「アスキス」の演説は(一)一年前「ロー」が信用安定の最も必要なる當時に於て財政政策を改變することは其の利益よりも其の害惡多きことを警告したる時と一年後の現在とは財政政策の改變を可とすべき事態の變化なきこと、(二)帝國特惠は輸入食料品に課税するに非ざれば其の實なきを以て「ボルドウイン」の新政黨は其の效果なかるべきこと、(三)輸入の增加と失業者の增加とは正比例するものに非ること、(四)現在百三十四萬人の失業者の中「ボルドウイン」の提唱する政策に依り保護せらるゝものは僅か其の一割に過ぎざること、(五)失業難に最も苦しめる造船、機械、紡績、運送業等は關税を以て保護し得べきものに非ざること、(六)失業の眞の原因は世界商業の全體的減縮に在るを以て其の救濟は保護政策よりも寧ろ世界の生產能力並に交換能力の復活に在ること等なり。

當時「ロイド・ジョージ」は北米並に加奈太旅行に出發せむとする際なりしが、彼も亦自ら徹底的自由貿易論者なることを明言し、同時に彼は中央黨組織の意思あることを全然否認して前述の如く十一月十三日に於ける自由黨の合同に參劃したる次第なるが他方勞働黨側に於ては首領「マクドナルド」より十一月初め(一)保護貿易が失業問題を解決し得ざることは諸國の例の示す所にして(二)英國の輸出貿易は之が爲困難となるべく(三)本問題の眞正解決は(イ)歐洲外交狀態の改善(ロ)英國内農業の發達(ハ)資本課税政策(ニ)主要產業の國有に在りと宣明せり首相の提案は保守黨内にも亦反對の聲を聞くに至れり。即ち一方に於て「オースチン・チェンバレン」は乃父の意見と同じく徹底的保護貿易主義者の立場より帝國内主要物產(穀物等)に對し特惠待遇を與ふへしとなし、他方「ダービー」卿を主とする「ランカシャ」の工業家並に當時の閣員たる「ソールスベリー」卿「セシル」卿等及び保守黨有力新聞の一たる Glasgow Herald 等は自由貿易の立場より「ボルドウイン」案に反對し、これと同意見の保守黨代議士にして同黨を辭するもの數名あり。是に於て「ボルドウイン」は此等の有力議員政治家引き留めの爲め右の案は一時の假政策に過ぎずとの證言を與へざるを得ざるに至り、この證言の下に首相は「ダービー」卿に保守黨内自由貿易論者の同黨に對する忠誠引き留め方に關する重大任務を負はしめたるが、同卿はこの目的の爲め保守黨聯立派たりし「バークンヘッド」卿の協力を得むとし、其の入閣を運動したるも彼が「チェンバレン」と共に入閣することを條件としたると又其の入閣には保守黨内の「ダイ・ハーヅ」よりも反對ありしとによりて遂に沙汰止となり、保守黨内の終局的統一亦困難なるに至れり。然れども之にも拘らず政府は其の政策遂行に決し「ミルナー」卿を議長とする委員會を組織して保護關稅案の作成に當らしむることゝなしたるが、かゝる内に十一月二日曩に政界より引退したる保守黨の元老「ロー」が病を以て死し、次で十一月十六日議會解散せられ愈々十二月六日總選擧擧行のことゝなれり。

今回の總選擧に於ては保守黨五三六名（内七名は婦人）自由黨四五四名（内一二名は婦人）勞働黨四二三名（内一四名は婦人）其の他三一名（内一名は婦人）の候補者立てられ右の中無競爭當選者は保守黨内に三五、自由黨内に一一、勞働黨内に三、其の他の中に一名ありたり。而して殘り五六五の議席選擧戰の狀勢は先づ保守黨對自由黨のもの一一六、保守黨對勞働黨のもの一〇〇、自由黨對勞働黨のもの五二、三黨並合のもの二四九ありたり。右保守黨の候補者中には自由貿易を標榜するものあり。又勞働黨の候補者中には共產主義者（但し勞働黨の政綱を是認す）をも含み居たるが、この選擧に當り「ロサアメア」「ビイヴアブルツタ」系新聞は元來强硬なる保護貿易論者なりしにも拘らず、今回は「ボルドウイン」に支持を與へずして「ロイド・ジョージ」「チャーチル」「バアクンヘッド」「オースチン・チェンバレン」等の連中を以て何れも自由貿易論者聯立內閣を組織すべきことを唱道したるを以て、「ボルドウイン」は先には保守黨内の自由貿易論者の爲め今亦此の種聯立內閣論者の爲め甚だ惱まされたるが、其れにも拘らず選擧の結果は保守黨の勝利と看做され居たり。尙ほ當時各黨の聲明したる其の政綱は前年の其れと大差なく、たゞ本總選擧に於ける爭議の中心は保護貿易の可否にありしを以て、其の狀態恰も一九〇六年の總選擧當時と相似したるが、今回は自由貿易論は自由黨の外に有力なる勞働黨の支持ありたるを以て、其の勢力甚だ大なりしものありしと雖も、この點に關する兩黨の政綱同一なるにも拘らず、兩黨の間の競爭の中心は其の孰れが第二黨の地位を占め得べきかと云ふに在り。且つ又多數の選擧區に於ては反社會主義の聯合の形に於て保守自由兩黨間に諒解を成立せしめ、兩黨候補者を以て出來得るだけ競爭せしめざるの方針を取りたり。この政策の結果「ウエスト・ニユカツスル」に於ては勞働黨領袖「アーサー・ヘンダソン」が落選せる如き事態を生ぜると共に他方には反對に「ウエスト・レンタア」に於て勞働黨の「ペンシツク・ローレンス」四千票の多數を以て「チヤーチル」を破るの壯觀を呈せり。一般の結果は保守黨に不利にして農相、勞働相等政府員中落選したるものも四五名あり。かくしてこの總選擧の結果「ボルドウイン」内閣瓦解の可能性を暴露したるを以て、勞働黨全國執行委員會は十二月十二日に會議を開きて勞働黨内閣組織の必要あらば何時たりとも單獨にて之に應ずべき旨の決議をなし、同日勞働組合議會總幹事會はこの決議に贊成したるが、一方自由黨に於ては十二月十八日議會の一室に於ける同黨代議士會に於て首領「アスキス」は『現下の形勢に於て保守勞働孰れの政策が政權を執るも事實上事態を支配するは自由黨なり』となし更に『保守黨内閣は自由黨之を一擧手の下に葬り去るべく勞働黨之に代り入閣すべしと雖も同黨は未だ議會に三割一分の議席を有するに過ぎず。從つて同黨が皇帝の大權たる議會解散の命令を要求するが如きは他に内閣組織の可能性を有する政策ある限り立憲的慣習に違反し且國民の利益に反するを以て勞働黨は議會を解散するを得ず』との意見を發表したるが、其の意義は勞働黨入閣後其の信任敗れたる曉は現議會中に第三黨たる自由黨入閣の餘地ありと云ふに在りたるが如し。かくして自由黨は其の窮極に於ける入閣の可能性如何は別としても現下の時局に於ては斷然保守黨内閣留任支持のため一指をも擧げざるべき態度を示し、こゝに保守黨内閣瓦解は既定の事態として出現したるが、又自由黨に於ては其の勝利は多く舊「アスキス」派を利し其の敗北は舊「ロイド・ジョージ」派を傷けたりしが同黨名士の中後者は「チヤーチル」「モンド」等を失ひ又前者は「マクリイン」「ランシマン」「ロバートソン」等前回選擧の時と同じく失敗せり。

本總選擧の結果を概觀するに自由黨は保守黨を犧牲として增加したる一方勞働黨は保守自由兩黨を犧牲として增加したるものと謂ふべく、自由黨が一に自由貿易論にて成功せりとせば勞働黨は主として舊政黨及び其の首領連に對する民衆の嫌怨の爲めに利したりと稱すべく、從て本選擧の一般的教訓は民衆が保護貿易に反對することを示したると共に彼等は外交及び失業問題に付ての新政策を要求したるものと云ふべし。

次で翌一九二四年一月八日開會の新議會に於て同月十七日勞働黨副首領「クラインス」より愈々政府不信任案を提出せり。この時同黨及び保守黨側は電光石火的に內閣潰滅の斧を下すことに贊成なりしも、自由黨は少數黨內閣成立と云ふ憲政上の異例を重大視してこの不信任案の討議は三日間に亘り之を行ふべしとの主張をなしたるを以て結局同黨意見通り本件討議を數日連行し、一月二十一日午前票決に入ることゝなりたるが、當時勞働黨登閣の機運に驚愕したる一部社會に於ては先づ「デーリーメイル」が自由黨首領に勸說して保守黨との協力に依り「社會の救世主」たらむことを勸說したるを初めとし、又保守黨の一部（London Conservative Association）に於ては逆に「ボルドウイン」に對し自由黨との提携を形成せむことを懇願し、且自由黨に於て若し保守內閣を支持せずば保守黨に於て自由黨內閣を支持すべしとの意見を發表せり。當時又「ボルドウイン」の排斥運動も保守黨內の一部に起りしも、其の效果なく保守自由兩黨首は何れも合同運動に耳を傾くることなく、勞働黨に fair chance を與ふべしとの思想にて一方勞働黨は愈々內閣乘取りの氣勢を揚げ「マクドナルド」は其の第一次政府の第一次使命は歐洲の平和と內國救濟事業に精神的援助を與ふることなりと宣言せり。

斯くして政府不信任案採決の結果は、同案贊成三二八票、反對二五六票にして政府側の敗北と決定したるが、この採決に於て自由黨員中約十名は政府側に投票、同じく約十名は棄權して「アスキス」の意見並に勞働黨に反對の意思表示をなしたり。然れどもこゝに勞働黨內閣出現の一歷史的事態に迄政界が進展したるは實に一に「アスキス」の決斷に基きたるものとして同氏の態度を稱揚せざるものなし。是に於て「ボルドウイン」は一月二十二日辭職し即日「マクドナルド」の勞働黨內閣成立せり。

【註一】　一八八四年「ヨークシヤ」名家の子に生る。「ウインチエスタア」竝に牛津「ユニバシテイ・カレジ」に法律を學ぶ。今次の大戰に參加せり（一九一四年―一七年）。一九一八年より下院に入り、商務院次官（一九二〇―二一年）、海外貿易局長官（一九二一―二二年）、に歷任の後商務院總裁となる（一九二二―二三年）。壯年の士にして熱心なる勉强家、帝國內經濟貿易の統計を暗んじ精勵職に努む。將來大をなすべき人物との評あり。一九二四年改名して Phillip Cunliffe-Lister と稱す。同年の第二次「ボルドウイン」內閣に入り同じく商務院總裁となり、保守黨中頑固派の一人として重きを爲す。

第五節　勞働黨內閣の成立と其の治績

第一款　勞働黨內閣成立の事情

一九二三年の總選擧の齎したる政治的結果は形式上にも實質上にも英國憲法史に於て一異例的事態を現出せしめたりき。即ち其の形式上より之を論ずれば英國の政治的傳統たる二大政黨主義はこゝに第三黨の優勢なる勃興の爲め形影を沒せむとするの現象を呈したると共に、議會の最大政黨は第二黨に政權を奪はれ所謂少數黨內閣出現なる一異例を憲政史の上に留めたり。（註一）　又之を其の實質的立憲代表の見地より云へば、この第二黨は保守自由兩黨の數世紀間の歷史的權威に挑戰して勃興したる一年少政黨にして、其の組織は僅か二十三年前に在り。而してこの年少政黨の實體は英國の憲政は古るけれども未だ曾て自己の名に於て議會に代表せらることなかりし無產階級なり。舊來の政黨は何れも自己存在理由の辯明として其の地盤が全國民的にしてこの全國民を代表するものと稱するも、この新來の政黨は假令「眞」の全國民的政黨となるべしと主張するも、單純明白に現在社會の一階級を地盤とし之を代表するものに外ならず。從て同黨の組織する內閣は實體上一の階級的內閣なり。即ち一言にして之を云へば第一次英國勞働黨內閣は少數黨內閣なる一形式の內に階級代表なる一實體を包含したるものにして、立憲政治の歴史がこの新現象を招來する迄には英國は最近一世紀に亘る連續不斷の社會的竝に經濟的組織の多端なる變化を通過したるものなりき。

こゝに興味あるは勞働黨の成功は同黨自身の殆んど先見豫知し得ざりし所なること、竝に嘗て一九二一—二二年の交、聯立內閣支持の政治家か同內閣の分裂を以て社會主義政黨勃興の機會を與ふるものなることを國民に警告し居りたる本能的先見等を想記することなり。而してこゝに問題となるべきは英國政黨政治の將來が果して玆に根本的に二大政黨主義より絕緣したるものなりや否やの考察にあり。本問題は爾後一九二四年の總選擧の結果に於ける自由黨の凋落をも參照して興味ある問題を提供するものにして觀察者は乃ち更に數年後に於ける其の結果を待たざるべからず。

【註一】 議會に於ける三黨並立及び少數黨內閣の成立は英國憲政史上新例には非ず。即ち既に一八三五年に Daniel O'Connell の愛蘭「グループ」が自由黨と保守黨との間の平衡力を有し居りて遂に保守黨の「ピール」內閣を失脚せしめたる如き、又其の數年後に自由貿易に傾き初めたるこの「ピール」一派が保守自由兩黨の間に介在して其の平衡力を維持したる如き、更に下つては一八八六年、一八九二—九五年、一九一〇—一四年の間に自由黨が愛蘭國民黨の支持によりて其の議會內の多數を制し、又一八八六九年の間には保守黨が「リベラル・ユニオニスト」の支持によりて內閣を保持したるが如きは即ち少數內閣の前例なり。

第二款　勞働黨內閣の治績

惟ふに勞働黨が現在の議會制度の容器中に在りて其の政治を行はむとする爲めには事態適應の便法を執らざるべからず。數名の貴族が勞働內閣に入りたるは「オリヴィア」卿の如き社會主義者の新貴族を除き「チェムスフォード」卿が當時語りたるが如く現在貴族院關係の政務に付「皇帝の政府」の運用を全せむが爲に勞働黨に同情する貴族が之に加擔したるに過ぎざるものにして現在右の如き貴族の英國勞働運動並に勞働黨内閣に於ける地位は勿論重大なるものに非ざるも、勞働黨内閣の顔觸が右の如き諸種の類型の人物によりて形成され居ることは同内閣が純粹に社會主義的のものなりとの判斷を許さざると共に同内閣は殊に其の背後に議會の少數黨を有するに過ぎず、從つて同内閣は之に同情を有する自由黨との妥協的政策を施行する以上に出で得ざることは當然なりと豫定せられたるが、其の結果は果然實質上自由黨内閣の在任したると大差なき政治的效果を顯はしたるに過ぎざりき。又勞働黨内閣自身も夙に之を豫期する所ありて、入閣後第一に次の如き聲明をなしたり。

一、政府は不信任案若くは主義上の問題に關する多數反對投票ある場合の外は小問題に關し敗るゝことありとも辭職せざること。

二、政府の根本政策の標語とする所は tranquility に非ずして Confidence なること。

三、商業復活の爲め Trade Facilities Act の適用を擴張充實すること。

四、農業振興の爲に地方税を改革し消費組合運動を援助すること。

五、露國の承認、佛國との親善恢復を計ること。

六、軍備制限を旨とし國際聯盟による爭議解決の外交方針を執ること。

七、國債の企業に及ぼす影響を研究するため委員會を設くること。

八、家屋問題の解決案を近く發表すること。

勞働黨内閣は右の方針に從ひ先づ外交關係に於ては「マクドナルド」より一月二十六日佛國首相「ポアンカレー」に一書を呈して兩國親善の精神を披瀝し「ポアンカレー」又之に應答し當時迄の外交的小合戰を終止することゝなれり。而して其の第一の結果は佛國側に於て一九二三年十二月十四日成立の「コブレンツ」協約を批准し、同地方英國占領地帶に於ける鐵道交通の妨害を終止し、其の他の好結果を得たるが、次で二月一日には露國に法律上の承認を與へ、更に進んで英露通商條約の締結に當ることゝなりしが、一方に軍備制限の目的を以て新嘉坡築塞計畫を放棄し其の平和的誠意を表示したるも他方に於て二月末に海軍力補充のため巡洋艦五隻の建造計畫を發表したるため、これ勞働黨內閣にある間敷きことゝして勞働黨一般竝に自由黨の不滿反對を買ひしが右案は主として保守黨側の大賛成を受け議會を通過し勞働黨史に於て一種皮肉なる事實を殘したり。又埃及問題に關し勞働黨在野中の宣言にも拘らず、從來の政策を繼續し、爲めに其の變化を豫期し居りたる埃及側の不滿を買ひ兩國の關係漸く險惡となりしを以て「マクドナルド」は埃及首相「ザグルル・パシヤ」を再三懇請の後漸く九月二十三日倫敦に招待し兩國間の係爭問題に關し個人的會談を行ひたるが埃及側は「スエズ」運河よりの英軍撤退竝に埃及への「スーダン」の讓與等を固執して讓らず、結局本問題は何等の解決なくして終り些か勞働黨の外交的失敗となりし姿なり。

其の他勞働內閣在任中の著しき外交問題としては後段に述ぶるが如く同內閣失脚の導火線となりし英露條約を締結せる外、四月九日に發表せられたる「ドーズ」報告を受諾し、次で八月倫敦に關係諸國の會議を開催し本報告に關する一條約を作成調印し、次で國際聯盟に於て所謂壽府議定書を作成したることとなり。其の外交的成功は偉大なるものありしが、內國問題に於ては同內閣は先づ四月二日に「資本課稅は企業に有害なり」との趣旨の保守黨側の動議が三二五對一六〇の多數にて可決せられて第一撃を加へられたる外、其の第一回の豫算案を自由黨の援助の下に通過し勞働階級保護の豫算としての一典型を示したるも其の歲入豫算の主要點は茶、砂糖、「コ、ア」、「カツフエ」等の輸入稅消費稅を減じ戰時中に設定せられたる所謂「マツケナ」關稅を廢止する等自由貿易主義を執りたることに在りしを以て自由黨殊に喜んで之に賛成投票したるものにして、失業問題に關しては勞働大臣「ショー」は五月二十日下院に於て『同問題の解決は手品師が帽子より兎を取り出すが如く容易にあらず』との一種の無政策の告白をなし僅かに失業保險法を通過して失業手當を大人男子には十八志（従前より三志増）女子には十五志（三志増）兒童（一八歳—一六歳）には従前通り七志半（男子）、並に六志（女子）を給することゝする一の彌縫策を行ひたるに過ぎず。保守黨はこの時之に反對して勞働相の年俸を百磅丈減額すべしとの動議を提出し、政府は之を以て政府全般の信任問題となしたるが「アスキス」に導かるゝ自由黨の援助により政府は僅かに右動議の通過を免がれたり。

農業問題に付ても政府は同じく自由黨の修正意見を入れたる後、其の援助の下に農業勞働者最低賃銀設定法を制定し得たるが住宅問題に付ては六月二十三日保健大臣「ホイツトリー」は一九二三年の住宅法と別に政府より地方當局並に住宅築造の公共利益を目的とする建築會社等に與ふる補助金増加（六磅より九磅）並に其の補助期間延長（二十年より四十年）を規定する案を提出し（この案によれば一九二五年の九萬戸建築を基礎として毎年一萬戸乃至二萬戸宛家屋建築を追増し行き一九三四—三九年の間には毎年二十二萬五千戸を建築せむとするに在り）、之に對しては保守黨の反對あり自由黨亦必ずしも之に贊成には非ざりしも其れ自身代案を有せざりしを以て勞働黨に反對し其の退閣を强ふるの値なしとして、遂に些少の修正後之に贊成し、勞働黨内閣在任中の一重大問題を解決し又其の他失業問題解決の一方法として道路改造其の他の土木事業に着手することゝなしたるが勞働内閣の運命は右の如く一に自由黨の支持にかゝり居りたるを以て自由黨との關係極めて機微なる取扱を要し居りたるにも拘らず、勞働黨の議會及び選擧區に於ける自由黨に對する態度に間々後者の感情を害するが如き事件多々ありき。又自由黨側は勞働黨が其の諸種の新政策を以て其の獨占的功績として宣傳することを好まず。この兩者の關係次第に惡化するの傾向は既に四月頃より現はれたるが前揭豫算案提出せらるゝや其の主たる特徵が自由貿易制度の採用に在りたるを以て自由黨は之を以て自由主義政策の勝利なりとなし。是が爲めに勞働黨政府と協同せむとする希望を恢復するに至り、四月三十日の同黨會合の結果勞働黨に對し選擧區に於ける兩黨の協調的方法として自由黨の提出すべき比例代表制度法律案を勞働黨が正式に支持せむことを求めたるも、勞働黨之を拒絶したるを以て自由黨大いに不滿となり、其の數日後「アスキス」は自由黨は毫も政府を愛すべき理由を有せずと放言するに至り、以來自由黨は好機を窺つて勞働內閣潰滅の機を伺ふに至れり。

第六節　勞働黨內閣の失脚

勞働黨內閣施政の成功は內政よりも主として外政に在りと認められ居たるが、同內閣は英露條約に於て暗礁に衝突するに至り益々自由黨の同情を失ひ玆に其の失脚を招けり。

英國が露國を承認したる結果四月十日英露會商の爲め駐英代理大使「ラコヴスキイ」を主班とする露國代表一行倫敦に到着し四月十四日より會議を開きたるが、其の目的は(一)過去に於ける兩國間の要求及反對要求の整理(二)名義上今日兩國間に現存する諸條約に關する討議(三)現存貿易協定に代ふべき通商條約の締結及び(四)宣傳問題に關する交涉に在りたりき。

同會議は爾來長らく繼續し八月迄には双方の立場は一問題―露國により國有とされたる英國私有財產所有者への補償問題を除きては兩國の意見異ぼ一致したりしが右問題が重大條件なりしを以て英政府は八月五日遂に英露交涉破裂せりと公表せり。然るに翌六日には下院に於て突然外務次官「ボンソンビー」より英露條約成立し七日調印の豫定なる旨一同の驚愕裏に發表したるを以て、事態は玆に一變したるが其の裏面の理由を問へば八月五日交涉行詰りの際勞働黨左翼派に屬する Purcell, Morel, Lansbury, Wallhead, 等の議員が英露代表間に仲介し（寧ろ「マクドナルド」に對する壓迫なりしと云ふ）「マクドナルド」が曩に拒絕したる對露借款の保障を右私有財產沒收に對する露國の補償承諾の條件として許すこととゝし後述(ハ)參照）玆に其の妥協點を發見したるに依るものと解せられたるが、之が爲め保守自由兩黨內に於ては勞働黨內閣が其の左翼派從つて共產主義者の頤使の下に在りとの疑惑を起すに至り、右は同內閣にとり致命的失策となるに至れり。

右新成の英露條約の要旨を述べむに其の第一部は通商條約にして英國商品に對する最惠國待遇主義を確保したるものなるが其の第二部は一般條約にして(イ)舊露國との諸條約を更新し新に漁業に關する協約を起草することと(ロ)露國は其の負債を承認し英國の債權所有者と交渉を開くべく(ハ)右債權所有者の少くとも半數が其の支拂條件に滿足し且つ英政府が其の他の要求問題解決の結果一定額の金額を受取ることゝなりたる時は此等の協定を基本として一條約を成立し、該條約中に於て英政府は對露公債保障案を議會に提出することを約すべきこと等を規定したるに在り。

本條約に關しては最後の(ニ)の對露信用の件に付て政府反對黨殊に自由黨は政府問責の辭柄を捉ふることを得、早速勞働黨に對する誹謗排斥の運動に着手することゝなりしが、恰も右條約の締結と時を同じくして所謂「キャムベル」事件なるもの起れり。本事件は即ち John Ross Campbell なる共產主義者にして英國共產黨機關紙 The Workes' Reekly の發行人が七月二十五日の同紙に "The Army and Industrial Disputes, an Open Letter to the Fighting Forces" なる標語の下に『產業爭議の場合、軍人は其の同胞たる勞働者を射擊することなく其の銃先を其の壓迫者に向くべし』との軍人に對する刺嗾的文字を列べたるに對し官憲は一旦彼を Tne Incitement to Mutiny Act, 1797. に基き逮捕したるも八月十三日第二審の際右法律違反の證據不充分なりとの理由にて之を無罪釋放したる事件なり。「キャムベル」の釋放に付ても勞働運動左翼派の「マクドナルド」に對する壓迫ありたる結果なりとの說ありしが、本件は殊に保守黨側に內閣排斥の口實を與ふることゝなり、九月三十日愛蘭自由國(協定確認)法案審議に關し議會開會したる際、勞働黨內閣は愈々右兩黨の攻擊を受くることゝなり十月一日自由黨は院內自由黨議員會に於て同黨より「アスキス」の名に於て下院に『本院は英露條約が英國の納稅者の負擔となるべき對露信用を以て露國が英國の對露債權者の要求を認むる條件とせることに贊成することを得ず』との趣旨の動議を提出するに決定し、右を十月末再開すべき議會の討議に上すべき手續を執りたるが、同十月一日保守黨側に於ても『「キャムベル」事件に關する政府の處置は其の信任を問ふに値す』る旨の決議案を提出せり。

この時政府側は旣に其の最後を覺悟したるものゝ如く、只殘る問題は自刄の武器が英露條約なりや「キャムベル」事件なるやに在り。然るに政府は英露條約に付て戰ふことを避け比較的小事件の「キャムベル」事件に付て其の運命を決せむとする策略に出で些か社會の期待に背くことゝなれり。即ち政府は保守黨側が其の決議案を十月末に議會再會の時討議することを得るやと問ひたるに對し、前掲愛蘭問題が上院にて審議中に之を行ふべしとなし、早速十月八日を以て其の上程日と定めたり。

自由黨側に於てはキャムベル事件を以て未だ政府の信任を問ふべき問題に非ずとの理由より、保守黨案に對する修正案として『特別委員會を組織して「キャムベル」事件を調査報告すべし』との案を提出することになしたるが十月六日勞働內閣は右兩黨の動議を以て孰れも內閣の運命を決定すべき性質の爭議と看做すことゝし、殊に自由黨の動議は卒直なる不信任案に非ずして中世的の罪惡糾問に等しとなして甚だ之を嫌惡したりしが、自由黨は之を以て政府不信任案に非ず、從て同黨は總選擧を希望するものに非ずとなしたり。

斯くて十月八日の下院に於て「サー・ロバート・ホーン」前掲保守黨案を提出す。其の論旨は內閣側の否認にも拘らず政府に對する勞働黨の急進派の壓迫により「キャムベル」訴追事件は取下げとなりたりと云ふ在り。內閣側は再び之を否認し取下の責任一に檢事總長にありとなし、自由黨はこの政府の說明に滿足を表したる後其の修正決議案を提出せり。

然るにこの時保守黨首領「ボルドウイン」は勞働黨內閣の策は保守黨決議案を勞働自由兩黨にて又自由黨の修正案を勞働保守兩黨にて各々否決し去り以て議會に勝利を得んとするに非ずやとの虞れを抱きたるを以て、彼の意見により保守黨は自由黨の修正案に贊成することとなり結局保守黨案が三五九對一九八票にて否決せられたる後、自由黨案三六四對一九八票にて通過することゝなれり。

是に於て翌十月九日午後政府は議會を解散し、同二十九日總選擧施行となり、斯くて過去二年の間に各政黨三度全國に逐鹿することゝなりたるが、今次選擧の主たる題目は「親露政策の可否」「社會主義と國家主義の得失」に在り。而してこの時自由保守兩黨の高調せる勞働黨内閣は北の左翼派に壓迫せられて共産主義に近づくの政策を執り英國の安定利益を第二義として「ソヴィエット」露國の頤使に甘んぜんとするものなりとの宣傳は全國に行渡らざる所なきに至れり。殊に勞働黨を壓迫する實際的一作戰として著しく今次選擧戰を特徴づけたるものは三黨候補者鼎立競爭の結果、勞働候補者が單なる比較多數にて當選する處ある選擧區にては保守自由二黨が協定して孰れか一方のみの候補者を立てゝ勞働黨との對抗競爭をなさしめ、議會に多數の反勞働黨議員を送らむとするの計畫を立てたることなり。「アスキス」自身もこの兩黨相互の諒解の利益を受けたる一人なるが殊に自由黨はこの協定の爲め其の候補者を前回の四五四名に對し僅かに三四一名に減少せしめ、之に對し保守黨は五三六名より五三四名に勞働黨は四二三名より五一六名に增加し、戰の主たる當事者は初めより保守勞働の兩黨たる觀ありたり。自由黨は其の宣言書中に『英國は玆に自由黨内閣を成立せしむべき機會に際會せり』と述べたるも其の立候補者數より見てこの宣言は本音に非ず、單なる政治的虛勢に過ぎざることを曝露せり。尙ほこの選擧戰の狀況は保守對勞働二一七、保守對自由四八、勞働對自由四七、三角競爭二五一ありき。

尙ほ各黨の政綱は何れも前年末の總選擧當時のそれと大差なかりしも、勞働黨が資本課說政策を執らざりしこと、保守黨が失業救濟策として一般關稅設定を主張せざりしこと、及び自由黨が土地價格稅政策を揭げたる如きは其の顯著なる特徵なりき。

斯くて選擧戰終末に近づくや愈々其の激烈度を加へ、十月二十五日に至りて所謂「ジノヴィエフ」書翰なるもの、並に之に關する英外務省の對露公文が新聞に公表せられ、遂に勞働黨内閣に對し最後の打擊を加へたり。今此間の事情を述べむに右「ジノヴィエフ」の書翰なるものは九月十五日附を以て「モスコウ」第三「インタナショナル」執行委員會より同委員會議長「ジノヴイエフ」委員「マクマナス」（英國共產黨執行委員會議長）等の名に於て英國共產黨に宛てられたるものにして其の內容は英國の共產主義者竝に勞働黨左翼派は英露條約の批准に付き政府を今後とも壓迫すべきこと、勞働者竝に軍人の間に共產主義を宣傳して革命の準備を爲すべきこと等を慫慂せるものなるが、首相「マクドナルド」が十月二十七日「カージフ」に於て演說したる所に據れば英外務省は右書翰なるものゝ寫を十月十日に入手し「マクドナルド」は當時地方に選擧運動中なりしを以て十月十五日初めて之を「マンチエスター」に於て閱覽せり。是に於て首相は早速右書翰の眞僞性を確めしむると共に其の眞正文書なること確められたる時は直ちに露國側に發送し得る樣外務省幹部に抗議書の起草を命じ置きたるが、十月二十四日「マクドナルド」は其の抗議書の案文を校正の上自己の選擧區「アバラヴオン」より之を外務省幹部に送付したるに、同日午後外務省に於ては「ジノヴイエフ」書翰を眞正と認めたる結果、北歐部長「グレゴリイ」の名を以て在英露國代理大使に第三「インタナシヨナル」の宣傳に對する右抗議書を送りたるものなり。

右「ジノヴイエフ」書翰の眞僞性に關しては「マクドナルド」自身甚だ疑問を抱き居りたる如く又右抗議書の發送に付ても「マクドナルド」と「グレゴリイ」との間に諒解の不足ありたる模樣に感ぜらるゝが、當時「デーリー●メール」紙竝に保守黨本部は右「ジノヴイエフ」書翰寫を外務省と同時に入手し居りたるものゝ如く、「デーリー●メール」は豫てより二十五日の同紙に之を發表する豫定なりしとのことにして右文書の眞僞性並に其の秘密漏洩の起源等に關して一般に非常なる疑念を起さしむべき事情あり。此に於て右文書發表せらるゝや在英露國代理大使竝に英國共產黨本部は直に之を僞造なりとして否認したるも既に英露條約等に關する反政府派の宣傳により脅かされ居たる國民一般は愈々不安と猜疑の念に打たれ、保守黨側の宣傳は愈々之に乘じて勞働黨內閣を以て共產主義陰謀の傀儡なりとなし從て勞働黨はこの一般の社會的不安の中に續々として其の投票數を失ひつゝありとの印象を與へたるが、總選擧の結果は果然保守黨の壓迫的大勝利に歸し、勞働黨の敗北は左して大なるものに非ざりしも自由黨は慘敗に遭遇し、首領「アスキス」を初めとし「マクリーン」「マクナマラ」「ロバアトソン」等の名士枕を並べて落選せり。

斯くの如く今回の總選擧は勞働黨の對露政策の失敗に起因し、共産主義者の事件に禍されて行はれたるものなるを以て、其の爭點は純然たる社會主義對帝國家主義の問題なりし譯なるが、選擧の結果勞働黨が議員數に於て約五十名を減少したるも得票數に於て大增加を來したるは選擧民が尙ほ且英國勞働黨の健實性に依賴する精神を保持し居る事を示したるものにして、右議員數の減少の原因は反勞働黨の投票の結果に非ずして其の多くは保守自由兩黨の前述の如き各選擧區に於ける反勞働黨協定の結果に依るものなりとの觀察を妥當とすべく、之に依りて見るも英國民衆の政治的判斷は必ずしも宣傳に乘ぜらるゝ如き淺薄なるものに非ざることを示したり。又之と共に注意すべきは社會主義に對抗する爲めには自由黨よりも保守黨に依賴すべしとの純然たる反動思想の勃興が保守黨の大勝利に貢獻したることにして自由黨は右兩極端黨の中間に在りて中庸政策の破産を曝露せり。

尙ほ勞働黨內閣に於ては其の最後に臨み選擧後直に首相「マクドナルド」內相「ヘンダソン」大法官「ホルディン」卿及び樞密院議長「パアモア」卿よりなる內閣委員會の調査報告として前記「ジノヴィエフ」書翰は其の原本を發見することを得ず、たゞ寫あるのみにして何等眞僞を決定すべき證據なしとの確定的結論なき意見を發表し、總選擧前の作戰に用意の缺けたることを裏書したるが本事件の調査は其の後勞働黨執行委員會に於て續行することゝなり、一九二五年の「リヴアプール」に於ける同黨年大會に於て右委員會は本書翰が僞造なることの證據確實なりとの報告を提出し、同大會之を是認し、本問題は勞働黨の關する限り之にて打切りとなせり。

斯くて勞働黨內閣は十一月四日辭職し、茲に再び「ボルドウィン」は尨大なる保守黨議員を其の背景として國家安定、勞資協調の標語の下に內閣を組織することゝなれり。

第一次勞働黨內閣が失敗なりしや成功なりしやの問題は茲に之を論ずべき價値なし。何となれば本問題の解決は觀察者の特殊の立場に依ること大なるを以てなり。

然れども左翼派社會主義者は勿論一般勞働組合の間に於てさへ右勞働內閣が餘りに妥協的なりしことに就て不滿の聲を聞くこと一再ならず。是に於て英國勞働運動全體がこの第一次勞働黨內閣出現を期として如何なる方向に發達したるや又發達すべきやは實に興味ある問題なり。抑々英國勞働運動が其の目的達成の爲め政治竝に産業兩方面の運動の相互作用の上に發達し來りたることは言ふ迄も無きことなるが其の活動の中心點の推移し來れる方向を檢するに、右兩運動の間に一種無意識的の振子作用行はれ居ることは、其の特徵として注意に値すべし。即ち之を例證せむに十九世紀前半の勞働組合運動に代りて「チャーチスト」の運動起り「チャーチスト」の運動失敗に歸するや同世紀後半に於ける組合運動の再興となり、次いで大同團結を爲したる組合の中心たる一八六八年創立の勞働組合會議（T. U. C.）が一九〇〇年出生の勞働黨の母體となりたるが如き而して二十世紀の始めより勃興したる「サンジカリズム」「ギルド•ソウシャリズム」等の運動が組合運動の發達を助けたる結果、大戰前に於ける罷業の勃發となり次で戰後一層結束を固めたる組合運動が一九二〇年には反政府的の Council of Action の組織を成すに至る迄進行し、（英國の對露政策に對し勞働者が抗議的總罷業の準備をなしたる事件第二章第一節第一款末段參照）茲に成功したる勢に乘じて、彼等は一九二一年春の炭坑爭議に當り所謂三角同盟の形成を成就せむとしたりしも失敗に終りて組合運動進展の上に大打擊を受けたるが、其の翌一九二二年の總選擧に當りては、右失敗の無意識的反映として勞働黨の議會に於ける勢力倍加するの現象を示し、遂に其の翌年には勞働黨內閣成立となるに至りて勞働階級政治運動の第一次的勝利を劃したるが如き何れも右の勞働黨內に於ける政治竝に産業運動の相關的作用を明示するものなり。而して更に右運動の關係を最近の事例に見るに右の如く勞働內閣が勞働階級の意の如く治績を擧げ得ざることに失望したるものは、逆に組合運動の强烈化に力を盡すに至りたる結果、一九二四年の勞働組合議會大會に於ては同會議總幹事會の權限を擴張して勞働爭議全體に對する總幹事會の支持竝に干涉權を認め、其の他一般の決議に於て勞働黨自身の決議より左傾的のものを通過するに至り、次で一九二五年六月末の炭坑爭議に至りては炭坑夫支持の爲め鐵道運搬業勞働者が炭坑夫罷業の場合には石炭を輸送せざることを宣言して一種總罷業に近き威脅的態度を現はし、而してこの爭議が炭坑夫に有利に落着したるに乘じて次の一九二六年五月の炭坑爭議に於ては遂に總罷業の決行迄爲すに至りたるが、右の如き組合運動の進展は勞働黨內閣失敗の無意識的反動と見て可なるものなり。然るに右の總罷業は全然失敗に終りたるを以て其の反動が如何に政黨としての勞働運動上に現はれ來るべきかと今後の興味ある問題なるが勞働黨の發達は右の如き歷史的事例に鑑み今後一段其の勢力を增すべしと爲すは必ずしも誤れる判斷には非るべし。（最近の補缺選擧に於て勞働黨が殆んど成功し居るはこの時代傾向を指示せるものと見るべし。）

然れども這次勞働內閣の根本的弱點は勿論それが少數黨內閣なりしことにあるを以て、將來勞働黨が再び少數黨內閣を組織することの可否に付て同黨には一種の政策上の煩悶あり。一九二五年「リヴァプール」に於ける其の年次大會に於ては Transport and General Workers' Union（會員三十萬を有する有力組合にして其の幹事長 E. Bevin は今回總罷業の立役者なり）側より『最近の勞働內閣の經驗に鑑み勞働黨は再び少數黨內閣を組織すべからず』との決議案を提出したるが「マクドナルド」「トウマス」等之に反對し勞働黨は本問題に付て今日何等「コンミツト」すべからずとの理由にて右決議案を大多數にて否決したるが「マクドナルド」の意見は再び少數黨內閣を組織することには必ずしも反對に非ざるが如し。而して本問題と關聯して將來こゝに重大問題となり來るは自由黨と勞働黨との關係にあり。即ち勞働黨の少數黨內閣は必然的に自由黨の援助を豫期せざれば成立し得る所にあらざるを以て、右兩黨の協力問題は今日一の實際的問題として論ぜざるを得ざるに至れり。（註一）

尙ほ最後に勞働黨は同黨內閣失脚の主たる原因が同黨と共產主義者との關係に關する誤解甚だしきに在りたることを悟り、同黨に於ては既に每年英國共產黨の勞働黨加盟申込を拒絕し一九二四年の年次大會に於ては（一）共產黨の加盟申込を拒絶すること竝に(二)共產黨員は議會竝に地方政治機關議員の勞働黨候補者として之を認めずとの二決議を通過したりしが、次で一九二五年十月に至り勞働黨內閣沒落後第一回の同黨年次大會に於ては(一)右前年の二決議に關しては今後討議を許さざること(二)共產黨員は勞働黨に加盟せる地方勞働黨の個人會員となり、又は其の會員として留まることを得ざること、(三)加盟勞働組合に付ては各組合が勞働黨に加盟せざる諸政黨(共產黨を含む)員を勞働黨の全國竝に地方大會に其の代表者として選任せざらむことを勞働黨の共產主義者に對する精神に合致すと思考する旨(必ずしも義務的ならざることを注意すべし)の三決議を大多數にて通過し、完全に共產黨に對する別離の態度を執りたるが、この勞働黨の「右傾的」決議は同年九月の「スカバラ」に於ける勞働組合會議の諸決議が「左傾的」なりしことゝ對照して一種興味ある現象を呈したる處、當時勞働黨は右決議の爲のみにても次の選擧には投票數一百萬票を增加するに至るべしと稱せられ甚だ一般社會の歡迎する所となりたり。

尙ほ勞働黨に關する研究問題としては第二次勞働黨內閣が少數黨內閣にせよ、多數黨內閣にせよ如何なる事業を其の第一の責務として行ふべきやに付當今議論盛なり。(註二)

勿論勞働黨の土地竝に重要產業國有政策は其の根本點なれども近來銀行國營論の唱導盛となり來りしこと、勞働者に對する所謂 "Living Wage" 竝に家族手當支給を第一となすべしとの論等は其の注目すべきものなり。尙ほ同黨の農業政策鑛山國營策に關しては今日甚だ詳細なる同黨案が公式に一九二六年同黨大會に於て認められたることは前述の如し。(第一章第三節第二款第二項第三段照)

【註一】一九二六年の勞働大會に於て「マクドナルド」は今後再び勞働黨が政權を執る機會ある場合には他の何れの政黨とも聯立を形成せざること、竝に斯る聯立內閣に關する商議は現在行はれ居らずとの證言を與へたり。

【註二】次の勞働黨の事業に付ては「マクドナルド」は勞働黨大會が今日何等「コミット」することなく出來得る限り院內勞働黨執

行委員會に自由手腕を與へ事宜に應ずる政策を議會内に於て執らしむることを主張し現在の所右大會も亦之を承認し居れり。

第七節 保守黨(第二次「ボルドウイン」)内閣の成立

第二次「ボルドウイン」内閣は社會主義排斥、英國憲政保護の使命を帶びて朝に上ることゝなりたるものなるが、この新内閣に於ては舊聯立内閣派たる「オースチン•チエムバレン」外相に「バアクンヘツド」卿印度大臣に新任せられ、保守黨内に於ける「ダイ•ハーヅ」と舊聯立派との内訌全く終止せることを示したるが、一方自由黨舊國民派に屬し居り數次社會主義對抗の爲め中央黨組織の主張を發表したることある「ウインストン•チャーチル」は二十年來の自由黨との關係を絕ち總選擧に於ては名義上 Constitutionalist として戰ひたるも、選擧後保守黨に復黨(「チャーチル」は一九〇六年迄保守黨に屬し居たり)することゝなり、保守黨「ダイ•ハーヅ」派の反對ありしにも拘らず、内閣に入つて大藏大臣の要席を與へらる。是に於て保守黨内閣は愈々勞働黨に對する反動内閣たる色彩を加へ來りたり。

一九二四年末成立の新政府は先づ外相「オースチン•チエムバレン」を議長とする委員會を組織して所謂「ジノヴイエフ」書翰の眞僞性を硏究したる後之を以て眞正のものなりと決定し、十一月二十一日には其旨を「ソヴイエツト」政府に通告して其の過激思想宣傳に抗議すると共に勞働黨内閣當時締結の英露條約を批准し得ずと通告し、露國との外交關係少しく惡化したるが、爾來保守黨内閣は議會に多數を擁して其の欲する所を爲し得ざることなし。其の一九二五年に爲したる所の主たるものは先づ外交問題に於ては壽府議定書を破棄したるも之に代りて「ロカルノ」條約を成立せしめ、國防問題に於ては新嘉坡築城に再び着手することゝし、又商業政策としては所謂「マツケナ」關稅を復活し絹織物に新稅を課し、煙草、乾果、酒、自動車、蓄音器等に付て帝國特惠關稅を設くる等の極端なる保護貿易政策を實行して勞働黨内閣の諸政策を根本より覆したり且諸方面の反對ありしに拘らず、戰爭中より停止中なりし金本位主義を復活したることは亦保守黨內閣の著名なる治績の一なり。而して一九二五年夏炭坑爭議起り來るや、一方炭坑會社に十ケ月間補助金を與ふることゝして其の事業を繼續せしむると共に、他方同事業の將來に付委員會を設けて調査せしむることゝなしたるが同問題は遂に一九二六年の五月に於て破裂し、結局全國勞働者の總罷業となり、難局に立ちたるがこの總罷業の直前に於ては首相「ボルドウィン」は個人としては終始勞資協調の妥協的立場を守り、本件の平和的解決に努め居りしも、閣員中、藏相內相陸相殖民相等七人の大臣甚だ强硬の態度を持し、勞働者側との交涉を中止し政府自ら總罷業に直面せざれば自分等は內閣を辭すべしと言明したりとの噂迄ありたる位にて、當時一の內閣の危機さへありたるが如く傳へらるゝが、幸ひ總罷業は大事に至らずして終止し、政府は其の威信を保つことを得たるも、この勞働階級の勃興に對しては總罷業後殊に保守黨內閣の頭腦を惱ますことゝなり、今後愈々同內閣は保守黨內の頑固派に壓迫せられ勞働運動の取締り、從つて間接的に勞働黨の勢力削減の方針を執るに至るべき傾向あり。

右の如き保守黨內の反動的策動に關しては同內閣成立以來に於て次の如き數種の事例ありたることを示し得。

一、一九二五年二月、一保守黨員が提出したる『勞働機會竝に住宅の缺乏に鑑み下院は內務大臣が移民取締に關し完全且充分の權限を有せることを是認し、且本件に關する現存法令の效力減殺に反對す』る旨の決議案が下院を通過したること。

二、同年三月竝に一九二六年四月同じく一保守黨議員より下院に英國に於ける共產主義取締に關し一切の方法に於て政府を支持する旨の決議案を提出したること。本案の提出は共產黨を違法的存在たらしめむとする運動に外ならざるが、勞働自由兩黨側の反對あり、結局決に入らず、單に保守黨側の示威的動議として止まりたり。因に一九二五年竝に二六年の保守黨大會に於ても同趣旨の決議を通過せり。

三、一九二五年三月保守黨議員 Macquisten が一九一三年の勞働組合法に依りて認められたる組合の所謂政治的徴金（Political Levy）に關する規定を變更し現在右徴金に反對の組合員は其の旨を組合に通知すること（Contracting out）により之を免れ得ることになり居るも、之を改正して逆に右徴金に賛成のもののみ之を通知すること（Contracting in）に依り、右徴金制度を許すこととすべき旨の個人法案（Private Bill）を提出したること。（註一）

然るに本法案は勞働組合の政治運動即ち勞働黨の活動の中心を攻撃せむとする大問題なるを以て保守黨員にも今日之を通過すべきことの賢否を疑ふものあり。他方政府も亦大いに逡巡し自ら委員會を任命して本問題を調査研究せしめたる後、其の最善と認むる改正案を勸告せしむることに決定し、其の結果政府は右「マックウイステン」案を支持せず却つて之に對し「右法案の趣旨には同意なるも斯かる大問題は個人法案として出すべきものに非ず」との修正案を「ボルドウイン」自ら下院に提出せり。「ボルドウイン」の右修正案演說は同氏一流の穩和なる勞資協調勸說の精神横溢したるものなりしが勞働黨はこの修正案に對しても同案が「マクイステン」案の趣旨を是認せりとの理由にて反對し結局右政府案三二五對一五三票にて通過したり。

然れども保守黨内に於ては右「マクウイステン」案賛成の傾向有力となり、一九二五年秋の「ブライトン」に於ける同黨年次大會に於ては右一九一三年の勞働組合法案を廢止すべしとの決議を通過し、其の後「マクウインテン」再び右改正法案提出の意思あることを首相に通告したるが、其の後今回の總罷業後に於て勞働組合法に關する論議喧囂せらるるに至るや愈々政府も亦適當の時機に右「マツクウイステン」法案の趣旨を包含する勞働組合法改正案を提出するに至るべしと豫期せらるるに至れり。（註二）

四、貴族院の權限擴張問題

貴族院の權限は一九一一年の法律により甚だ縮少せられたるが、若し之をこの儘に放任する時は將來勞働黨内閣出現の場合、産業の國有、其の他租税制度の急激なる改革等により英國の政治經濟社會が根本より顛覆さるゝ虞あるを以て鞏固なる現保守黨內閣存立中、貴族院の構成を一部民衆的に改革し其の代りに其の權限を擴張して右の如き勞働黨の急激なる改革案防止の目的を達せむとする運動保守黨內に存在す。本問題は現在政府部內に於て研究中との由なるが一兩年中には本件に付き何等かの具體的問題提起せらるべし。右の如きは最も著しき反動政策の一と見ざるべからず。（註三）

五、右の外個々の問題に就て檢すれば保守黨內閣は勞働黨若くは自由黨內閣が施行することなかるべき諸種の保守的政策を行ひ居れり。之を例證すれば最近の炭坑爭議の取扱方、倫敦近郊「ウエスト・ハム」區の「ガージヤン」（貧民救濟の任に當る爲め區の選擧に依る公吏）が貧民救濟策放慢なりとの故を以て之を廢して政府の官吏を以て之に代へたること、炭坑に於ける八時間勞働制竝に微溫的炭坑經營改造案の採用、共產主義者の取締を嚴重にし（一九二五年の十二人主義者投獄事件）外國の著名なる社會、共產兩主義者の渡來を禁止（最近の例としては「アムステルダム・インタナショナル」の「オルドケースト」、露國勞働組合の「トムスキー」等）したること等は其の著名なるものとす。（註四）

【註一】本法案改正運動は既に一九二二年頃よりあり。

【註二】一九二六年十月スカバラに於て開催せられたる保守黨年次大會に於ては（イ）罷業の決行は關係組合員の秘密投票にて決定すること（ロ）政治的意見の差異を理由として組合員を虐待脅嚇せしめざること（ハ）集團的見張並に個人の住居に於ける見張設置を違法とすること（ニ）組合の全國的勘定を公認の會計士をして檢査せしむること等を規定する改正法律案を提出する樣政府に勸說する事を決議したるが首相は同黨示威大會に於て政府は本問題の研究完了次第關係法案を提出すべしと明言せり。

【註三】一九二六年の保守黨大會にては右改正案を次の會期中に提出する樣政府に勸說するの決議を通過せり。

【註四】現在保守黨内には頑固なる資本家の一團が存在すると共に又溫和なる社會改革派（Disraelian Tories）の團體あることは事實にして、前者は Sir Robert Horne 及び Patrick J. H. Hannon（一八七四年生る。一九二一年より下院に入る。現在下院 Industrial Group の名譽幹事にして British Commonwealth Union, Birmingham Small Arms Co., Daimler Co., Westminster Electric Supply Corporation 及び H. P. Sauce Ltd., 等の取締役たり）を以て其の代表的のものとし後者は A. N. Skelton（少壯「バリスタア」）R. J. G. Boothby（"The Spectator" 關係の少壯新聞記者）Captain V. A. Cazalet 及び A. Duff-Cooper 等の智識階級を代表する新人より成るものなるが、「ボルドウイン」は前者團體の反對ありしにも拘らず、後者團體の忠告を容れて一九二五年七年の炭坑爭議に當り炭坑に補助金を與ふることにしたるものなりと云ふ。所謂「ボルドウイン」の「新保守主義」の發展は右新人團體の後援を有するものなるが、首相が一九二六年の炭坑爭議に付坑主側に加擔する傾向あるに付ては右新人側に於て漸く之を不滿とする感情盛んとなりつゝあるものゝ如し。

第八節　自由黨の現在

一九二四年の總選擧の結果、勞働黨は議員數を減じたるも其の投票數を增加したる點に於て自ら慰むる事あるべきも、自由黨の慘敗は其の政治的衰運の漸く來れるを示せり。一般的印象に依れば自由黨は結局其の存在の歷史的使命を完了して其の殘黨は保守勞働の二大政黨に吸集し盡さるるに非ずやとの感さへあり。然れども黨內「アスキス」は未だ其の再興の希望を棄てず、一九二四年十一月十日 Reform Club に於てなしたる演說にては同黨の將來に付一切の悲觀的豫測を排斥して其の將來の活躍に付黨員を勵ます所あると共に、同黨政治機關の民衆化の必要を力說して本問題研究の爲め專門委員會を任命する旨を述べたり。

一方同月十一日同黨落選候補者の會合に於ても同黨の存續を希望し、「アスキス」が任命すべき委員會を助くべきことを

決定したるが　この時「ロイド・ジョージ」が其の自由黨國民派時代以來の基金を獨占し、今次の選擧に當り合併後の自由黨全般の爲め右基金中より充分の資金を支出せざりしことに對し大いに不平を鳴らし、次で同黨議員中には「ジョージ」を以て院內自由黨總理として容認せずとなすもの出で、玆に自由黨は再び分裂の徵候を現はしたるが、この事態にも拘らず十一月二十日には The National Liberal Federation は翌年一月に全國大會を開催すること、及び五十萬磅の政爭費を募集することを決議せり。

次で十二月二日同黨四十名の議員は會合して來るべき議會期中の院內同黨首領 (Sessional Chairman) に「ジョージ」を二六對七票を以て選ぶことに決定したるが舊「アスキス」系は擧てこれを喜ばず、自由黨より分離する迄には至らざるも別に急進派 (Radical Group)（自由黨內の左翼派との意味を有するに非ず）と稱する一團を組織して同黨主義の促進に當ることゝし W. Runciman 之が議長となりたり。

かくする中「アスキス」の任命したる Sir D. Maclean を議長とする自由黨革新委員會は一九二五年の初め其の報告を終り一九二五年一月二十九日並に同三十日に倫敦に於て開かれたる自由黨大會にこれを提出したるが、右報告は自由黨の主義綱領 (Liberal Principles and Aims) を新に宣明したるものにして、其の要旨は先づ第一に同主義の精神に關し『自由主義の目的は萬人が各々他人の權利を侵犯せざる範圍に於て其の機能を發揮し得る實際上の機會を有する事を得る如き社會狀態を招來することに在り』となし『自由主義はこの理想を實現するが爲め現存社會の大改革を要求するものなる點に於て最少限度の改革に滿足して現在の社會を維持し行かむとする保守主義に反對し又不平等を除かむとして自由を破壞せむとする社會主義に反對するものなり』。故に『自由主義は保守主義と社會主義の中間路に非ずして右二者より同樣に差別付けらるべき一の積極的且つ進步的信仰なり』となし、保守勞働の兩黨が各々主として特殊階級を代表し又之に依り支配せられ居ると異り自由主義は社會全體の政黨にして階級爭鬪の敵なり』と宣言し第二段に其の政策を列擧せり。

其の主なるものは世界の平和、國際聯盟の支持、自由貿易英帝國の發達、帝國特惠主義の排斥、土地價格税制度の採用、農業消費組合主義の援助、農夫に對する十分なる生活賃銀の保障、其の他の方法に依る土地の開拓並に農業の奬勵、一般社會福利の發展、勞資の協調、公共よりの搾取を目的とする資本聯合（「トラスト」「コンバイン」等）の成立防遏、勞働者生活權の確保、教育制度の改善、男女の政治的同權、比例代表制度若くは選擇投票制度の採用、上院をして Parliament Act により附與せられたる下院の權限を侵犯せざらしむると共に貴族の上院議員となる權利は單なる爵位相續により之を與へざることゝすること等なり。第三段に前記委員會の提議したる所は（一）次回總選擧には六百名の自由黨員を立候補せしむることゝし（二）其の選擧費として百萬磅の募集を開始することにして右報告並に勸告は右大會の承認する所となり、本大會は沈滯せる自由黨に對し一時强壯劑を與へたるが如く感ぜられたるも、恰も右大會の數日前自由黨首領「アスキス」は伯爵に敍せられ、Earl of Oxford and Asquith と稱することゝなれり。（彼は這次の選擧に於て蘇格蘭 Paisley にて勞働黨員の爲め破られたり）是に於て自由黨は過去四十年に垂んとする下院の鬪士又十五年に餘る其の總理を失ふことゝなり、同黨の選擧に於ける大敗の後を受けて轉た慘憺の憾を深くしたるが、「アスキス」は右大會に於て『黨首は下院に席を有することを原則とするも自由黨現在の狀勢に鑑み彼が一般黨員の忠誠を期待し得る限りは自ら黨首として止まるべきこと』を言明したるを以て大會は之を是認し黨首變更問題は茲に暫らく惹起せしめざることゝなしたり。

この後自由黨に於ては鋭意黨勢の挽回に努め、政治基金の募集にも亦努力し一九二六年五月迄には約二十萬磅を募集し得たりと稱せられたるが、之より先き一九二五年十月及び十二月に夫々一九二三年「ロイド・ジョージ」の下に組織せられたる土地問題研究委員會より自由黨の採用すべき土地政策を含める The Land and the Nation （農業土地問題）並に Towns and the Land （都會土地問題）と稱する浩瀚なる報告書二部發表せられ、殊に其の前者の提示する土地政策に關し自由黨内に一大論爭を惹起するに至れり。今茲に右農業土地政策中根本となるべき點の大要を述ぶるに、（一）現在の地主制度の下に於ては地主は農業經營に直接關係せざると同時に彼等は其の徴する地代を以て土地及び建物を適當の狀態に維持し得ざること、(二)故に國家が土地を所有し之を農夫に必要且安固なる保障を以て賃貸すること、(三)土地國有の爲には現今地主に其の享有する地代に相當する金額を年金を以て支拂ひ、(四)農夫には資金を貸與し小作上の必要なる保障を與ふるも其の無能なるものは之を排斥する事、(五)農業勞働者に對する小田畑貸付增加の方針を取ると共に、(六)農業勞働者の賃銀は土地生產物賣上高の第一負擔とする事等なり。

本案に對しては早速自由黨自身の內に於ても殊に其の舊「アスキス」系に屬する黨員より之を以て社會主義の土地國有理論の適用なりとして反對する者多く出でたりしが、「ジョージ」は怯るまず早速 Land and Nation League なるものを組織して右提案宣傳に從事する事となしたるに、其の後右の反對は愈々强烈となり、舊「アスキス」系の Vivian Phillips(曩の自由黨首席院內幹事にして自由黨の百萬磅政爭費募集委員會議長)は自由黨資金募集の事業は「ジョージ」の土地政策案が黨員中に不人氣なるが爲め甚だ妨害され居れりと迄非難したるが、この反對的氣分に對しては十二月一日の同黨の會合に於て「アスキス」「ジョージ」共に自由黨の一致調和を勸說すると共に「ジョージ」は其の提案が必ずしも不可變に非ざることを聲明し、次で Liberal and Radical Candidates Association は十二月八日九日の會合に於て一切農業土地を國有にすべしとの原案を變更して、ある特定の場合即ち(イ)土地が賣却に出る時(ロ)田畑の占有者が死去又は轉居に依り其の土地より不在になり、其の所有者が特に之を占有使用する意思なき時(ハ)經營不良にして耕作不完全なる場合(ニ)農夫及び農業勞働者が其の耕し居る土地の國有を欲する場合に於てのみ農業土地を國有とするとの案を作りたるを以て、「ジョージ」も此の修正案を容るゝことゝなり、本案は自由黨案として玆に暫く公式に是認せらるゝことゝなりしが、次で一九二六年二月中旬 National Liberal Federation 主催の下に倫敦に於て Liberal Land Conference なるものを開き、右の案を些少修正し、更に土地所有者死去の場合其の土地を死去稅の代替物として國有となし得ることの一項を加へて承認すると共に、Towns and the Land 內提議の案（都會の土地には土地價格税を課し、其の土地の個人的改良に對しては課税せざるも、國家又は公共團體の土地改良に基く土地價格の增加に對しては之を課税すること、地方當局は都市改良計畫の爲め必要なる土地を土地價格税評價の基礎に從ひ强制買收するの權限を與へらるゝこと等の提案を含む）を承認し、愈々之を以て自由黨の土地政策に關する最終決定と爲し、自由黨は全力を盡して本政策の宣傳に依り其の勢力の恢復に努むることゝし、本政策宣傳の爲め特殊の演說家を養成すべく、特殊學校を設立するに至りたるが、同黨內には右の如き統一的運動開始せられたるにも拘らず、其の後本土地問題に關聯し聯立內閣以來「ジョージ」が其の股肱と賴みたる「サア・アルフレッド・モンド」（註一）は其の政策に反對なりとなして其子息と共に自由黨を脫し保守黨に加盟するに至り、次で同じく「ヒルトン・ヤング」（註二）等も同樣の手段に出でゝ自由黨內の亂調を示したることを初めとし、其の內部に於ても今尙ほ巨頭間に融合すべからざる暗鬪あること今回の英國勞働者總罷業を機として端なくも外間に洩れ來れり。

總罷業終了後五月二十六日以後の新聞紙上に發表せられたる當時の「アスキス」「ロイド・ジョージ」間の往復書翰を材料として略述せんに、總罷業直前たる五月三日（同日夜十二時に總罷業開始のことゝなる）に「アスキス」は「ロイド・ジョージ」を含む同黨領袖會議所謂 “Shadow Cabinet” を招集し總罷業に對する自由黨の態度に關し『政府の炭坑爭議の處置に付ては遺憾の點ありとするも、總罷業は反社會的爭鬪なるが故に政府は之に對し一切の措置を講ずべし』との趣旨の同黨の意見を纒めたるが、この決定に基き「アスキス」は上院に於て、又「ジョン・サイモン」（舊「アスキス」派）は下院に於て各々政府の對罷業策支持の演說を爲したるに拘らず、「ロイド・ジョージ」は下院に於て屢々政府の爭議措置振に付之を難詰するのみか政府が總罷業取消のみを以て炭坑爭議解決交涉再開の條件としたる事を總罷業の原因なりとして非難すると共に、右總罷業當初の狀態に付き勞働側に有利なる論說を米國新聞紙に投書し、自由黨內に於ける對罷業意見の步調を亂したるを以て、「アスキス」側に於ては之を快しとせざるの有樣なりしが、其の後五月十日「アスキス」が再び同黨領袖會議を招集したる際、當時地方にありたる「ジョージ」は右の如く兩者間の意見の相違明なるを以て、出席するの要なしとして拒みたるを以て、「アスキス」は遂に之を許さず。五月二十日「ジョージ」宛の書翰に於て其の態度を難詰するの態度に出でたるを以て、この書簡は當時一般に「アスキス」の「ロイド•ジョージ」に對する破門の宣告、其の自由黨脫退勸告として受取られたるが、之に對し「ジョージ」より其の行爲を辯明する處あり。當時この巨頭間の爭議に付ては自由黨系諸新聞は孰れも、之を遺憾としたるも、大體に於て「ウエストミススタ•ーガセット」紙を除き「マンチエスター•ガージャン」「デーリー•クロニクル」「スター」「ネイション」其の他は「ロイド•ジョージ」の立場に同情し、「アスキス」の態度を以て殊に遺憾とするもの多く、黨內の輿論が一般に「ジョージ」に有利なりしことは甚だ注意に値する所なり。之に關し保守黨系新聞は「アスキス」に同情し、勞働黨系新聞は自由黨全體に對して毀傷の喜を感じ居りたり。院內自由黨に於ては六月八日の會合に於て『兩巨頭間の不和を以て遺憾とし、兩者が同黨結束の爲め全力を盡さむことを希望す』る趣旨の決議を二〇對一〇にて通過し、大勢は兩巨頭の孰れにも偏せず、自由黨自身の將來を顧念するの態度に出て六月十七日に Weston-Super-Mare に於て開催せられたる National Liberal Federation の大會に於ては同聯合執行委員會より『「アスキス」を黨首として信頼すると共に自由黨員全部が結束を保持せむことを希望す』る旨の決議案を滿場一致にて通過し、是に於て表面上自由黨は結束を亂さず從來通り「アスキス」の下に活動することゝなりしが、事件が「アスキス」の「ジョージ」に對する挑戰的書簡に初まりたるにも拘らず、爾後の經過が何等「ジョージ」に對するの非難的意味を含まずして結末したることは結局「アスキス」よりも「ジョージ」に有利に解決したりと觀測せらる。其の後兩者間の感情に深き溝渠の生じたることは否み難く又「アスキス」系の「グレイ」卿「ジョン•サイモン」「ランシマン」「リンカンシヤ」「バックマスタア」等十二名の所謂自由黨の “Shadow Cabinet” の面々は六月一日「アスキス」に一書を呈して之に其の不變の信任を表示すると共に「ロイド・ジョージ」が舊國民派時代の政治基金を占有し今尙ほ獨立の本部を有し居ること、一九二四年の選擧に當りては三百名以上の候補者を立つる事を奬勵せざりしこと、及び今尙ほ新聯立黨の思想を放棄せざる疑あること等を列擧して「アスキス」の「ジョージ」に對する不信任的感情を是認する意味を申送り、反「ジョージ」派の立場を明かにしたり。然るに一方「ジョージ」派に於ても六月二十八日議院内の一室に於て「ジョージ」を主賓として非公式晩餐會を催し、次の會期に於ては「アスキス」が任命したる院內主席幹事たる Sir Godfrey Collins（註三）を認めず右幹事の地位は選擧によることゝし、又現在「ジョージ」が脫退したると同樣の所謂自由黨の "Shadow Cabinet" を廢して勞働黨が有する如き黨の執行委員會を設くること等の決議を爲したるものゝ如く、若し此の計劃實現せば其の結果は全然自由黨を「ジョージ」の支配下に置くことゝなるを以て、「アスキス」派は之を喜ばず。從て自由黨の將來は再び分裂の危險に滿たされたり。然るに「アスキス」は一九二六年十月十四日公式に自由黨首領の地位を退くことを宣明したるを以て（註四）茲に兩巨頭對抗的事態終止し同黨の將來は再び一轉開機を得べき感あり。

茲に同黨の將來を少しく考察せんに、今自由黨は選擧制度の缺陷に禍ひせられ、偶々下院に於ける其の勢力を減殺せられたりと雖も其の國內に於ける勢力は一九二四年秋の總選擧の結果に徵すれば保守黨の八百萬、勞働黨の五百五十萬に對して三百萬の票數を有し、英國民衆內には今尙ほ自由主義精神牢固として拔く可らざるものあるを證したるを以て、今政黨が元來國民の政治意識の反映たるを鑑みれば、自由黨の將來は必ずしも悲觀すべきものに非ざるに似たり。殊に一九二四年秋保守黨內閣が勞働黨內閣の後を襲ひて組織せられて以來、英國に於ては階級鬪爭的氣分頓に增加し保守黨內閣の諸種の反動政策の實行と共に勞働運動の過激化的傾向を馴致せむとす。これ英國に於ける保守勞働兩黨の對立が社會的危險性を包藏し居ることを證明するものなるが、果して然らば古來中庸と着實性とを其の特徵として議會制度を運用し來りたる英國民が此の如き事象を默過すべしとは想像し難き所にして、彼等は今や茲に英國の社會を右の如き危險より救ひ得べき穏健なる政黨の出現を假令無意識にせよ、翼望するに至りつゝあるに非ざるやを疑はしむ。而して此の如き穏健なる政黨とは現在に於て自由黨を措いて他になし。これ即ち現在自由黨の素地が先づ國民の政治意識の中に形成せられつゝあることを示すものにして、同黨が今日黨内各派の融合、次回總選擧に對する百萬磅基金の募集、議員候補者六百名の樹立、新政策の宣明、自由主義勞働組合員の糾合等各方面にて於盛に運動しつゝあるは正に斯くの如き機會を把握利用せむとするものなるべし。然れども今同黨が次回の總選擧の結果如何なる程度迄復興すべきやは玆に豫測することを得ざるも、或は一九二三年の冬の總選擧の結果と略々同一の現象を呈し、英國の三政黨は何れも絕對多數の地位を占むる能はざるに至るに非ざるか。果して然らばこの場合何れの政黨が內閣を組織するとしても自由黨の立場は再び甚だ機微なるものとなるべく、この時同黨の首領並に黨員の勢力により其の組織並に政策が國民の政治的「テスト」に堪え得ることを證明せらるれば同黨の復興又大いに期待し得べしと云ふべし。

【註一】一八六八年生の猶太人にして、瓦斯、石炭「ニッケル」其の他の會社の重役たる資本家にして「ジョージ」の聯立內閣に於て土木大臣（一九一六―二一年）保健大臣（一九二一―二二年）に任じたることあり又彼が一九二三年の自由黨合同の時盡力したることは前述せり。

【註二】一八七九年生れ、大藏次官（一九二一―二二年）自由黨國民派首席幹事（二九二三年）たりしことあり。

【註三】一八七五年「グラスゴウ」に生る。一出版會社の取締役にして一九一〇年より下院に列す。一九一〇年―一四年間首相 J. B. Seeley の政務秘書官たりしことあり。戰時中軍需品供給委員會等の委員となり、一九一九―二〇年間には Junior Lord of Treasury たり「アスキス」の熱心なる支持者なり。

【註四】「アスキス」の自由黨首領辭任の理由は（イ）其の老齡に達し居るを以て（ロ）自由黨現在の不統一に鑑み黨首としての職念と責任を果し得ざることを虞ると云ふ趣旨に在り、而して彼の指示する自由黨內の不統一とは「ロイド・ジョージ」の總罷業に對する態度並に其の獨自の本部と政治資金とを保有せる狀態を云ふものなり。

第二章　各黨主要政治家の人物及び略歷

第一節　保　守　黨

（一）（L.C.M.S. Amery）　**殖民大臣自治領大臣**

一八七三年印度森林局の官吏を父として印度に生る。幼にして「ハロウ」に學び次で牛津「ベイリオル」大學に移る。一八九九—一九〇九年中「タイムス」の記者を務め、一九一一年初めて「バアミンガム」より選ばれて代議士となる。戰爭中佛國、巴爾幹等に轉戰し後、戰時內閣の書記官となり、又「ヴェルサイユ」軍事委員會に關係したることあり。植民省（一九一九—二一年）竝に海軍省（一九二一—二二年）に次官たりし後、海相（一九二二—二四年）となる。近東竝に英帝國屬領內を廣く旅行し其の事情に精通す。身體矮少、鞏固なる帝國主義者なり新嘉坡根據地擴張問題を提起したるは實に同氏にして、保守黨內右翼として將來あるの士なり。

（二）（Sir L. Worthington-Evans）　**陸相**

一八六八年生る。もと「ソリシタア」を職とす。下院に入りたるは一九〇六年にして大戰中陸軍に入る。一九一六—一八年の間軍需省の次官となり、次で封鎖事業長官となり後、恩給大臣（一九一九—二〇年）、無任所大臣（一九二〇—二一年）、陸軍大臣（一九二一—二二年）、郵政總監（一九二三年）等に歷任す。會社法に關する大權威にして一九二四年には“Financial News”の主幹たりしことあり。現內閣中強硬派の一人。

（三）（Viscount Cave）　**大法官**

一八五六年倫敦に生る。牛津 St. John's College に學びたる法律家にして一九〇六年より下院に入り、檢事次長（一九一五―一六年）、內務大臣（一九一六―一九年）、Lord of Appeal（一九一九―二二年）等に歷任す。內相時代一九一七年新選擧法を議會に通過せしむ。

右の外 Sir Samuel Hoare（航空大臣）Lord Eustace Percy（文部大臣）D.M. Hogg（檢事總長）等保守黨內に於て有名なり。（註一）

【註一】右の外 Eyres-Monsell, George Richard Lane-Fox, Sir Herbert E. Blain, 等に就きては第一章第二節第一款の註を參照すべし。

第二節　自　由　黨

第一款　「アスキス」系の人物

現在の議會に於ては同系は「ジョージ」系より事實上少數なるが人物に於て卓越したるもの少からず。

（一）Sir John A. Simon、一八七三年一牧師の子として生る。「エジンバラ」牛津等の大學に法律を修め、一九〇六年より代議士に選ばれ、一九〇八年には K.C. となる。檢事次長（一九一〇―一三年）、檢事總長（一九一三―一五年）、內務大臣（一九一五―一六年）等に歷任し、一九一六年政府の採用したる徵兵制度に反對して內閣を去る。其の後一九二二年には下院に於て自由黨獨立派の副總理となり、「アスキス」を援けて同派の主義の爲めに奮鬪す。今次の總罷業當時之を以て憲法違反なりとの法理上の演說をなし、總罷業破壞のため一爆彈を投じ議會の內外に重きをなし、將來の自由黨の首領たるべき器なりとの名聲を走らす。「アスキス」の股肱にして自由黨の智腦なり。

(二) Walter Runciman、一八七〇年生る。父亦「ウォルター•ランシマン」と稱し船舶會社の重役にして「バロネット」なり。「ランシマン」は劍橋「トリニチイ」大學の卒業、父と同じく船舶會社の重役にして又「ウェストミンスター」銀行の取締役なり。初めて下院に列したるは一八九九年にして爾來地方局次長（一九〇五―七年）、大藏次官（一九〇七―八年）、文相（一九〇八―一一年）、農相（一九一一―一四年）、商務院總裁（一九一四―一六年）等に歴任し、一九一六年の自由黨分裂以來野に在り現在下院に於て反「ジョージ」派の首班をなす。下院の演說に於て統計數字を引用するを以て有名なり。

其他同系に屬し Runciman の Radical Group に屬するものに、

(三) J.M. Robertson あり。（彼は一八五六年生れ、新聞記者を以て身を立つ。一九〇六年より議會に入り商務院政務次官（一九一一―一五年）たりしことあり。）又 Sir Donald Maclean あり。彼は「ソリシタア」を職とし、一九〇六年より議會に入り、一九一一―一八年間下院副議長たり。又一九一九―二二年の間自由黨獨立派の下院に於ける「チェヤマン」となる。此の他 Captain William W. Benn, Lt. Com. M. Kenworthy 等あり。最後の二名は自由黨の左翼として有名なり。但し「ケンワアジイ」中佐は是迄「ジョージ」派に屬することになりたりとのことなりしも、一九二六年十月下旬に至り、遂に勞働黨に裏返りせり。其の理由は彼は從來院內急進派の統一を計る必要ありと考へ居たるも、今や其の不可能なることを知り立憲的政策に則り居る勞働黨に加入するの外なしとの結論に達したりと云ふに在り。

第二款　「ジョージ」系の人物

「ロイド•ジョージ」は保守黨と聯立內閣を組織し居りたる關係上、當時は保守的傾向を有し、「アスキス」派が純自由黨の主義に立脚して寧ろ勞働黨に近き政黨なりしが、聯立內閣破壞後に於ては「ロイド•ジョージ」の去就は兎角神秘的にして一時は再び保守黨と共に中央黨を組織すべしと稱せられたるも、最近には却つて勞働黨と協力せむとしつゝありとの噂迄立ちたる位にして「ジョージ」系に屬する自由黨員中には今日同黨中の左翼に屬するもの少なからず。殊に「ジョージ」の土地政策發表後は「ジョージ」自身に左傾的傾向多分なることを示したる外、同派に屬し居りたる「モンド」「ヤング」等の保守系統を除外し得たるを以て其の自由黨左翼派の傾向を明かにし來れり。今其の主要人物を紹介するに、

(一) H.A.L. Fisher、 一八六五年生る。牛津、巴里、「ゲッチンゲン」等に學べる歷史家なり。議會に入りたるは比較的最近の一九一六年にして直ちに自由黨內閣の文相(一九一六年—二二年)となり、又一九二〇—二二年の間は國際聯盟に英國を代表したることあり。「ロイド•ジョージ」の股肱たり。

(二) Charles A·Mc Curdy、 一八七〇年牧師の子として生る。劍橋「ペンブロウク」大學卒業の法律家にして一九一九年には K. C. となる。議會に初めて出でたるは一九一〇年なり。食料省次官(一九一九—二〇年)、食料檢察官(一九二〇—二一年)、大藏省次官(一九二一—二二年)、となる。United·Newspapers Ltd., の社長たりしことあり(一九二二年)。現在は議會に席を有せず。

(三) Thomas J. Macnamara、 一八六一年軍人を父として生る。もと高等師範學校の出身にして地方局(一九〇七—〇八)、海軍省(一九〇八—二〇年)の次官となり、次で勞働相(一九二〇—二二年)となる。文筆の士にして敎育其の他社會問題に關する著書あり。現在議會に席を有せず。

(四) Charles F.T. Masterman、 一八七三年生れ、劍橋基督大學を卒業し、新聞記者、大學講師たりしことあり。一九〇六年より代議士生活に入り內務省(一九〇九—一二年)、大藏省(一九一二年)等の次官となり、次で「ランカスタア」公領尙書(一九一四—一五年)となり、內閣に列す。一九一五年より大いに戰爭宣傳に當る。現在議會に席を有せざるも

「ジョージ」派の黒幕として反「アスキス」派運動に當れり。著書數種あり。其の著 New Liberalism（一九二〇年）には自由黨の策として內政には資本課税、外政には國際聯盟の發達等其の他勞働黨に近き政策を說き兩黨協力の可能性を論じ居れり。

（五）James I. Macpherson、一八八〇年蘇格蘭「インヴァネス」に生る。「エジンバラ」大學出身の法律家にして、一九一九年に K. C. となる。一九一一年より代議士となり、陸軍次官（一九一四—一六年）等を經て愛蘭相（一九一九—二〇年）、恩給相（一九二〇—二二年）等となる。土地問題に造詣深く前述自由黨土地政策に關する責任者の一人なり。

（六）Captain F.E. Guest　一八七五年 Wimborne 男の三男として生る。陸軍軍人にして「ボア」戰爭歐洲大戰等に參加す。嘗て「ウインストン•チャーチル」の秘書たりしことあり。一九一〇年より議員となる。宮內省大藏省等重要の地位に任じたりしことあり。一九二一—二二年の間航空相となる。（註一）

【註一】Sir Herbert Louis Samuel, Sir Gadfrey Collins, Lord Beauchamp, J. A. Spender に就きては第一章第二節第二款の註を參照すべし。

第三節　勞　働　黨

勞働黨內閣閣員の顏觸は勞働黨の組織團體に各種の傾向色彩あるが如く各種の人物型を網羅せり。

（一）「マクドナルド」、即ち先づ其の第一類型として智識的社會主義團體を代表するものを見るに前首相兼外相「ラムゼイ•マクドナルド」あり。彼は一八六六年生の蘇格蘭人にして、もと自由黨に屬し Scottish Home Rule League の幹事を爲し居りたる際、「ケア•ハーディ」等の獨立勞働黨の運動に共鳴して、一八九四年に之に加盟したるものにして一九〇六年—〇九年の間は其の議長たりしことあり。又一九〇〇年勞働黨の前身たる勞働代表委員會組織せらるゝや、其の幹事長に選擧（一九〇〇—一九一二年）せられ、又一九一一—一四年勞働黨首領となる。其の沈靜明快なる頭腦と眞摯なる人格と着實なる實際的手腕とは相俟つて良く勞働黨今日迄の發達に貢獻したるが、戰爭中は其の反對者として非戰論を唱へ同時に同黨首領の地位を退き「クラインズ」に之を讓りたるが、當時其の非戰論の爲め社會の擯斥を受け其の結果一九〇六年以來の地盤たりし「レスター」に於て一九一八年の總選擧には落選し、次で一九二一年Woodwich東區選擧區の補缺選擧に於ても敗れたり。一九二二年より南「ウエルス」のAberavonより代議士となり、同時に勞働黨の首領となる。今日獨立勞働黨內新進の社會主義者は彼を右傾的人物として非難を爲すものあるも、彼の社會主義的實際の政治家としての態度には一般の認めて推服する所なり。其の“Socialism, Critical and Constructive.”は最近の一名著なり。

（二）「スノーデン」　次に同じく獨立勞働黨に屬する「フリツプ•スノーデン」（藏相）あり。一八六四年「ヨークシヤ」Cowlingに生る。中等敎育を終へたるのみにて其の後獨學をなせる士なり。一時官吏生活に入りたるも後新聞記者を以て身を立て、學殖深遠思想穩厚の人物なり。其の缺點は病身なることにあり。獨立勞働黨創立後間も無く之に加盟するに至り、一九〇三—〇六年、一九一七—二〇年の二回同黨の議長となりたることあり。一九〇六年初めてBlackburnより選ばれて代議士となる。「マクドナルド」と同じく右傾的傾向ありと目せらるゝも其の學識人格又何人も疑ふ所なく、勞働黨內閣第一の藏相として議會の內外に名聲嘖々たり。

（三）「ホイートレー」　其他この第一類型に屬するものにJohn Wheatley（保健相）あり。彼は一八六九年愛蘭の勞働者を父母として生れ少年の頃自ら炭坑夫たりしことあり。後「グクスゴウ」の市政に參與すること十年、同市會勞働黨の首領となる。一九二二年より下院に入る。獨立勞働黨に屬し勞働黨內極左翼と稱するClyde Group（J. Maxton,

D. Kirkwood, A. Mac Laren' G. Buchanan) 等の煽動政治家型の社會主義者の頭梁にして、今尙壯年氣銳の士頭腦明快にして其の熱辯は懸河の如し。將來の勞働黨首領として囑望せらる。同氏保健大臣在任中の住宅政策案は勞働內閣施政中成功したる一大事業を以て目せらる。

(四) 「ウェッブ」 右の外「フェビアン」協會の元老「シドニィ•ウェッブ」(前商務院總裁)は智識階級社會主義者右翼型の人物として代表的なり。同氏は一八五九年倫敦に生れ、幼にして瑞西及び獨乙に學び後倫敦大學を卒ゆ。一八七八年より十年餘陸軍省、大藏省、殖民省等の官吏に歷任し後一八九二年―一九一〇年迄倫敦市會の議員として市政に參與し現在倫敦大學の行政學の名譽敎授たり。同氏の勞働組合、地方行政に關する硏究の深遠なることは其の數多く著書の示す所なるが人物溫厚にして眞個の學者型を有す。一八九二年 Richard Potter 氏の娘「ベアトリス」と結婚す。夫人亦有名なる著述家なり。同氏が卒ゆる「フェイビアン」協會は英國勞働運動中の智腦たる形あるも、其の改革的主張は極めて穩健にして Inevitability of gradualness の語を以て其の標語となす。獨立勞働黨等の急進派は之を嘲笑の的となし居るも、同氏の英國勞働運動に寄與したる所は偉大なりと云はざるべからず。

(五) 「クラインス」 次に第二類型として勞働組合の領袖たりし勞働黨內閣員を擧ぐるに A. Henderson (註一) J.R. Clynes (樞密院議長) (註二) あり。今日氏は National Union of General Workers の總裁にして又 Federation of General Workers の議長たり。敎育は小學校を卒業し後夜學校に通ひたることあるのみにて今日「ダラム」並に牛津大學の名譽法學士の學位を有し、民法學博士たり。戰爭中勞働黨の首領となり聯立內閣に入りしことあり、今日同黨の副總理なるも勞働組合の他の閣員と同じく同黨の右傾派に屬す。

(六) 「トウマス」、「トウマス」は今日 National Union of Railwaymen 幹事長なるが一八七五年「モンマスシャ」「ニューポート」に生れ、年九歲にして走小使として勞働に從事し、後鐵道會社に雇傭せらる。性聰明、辯舌流暢の士、勞働組合の中に認められて漸次重要視せられ、一九一〇年には Amalgamated Railway Servants の總裁となり、一九一三年右團體の後身者たる N. U. R. 組織せらるゝや、入つて其の幹事長となり、同組合今日の隆盛は一に同氏の盡力に依ると云ふ。一九一〇年より Derby 市選出の代議士たり。勞働黨內極右翼の人物と見做され、一九二一年炭坑爭議の際に於ける所謂「三角同盟」案破壞者たるの責を負ひ一般勞働階級の評判甚だ惡けれども其の殖民大臣としての行政的理想に就ては一般社會に好評を得たり。今日勞働黨左翼派の嫌惡する人物にして早晩保守黨に裏返りすべしとの噂迄あり。然れども其の勞働組合領袖としての手腕は甚だ洗練せられたるものなり。

（七）「ウオルシュ」、「ウオルシュ」は一八五九年「リヴアプール」に生れたる一炭坑夫たりしも、漸次西部英蘭並に北「ウエルス」地方に於ける炭坑勞働組合中の幹部に昇進し一九二二年には Miners' Federation of Great Britain の副總裁となる。一九〇六年より Ince 區選出代議士たり。

（八）「ショー」、「ショー」は一八七二年「ランカシヤ」Colne に生れたる一紡績工場勞働者にして教育は小學校を終へたるのみ。今日第二「インタナショナル」の幹事長たると共に一九一一年より萬國紡績工聯合會の幹事たる地位を占む。

（九）Frank Hodges も右諸氏と同種型に屬す。彼は一八八七年に生れ十四歲の時より南「ウエルス」の炭坑に勞働し、後牛津の「ラスキン」大學に學び一九一八年より入閣の時迄 Miners' Federätion of Great Britain の幹事長を務めたる人物にして、勞働內閣失脚後は現在に及ぶ迄萬國坑夫聯合の幹事長に任じ居れるが、一九二一年の炭坑爭議中の立役者にして所謂「三角同盟」の提唱者たりき。一九二六年の炭坑爭議に於ては之が解決の爲め常に妥協案の成立を勸奬し一般勞働者よりは右傾的人物と目さるゝに至れり。

今日勞働黨內に於て右の如き勞働組合首領連は一般に保守的にして這次の大戰に當りては社會主義團體首領が概ね非戰

論者なりしに拘らず、組 首領中には戰時內閣に入りたるもの數多あり。或る意味に於て勞働黨內の右の兩要素の融合が同黨今日の發達を招來したるものと見ることを得べし。

第三類型は C. P. Trevelyan（前文相） A. Ponsonby （前外務次官）等の舊自由黨系人物なり。

（十）「トレヴェリヤン」　「トレヴェリヤン」は一九世紀の前半歷史家にして政治家たりし「マコーレー」卿の甥たる Sir George O. Trevelyan （一九世紀末の自由黨內閣閣員、文筆の士）を父とす。一八七〇年倫敦に生れ「ハロウ」劍橋を經て一八九九年「ヨークシャ」Elland より選ばれて自由黨員として議會に入る。一九〇八年より一九一四年迄自由黨の文部政務次官たりしも戰爭に際し非戰論者として內閣を去り直ちに「マクドナルド」D.E. Morel 其の他の同志と共に Union of Democratic Control なる團體を組織し非戰論を說き又戰爭中の外交の偏見不合理を非難し公平なる條約による平和の到來を唱導せり。次で一九一八年獨立勞働黨に加盟す。熱辯火の如き理想家にして勞働黨內閣の文相としての使命を全ふす。著書に "From Liberalism to Labour" あり。

（十一）「ポンソンビー」　「ポンソンビー」も亦英國名家の子、一八七一年「ウインザー」に生れ「イートン」牛津に學を修む。一八八二―一八七年の間「ヴィクトリア」女皇の侍兒たりしことあり、一八九四―一九〇二年の間外交官の生活を送り一九〇五―〇八年の間時の首相「キャムベル・バナマン」の主席秘書たり。一九〇八年 Stirling Burghs より選ばれて自由黨代議士となり、大戰に際し非戰論者として勞働黨に入る。"Decline of Aristocracy" "Democracy and Diplomacy" 其の他の著書あり。勞働內閣に於ては外相「マクドナルド」を扶けて良く外政の刷新を計れり、今日勞働黨內有數の平和主義者にして戰爭の防止並に其の絕滅のための運動に盡力す。將來あるの士なり。

（十二）「バックストン」　次にこの類型に屬するものに Noel Buxton（前農相）あり。氏は一八六九年倫敦に生る。累代富有なる工業家の家に屬し、氏自ら今日大地主なり。敎育は劍橋「トリニティ」大學一八九六年南濠洲の總督たりし乃父の副官として同地方に赴く。歸來英國內に Farmers' Co-operative Society を創設す。一九一〇年―一九一八年の間自由黨の代議士たりしが、次で勞働黨に歸したるものなり。近東問題に精通し一九一四年大戰に際し巴爾幹諸邦聯合國引入運動の爲め其の弟 Roden と共に近東に使し「ブルガリヤ」に於て刺客の爲め傷けられたることあり。現在國際問題に關する勞働黨內の諮問委員會委員にして「バルカン」に關する著書數種あり。

尙ほ勞働黨內閣に於て「ランカスクア」公領尙書に任じたる Colonel Wedgwood も本類型に屬す。

最後に勞働黨內閣大臣第四類型として貴族院關係の人物を擧ぐべし。

（十三）「ホルデイン」、「ホルデイン」卿（前大法官）、一八五六年「エデインバラ」に生る。同市大學竝に獨逸「ゲッテインゲン」大學等を卒ゆ。もと自由黨に屬し一九一一年子爵に列せられたるが、一九〇五―一二年の間自由黨內閣の陸相たりしことあり。この間に獨逸に使して英獨海軍競爭休止方に付き協議する所ありたるは有名なる史的事實なり。當時其の陸軍の改革を斷行し訓練と組織とを有する Expeditionary force を設くると共に豫備として國防軍（Territorial Army）を新設したるは英陸軍の今次の大戰に於ける活動を大いに利益したりと稱せらるゝも、大戰中は獨逸贔負なりとして社會の反感を買ひぬ。一九一二―一五年迄自由黨內閣の大法官たり。哲學に關する著書數種あり。現在「フェビアン」協會に屬す。

（十四）Chelmsford 卿（前海相）、氏は一八六八年男爵家の嗣子として生れ、長じて牛津に法律を修む。倫敦の市政に參與したることあり。一九〇五―〇九年の間「クインスランド」に一九〇九―一三年の間「ニュー・サウス・ウエールス」に總督たり。次で一九二一年迄印度の總督となり、同年子爵に列せらる。貴族院內に於て無所屬の議員なりしが勞働黨內閣の成立と共に之に入りたるものなり。現在は「フェビアン」協會に屬す。

（十五）Olivier 卿（前印度大臣）、氏は一八五九年 Colchester に生る。牛津に學び又獨逸瑞西等に遊學す。一八八二年より殖民省の官吏となり。一九〇七—一三年の間「ジャマイカ」總督たり。後農漁省の次官及び會計檢査補佐官を爲したることあり。一八八六年—一九〇年の間「フェビアン」協會の幹事を爲したる古き同協會員なり。現在勞働黨の國際問題諮問委員會等の委員を爲し居れる穩和社會主義者にして、勞働黨時代 Lord Thomson と共に男爵に列せらる。

（十六） Parmoor 卿（前樞密院議長）、‐ 氏は一八五二年生る。「ウインチスタア」竝に牛津「ニュー」大學に法律を學ぶ一八九五年—一九一四年の間保守黨の代議士となりしが、一九一四年男爵を授けられ、上院に入る。然るに一九二四年勞働黨内閣成立の際之に入りたるものにして、同年國際聯盟に英國を代表し議府議定書の作成に盡力し歸来上院に於て勞働黨の代辯者の一人と成り居れり。（註三）

【註一】 大正十二年外務省歐米局編纂「各國の政黨」二四五頁乃至二四六頁參照。

【註二】 前揭「各國の政黨」二四六頁參照。

【註三】 Robert Smillie, George Lansburg に就きては第一章第二節第三款註を參照すべし。

第四章　英國の特殊外交問題に關する各政黨の態度

第一節　國際聯盟

國際聯盟につきては各政黨とも之を支持するに於て異らざるも各個實際問題に付ては多少の間隔あるを免れず。

第一款　保守黨

保守黨は理想に走るよりも現實的に即する主義よりして聯盟に關しても之を直ちに全世界的基礎に置かんよりは先づ必要毎に特殊の取極を以て規約の缺くるところを補訂し地理的には先づ中歐列强の國際關係を確立し追て廣きに及ぼすを可となす。一九二五年壽府議定書に反對せる理由の一も亦是なり。從て獨逸を聯盟に加入せしむるに付ては熱心なるも露國を入るゝに關しては大なる期待を置かざるものゝ如し。

第二款　自　由　黨

自由黨は獨逸露西亞のみならずあらゆる國家を成る可く速に加入せしめ聯盟を世界に於ける唯一の平和保持機關として其の精神に信頼し、小數加入國間の部分的平和確保取極の類は出來得る限り之を避けんと欲す。

第三款　勞　働　黨

勞働黨の態度は自由黨と大差なきも、或特定國との個別的平和確保取極に反對し、露西亞の加入を希望し、各國民を代表する實力ある國際聯盟の實現を主張すること最も熱心なり。

第二節　同　　盟

「ロカルノ」條約に付て見るに一九二五年十一月十八日同條約が英國下院に於て三百七十五對一三の多數贊成を得たるに依りて明かなるが如く、各黨幹部の演說も之を賞揚せるが、主義としては同盟に付て左の如き態度の差あるを見る。

第一款　保　守　黨

保守黨は爾今國際保障問題は成る可く聯盟を通じて之をなすとするも聯盟の趣旨と事業とに背反せざる限り小數國間の同盟は時の狀態に依り必ずしも、議く之を忌避するに及ばずとなす。

第二款　自　由　黨

自由黨は或る特定國との同盟が他に生ずべき同盟團體との間に戰爭の危險を醸すは歷史の證する所なるを以て之を避けて聯盟を通ずる相互了解を之に代へんことを主張し「ロカルノ」條約に關しても其の招來すべき實益は或る特定國保護の爲にせずして條約の精神たる一般國際平和維持の爲たる可しと爲す。

第三款　勞　働　黨

勞働黨は各國個々の同盟は世界に數個の武裝團體を作り戰爭を誘導すべき原因となるを以て、如何なる特定國との同盟にも絕對に反對なり。「ロカルノ」條約は聯盟の目的達成の出發點として贊成なるも、尙ほ一時的方便たるを免れず。國際的了解を以て將來一般的のものたらしめたき希望を有すること自由黨に同じ。

第二節　國　防

國際心理の進化及び國內財政狀態の要求等に驅られ條約並に自己發意に依る軍備縮少の傾向に順應し、或は進んで之を主張する一方、英國の現狀を確保するに止まる丈けの武力は存置せんとするが如き根本的國防方針に付ては各政黨間に著しき意見の相違なく左記の如く一九二一年以來の軍費表に見るも勞働黨內閣の編成にかゝる一九二四年乃至二五年度の豫算面に他と特異の點を認めざるに依て之を知るに足る。

最近六箇年英國軍費（單位千磅）

	陸軍	海軍	空軍
一九二一—二二年（聯立）	九五、一一〇	八〇、七七〇	一三、五六〇
一九二二—二三年（聯立）	四五、四〇〇	五六、二〇〇	九、四〇〇
一九二三—二四年（保守）	四三、六〇〇	五二、六〇〇	九、六〇〇
一九二四—二五年（勞働）	四四、七六五	五五、六二五	一四、三一〇
一九二五—二六年（保守）	四四、五〇〇	六〇、五〇〇	一五、五一三
一九二六—二七年（保守）	四二、五〇〇	五八、〇〇〇	一六、〇〇〇

然れども細目に入りては各政黨の意見に稍〻注意すべき相違點あり。

一、保守黨。軍備縮少には財政的見地より贊成なるも帝國國防を忽にするに忍びずとて華府條約の許す限り海軍力補充の要を强調し、新嘉坡要塞十ケ年繼續增築計畫が一時勞働黨內閣に依り中止されたるを再興し又他面空軍擴張の必要を高調す。

二、自由黨。國防に關しては外交問題と同樣自治領に諮るべく、軍備は帝國領土を擁護するを以て充分となし、努めて聯盟を通じて一般的軍縮に力を致すべく、其の實績擧らざれば國策の主要なる失態と見做し、一九二五—二六年度保守黨內閣の海軍豫算約五百萬磅增加の如きをも盛に非難せり。

三、勞働黨。各國獨自の武裝案を退け國際的了解に基く軍縮に移るべきを說き、一九二四年在閣當時前保守黨內閣の決定したる新嘉坡要塞增築案の如きをも中止したり。然れども其の在閣當時新巡洋艦五隻が補充建造計畫を立てたるが如きに見れば主義と實際政治との相異を知るに足る。

第四節　日本に關係ある問題

第一款　新嘉坡要塞增築問題

本案は久しきに亘る問題にして、一九一一年の帝國會議にて其の必要決議せられ居たるものなるが、國防委員會は一九一二年末之を可とするの報告をなし、一九一三年の豫算に經費合計一〇、五〇〇、〇〇〇磅（同年支出一六〇、〇〇〇磅、翌年支出二六〇、〇〇〇磅（以後未定なりき）を計上し同年秋期の帝國會議に之を諮り、其の贊成を得たる後、愈々新嘉坡要塞擴築に從事することゝなり、又濠洲、新西蘭、海峽植民地、香港等は之を財政上支持したるが一時勞働黨內閣時代、一九二四年其の建設中止せられたるも、同年末保守黨內閣復活すると共に同一經費十年計畫の同要塞增築案再生決定し今日に至れるものにして、各政黨の態度大要左の如し。

一、保守黨、新嘉坡要塞擴張は太平洋殖民地防備竝に通商保護上必要なるのみならず、華府條約に反せず、且つ日本へ二、三〇〇哩の距離あることに依り何等日本を威嚇するものに非ずとなし、一九二三年保守內閣當時之が計畫を立て、翌年勞働黨內閣の之を中止したるを同年末の保守黨內閣復歸と共に復活し財政上の批評に對しては英國の東洋通商額に比すれば千分の一に過ぎざる經費にて之を保護し殊に一九二五年度の支出二〇四、〇〇〇磅の如きは香港よりの寄附總額二五〇、〇〇〇磅にも足らざる程なりと稱し、一九二五年三月二十三日下院に於て二八〇對一二九の多數を以て海軍豫算案を通過し工事に着手せり。

二、自由黨、新嘉坡要塞は現在の儘にて戰時通商保護に當るべき一萬噸級最新巡洋艦を收容し得。其の修理に設備不足なきことは大戰によりて經驗せられ、其の擴築の要あるを見ず。政府の豫算總額は約一千萬磅なるも新嘉坡海底の地質に關する同地專門家の言に徵するも支出は倍加すべく、殊に本豫算には要塞に附屬する陸軍空軍等の費用すらも含まざるが故に、實際の增額は多大のものなるべく、國家今日の狀勢より見て急要ならざる方面に斯の如き大支出を爲すに反對なり。戰術上より云ふも十年後同要塞完成の曉には戰鬪艦本位の計畫は果して有用なるや否や疑はしく、其の位置は濠洲及び新西蘭を眞に日本の攻擊より保護するにも不適當なり。右計畫は華府四國協定の立場よりも望ましからざるのみならず、日本に與ふる印象等を考ふる時は之に反對せざるを得ずと爲す。

三、勞働黨、本計畫は國防上無用にして政治疑惑の念を起し、財政上不用の失費を來すものなりとて、之に極力反對するは自由黨に等しく其の在閣當時一九二四年三月十八日「マクドナルド」氏は右增築計畫放棄に決定せる旨下院に聲明し其の後も此の態度に變更なし。

第二款　移民問題

濠洲の白濠主義及び加奈陀の日本移民制限等に關しては各政黨共明確なる態度を示さず。本來英帝國の自治領は獨立國に近きものにして其の國內法に關しては英本國は殆んど何等爲すを得ざる有樣にして、自治領の承諾を得ずしては英本國の移民すら送り得ざる位なれば、自治領と外國との移民問題には本國政府の意見は用ひられず、從つて各政黨に於て意見を發表するものなし。

第五章　英國共產黨

英國共產黨は一九二一年一月に初めて成立し第三「インターナショル」に加盟す。其の構成分子は當時既存の社會主義團體中の左翼派より分裂したるものより成るものにして、British Socialist Party, Socialalist Labour Party (in Scotland), Independent Labour Party, Fabian Society, The Plebs League, Shop Stewards' Movement 等より加入したるものを主とす。同黨は倫敦に本部を置き各地方に支部を設けつゝあるが、特に「グラスゴー」市地方を以て有力なる支部とす。黨の統制機關は中央に執行委員會（現在 A. McManus を議長とす）を置き「モスコー」の指令の下に英國内の同主義者を活動せしめ居るものにして、同黨員は一九二五年に五千人なりしも、一九二六年には一萬に增加したりと稱せらる。其の地盤は主として重工業に從事する勞働者間に在り。殊に最近の炭坑爭議に基き愈々坑夫間には同主義の宣傳效果を現はしつゝあり。同黨は勿論反議會主義にして、主義宣傳の一方法として議席を爭ふこととなし。一九二四年の總選擧に於ては一人の同主義者 S. Saklatavala（倫敦北部「バタアシー」區選出、元來印度人）を下院に送り得たるを以てとをして極端なる政論を爲さしめつゝあり。一九二四年の總選擧に於ては八名の候補者を出し、全國に亘て合計十萬二千票を獲得せり 以て其の勢力の侮り難きを知るべし。同黨の機關紙は The Workers' Weekly（週刊、發行部數五萬と稱す）其の他 Communist Review（月刊）、SundayWorker, Young Worker, Woman Worker 等あり。尙ほ青少年の共產主義團體として The Young Communist League（露國の The Young Communist International に加盟す）並に諸種の勞働少年日曜學校あり、婦人の團體は現在の處存在せず。

尙ほ同黨は勞働黨の左翼と密接の關係を有し議會外の一般の社會運動に於て協同の態度を採ること多く、又一九二五年勞働黨よりは排斥せられたるも（第二章第六節後段參照）勞働組合の內に於ては漸次勢力を有し來り、同主義者の組織せる National Minority Movement（所謂 Cell 又は Nuclei の運動）は英國社會的に於ける共產主義浸蝕運動として最も今日危險視され居れり。勞働黨は其の加盟勞働組合より共產主義者を除名し得ざる故に、同黨大會等に於ても勞働組合代表たる共產主義者に惱まさるゝ場合多し。共產主義者の政綱如何。今之を一九二四年の總選擧に當り同黨が發表したる宣言に付て見れば左の如し。

イ、經　濟　政　策

一、土地、炭坑、鐵道其の他大工業を無補償にて國有とし勞働者自ら之を管理すること。

二、外國貿易の國營。

三、一切の銀行の國營。

四、五千磅以上の財產に對する資本課稅。

五、全額五千磅以上の國庫債券所有者に對する利子支拂停止。

ロ、社　會　政　策

一、全國的最低賃銀を一週四磅とす。

二、勞働時間を最大限一週四十四時間とす。

三、勞働組合の監督の下に失業者を國家に於て全部扶助すること。

四、空屋空室の徵發を行ひ又勞働者の家賃は戰前の率によることゝす。

五、勞働者の中等及大學敎育を無料とす。

六、勞働者に無料醫藥治療及び一年二週間の有給休暇の權利を與ふること。

七、有給にて年少勞働者に職業的訓練を與ふること。

八、陸海空軍軍人に完全なる政治的權利を附與すること。

九、反勞働的法律（Sedition Laws, Emergency Powers Act and etc.）の撤回。

ハ、外交及び殖民政策

一、一億磅の對露信用を興ふべき英露條約を批准し、正式大使を露國に送ること。
二、「ヴェルサイユ」條約及び「ドーズ」案の破棄、賠償及び戰爭債務の放棄、英國軍の獨逸撤退。
三、世界的軍備制限竝に經濟協力を議するため、各國の政府及び勞働團體を平等に代表せる世界會議の開催。
四、愛蘭、印度、埃及、「メソポタミア」、「ビルマ」、「セイロン」、「スダーン」等の獨立聲明竝に右諸國よりの英國軍撤退。

尙ほ英國に於ける一九二六年の總罷業は共産主義的色彩を全然含まざりしものなりしも、共産黨存在の意義は右總罷業勃發等の事情の爲め英國に於ても相當研究する必要あり。何となれば同黨の主義は民衆 The Masses を動かすことにあるが故に、この民衆が同黨の唱導し居りし武器たる總罷業をなす丈の階級的意識を獲得したることは同黨の主義の確實性を示す一端となるが故なり。總罷業後露國の共産主義者は擧つて英國の勞働組合首領連を猛烈に攻撃し、又英國內にては共産が盛んに New Leadership の必要あることを主張し居れるが、右は即ち現今の英國組合首領連が民衆自身よりも時代に遲れ居るが故に之を放逐すべしと云ふに在り。

同黨の將來は英國に於ては露國共産黨の將來よりも寧ろ英國勞働黨の將來により決定せらるゝ所勿論にして、英國に於て革命を招來する迄には進まざるべきも、同黨の過激化運動の爲め一般保守主義者を反動的ならしめ、保守黨をして共産黨のみならず共産主義壓迫を理由として勞働組合壓迫の手段をも執らしめ、延ては勞働黨をも間接に壓迫せしむべきこと(Political Levy に關する一九一三年勞働組合法中の條項改正問題は現在の中其の最も緊切なるもの)となる虞あり。然れども又一方に勞働黨の作戰としては共産主義者を壓迫せむとする保守黨の反動的政策を利用して民衆に保守黨の不合理なることを宣傳し、逆に勞働黨を利せむとすることも考へられ得べし。極左の共産黨に對して現に英國にも極右派として「ファッシスチィ」の運動あり。同運動は勞働黨員に對しても激烈反對の態度を執れるが、此の如きは即ち勞働黨が以て其の宣傳に利用すべき保守黨側の反動運動なり。

BOOKS AND PAMPHLETS ON POLITICAL PARTIES IN GREAT BRITAIN

1. General

Sir W. Bull	Parliamentary Handbook
Sir T. Erskine May	Parliamentary Practice
R. Glen and G. Olver	Local Authorities' Diary
Catalogue of Parliamentary Papers.	(1901-1920)
Dod's Parliamentary Companion	
Paliamentary Gazette	Edited by J. Howarth (four times per session)
London Gazette	(Stasionery Office)
Ross's Parliamentary Record	(issued weekly during the Session)
A. L. Lowell	The Government of England (2 vols.)
Hansard	Parliamentary Debates of the House of Commons and the House of Lords.
W. J. Brown	The Underlying Principles of Modern Legislation.
H. B. Lees-Smith	A Guide to Parliamentary and Official Papers.
Report of the Machinery of Government Committee	(Stationery Office)
G.A.R. Lord	The Principle of Politics
J. A. R. Marriott	Second Chambers
A.V. Dicey	Lectures on the Relation between Law and Public Opinion in England.
Labour and Capital in Parliament	(Labour Research Dept.)
Sait-Barrows	British Politics in Transition
P. G. Cambray	Politics retold
Lord Beaverbrook	Politicians and the Press
H. H. Asquith (Earl of Oxford)	Studies and Sketches

Margot Asquith (Countess of Oxford)	Autobiography (2 vols.)
〃 〃	Places and Persons
C. Bigham	Prime Ministers of Great Britain (1721-1924)
T. A. Spender	The Public Life.
Wickham Steed	Through Thirty Years
C. F. G. Masterman	England after War
Str A. West	Political England
Professor A. L. Bowley	Wages and Prices in the United Kingdom (1914-1920)
A. N. Holcombe	Political Parties of Today
Workers' Register of Capital and Labour	(1923) (Lab. Pub. Co.)
M. Mackintosh	From Gladstone to Lloyd George
The Annual Register	
C. Bigham	The Chief Ministers of England (1920-1720)
André Siegfried	Post-War Britain
Earl of Oxford and Asquith	Fifty years of Parliament.
The Press	(Labour Research Dept.)
A Gentleman with a Duster	Glass of Fashion
〃	The Painted Windows
〃	Mirrors of Downing Street
Human Nature in Politics	Professor Graham Wallas
Dr. C. Addison	Politics from Within.

2. Conservative Party.

Lord Birkenhead	Toryism
Constitutional Year Book	
"Gleanings and Memoranda"	A Monthly Record of Political Events, (Unionist Pub. Dept.)
Hugh Cecil	Conservatism
A Gentleman with a Duster	Conservative Mind

Annual Reports of National Union of Conservative and Unionist Association.	
Handbook of Constituency Organisation	Unionist Publishing Department
Handbook for Women Organizers and Workers.	
A. V. Dicey	Letters on Unionist Delusions

3. Liberal Party

Liberalism and the Empire	Liberal Publication Department.
G. Murray	The Foreign Policy of Sir E. Grey (1906-1915)
Liberalism and Local Government	Liberal Publication Department.
B. Hoare	Preferential Trade
T. M. Robertson	Free Trade.
Lord Sheffield	Imperial Preference
Liberal Principles and Aims	Lideral Publication Debartmant.
Tariffs and Unemployment	(Speech by Mr. Asquith)

Imperial Preference: the Documents of the Controversy	Liberal Publication Department.
Liberal Industrial Policy	(By Asquith) Lib. Pub. Dept.)
Sir A. Mond	Liberalism and Modern Industrial Problems (Lib. Pub. Dept.)
Ramsay Muir	Liberalism and Industry.
Coal Mining Industry	Liberal Publication Dept.
D. Lloyd George	Coal and Power.
Land and Nation:	Rural Report of the Liberal Land Committee
Rural Land Reform (Summary of "Land and Nation")	〃 〃
Towns and the Land:	Urban Report of the Liberal Land Committee
Liberal Rural Land Policy	(A Statement by the Liberal and Radical Candidates' Association in Protest againt Lloyd George's "Land and Nation")

Report of the Liberal Land Conference.	
J. D. White	Land Value Policy
Al. Carthill	The Legacy of Liberalism
E. Dodds	Social Gospel of Liberalism
H. Lanshaw	Socialism The Historic Function of Liberalism
Liberalism in Practice	(Lib. Pub. Dept.)
C. F. G. Masterman	The New Liberalism
The Daily News	The New Liberalism
National Liberal Federation	Annual Reports since its inception (Lib. Pub. Dept.)
Principles of Liberalism	
J. M. Robertson	Meaning of Liberalism
H. Storey	The Liberal Handbook (Lib. pub. Dept.)
The Government's Record	1906-1913 Seven Years of Liberal Legislation with Liberal Administration (Lib. Pub. Dept.)
Professor G. Murray	What Liberalism Stands for (Lib. Pub. Dep)
Liberal Magazine, Monthly.	(Lib. Pub. Dept.)
Liberal Year Book	〃
G. Horwill	Proportional Representation: Its Dangers and Defects
H. Storey	P. R. versus A. V. (Lib. Pub. Dept.)
J. F. Williams	The Reform of Political Representation

4. Labour Party.

G. Glasgow	MacDonald as Diplomatist
Robert Smillie	My Life for Labour
Col. J. Wedgwood	Essays and Adventures of a Labour M. P.
Harold Cox	The Capital Levy, its real purpose, Unionist Publishing Dt.)
Hugh Dalton	The Capital Levy Explained (Lab. Pub. Co.)

〃 〃	The Inequality of Incomes in Modern Communities
P. Lawrence	A Levy on Capital
A. C. Pigou	A Capital Levy and a Levy on War Wealth
G. P. H. Cole	Organised Labour
G. Stone	A History of Labour
G. P. H. Cole	Out of Work
J. A. Hobson	Economics of Unemployment
S. & B. Webb	History of Trade Unionism
E. Cannan	Coal Nationalization (Against)
H. Cox	Failure of State Railways.
A. E. Davies	The Case for Nationalization
Viscount Haldane	The Problem of Nationalization (Lab. Pub. Dept.)
E. Shinwell	Nationalization of Mines (for) (I. L. P.)
Clifford Allen	Socialism and the Next Labour Government I L.P.)

H. N. Braiksford	Socialism for To-day.
Sir Lynden Macassey	Labour Policy - False and True
C. Diamond	Why Socialism cannot come and remain
J. R. MacDonald	Socialism: Critical and Constructive
P. Snowden	If Labour Rules
Sir John Simon	Socialism examined (Lib. Pub. Dept.)
H. Storey	Socialism; A Liberal Answer to the Labour Party
S. and B. Webb	A Constitution for the Socialist Commonwealth of Great Britain
A. E. and E. P. Davies	Land Nationalization
M. Fordham	Rebuilding of Rural England
J. R MacDonald	Foreign Policy of Labour Party

Labour International Year Book (Lab. Pub. Co.)

Labour International Handbook (〃 〃 〃)

Labour Magazine, Monthly	(T.U. Congress and Labour Party)
Labour Year Book	〃 〃 〃 〃
Annual Reports of Independent Labour Party	
〃 〃 〃	Fabian Society
〃 〃 〃	Socialist Democratic Federation
〃 〃 〃	Labour Party
〃 〃 〃	Trade Union Congress Conference
M. Beer	History of British Socialism
K. Hutchinson	Labour in Politics
A. W. Humphrey	History of Labour Representation
E. R. Pease	History of the Fabian Society
M. Agnes Hamilton	The Man of Tomorrow.
W. Stewart	J. Keir Hardie
Book of Labour Party (3 vols.)	
F. Hodges	My Adventures as a Labour Leader
H. Tracey	From Doughty Street to Downing Street
G. D. H. Cole	British Labour Movement
〃 〃	British Trade Unionism
Ten Months of Tory Government	(I. L. P. Information Committee)
Independdent Labour Party	Report of the Reform of Parliament Committee
〃 〃 〃	Report of the Empire Policy Committee
〃 〃 〃	Report of the Finance Enquiry Committee
〃 〃 〃	Report of the Agriculture Committee
Fabian Society	Facts for Socialist
Oswald Moseley	Revolution by Reason
John Strachey	Revolution by Reason
Leon Trotzkey	Where is Britain Going ?
N. Angell	Must Britain Travel the Road of Moscow (with special reference to "Where is Britain Going ?")

The Living Wage	(I. L. P.)
A Labour Policy of Agriculture (Labour Party)	
Norman Angell	The Press and Organization of Society
F. H. Hayward	Democracy and the Press
H. F. Laski	The Grammar of Politics
Upton Sinclair	The Spy
Iconoclast	Fit to Govern(28 biographical sketches of members of the late Labour Government)
Dr. A. Shadwell	The Breakdown of Socialism

5. Communist Party.

E. & C. Paul	Communism (Lab. Pub. Dept.)
N. H. Webster	The Socialist Network
〃 〃	Secret Societies and Subersive Movement

Pamphlets issued by Communist Party of Great Britain and National Minority Movement, such as:

1) What the Minority Movement stands for

2) Report of Annual Conference of Minority Movement

〃 〃 〃 〃 Communist Party

Dr. A. Shadwell	The Communist Movement
Communism Unmasked	Unionist Workers' Handbook
Tom Mann's Memoirs	
Communist Papers	Stationery Office

第三編　愛蘭の政黨（一九二七年三月調）

第一章　愛蘭議會史

愛蘭民衆の歴史は古く神話の世界より發展し來れるも、是が英國民の歴史と關係し來れるは漸く第十二世紀の中葉にあり。當時英蘭は「ヘンリイ」二世の時代なりしが、同王は一一五五年 John of Salisbury を羅馬法王「アドリアン」四世の許に派遣したる時、同法王より愛蘭の世襲的君主たるの允許を得たりとのことにして、時恰も愛蘭 Leinster 王國の君主 Dermond MacMurrough 其の專制政治の結果人民に追はれて英蘭に逃れ、其の援兵を乞ひたることあり。「ヘンリー」二世乃ち之に應じて愛蘭遠征の軍を起すこととなり、玆に所謂愛蘭に對する「アングロ・ノルマン」の侵略時代現出せり。然るに愛蘭は容易に英蘭に征服せらるゝことなく、其の遂に征定せられたるは漸く十六世紀の中葉にして實に「エリザベス」女皇の時代なりき。

然るに一方愛蘭に於ても英蘭と時代を共にして議會政治は發展し居りたりき。即ち先づ愛蘭にも古くより非公式會合の形式に於て國內重要の人士が立法に參與するの慣例ありたるが、一二九五年に至り各州內の「ナイト」より成る下院組織せられ、次で一三一〇年には少數なれども一般市民の代表も亦之に加はるに至りしが、歴史上確定的記錄を殘せる愛蘭第一の議會は一三七四年のそれにして、是より其の議會制度は漸く體裁を整へ來り、議員數も漸く增加して、下院に於ては人民代表による議員のみにても亦た約六十名に上るに至りしが、一方上院に於ては當時普通の貴族は未だ敎會の僧正又は Mitred abbots 等の宗教上の代表者より遙かに少數なる現象を呈し居りたるも、其の後漸く僧侶の數も減少せらるゝこととなれり。

然るに又當時迄愛蘭の議會は英蘭に對して完全に獨立せる權能を有し居たるが、一四九五年に至り（「ヘンリイ」七世の時代）愛蘭の總督となりたる Sir Edward Poynings は愛蘭の議會をして所謂 “Poynings' Law” なるものを通過せしめ、爾後愛蘭議會は英蘭の皇帝並に其の政府の承認なき法律を制定せざること、及び英蘭議會を通過したる一切の法律は愛蘭に於ても施行せらるゝことゝなしたるを以て、愛蘭議會は先づ其の獨立權の一部を剝奪せらるゝことゝなりたるが、本法は一八〇一年に於ける英愛兩議會の合同直前（一七八二年）迄繼續せられたり。

其の後愛蘭に於て一五五九年「エリザベス」女皇が召集したる第一の議會にては、其の下院議員數は七六名となりしが、次で一五八五年の議會に於て一二二名となり、更に一六一三年に至り「ジェームス」一世は急に選擧區を增加して下院議員數を二三二名に增加したるが、こは主として下院に於て其の政策遂行の圓滑を期するため英國國教徒たる議員の選出を容易ならしむべき目的の爲に行はれたるものなり。

然るに其の後後述するが如く、英國に於ては新教徒と舊教徒との宗教上の爭鬪漸く猛烈となり來り、舊教徒は新教徒の爲壓迫せられて其の市民權の上に重大なる制限を課せらるゝことゝなり、一六七八年（「ジェームス」二世の時代）に舊教徒は陰謀の罪を以て大いに處刑せられ、又彼等は上下兩院の議員たることを禁ぜらるゝに至り、又其の後愛蘭に於ては舊教徒は選擧權迄剝奪せられ、新教徒の土地不動產所有者のみ選擧權を享有することゝなり、後一七九三年に至りて初めて舊教徒も其の選擧權を恢復せらるゝことゝなりたり。

然るに一方愛蘭議會の下院議員數は其の後漸增せられ、一六三九年には二三二名より二七四名となり、次で「ウイリアム」三世の所謂『光榮ある革命』の時に至りて三百名迄增加せられ、其の後一八〇一年愛蘭議會が英蘭のそれに合併せらるゝ迄右狀態を保ちたるが、當時の議會制度の內容は英蘭のそれに於けるが如く甚だしく腐敗し居りたるものにして、例へば一七八四年の議會に於て下院議員數三百名ありたる中、政府反對派に屬したる議員は八十二名なりし處、其の中五十二名のものが正式に人民投票により選擧せられたるものにして他の三十名は自由黨（當時所謂 Whigs）首領の指名したるものに過ぎず。一方政府支持派のものを見れば、同派は所謂無所屬と稱する二十九名、政府内高官（所謂Placeman）四十四名、政府所有とも稱せらるべき選擧區より選ばれたるもの十二名、政府が賄賂を以て左右し得べきもの四十四名、所謂政策上政府を支持すると稱するもの十二名、其の他は利益上政府を支持せむとする財産家の代議士より成り居りたり。下院の狀態既に此の如きを以て、上院議員がまた單に政府に獨立する地位を有し居らざりしは勿論、其の内部の腐敗せること言語同斷なりき。

斯くして愛蘭に於ては右英愛議會合同に及んで英國下院議員總數六五八名の內百名を同國より選出することゝなり、次に一八三二年の選擧法改正により其の議員は百名より百五名に增加し（英國下院議員總數は同前）一九一八年の人民代表法制定迄右狀態を保ちたるが、其の間に英國下院議員總數は一八八五年の法律によりて六七〇名に、一九一八年のそれによりて七〇七名に、夫々增加したり。而して愛蘭は其の後一九二〇年以來南北兩部に別れ、北部は獨立の議會を有すると同時に英國下院には爾後十三名の議員を選出することゝなりたるも、南部即ち新興の愛蘭自由國は英國議會に關係せず、獨立に同國選出の議員のみにて議會を構成することゝなり、一九二二年暮に制定せられたる憲法に從へば二十一歲以上のものは性の區別なく（一定の不適格者を除き）、下院議員の選擧權を有し、又 Referendum 竝に Initiative に參加するの權利を有するものなるが、下院議員選擧は比例代表制度に依り、現在の議員總數は一五三名なり。又上院は三十五歲以上の市民にして性の區別なく國家に對し有益なる公共事業に依り貢獻したるものか、若くは國民生活の重要なる方面を代表するものにして上下兩院の選擇により作成せられたる候補者名簿に記載せられたるものゝ中より性の區別なく三十歲以上の市民が比例代表制度の下に選擧したる六十名の議員より成るものにして、且此等上院議員は三年每に其の總數の四分の一を改選せらるゝ制度なり。

第二章 愛蘭政戰史

第一節 概説

今茲に愛蘭諸政黨の現狀並に其の主義綱領を諒解するに當つては、特に過去一世紀以上に亘る同國の宗教並に政治兩方面に於ける國民的解放運動を先づ知らざるべからず。何となれば愛蘭に於ける現在の主たる政黨は過去一世紀以上に亘る愛蘭の國民的解放運動を背景として發達し來りたるものにして、假令其の間に於て愛蘭の民衆が一時は英國議會に於て愛蘭の「ホーム・ルール」を要求したる愛蘭國民黨を支持し、次には共和主義を理想としたる「シン・フェン」黨によりて風靡せられ、而して最後に至つて其の大多數が現在の愛蘭自由國てふ英國自治領たるの地位に滿足するに至りたるにせよ、此の愛蘭民衆の解放運動は其の形式の如何を問はず、是れ國民的理想の追求なるを以て是が淵源を知らずんば現在の諸政黨存立の根本義を知り難ければなり。而してこの愛蘭の國民解放運動は近代史に於て實に暗憺たる宗教的壓迫と慘忍なる政治的虐殺とこれに對する陰謀と叛逆と暴動と而して最後には骨肉相食むに至る一大悲劇にして、苦闘一世紀餘にして遂に愛蘭人は現在の地位を贏ち得るに至りたるものなるが、興亡盛衰は世の習なれども近代の愛蘭國民程人生の有爲轉變に慟哭し且憤激したる國民は少かるべし。然れども愛蘭の近代史は興國の悲史にして亡國のそれに非ず。今茲に少しく其の解放運動史を記述すべし。

第二節 愛蘭解放運動の根源

既に記述したるが如く愛蘭は一八〇一年に至る迄に英蘭によりて第一に其の國土を併合せられ、第二に議會獨立の地位を奪はるゝに至りたるも、右の如き愛蘭の征服運動は特に英愛兩國が十六世紀以來宗教を異にするに至りたる事情によつて一層紛糾と混亂とを増加するに至れり。即ち英蘭に於ては十六世紀の始め「ヘンリー」八世の時、羅馬法王と絶縁して英國國教教會設立せられたるが、次で「エドワード」四世に至りて一五五一年遂に新教を以て愛國の國教と定め、之を管掌する爲に愛蘭教會を設定して之に偉大なる特權を與へ、舊教徒壓迫の方針を執るに至りたるを以て、爾來この英蘭の愛蘭に對する宗教的侵略は其の領土擴張を目的とする征服運動と共に元來舊教に熱心なる愛蘭人を甚だしく迫害するの行爲に出づることゝなり、例へば一五五九年（「エリザベス」女皇時代）の Act of Supremacy が一切の官吏竝に高僧に對して帝王權は法王權の上位なることを宣言せしむることゝして舊教徒の市民權に大制限を加へたるを始めとし、又其の後右「エリザベス」女皇と法王との確執愈々猛烈となるや政府は一切の舊教徒を以て將來叛徒たるべき虞あるものと見做し、之が壓迫の爲諸種の峻嚴なる刑罰法制定せらるゝに至り、爾來英國王が新教徒なるか舊教徒なるかに依り其の取締は一張一弛の狀態にて舊教徒は壓迫せられ來りたるが、「ジェームス」二世の時代には前述の如く、舊教徒は上下兩院の議員となることを禁ぜられ、又同王退位の年たる一六八八年には舊教徒は爾今王位繼承權を有せざることゝ定められ、又舊教徒は其の子弟を舊教に依つて教育せざること、又彼等は土地の相續購入に關して嚴格なる制限を附せらるゝ等の壓迫を受け、漸く十八世紀の中葉より舊教徒の中法王權を認めざるものゝみ稍々寬大に取扱はるゝことゝなりたるが、右の如き舊教徒壓迫の事實は愛蘭に於ては殊に甚だしく、彼等は殆んど不法行爲を以て壓迫せられ、其の結果同地方にては古くより英國教會と云はゞ征服と侵略の表象として人之を恐るゝが如き事態を現出し、愛蘭舊教徒の土地は續々沒收せられて英國官吏の爲の尸位及び退職手當の爲に分割せられ、遂に十八世紀の終りには愛蘭民衆の多數を占むる舊教徒が愛蘭に於て所有したる土地は僅かに全面積の十分の一に過ぎざるが如き狀態となり、又一方に於て愛蘭には英蘭に比し商工業上の制限種々存在し、住民のこの方面に於ける活動も亦甚だしく委縮せざるを得ざるに至り、其の結果「アルスター」地方の如き主として新教徒を住民とする地方を除いては、一般的に産業大いに衰へ、十八世紀に於ける愛蘭農民の貧窮は實に一の歴史的悲劇なりしと共に一方に於ては當時愛蘭人の英蘭に對する間斷なき反抗運動、愛蘭民衆生活の墮落及び彼等の大規模なる國外退去の如き民衆的移動等の現象を見たり。

事情右の如きを以て、一八〇一年愛蘭議會が英蘭議會に合併せられて後の愛蘭舊教徒の問題は之を大別すれば（イ）市民權恢復の問題（ロ）土地所有權恢復問題（ハ）及び愛蘭獨立若くは其の自治權恢復の問題是なりき。

第三節　愛蘭解放運動第一期（一七九八年—一八六九年）

愛蘭人が斯くの如き三大權利を恢復せむとする國民的解放運動が漸く組織的ならむとしたるは英愛議會合併前なる一七九八年に勃發したる「ウオルフ」(Theobald Wolfe) の率いたる “United Irishman” と稱する團體の叛英暴動の時に始まる「ウオルフ」は元來新教徒なりしも當時社會主義的思想に心醉し居り其の同志たる多くの舊教徒殊に舊教僧侶と結托し、玆に一大暴動を起したるものなるが、之は英國政府の最も慘忍なる壓迫手段によりて鎭壓せられ、其の結果當時の首相「ピット」は遂に英蘭愛蘭兩議會の合併を企つるに至れり。其の理由は愛蘭に於ける新教徒の舊教徒に對する壓迫を減殺するには右の舊教徒に完全なる市民權を附與することにあらむも、若し彼等にこの市民權を附與したる後に於ても、愛蘭に獨立の議會を許さむが、結局は逆に舊教徒の新教徒壓迫の政治を現出すべく、從つて本問題解決の良策は舊教徒に市民權を附與する條件の下に愛蘭議會を英蘭議會と合併するに在りとなしたるに在り。斯くして一八〇一年には右兩議會合併の法律制定せられたるに、當時の英國王「ジョージ」三世は宗教的偏見より舊教徒に市民權を附與することを許さず、從つて其の結果は愛蘭は獨立の議會を失ひ且從前通の新教徒壓制の事態を繼續することゝなりたり。

其の後愛蘭の自由の爲には一八〇三年に起りたる Robert Emmet 一味の謀叛行爲を初めとして、愛蘭內には騷擾絕えさりしが、其の後愛蘭の Liberator と稱せらるゝ Daniell O.Connell 舊敎僧侶と協力して愛蘭幾百萬の舊敎徒の大同團結を組織し輿論を以て極力政府を壓迫するの運動に出で、次で一九二八年自ら選出せられて英國下院に入るや、自由黨(當時Whigs)に加盟して猛烈に舊敎徒の爲戰ひたるを以て、遂に翌一八二九年には有名なる Catholic Relief Act 制定せらるゝことゝなり、之により英國内の舊敎徒は攝政、大法官及び愛蘭總督たること、竝に舊敎僧侶が下院議員となることを禁ぜられたる外、從來迄彼等の上に課せられたる一切の市民權上の制限を撤回せらるゝことゝなり、之によりて愛蘭人の自由解放運動は其の第一段の成功を收めたるが、次に愛蘭に於ては曩に英蘭が愛蘭に新敎徒擁護の制度的手段として設定したる、愛蘭敎會竝に之に貢納する所謂 Tithe の制度が愛蘭人を國内に於て劣等の地位に置くものなりとして、之が廢止を要求する運動起り、結局右の Tithe は一八三八年に幾分かの改正あり、又愛蘭敎會は一八六九年に廢止せらるゝことゝなりたるが、一方愛蘭の獨立は右「オコンネル」再び愛蘭人の大團結によつて之を組職的に要求することゝなしたるも、英國の輿論は遂に是迄の讓步を不可となし、一八四四年に至りて時の保守黨政府(「ピール」内閣)「オコンネル」を投獄するに至り、此の獨立運動の機未だ熟せざるの趣ありたるも、一方愛蘭は當時大饑饉に惱み居りしを以てこの經濟上の不安は又更に住民を驅つて常に反英運動を起さしむるに至り、其の後一八四八年大陸に於ける革命運動と相俟つて愛蘭にも亦暴動ありたるが、英國内の取締嚴重なりしを以て右の如き愛蘭の獨立運動は漸く過激なる秘密結社によつて劃策せらるゝに至り、次で米國に於ける南北戰爭に於ては多數の愛蘭人軍事的訓練を得たりしかは、右の如き秘密結社殊に米國に於て John O'Mahony が一八五八年に創立したる Fenians (若くは Fenian Brotherhood) と稱する秘密團體は之が援助を得て漸く其の勢力を增加するに至り、佛國、加奈陀、南阿、濠州竝に英國内の大都市等に散在する同志を糾合して愛蘭に於て英蘭に反抗して獨立の共和國を暴力を以て組織せむとするの計畫を爲し、愛蘭に於ては一八六〇年頃より同志 James Stephens は The Irish People と稱する過激なる共和主義の雜誌を發行し、次で一八六五年には革命の目的を以て多數の同志英國に渡來したるが、忽ち英國官憲の爲鎭壓せらるゝの運命に陷りたり。然れども「フイニアンズ」は屈せずして資金を主として北米に於て醵集し、度々暴動を繰返へし、一八六七年には倫敦 Clerkenwell 監獄の爆發事件あり、愛蘭民衆の不平漸く鎭壓し難きに至りたるを以て、一八六八年首相となりたる「グラッドストン」は遂に折れ一八六九年には愛蘭敎會を廢止し、同國に於ける所謂國敎なるものを撤回することゝなしたり。斯くして愛蘭人は暴動によつて其の素志を貫徹することに成功し來りたるが、この頃より右の「フイニアンズ」は漸く解體し來り、(其の主たる原因は彼等が愛蘭の農民の解放運動に力を致さず、專ら政治運動として止りたるによる。又彼等は舊敎僧侶よりも非難せられ居たり)彼等の傳統は The Irish Republican Brotherhood 並に其の他の團體により繼承せらるゝことゝなり、又一方には愛蘭國民黨の勃興並に農民解放を目的とする The Land League の組織せらるゝあり、之より愛蘭の國民運動は英國議會内並に愛蘭民衆の結合せる一大運動となりたり。

第四節　愛蘭解放運動第二期（一八七〇—一九一八年）

愛蘭人の英國議會に於ける愛蘭獨立運動は一八七五年 Charles Stewart Parnell が下院議員となりて以來愈々盛となりしものなるが、この愛蘭國民黨が漸く組織力を發揮し來りたるは愛蘭の志士 Isaac Butt が一八七〇年「ダブリン」に於て愛蘭地方政治の機關として愛蘭に一獨立議會の建設されむことを要求すとの演說をなして「ホーム・ルール」運動を創始したる時に初まり、右「バット」は翌一八七一年下院議員に選擧せらるゝや、同志五十七名より成る一の愛蘭「ホームルール」黨とも稱すべき一政黨の首領に推戴せられたるが、同黨は當時議會に於ては自由黨と聯合するも保守黨の勢力に匹敵せず、又「バット」は極めて穩健なる議會的方法に依りてのみ其の理想を遂せむとするものなりしを以て、同黨が議會に於て重要なる役割を演じ得ざりしと同時に「バット」も漸く愛蘭民衆の人望を失ふに至りたるが、其後「パアネル」

下院に入るや、彼は其の急進的傾向の故を以て頓に其の同僚の信望を博し、「バツト」の死せる一八八〇年以後は「パーネル」自ら八十名に近き愛蘭國民黨の新首領となりてより、議會內に於ては所謂妨害的作戰により、又議會外に於ては新成の The Land League を根據として、內外より强力的に愛蘭自由運動を促進することとなりたり。この The Land League は愛蘭に於ける地主制度を破壞し、貧困なる農夫を保護することを目的として、一八七九年八月 Michael Davitt の組織したるものなるが、其の運動の範圍は全愛蘭に亘り居りしものにして、同年十月 Parnell 之が總裁となりてよりは遠く米國の同志よりも基金を集めて其の運動を發展せしむると同時に、「パーネル」は當時この農民運動を以て愛蘭獨立運動の根幹となるべきものとなし、之と當時純政治的の愛蘭獨立運動に從事し居りたる愛蘭人民黨（Clan-na-Gael）竝に Fenians 等の秘密結社的分子との連絡を保つことゝなしたり。

かくしてこの時代より愛蘭の獨立運動は英國議會內外に擴がれる偉大なる運動となりたるが、この愛蘭國民黨の議會內に於ける議員數は一八八五年の總選擧に於ては八六名に增加し、爾來一九一〇年十二月の總選擧に至る迄常に八十有餘の議員を「ウエストミンスター」に送り、愛蘭解放の爲努力したりしが、この間に於て同黨は英國議會に於て保守自由兩黨の間に立ちて「キャスティング・ヴォート」を有するに至ること數回にして、「パーネル」は其の一流の議會的作戰を用ひたるが、更に愛蘭國民運動家の議會外に於ける活動を見るに「パーネル」に率ゐらるゝ The Land League は一八八一年當時の「グラッドストン」內閣が愛蘭の土地制度改革に一歩を進むる目的を以て制定したる土地法を微溫的なりとして之が實施を妨害するの行爲に出で、「パーネル」自身脅喝罪の下に Kilmainham の牢獄に投ぜらるゝこととなりしが、其の一味のものは復仇として愛蘭內の借地人に對し地主に地代を納入せざるべきことを命令したるを以て、右 The Land League は不法的團體として解散を命ぜられたり。然るに更に之に對しては右團體と同樣の目的を有する The Ladies Land League せられ、又一種の少年團をも組織せむとする企畫迄も起り、米國の同志より巨額の資金を輸入して頻りに暴動を續けたる組織を以て政府も遂に一八八二年五月「パーネル」の出獄を許すに至りたるが、其の出獄の當日愛蘭總督 Lord Frederick Cavendish 並に其の次官「ダブリン」の「フェニックス」公園に於て暗殺せらるゝの事件あり。事態甚だ險惡にしてこの一八八二年のみにても農民によりて行はれたる大小の暴行犯三千數百件に上りたり。又同年十一月には右解散を命ぜられたる The Land League は The Irish National League なる別名の下に再び組織せられ、愛蘭農民鎭撫の爲にする諸種の土地制度改革法又は犯罪鎭壓法等を無視して暴動を起し、又「パーネル」等は「グラッドストン」の率ゆる自由黨は何等愛蘭を救ふの策を施すことなくして却つて其の住民を壓迫するものなりと宣傳し、愛蘭内に於ける自由黨の勢力を甚だしく脅威するの作戰に出でたるを以て、漸く「グラッドストン」も愛蘭に「ホーム・ルール」を許與するの政策を執ることに決意したるものゝ如く、一八八五年の總選擧に於て自由黨三三一名、保守黨二四九名となり、愛蘭國民黨八六名を占めて兩黨の間に「キャスティング・ヴォート」を把持するに至るや、當時の「ソルスベリー」卿の保守黨内閣は自由、國民の兩黨の爲に葬られ一八八六年一月茲に第三次「グラッドストン」内閣成立するに及んで愈々「グラッドストン」は其の第一の愛蘭「ホーム・ルール」案を提出することゝなり、「パーネル」亦之を支持したりしが、自由黨の分裂に依りて本法通過せず同年七月には再び總選擧ありて保守黨内閣成立することゝなりしを以て愛蘭國民運動家は政治運動に失望して再び農民の暴動を煽動するに傾き、同年の末には右の The Irish National League は「パーネル」の反對ありしにも拘らず、再び農民の直接行動を使嗾するの行爲に出でたるを以て、「パーネル」も漸くこの頃よりこの農民の運動とは直接關係を失ふに至り、米國に存在したる「フェニアンス」一味の殘黨との關係を漸く密接にしたるものゝ如くなりしが、一方政府側に於ては一八八七年八月に右の The Irish National League に解散を命じて、極力農民の暴動鎭壓に努むると共に、他方一八九一年には愛蘭内の土地購入法を制定して國費支出により愛蘭に自作農を增加することに努めたり。

然るに一方國民黨内に於ては首領「パーネル」は一八八八年「タイムス」が「パーネル」並に其の一派を以て叛逆の爲

陰謀し居れりとの嫌疑あることを發表し、之に對し法律を以て一調査委員會設立せられ、結局事件が「パーネル」に有利に解決して其の威信一層高まりたるの觀ありたるも、次で彼は其の同志 O'Shea 大尉夫人との事件ありたるが爲、其の後一旦は國民黨員より大多數を以て首領としての信任投票を贏ち得たるも、結局英國內の自由黨員を主とする非國敎派の信者の大反對ありしに依り、「グラッドストン」遂に「パーネル」が國民黨の首領たることを辭するに非ずんば國民黨を支持することを得ずとの意見を發表し、遂に玆に一世の怪傑「パーネル」の失脚となりたるが、其の後この國民黨內は少數派たる「パーネル」派と之に反對する多數派たる Justin M'Carthy の二部に分裂し「パーネル」は "United Ireland" を本據とする其の最後の奮鬪にも遂に成功せず、一八九一年十月英蘭「ブライトン」に死し、其の後同派は John Redmond に率ゐられ、一八九二年の總選擧に於ては國民黨內の多數派に對し僅かに九名の同志を得たるのみ。

斯くの如くにして、右の分裂の結果、國民黨は米國在住の同志よりの運動資金送付を中絕せられ、又國內の農民運動の方も同樣に資金缺乏に困却するに至りたるが、當時の保守黨內閣は愛蘭に「ホーム・ルール」を與ふるよりも、同國內の地方政治上の權利を增加せむとする策を採りたるも、是亦實現するに至らず。然るに一八九三年の總選擧に於ては自由黨は再び國民黨の支持下に議會に多數を得たるを以て、保守黨內閣を葬つて第四次「グラッドストン」內閣を組織したりしが、同內閣は曩に解散を命ぜられたる The Irish National League の復活を許すと共に一八九三年には第二の「ホーム・ルール」案を提出したり。然れども本案は一般國民の間にも人望なく、上院又之を否決したりしかば、こゝに又「グラッドストン」內閣辭職して保守黨內閣成立し、次の一八九五年の總選擧に於ては保守黨遂に決定的多數を占め、又國民黨中に於ては其の多數派に比し所謂「パーネル」の傳統を次ぐもの僅かに十二名を算するのみ。

斯くして世は保守黨の天下となり、又一方愛蘭の人心亦暫らく鎭靜に復したるが、一九〇〇年に至りて國民黨內の分裂終止し、各派の領袖又融合して John Redmond 其の黨首に選擧せられたるが、同黨は當時行はれ居りたる南阿戰爭繼續反對の態度を執ると共に、自由黨との同盟關係を斷絕することゝなしたり。

かくして愛蘭國民黨は玆に再び統一することを得たるも、この頃よりこの愛蘭の國民的解放を目的とする民衆運動其のものゝ内には漸く主義理想の程度に從つて諸種の分派發生し來り、從つて右の解放運動は先づ英蘭に對する反抗と共に愛蘭内に於ける内訌を導くことゝなりたり。

即ち玆に愛蘭の解放運動を見るに先づ其の右翼分子と見るものに、右の愛蘭國民黨一派あり。彼等は一に議會的方法に依つて愛蘭に「ホーム・ルール」を獲得せむことを理想と爲し居るものなるが、其の思想は比較的漸進的にして現在愛蘭自由國に於ける政府黨（Cumann nan Gaedheal）の思想的前身とも稱すべく、事情によりては北部の新教徒を主たる住民とせる「アルスター」地方を愛蘭南部より分離せしめ、右南部のみの「ホーム・ルール」を求めむとするものにして、其の思想の特徵は右の「ホーム・ルール」主義と南北分離主義にして其の手段の特徵は議會主義にあり。而して彼等は一八九八年に William O'Brien が前の The Land League の主義によつて組織したる The United Irish League と協力して其の理想貫徹に努力することゝなりたるが、この The Irish United League は一九〇〇年頃より其の勢力愈々增加し全國に其の支部設立せらるゝに至りたるも、資金常に缺乏し、積極的活動を爲す事を得ず、多くは「ボイコット」の方法によつて地主並に其の關係者を困却せしめ居たり。

次に愛蘭國民黨の左には Arthur Griffith の率ゆる熱心なる愛蘭人の一團あり。稱して Sinn Fein (Ourselves al ne の意）と云ふ。本團體は一八九九年に「グリッフィス」が The United Irishman と稱する其の機關紙を初めて發刊したる時に濫觴を發したりとも稱すべき團體にして、其の主張は愛蘭の要求する處は國民黨の求むるが如き單なる「ホーム・ルール」に非ずして、愛蘭は完全に英蘭より獨立し單に英蘭と同樣に皇帝を推戴することによりてのみ英蘭と聯繫せむと欲するものにして、又愛蘭國民運動の主義は唯一にして古來同運動者の首領には多く新教信者のありたることを述べて、全國民の統一を唱導し、又彼等は國民黨の執れる議會政策を不可となし、愛蘭議員は英國議會に出席せずして、內に國民の文化と經濟とを復興し、商工業を隆盛ならしめて、經濟的に英蘭より獨立の國家たらむことを期したり。即ち彼等の理想の特徵は當時議會完全獨立主義、愛蘭全國統一主義にして其の政略は英國議會の「ボイコット」に在り。而して彼等の全國的運動の統制は一九〇五年に Nationall Council of Sinn Fein が設けられたる時に初まるものなるが、彼等は其の後一九一一年の頃に至る迄は單に熱心なる會員の一團體として先づ平和的に於て根氣よく其の主張を繰返し來りたるものなるも、結局に於て武力によつて其の解放を計るべきことあるを覺悟し居りたるものにして、この點より將來彼等は漸く革命的分子に近づくに至り、結局共和主義となるに至れり。

然るに一方當時の「シン・フェン」黨の左翼とも稱すべき愛蘭の共和主義者の運動は、十九世紀の後葉に於ては一八九六年「ダブリン」に於て James Connolly の下に組織せられたる The Irish Sccialist Republican Party によりて代表せられ居りたるものにして、同黨は一九一一年頃より漸く勢力を得來り、其の機關紙 The Wor..ers' Republic を通じて其の主張を聲明し來れるが、又同黨の背後には同黨自身程過激ならざりしも同じく「コンノウリー」の組織にかゝる The Irish Transport and General Workers' Union ありて、常に愛蘭の政治傾向に急進的色彩を加ふることゝなれり。而してこの「シン・フェン」と共和主義運動とは將來愛蘭の政治を一時支配する事となるものにして今日愛蘭自由國內の共和黨は即ち右二黨の傳統を繼ぎしものなり。

而して更に右愛蘭の主たる三黨の外、十九世紀の末葉には愛蘭にも漸く勞働者の運動あり。彼等は既に一八九四年に當時愛蘭に存在したる勞働組合を聯合して The Irish Trade Union Congress なるものを組織し、漸く勞働者の產業運動に一進步を示し、同團體は後章に述ぶるが如く、今日の勞働黨の前身となるに至りしが、當時に於ては愛蘭には國民解放の政治的運動最も盛にして、未だ國內の一階級の運動を助成すべき要素なく、從つて彼等の獨特の活動は愛蘭自由國建設後に初まり、其れ迄は彼等の主たる運動は右「コンノサリイ」に率らるゝ The Irish Transport and General Workers' Union の革命的分子を含む特殊的活動を見たるのみ。

斯くして愛蘭には一九世紀の末葉より其の國民的解放運動内に諸種の分派を生じ來りたるが、愛蘭問題は更に其の宗教問題によりて紛糾を重ぬることゝなりたり。即ち元來愛蘭内北部「アルスター」地方には昔時英蘭より殖民せるものゝ子孫たる新教徒主として居住し居り、舊教徒を多數人口とする南部地方と英蘭に對する感情並に經濟關係に於て事實上相違し居れる事情あり。而してこの新教徒の思想の特徴は即ち先づ愛蘭を英蘭より分離することに反對し、次に若し南部愛蘭が英國より分離するときは北部愛蘭は南部愛蘭より分離し、英國の下に居らむとするものにして、其の特徴は英國に對する統一主義たると共に愛蘭内の分離主義なり。然れども右の如く「アルスター」派が愛蘭内の分離主義を執るに至れる迄には當時英國議會に多數を占め居りし愛蘭國民黨の罪なしとせず。即ち同黨は一方に愛蘭を英蘭より分離せしめむと欲すると同時に國内に於ては右少數の新教徒壓迫の勢に出づべきことを虞れしむるに至りたるものにして、これ一面より云へば國民主義者の一缺點なり。然れども其の一部には例へば W. O'Brien の如きは夙にこの點に注目し右少數派の立場に同情し、又彼等と和解するの必要を痛感し、彼は一九一〇年三月三十一日相互宥恕と愛國的善意の精神によつて愛蘭内の右兩派を全部合同する目的を以て All for Ireland League なるものを設け、又右國民黨内に於ても T. M. Healy 等と共に Independent Unionist と稱する少數派を形成したり。

然れども愛蘭のこの南北分裂の運動に對しては前述したるが如く「シン・フェン」黨、共和黨並に勞働黨が夙に反對したる處にして、この分裂問題に對する意見の相違は今日に於ては最も截然たる愛蘭政黨の分界線なりとす。（即ち現在の政府黨は一九二一年の南北分離を認むる英愛條約の支持者にして共和黨其の他は之が反對者なり）

翻て愛蘭の政戰史を顧るに、一九〇二年自由黨に於ては時の首領「ロウズベリー」卿同黨の政綱中より「ホーム・ルール」案を排斥するの態度に出でたるを以て、英國内の愛蘭人も愈々自由黨を離るゝに至りしが、一方保守黨内閣に於ては愛蘭地主竝に W. O'Brien を主とする國民黨議員との間に開催せられたる土地問題會議の勸告に基き、一九〇三年に從來迄愛蘭内に施行せられたる土地購入法を擴張する等の改進政策を執りたるが、其の後一九〇五年自由黨内閣となるや、議會に於ける多數を利用して一時は閣内に愛蘭に一の地方議會 (Irish Council) を與へむとするの企畫もありたるが、之に對して一九〇七年愛蘭國民黨員は「ダブリン」に於ける大會に於て之が其の希望する程度の自由を愛蘭に與へざるの故を以て大反對をなし、又殊にこの頃より極端派たる Sinn Fein (Ourselves alone) 黨漸く擡頭するに至りたるが、其後議會に於ては一九一〇年の總選擧に於て保守自由兩黨何れも絕對多數を占めず、從つて「レッドモンド」の率ゆる國民黨は再び右兩者の間に「キャスティング・ヴォート」を有することゝなりたるを以て、自由黨内閣に於ては當時懸案の英國上院改革案を愛蘭國民黨の支持を得て、議會を通過せしむる必要に迫まられ居たる際とて其の代償として愛蘭「ホーム・ルール」案の通過にも眞面目に努力せざるを得ざるに至れり。是に於て一九一一年中頃より漸く愛蘭「ホーム・ルール」問題再び喧囂せらるゝに至り、又之に對して大反對を爲さむとする運動は愛蘭北部地方に勃興し來り、英國保守黨の首領「ボナー・ロー」又熱心にこの反對運動を支持するに至りたるが、越えて一九一二年四月には英國議會に於て首相「アスキス」自由黨第三回目の「ホーム・ルール」案を提出したるが、同案は極く狹範圍の「ホーム・ルール」案なりしを以て本案に贊成したるは愛蘭國民黨中の穩和派のみにして、之に反對するもの右には保守黨あり左には國民黨中の過激派竝に共和主義者あり、又同年五月に至りては北部愛蘭の新敎派は保守黨首領の支持を受けて所謂 Ulster Covenant を制定して如何なる手段を以てするも愛蘭新敎派に「ホーム・ルール」制度を適用することを妨止することを誓ひ、一時は保守黨支持の下に愛蘭北部に內亂勃發するに非ざるかを疑はしめたり。是に於てこの北部の反對運動に對抗する爲南部舊敎派殊に過激分子たる Sinn Fein, The Irish Republican Brotherhood 其の他の團體は『階級、宗敎及び政見の如何を問はず、愛蘭國民全體に共通なる權利と自由を確保し且之を維持する』目的を以て一九一三年十一月には「ダブリン」に National Volunteers なる團體を組織し、次で當時愛蘭に勃發せる運送夫の大罷業の結果昂奮せる Irish Transport and General Workers' Union 組合員の一部は右の「ナショナル、ヴォランテーア」とは別に The Citizen Army なるものを組織し愈々愛蘭の政治的自由の爲暴力を使用することゝなり、政府の坊止措置にも拘らず、海外より武器を密輸入するの手段を執るに至り、當時迄この暴力團的國民運動に反對なりし愛蘭國民黨首領「レッドモンド」も一九一四年六月には遂に形式上 National Volunteers に參加することゝなりしが、この間「アスキス」の愛蘭「ホーム・ルール」法案は之に對する各派の反對若くは妥協案に關する各派の交涉等ありしも纏まらずして遂に原案の儘議會を通過し、一九一四年九月には皇帝の裁可を得たるが、時既に大戰開始以後なりしを以て、本法の施行を大戰終了後迄停止することゝし、尙愈々其の施行の時には「アルスター」派の利益を保護する意味に於て更に本法の改正法案をも提出することゝなしたり。

然るに大戰開始せらるゝや國民黨首領は此の時に際し英愛兩國は其の紛爭を中止して擧國一致國家を防禦すべしとの宣言をなし、愛蘭に歸つて兵士募集の爲に運動するに至りたるが、彼の人望は之が爲英蘭に於ては高まりたるも愛蘭に於ては其の屬したる "The National Volunteers' の間に之を不平とする少數のものあり。即ち彼等は遂に彼より分離し別に "The Irish Volunteers なる團體を組織して、愛蘭人の英國軍隊編入に反對すると共に、愛蘭の獨立並に統一主義を一歩も讓らざるべきことを宣明し、Sinn Fein 黨及び Irish Republic Brotherho.d 等と協同し英蘭の困難に乘じて愛蘭の自由を獲得せむとするの運動を開始し、遂に彼等の一味は一九一五年の春より獨逸政府と交涉して之より武器の輸入を受けたるが、之を愛蘭に輸送する時に手段を誤つて英國軍艦に拿捕され、其後一九一六年の「イースター」の時には「ダブリン」に於て大暴動を起したるも間もなく鎭定されたり。

又此の間に一九一六年六月時の英國首相「アスキス」は愛蘭問題に關し南北の間に妥協を遂げんとしたるも失敗し、一九一七年に入りては南北愛蘭は遂に「シン・フェン」の思想に全國的に共鳴するに至り、國民黨の微溫的なる思想は愈々其の勢力を失ふことゝなり、同年六月に擧行せられたる東部 Clare に於ける補缺選擧に於ては、當時牢獄より解放せられて間もなかりし「シン・フェン」黨の De Valera 大多數を以て當選するの勢を示し、次で同年十一月には「シン・フェン」黨は黨大會を開き當時迄其の首領として愛蘭隨一の人物と稱せられたる「アーサー・グリッフィス」の代りに「デ・ヴァレラ」を其の首領に推戴することゝなり、又之に依り「シン・フェン」黨と其他の共和主義團體とは遂に「デ・ヴァレラ」の下に合同を實現するに至れり。

一方英國政府に於ては一九一七年の四月頃より一九一八年の春にかけて再び愛蘭問題解決の爲關係各派全部の協議會を開きたるも、結局何等實質的協定を成立せしめ得るに至らず、而してこの間に於て政府は更に南部愛蘭の Volunteers 壓迫の態度を執り居り、更に一九一八年の春には愛蘭にも徵兵制度を布かむとするの意志迄表明したりしが、是は愛蘭各派の反對ありて遂に實施に至らず、其間に國民黨十數年來の首領「レッドモンド」同年三月病死せり。

政府は此の頃より更に愛蘭極端派壓迫の政策を遂行し、「シン・フェン」其の他の極端派團體の首領を逮捕するの手段に出でたるが、一九一八年の秋の總選擧に於ては「シン・フェン」黨員は愛蘭の總議席一〇五中七十三を占むるに至りしかば此等の議員は勢に乘じて英國議會に出席せず、直ちに自ら愛蘭議會（Dail Eireann）を組織し、愛蘭共和國獨立を宣言して「デ・ヴァレラ」を右共和國の大統領に、「アーサー・グリッフィス」を副大統領に選擧し、其の下に議會に責任を有する政府を構成したり。而して是より愛蘭自由國建設に至る迄四年有餘の歷史は實に英愛兩國の頑强にして血腥き爭鬪の記錄なり。

第五節　愛蘭解放運動第三期（一九一九―一九二二年）

即ち一九一八年五月より一九一九年の中頃に至る迄、愛蘭大部分の地方は『特別軍事地域』との名稱の下に英國軍隊の治警に當る所となり土人團體との衝突絕ゆる時なく之より「シン・フェン」黨と英國軍隊との間に相互に慘忍なる復仇報復の行爲繰返さるゝ事となれり。一方思想的方面に於ては後に The Irish Dominion League と改稱したる當時の The Irish Centre Party（其の主たる黨員は Sir Horace Plunkett, General Sir H. Gough, Captain Stephen Gwynn 及び Captain Henry Harrison）は其の機關紙 Irish Statesman を通じて愛蘭問題の解決は愛蘭に『自治領』たる地位を與ふることによりて解決せらるべきものなりとの主張を英愛兩國の間に宣傳し居りたるが、一方「シン・フェン」黨に於ては巴里の平和會議に於て愛蘭問題を審議せむことを「ウイルソン」大統領に陳情するの擧に出で、又之に對應して「デ・ヴァレラ」は英蘭「リンカーン」の監獄より逃れて米國に渡り同國政治家並公衆に愬へて愛蘭の爲起債を企てたるが、一九一九年の暮には政府は最後の「ホーム・ルール」案を議會に提出する一方、愛蘭に於ては愈々「シン・フェン」黨員及び共和主義者に對して最後の壓迫を加へたるが「シン・フェン」黨は屈せず、同年五月四日「ダブリン」市會が Dail Eireann の主權を認めたるを端緖として、南部愛蘭殆んど全部の地方自治團體之が例に倣ひ「シン・フェン」黨又特別の裁判所を設けて英國皇帝の司法權を認めざるに至り、其の勢力愈々隆盛となり、其の軍隊は各地に英國軍と戰を交へたり。而して斯くする間に一九二〇年十二月には愈々右の愛蘭「ホーム・ルール」案法律となるに至りたるが、本法は南部愛蘭と「アルスター」地方六州とに各々議會を設立し、各議會は夫々其の地方の政治を管掌することゝするも、關稅、消費稅、外交、陸海軍並に郵政は英國議會の權限に委することゝし、更に右兩議會の同意を以てこの兩者を合併する事を得るの條項を加へたり。

右は勿論南部愛蘭の共和主義者の要求に合致すること甚だ遠きものにして、「アルスター」地方の新教徒を以て組織する保守黨は之を受諾することに決定したるも、南部愛蘭に於ては一九二一年五月擧行せられたる右法律に依りて設定せらるべき議會の議員選擧に於ては總議席一二八個の中一二四個は「シン・フェン」黨の占むる所となりしを以て同黨は新議會を承認せず、其の自ら一九一八年に設立したる Dail Eireann を再び自ら開催して、右議員等は共和國に對する宣誓を爲したりしが、右選擧と時を同じくして擧行せられたる北部六洲の總選擧に於ては議席五二の中四〇は保守黨の占むる所となり、(殘部は共和主義者並に國民黨員)同地方には愈々新議會設立せらるゝ事となり、又一方英政府側も平和的政策を執るを可とするに至つて、同年六月八日「ダブリン」に於て英國並に南部愛蘭「シン・フェン」黨との間に休戰約定調印せらるゝに至れり。

當時英國政府は勿論 Dail Eireann を承認し居らざりしも、愛蘭問題解決の爲、英國政府讓歩して之を商議の相手方として其の後英國及び南北兩愛蘭の代表者會議を開きたるに、この時北部愛蘭は如何にしても南部愛蘭と合同することを拒絶したるを以て、英國政府は南部愛蘭に對し一歩進んで「ドミニオン」の地位を與ふる事になさむとしたるも、南愛蘭側容易 之を承認せざりしが、遂に折れて一九二一年十二月六日に至りて遂に一條約成立し、之によりて南部愛蘭は「ドミニオン」の地位を與へられ、財政の獨立、一定條件の下に軍隊を維持するの權利等を獲得し、北部六州は其の議會による本條約批准一ケ月後南部愛蘭と合併する希望なき事を通告するに於ては、前顯一九二〇年の法律により與へられたる地位を保ち得べきこと、及び南北兩愛蘭の國境は後に委員會を設けて決定することゝなれり。

是に於て本條約は Dail Eireann に於て一九二一年末より一九二二年一月八日に亘る長期の討議の後、遂に六四對五七票の差を以て批准することゝなりたるを以て、之を「シン・フェン」の主義に合致せずとして反對せる「デ・ヴァレラ」は愛蘭共和國の大統領たるの地位を棄て「グリッフイス」之に代り一月十日選擧せられて愛蘭自由國の成立迄同じく愛蘭共和國大統領たるの稱號を襲ふことゝなり、次で愛蘭議會は一月十五日前顯英愛條約第十七條に基き八名の大臣より成る假政府を組織し玆に公式に愛蘭自由國を建設することゝなりたるが、右八名の大臣中には「グリッフイス」は加はらず、Michael Collins 首相の地位を占むることゝなりたり。尙「シン・フェン」黨員にして右の如く英愛條約を受諾することに決定したるものは之を以て共和國建設の第一歩なりと爲したるものなれども、之より二十年來結合鞏固なりし同黨も遂に條約黨並に反條約黨（若くは共和派）に分裂することゝなり、反條約黨は「シン・フェン」の傳統を繼いで引續き共和主義運動を續くると共に議會選擧には參加するも、議會に出席せざる方針を續行することゝなれり。（尙この反條約黨の中にて「ダブリン」大學選出に係る四名の議員は共和主義を唱ふるも、「デ・ヴァレラ」派とは分離して議會に出席することゝなり、別に愛蘭人民黨（Clann Eireann）と稱する政黨を組織したり。）

第二章　愛蘭自由國の建設

愛蘭の假政府は大統領として「アーサー・グリッフイス」あり。首相として「マイカエル・コリンス」ありたるが、この外當時の大臣にして有名なるものは嘗て一九一三年“National Volunteers”の創設者として勇名を馳たる Eoin Ma neill 敎授、文相の席にあり。又永らく「ダブリン」市會にて有名なりし William Cosgrave 地方政治大臣となりし位のみにして其の他の諸大臣は未だ少壯無名の士なりき。從つて當時に於て『假政府は單に「ダブリン」市公會堂に集まる八名の壯年者の群なり』と稱せられたるも宜なり。

「シン・フェン」黨の反條約派（若くは共和派）は「デ・ヴァレラ」に率いられ、愛蘭正統の政府は共和國政府なりとの宣言をなし、之に加擔する愛蘭の軍隊は Rory O'Connor 等指揮の下に再び英國に對する反抗運動を開始し、從つて新假政府との間にも大衝突を爲すの虞あり。

大統領「グリッフイス」は極力壓迫を加へて「デ・ヴァレラ」派を潰滅せしめんとする意思なりしも、首相「コリンス」暫く之を抑制し、「デ・ヴァレラ」と協定して再び總選擧を行ふことゝなしたるに、其の結果は再び共和派の敗北と決定したるを以て、共和派愈々猛烈なる暴動行爲に移り、一九二二年六月には Sir Henry Wilson 將軍倫敦に於て愛蘭人に暗殺され、其の他事態漸く不穏と りたるを以て、玆に共和派と假政府派との軍隊間に往々小戰鬪開始され、共和派一時敗れて O'Connor は逮捕され De Valera は逃れたるが、尙南方に於て共和派は尙數地方の占領を續け居たるに、八月十二日に至り「グリッフィス」急死し、十日後の同二十二日には「コーク」地方に於て「コリンス」又伏兵の爲殺さるゝに至れり。是に於て愛蘭自由國建設の重任は愈々「シン・フェン」黨の右翼派たる壯年政治家の手に委ねらるゝことゝなりたるが、九月に入りて彼等は議會を召集し、「コスクレヴ」を大統領に選任して藏相を兼任せしめ、其の他十一名の大臣選任せられ、又本政府に對しては嘗て英愛分離反對を唱へたる少數有能の保守黨員之を援助することを憚らず。而して本議會は愈々自由國の憲法を制定することゝなり、其の後十二月六日には右新憲法英愛兩議會に於て批准せらるゝことゝなり、又愛蘭國內にも政府の司法警察權等多難の後漸く確立し、次で北部愛蘭地方の議會も愛蘭自由國外に立つべき旨の通告を英國政府になしたるを以て、玆に南北兩議會獨立の現象確立的となりたるが、自由國側に於ては大統領憲法により上院の定員六十名の中三十名を自ら指名し Dail Eireann 又殘餘の三十名を選擧したりしが、右指名されたる三十名の中には數名の大地主其の他有名なる新敎徒等ありて新敎派の利益を尊重するの態度明かなりしを以て、各派の政治上の協調も確保せらるゝ可能性現れ、こは一般に歡迎せられ、仍て假政府も亦正式政府として確立したり。尙又同政府は當初より全然宗敎を無視し、宗敎的分子を上院議員たらしめざることゝなしたる外、僧侶の關係せる學校を廢止して宗敎と敎育とを分離したるを以て、本點に於ける宗敎上の爭論も鎭定し、僧侶又右の如き措置に抗議せず、又一方に於ては「デ・ヴァレラ」一九二三年五月に至り其の部下に對し爾今戰鬪行爲を中止し、武器は一切之を集積陰蔽することゝなしたるを以て、愛蘭內地も平穩に歸したり。

斯くして第三回目の Dail Eireann は憲法を制定したるが、政府は更にこの憲法によりて擴張せられたる選擧制（即ち男女平等の成年投票制）に基き、一九二三年八月新總選擧を施行する事としたるが、當時共和黨員にして獄に繫るゝもの一萬人、又裁判に付せらるゝことなくして死刑を執行せられたるもの七十人の多きに上り居れる事情ある爲、政府の人望薄らぎつゝある狀態にして、其の結果は政府側に於ては「コスグレーヴ」大統領 O'Higgins 司法大臣等は大多數を以て成功したるが、同派の大臣中落選するもの兩三名ありて、其の當選議員總數は全議員數一二八名の中の半數に上らず、又一方「デ・ヴァレラ」派は右全議員一二八名中「デ・ヴァレラ」を初め四十四名當選するの優勢を示したるが、彼等は議會に出席せざるを以て政府は一九二一年の條約竝に新憲法の權威を認むる他の政黨と共に議會を構成し、其の中に於て漸く多數を保ち得るの狀態となれり、其の結果議會には政府に對する鞏固なる反對黨なく、從つて議會を通過する法案は多數あれども之に對する民衆の意思が代表的に發表せらるゝ機會少なく、又法案自身も政府の提出に係るもの殆んど全部を占め、野黨は何等の initiative、何等の勢力なきことを示したり。

尙又政府部內に於ても、一九二四年の春軍隊內に於ける共和主義者の秘密結社問題に關して勞働大臣 Joseph Magrath 竝に Mulcahy 將軍等の辭職問題ありて、政府を支持せる「シン・フェン」黨內部にも意見の分裂あることを示したり。

自由國其の後の政策は先づ收稅に於ては英國の制度を採用するも、一九二三年四月よりは開港市竝に「アルスター」との國境に稅關を設けて保護貿易制度を採用することゝなし、又土地制度に付ては急速土地買收を完結する爲一法律を制定したり。

又數年の內亂の爲愛蘭は疲弊し、其の財政は甚だ困難なるものありしを以て、政府は一九二三年の暮に五步の利にて總額一千萬磅の公債を發行したる處、發行當日より十日間に應募超過の現象を示し、民衆の新政府に對する信用の篤きことを示したるが、一方に於て政府は一九二四年養老年金を十志より九志に減額し、課稅徵收を嚴格に行ひ、土地の年賦買收を行へる農夫等に對しては其の支拂を嚴重に强制し、又過去數年間內亂の爲「シン・フェン」黨の支持を得て英國政府に對して所得稅を納入せざりし市民に對しては、其の滯納額を請求し、又地方政治に干渉して其の自治的性質を減少して、中央集權、官僚的政治の傾向を增加する等の政策を取りたるを以て、其の人望又衰ふるに至りしが、此等の點に關しては政府は常に自己の發意に基き議會に於ける他の政黨若くは議員の發意に基くものは殆んどなかりき。是れ過去に於て愛蘭が土地改革問題以外に關しては愛蘭の自由と云ふ一種の觀念的政策の遂行にのみ沒頭し、實質的政治思想を養成する年月なかりしに依るものなり。

又新憲法中に愛蘭土語（Gaelic）を以て國語とする旨の條項ありて、政府は愈々この土語の普及に努むる政策を執り、この土語を敎授し、且この土語を以て授業の用語とする諸學校に對し國庫補助金を特に增加する等の方法を執りたるを以て、新敎徒は勿論舊敎徒內に於ても反對あり。殊に右土語が現在全國民中僅か一割のものによりてのみ日用語として使用せられ居るの狀態なるを以て、土語の奬勵は愈々政府に對する不平を增加したるが、愛蘭今日の狀態に於ては該政府を別にしては何等有力なる政府を建つるの見込なく、共和黨に政權を讓れば是亦內亂の再起となるを以て、國民は今日幾分泣寢入より外道なきことゝなれり。

然れども政府側にも亦積極的政策あり。即ち一九二五年に入りて愛蘭の財政漸く平常狀態となりたるが、同年の春には政府は Shannon 湖の水力を利用して大規模の發電事業に當る事に決定し、又百萬磅の補助金を以て愛蘭に Sugar Beet 生產業を起すため一白耳義國會社に其の利權を與へ、又更に愛蘭農工業發展の爲諸種の提議を爲し、最後に一九二五年に至りて自由國成立以來の懸案たる「アルスター」國境劃定に關し英國、自由國、北部愛蘭三政府の間に條約成立し、南北愛蘭の國境は現狀の儘とし、其の代償として自由國は財政上の利益を得ることゝなりたるが、之に對しては自由國に於ては共和黨の反對ありしは勿論議會內に於ては勞働黨最も之に反對し、議會に出席せざる共和黨議員に對し特に議會に出席して勞働黨と共に右條約批准を否決せむことを運動したるが成功せず。議會は七一對二〇票を以て之を通過し、一般民衆亦之を歡迎したるが、かくして愛蘭に於ける年來の懸案は玆に一段落を告げ、之より同國は內政平定の期に達したりと言ふを得るに至れり。

第四章 愛蘭自由國現在の政黨

第一節 概說

愛蘭自由國の諸政黨は既に前章に述べたるが如く、愛蘭民衆の政治的解放運動を基幹として今日迄發達し來りたるものなるが故に、英國現在のそれに於けるが如く未だ國民の社會並に產業政策上の主義に基く政黨分野の限界を有するに至らず。而して愛蘭現在の諸政黨の主たる分界線は則ち一九二二年の英蘭條約に對する贊否問題なりとす。然れども愛蘭には既に最も廣汎なる選擧制施行せらるゝこととなり、人亦漸く安定せんとする形勢馴致せられたるを以て、社會並に產業政策上の主義に基く政黨も亦出現せむとす。即ち純政治的色彩を主たる特徵とするものは右英蘭條約を支持する現在の政府黨（Cumann nan Gaedheal）と、之に反對する反條約黨即ち共和黨(Fianna Fail）と、愛蘭人民黨（Clann Eireann）にして、又社會產業的並政策の色彩を濃厚に有するものは社會主義を標榜する勞働黨と中產農民階級の利益保護を目的とする農民黨（The Farmers Party）なり。然れども更に之を解剖的に觀察せば、社會並に產業政策に於ても現在の政府黨は最も保守的にして、又農民黨は政治上に於ても英愛條約支持を政策と爲し居り、又反條約黨は社會並に產業政策上に於て勞働黨との共通點を多分に有すると共に、勞働黨は政治上に於ては反條約主義なり。而して將來愛蘭の政局が如何に推移するかは今容易に豫斷するを得ざるも、愛蘭國民が此の上政治的爭鬪を繰返す事に堪へ得ざると、社會主義が未だ元來保守的なる愛蘭多數の農民に訴ふるの力なきとに依りて、當分は愛蘭にも安定主義を第一とする保守的政黨（即ち政府黨と農民黨）が比較的優勢なる地位を占むるに非ざるが。而して共和黨と勞働黨とは將來に於て更に或程度迄の聯合を毫間にするには非ざるか。

是に於て今愛蘭議會に代表せらるゝ各政黨の勢力を一九二七年初めに於ける狀態に就て見れば左の如し。

政府黨(Cumann nan Gaedheal)	六〇名
反條約黨	
共和黨(Fianna Faill)	四四名
愛蘭人民黨 Clann Eireann)	五名
農民黨(The Farmers' Party)	一五名
勞働黨	一六名
無所屬	一三名
合計	一五三名

右の外愛蘭には二三の小政黨存在すること後述するが如し。

尙愛蘭に於ける各黨の院外に於ける勢力は同國の選擧が比例代表制度に依るものなるを以て大體其の院內に於ける勢力により推測することを得べし。

第二節 政府黨(Cumann nan Gaedheal)

愛蘭現在の政府黨は既に前述したる所によりて明かなるが如く「シン・フエン」黨中の溫和派にして愛蘭の英帝國內「ドミニオン」たる地位を承認し、一九二二年の英蘭條約を有效と認め、南北愛蘭の分離を現在不可避として之を容認せる黨派なり。彼等は初め「シン・フエン」黨の創立者「アーサー・グリツフイス」を其首領となして「デ・ヴアレラ」等の共和派に對抗したりしが、「グリッフイス」死去し又「コリンス」戰死の後は「コスグレーヴ」を首領として今日に至れり。彼等の政府黨としての施政の大部分は既述の通なるが、彼等の議會內に於ける大多數たるの地位を有するは必ずしも彼等が愛蘭に於て最も信望ある政黨たるの意味には非ずして、愛蘭人が既に內訌外患に疲れたる時に當つて、英蘭と妥協する政策を執り、愛蘭內に平和を與ふる事を得たるが故に人民暫く之を支持し居れるものにして、現在右政府黨に反對する多數黨たる共和黨が現在の如く議席を有するも議會に出席せざる間は政府黨は其の地位比較的安固なりと云ふべく、又次回の總選擧（一九二七年六月頃）に於ては共和黨竝に勞働黨聯合すれば政府黨を凌駕すべき虞れあるも、愛蘭民衆は未だ共和黨に內閣を組織せしめて英蘭との爭鬪を再開するの希望無きを以て、旁々政府黨は當分現在の勢力を繼續し行くべしと觀測せらる。

第二節　反條約黨

一九二二年の英蘭條約は「シン・フエン」黨を二分し、其の一部は溫和派として現在の政府黨となり、他の一部は傳統派として右條約反對黨となり、共和主義竝に南北愛蘭統一主義を唱ふることゝなりたるが、右の反條約黨は又二分して少數派たる議會主義派と多數派たる反議會主義派とに別れたり。今之を說明せば左の如し。

第一款　反議會主義派（共和黨）

反議會主義派とは即ち今日「デ・ヴアレラ」を首領とする共和黨（Fianna Fail）是なり。同黨は一九二六年三月當時迄反政府派として團結し居りたる「シン・フエン」黨內に意見分裂したる結果、多數派が「デ・ヴアレラ」の下に組織するに至りたるものにして、（少數派は後述する Miss McSwinny 一派）其の主義は共和主義にして且愛蘭議會の選擧戰には參加するも、愛蘭人民黨と異り愛蘭議會に出席する事を拒むものなるが其の理由は一九二二年に構成せられたる愛蘭憲法に從へば愛蘭議員は先づ議席に着くに先ち愛蘭の憲法に對して服定を誓ふと共に英國皇帝竝に其後繼者に對して忠誠なるべきことを宣誓せざるべからず。是に於て共和黨議員は愛蘭人民に選擧せられたる議員が何の故に外國の君主に忠誠を誓ふべきやとの理由の下に議會に出席せざるものにして、彼等が今日行へる宣傳運動は先づ右の宣誓廢止を第一目標となし、若し之が廢止せらるれば議會に臨むことを宣言し居れるが同黨は一九二六年十一月末に全國に亘る五百有餘の支部を會して第一回共和黨大會を催し大約次の如き政綱を可決せり。

一、共和國としての愛蘭の獨立と統一を確保すること。

二、愛蘭土語を民衆の日用語として復活し、愛蘭の傳統竝理想に從つて特色ある國民生活を發展せしむること。

三、愛蘭の富と富源を以て愛蘭全國民の必要と福祉の用に供すること。

四、愛蘭を以て出來得る限り經濟的に自給自足の國とすること。

五、農民の家族を出來得る限り作ること。

六、工業の都市集中に反對し、住民の生活に必要なる工業を適當に農業地方に分布發達せしむること。

七、人民代表より成る議會より外國に對する忠誠宣誓の義務を除去すること。

八、國家の產業を興すと共に必須なる工業を國家補助若くは關稅等の方法に依り保護すること。

九、國家的竝に產業的發展に必要なる資本を內國に蓄積する爲、輸出資本に或程度の稅を課すると共に、國立銀行を設立すること。

十、一切の保險制度を國營とすること。

右の外本大會に於ては左の如き決議をも通過せり。

一、共和黨全國執行委員會に對し、次の總選擧に於て英國との帝國的關係を持續せむとする黨派に對抗する爲、國民の獨立を標榜する他の政黨と協力する目的を以て之と商議するの權限を與ふること。

二、信用制度が一切の產業の基本たるに鑑み、本黨は社會利益の爲にする信用制度國家管理案作成の爲本問題關係の一切の事項を硏究すべし。

三、愛蘭人民が失業に惱む間は勞働階級の不利益となるべき外國人たる企業家及び勞働者を入國せしむる事に反對す。

四、共產黨若し政權を執る曉には、勞働者に對し人間としての威嚴を保つに充分なる賃銀を與ふる爲强制法を制定すべし。

共和黨は現在「デ・ヴァレラ」を首領とし副首領として P. J. Ruttledge 並に S. T. O'Ceal'aigh あり。又其の支部は右大會後漸次增加し來り一九二七年三月には六百五十の多數に達するの勢を示したり。

第二款　議會主義派（愛蘭人民黨）

一九二三年愛蘭自由國建設せられたる時、「デ・ヴァレラ」の率いたる反條約黨より更に分離して共和主義を唱ふるものなるも、議會に出席して其の主義の貫徹に努力することに決定したる一團あり。現在愛蘭人民黨（Clann Eireann）と稱す。彼等は現今僅かに五名の議員を有する過ぎざる一小政黨なるが、其の本據は「ダブリン」大學にして其の首領は同大學教授 William Magennis 副首領は Co'onel Maurice Moore なり。彼等の共和黨との差は單に議會主義なるか否かにあり。是に於て彼等を以て共和黨の右翼と見て差支なし。

第四節　農　民　黨（The Farmers' Party）

農民黨は現在愛蘭議會下院に於て十五名の議員數を有す。其の首領は D. J. Gorey、其の書記長衆院內幹事は M. R. Hefferman にして、其の他の有力議員としては P. E. Baxter あり。本政黨は院外に於ける The Irish Farmers' Union の政治的 mouthpiece とも稱すべきものとして、右 Union の書記長 M. F. O'Hanlon は上院議員として上院に於て黨を代表す。農民黨を理解するには右 The Irish Farmers' Union の本體を知らざるべからず。元來愛蘭は農業國なる處、其の產業は過去一世紀に亘る同國民の政治的解放運動の爲甚だ衰微し居りたる次第なるが、十九世紀の末葉より英國政府に於ては大地主等より土地を購入し之を農民に分配するの政策を執り來り、又自由國建設の後自由國政府に於て一九二三年に新に土地法を制定し The Irish Land Commission なるものを設けて、鋭意土地の購入と其の分配とに努むることゝしたるが The Irish Farmers' Union は則ちこの時組織せられたるものにして、其の特徴は愛蘭中產農業企業者（即ち Farmers）の Trade Union たる性質を有する結合體たり。其の目的は勿論會員の利益保護のため產業的に協力し、政治的に活動せむとするにあり。彼等は農業に於ける資本家たる地主に非ず、又農業勞働者にも非ざる中產階級の企業者にして、且愛蘭の國本たる農業に從事するものなるを以て、其國內に於ける地位は重要なると共に、其思想亦穩健、其の根本的目的は愛蘭の土地を舊來の地主の桎梏より解放して農業を自由なる企業者の下に置かむとするものなり。是に於て彼等は產業の安定の前に政治の安定を必要とし、國內の共和革命的分子を排斥し、愛蘭の政治的解放に付ては當分現在の英國王の下に於ける「ドミニオン」たるの地位に滿足し、又「アルスター」地方の分離を以て政治的爭鬪の問題とせず、漸く復興せむとしつゝある愛蘭の農業に專念努力せむとするものなり。

本 Union は全國的組織を備へ、「ダブリン」の Upper Fitzwilliam 街三十七番地を本部とし、總裁、副總裁、並に全國執行委員會を有し、又其の全國大會を以て其の最高機關とす。然れども近時同黨は資本の缺乏に惱みつゝありといふ。

第五節　勞働黨

愛蘭の勞働黨は院外に於ける公式の名稱を"The Irish Labour Party and Trade Union Congress"と稱す。其の實體はこの名稱の示すが如く、勞働組合の聯合にして其の機能は政治と産業の兩者を兼ね備ふ。但し議會に於ける代表者は"The Irish Labour Party"の名稱を執ること勿論なり。

同黨成立の歴史は古し。既に一八九四年當時、愛蘭に存在し居りたる勞働組合は聯合して"The Irish Trade Congress"なるものを組織したりしが。これ現在の勞働黨の前身にして、當時本團體は約五萬人の勞働組合員を糾合し居りたるが、其の機能は當時主として産業的なりき。然るに其の後時勢の變化に伴ふ勞働者の政治的要求盛となると共に、右團體は一九一二年名稱を改めて"The Irish Trade Union Congress and Labour Party"となし、以て純然たる政治的機能をも兼備することを明示するに至りしが、次で一九一八年に至り"The Irish Labour Party and Trade Union Congress"との現在の名稱を採用するに至りて、其の機能の主たるものが政治的なることを明かにするに至れり。而して今日其の政治産業の兩方面の機能の複雜化するに至ると共に、漸く此の兩者を分離し、相關せらも別離せる二團體を形勢せむとするの傾向漸く出現するに至りしが、其實現の時期は未だ豫期するを得ず。

同黨は今日愛蘭に於ける勞働組合、勞働組合全體として勞働黨に加盟し居らざる其の組合の支部 Trade Councils, Workers' Councils 及び地方勞働黨の聯合より成るものにして、別に北部愛蘭(所謂「アルスター」地方)の勞働黨も亦最近之に加盟することを許され、斯くして愛蘭の勞働黨は其の活動の範圍を單に自由國に限ることなく之を愛蘭島全國に及ぼすこととなれり。これ蓋し同黨の全愛蘭合同の理想より來れる當然の政策なり。

此の如くにして同黨の構成は英國勞働黨の構成と大差なく、其の統制の最高權威も年次若くは特別大會の有する所にして、又この大會に於ては毎年同黨の執行委員を選擧して常務に當らしむ。

執行委員會は議長、副議長、書記長、會計監督及び十三名の委員より成る。

其の現在の主たる役員の姓名左の如し。

議　長 Senator J. T. O'Farrell (Railway Clerks' Association)

副議長 W. McMullen, M. P. (Irish Transport and General Workers' Union, Belfast) 同氏は即ち北部愛蘭勞働黨の首領にして同地方議會の議員なり。

書記長 Thomas Johnson, T. D., (Irish Union of Distributive Workers and Clerks)

會計監督 William O'Brien, (Irish Trnsport and Genera' Workers' Union)

尙院内勞働黨は現在下院に於て十六名、上院に於て四名の議員より成立せるが、下院に於ける首領は院外勞働黨の書記長たるにして、副首領は Thomas Johnson にして、副首領は Thomas O'Connell なり。尙この外二名の院内幹事あり勞働黨の主義政綱は英國勞働黨のそれと何等差別なきも、今茲に一九二六年八月に改正せられたる同黨の構成法第二章の「勞働黨の目的と方法」と題する部分を要約せば左の如し。

勞働黨の目的と方法

イ、一切の自然物質資源の完全なる國有。

ロ、勞働者全體の爲勞働より生ずる全生産物の所有並に支配權を確保すること。

ハ、政府の最高權威の下に於て國民の利益の爲一切の産業並に事務を之に從事する筋肉並に精神勞働者の全國體が民主的に支配管理すること。

ニ、性、人種及び宗教の如何に拘らず、一切の成年に對し政治上並に社會上の權利と機會とを平等に與ふること。

ホ、人民の自由意思によりて與へられたるに非ざる一切の權力及び特權の廢止、財産は常に人類に從たるものにして個人的利益は國民の幸福の後たること。

ヘ、以上の目的達成の爲、勞働階級の政治的、社會的、産業的團結を促進す。

ト、中央並に地方の立法並に行政機關に勞働者の代表を出すこと。

チ、勞働階級運動の諸方面の事業を連絡すること。

リ、萬國勞働者の友誼を促進すること。

ヌ、國際協力の促進、國際爭議の解決機關の設定、萬國の社會法制標準の向上。

ル、一般的に萬國勞働階級の解放運動を援助すること。

尚この "The Irish Labour Party and Trade Union Congress" は國際勞働組合聯合 (International Federation of Trade Unions 所謂「アムステルダム・インタナショナル」) にも勞働者並に社會主義者國際聯合 (Labour and Socialist International 所謂第二「インタナショナル」) の何れにも加盟し居らざるが、此等と友好關係を維持し居ることは勿論にして、又壽府の國際勞働會議には毎年其の代表を派遣し居れり。最後に勞働黨の勢力に付て一言すべし。

本勞働黨は其の名稱の示すが如く、一面に於て勞働組合の聯合たる權能を有するものにして、其の勢力の根本も亦この勞働組合に存す。

今先づ勞働黨内に於けるこの勞働組合の勢力を檢するに、一九二六年初めに於て愛蘭の勞働黨に加盟せる組合は四十二あり。其の會員總數約十六萬人にして、其の中最も有力なる組合はIrish Transport and General Workers' Union (四萬) Irish National Teachers' Organization (一萬二千) Nasional Uniou of Railwaymen (一萬五千) Amalgamated Transport and General Workers' Union (八千) 等なるが愛蘭の勞働組合の中には英國組合の單なる支部に過ぎざるもの（Crosschannel Unions と稱す）總數の約三分の一を占む。

Trade Council とは勞働組合の各支部の地方的聯合なること英國に於けると同じく、又 Workers' Council と稱するは一九一七年露國革命以後起りたる Trade Council's が特に自稱する所のものにして、露國の Councils of Workers' Soldiers and Peasants 即ち「ソヴイエツト」を模擬せむとする思想なるが、この種の勞働者團體は愛蘭の各都市に存在し其の最も大なるものを「ダブリン」市の勞働者評議會なりとす（其會員五萬）。次に勞働黨に加盟する地方勞働黨はこれ亦最近殊に勃興し來りたるものなるが、之は各地方に於て勞働黨の政綱に加盟する個人より成る團體にして、其の數一九二六年末に愛蘭自由國内に於て百二十を算するに至れるが、其の會員數は未だ多數に上り居らず。

尙勞働黨黨費として各加盟組合が本部に貢納する金額左の如し。

勞働組合、組合員一名に付年三片、最低總額三磅。

Trade Councils, Workers Councils 會員五千名若くは其の以下なる時は三磅、五千名以上の時は五千名若くは其端數毎に別に一磅五志。

地方勞働黨　會員百名若くは其の以下なる時は一磅、百名以上の時は百名若くは其端數毎に別に十志。

愛蘭自由國選擧が比例代表制度に依るものなることは前述の通なるが、この制度の勞働黨は相當に議席數を獲得するの利益を享有し居れり。

其の勢力の地理的中心は其の社會的中心たる勞働組合が多く存在する諸都市なり。然れども同國は農業を基本とし居れるを以て、農村の間に追隨者を增加することを以て議會に多數を制するの要件とす。勞働黨は玆に見る所あり、既に一九二三年政府が設立したる「農業委員會」に於ては獨自の意見を開陳すると共に、一九二六年には之を基礎として其の改進的農業政策を發表せり。

第六節　其の他の政黨

第一款　The National League (Redmond Party)

本團體は一九二六年の秋に嘗て Redmond が率いたる愛蘭國民黨の遺風を慕ひ、右の「レッドモンド」に對する個人的愛着を有する愛蘭の中老の民衆が「レッドモンド」の子 Captain William Redmond 並に Thomas O'Donnell を中心として、組織したる政黨にして、彼等は現在の政府黨が其の保護貿易政策、貨幣政策並に愛蘭語奬勵政策等により人望を失ひつゝあるに乘じ、將來一大政黨とならむとする覺悟を以て活動し居るものなるが、彼等の第一に標榜する政策は愛蘭語强制敎育反對にあり。之のみにても相當民衆の支持を受けつゝありとのことなるが既に舊來の國民黨員が或は現今の政府黨に或は農民黨に加盟し居る關係上、彼等の新政黨樹立の運動は些か旣成政黨切崩しの感あり。然れども彼等は次回の總選擧に於ては二十名の議員を選出し得べしと揚言し居れり。其の議會下院に於ける現在の勢力は右「レッドモンド」を初め兩三名に過ぎず。

第二款　極端共和派(「シン・フェン」黨)

一九二二年の英愛條約締結の後、「シン・フェン」黨は政府黨と反條約黨とに二大分し、又反條約黨は愛蘭人民黨と共和黨に分裂したることは前述の如くなるが、右の外共和黨の極端派として別に Miss Mary McSwiny の率ゆる一團あり。彼等は共和黨が、愛蘭憲法中の宣誓事項が除去せられたる時は議會に參加するとなすと異り、如何なる場合には愛蘭議會に入らざることを其の主張となし居るものにして、今尙「シン・フェン」黨と稱し居れるが、同黨は共和黨と分裂後米國り同志よりの援助資金斷たれたるを以て甚だ困難し居るも、今尚暴力によつて素志を貫徹せんとし時々兵營其の他民家を襲撃せむとするの擧を企てつゝあり。然れども彼等の運動は有力なる政府の軍隊に鎭壓せられ、最近同派は更に三分したる形勢さへありと云ふ。何れにしても現在同派は何等政治的勢力を有せず。

第三款　共　　産　　黨

「ゼームズ・コンノウリー」が一八九六年に組織したるが Irish Socialist Republican Party が二十世紀に入りて以來漸く其の勢力を增加し來りて愛蘭國民運動に一動力を與へたることは前述したる所なるが、其の後同黨は一九二一年十月に至り　共產黨と改名し、第三「インタナショナル」に加盟するに至りたるが、當時政府側の監視嚴なりしと又第三「インタナショナル」規約に遵つて行はれたる嚴格なる其の統制改革の爲大いに共會員を失ふに至りたるとにより、現在に於ては議會に黨員を送り居らざると共に、其の國內に於ける勢力も亦微弱となれり。

第五章　愛蘭自由國の政黨機關紙

愛蘭自由國の新聞紙は最近一般に同國の「ドミニオン」たる地位に滿足して落付きつゝある傾向にして、最近迄保守主義若くは國民主義を唱へ居りたるもの何れも溫和化して多く現政府支持の立場を持するに至れり。其の主なるものは「ダブリン」市に於て朝刊として元來保守黨系たりし The Irish Times（所有者 John A. Arnott）、元來國民黨系なりし The Irish Independent、夕刊として The Herald 竝に The Dublin Evening Mail あり。又週刊としては The Irish Times 系の The Weekly Irish Times 竝に The Irish Independent 系の The Sunday and Weekly Independent 等あり。又嘗て愛蘭自治の爲大いに奮鬪し來りたる Freeman's Journal は一九二三年遂に百六十年の歷史を後にして廢刊せられたり。

右の外自由國南部に於ては「コーク」市に朝刊一種、夕刊二種發行せらるゝも大なる勢力なく、又英國の新聞大いに愛蘭に輸入せらる。かくして愛蘭自由國に於ける新聞は今日殆んど全部政府黨に屬すると云ふも過言に非るが、反條約黨に於ては之に對して數種の週刊紙を發行し居るのみ。其の主なるものは Fianna Fail Weekly News Bulletin（謄寫版刷）並に最近發行の The Nation 等あるのみにして、其の勢力微々たり。又勞働黨は時々宣傳冊子を發行するも、農民黨に至りては總選擧當時に少しく宣傳冊子を發行するのみ。然れども共和黨並に勞働黨の如きは機關紙を有せざる缺點を補ふに多數の辯士を以てし、全國に亘りて盛んに遊說並に示威運動等を行ひ居れり。

第四編　印度の政黨（一九二六年五月調）

第一章　緒　言

印度の政黨政派を說くに先ち英領印度の特殊國情を叙述するの要あり。即ち

（一）印度は其の人口三億一千九百萬人と算せられ、內「ヒンヅー」教徒二億二千萬人、回教徒約六千九百萬人を數ふ。而して其の他、宗教、種姓の別ありて言語亦多樣に亘り、他國に其の類例を見ず。從て異人種、異種姓、異教徒間の爭鬪絕えず。然も永年に亘りて釀成せられたるものなるを以て其の根底深く、此等が印人の政治的運動の障害たることは何人も之を認め、特に「ヒンヅー」回教徒間の識者は兩教徒間の融合に努力しつゝありと雖も、近き將來に於ける其の實現は到底之を期し難きものゝ如く、結局印度は渾一なる一國民と稱するを得ざると同時に、政黨政派の關係も此の點を度外視しては到底了解し得ざるの實狀なり。

（二）一般印人の文化の程度は今尙低く何語かに依り眼に一丁字ある者の數は總人口の一歩と稱せられ、一九一九年印度政府法に基き何等かの選擧權を享有する者は其の二分、而して英語を解する者に至つては僅に百萬に滿たすと稱せらる。又政治運動に干與する者の多くは都會に於ける智識階級に屬する者、殊に法律に關する業務に從事する者、地方に於ける地主階級に屬する者とに局限せられ、其の數極めて少なし。且全印を通じ人口二十萬以上の都市は僅々十三に過ぎず。從て總人口の大部分たる田園生活者の大多數は政治を解せず、又政治に無關心なりと稱するも過言に非ず。

（三）一九一九年印度政府法に依り初めて多數の民選議員をも含む二院制度の議會制定せられ、上院【Council of State と稱し民選議員三十三名、官選議員二十六名（但議長を除く）より成る】及下院【Legislative Assembly と稱し民選議

員百四名、官選議員四十名(但議長を除く)より成る】あり。外に各州には州會【Provincial Legislative Council) と稱し民選官選の兩議員より成り、其の數は州により異る】を置き、印度憲政の過渡時代に適應する議會政治類似の立法機關を創設してより未だ漸く五年を經過せるに過ぎず。右の如き不完全なる議會制度なるを以て印度に於ける各政黨政派は凡て反英國政府且反印度政府にして其の目的とする所は孰れも印度の自治を要望するに在りて、各黨派の主義政綱の異なる點は其の目的達成上執るべき方法手段に差異あるのみなり。各黨派は斯くの如く印度自治運動に沒頭し、外交問題に關しては自治達成後は兎も角今日にては何等之が主張を有せず。

第二章　各黨の名稱及其の主義綱領

印度に於ては政治を論ずる黨派的團體多々あるも就中政黨として目すべきものは自治黨、印度國民黨及「ベンゴール」回教黨の三に過ぎず。

第一節　自　治　黨 (Swarajya Party)

其の政綱として一九二三年の中央議會及地方州會議員の改選に際し公表せられたるもの左の如し。

(一)我黨員議會加入後は印人が印度行政の衝に當る權利を英國政府及英國々會に依り承認せられんことを要求すること。

(二)我黨當面の目的とする所は完全なる自治領的地位の迅速なる獲得にして即ち現在の國情並に國民精神に最も適合すべき政府組織を採用する憲法を起草するの權利を得ること。

(三)我黨員當選後、我黨は國民に代り前述の如き正當なる要求を政府に提出し政府が相當期間内に之を承諾せんことを要求すること。

(四)若し右の要求にして拒絶せられんか、議會内に於ける我黨員は相結束し議會内に於ける一致不斷の妨碍政策に出で以て政府をして行政の運用を不可能ならしむること。

たりしが一九二四年八月十六日「カルカッタ」に於て「シー・アール・デス」司會の同黨大會に於て其の主義政綱を新たにせり。其の要旨左の如し。

『自治黨は本黨の根本方針は國家の健全なる發達を計るべき凡ての活動に對する自恃並「スワラジ」(自治)に向ふべき國家の進步を阻碍する官僚政治に對する反抗なることを宣言す。由て

(甲)立法機關内に於ては自治黨は此方針の實行上左記の計畫の採用を決議す。

(一)立法機關内に於ては自治派は出來得る限り、

(イ)吾人の權利認識の結果、或は英國々會と印人間に於て問題解決し、現印度政府の組織變更せらるゝに至る迄は豫算を否決すべし。

(ロ)官僚が其の權力を鞏固にする目的を以てする凡ての法律案を否決すべし。

(ハ)國民生活の健全なる發達の爲且は官僚政治排斥の爲必要なる諸法案を提出し且之を幇助すること。

(ニ)全印國民協會の建設的計畫を補助すること。

(ホ)確乎たる經濟政策を樹立し國富の國外流出を阻止せんが爲國內富源の不當なる開發を防ぎ、以て國家の經濟的工業的並商業的利益の增進を計るべし。

(ヘ)農工業勞働者の權利を保護し、且地主と小作人間及資本家と勞働者間の關係を改善すべし。

(二)黨員は俸給の有無に關せず政府の官職を帶ぶことを得ず。

(三)自治黨の計畫達成の見地よりして中央議會議員及地方州會議員たる黨員が再び立候補を爲して各議會內に議席を

占め又委員會に參加せんとするは各黨員の自由とす。

但黨員は中央議會の場合に於ては其の議會內に於ける黨員又州會の場合に於ては其の州會內に於ける黨員に依りて規定せられる規則に違反して立候補を爲すことを得ず。

(四)此等以外の事項に關しては中央議會及地方州會內に於ける黨員は理事會の贊認せる諸規則に準據すべし。

(乙)立法機關外に於ては、

(五)(イ)「ヒンヅー」教徒、回教徒、「シーク」、「パーシー」基督教徒、猶太教徒たる印人(混血人を含む)及其の他印度に居住する凡ての種族間の相互了解を計るべく、殊に「ヒンヅー」教徒、回教徒間及僧侶階級(Brahman)非僧侶階級(Nonbrahman)間の爭點の除去を計るべし。

(ロ)不可觸階級の恥辱とする所謂不可觸(Untouchability)を除去し且所謂被抑壓階級(depressed class)の地位の向上を計るべし。

(ハ)村落行政機關の設立。

(ニ)農工業的勞働者の利益の保護增進を計り「スワラジ」達成上彼等をして其の運動に參加せしむ可き機關の設立。

(ホ)商工業の發達を含む國內に於ける經濟的支配權の獲得。

(ヘ)各州に於ける地方自治體並市會の選擧に勝利を博し、此等地方自治機關を國民的支配の下に置くべきこと。

(ト)國產奬勵(Swadeshi)、自紡布(Khaddar)、禁酒、國民教育、爭議仲裁等に關しては其の必要なりと認むる方法に於て全印國民協議會の計畫を遂行すること。

(チ)理事會の勸告ありたる時は「スワラジ」實現上の政治的武器として印度以外に於て製造せられたる特定英國貨物に對し非買同盟をなすべきこと。

(リ)亞細亞諸國の一致團結、亞細亞的文化の發達並通商貿易に關する相互補助の目的を以て埃及を包含する亞細亞諸國聯盟の組織。

(ヌ)印人の「スワラジ」達成運動に關する的確なる情報の播布、並之に對し諸外國の同情と支持を得んが爲印度事情に關する外國宣傳機關の設置。

第二節　印度國民黨 (Indian National Party)

一九二六年四月五日孟買に於て結黨の際發表せし主義政綱左の如し。

「スワラジ」又は完全なる責任自治政府を印度に樹立する準備及之が達成を速かならしむるを期す。

自治政府樹立とは英帝國の自治領たる地位を獲得するの謂なり。

本黨は全印國民協議會とは別個のものとして結黨せるものなるを以て、大衆の市民的不服從及納税の一般的不拂同盟を認めず。

吾黨は凡て平和的並に合法的方途に依るも、議會内に於ては其の必要に應じては Responsive Co-operation をなし或は非協同的態度に出て又は協同の行爲をなすことあるべし。

而して少數民族、後進民族及被抑壓階級の權利及利益を擁護す。

吾黨の目的を廣く宣傳し、特殊地方の特殊の事件に就き決定的目的の爲めに政府に對し個人的及團體的の行動を採り得る力の涵養に努む。

本目的の爲に吾黨は目的を一にする如何なる他の政黨政派とも共に協力するを辭せず。

一九一九年の印度政府法に定むる所は不充分且不滿足なるものにして、吾人の所期と相去ること遠きも、可成之を利用し、然も吾黨員は現政府の官途に就くを妨げず。

而して憲政の改革を企圖し國民の現狀を改善する爲有ゆる方途を講すべし。

且印度聯邦法案の通過達成を期す。

第三節　「ベンゴール」回教黨　(Bengal Muslem Party)

一九二六年四月五日結黨に先ち「ダッカ」に於て發表せし宣言書に據れば本黨の主義綱領と目せらるゝもの左の如し。

一九一九年の印度政府法は明かに政黨の必要を認め居るものにして之に依れば「ヒンヅー」教徒、回教徒、英印混血人、耶蘇教徒、農民、勞働者、被抑壓階級、不可觸階級と云ふが如きは孰れも各別の政黨を必要とすべし。

印度を地方自治政府の聯邦組織とする憲法を發布せしむるに努力すべし。中央政府の政務は全印度に直接關係を有する事項のみに止めざるべからず。

右目的の達成上、吾人回徒代表者は先づ「ベンゴール」に「ベンゴール」回教黨を興さんとす。

吾黨の政綱は印度政府法の改正促進に在り。

地方自治政府機關の發達を期すること、之に回教徒をも充分代表せしむることにつき特に努力す。

尙官吏にも回教徒を人口の割合に應し採用せしむるに努む。

回教大學を「ベンゴール」に設くること。

文政の改革及國民經濟、衞生の改善。

農工業の發達、農民の不平を芟除し、勞働者の待遇改善を計ること。

地方政府府員及上下兩院議員選擧の組織改訂をなすこと。

第二章　各黨成立の由來、其の勢力の優劣及其の勢力の根據

第一節　各黨成立の由來

第一款　全印國民協議會（All India National Congress）と自治黨

第一項　全印國民協議會

印度に於ける政治的團體にして最も古き歴史を有し且最も有力なるものは全印國民協議會にして、同會は嘗て印度文官たりし故 Allan Octavian Hume に依り一八八五年に創立せられたるものにして、同年十二月「クリスマス」週間に於て「プーナ」に於て其の第一回大會を開催せんとしたるも偶々同地に虎疫發生したる爲之を孟買市に移して開會せり。

而して當時「ヒューム」が同會の根本方針として擧示せしものは左の如し。

一、印度人民を構成する凡ゆる異分子、不調和分子を一國民に渾和すること。

二、斯く開發せる國民の各方面、例へば心理的、道義的、社會的並政治的方面に於て漸次刷新を計ること。

三、印度に取り正義に悖り又は有害なるが如き狀態を是正し以て英印間の結合を鞏固にすること。

斯くて同會は一九〇七年に至る迄、一般の誤解と誹謗裡に其の事業を繼續し來れる處、同年同會内の穩和派と極端派との間に分裂を生じ、「ヒューム」の方針とせし前題不文の方則を同年末の大會に於て左記の如き成文のものとなせり。即ち本會の目的は印人が英帝國内の自治領の享有すると同様の政府制を獲得すること、並英帝國の權利及義務に關しては印人も此等も此等自治領と同等に參加せんとするに在り。

而して此等の目的は現在の行政制度を漸次改革する立憲的手段に依り、且又公共心を涵養せしめ、智的、道義的、經濟的、産業的諸要素を發達せしむるより生ずる國民的結合の增進に依り達成せらるべし。』

而して右の會則は同會の大會に於ける大多數を以て通過する決議案に依るにあらざれば變更を許さずとせられ、其の根本法則を形成せる處、同會は每年「クリスマス」週間に於て其の大會を開催し、其の大會に於て次年度大會開催地と其の會頭とを決定するを例とせり。

同會は其の後政治上大なる活動を爲すことなくして一九一六年に及び、同年中極端派及穩和派は再び融合するに至りたるが、越へて一九一八印度政府法改正に關する「モンターギュ、チェルムスフォード」報告書の公表は印度政界に大なる反響を與へたる處、右改革法案に對する態度決定に關し同會内に再び分裂を生ずるに至れり。即ち同會内の穩和派は同改革法案中の提案を以て自由進歩的にして賢明なる方策なりとすると同時に、更に印度政府一段の自由化を唱導したるに反し、極端派は同改革法案を全然拒否し去らんとする態度に出で、同改革法案の根本方針に重大なる影響を及ぼすが如き變更を提案せんとせり。依て同會は同年孟買市に於て特別大會を開催し、「モンターギュ、チェルムスフォード」改革法案に對し執るべき態度を討議したるが、兩派意見の差異は到底妥協を許さず。遂に穩和派は全然同大會より缺席し、結局後述の全印自由協會を組織するの端を開けり。

而して同大會は同改革法案中の提案は印人の不滿足とする所にして失望を禁じ得ず。現に印人は既に自治の資格ありとの意見を述べ、結局同改革法案に對する根本的の改革を要求する旨の決議案を通過するに至れり。

次で同會は同年の例年大會(十二月)に於て再び前述特別大會の決議と同一の決議を爲し、更に印度は即時自治に適せるものなりとし、數多の決議を爲したる內、主なるものは、(一)「ウキルスン」「ロイド・ジョージ」の言說を引用し、印度は民族自決主義の適用を受くべき進歩せる國民なることを英國々會並に平和會議に依り認識せられんことを要求す。(二)英國々會は速に印度に完全なる責任政府樹立に關する法案を通過すべきこと。(三)完全なる責任政府樹立の曉には凡ての內政事項に關する最終決定權は之を印人の意思を代表する最高立法議會に歸屬せしむべきこと等なり。

翌一九一九年の「アムリツツアー」に於ける大會に於ても亦前年の決議と大同小異の諸決議案を反覆通過したるが、其の中に『本會は英國々會に要望するに民族自決主義に準據し速に印度に完全なる責任政府を樹立するの措置に出でんことを以てす』なるものあり。又『「チェルムスフォード」總督は印人の信任を全然裏切りたるものあるに鑑み、其の召還を英國皇帝に歎願す』と云ふもの等ありたり。

其の外同會は南阿に於ける印人待遇問題に對する抗議的決議を爲し、當面の印度內政問題に關しても諸種の決議を爲し、政府を攻擊するを以て常例とせり。一九二〇年初頭「パンジャブ」擾亂事件に關する「ハンター」委員會の報告書公表せらるゝや、印人の敵愾心を誘致したるが、此等關係問題討議の爲同會は同年九月「カルカツタ」に於て特別大會を開催せり。此秋に於て「ガンディイ」は其の非協同運動案を提げて同大會に臨み、其の印人一般に對して有する偉大なる神秘的勢力に由り、全然同大會の覇權を掌握するに至れり。

即ち同氏は回敎主問題に關する印度政府並英國政府の處置が印度回敎徒の願望を裏切りたること、及「パンジャブ」事件に關する政府の暴政に激昂し、此等の失政の再起を防ぐ爲には「スワラジ」(自治)の外他に方法なしとし、此等不正の是正せられ且「スワラジ」の達成せらるゝに至る迄は印人は非暴力、非協同の政策 (Non-violent non-cooperation) を採るの外なき旨を說きて其の計畫を開示し、其の趣旨に基く決議案を通過したる後、非協同運動の綱領として同會は左記事項を勸奬する旨決議せり。

(一)稱號及名譽職の拋棄。

(二)政府の諸儀式への出席拒絕。

(三)政府の設立又は其の補助監督に屬する諸學校より學童を漸次退學せしめ、之に代ふるに國民學校を設立すべきこと。
(四)印人司法官辯護士は英國法廷より漸次撤退し之に代ふるに私的仲裁々判所を設立すること。
(五)「メソポタミア」に於ける軍務に服するを拒絶すべきこと。
(六)新印度政府法に依る諸立法議會議員の選擧に立候補を爲さゞること、並同會の勸告に背き立候補を爲す者に對しては斷じて投票せざること。
(七)外國製品の不買同盟。

此等の決議は次で同年末「ナグプール」に於て開會せられたる通常大會に於ても確認せられ、更に同大會に於ては一九〇七年制定の同會則を改正し、左の如くなせり。

『全印國民協議會の目的は印人に依り凡ての適法且平和的なる方法に依り「スワラジ」を達成するに在り』

此の改正會則には一九〇七年の舊則と異なり、英帝國内の他の自治領と同等の地位の獲得等の文字を使用し居らざるは最も注目すべき點たり。

次で翌一九二一年に至り、約三ケ月間非協同運動を實行し、主として法廷、學校の「ボイコット」外國製品の燒棄等をなし、「タゴール」翁の如き「サー」を返上し、「ヒンヅー」教徒と犬猿啻ならざる回教徒も共に一時提携するを得、相當の成果を收め得ざりしには非ざるも、同年十一月十七日英皇太子孟買上陸當日に於ける「ハルタル」(同盟休業)の擧に鑑み、「ベンゴール」、孟買、合併州、「マドラス」「パンジャブ」の諸地方政府は非協同運動者の集會を違法と看做すべき旨告示し、其の結果同會幹部たる C. R. Das. Pandit Motilal Nehru 其他の逮捕を見るに至れり。而して一般民衆は未だ非協同運動を實行するの程度に其の主旨を會得理解せず、爲に同年十一月二十三日「バルドリー」に於て「ガンヂイ」自ら指導し同運動を起さんとせしも遂に之を中止せり。

同年末の「アーメダバッド」に於ける大會に於て「カルカッタ」「ナグプール」兩大會の決議を再認し、同大會は依然「ガンディ」の執掌の下にあり。大會は遂に同氏を Dictator とし、同時に其の繼承者指名權を與へ、「バルドリー」に於て納稅拒否運動を興す決議をなし、且市民的不服從を（Civil Disobedience）を翌年一月三十一日より開始すべき旨を宣言せり。

次で一九二二年二月四日「チョーリ・チョウラ」に於て同會員中の Volunteer と稱する者警官二十餘名を殺害せし椿事發生し、一般民衆も同運動が遂に暴動化せんを虞るゝに至り、「ガンディ」の友人等亦「ガンディ」に說く所あり。同氏は「バロディ」に於ける同會執行委員の決議に鑑み、其の態度を變へ所謂「バルドリイ・プログラム」なるものを公表し、市民的不服從を無期中止し、左記事項を勸奬せり。

（一）同協會員一千萬人の募集。

（二）紡績車（Charka）の民衆化並手織布（Khaddar）の製造。

（三）國民學校の建設。

（四）被抑壓階級の生活改善。

（五）禁酒運動。

（六）市町村に於ける私的仲裁々判所の建設。

（七）各階級種族間結合の增進。

（八）Tilsk Swaraj Fund 醵金の募集。

右項目は「デリー」に於ける同會特別委員會に提出せられ、非協同運動の統御亦「ガンディ」の手を離れ、更に過激なる分子の掌中に移り、同委員會は各個人の市民的不服從は各州に於ける同會委員會に依り開始せらるゝを妨げずとなし、外國製布及酒販賣店の强制的閉鎖をも是認し、「バルドリイ」案にも若干の修正を加ふる所ありたり。

印度政府は「ガンディイ」が騷擾を誘致するの運動に從事する以上、擾亂防止の望なきを見たるも尙且長日月間其の逮捕を逡巡せる後、遂に同人の逮捕を敢行するに決し、同人は一九二二年三月十日「アーメダバッド」に於て逮捕せられ、擾亂罪を以て禁錮六ケ年に處せられたり。

「ガンディイ」の下獄と共に印度政界に顯著なる變化を生じ、同年六月に至り同會内に設立せられたる所謂市民的不服從委員會は市民的不服從の採否如何に關し調査を行ひたる結果、同委員會は國内一般の情勢は未だ全國に市民的不服從を企圖するの秋にあらざる旨を報告すると共に場合に依りては局部的不服從の實行を是認し、他方諸立法議會に議席を有すべきや否やなる所謂議會加入(Council Entry)可否問題に關し同會は二派に分るゝに至れり。

議會加入贊成論者たる C. R. Das, Pandit Motilal Nehru, Hakin Ajmal Khan, V. J. Patel 等は「パンジャブ」問題、回教主問題、「スワラジ」問題等を提て、翌一九二三年冬の選擧戰に臨みて輸贏を爭ひ以て議會内に於て絕對多數を制せんことを企圖し、若し其の數定足數を超過せんか、彼等は一旦議席に就きたる後連袂議會より退出すべく、若し其の數定足數に滿たざる時は彼等は凡ゆる政府提出案に反對すると同時に、前記三個の目的の爲に決議案を提出すべし。將又莵一少數の議席を占むるに過ぎざる時は一同議會を去り議會の勢力を減少せしむべしと主張せり。

而して彼等の言說に依れば右述の如き政策は全印國民協議會の非協同運動案の違背にあらざるのみか、彼等の政策は之を非協同運動精神に則りたるものに外ならずして其の目的とする所は、非暴力非協同の政策を議會内に於て行ひ、以て政府を窮地に陷れんことを企圖するものに外ならずと謂ふにありたり。

之に反し議會加入反對論者たる守舊派(No changers)に屬する Dr. Ansari, C,Rajagopalacharia, S. Kasthuri Ranga Iyengar 等は議會「ボイコット」計畫を依然として擁護し大聖「ガンディイ」等同士の牢獄に繫がるゝの時に當り從來の方針を變ふるは我等の建設的計畫を阻害し政府をして其失墜したる威信を恢復せしむるの結果となり、全印國民協議會の政策と逆行するものなりと主張して下らず。

然るに議會加入論者は若し同會員にして選擧戰に立たんか其の當選は各州に於て大多數を占むべしとなせり。

同年末「ガヤ」に於ける大會に於て「ダス」偶々會頭たりしを以て、同人は其の自說を披瀝し極力議會加入を痛說せしも、同會內には未だ「ガンデイ」直參の守舊派の勢力强烈にして結局同會は從來の政策を抛棄することを拒否せり。

此情勢に鑑み「ダス」は同大會終了に際し同人首領として同協會內に於て自治黨なるものを組織する旨を宣言し、議會內に於て非協同政策を實行すべき旨を述べたり。是に於て自治黨初めて生る。

其の後兩者の妥協を計り自治黨員の守舊派に復歸し從來の非協同政策に還元せんことを企圖されしこと屢々なるも遂に實現せず。

一九二三年九月「デリー」に於て全印國民協議會の特別大會開催せられ、「ダス」は其の追隨者の勢力大なるものあるを確信し、議會加入論を持して讓らず、其の大會々頭「アリ」との間に成れる妥協的決議に同意せり。

該決議は非暴力、非協同政策に對する同協議會の信念を再び確保し同時に同年十一月の總選擧に際し立候補をなし、又は投票せんとする同會員に其の行動の自由を與へたるものにして大多數を以て通過せり。

其の外同大會に於ては市民的不服從運動實行の爲一委員會を設立し、「ガンデイ」其の他の政治犯人の釋放、「ケニヤ」問題に對する抗議として英國製品の不買同盟、「ヒンヅー」回敎兩敎徒間の融合に關し決議する所ありたり。

自治黨は玆に議會內に於ける非協同運動なる標語を掲げて總選擧に臨み、回敎徒とは「ヒ」回兩敎徒の融和を目的とする Bengal Pact を結び、自治黨に對する同情を得、一九二三年十二月の「コカナダ」大會に於ては「デリー」の妥協決議を確認せしめ、着々勢力を加ふるに至り一九二四年二月五日「ガンデイ」の釋放せられたる後も「ガンデイ」は議會加入問題に關し中立的態度を持すべしと云へるに止まり、出獄後の「ガンデイ」の提案たる紡績車の一般的使用・手紡糸の一定量を收め全印國民協議會の會員資格となすの件、非協同運動中止の件等も一九二四年十二月「ベルゴーム」本會大會に於て決議せられたるも「ガンデイ」は漸次自説を讓歩せしめらるゝの餘儀なきに至り、最早政界に昔日の勢威なし。

一九二五年十二月「カンポール」に於ける同會大會に於ても會頭 Mrs. Sorojini Naidu 巾幗の身を以て初めて協議會を司會せるが、言ふ所徒らに修辭に走せ克く出席代表者等を操縱し得ず。出席せる「ガンデイ」も亦終始殆んど沈默を守り、自治黨派の人士徒らに大會に跳梁し、內外の反感を買ひたる程なり。而して「ガンデイ」は「カンポール」大會より「アーメダバツド」に歸來し幾程もなく余は少くとも一ケ年は政界を遠かるべしと發表せり。

畢竟全印國民協議會は印度各政黨の母と云ふべく、後段述ぶる諸政派よりも今以て引續き各地より其の代表を大會に送り、一の私設國會の觀あり。然も印度政府法に據る議會內には政黨として自治黨を出し居るに過ぎざるも、全印國民協議會に屬し尙且其他の印度各政派員たるもの亦少なからず。

第二項　自治黨

一九二二年十二月末「ガヤ」に於ける全印國民協議會大會終了後「ダス」に依て組織せられたる自治黨は、一九二三年九月「デリー」に於て開催せられたる協議會特別大會に於て既述の通り會頭「マホメツト・アリ」との間に妥協案成り、次で同年十二年「コカナダ」大會に於て議會加入に關し同會員に行動の自由を許すの同案確認せられ、然も十一月行はれたる印度政府法實施以來、第二回の改選に於ては第二章第一節に記述せる如き同黨の政綱を提げて戰ひ、中央議會の下院に於ては自治黨員其の數に於て第一黨となり中央州々會に於ては絕對多數を占め、其の他の州に於ても相當の成績を擧ぐるを得たり。改選後の下院に於ては一九二四年二月中立議員と提携し、下院內に於て別に National Party と稱し終始政府反對の擧措に出でたるが、同黨は其の勢力を利用し、二月十八日自治黨院內領袖たる「ネール」の提出に係る、

『本院は印度總督に勸奬するに、印度に於て完全なる責任政府樹立の目的を以て印度政府法改正の措置に出でんことを以てし、此の目的の爲めに、

(A)速に代表的の圓卓會議を召集し、少數種族の權利々益に至當なる考慮を拂ひたる後印度新憲法草案を作成し、

(B)下院を解散の上該新憲法草案を新に選擧せらるべき印人議會に提出して、其の贊認を求め、然る後之を成文法と爲さんが爲英國々會に提出す。』

なる印度自治に關する決議案通過に成効したる外、次で三月十七日には自治派政綱の一たる防碍政策に基き、政府提出の豫算案を否決し去るの擧に出で、又地方州會に於ける自治黨は同じく豫算案を協贊せず、殊に「ベンゴール」省會に於ては其の多數黨たるの地位を利用し他派と聯絡を保ち、同年三月同省政府委讓局(Transferre l Department)三大臣の俸給支出案を否決し、八月同省政府に於て再應右俸給支出案を提出するや再び之を拒否し、結局同省政府委讓局の行政は省長官臨時之を管掌代行するの已むなきに至り、「ダイアーキー」制停止し一九一九年改革法の運用不可能なる事態を惹起せしめたり。

而して同黨は八月十六日「カルカッタ」市に於て其の首領たる現「カルカッタ」市長「ダス」司會の下に其の大會を擧げ新に其の政綱を定めたり。其の要目は既に第二章第一節に揭げたる所なり。

然るに「ベンゴール」省に於ては一九二四年中には再三英人警察官を暗殺せんとする企あり。且不穩文書の配布等行はれたるが印度政府は突如十月二十五日附を以て刑法に據らず逮捕狀を要せず且普通の裁判を用ひず直ちに犯罪嫌疑者を拘禁するの緊急令を公布し、然も同日未明より「ベンゴール」に於て大檢擧を行ひ、七十二名を拘束せり。內には「カルカッタ」市吏員あり、「スワラジ」黨書記等あり。「ダス」は「カルカッタ」市會をして政府の處置を不法とし、決議をなさしむる等政府に反抗し、これ「スワラジスト」の勢力を減退せしめ、自治運動を防碍せんとするの擧なりと號し、全國に對

し政府と戰ふべしと慫慂せり。「ガンディイ」は急遽廬を出で「カルカッタ」に來り、「ダス」と會し「ガンディイ、スワラジスト、パクト」と稱せらるゝ協定をなせり。右に依り「ガンディイ」は非協同運動の中止を約し、自治黨が立法府に於ける全印國民協議會の信頼すべき代表黨たるを認め之に對し「スワラジスト」は各月自紡糸二千碼を納め協議會々員の資格を得るの「ガンディイ」多年の希望を容れたり。而して右協定は同年末の「ベルゴーム」に於ける全印國民協議會大會に於て更に確認せられたり。尙同大會に於ては「ベンゴール」大檢擧は自治黨々員に對して行はれたるものなること「ガンディイ」「ダス」「ネール」に依り主張せられ政府の措置を盛んに攻擊せり。

一九二五年六月十六日「ダス」「ダージリン」に於て歿し、自治黨一時氣勢を挫かれしも、「ガンディイ」は彼等に對する反對宣傳を閉塞せしめ、「ネール」は同黨首領に擧げられ、斯くして自治黨は勇氣を回復し、「ベルゴーム」大會に於て決せられたる自紡糸資格を放棄せんとし、議會內に於ける信任ある代表として公認せられたるを以て、九月の「パトナ」に於ける特別大會には「ガンディイ」を招致し、同會合よりは協議會の機關は凡て自治黨の掌中に落ち、自紡糸資格の如きも反對者ありて僅に會員の選擇の自由に委するのみとなり、協議會の事務は協議會の名に於て自治黨員の行ふに過ぎざるに至れり。「ガンディイ」又凡てを自治派首領「ネール」に讓れる旨を公表せり。

一九二五年末の協議會大會「カンポール」に開催せられたるが殆んど自治黨のことを議するに似たり。同黨孟買一領袖 M. R. Taya' er 同中央州領袖 Dr. Moonji 及下院々內同黨副首領 Kelkar と「ネール」との論戰の場面を演し、前者三名は自治黨の義務を負はず且 Responsvie Co-operation の宣傳及官職受命は自由たるべしとの理由を以て自治黨を脫退するに至り、自治黨の內訌を曝露せり。然りと雖も右大會は兎も角「ネール」の議會及州會內に於ける非協同妨碍政策を支持せしも、Pandit Malaviya Nehru（同黨首領と別人）は會の主義を改正して必要に應じては國の利益の爲めには協同運動をも行ひ、或は妨害運動をも行ふことに修正すべき動議を出し、今や協議會は自治黨の手に移り、回教徒及地主代表者等は協議會を去らんとす。而して自治黨員は過去に於て既に食言したり、其の將來亦信ずべからず。協議會は宜しく國民の名譽を保持せんが爲、須らく正直たるべきを訴へたり。又 Pandit Motilal Nehru（同黨首領）は『計畫の運動方法は豫定の如く行はるべし。若し政府に於て民意に聞かずんば吾人は議會を去るべし。而して今冬の改選期に戰ふべき方策は協議會委員會の計畫に委すべし』と宣言せり。

今年の冬期議會に於ては下院内の自治黨員は政府の提案に反對したる後三月八日政府が「ナショナリスト」の改革に關する要求に何等適當なる應答をなさゞりしとの故を以て黨員擧つて退場せり。こは「カンポール」に於ける全印國民協議會大會に於ける聲明の約を履みたるものと云ふべし。次で自治黨員にして下院議長たる「パテル」は當議會は自治黨員の退場に依り最早代議院たらざるに至れりとて彼は其の職權により議會を無期延期せしめ得るものなりと述べ、當日は其の儘休會を宣したるも、翌九日には前言を取消し、引續き議事を見たり。此事ありて後同黨員動搖し、Pandit Malaviya Nehru 外一名は遂に同黨を脫黨せり。又地方州會に於ても同黨員は「アッサム」「ビハール及オリッサ」、「パンジャブ」、孟買、緬甸、合併州、「ベンゴール」の州會より去り、特に中央州に於ては委讓局大臣の俸給の協賛を拒みて一致退場せり。而して四月二十日に至り印度政府は四月二十日より明年一月三十一日迄中央州の「ダイアーキー」制を停止するに承認を與へ、玆に「ベンゴール」省及中央州の二州は全然印度人大臣を見ざるに至れり。

議會内に於ける妨害政策も自治獲得上には著しき効果なきのみならず、却て印度は尙自治に適せずとの評言を買ひつゝありて、自治黨首領「ネール」も黨員の脫會、全印國民協議會内の不評等に顧み一趣向を廻らす所存にや、一時山間に隱れ當分政治を論ぜずと稱せしを以て、愈々政界より隱退するものなりとの風評を得たるも、五月には再び「アラハバッド」に歸來し、新聞記者に語れる處に依れば彼は政界隱退の意思なく、Responsivists 等黨を去る者は暫く其の行動に委せんと稱し、再び「ムスーリー」（避暑地）に遁れ一九二六年冬の改選期に對し劃策怠らざるものあるが如し

第二款 全印自由協會(All India Liberal Federation)別名、國民自由協會(National Liberal Federation)と印度國民黨

第一項 全印自由協會

一九一八年「モンターギュ・チェルムスフォード」報告書の公表と共に全印國民協議會内に於て右報告書案に對し意見二途に別れ、穩和派は別に同志を集め遂に全印自由協會を設立するに至りたる次第は本章第一節に述べたるが如し。

此一派は一九一八年孟買に於て全印國民協議會と對峙して Sir Aurendranath Banerjee 主宰の下に集會を開き「ナグプール」大會に於て全印國民協議會が遂に放棄するに至りたる該國民協議會の舊則を共の信條として採用し、次で一九一九年末「カルカッタ」市に特別大會を開催し、Sir P. S. Sivaswamy Iyer を會頭として決議せし主要綱目左の如し。

(イ)改革法案を起草し、之を實行して以て印度をして責任政府樹立の道程に立たしめたる「モンターギュ」氏に對する頌德。

(ロ)戰時内閣員として又上院に於ける改革法案審議に際しての「シンハ」卿の功績に對する感謝。

(ハ)改革法原案に存せし若干の缺陷を除去し、之を改善せし合同委員會に對する感謝。

等の決議案を通過し更に同會は宣言して曰く、

(一)本會の名稱は All India Liberal Federation たるべく年一回大會を開催す。

(二)本會は中央政府に於て其の責任に關する或種規定の缺除を遺憾とするも一九一九年印度政府法を以て責任政府の漸進的實現の爲決定的且實質的手段なりと認め之を歡迎するものなり。依て本會は英人たると印人たると官吏非官吏たるとを問はず、全國民に向て訴ふるに本法の運用が好果を齎らさんことに全力を竭して協力せんことを以てす。

（三）本會は協調政策に依り又國內各社會間に於ける相互了解の增進に依り憲政改革の達成に努力すべく行政的改革、教育の普及、公共衞生の改良、經濟的發達及未開種族の現狀改善に依り國民的能率の向上を期すべし。

次で翌一九二〇年末「マドラス」市に於て開會せし同會大會に於ける當面の政治問題たりし非協同運動に對し左の決議をなせり。

『本會は非協同政策を以て個人の言動の自由を束縛し社會的軋轢を釀成し、責任政府樹立に向ふ國家の進運を阻害するものと認め全然之に反對することを聲明す。然れども本會は同運動を完全に抑壓す可き最善の方法は政府に於て須らく同運動發生の根本的原因たる不正義を矯正すべきに在りと信ず。』

更に翌一九二一年末の「アラハバツト」大會に於て同一趣旨の決議を爲す所ありたるが、其の要點左の如し。

（一）本會は全印國民協議會の決議に係る市民的不服從運動は國家眞個の利益に重大なる危險を及ぼし且一般人民に甚大なる艱苦を與ふるに至るべきものなりとの意見を維持す。

（二）本會は弘く一般に訴ふるに安寧秩序及個人の自由を破壞し、且單に現政府と云はず如何なる形式の政府に對しても敵意を抱懷せしむるに至るが如き政策に追從せざるべきことを以てし、若し斯くの如き政策に追從せんか全印人の翹望して已まざる自治を獲得し得ざるのみならず國家の進運に痛嘆すべき障碍を齎らす可きを確信す。

（三）改革法運用の經驗を得、且國民的自覺を急速に發達せしむるため本會は左記事項を要求す。

（A）各州會第一回期の終了後各州政府に自治權を附與すべきこと。

（B）中央政府に關しては、國防、外交、蕃邦との關係並に敎會關係以外の事項は現在の下院の第一回期終了後國民監督の下に中央政府之たを處理すべきこと。

越て一九二二年末「ナグプール」に於ける大會は The Right Honourable V. S. Srinivasa Sastri 會頭の下に開催せられ

左の決議をなせり。

『本會は完全なる自治政府樹立促進の必要を印度事務大臣並英國々會に要望し、右目的の下に速かに採るべき處置として左の事項を建議す。

（一）各州に於ける完全なる責任政府の樹立。

（二）軍事、外交、政務以外の中央政府各省に對議會責任制の採用。』

一九二五年末には再び「カルカッタ」に總會を開き當時中央州行政長官を辭したる Sir Moropant Joshi 會頭として司會し、開會の辭として選擧の爲めに政治教育を施すべきを力說し、改選期に多數の議員を出さんことを勸め、一致協力を說き、他の政黨に對する獨特の政策運動の決定の困難なるを述べ英印兩政府が互に協同し理解して進まん事を要望せり。

而して其の重なる決議事項としては C. Y. Chintamani が憲政改革の爲めに動議せし憲政改革調査會の多數者の報告には失望せしも、下院に於て内務部長官の決議による修正を寧ろ支持するものなりとし（一）假令多少制限を附することあるも憲政改革は直に行はざるべからず、（二）州會は全部民選議員たるべきこと、（三）中央政府は國内行政の全般に亘り下院に責任を負はざるべからず、（四）印人は凡て軍事教練を受け武器の取扱を許されざるべからず、（五）印度事務大臣の顧問制を廢し且事務大臣は自治領長官の如きものとせざるべからず、又動議者は現制度が協調の精神に依り運行し居るものとせば、自動的進步をなすが如き條項ある永久性基礎の下に、遲滯なく憲法を布くの措置を採らざるべからずとなし、Sir Provas C. Mitter 氏本動議に「セコンド」し全會一致決議通過せり。

右の外刑法改正、州會に於ける大臣俸給問題に關するもの、文官制度法が印度下院の決議及印人の意見を無視して英國々會に於て通過せるに對する抗議、南阿聯邦議會に亞細亞人排斥法案の提出されたるに對する抗議、又右法案の法律となるを許可せざらしめん爲印度政府は英國政府を動かすことを進言するの件等を通過せり。

同會は政府に反抗するの態度なく、最も穩健なる政見を有し Liberals 又は Moderates と稱せられ、時に政府與黨とさへ目せらる。主として舊官吏又は中央地方の議員多く英國より贈られたる勳爵を有する知名の人士亦尠からず、學識才幹優秀の士を網羅し突飛の行動を愼み居る者のみの集合なり。

第二項　印度國民黨

全印自由協會員たる Sir Tej Bahadur Sapru 及 Mrs. Annie Besant の兩名は連署して一九二六年三月より「ガンディー」「ナイヅー」「ジンナ」「アイヤー」「ネール」「サストリ」「ランガチヤリア」「ケルカー」等約八十名の印度各地の各政黨政派の知名の士に檄を飛ばし、印度の自治の爲め一致協力を望み新たに結黨せんことを計り、四月五日孟買に於て遂に「サプルー」座長となり、Indian National Party を組織せり。其の主義政綱は第二章第二節所述の通にして、自治黨より脫黨したる Responsive Co-operation を唱ふる所謂 Responsivists の加入を見たるも、自治黨員は遂に入黨を肯ぜず、又回敎徒も別に政黨の樹立を企て、今日にては主として「ヒンヅー」敎徒の黨派にして全印自由協會の別働機關として一九二六年冬の總選擧に當らんが爲結黨したるものと見らる。總選擧の結果自治黨に對抗するに充分なる黨員を議會に送り得べきや否や疑問なるも、自治黨員は此新黨を評して親船たる全印國民協議會を破船せしめ次では自らも破船する運命に在りとなせり。

第三款　全印回敎徒聯盟(All-India Moslem Lague)並に回敎主委員會(Khilafat Committee)と「ベンゴール」回敎黨

第一項　全印回敎徒聯盟

全印回敎徒聯盟は一九〇六年の設立に係り、其れ迄印度回敎徒は殆んど政治に携らず超然たる態度を持し居たるも、一八九二年の印度立法參事會法（The Indian Council Act, 1892）には回敎徒の代表に關する何等規定なく、次で一九〇九年の「ミントー・モーレー」印度立法參事會改正案の論議せらるゝや彼等は茲に覺醒し、Aga Khan を委員長として時の總督に嘆願し、立法參事會内に於ける回敎徒の比例代表を要請し遂に其の容るゝ所となれり。

其の時より彼等印度回敎徒は回敎徒社會の政策表示の爲自己の政治團體組織の必要を一層痛感し之に加はる者亦增加せり。

當時の會則左の如し。

（一）在印回敎徒間に英國政府に對する忠誠の念の增進を計り、且其の意圖如何に依り政府の措置に關し惹起することあるべき誤解の芟除に力むること。

（二）在印回敎徒の政治的其他の權利々益を保護し、且其の要求並希望を穩健なる言辭を用ひて政府に知らしむること。

（三）前記（一）（二）の目的と相扞格することなくして在印回敎徒と他敎徒との一致和合を計るべきこと。

越へて一九一三年に至り會則の改正意見行はれ之を修正して左の如くなせり。

（一）印人間に英國皇帝に對する忠誠の念を維持し且增進すること。

（二）在印回敎徒の政治的其他の權利々益を保護增進すること。

（三）印度に於ける回敎徒と他敎徒間の友誼並結合の增進を圖ること。

（四）前記目的に相反することなく現行政組織の漸進的改革、國家的結合の增進、印人間に於ける公共心の涵養並此等目的の爲に他敎徒との協同に依り英帝國の下に於て印度に適應すべき自治政府の樹立に努むること。

本聯盟は一九一六年より一九一七年に亘り有力なる團體となり、全印國民協議會と比例代表の議總り、一九一八年に至り「モンターギュ・チェムスフォード」報告書の公表と共に同聯盟は之に對し前顯自治政府樹立案を再應確認すると同時に同報告書中にある印人は未だ自治に適せずとの言に抗議し、且回教徒の比例代表說を固守せしが、其右報告書に對する大體の態度は今印國民協會の夫れと大同小異なりき。

次で一九一八年の大會に於て英軍の「ゼルサレム」占領並回教主問題に對する抗議を決議し、翌一九一九年の「アムリツサー」大會に於ては「パンジヤブ」事件に關し全印國民協議會と略同樣の決議を爲し、且回教主問題に對し抗議的決議をなす所ありたるが、此大會よりして獨立の政治團體としての主張漸次凘弱となり、其の會則の改正乃至「ガンデイ」の非協同政策の採用等其主張は一步一步全印國民協議會の夫れに接近し來りたる結果、其の例年の大會に於ける諸決議は凡て協議會の反映に過ぎざるの事實を示し、只僅に回教主問題及比例代表に關してのみ其の主張强硬なる差あるのみとなれり。回教徒中の知名の士亦其の論議に加はるよりも寧ろ協議會大會に出席するを擇ぶの形勢を馴致するに至れり。

之と同時に一方一九一九年より萠芽を生じたる回教主委員會の陰影に閉され、一九二三年迄は有名無實のものとなり了れり。

一九二三年の大會の如きは定足數を缺き延期となるに至りしも、一九二四年には M. A. Jinnah の如き有力者主腦となり、回教主委員會は土耳古の狀態に鑑み教主問題終止し、最早存立を要せずとなし、本聯盟の再興を企て同年五月「ラホール」に於て「ジンナ」大會を主宰せしが左したる成果なかりしも、先づ本聯盟地方部の再組織計畫に取掛れり。一九二五年に至りては十二月「アリガール」に大會を催し Sir Abdul Rahim 會頭として回教徒庇護を絕叫し、「ヒンヅー」教徒と回教徒とは氷炭相容れず常に「ヒンヅー」教徒は回教徒に挑戰すとて「ヒ」教徒を批難すること痛烈を極めたり。而して同大會に於て決議せし事項中には Sir Ali Imam の提案たる回教徒及小數民族の利益擁護の見地より印度憲法改正の爲速かに勅命委員會を開催すべしと云ふものありて Mahomed Ali 之に反對せるも大多數を以て通過せり。其の外には西北境州の改革、回教徒の議員たる者は政府と協同すべきこと及英國の「イラク」に對する政策及「モスール」に對する國際聯盟の決定を批難するもの等ありたり。

畢竟全印回教徒聯盟は其の看板通り回教徒の利益擁護一點張りに終始し居れり。

第二項　回教主委員會

一九一九年より回教主問題論議せられ、一九二〇年に於ては未だ全印國民協議會が回教主問題に關し措置を採らざりしも、之が同情を得ざるべからざると非協同運動を後援するの目的を以て回教主委員會を生ずるに至れり。「ガンディ」及Shaukat Aliが此機關を全國的宣傳の用に供するに依り初めて公となり、其の目的とする所は教主に對する不正の匡正に在りたるも、「ガンディ」が主として行ひし大宣傳は「イスラム」聖地の奪回に關するものにして回教徒は「ヒンヅー」教徒に其本來の權利を得る爲助力を期待せるに在りて印度有力者は此擧に擧つて贊同せり一方「ショーカット・アリ」は「マドラス」回教主會議に於て非協同運動を慫慂し兩々相待つて成果を擧げんとせり。又一九二〇年の全印國民協議會特別大會には多大の基金を擁せる回教主委員會員は大衆參加して非協同運動、「スワラジ」の達成、及「パンジャブ」事件反省運動に加勢せり。其の後教主が「ケマル」一派に依り退位し、回教徒聯盟勢力を加ふるに及んで本委員會は漸く衰微し、回教主委員會はNejdに代表を送り、交戰團體に干渉し爭議を調停せしめんとする計劃ありしも、印度政府は右代表の土耳其行を認むる意思なりしも、土耳其政府却て之を欲はず遂に立消となれり。

一九二五年「カンポール」に於ける本委員會の會議にては決議として「イラク」に於ける英國の政策を難し「モスール」に對する國際聯盟の決定を批議し、若し土耳其にして此問題に關し開戰せば本會は土耳其を助くべきものと認むと宣言し、Ibn Saudの「ヘヂヤス」の解決を稱賛し、又「アンダマン」諸島に「モプラ」族を植民せしむるの印度政府の政策を批難せり。

結局本委員會も回教徒問題以外に何等特色を有せず。

因に「ヒンヅー」教徒の團體にして Hindu Mahasabha なる一團あるも全然政治に干與せず。

第三項　「ベンゴール」回教黨

回教徒聯盟と回教主委員會との首領は、現在印度にある議會制度に依り回教徒よりの代表者たる議員の一致の行動を採るの必要に迫られ第二章第三節所所述の政綱を以て「ベンゴール」回教黨の設立をなさんとし、一九二六年四月初旬「ダッカ」に於て Sir Abdul Rahim 及 Syed Mahomed Masih の名義を以て宣言書を發し結黨を了へ一九二六年冬の改選には其の黨員中より議員を出さんとする計畫にして目下「ベンゴール」回教徒と稱するも將來は此政黨を印度全般に及ぼし漸次擴張せしめんとするものなりと云ふ。

而して本黨は自治黨、國民黨以外の政派特に歐洲人一派の支持を翼ひ居るが如き態度を示し、印度に於ては少數人たるも先づ差當り「ヒンヅー」教徒と同等に迄進み各種族の Joint electorate となる迄は現在の種族別比例代表の選擧法に依り所期の目的に邁進するの意氣込なり。

第二節　勢力の優劣及勢力の根據

以上説き來れる所に依り既に明かなる如く、印度に於ては政治的團體の最も有力なるものとしては全印國民協議會あり。全印自由協會の勢力之に亞ぎ、回教徒一派の團體に於ては其の勢力教徒間に限らる。而して議院制度に適應して結黨せる政黨としては自治黨、國民黨、「ベンゴール」回教黨を擧げ得べく、其の中國民黨及「ベンゴール」回教黨は孰れも最近の設立に係り一九二六年冬の改選後に徵せざれば之を論ずる能はざるものにして、自治黨は現下に於て獨り中央議會及地方州會に勢威を振ひ所謂議會内の妨碍政策を採りつゝある唯一の政黨なり。

而して全印國民協會の如く設立の由來古きものは全印に亘り有產階級、無產階級、智識階級、無智階級、回教徒、「ヒンヂー」教徒に至る迄比較的無差別に後援者を有し居り、本協議會と不即不離の內に政黨を維持し居る自治黨は全く協議會を利用し各方面に亘る根據を有し居るも、之に反し、全印自由協會の如く穩健なる主義を綱領とするものは、過激熱狂せざる智識階級の支持に俟たざるべからず。故に印度國民黨の如き設立を見るも自然有識有產階級を根據とするに至るべきは想像に難からず。

又回教徒の政黨の如きは自ら同宗を根據とするの外なかるべし。

一面右の如き事情なると、又他面には政黨の發達比較的近年に屬することにより、印度に於ては農商工等の職業別に又は勞働者方面に特に根據を有する政黨を組織すること尙困難にして、歐人を以て組織せる European Association の本年の總會に於て其の會頭は印度の階級及種族の軋轢を論じて印度の政黨は今後は種族別に發達すべしと謂へるが蓋し肯綮に當れる言なりと云ふべし。

第四章　各政黨首領株の人物略歷及機關新聞紙

第一節　全印國民協議會及自治黨

(一) Mohandos Karamchand Gandhi

一八六九年生る。英國に留學して後辯護士となる。孟買「カチアワル」及南阿に於て開業し「ボーア」戰爭及「ナタール」に於ける「ヅルー」叛亂に際し野戰病院隊を組織したることあり。約二十年南阿に在りて後年四十五歲にして歸印し、大戰中は野戰病院隊を組織し、其の隊員の募集に盡力する所あり。一九一八――一九年「サチヤグラハ」正義運動を興して印度人子弟の馴育に努め、一九二〇年「パンジヤブ」事件及回教主問題に憤激し蹶起して印度の自治運動を興し、又南阿東阿の印度人待遇の爲めに戰ひ、一九二二年三月投獄せられ、一九二四年二月釋放せらる。常に身を持すること謹嚴他の非行は斷食して自己を責め、「トルストイ」の無抵抗主義を奉じ、宗教心强く精神的偉力を信じ、歐洲文明を嫌忌するを以て其の運動は非暴力、非協同、市民的不服從　納稅拒否、外國品排斥、非買同盟となりて表はれ、印度棉を以て自ら紡ぎ自ら織るを以て自治實現の妙諦となす。宗教の如何を問はず、貧富貴賤を論ぜず、印人は彼を呼ぶに Mahatma を以てす。彼今政界に不遇にして健康亦舊の如くならざるも、印人の尊信を克く繫ぎ居るもの彼を措きて他になし。

（二）Mrs. Sarojini Naidu

一八七九年二月「ハイデラバッド」に生る。英國に於て敎育を受け文學、音樂、社會學、宗敎、敎育及國民運動に趣味を有し、婦人の各種運動に携はり、印人學生の爲めに努むる所あり。著書に英詩三篇ありて各國語に飜譯せられ、現に英國王立文學協會々員たり。一九二五年末より全印國民協議會々頭たり。「ガンディ」は彼女を印度の「ナイチンゲール」と呼稱せり。

（三）Pandit Motilal Nehru

一八六一年五月生る。一九〇七年全印國民協會合併州支部長、合併州會議員、一九一九年には全印國民協議會々頭となり、一九二〇年非協同運動の際辯護士の職を擲ち、一九二一――二二年に六ケ月間政治犯にて入獄せしことあり。現在は「アラハバット」に辯護士を開業し、合併州七市選出の下院議員にして自治黨首領たり。

（四）Srimivasa Iyengan

一八七四年生る。一九一二――一六年「マドラス」省「セネート」の一員となり、「マドラス」辯護士會長、「マドラス」社會改良會長、全印國民協議會委員會員、「マドラス」檢事總長等の職に在り。後自治黨員となる。「ネール」に繼ぎて自治黨首領となるべしとの噂あり。

（五）Sen Gupta

東「ベンゴール・チタゴン」の地主の出にして非協同運動に際しては東「ベンゴール」の首領となり、「カルカッタ」高等法院附辯護士を退き D. R. Das 死後「カルカッタ」市長に任命せられ現に自治黨の一領袖たり。

全印國民協議會及自治黨機關紙

Young India	「アーメダバッド」市發行、週刊、「ガンディイ」主筆
The Hindu	「マドラス」市發行、日刊
The Bombay Chronicle	孟買市發行、日刊
The Swarajya	「マドラス」市發行、日刊
The Amrita Bazar Patrika	「カルカッタ」市發行、日刊
The Servant	同　右
Forward	同　右
Swadesa mitran	「マドラス」市發行、日刊
The Tribune	「ラホール」市發行、日刊
The Independent	「アラハバット」發行、日刊

第二節　全印自由協會及國民黨

(一) Sir Tej Bahadur Sapru

一八七五年生る。一八九六——一九二〇年「アラハバツト」高等法院附辯護士、一九〇六——一九一七年全印國民協議會委員、一九一三——一六年合併州會議員、一九一六——二〇年下院議員、一九二二年印度總督行政參事會員として司法大臣の職にありて一九二三年には大英帝國會議々員となり「サー」を得、同年には全印自由協會々頭となる。政治、社會學、法律問題に關する發表多し。

(二) The Right Honourable U. S. Srinivasa Sastri

一八六九年生る。一九一三——一六年「マドラス」省會議員、一九一六——二〇年下院議員となり、平和會議、華府會議、國際聯盟總會等に印度を代表し現に英國樞密顧問官、印度上院議員たり。

(三) Mrs. Annie Besant

一八四七年生る。故宣教師 Frank Besant の未亡人にして、宗教家たり。印度に來り印度を己が Home となし、數十年來或は學校を經營し、嘗ては Home Rule League (現在は此協會なし) を創設したることあり。高齡に拘らず、印度聯邦法案を起草し、同案は勞働黨の支持を經て、英國々會の第二讀會を經たるが、女史は之が通過の爲印度は勿論英米に今尚遊說して、印度の自治の爲に獻身的努力を續け居る奇特なる白人なり。文學博士にして New India 紙の主筆なり。

(四) Syed Hasan Jmam

一八七一年生る。「パトナ」及「カルカツタ」にて辯護士を爲し、一九一二——一六年「カルカツタ」高等法院判事たりき。民間に下り再び辯護士となり、一九一一年全印國民協議會臨時大會々頭及 Home Rule League 會頭となり、一九二一年土耳其との平和會議に印度を代表し又一九二三年國際聯盟總會に印度を代表せり。

（五）Chirravoori Lajneswara Chintamani

一八八〇年生る。一九一六——一二三年合併州會議員一九二〇年全印自由協會々頭を勤め、一九二一——一二三年合併州教育產業大臣の任に在り、現在は「アラハバット」市 Leader 紙主筆たり。

（六）Sir Moropant Vishvanath Joshi

一八六一年生る。一八八四——一九二〇年「ベラール」に於て辯護士を開業し居り、一九二五年迄中央州內務大臣たり。後之を辭し、全印自由協會々頭となる。

全印自由協會及國民黨機關紙

The Bengalee	「カルカッタ」市發行、日刊
The Indian Daily Mail	孟買市發行、日刊
The Leader	「アラハバット」市發行、日刊
New India	「マドラス」市發行、日刊

第三節　全印回教徒聯盟及回教主委員會並「ベンゴール」回教黨

（一）Mohamed Ali

一八七八年生る。「オックスフォード」を出で、新聞記者となり、一九〇六年全印回教徒聯盟を創立す。後政治犯にし一九一五——一九年拘禁せられ、一九一九年禁錮の刑を受け一九二一年投獄せらる。一九二〇年回教主問題代表として歐洲に赴きたることあり。回教主運動に終始す。

（二）Shaukat Ali

前者の弟にして十五ヶ年間政府阿片局に勤務したるが、政治運動の爲戰時中は拘禁せられたるも後亦回教主運動及非協同運動に奔走し一九二一年入獄兄と共に Ali Brothers とて回教徒の急先鋒として知らる。

（三）Mahomed Ali Jinnah

一八七六年生る。一九〇六年孟買高等法院辯護士となり、一九一〇年下院議員となり、一九二〇年全印回教徒聯盟會頭を勤め、現に孟買市に於て辯護士をなし、引續き下院議員に選ばれ、回教徒新進の政客なり。

（四）Sir Addul Rahim

一八六七年生る。學校教師となりたるが、後「カルカッタ」に於て辯護士を開業し、一九〇〇――〇三年迄地方判官に任命せられ、一九〇八年以來「マドラス」高等法院判事となり、一九一三――一五年「マドラス」に於て裁判長に進み、職を退き、一九一九年「サー」の稱號を受け、一九二五年全印回教徒聯盟大會を主宰し、今年「ベンゴール」回教黨を結黨す。

第五章　現在議會の黨派別

（イ）下　院

議員數		一四四
	官選議員	四〇
	官吏	二六
	非官吏	一四

民選議員	一〇四
「ヒンヅー」代表	六一
回教徒代表	二八
「シーク」代表	二
歐人代表	六
商人代表	四
緬甸人代表	三

而して之が黨派別は左の如し。

自治黨	四三
中立派	三一
無所屬	三〇

自治黨及中立派は一九二四年二月「デリー」議會開會中妥協する所あり。一時合同して「ナショナリスト」と稱し約七十五名を結束し、當時過半數を占めたるも漸次結束緩み現在に於て過半數たるは困難となりたるが自治黨に屬せざる議員中にも例へば自治問題に關する場合の如きは自治黨と一體となり、政府に反對の氣勢を揚ぐることあるも中立派中には一九二六年冬の總選擧を控え印度國民黨と稱する一黨別に組織せられたるに依り、自治國民兩黨の協調は特別の場合ならざる限り最早行はれざるべく、而して新印度國民黨は無所屬議員抱込みに努め居るもの丶如し。

(ロ)上院

議員數	五九

官選議員	二六
官吏	一八
非官吏	八
民選議員	三三
「ヒンヅー」代表	一九
回教徒代表	一二
歐人代表	二

其の内自治黨に屬する者約六名を數ふ。

第六章　地方政府及地方自治體と政黨との關係

各地方に依り情勢を異にすと雖も、地方政府例へば「ベンゴール」省政府、省會及「カルカツタ」市會の如きは前市長 C. R. Das 現市長 Sen Gupta 等が自治黨首領又は領袖たるに依り自治黨議員多數を占め他には回敎徒の一派あるも殆んど勢力なし。中央州に於ても亦同樣の自治黨多數を占め、彼等は「ベンゴール」省同樣「ダイアーキー」制の運行を停止せしめ、委譲局大臣の俸給を否決する等政派の旗幟明瞭なるものあり。其の他の省州に於ても多少の自治黨員ありて連絡を保ち、一擧議場退去等黨としての行動をなし居るも其の他の政派は未だ地方政府乃至自治體に黨派を組み居らざるも、今後は印度國民黨及「ベンゴール」回敎黨が此の方面にも黨人を送ることゝなるものと觀察せらる。

第七章　外交に關する各黨派の政見及主張

印度は古くより外國の侵略を受けたること以外、外交問題殆んどなく、英國の治下となりては外交の事一切擧て英本國の手に委ね今日に至るを以て、特別過激急進なる政客の希圖あるを除ては、一般政客は印度に自治を許さるゝも即時外交を印人に回收するの意思なく、外政及軍政は印度が大英帝國の自治領の一となるも之を當分は英本國の手に於て處理さるゝことを希望する者多し。但軍政に於ては温和派中にも漸次軍隊の印度化を叫ぶ者ありて、印度化の傾向亦なきに非るも、外交問題に關しては差詰め印人自ら外交を行ふことは實際得策に非ずとの考一般に彌漫す。從て各黨派共に外交に關する政見及主張なし。

第八章　各政黨の黨費調達方法

黨費の調達は各黨派共之を公表せざるを以て明かに知るを得ざるも、大體は黨派に同情ある向より寄附を得て之に充て、又演說會大會等を催し、多數の聽衆（一九二五年全印國民協議會は約六千の聽衆ありたり）を吸收し得る設備をなし、入場料を得、椅子敷物等に依り一留比乃至二百留比の特別席料を徵し其の利益にて幾分黨費を補ひ居るもの丶如し。自治黨の如きは地方地主に食入り、其の寄附を仰ぎ居ると稱せらるゝも各黨派共に黨費調達には相當苦心し居る樣子なるが議員の如きも恰も我國國會創設直後代議士に打つて出でたるものが多く父祖傳來の資産を蕩盡せると同樣、印度に於ても亦産を失ひ自ら議員を辭したるも亦尠からず。

第九章　議員歲費額其の他の特權

印度に於ては上下院議員は歲費なるものを特に受け居らず。兩院議員は議會開會に際し居所出發の日より歸宅迄一日日當二十留比の給與を受け（會期年に約九十日とし千八百留比の給與となる）、汽車賃又は汽船賃として毎議會一等料金往復一・五分の二人分の船車料の支拂を受け、外に自動車運搬費を別に支給さる。

又地方州會に於ては一日十留比の日當及船車料一等料金の一・五分の二人分を給せらる。

第十章　議會の會期

通常議會は

（イ）毎年凡そ一月第三週より三月第三週の終迄。

（之を「デリー・セツション」又は冬季「セツション」と稱す）

（ロ）毎年凡そ八月末週より九月に亘り約二十日間、

（通稱之を「シムラ・セツション」又は秋季「セツション」と云ふ）

臨時議會の開會は總督の權限に在りて會期の制限なきも通常一ケ月を越ゆることなし。

地方州會も亦右通常議會開會中開會し別に六七月の交約十日間開會するを普通とす。（註一）

【註一】　一九二四年二月乃至九月印度政情に關しては大正十三年十一月外務省歐米局第二課編纂「印度政情」（歐洲政情研究資料第十九輯）參照。又印度の政治組織に關しては大正十五年一月外務省歐米局第二課編纂「英領印度の政治組織」（歐米政情研究資料第二輯）參照。

第五編　埃及國の政黨（一九二六年六月調）

第一章　最近の埃及政情

世界大戰中英國が土耳古を牽制する爲め、埃及を利用するに當り、將來其の獨立を認むべきを約したること等により埃及が一般に獨立の機運至れるを思へる折柄、

（イ）英國が「パレスタイン」鐵道敷設の爲め多數の埃及土民を徵集虐使し彼等農民の反感を買ひしこと。

（ロ）英國が多數の下級官吏を送り埃及中產階級青年の出世の途を奪ひ且彼等英國下級官吏が高給を貪りながら愚昧横暴を極め一般人民の怨恨を釀したること。

等は「ザグルール」を中心とする「ワフド」黨の反亂となり、大動亂を生じたる結果、英國も遂に「アレンビー」總督の提言に基き英帝國交通路の安全保障、在留外人の保護、傭聘英國官吏の保障、「スーダン」の特別地の承認等を條件として埃及の獨立を承認せるも、「ワフド」派は國民の九割を支持者とせるの勢に乘じ、右の條件を絕對に排斥し、無條件獨立を主張し、遂に「シルダー」總督の暗殺を見るに至れり。其の結果英國の高壓的干涉となり、親英的なる「ジワル・パシヤ」の超然內閣を見るに至れるが、憲法の規定に從ひ同政府は一九二六年五月二十四日を以て代議院議員總選擧を行ふの止むなき事態に立入れり。

右選擧は普通選擧法の下に施行せられたる埃及最初の總選擧なりしが、前首相「ジワル・パシヤ」の率ゐる統一黨に對し、「ザグルール・パシヤ」の首領たる「ワフド」黨、「アドリー・パシヤ」の率ゐる自由黨及獨立黨聯合して之に對抗し、其の結果、政府反對聯合黨の絕對的大捷利となり、新議會（第三次）は豫定の如く六月九日開會せるが、新議員黨派別左の

如し。

「ワフド」黨	一六〇
自由黨	三二
國民黨	六
獨立黨	五
統一黨	五
中立	六
計	二一四

「ワフド」黨首領「ザグルール・パシヤ」は頑強なる反英主義者として、一九二四年時の埃及總督「サー・リー・スタック」暗殺事件を惹起せしめたる當面の責任者なるに鑑み、同氏が其の絕對多數を擁して首相となるに於ては、英國の對埃及政策は其の根抵より打破せらるゝに至るべしとして、英國朝野に非常なる刺戟を與へたり。

加之一九二二年に於ける英人又は親英埃及人の政治的殺害事件は、英國人「カーショー」氏を裁判長とする埃及巡回裁判所に於て審理中なりしが、恰も選擧の當日に至り被告七名中僅に其の一人に死刑を宣告したる外、他六名の被告を全部放免したる事實あり。而して右裁判所は裁判官の多數決に依り判決を下すの組織なるに、埃及人裁判官は「ザグルール」派の大捷を確信し、同派の政權獲得を豫想して被告が「ザグルール」派の名士又は之が關係なるに鑑み、之を處刑するときは自己の地位に累を及ぼさむことを虞れ、右の如き判決を爲すに至りたるものと一般に認められ、之が爲前記英國人裁判長は被放免者中四名に關する右判決は、自己の意見に反し司法の公正を破壞するものなりとして、六月二日辭表を埃及司法大臣に提出するに至れり。是に於て英國政府は同日右の事情に鑑み、(一)前記判決に關する判斷を留保し、(二)其の間右判決を以て被告四名の無罪を證するものとして之を承諾することを拒絶、（三）埃及在留外國人の安全を確保するの義務を遂行するに、將來必要なる手段を執るの完全なる自由を留保すべき旨の公文を埃及政府に送付し、且マルタ碇泊中の軍艦を「アレキサンドリヤ」に急行せしめたり。

事態右の如くなるを以て、「ザグルール・パシヤ」が後繼内閣を組織するや否やは、英國に取り重大なる關係を有するを以て、英國政府は萬一「ザグルール」氏が首相の大命を拜する場合には、往年の不詳事の繰返さるゝを避くるが爲、埃及政府に於て一九二二年埃及獨立承認に關する英國政府の一方的宣言に含まるゝ四箇條の留保事項を保障することを要すとなし、右に關聯し埃及國王と「ロード・ロイド」總督との會見となり、次で「ロード・ロイド」と「ザグルール・パシヤ」との會談を見たるが、埃及國内に於ても「アドリー・パシヤ」の自由黨を始めとし、「ワフド」黨中にも穩和派は「ザグルール」氏の首相たることが、必然英國との間に種々の困難を醸するに至るべきに鑑み、「ザグルール」氏の組閣辭退を以て時宜に適すと爲す者多く、其の結果六月三日聯立側下院議員全部及多數上院議員の出席せる午餐會席上に於て、「ワフド」黨議員より「ザグルール」氏に對し健康上の理由に依り、此の際首相の印綬を帶びさらむことを懇請し、「ザグルール」氏は之を容れ其の信任する自由黨首領「アドリー・パシヤ」をして、自己に代り組閣せしめむことを聲明するに至れり。自由黨は其の數に於て遙に「ワフド」黨に及ばざる遠く、從て「アドリー・パシヤ」が内閣の首班となるも、勢ひザグルール氏の傀儡たるに過ぎざるべしと見るものなきに非ざるも、同氏の政治的手腕は既に定評あり、且其の思想政見は對外關係改善の上には最も適任なる人物と一般に認めらる。斯くて首相「ジワール・パシヤ」の辭表は六月七日聽許せられ、同日「アドリー・パシヤ」に大命降下し直に内閣の組織を見たり。

閣員の顔振及黨派別左の如し。

總理兼内務　「アドリー・パシヤ」　（自由黨）

外務	「サルワツト・パシヤ	（同）
農務	「フエタラー・パシヤ	（ワフド黨）
司法	「ザキー・パシヤ」	（中立）
交通	「モハメツド・パシヤ」	（自由黨）
大藏	「モルコス・パシヤ」	（ワフド黨）
文部	「シヤムシー・ベイ」	（同）
ワフク（宗教）	「ネギーブ・パシヤ」	（同）
軍務	「ムハムード・ベイ」	（同）
工務	「オスマン・ベイ」	（同）

右の內交通大臣 Mohamed Mohamoud Pasha を除ては孰れも嘗て大臣たりしものにして「アドリー・パシヤ」及「サルワツト・パシヤ」は共に自由黨の領袖にして兩者共に先に首相たりし事あり。「フエタラー・パシヤ」（農務）は「ワフデスト」に屬し「ザグルール」の股肱として黨中に重きをなし先きには農務大臣より內務大臣に轉じたることあり。「モハメツト・パシヤ」（交通）は立憲自由黨の副總裁たり。今回始めて入閣し、「モルコス・パシヤ」（大藏）は曩に「ザグルール」內閣の工務大臣たり。「シヤムシイ・ベイ」（文部）は先に大藏大臣として「シルター」事件の賠償金五拾萬埃及磅の支拂の衝に當りたる人なり。「ネギーブ・パシヤ」（宗敎）は「タンタ」（地名）の辯護士にして嘗て「ザグルール」內閣の司法大臣たり。「ムハムード・ベイ」（軍務）は先に文部大臣たり。「オスマン・ベイ」（工務）は有名なる技師にして嘗て工務大臣たることあり。「ザキー・パシヤ」（司法）は嘗て文部大臣たり。今回入閣に至る迄上院副議長の職に在りたり。「ザグルール」は斯くの如く自黨が絕對多數を有するに拘らず、國家大計の爲めに退いて自ら下院議長の地位に甘んずるに至れり。

右政變に對し英國の輿論は埃及政局の安否を「ザグルール」の態度如何に歸して其の組閣に反對し、且何人が組閣するも獨立の宣言に附帶せる條件を充すに非れば憲法を撤回すべしとなし、往年「ザグルール」に向つて要求せると同一の保障を要求し、「アドリー・パシヤ」の組閣に對しては概して好感を示すも、政府の運命は尙ほ其の政策如何に依り定まるものなりとて其の採るべき方針を暗示し、

「ザグルール」は埃及に於ける各國の權利々益を尊重し之と調和を保つべきを說きて穩健主義を提唱し居り、表面英國の輿論に迎合するが如きも、國內の輿論は親英派たる「ジワル」內閣に代るに憲法擁護を標榜し健全なる議會政治を爲政の根本義とする內閣の出現を歡迎し「ワフド」黨を背景とする「アドリー」內閣に對し期待する處の大なるものあり。

又政府は其の施政方針に於て特に涉外事項に重きを置き、國家の利益を保護しつゝ各國との親睦を增進し、且在住外人をして其の安全平和の確立並其の利益權利の保護に付ては、絕對に政府を信頼せしむるに努むるを以て重要目的の一となし、殊に「スーダン」關係に至りては益々英埃の親善關係を確立し、他日國家の獨立を完了したる曉、滿足なる解決に到着せんとする强き意思を表明し、更に聯盟を通じて國際政局の班に加はらんとするの希望を明かにせるは今後の政局に重大なる關係を有するものにして、政事上頗る意義ある現象と見做すを得べく、此際特に注目に値すと思考せらる。

第二章　埃及各政黨の組織及現狀

第一節　國　民　黨

本來國民黨は古く排外運動盛んなりしとき組織せられ、千九百年中對埃英國政策に反對して改革せられたるものにして、目下其の政策に贊同するもの少なく勢力衰へたり。一九二六年五月二十四日の總選擧の結果、僅に議席六を得たるに

過ぎず。

第二節 「ワ フ ド」黨

大戰末期に「ザクルール・パシヤ」「シヤラウイ・パシヤ」「アブデル・アヂス・ベイ・ハアフミイ」及「ハマツド・パシヤ・エルバシル」の四名士は當時英國總督たりし「ウイニガート」卿に會見し、英國に行き完全なる獨立を基礎とする埃及問題を論議せんと申出しが、其の希望の拒否せられしのみならず、「ザクルール・パシヤ」「イスマイル・パシヤ・シドキー」「マハメツド・マツムード・パシヤ」及「ハツド・パシヤ・エルバシイル」は共に「マルタ」島に流されたり。

一九一九年革命の結果、「ザグルール・パシヤ」を總裁とする「ワフド」(代議士の意)黨組織せられ、今日に至る迄大多數の埃及人は之を支持しつゝあり。

一九二〇年「ミルナー」委員の一行埃及に到着したるが、埃及人は其の一行を相手とせざる爲め「ザグルール・パシヤ」は之が解決の爲め倫敦に招致せられ、後同氏と同見解を抱き居りし「アドリー・パシヤ」內閣組織の爲め招還せられたり。

當時埃及政府は英國政府と埃及問題に付論議せんが爲め代表者を倫敦に派遣せんとせし處、「ザグルール・パシヤ」「アドリー・パシヤ」の中何人を首席代表者に決定すべきやに付論議ありしが、「ザグルール・パシヤ」派中のもの「アドリー・パシヤ」に內應したる爲め結局首席代表者は「アドリー・パシヤ」に決し一行は英國に向け出發したるが議論甚だ振はざりき。本黨は埃及政黨中最も優勢にして一九二六年五月二十四日の總選擧の結果、議會議員總數二百十四名中百六十名を得、絕對多數黨となりぬ。

第三節 自由憲政黨

自由黨政黨は一九二二年二月二十八日宣言を基礎として樹立せられたる政府擁護の爲め同年中組織せられたるものにして、同所屬議員は多數國民の嫌惡視するところなり。一九二六年五月二十四日の總選擧の結果議席三十二を得目下第二黨なり。

第四節　統　一　黨

統一黨は埃及「ワフド」黨に對抗するために一九二五年政府の干渉により組織せられたるものにして同黨總裁を前首相「ジワール・パシヤ」とす。親英主義を其の政綱とす。一九二六年五月二十四日の總選擧の結果議席五を得たるに過ぎず、黨勢頓に衰へたり。

第三章　埃及各政黨の主要人物

(一)「サード・ザグルール・パシヤ」(埃及「ワフド」黨)

同氏は「シヤーワラ」に生れ「エル・アズハル」大學に學び最初辯護士となり、名聲を博したる後、一九〇六年控訴院顧問に任命せられ續いて文部大臣、一九一〇年には司法大臣となり間もなく立法議會議員たらんとして職を辭し同議會副議長に選ばる。一九二六年「ワフド」黨が絶對多數を贏ち得たるに拘らず、其の懷抱する排英思想が英埃關係を紛糾せしめんを恐れ首相の地位を「アドリー・パシヤ」に讓り退いて下院議長となれることは前述の如し。

(二)「アブデル・アヂズ・ベイ・フアフミー」(自由憲政黨)

有名なる辯護士なり。大戰前立法議會議員に選擧せらる一九一八年「ウインガト。パシヤ」に會見したる四名士の一人なり。一九二五年三月「ザイル・パシヤ」を助けて「ワフド」黨に對抗せし爲め司法大臣となれり。

（三）「エヒヤ・イブラヒム・パシヤ」（統一黨）

前首相たりしことあり。「ジワル・パシヤ」内閣大藏大臣にして統一黨組織後間もなく同黨總裁に選ばれたり。

（四）「ハンエズ・ベイ・ラマダン」（國民黨）

有名なる辯護士にして四年前本黨總裁となる。

第四章　政黨の黨費、議員の特權及議會の會期

第一節　黨費調達方法

政黨の黨費は主として首領株之を負擔するも各所屬議員より多少の出金をなさしむることを得。何となれば埃及の議員は一般に地方金權者なればなり。

第二節　議員の特權

上下兩院議員共歳費三百六十埃及磅「約三千六百圓」を受くるの外、埃及全線に亘る鐵道「パス」を附與せらる。

第三節　議會の會期

議會は十一月第三日曜日より開會し、向ふ六ケ月間を會期とす。但し延期することを得るは勿論なり。

第六編　濠太利聯邦の政黨（一九二七年六月調）

第一章　各政黨の名稱及其主義綱領

第一節　政黨の名稱

現在濠洲聯邦議會に於ける政黨は左の三なり即ち

國民黨 (National Party)

地方黨 (Country Party)

勞働黨 (Labour Party)

第二節　政黨の主義綱領

第一款　國民黨の政綱

同黨の政綱として一九二五年十月聯邦總選擧に際し發表せられたるもの左の如し。

一、國民黨の政綱は聯邦と州、都市と地方、雇主と被雇者との何れにも偏するものにあらず。

二、英帝國の存續を維持し自治領としての現在の地位を持續すべし。

三、國民政策の大體方針は平和的手段による產業の增進及勞働者生活の向上を期す。

四、勞働時間は公平にして合理的且各州を統一すべきを期す。
五、小兒を有する家族に對する扶助金制度の實施。
六、聯邦勞働仲裁裁判所法規の改正。
七、勞働組合法規の改善。
八、住宅建設資金融通法の設定。
九、關稅率の改正。
十、科學研究機關の增設。
十一、交通政策の確立、全國軌道の統一、濠洲大陸南北橫斷鐵道の完成、道路の完成。
十二、移民政策に付ては吾人の生活程度を低下せしめざる方法の程度にて移民を增加せしむると共に之が爲めに要する資金の供給を企畫す。
十三、白濠主義の維持。
十四、國民保健問題の調査。
十五、所得稅其他に於て五百六十九萬磅の減稅を行ひたり。
十六、聯邦銀行を國民銀行としての機能を發揮せしむる如く改善すべし。

第二款　勞働黨の政綱

（一九二四年「メルボルン」に於て開かれたる勞働黨會議の採擇にかゝり一九二五年總選擧に當り標榜せるもの）

一、主義　産業、生産、分配、交換の社會化。

二、手段

（一）産業並議會制度の立憲的運用による。

（二）産業の種類による勞働者の機關を通ずべし。

（三）銀行業及主要産業の民衆化。

（四）適當と認めたる或種の事業は市有とすべし。

（五）委員會の設置により民衆化せる産業を管理し各産業及共同團體の勞働者は之に代表者を送るべきこと。

（六）民衆化せられたる全産業を包含する選擧による上級經濟評議會の設立。

（七）勞働研究所及勞働情報局の設置。

勞働教育所の設置、同所に於て各勞働者は民衆化産業の管理を修得すべきものなり。

三、憲法及選擧法の改正

（一）British Community として完全なる責任政府の樹立、行政は聯邦議會の規定する處に從ひ聯邦各大臣の勸告により各種立法は英帝國の條約と相容れざるものを除き聯邦各大臣の勸告により裁可せらるべきこと。

英帝國の榮位（Honours）は如何なる場合に於ても濠洲市民に許與せられざること。

聯邦憲法は次の如く致すべし。

イ、聯邦議會に制限せられざる立法權を附與すべく

ロ、聯邦議會に新州設立の權限を附與すべし

ハ、聯邦上院の廢止

ニ、聯邦最高法院は總ての濠洲内に於ける裁判の最後の判決權を有すべし

ホ、憲法に普通選擧の要旨を挿入すべし

ヘ、Initiative, Referendum, Recall

（二）白濠主義の維持。

（三）州上院及聯邦上院の廢止。

（四）州總督の廢止。

（五）濠洲内鐵道軌道の統一遂行に關する權限を聯邦政府に附與すべく憲法の改正。

（六）聯邦選擧法を改正し州議員も聯邦議員たり得る途を講ずること。

四　財政及税制の改正

（一）聯邦銀行をして共普通銀行及貯蓄銀行たるの機能を保存せしめ更に中央準備銀行として一段發展せしむること

（二）地價五千磅を超ゆるものにして發展せざる地價に對しては現在の graduated tax を維持すること其他現行地租の改變。

（三）陸海軍費は直接税の方法により捻出すること。

（四）公債の制限。

（五）關税に新保護税率の採用。

（六）個人の所得税は其所得二百磅迄は免除し又妻帶者に對しては百磅を課税すべき額より減じ子供を有する者は其一人に付六十磅を減ず。

（七）憲法が改正せらるゝ迄は州に對する per capita 支拂ひを繼續すること。

（八）同等の互惠協約を爲すにあらざれば現在以上の特惠稅率を英本國に又如何なる他國に對して與ふ可らず。
（九）濠洲の產業を有効に保護するため產業の狀態及市價の支配に基き輸入禁止の制を設くべきこと。

五、產業の改善

（一）强制保險の方法により勞働者傷害賠償法の改正。
（二）聯邦鑛業法及其規則の改正。
（三）聯邦勞働裁判所法の改正。

六、社會改善

（一）男女平等市民權の附與。
（二）離婚及結婚法の改善。
（三）寡婦及小兒の恩給法改善。
（四）老廢年金の增額。
（五）Endowment of Motherhood の立法。
（六）死刑及笞刑の廢止。

七、民衆事業

（一）銀行及保險事業の民衆化。
（二）專賣事業の民衆化。
（三）精糖事業の民衆化。
（四）船舶事業の民衆化。

（五）公衆衛生の改善。

（六）實用飛行の發展。

（七）無線放送の政府管理。

（八）北部濠洲の開發。

（九）農産物に對する市場及金融に付「プール」組織の全濠統一。

（十）各種工業に對する補助金の増額。

八、海運

航海法中

イ、不公平なる競爭に對し濠洲船舶業の保護

ロ、河海貿易に從事する全船舶の登錄

ハ、船舶乘組員の充實

ニ、人命救助其他必要裝置の改善

ホ、勞働時間及條件に關する規則

ヘ、船員及船客に對する正當なる設備

ト、適當なる積荷船具及其檢査

チ、船員の傷害に對し船主の强制保險

リ、吃水線

九、國防政策

（一）外敵の侵入に對する適當なる國防。

（二）小武器、軍需品、飛行機製造に變し得べき工場の增設。

（三）飛行隊及其格納庫。

（四）陸軍及要塞。

（五）潜水艇、水上飛行機及機械水雷。

（六）科學產業研究所の機能發展。

（七）道路及鐵道。

（八）國防法の修正。

十、歸還兵問題

（一）歸還兵の復舊計畫に付ては Board of Repatriation Trustee に於て直に既定計畫を實行すべきこと。

（二）歸還兵の就職問題を即時に解決。

（三）歸還兵の訓練設備の開設。

十一、移　民

（一）現資本家內閣の移民政策は濠洲勞働市場に勞働過剩を來し勞働者の生活標準を低下し且資本家に迎合するため安價勞働を供給せんとしつゝあり。吾人は公金を本問題のため更に支出する要を認めず。

（二）施政宜しきを得ば吾人は、濠洲は更に多數の人口を幸福に支持し得べき受容力を有するを信ずるも、吾人同胞勞働者が資本家の虛僞の報告により彼等の道具となり家を離れ來るを防がんとするものにして、彼等の來る以前に就職口を用意せざる可らざるを主張するものなり。

十二、地方政策

地方農牧産業開發のため聯邦農業省の設立及

（一）生産者と消費者との直接連絡。

（二）內地及海外市場の擴張。

（三）農牧研究所の設置。

（四）聯邦銀行の機能擴張。

（五）農牧産品海外運送に當り一層の船賃を安價ならしむるため聯邦船舶院制度の改造。

（六）農牧用機械製造工場の設立。

（七）灌漑工事の完成。

（八）工業發達のため地方に安價電力の供給を計ること。

（九）民間飛行及無線電信の地方架設。

（十）電信電話の迅速設置。

（十一）鐵道道路の建設。

（十二）海外に駐在濠洲代表をし濠洲産品賣込みに對する機能を發揮せしむること。

（十三）氣象觀測所の增設。

第三款　地方黨の政綱

同黨の政綱は專ら內地開發に關し農牧業者の保護及之に適應する財政金融政策の改善を期するものにして大體に於て國民

黨の政綱と同じきものなるを以て之を省略す。

第二章　各政黨成立の由來、勢力、根據、領袖

現在濠洲聯邦議會に於ては國民、勞働の二大政黨の對立を見、地方黨は此間に介在して右二大政黨の政權掌握の分野を決するの地位を保持し居り、現國民黨が一九二三年以來內閣を組織し居るも此地方黨の支持を得居るが爲めなり。蓋し國民黨と地方黨とは其政黨の根據が共に資本家階級或は智識階級乃至は英帝國との强固なる連鎖を主張する保守的傾向を有する分子にあり其利害相一致することと多きによるものなるべし。

第一節　國民黨

往時濠洲聯邦に勞働黨及自由黨の二政黨對立したりしが一九一六年に至り時の勞働黨總理「ヒューズ」同黨より分離し國民勞働黨を創設し當時在野黨たりし自由黨と提携し內閣を組織するに至り爾來此の聯合內閣を國民黨と稱するに至りたり。「ヒューズ」總理巴里平和會議より歸還後一九一九年末の總選擧に於て國民黨は上院及下院に於て絕對多數を占め同黨は再び政權を占むるに至りたるも同總理の獨裁的態度は與黨たりし地方黨のみならず自黨內にも著しき反感を釀すに至りたるが一九二二年末行はれたる總選擧に於て、

國民黨	三一名
勞働黨	二九名
地方黨	一四名
獨立	一名

となり國民黨は七名の議席を失ひ地方黨と妥協せざれば到底勞働黨に對抗するを得ざるに至りたり。然るに「ヒューズ」氏に快からざる地方黨は同氏を排斥するにあらざれば妥協に應じ難きを強硬に主張し且國民黨内にも同氏に反對を表明するもの少からざりしを以て遂に同總理は一九二三年二月同黨總理を辭し大藏大臣たりし「ブルース」氏を其後任に推しこれにより同二月九日國民黨及地方黨の聯立内閣の成立を見るに至りたり。即右聯立内閣には地方黨首領「ページ」氏を大藏大臣とし兩黨より各五名の閣員を選定し外に國民黨より一名の無任所大臣を任命するに至りたり。且同内閣は成立以來「英本國との密接なる連絡、英本國より移民の招致、國防の充實、新嘉坡根據地の完成」を期し國民的結束を堅くすべきを高唱し一方濠洲に漸次に擡頭しつゝある左傾勞働黨員の跳梁を戒しめ且國內に勃興の萌芽を生じつゝある各種初步工業を助長せしめんとして關稅率の大改正を行ひたり。蓋し大戰後各國工業力の恢復は其生産費低下し其生産品續々として濠洲市場に瀰漫し關稅の障壁により其經營を可能ならしめたりし製造工業家を不安ならしめ引ては勞働者の失業續出を見るに至り關稅率の改正により一層の恩澤を之等工業家に與ふるにあらざれば資本家を背景とする政黨としては其地位の安固なる能はざるの事態を生じ且從來保護關稅主張の先鋒たりし勞働黨の出現を希望するやの機運を導くに至らんとせるを以てなり。然るに會々一九二五年初頭に於て英國海員罷業に關聯せる濠洲海員組合の大罷業は從來嘗てなき左傾的實行手段に出づるものありたるを以て同内閣は同年九月下院を解散し『濠洲をして法治國として大英帝國の一分子として存在せしむべきか共産黨との脈絡密接なる勞働黨の跳梁に任すべきかを國民に問はんとす』との標語を以て總選擧に臨みたり。然るに右總選擧の結果は國民黨の大勝に歸し「ブルース」總理は再び地方黨との聯立內閣を組織するに至りたり。

新內閣組織後一九二六年「ニュー・サウス・ウェールス」州に於ける（勞働黨政府）一週四十四時間法の通過は端くも全濠洲勞働團體に深甚なる影響を與ふるに至り勞働爭議の頻發を見るに至り。茲に於て「ブルース」內閣は先に總選擧に於て標榜せる Industrial peace の實行方法として勞働爭議に關する和解仲裁並に一朝有事に際し公共機關の阻害せられたる場合之が運行を續行すべき權限を聯邦議會の手に收むるより外手段なく、且右實行には現在の聯邦憲法を改正せざる可らず。依て右憲法修正に關する件を同年五月一般投票(Referendum)に附して國民に問ひたり。然るに右一般投票の結果は意外にも政府の敗北を見遂に聯邦憲法は何等の修正を見るに至らず。右敗因の主なる原因は多様の意見あるべきも、

抑も現内閣の改變を企てんとする勞働爭議の仲裁權を聯邦政府の手に收めんとする其根本主張は之を各州の立場より見る時は各州には特異の試練を經て今日に至りたる勞働團體乃至は勞働運動の特色あり。從て此勞働團體又は運動に重大の影響を來すべき仲裁裁判權を聯邦の手に收めんとするは州内國民黨の分子たると勞働黨の分子たると之を喜ばざる空氣の多分に存するは動かす可らざる事實なり。換言すれば現在に於ては聯邦と州と又は州と他州とは未だに融合すべき氣運に達し居らざるを以てなり。之を全濠洲產業の發達の上より見れば如此權限を聯邦議會の手に收むるは公平に見て望ましきものなりとは聯邦國民黨のみならず聯邦勞働黨首領すら公言し居る處なれども各州内に居りて之を至上の世界なりと考ふる偏見を有するもの多き州人士の立場より見れば敢て其必要なしとの言を聞くは決して偶然にはあらざるなり。濠洲の政黨を云爲する者州の政黨を度外に措く能はざる所以も玆に存す。

爾來今日に至る迄「ブルース」内閣は政局に立ち居るも最近漸く國民黨内部にも同總理の態度に不滿なる者を生じたるやの氣風あり。

第二節　勞　働　黨

千八百五十年前後に其萌芽を發したる濠洲勞働運動は千八百七十年乃至八十年中に於ける數次の大罷業に破れたるの實驗より漸く直接行動による解決方法の非なるを知り議會政治によりて其の主張を貫徹せんとするの機運を導き一八九一年「ニュー・サウス・ウエールス」州勞働黨の出現を見たるを始めとし漸次各州にも之が成立を見るに至り一九〇一年聯邦成立

當時は勞働黨議員を聯邦議會に選出するに至りたるものなり。

然れども政黨としての勞働黨は單に濠洲勞働運動機關の一分子を構成するものにして其政權を占むるに至りたる時と在野黨たる時とを問はず其實力は既定の政綱に決定したる範圍を出ずる能はざるの現狀なり。之れ濠洲の産業組織社會制度が如何に民衆化せるやの實證にして濠洲勞働黨に獨裁政治の行はれざるの主因なりとす。勞働黨の根據を明確ならしむるため勞働運動の概說を爲すも亦徒爾ならずと信ず。

濠洲大陸の六州即「クインスランド」「ニュー・サウス・エールス」「ビクトリア」「タスマニア」州・南濠州・西濠州の存在は殖民の當初に於ける移民集團の各個に發達し來りたるものに外ならず。從て濠洲勞働運動も此各州により夫夫特種の發達の經路あり。今世紀初め聯邦成立以來或種勞働組合の各州を連ぬる横斷的團體の發生或は少くも之を求めんとして進捗し居るの事實は存するも濠洲勞働運動の主要勢力は依然として縱斷的に見たる各州夫夫の勞働團體の手に存するを見るなり。

各州勞働運動の産業上の運動の主體たるものは各地方に存する勞働團體及職業を連ぬる組合にして、此各團體及組合は夫夫代表者を選出して各州に於て毎年一回開催せらるゝ勞働總會に出席せしめ勞働運動全體の政策乃至政綱を決定し同總會閉會後はこれが執行委員を任命してこれをして其實行の局に當らしむるものなり。州議會に選出せらるゝ議員も聯邦議會に選出せらるゝ議員も何れも此勞働總會及執行委員會の後援の下に立候補を宣言し其當選し議員となるに至り議會に於て勞働黨を成すものにして其勞働黨員たる議員は勞働總會の決議と政綱を遵守すべきを宣誓するの義務を有するものなり。

即産業上の運動の主體をなすものは組合及地方勞働團體にして政治上の運動の主體をなすものは勞働黨なり。此二者を合し中心勢力をなすものは即勞働總會及執行委員會なり從て各州勞働總會乃至執行委員の確認せる各州選出聯邦議員よりなる現在の聯邦勞働黨の實行力は此各州勞働執行委員會の手に存すとも稱し得べく且選出州の勞働者間に一旦信を失ひたゑものは同黨議員として再選せらるゝは決して容易ならざるものなり。

一九一六年勞働黨總理たりし「ヒューズ」の同黨 La our Movement より除名處分を受けたるが如きも同氏の行動は勞働運動の發展を阻害するものとして全濠勞働總會の決議によりたるものなり。

「ヒューズ」の同黨分離より一時聯邦勞働黨は其議員數を減じたるも一九二二年總選擧に於ては國民黨の三十一名に對し二十九名の議員數を得、次で一九二五年の總選擧に於ては上院に於て九名下院に於て二十三名を得て以て今日に至れり。

同黨總理は「チャールトン」(M. Charlton) 氏にして同氏は「ニューサウスウエールス」州「ニューカツスル」「ハンター」選擧區の選出下院議員にして聯邦議員たる以前「ニューサウスウエールス」州議會勞働黨下院議員たりしことあり。

同黨に於て目下其將來を囑目せられ居るは前「クインスランド」州首相「セオドーア」(E. Theodore) 氏にして同氏は一九二五年の聯邦總選擧に於て落選したるも本年二月「ニューサウスウエールス」州の補缺選擧に當選し下院議員となりたるものなり。

第三節 地方黨

一九一九年新に成立せる農業及牧畜業者を背景とする政黨にして現在聯邦議會（下院）に於ては十四名の議員を得るに過ぎざるも國民、勞働黨の間に介在し其向背は兩黨の政權を左右し得るものなるを以て看過す可らざるものなり。現在首領は「ページ」(Earle Page) 氏にして同氏は現「ブルース」內閣に於て大藏大臣たり。地方黨は特に資本家擁護の色彩濃厚なるものあり勞働黨とは常に相合はざるものなり。

「ブルース」「ページ」聯立內閣現在閣員の黨派別名左の如し（一九二七年六月)。

國民黨議員

総理大臣兼外務大臣 Stanley Melbourne Bruce

内務大臣 Charles William Clanan Marr

Attorney-General John Greig Latham

關稅大臣 Herbert Edward Pratten

保健大臣 Sir Neville Reginald Howse

國防大臣 Sir Thomas William Glasgow

Vice President of Executive Council Sir George Foster Pearce

地方黨議員

郵政大臣 William Gerrand Gibson

鐵道勞働大臣 Percy Gerald Stewart

移民市場大臣 Sir Victor Wilson

大藏大臣 Earle Christmas Grafton Page

此外上院議員にして左の二名の無任所大臣あり。

Thomas Willam Crawford

Alexander John McLachlan

第二章 現在聯邦議會の黨派別（一九二七年六月現在）

聯邦議會に於ける黨派別は

（一）上 院（計三十六名）

國民黨　二十七名

選出州名	
「ニューサウスウエルス」州	五
「ビクトリア」州	四
「クインスランド」州	六
南濠州	三
西濠州	四
「タスマニア」州	五

勞働黨　九名

選出州名	
「ニューサウスウエルス」州	一
「ビクトリア」州	二
「クインスランド」州	〇
南濠州	三
西濠州	二
「タスマニア」州	一

（二）下院（計七十五名）

國民黨　三十七名

「ニューサウスウエルス」州	一二
「ビクトリア」州	八

選出州名	
「クインスランド」州	八
南濠州	四
西濠州	一
「タスマニア」州	四

地方黨　十四名

選出州名	
「ニユーサウスウエルス」州	五
「ビクトリア」州	五
「クインスランド」州	一
南濠州	〇
西濠州	二
「タスマニア」州	一

勞働黨　二十三名

選出州名	
「ニユーサウスウエス」州	一一
「ビクトリア」州	七
「クインスランド」州	一
南濠州	三
西濠州	一
「タスマニア」州	〇

獨立國民黨　一名　西濠州選出なり

第四章　州政府及地方自治體と政黨との關係

往時大陸の各部に集團せる移民の漸次增加發展して現在の六州を形成せる歷史は各州政府の權限を强大ならしめ聯邦形成後と雖も各州間の融和全からず從て政黨乃至は勞働運動或は各種產業と雖も各州獨自の發達を持續しつゝあり。聯邦政府の權威も州政府には行はれざるの現象少からず特に「ニユーサウスウエルス」州「ビクトリア」州の如き開發の舊き歷史を有するものに於ては尙然りとす。從て政黨の場合に於ても州議會に於ける國民黨と聯邦議會に於ける國民黨とは必ずしも一致の行動を採るとは限らず。勞働黨の場合にも同一なり。此甚しき實例は一九二六年聯邦政府（ブルース內閣）の憲法修正に關し國民に問ひたる一般投票に對し「ニユーサウスウエルス」州國民黨首領「ベービン」氏は聯邦政府に反對を聲明し同時に聯邦議會に於ては又反對黨たる勞働黨首領「チヤールトン」氏は敵黨政府に贊成し「ニユーサウスウエルス」州勞働黨始め各州勞働黨首領は政府反對を聲明したるが如し。

又一九一二年五月「ニユーサウスウエルス」州勞働黨內に內訌を生じたる際聯邦勞働黨首領及聯邦勞働黨議員等が之が調停に努め居るも「ラング」首相は之に一顧も與へず其所信を斷行しつゝあるが如し。即聯邦及各州に於ける勞働黨乃至國民黨は大體に於て夫々主義を同くするは勿論なるも、其各政策に對する態度は必ずしも合致するものにはあらず。蓋し各州と聯邦との權限の著しき差異より來れる當然の歸結なりと云ふべし。

今現在（一九二七年六月）聯邦及各州政府の政黨（下院の）の大勢を示せば、

聯邦

國民黨　三七名

勞働黨　二三名
地方黨　一四名
獨立國民　一名

「ニューサウスウエルス」州

國民黨　三三名
勞働黨　四六名（現在内訌を生じ二五名は反政府黨たらんとしつゝあり）
地方進歩黨　九名
獨立　二名

「ビクトリア」州

國民黨　一九名
勞働黨　二八名
地方黨　一〇名
地方進歩黨　四名
濠洲自由黨　一名
獨立　三名

西濠州

勞働黨　二七名

統一黨　一四名（國民及進歩黨の合同）
地方黨　七名

南濠州

自由黨　三八名
勞働黨　一六名
獨立　三名

第五章　外交問題に關する各黨派の政見

（國際聯盟、國防問題、共產主義及日本に對する態度）

（一）外交問題及國際聯盟

濠洲官民が外交問題に留意するに至りたるは歐洲大戰後顯著なる新現象の一なり。一九二三年一九二六年の帝國會議の決議により自治領の地位に一段と獨立的形體を具ふるに至りたり然れども既存の各政黨の主義綱領として標榜するものには未だ外交問題に對する自黨の態度を顯に表明し居るものなし。之從來濠洲が英帝國の一分子として直接外交問題に觸るゝこと少かりしことによるものなるべし。從て現在濠洲の政黨に於ては英帝國の一分子として如何なる點迄其關係を繼續すべきかは常に論議の題目たるものなり。即國民黨「ブルース」總理の言を引用せば、

『吾人は衷心より濠洲が英帝國内の一自治領として存續せんことを希望するものにして濠洲が英帝國との特種連絡を有することは吾人の生存上必須なるのみならず英帝國をして永遠に繁榮せしむるは實に人類文明のために望ましきことなり。』

更に勞働黨の政綱を引用せば、

『完全なる責任政府の樹立を期し總ての立法は英本國の條約に加入せるがために生ずる義務と矛盾するものを除き聯邦各大臣の勸告に基き裁可せらるべく英帝國の榮位 Honours は一切濠洲市民には如何なる場合にも附與せられざるべく且關稅率も現在英帝國に對し與へ居る特惠稅率を之以上增加することなかるべし。』

等にして勞働黨は國民黨に比し英帝國の一分子としての連鎖の成るべく薄きを欲し且勞働黨の多年主張の一として英皇帝の代表者たる州總督の廢止を標榜し居れり。

之を要するに從來聯邦政黨の政權の爭把に當り專ら內政問題を主眼とし、在野黨として政府黨を攻擊する場合にも外交問題の如きも英本國に追隨し過ぐると云ふが如き程度にして且亦一般國民も對外問題に興味を有すること少きが如し。國際聯盟の如き重要なる問題とても其政綱に挿入し對策を國民に公言する程には至らず。然れども國際聯盟に對しては兩黨共世界平和促進のため之が完成に努力を惜むものにあらずとは常に唱ふる處なるも濠洲の規定の國是政策を變更して泣隱忍して世界平和のために力を添ゆる程度のものなりや否や疑はし。

（二）國防問題

國防問題に至りては國民黨が常に英國保守黨內閣の政策に迎合し勞働黨が同じく英國勞働黨に倣ふやの觀を呈す。即新嘉坡海軍根據地の設立に對しては現國民黨內閣は極力贊意を表し之がため其費用の一部を負擔すべきを聲明し或は「ブルース」の如きも『濠洲の如き人口稀薄大陸にして加ふるに其近海に人口過剩に苦しみ居る强力なる國家を控ふるに於ては一日も速く充實せる國防を備ふべき』を說き又其政見發表に當り英帝國との連鎖に言及する場合は常に『英海軍の强大を持續するは即濠洲をして安固ならしむるものなり』との所見を吐露し居るが如し。之に對し勞働黨は新嘉坡海軍根據地に反對し「マクドナルド」內閣の措置を是なりとし又は國防は宜しく濠洲に適應せる兵器を採用し容軍潜水艦の建造に努め軍需品工場に對する補助及科學研究所の設立を計り徒らに英本國のみに依頼するより濠洲獨自の國防政策を確立すべしと說き他面他國の內政に關しては手を觸る可らずと主張し且强制徴兵制度は常に反對を表示せり。然れども要之國防問題に對する兩黨の主張の根本相違は之を明にすること困難なるものなるも何れも現在の濠洲の國防設備の皆無と云ふべき狀態を指摘し防禦し得る程度迄の擴張を主張し居ることに一致し居れりと認めらるゝも、而も事實に於て兩黨共其政權を占むるや國防費として支出するは他の經費に比すれば小額にして未だ濠洲に國防政策ありと首肯せらるゝ體のものに達し居らざるが如し。國防問題に對し一般民衆の熱心の度薄きは濠洲の如き容易なる生活狀態の國情より生ずるに至りたるものなるか。

（三）共産主義と勞働黨

共産主義其他の過激思想に對して國民黨及地方黨等が常に反對し居るは勿論なるが勞働黨が如何なる程度迄之等の主義を受け容れ又は之と聯絡を有するかは極めて興味深き問題なり。元來濠洲勞働黨の政策は權力の掌握により共組合の主張を貫徹せんとする國家社會主義の思想より出で、階級闘爭を共本旨とする I. W. W. 又は共産主義とは自ら差異あるを免れざる處なれども濠洲勞働運動の將來は國際的關係を離れたる濠洲獨自の左傾運動を生ずるに至るべき傾向を有す。現在「ニューサウスウェルス」州勞働黨に於ける內訌の如きは濠洲勞働運動の將來の趨勢を暗示する爭鬪なりと云ひ得べし。

現同州首相一派を目して共産黨化せる過激分子なりと云ふは同氏一派中に現內閣 Vice-President of Executive Council として有力なる「ウィルス」氏及嘗て濠洲共産黨首領にして「モスコー」に滯在せし第三インターナショナルに關係深く現在 Sydney Labour Council（シドニーを中心とする都市勞働組合委員會）の Secretary たる「ガーデン」氏等ありて首相等の行動は彼等の策動するものなりとの見解より來るものなり。何か故に然るか。

抑々濠洲勞働運動が資本家階級の潰滅を其目標とせる I. W. W. の實際宣傳を受けたるは一九〇一年前後以來にして其漸く勢力を得んとするに至るや「ヒューズ」總理は之を不法結社なりとし一九一七年 Unlawful Association Act を以て之に壓迫を加ふるに至りたるため右の思想を受け繼ぎたる別途の運動起りたり。之所謂 O. B. U. (One Big Union) と稱するものにして全濠を通ずる一大組合の組織に着手せんとせしものなり。此 O. B. U. 運動の首唱者は實に前記「ガーデン」氏及當時鑛山勞働者組合の代表者たりし「ワイルス」氏の兩氏なりしなり。右運動は A. W. U. (Australian Workers' Union) の多數の反對に會ひ遂に成立するに至らざりしも越て一九二〇年濠洲に始めて共產黨の實行宣傳を見同黨の事務所を「シドニー」市に開くに至りたり。前記「ガーデン」氏がモスコー滯在中「濠洲には僅に千名の共產黨員あるに過ぎざるも百二十の組合よりなる Sydney Labour Concil の執行委員十二人中十一人迄は同黨員なるを以て優に四十萬人の組合員を左右し得べし」と公表せりと稱せらるゝも其眞僞は別として共產黨の勢力及思想は濠洲勞働運動に多分に包含せらるゝに至り居るものと認めらる。然れども一九二三年「ニューサウスウエルス」州勞働總會に於て一有力委員が『濠洲勞働黨は國家主義なり共產黨は國際主義なり濠洲は國際主義を認むるを得ず共產黨を容るゝに於ては濠洲を世界各國に開放せざる可らず各國民は異なれる理想と心理とを有す吾人は露國の內政に干涉するを欲せざると共に濠洲に對し他國の干涉を喜ぶものにあらず吾人は第一に濠洲の勞働運動に忠實なるを要す』と云へり。叫此種所謂穩健且偏狹なる勞働運動の勢力未だ盛なることも事實なり。然れども各種の點より現在の白濠主義否アングロ・サクソン主義を謳歌し居る現狀に於ては將來勃興を見る可き共產黨と雖も國際主義を放れたる濠洲國內を其全範圍とする所謂濠洲共產主義とも云ふべき階級爭鬪に向ふものにあらざるか。

（四）日本に對する態度

聯邦成立以來各政黨間に日本に對する態度として著しき差異あるを認むるは困難なるものあり蓋し濠洲の有色人種に

對する大國の制限は聯邦成立促進の重要分子たりしものにして國民黨たると勞働黨たるとを問はず移民問題に對しては「白人濠洲」を固持して動かず。然れども日本が現在の如く國際的地位を向上し殊に歐洲大戰當時に於ける濠洲に對する友誼的行動は當國有識階級をして從來の如き理否の如何を問はず恐怖と侮蔑的態度を以て日本を見るの甚しき誤謬なるを指摘し、聯邦議會に於て國防問題を論議する場合に於ても常に其言動を愼むの氣運を生ずるに至りたり。然れども兩黨の實施せる政策の跡を仔細に見る時は、資本家階級を背景とする國民黨と勞働者を其團結の分子とする勞働黨との間に直接若くは間接に邦人に影響する點に於て差異あるを見るなり。政治經濟社會各般の施設が民衆運動を基本として其歸趨を決する濠洲の現狀は勞働團體の强固なる團結と其運動の普遍的なるものより來るものなり。移民に關する制限、關稅に於て安價勞働による輸入品に對する特別課稅、勞働仲裁々判其他の司法權による人種的差別、産業上に於て行政權による差別等本邦に對し不利なる問題は一として勞働黨の主唱し或は同黨政府の施政によらざるものなく、少くも其直接の利害に付之を高唱するは國民黨に比し勞働黨が旺なりと稱し得べし。又當國人士一般が日本及日本人に對する智識の缺如寧ろ之を知らんと欲せざる觀念は以上の如き偏見を構成するに充分力あるものなるも而も本邦人士の一般が斯くの如き努力を爲すこと少かりし過去の行動にも負ふ處少からざるべく殊に二三有力者との交渉乃至は英本國を經由し來りし事實は一般民衆に對し其理解に訴ふべき機會を少からしむるに至りたるものにあらざるか。

第六章　議員歲費及其特權、政黨の黨費調達並に主要機關紙

聯邦議員の歲費左の如し（一九二六年度）（尙之が對照のため州議員の歲費をも示す）

	上院 議員數	上院 歳費年額一人（磅）	下院 議員數	下院 歳費年額一人（磅）
聯邦	三六	一〇〇〇	七六	一、〇〇〇
「ニューサウスウェルス」州	九九	無し	九〇	八七五
「ビクトリア」州	三四	二〇〇	六五	五〇〇
「クインスランド」州	無し	無し	七二	五〇〇
南濠州	二〇	四〇〇	四六	四〇〇
西濠州	三〇	四〇〇	五〇	四〇〇
「タスマニア」州	一八	三〇〇	三〇	三〇〇

尙聯邦議會に於ける各大臣、上下兩院議長、兩院內委員長、兩院反對黨首領は左の歳費を受く。即

各大臣
上院議長
下院議長
上院委員長
下院委員長

各年額八〇〇磅並に手當として合計一五、三〇〇磅を支給し、之れが分配は內閣に於て決定す (Ministers of State Act 1917)

下院內反對黨首領　年額一、四〇〇磅にして其內容は一、〇〇〇磅は下院議員としての歳費四〇〇磅はParliamentary Allowances Act of 1920 により支給せらるゝものなり。

上院內反對黨首領　年額一、二〇〇磅其內容は一、〇〇〇磅は上院議員としての歳費にして二〇〇磅はParliamentary Allowances Act of 1920 により支給せらるゝものなり。

其他の上下兩院議員は年額一、〇〇〇磅なり。

議員の特權としては鐵道の無賃乘車劵の發給の如きものあり。

各政黨の黨費調達方法に付ては勞働黨は前述の如き組織なる關係より勞働組合員各自より各種目の會費を徵收し之を選擧運動費に充つ、又國民黨及地方黨は別に勞働黨の如き組織なきを以て其黨費の出所は恐らく有力實業家より支出せらるゝものと見らるゝも之が適確なる調査は困難なり。

各政黨の機關紙

「シドニー」市に於ける「デイリー・レーバー」は勞働黨の機關紙として顯著なるものなるも其他は何れも中正を標榜し特に國民黨及地方黨の機關紙たるものなし。然れども「シドニー」に於ける「シドニー・モーニング・ヘラルド」、「デーリー・テレグラフ」「イーブニング・サン」、「メルボルン」に於ける「アーガス」、「エージ」、「イーブニング・ヘラルド」等有力なる新聞は何れも資本家的色彩を有し反勞働黨たるの態度を示し居れり。

濠洲に於ける有力日刊新聞紙名左の如し。

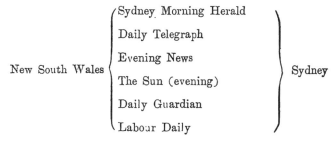

New South Wales:
- Sydney Morning Herald
- Daily Telegraph
- Evening News
- The Sun (evening)
- Daily Guardian
- Labour Daily

(Sydney)

Victoria	Age	Melbourne
	Argus	
	The Evening Sun	
	The Herald (evening)	
Queensland	Brisbane Courier	Brisbane
	Daily Mail	
	Observer (e.ening)	
	Daily Standard (evening)	
	Telegra h (evening)	
So.th Australia	Advertiser	Adelaide
	Register	
Western Australia	The West Australian	Perth
	Dally News (evening)	
Ta mania	The Mercury	Hobart
	The News (evening)	
	The Daily Telegraph	Launceston
	The Examiner	

右の中發行部數の多きは「シドニー」に於ける「サン」「デーリーガーデアン」等にして其數二十萬乃至十五萬と稱せ

らる。

第七章　議會會期、日數、議員年期及選出の割合

聯邦議會は毎年一回は必ず開催せらるべく（聯邦憲法第一章第六條）且總選擧のありたる場合には議員當選の公表(return of the writs)ありたる後三十日以内に開會すべき（同章第五條）を聯邦憲法に規定せるも其開催月日及開期に關しては別に定まれるものなし。

又下院議員の年期は三ヶ年（聯邦憲法第三章第二十八條）上院議員の年期は六ヶ年にして且上院議員の其半數は三年毎に改選せらるべし（憲法第二章第七條及第十三條）、此條件に充當するため第一回聯邦議會の上院議員は三ヶ年と六ヶ年の二種の議員を選擧し次回以後前記の三ヶ年毎に改選するの制となるに至りたるものなり（憲法第二章第十三條）。

議員選出方法

下院に於ては各州の人口に比例し其選出數を定む（憲法第三章第二十四條乃至第二十六條）上院は各州に付六名を選出す（憲法第二章第七條）、

現在下院議員七十五名上院議員三十六名なり。

第七編　加奈陀の政黨（一九二六年十月調）

總　論

加奈陀政界は其聯合政府成立以來自由保守二大政黨の間に政權爭奪せられ一九二一年總選擧に於て進步黨出現する迄は多少問題となる第三黨の存在を許さゞりき。然るに同年突如として其の數に於て第二黨たるの多數を擁する進步黨政界の表面に現はれ、世間を凝視せしめしが、其の實力未だ具はらず、所詮政權爭奪裡の傍系たるに過ぎざるを示し、一九二五年十月の總選擧に於て其數も約三分の一に激減し又一九二六年九月の總選擧後三派に分裂し大勢挽回に由なく政界は再び二大政黨對立の昔に還元せんとするの狀を呈するに至りぬ。

政界自由保守兩黨の分野は之を歷史的に見れば已に聯邦政府成立以前各州に於ける兩黨の分野と脈絡あれども、便宜上一八六七年聯合政府成立以後より之を述べん。

保守自由兩黨の主要なる分岐點は保護自由二樣の關稅政策に存すること英本國の夫れと同樣なり。

聯邦政府は一八六七年時の政界の雄にして保守黨首領「マクドナルド」(John A. Macdonald)內閣の下に完成せられたり。保守黨は爾後一八七三――一八七八年間自由黨に天下を讓れる外、一八九六年の總選擧に大敗する迄政權を持續せり。一八九六年佛系加奈陀人「ローリエー」(Wilfred Laurier)內閣を組織し、同內閣は其後數次の總選擧に勝利を占めしが、一九一一年米國との互惠關稅條約を主題とせる總選擧に慘敗したる結果、保守黨首領「ボールデン」(Robert L. Borden)內閣を組織せり。加奈陀は同內閣の下に世界大戰に參加したが、「ボールデン」は一九一七年保守黨を骨子とし自由黨中所謂戰勝論者を網羅せる戰時聯立內閣を組織せり。同內閣は一九二〇年迄續き、同年七月首相「ボールデン」政界を引退し保守黨首領「ミーエン」(Arthur Meighen) 繼ぎたりしが、一九二一年總選擧に大敗し自由黨首領領相「マッケンヂー・キング」(William Lion Mackenzie king) 自由黨内閣を組織したりしが、稅關官吏問題にて辭職するや「ミーエン」其の後を襲ひて保守黨内閣を組織せり。然るに一九二六年九月の總選擧の結果、自由黨大勝を博し、保守黨内閣の辭職後「キング」再び出馬して自由黨内閣を組織し以て今日に及べり。(註一)

【註一】詳細は第二章末段參照。

第一章　加奈陀諸政黨

第一節　保守黨

第一款　沿革

保守黨の起原は遠く米國獨立戰爭當時の王黨 United Empire Loyalists の流を汲み、上加奈陀乃ち現今の「オンタリオ」州々會に於て總督を圍み權力を專らにせる所謂支配階級 official class と稱する一部有力者の一團に遡ることを得。右一團は其の後一八三・四〇年頃に至りては世間之を眷族 Familly Compact と稱し愈々權力を擅にせるが、未だ現今の意味に於ける政黨の形を存せざりき。一八四一年上下加奈陀(現今「オンタリオ」州及「ケベック」州)合併成り、又加奈陀各州に於て漸く責任内閣制度の基礎成立してより自由、保守の政黨の分野漸次明白と成り、次で一八五四年「マックナブ」Sir Allan MacNab 内閣の下に John Alexander Macdonald 主となりて保守黨と當時改革派中保守分子とを糾合して聯立内閣を組織せり。保守黨の綱領とせる「リベラル・コンサーヴァチズム」の運動玆に始まる。其の後幾多の變遷を經、保守黨の首領前記「マクドナルド」の下に自由黨多數有力者を包含せる保守黨に偏せる聯立内閣を組織し、同内閣の下に一八六七年の聯邦成り、同年施行されたる同自治領第一回の總選擧に於て聯立內閣は壓倒的多數を制し、次で一八七二年の總選擧に於ても多數を制したるも、選擧費の出所に關する醜聞の爲、翌一八七三年總辭職をなし、自由黨內閣之に代る。然れども一八七八年の總選擧に於て保守黨再び多數を制し、「マクドナルド」內閣組織せられたるが、右保守黨の勝利は輿論が保守黨の保護關稅政策を支持せるものとして翌一八七九年所謂國策 National Policy（略して N. P.）と稱し關稅を平均從價三〇「パーセント」に引上げたり。保守黨政府は爾後一八八二年、一八八七年及一八九一年の總選擧に於て何れも勝利を占めたるが、一八九一年六月加奈陀建國の元勳にして保守黨の祖と云はる可き首相「マクドナルド」死し、「アボット」(Sir John Abbot)「トムソン」(Sir John Thomson)「ボアウェル」(Sir Mackenzie Bowell) 及「タッパー」(Sir Charles Tupper) 相次で保守黨首領として內閣の主に班列したりしが、一八九六年の總選擧に大敗し政權を自由黨に讓れり。

一九〇一年「ボーデン」(Sir Robert Borden) 首領となり、在野十餘年一九一一年の總選擧に於て時の自由黨政府の提唱せる米加互惠關稅條約に反對し大勝し、「ボーデン」の下に保守黨內閣組織さる。同內閣の下に加奈陀は世界大戰に參加せり。

「ボーデン」首相は一九一七年五月英帝國會議より歸來するや、從來屢々反對を聲明せる徵兵法案提出並に擧國一致內閣組織の意ある旨を聲明せり。

右の結果「ボーデン」內閣は保守黨中徵兵法に絕對反對せる佛系加奈陀人の支持を失ひたるも自由黨より多數の戰捷本位論者の馳せ參ずるものありて徵兵法は多數を以て議會を通過せり。同年秋首相は自由黨より內閣議長の要職を含む八名の大臣を網羅せる所謂擧國一致內閣の組織を完了し、十二月總選擧を行ひたり。右總選擧に於て徵兵法兩派論爭の焦點となりたるは勿論なり。總選擧の結果、政府黨は佛系たる「ケベック」州を除き大勝を博し、爾來右保守黨を主とせる統一內閣 Unionist Government 軍國の大政を處理せるが、一九一九年中閣員に多くの變動を見、就中自由黨系出身閣員中五名は內閣を退き又保守黨內部に於ても已に戰爭終了後統一內閣を維持するの可否に就き相當議論あり。一方首相「ボーデン」氏は同年夏平和會議より歸來後健康勝れず。屢々辭意傳へられたるも戰後經營の大問題を控えたる當時、同氏の聲望を必要なりとして首相靜養中商務大臣「フォスター」（Sir George Foster）首相代理たりしが、翌一九二〇年に至りても首相の健康尙全からざりしかば、同年七月「オタワ」に於て開かれたる統一政府を支持する有力者會議の席上、首相は辭意を表明し、一方舊來の保守黨と現政府を支持する自由黨系有力者の團體を打つて一丸として黨名を國民自由保守黨 National Liberal-Conservative Party と公稱し、政綱を定め黨首には保守黨の駿秀、時の內務大臣「ミーエン」（Arthur Meighen）を推擧し、七月十日同氏首相に任命せられたり。新內閣はもと自由黨系に屬するものは十六名閣員中僅かに四名に過ぎず。加ふるに新首相は强き保守主義の遵奉者にして全く保守黨內閣と稱して可なり。

保守黨內閣は格別の失敗も無く又勝れたる「ミーエン」氏の統率ありたれども戰爭及之に續く戰後經營に依る政費の膨張に伴ふ租稅の重課、一九二〇年後半以來經濟界の不振は一九一一年以來永續せる保守黨內閣（統一內閣も世間は保守黨內閣と見居れり）に對する人心の倦怠と牽連し、民心漸く保守黨政府を去りたるものゝ如く、所在行はれたる補缺選擧に於ても政府屢々敗れ、政府黨は一九一一年四五名、一九一七年七一名の絕對多數を有せしも、一九二一年末には一一名の多數(外に八名の空席）に下りたり。斯くの如く形勢益々政府に非となり、又輿論も總選擧を要望すること切なりしかば、同年十月議會を解散し、同十二月總選擧行はれたり。同總選擧に於ては保守黨は一九二一年の米國緊急關稅法に對し報復的に高率なる保護關稅政策樹立を高唱し奮闘したるも自由黨及新に政界の表面に現はれ來りたる進步黨の挾擊を受け政府は大敗し首相以下閣員の落選するもの十一名に及び、自由黨一一七名、進步黨六五名に對し保守黨は僅かに五〇名を得たるに過ぎず數に於て第三黨に墜ちたり。

爾後一九二五年の總選擧に至る間は保守黨の暗黑時代とも稱すべき「モントリオール」財閥を中心とせる保守黨有力者間には黨首變更問題を議するに至れり。然れども黨首「ミーエン」氏は院の內外に於て堅忍克く奮闘し一九二五年十月の總選擧に於ては保護政策の大旌を掲げ、健闘せる結果議員定數二百四十五名（前議會より定員十名增加）中一一六名を有する最大多數と成れり。然るに一九二六年九月の總選擧の結果一般の豫期に反して一敗地に塗れ、議員總數二百四十五名中僅かに九一名を選出せるに過ぎず、爾後保守黨は再び暗黑時代に入り以て今日に及べり。

第二款　政　綱

一九二〇年七月一日保守黨改造に當り共大會に於て發表せる政綱左の如し。

（一）國家組織

（イ）大英帝國の一國 A Member of the Britanic Commonwealth たる自治國家として英本國と鞏固なる聯繫を保ち自治國家としての現存の權利及權力を維持すること。

（ロ）全帝國の利益に關係ある一切の條約約定は共同の協議及同意に依りてのみ締結せらる可しとの主義の容認。

（ハ）國際聯盟に於ける一員たる加奈陀の地位維持。

（ニ）立法に付領議會管理の維持及州權の尊重。

（二）市民資格

（イ）加奈陀市民たるの理想を維持し向上するに必要なる措置を採ること。

（ロ）舊敵國人を加奈陀化することに付州と協力すること。並に一切の階級的又は地方的精神に反對する樣市民の敎育及國民的統一發展を阻害する一切の偏見除却。

(三)國家政策

議會及政府は一般國民の爲に存し特殊階級若は特殊地方の利益の爲に存せずとの主義の實行、並加奈陀全體の發展及全國民の福利を目的とする政策の遂行。

(四)關　稅

(イ)左の目的を以て關稅定率の根本的修正

1、收入增加。

2、合理的産業の確保。

3、國民の經濟的發展に必要なる新産業の振起。

4、天然資源の極度開發。

5、消費者の利益を害するが如き關稅濫用の防止。

6、世界に於ける商業的産業的優越の爲に加奈陀人の利益保護。

(ロ)1、收入手段として內稅は擔稅力多きものに重課する樣改正すること。即ち贅澤品に重課し、食料品其他生活必需品にして加奈陀に産出又は製造せられざるものは單に收入の目的の爲に必要なる限度に於て課稅すること。生活必需品にして加奈陀に於て産出又は製造せらるゝものに付ては國民の全般的利益より見て必要に應じ嚴密なる調査の下に時々之を決すること。

2、收入の問題は別として關稅は土地、森林、鑛山、漁場の天然資源開發の爲め農業及製造工業等加奈陀の企業の維持、安定及繁榮を以て基準とすること。又加奈陀の工業勞働者に對し堅實にして報酬多き仕事を與へ彼等に高尙なる生活基準を維持するが如き情勢を造り之を維持することを念とすること。

(ハ)加奈陀天然資源開發の爲生產機械器具は外國と同値にて購求し得る樣關稅を整齊すること。關稅法改正に當りては一般社會の利益を害し取引を制限し競爭を妨げ又は不當に賣價を增進する目的を以て製造家、商人又は生產者間に企業合同協定業維持の爲關稅を利用するを有効に防止することに留意すること。

(ニ)英帝國特惠主義を維持し時々加奈陀の利益と合致する樣改訂すること。

(五)國家經費

戰爭及鐵道政策に依り國費多大に膨張せる事實に鑑み、議會に依る經費の有效にして徹底的管理方法を採用すこと。

(六)國有鐵道

政府所有の諸線を統一せる組織の下に管理し、重複を廢し、最も經濟的に建設行政すること。全線を專門家の支配に委し、黨派的干涉を一切排除することと及國有鐵道を適當に現價計上すること。

(七)國防及航空

加奈陀國民軍制度の改造、常備軍を制限し以て國防の中樞を組成し而して權力を維持し公共の安寧を確保する機關とすること。加奈陀航空隊を編成し以て軍事及一般的事業に利用し得る樣組織し行政すること。

(八)歸　還　兵

歸還兵の就職援助政策の採用。

(九)勞　　働

平和條約の主義理想の實施に必要なる法律の發布。

(十)農　　業

(イ)農產物產額を增加し其の販賣組織及設備の改善の目的を以て領及各州政府間に協定を爲すこと。

（ロ）農業信用制度の改善及地方社會狀態の改善の爲州と協力すること。

（ハ）冷藏設備の監督、

（ニ）家畜及酪農業改善の爲州政府と協力すること。

（ホ）一切の農産業發達の爲調査及試作をなすこと。

（十一）外國貿易

外國貿易增進の爲、專門家に依る外國市場の研究、

（十二）移　　民

加奈陀は自治國として自己の移民政策決定上絕對權を有すとの主義の固守、加奈陀に家庭を造り加奈陀の忠良なる市民たらんとする望ましき階級に屬する者の移民を極力助成すること及精神又は肉體上缺陷ある者並に其理想、習慣及生活樣式が適當の期間內に同化し難きものゝ入國防止政策の續行及擴張。

（十三）天然資源及保存

領政府所有の公有地を公平なる條件の下に各州に移すること。但し公益上必要なる保留を爲すこと、州外（北西地方未だ州の地位に達せず領直轄地を指す）の領政府所有地其の他の天然資源は加奈陀全般の利益の爲利用し開發すること。

（十四）內地水路及道路

航行を改善し、運賃を低廉ならしむる爲め運河の開發及道路の開設に就て州との協力の爲め法規の完成。

第三款　保守黨名士

（一）「アーサー・ミーエン」(Right Honourable Arthur Meighen)（保守黨首領）

一八七四年「オンタリオ」州「パースカウンチー」に生る。一九一三年「ボルデン」内閣に初て檢事總長となり爾來同内閣に於て國務長官、鑛務大臣、內務大臣を經、一九二〇年總理大臣に任命せられ、一九二一年以來 Opposition Leader たり。性剛直博識にして行政的手腕優れ、其辯論は華麗に非らざるも條理整然たり。

（二）「ヘンリー・ドレートン」(Sir Henry L. Drayton)

一八六九年「オンタリオ」州「キングストン」に生る。辯護士を職とし、久しく「トロント」市及「オンタリオ」州行政に與かりしが、一九一一年より一九一九年迄加奈陀鐵道委員會委員長たり。次で「ボルデン」內閣の末期及「ミーエン」內閣の大藏大臣たり。

保守黨有數の經濟財政通なり。

（三）「ロバート・ロージアース」(Robert Rogers)

一八六四年「ケベツク」州「ラシュート」に生る。西部「オンタリオ」及「マニトバ」州に於て諸種の事業を經營し、夙に「マニトバ」行政に參與し、永く同州の土木大臣たり。一九一二年以來「ボルデン」內閣土木大臣たりしが、一八一八年統一內閣組織せらるゝや主義として之に反對なりとして職を辭せり。同氏は保守黨內に隱然たる勢力を有したりしが、辛辣に過ぎたる爲自由黨の最も嫌忌する所となり、同氏の存在は統一內閣成立の妨げとなりしを以て前記の如き名分の下に辭したりとも傳へらる。昨年の總選擧に於て「マニトバ」州に於ける保守黨の成功は同氏與つて力ありと稱せらる。

（四）「サイモン・トルミー」(Simon Fraser Tolmie)

一八六七年B・C・州「ヴイクトリア」に生る。永く畜產業に從ひB・C・州に於て同業に關する各種公職を帶び、一九一九年「ミーエン」內閣の農務大臣となる。一九二五年の總選擧に於ては保守黨選擧事務を總攬せり。

性溫厚にして選擧區の關係上、日本移民問題等に付ても表面上排斥側に加擔し居るも極端なる言動に及びたることなし。

（五）「ヘンリー・スチーヴンス」（Henry Herbert Stevens）

一八七八年英國「ブリストル」に生る。幼時加奈陀に來り一九一一年來晩香坡市より選出せられ、一九二一年保守黨改造內閣に商務大臣たり。

經濟的知識深く、又加奈陀の技藝教育發展に多大の功績あり。今期議會に於て關稅省行政査問委員會委員として保守黨委員を率ゐて目覺ましき活動を爲し居れり。

（六）「リチャード・ベネット」（Richard Bedford Bennet）

一八七〇年「ニュー・ブランスウイツク」州「ホープウエル」に生る。職業辯護士にして、C・P・R・灌漑拓殖會社副社長たり。沿海州に於て教育を受けたる後、一八九七年西部に行き各種の實業會社と關係し、一九一一年より一九二一年迄現選擧區「アルバータ」州「カルガリー」西區より議員として選ばれたりしが、一九二一年總選擧に敗れ一九二五年に再び選ばる。一九二一年「ミーエン」改造內閣司法大臣たり。

保守黨中有數の辯論家なり。

（七）「ジョージ・パーレー」（Sir George H. Perley）

一八五七年米國「ニュウハムシャイヤー」州「レバノン」に生る。諸種材木會社重役たり。一九〇四年より一九一一年選出せられ。一九一一年より一九二二年迄駐英加奈陀高等委員たり。

上品なる政治家として一般より尊敬を受く、

（八）「ウイリアム・ボーイス」（William Alves Boys）現保守黨幹事長

一八六八年「オンタリオ」州「バリー」に生る。職業辯護士にして、青年時代は「ホツケー」「テニス」等の運動家として有名なり。一九一二年以來現選擧區「オンタリオ」州「シムコー」北區を代表し居れり。

(九)「ウヰリアム・ロツス」(William Benjamin Ross) 上院議員

一八五五年「プリンス・エドワード」島の「シャロツトタウン」に生る。一八七八年以來「ノヴァスコシア」州「ハリファツクス」市に於て辯護士たり。諸種會社々長重役を兼ね、一九一二年以來上院議員にして現に保守黨の上院々內總理たり。

第四款　保守黨の機關新聞

(一)「オンタリオ」(Ontario) 州

「ジャーナル」(Journal)　「オタワ」(Ottawa) 市發行、

發行部數　二八、二三二。

純然たる保守黨機關紙にして忠實に「ミーエン」氏の政策を支持宣傳し居れり。

「メール・アンド・エムパイヤー」(Mail and Empire)　「トロント」(Toronto) 市發行、

發行部數　一一四、七六七。

「スペクテーター」(Spectator)　「ハミルトン」(Hamilton) 市發行、

發行部數　三五、一一一。

(二)「クエベツク」(Quebec) 州

「ガゼツト」(Gazette)　「モントリオール」(Montreal) 市發行、

發行部數　三一、七九八。

「トロント・グローブ」「マニトバ・フリー・プレス」と共に加奈陀に於ける最大なる新聞の一なり。

(三)「ニユー・ブランスウヰツク」(New Brunswick) 州

「タイムス」(Times)　「モンクトン」(Moncton) 市發行。

發行部數　四、八三三。

(四)「ノヴア・スコシヤ」(Nova Scotia)

「ヘラルド」(Herald)　「ハリフアツクス」(Halifax) 市發行。

發行部數　一八、一九八。

「ポスト」(Post)　「シドニー」(Sydeny) 市發行。

發行部數　四、八七八。

(五)「プリンス・エドワード」(Prince Edward) 島

「ガーヂアン」(Guardian)　「シヤロツト・タウン」(Charlottetown) 市發行。

發行部數　四、五五一。

(六)「マニトバ」(Manitoba) 州

「サン」(Sun)　「ブランドン」(Brandon) 市發行。

發行部數　四、四三一。

(七)「ブリチツシユ・コロムビア」(Briti h Columbia) 州

「コロニスト」(Colonist)　「ヴイクトリア」(Victoria) 市發行。

「ブリチツシユ・コロンビア」(British Columbia)　「ニユー・ウエストミンスター」(New Westminster) 發行。

第二節　自　由　黨

第一款　沿　革

自由黨の起原は上加奈陀(現今の「オンタリオ」州)に於ては一八二〇年頃に至り漸次勢を得來れる改革派 Reform Party 下加奈陀（現今の「ケベツク」州）に於ては久しく下院に於て多數派にして佛人系に屬し、政府の施政に反對し來れる一派、又沿海州に於ては政府反對黨にして、此等は何れも一八二•三〇年頃相當勢力ありき。就中上加奈陀改革派中極端なる者(William Lyon Mackenzie 一派)は下加奈陀の佛人系の極端なる者(Louis Joseph Papinean 一派）と相提携し、遂に一八三七年叛旗を飜すに至れり。然れども同叛亂は大事に至らずして平定したり。

一八四一年上下加奈陀合併以後漸次責任內閣制度確立し、政黨の分野明白となり、自由黨は一八六七年加奈陀聯邦政府成立以前各州に於て屢々內閣を組織し、其の中急進派に屬するものは「ブラウン」(George Brown）の下に「トロント•グローブ」紙を機關紙として加奈陀憲政の發達に大に貢献する所ありたり。

一八六七年聯邦政府に於ては自由黨は寧ろ從たる地位にあり。爾後十九世紀末に至る迄は保守黨元老「マクドナルド」の輿望を負ふて政權を握るあり、自由黨內閣は僅かに「マツケンヂー」(Alexander Mackenzie)が一八七三——一八七八年間存在したるのみにして此の期間は寧ろ自由黨の雌伏時代と云ふべし。

自由黨は右「マツケンヂー」(一八〇〇年迄）及「ブレーク」(Edward Blake)(一八八七年迄）に依り相次で率ゐられしが、一八八七年未だ壯年の佛人「ローリエー」(Wilfred Laurier）黨首となり、一八九六年の總選擧に於て大勝を博し內閣を組織したり。右「ローリエー」は一九一九年其死に至る迄三十二年間自由黨領の地位を占めたり。同氏の下に自由黨は加奈陀に於ける大政黨としての基礎成れりと云ふ可く、殊に同氏佛人たる關係上「ケベック」州に於ては拔く可からざる根據を作れり。「ローリエー」自由黨內閣は一九〇〇年、一九〇四年及一九〇八年の總選擧に相次で勝利を得內閣を繼續したり。其の間一八九七年關稅率を改正し、英帝國特惠稅率の濫觴を成し、又南亞戰爭に參戰し、英帝國の結合に努むる所ありしが、一九一一年米加互惠關稅條約を重要なる政綱として總選擧を行ひし處、「ローリエー」首相の帝國海軍獻金反對の態度は帝國主義者の乘ずる所となり、自由黨は帝國より分離を欲するものにして米加互惠關稅は加奈陀の米國に併合さるゝの前提たりとの宣傳效を奏したりと見え、自由黨は同選擧に大敗し野に下れり。

大戰當初に於ては自由黨は時局の重大に鑑み可成り當時の保守政黨政府を後援する所ありたるも、一九一七年首相「ボールデン」氏徵兵法の制定及擧國一致內閣組織の意を表明するや、自由黨首領「ローリエー」氏は之に猛烈と反對せり。右「ローリエー」氏の政府反對の爲「クェベック」州を除き各州殊に「オンタリオ」州等英國系色彩濃厚なる州に於ては自由黨は一時的分裂を來し、一九一七年の總選擧には大敗せり。一九一九年二月「ローリエー」氏死後一時「マッケンヂー」(D. D. Mackenzie) 首領たりしが、八月の自由黨大會に於て現首相「キング」氏(William Lyon Mackenzie King)選ばれて自由黨首領となれり。

一九二一年の總選擧に大勝し、一九二二年內閣を組織し更に一九二五年十月の總選擧にては多數黨たる地位を失ひしも、進歩黨勞働黨及中立議員の援助に依り內閣を持續し居れり。

第二款 政綱

一九一九年八月中「オタワ」市に於て開催せられたる自由黨大會に於て議決せられたる政綱左の如し。

(一)帝國問題

加奈陀と英帝國との關係に關する加奈陀憲法の變更は加奈陀議會の議を經、一般投票に依り、國民の批准を得ざれば效力を發生せず。又中央集權の帝國的支配の爲の如何なる企劃にも强く反對す。

(二)財　政

(イ)政府經費の節約。

(ロ)營業利得及所得に對する累進課税。

(ハ)奢侈に課税すること。

(三)關　税

(甲)(イ)生活費低減。及(ロ)原始產業の生產要具價格低減の二目的の爲關税率の根本的引下、其の爲には

(乙)(イ)小麥、小麥粉及一切の小麥生產品、主要食料品、農業用機械機具、鑛業用製粉用及挽材用機械並其部分品、木材、「ガソリン」、石油、綱、漁業用具、肥料等の關税免除。

(ロ)衣類、履物、其他贅澤品以外の一般消費貨物及加工の爲の粗製品に付關税率の多大なる引下。

(ハ)英帝國特惠税率は一般税率の五〇「パーセント」とすること。

(丙)米國との互惠關税支持。

(四)勞働問題

(イ)國際聯盟勞働會議に於て採用する一船原則の承認。

(ロ)勞働、資本及社會に依る代表主義に基く產業支配。

(ハ)養老年金、寡婦年金及產婦救濟を含む、失業、疾病、老年其他に對する適當なる保險に付領及州政府の協力。

(ニ)勞働問題に關する領政府委員會及國有鐵道取締役員に勞働を代表せしむること。

（ホ）負傷兵保護の爲め授產制度を產業に依り負傷せる勞働者に及ぼすこと。

（ヘ）（a）支那移民の有效制限。

（b）消費組合の領の法人組織。

（c）比例代表主義の容認。

（ト）生活費低減及暴利取締に關し急速果斷なる處置。

（五）農業問題

（イ）農業信用組合補助の爲國庫より低利資金を貸與すること。

（ロ）食料品に關し生產者と消費者の間の中間機關に依る冗費を省き、又農業生產品の輸出に便ずる爲國營「エレヴェーター」制度の擴張。

（ハ）肥料の廉價分讓。

（六）鐵　道

（イ）國有鐵道經營方法の根本的改善。

（ロ）加奈陀生產品輸出の爲適當なる船舶建造。

（七）歸還兵保護に必要なる施設。

（八）「マニトバ」「サスカチユワン」及「アルバータ」州に對し其境域內の天然資源の公平なる條件の下に所有及管理權の賦與。

第三款　自由黨名士

(一)「マッケンヂー・キング」(Right Honourable William Lyon Mackenzie King) 自由黨首領、現首相

一八七四年「オンタリオ」州「キッチナー」に生る。「トロント」大學、市加古大學、「ハーヷアード」大學等に於て教育を受けたる後、一九〇〇年より一九〇八年迄勞働次官、一九〇九年より一九一一年迄勞働大臣、一九一四年より一九一七年迄の間「ロックフェラー・ファウンデーション」に關係し、其の結果 Industry and Humanity の著あり。一九一九年自由黨首領に選ばれ、一九二一年より一九二五年迄又一九二六年以來首相たり。

勞働問題の權威として國際的に著名なり。日本との關係は一九〇七年に B. C. 州に於ける東洋人排斥事件後の調査委員長たりしに始まる。其報告の結果時の勞働大臣「ルミュウ」氏の渡日となり「ルミュウ」協約の成立を見たり。首相は現政府第一の東洋移民問題通として從來日本との移民問題には自ら之が衝に當り居れり。八面玲瓏の才人なれども稍「オポーチュニスト」に過ぐとの非難あり。

(二)「エルネスト・ラポアント」(Ernest Lapointe) 司法大臣

一八七六年「ケェベック」州「サン・エロア」に生れ、其選擧區は「ケェベック」市東區なり。久しく「ケェベック」州に於て辯護士を業としたりしが、一九一九年當時の自由黨首領「ローリエー」氏の歿後、同氏の選擧區を襲ひて下院議員となり、一九二一年「キング」內閣成立と共に海事漁業大臣となり、次で內閣一部改造と共に司法大臣となり本年春以來國務省長官を兼ぬ。

佛國系にして現內閣第一の有力者なり。

(三)「ジェームス・ロッブ」(James Alexander Robb) 大藏大臣

一八五九年「ケェベック」州「ハンチンドン」に生る。製粉會社に關係し一九〇八年以來代議士たり。一九二六年以來現內閣の下に大藏大臣たり。資性溫厚にして自由黨內の財政經濟通なり。

（四）「チャーレス・ダンニング」（Charles A. Dunning）鐵道大臣

一八八五年英國に至る。幼にして移民として加奈陀に來り、「サスカチェワン」州に於て農業に從事し、西部農民運動に關係し、一九一六年以來「サスカチェワン」州の諸大臣を歴任し、一九二二年其首相となる。一九二六年州首相の地位を辭し現職に任ぜらる。

現内閣中最年少にして一九二五年總選擧に「サスカチェワン」州に於て自由黨が大勝を行ひたるは同氏の力に依ると稱せらる。各派より其の將來を囑目せらる。

（五）「チャーレス・スチュワート」（Charles Stewart）内務大臣

一八六八年「オンタリオ」州「ストラベーン」に生る。職業農。一九〇九年より一九二一年迄「アルバータ」州議會議員たり。一九一三年以來「アルバータ」州市政大臣、土木大臣たり。一九一七年より一九二一年迄同州總理大臣たり。一九二一年現自由黨内閣成立と共に領政府の内務大臣兼移民大臣に任ぜられ、一九二二年「ケベツク」州「アーヂャンテューユ」より下院議員に選ばれ一九二五年及一九二六年總選擧に於て共に下院議員に選ばる。

（六）「ウヰリアム・マザーウェル」（William Richerd Motherwell）農務大臣

一八六〇年「オンタリオ」州「パース」に生る。「オンタリオ」州「ゲルフ」農科大學卒業後「サスカチェワン」州に行き、西部農民運動の先覺者として、同州「インヂアン・ヘツド」に於て創立せられたる「サ」州農民組合 Grain Grower's Association of Sascatchewan の會長たること五年、一九〇五年「サ」州農務大臣となり、一九一八年迄同地位を占めたり。一九二一年領議會總選擧に於て「レヂアイナ」より出で一九二五年及一九二六年更に下院議員に當選し現に農務大臣たり。

出身地の關係上農民運動の急先鋒たる同氏は自由黨中急進主義者と目せらる。

（七）「ジェームス・キング」(James H. king) 衛生大臣、醫學博士

一八七二年「ニューブランスウイック」州「チップマン」に生る。「モントリオール」市「マックギイル」醫科大學卒業後「ニューブランスウイック」州「セント・ジョンス」市に數年間醫業を營みたる後、一八九八年B・C・州に移り爾来同州「クランブルック」に於て醫業を續け居り、同地「キング」製材會社社長たり。一九一六年以来「ビー・シー」州自由黨内閣の土木大臣たり。一九二二年領土木大臣に任命せらる。一九二二年補缺選擧に於て及一九二五年總選擧に於て下院に選出せられ、一九二六年以来衛生大臣たり。

（八）「ピエール・カーディン」(Pier J. A. Cardin) 海事漁業大臣

一八七九年「ケベック」州「ソレル」に生る。職業辯護士、一九一一年以来現選擧區を代表し、一九二四年一月海事漁業大臣に任命せらる。又一九二六年の自由黨内閣にも同一の地位を占む。

佛系加奈陀人中司法大臣「ラポアント」氏に次ぐ自由黨有力政治家なり。

（九）「エドワード・マクドナルド」(Edward M. Macdnald) 國防大臣

一八六五年「ノヴァスコシア」州「ピクツー」に生る。選擧區「ノヴァスコシヤ」州「アンチゴニッシュ・ガイスボー」職業辯護士、一九〇四——一九一七年間下院議員たりしが一九一七年政界を退き次で一九二一年来再び現選擧區より選出せらる、一九二三年國防大臣に任ぜらる、一九二四年加奈陀委員として國際聯盟總會に出席せり。

（十）「ピエール・カスグラン」(Pierre Francais Casgran)

一八八六年「ケベック」州「モントリオール」市に生る。職業辯護士、佛系加奈陀人の舊家に生れ、一九一七年以来領議會議員たり。

（十一）「ラウル・ダンデュラン」(Raoul Dandurand) 無任所大臣、法學博士、上院議員

一八六一年「クェベック」州「モントリオール」市に生る。在「モントリオール」市各種會社の重役にして、一八九七年上院議員に任ぜられ、一九二一年自由黨內閣成立以來無任所大臣として政府上院院內總理たり。一九二六年以來自由黨內閣に同じく無任所大臣たり。

一九二四年及一九二五年加奈陀委員として國際聯盟總會に出席し一九二五年には其議長に選ばる。

第四款　自由黨の機關新聞

(一)「オンタリオ」州

「シチィズン」(Citizen)　「オタワ」市發行、

發行部數　二七、九〇九。

「グローブ」(Globe)　「トロント」市發行、

發行部數　九〇、二六四。

加奈陀有數の大新聞にして甚だ舊き歷史を有し、一九世紀の中葉自由黨の名士「ブラウン」氏本紙に依り自由主義の爲め椽大の筆を揮ひたる以來、自由主義を遵奉すること今に變り無しと雖も、近來必ずしも自由黨政府の施設に盲從せず黨爭に際しては中立的色彩濃厚となれり。

(二)「クェベック」州

「ヘラルド」(Herald)　「モントリオール」市發行、

發行部數　一〇、九一五。

「ル・カナダ」(佛字紙)(Le Canada)　「モントリオール」市發行、

發行部數　八、七三二。

「ル・ソレイユ」(Le Soleil)(佛字紙)　「クエベック」市發行、

發行部數　四七、五五一。

(三)「ニユー・ブランスヴキツク」州

「タイムスースター」(Times—star)　「セント・ジヨン」(St. John)市發行、

發行部數　一五、三八八。

(四)「ノヴア・スコシア」州

「クロニクル」(Chronicle)　「ハリフアツクス」市發行、

發行部數　一二、五六二。

(五)「プリンス・エドワード」島

「ペートリオツト」(Patriot)　「シヤロツトタウン」市發行、

發行部數　三、一五三。

(六)「マニトバ」州

「フリー・プレス」(Free press)　「ウキニペツグ」(Winnipeg)市發行、

發行部數　六四、八三七。

西部第一の大新聞にして本來中立なりしが一九二五年の總選擧には、自由黨政府の爲めに運動せり。

(七)「サスカチエワン」(Saskatchewan)州

「リーダー」(Leader)　「レヂヤイナ」(Regina)市發行、

發行部數　二〇、八二六。

「フェニックス」(Phaenix)　「サスカツーン」(Saskatoon) 市發行。

發行部數　二、一五〇。

(八)「アルバータ」(Alberta) 州

「アルバータン」(Albertan)　「カルガリー」(Calgary) 市發行。

發行部數　一三、二七二。

(九)「ブリチツシユ●コロンビヤ」州

「タイムス「 (Times)　「ヴイクトリヤ」市發行。

發行部數　八、八六四。

第三節　進　步　黨

第一款　沿　革

第一項　概　說

加奈陀農民結社運動は已に十九世紀半頃より間歇的に時々發生し、而かも其起伏極めて急激なり。農民黨として始めて政界の裏面に現はれ來りたる現在の進步黨の如きも、一九二一年の總選擧に於ては一擧にして六五名の多數を得、數に於て第二黨たるの地位を得しに拘はらず、一九二五年の總選擧には忽ちにして二四名に減じ一九二六年の總選擧は其の數僅八名に過ぎざるに至りしが如き其の一例なり。

然れども之を大勢より見る時は、其の始め農業改良、教育普及等社會的運動より發し、現在の如き兎も角も第三黨として有力なる政黨を組織する迄時々形式名稱を異にしたれども、農民利益擁護の爲着々其の地步を堅め來れりと云ふ可し。

第二項　農民團體の組織

抑々加奈陀農民結社運動は十九世紀中葉「オンタリオ」州各地に發生せる農業協會 Agricaltural Societies 及之が衰滅後、其事業を繼承せる農民俱樂部 Farmers' Clubs に其の端を發す。然れとも此等の組織は各地團體個々獨立にして何等聯絡無かりしか一八七四年米國に於て同樣の運動の影響を受けて創立せられたる加奈陀組合 Dominion Grange の成立に依り、各地相聯絡し、農民の一般的利益增進を計り、又州及領議會に運動し、其の利益の爲め多數の法案を通過せしむる等一時甚だ有力なりしが、其の創立後十年ならずして微々として振はざるに至れり。

次で一八九〇年頃より新團體急激に發生せり。The Patron of Industry 是なり。前記 Grange が寧ろ社會的、友愛的目的の爲に發生せる團體にして直接政治運動に參與せざるに反し、此 Patron of Industry は純然たる政治團體として其の最盛時たる一八九五年には州議會に十六名、領議會に一名の議員を有せしが、右 Patron of Industry も前記 Grange の如く十年ならずして甚だ微力となれり。

一方當時中西部平原諸州は漸く開拓せられ、年々增加する小麥の收穫を處分する爲鐵道揚穀機等の多大の設備を要したり。機に乘じ鐵道會社は其の鐵道に依り輸送せらるゝ穀物と共經營にかゝる揚穀機に依るを要すとせる等橫暴を極めたりしかば、鐵道會社に對抗し自己の利益を計る爲め農民一致團結の要求漸く盛となれり。

斯くの如き事情の下に一九〇一年「サスカチエワン」州に Territorial Grain Growers' Association 創立せられ、一年ならずして全州各所に其の支部設けられたり。「マニトバ」州に於ても一九〇三年「ヴアーデン」市に Virden Grain Growers' Association 組織せられ、一九〇六年には Grain Growers' Grain Company なる一大穀物會社を建設し、農民自ら農產物の處分を行ふに至れり。

又「アルバータ」州に於ては一九〇九年多くの農民團體を糾合し、「アルバータ」州農民聯合 United Farmers of Albata 成れり。之より先一九〇七年組織せられたる各州聯合農民協會 Interprovincial Concil of Grain growers' and Farmers' Association は是に於て西部平原三州に於て三大農民組合及一大穀物會社を連結することゝなれり。

右各州聯合農民協會は一九一〇年其の代表者を當時「トロント」市に開催せられたる「オンタリオ」州 Grange の年會に派し、農民大同團結の必要を說き之を加入せしめ、各州聯合協會は其名を改めて加奈陀農業協會 Canadian Council of Agriculture と稱し全國的團體となれり。

第三項 加奈陀農業評議會の政治的活動

前述の如く農民團體組織は經濟的理由に基き何等政治的運動を目的としたるものに非らず。西部平原州に始めて成立せる前記 Grain Growers' Association の運動の如きも全く經濟的にして其の始めに於ては寧ろ政治運動參加を避くる態度を執りたり。然れども已に漸く鞏固なる團結を築き團體運動の機關（加奈陀農業評議會）を具ふるに至り政治運動參加は必至の勢となれり。

已に久しく農民、殊に西部地方農民は加奈陀關稅法が東部工業家の利益に偏し農民は大なる犧牲を拂ひつゝありと思惟し居れり。蓋し其の生產物たる小麥の賣却に就ては世界市場に於て各國の競爭者と角逐せざる可からざるを以て、其の生產費を最も低廉にする必要上其の生產要具たる農具其他日要品は出來得る限り廉價に購入するを要したり。是に於て新に成れる加奈陀農業評議會の第一の政治運動は關稅問題なり。かくして一九一〇年十二月十二日五百餘の農民は特別列車に乘り「ウヰニペッグ」市を發し首府「オタワ」に於て三百餘の東部農民代表者と會し、首相「ローリエー」氏に就き米加互惠關稅及鐵道は揚穀機、電信、電話の公有を請願する所ありたり。かくして「ローリエー」內閣の米加互惠關稅條約案となりしが、同內閣は主として右條約案の爲一九一一年の總選擧に敗れたる結果、農民の要望は達成せらるゝに至らざりき。其後西部の農民結社は益々鞏固となり。多くの穀物會社を經營し財政的にも愈々確固たる基礎を有するに至れり。一方「オンタリオ」州の Granges は互惠關稅案不成立後、萎靡振はざりしが、一九一三年秋「トロント」市に各地の農民俱樂部 Granges 等の代表者會合したる結果、一九一四年三月「オンタリオ」州農民聯合 United Farmers of Ontario 及 United Farmers' Coöperative Company, Ltd. の成立を見たり。かくして四年後には其の包括する農民俱樂部一千、組合員三萬を算するに至れり。

一九一七年數千の農民代表者首都に來集し强制徵兵法に付農民子弟の赦免を請願する所ありたるも、「ボルデン」內閣の顧る所とならざりしかば、農民は深く決する所あり、旣成政黨の恃む可からざるを知り、加奈陀農業評議會を中央機關として直接政治運動に參加するに至り、州及領の補缺選擧に候補者を出し、一九一九年「オンタリオ」州總選擧には四五名の農民議員を當選せしめ、州會に於て最大多數を占め、勞働黨と提携して農民內閣を組織せり。又領議會に於ては當時聯立內閣を辭せる「クレアラー」氏の幕下に一七名の農民議員を算するに至れり。

之より先、加奈陀農業評議會は一九一六年組織を變更し西部三州「オンタリオ」州「ニュー・ブランスウヰック」州の農業組合各地農民組合穀物會社を包含し、會員九萬を算するに至れり。加ふるに一九一三年以來漸く發展し來れる婦人部の參加を見、益々隆盛を來せり。一九一八年末には所謂農民政綱を決定する等農民政黨組織の機運漸く熟せり。

第四項　國民進步黨の成立

一九二〇年六月加奈陀農業評議會司會の下に「ウヰニペッグ」市に開かれたる各州農民の代表者の會議に於て、國民進步黨 National Progressive Party は玆に成立し、前農務大臣にして西部に於ける農民穀物會社々長たる「クレアラー」氏を黨首とし、曩に加奈陀農業評議會に於て採擇せる農民政綱を其の儘是が政綱とし、新國民政策と稱し、右政綱に贊する者は農民たると否とを問はず之を歡迎する旨宣言せり。

由來加奈陀に於て農民運動は「オンタリオ」州を筆頭とせる東部地方と西部平原三州とは其の發生原因を異にせり。即ち前者は農民の都市集中を防止せんとする農村改善を主とせる社會的運動に萠したるに、西部に於ては鐵道會社に對抗する等經濟的理由より發生し、次で關稅問題と政治的原因と牽連して發達し來れり。從て東部と西部とは其の要求する所異りたるを加奈陀農業評議會の下に不完全ながら結束せられ居りしなり。然るに今回の政黨組織に依り一層之を鞏固なる結合と爲せるなり。斯くして一九二一年總選擧には關稅低減、米加互惠關稅を主題として選擧に臨み、一擧定員二三五名中六五名を得、數に於て第二黨たるの地位を得たり。

翌一九二二年十一月「クレアラー」氏は當時の財政曩日の如く裕かならざる United Grain Growers Ltd. 社長として之に全力を傾くるの要あるを理由として黨首たる地位を現黨首「フォーク」Robert Forke に讓れり。

右「クレアラー」「フォーク」兩黨首の時代を通じて進歩黨は常に大體政府を支持し來り、一九二一年同樣の政綱を以て一九二五年の總選擧に臨みたりしが、前回第二黨の多數を以て世間を驚愕せしめたるに拘らず、僅かに二四名を得たるに過ぎず。次で行はれたる一九二六年の總選擧には遂に八名の少數黨となりぬ。蓋し「オンタリオ」州に於ては先の Drury 內閣（進歩黨と勞働黨との聯合內閣）失政相次ぎたる結果、輿論の信望を失ひ、一九二三年の州總選擧に慘敗し、西部に於ても進歩黨は自ら內閣組織の確信無く、單に政府を支持するに過ぎざる現狀に鑑み、輿論漸く二大政黨對立の舊に復せんとしたるに際し、自由黨は進歩黨の要求が自由黨の政綱と大差無きを以て寧ろ自由黨を支持するに如かずとの宣傳が相當效を奏したるものなる可き乎。

第二款　進歩黨と現自由黨政府との關係

進歩黨は前述の如く、其の成立以來大體現政府を支持し以て自黨の要求の實現に努めつゝあり、已に一九二一年の總選擧後に於ても、數に於て第二黨の地位にありながら反對黨たらず、當時の黨首「クレアラー」氏の入閣說さへ傳へられ、加ふるに自由黨中保守主義と目せられ且つ首相「キング」氏よりも先輩たる「クヱベツク」州の「グアン」氏、沿海州の「フキールヂング」氏政界引退後は極端なる自由主義を奉じ且つ八面玲瓏たる「キング」首相は進歩黨の要求の大部分を容るゝ有樣なれば、一部進歩黨員中 Ginger Group と稱し自黨の政府に盲從するを非難する分子ありたれども、關稅其他重大政策の遂行に付政府を援助したり。

一九二五年の總選擧後保守黨最大多數黨となり進歩黨は數に於ては僅かに二十四名なるも兩派の「カスチング・ヴオート」を握るに至りしかば、一九二六年新議會開會せらるゝや進歩黨首領「ロバート・フオーク」氏は首相「キング」氏並に保守黨「ミーヱン」氏に對し夫々次の十四點に付其態度を問ひたり。

一、關稅。二、「ハドソン」灣鐵道。三、「パース」河出口。四、「ロツキー」山地方差別運賃。五、穀物及小麥粉に對する法定運賃率。六、國有鐵長。七、所得稅。八、農業信用制度。九、平原三州に對する天然資源移管。十、米國との通商關係（特に家畜類に關し）。十一、石炭に關する國家政策。十二、歸還兵移殖地の再評價。十三、市場の協同開拓 Coöperative Marketing、十四、共通投票制度 alternative vote

右に對する政府の回答は進歩黨の要求の殆んど全部を容れたりしかば進歩黨は從來通り政府援助に決し所謂「ヂンヂアー・グループ」の態度も總選擧前よりも緩和し、基礎薄弱なる政府は進歩黨の支持に依り纔に命脈を保てるも遂に關稅官吏問題に關して總辭職をなし一九二六年總選擧以來自由黨が再び政權を握れることは後述の如し。（註一）

【註一】第二章末段參照。

第三款 進歩黨の政綱

一九一八年農業評議に於て決定し一九二〇年進歩黨成立の際採擇せる同黨政綱左の如し。

（一）國際關係

國際聯盟を支持し、之に依り國際紛爭の禍根を芟除し、世界の永久的平和を確保す可し。

（二）英帝國との關係

大英帝國の發展は各自治領土の自由、平等なる貢献に依りて期せらる。故に吾人は强く中央集權的帝國的統制に反對す。

（三）財政及關稅政策

（イ）關稅定率の根本的引下。

（ロ）英帝國との特惠關稅定率を一般關稅の五割減とし爾後五年內に完全なる自由貿易採用。

（ハ）一九一一年米加互惠關稅取極の實施。

（ニ）右互惠關稅取極に列記しあらざる食料品を無稅品とすること。

（ホ）農業用機械器具、車輛、肥料、石炭、木材、「セメント」、燃料、並此等製造用原料品及機械を無稅品とすること。

（ヘ）他國との協定稅率には之を英本國にも適用すること。

（ト）關稅政策に依り保護を受くる貨物の製造會社は每年正確なる利益計算書を公表す可し。

（チ）或種の產業に付保護關稅を受けんとする場合は先づ議會特別委員會に於て公然審議す可し。

右關稅引下に基く政府の收入の減少は左記方法に依り之を補塡す可し。

（イ）土地の天然價値に對する直接課稅。

（ロ）對人的所得税の累進課税。

（ハ）大財産に對する相續税の累進課税。

（ニ）會社利益に對する累進的所得税賦課。

（ホ）會社所得税賦課に當りては現實投下資本を基準とす可し。

（ヘ）王領たる天然資源は短期貸附を爲す外一切拂下げざること。

（四）社會政策及經濟政策

（イ）歸還兵保護に付特に留意すること。

（ロ）都市勞働問題の解決に付領州及都市當局者は勞資協調の精神を以て最善を盡す可きこと。

（ハ）土地評價の基準を賣買價格に置くこと。

（ニ）中間商人の介在を制限して食料品の廉價供給を計る爲め消費組合と連絡して農業生産組合を發達せしむること。

（ホ）鐵道、水運及航空機に依る交通機關、電信電話、通運機關並自然的動力及炭坑に關する一切の企劃の公有及公營を實施すること。

（五）内政問題

民主々義徹底の爲左の各項を勸告す。

（イ）加奈陀市民に對する「タイトル」授與の廢止。

（ロ）領議會上院制度の改革。

（ハ）總督令に依る政府機關の擴張を停止し、立法に關する議員各個の責任を增大す可し。

（ニ）縁故に依る官吏採用の廢止。

（ホ）選擧運動費の公表。

（へ）日刊新聞及定期刊行物の所有並管理に關する公表。

（ト）比例代表制の採用。

（チ）「イニシヤチイヴ」「レフエレンダム」及「レコール」に依る直接立法制度の採用。

第四款　進歩黨の名士

（一）「ロバート・フオーク」(Robert Forke) 進歩黨首領

一八六〇年蘇格蘭に生る。職業農。弱冠にして蘇格蘭より「マニトバ」州に來り、農學に從事し、永く同州地方自治政に參與し、一九二一年總選擧以來領下院議員より一九二二年進歩黨首領に選ばれ今に至る。

（二）「ヘンリー・スペンサー」(Henry E. Spencer) 進歩黨幹事長

一八八二年英國「オースター」に生る。一九〇八年加奈陀に來り「アルバータ」州に於て農に從ひ、一九一七――一九二一年間「アルバータ」州農民組合（U. F. A.）の「バツトルリバー」支部長たり。一九二一年來領議會議員たり。

（三）「アグネス・マツクフエール」(Miss Agnes C. Macphail)

一八九〇年「オンタリオ」州「プロトン」に生る。農家に生れ小學教師たりしことあり。一九二一年以來、唯一の女議員として下院に席を有す。理想主義、國際主義、極端平和主義者なり。進歩黨内急進派の一人なり。

第五款　進歩黨の機關紙

進歩黨は機關紙として日刊新聞を有せず。加奈陀各地に於て發行せられ居る多數の週刊又は月刊の農業雜誌の多くは進歩黨の運動を助成し居れり。就中次の數種は其の進歩黨的色彩最も濃厚なるものなり。

（一）「オンタリオ」州

「フアーマース・サン」(Farmer's Sun)　週刊「トロント」市發行、發行部數　一九、六六七。

「オンタリオ」州農業組合の純然たる機關雜誌なり。

（二）「マニトバ」州

「グレイーン・グロワース・グアイド」(Grain Growers Guide)　週二回發行「ウキニペッグ」市發行、發行部數　七五、四九七。

（三）「サスカチエワン」州

「サスカチエワン・コオペラチイヴ・ニユース」(Saskatchewan Cooperative News)　月刊「レヂイナ」(Regina)市發行、發行部數　二九、五六三。

（四）「アルバータ」州

「ユー・エフ・エー」(U. F. A.)　月二回發行「カルガリー」(Calgary)市發行。發行部數　二二、一三七。

「アルバータ」州農業組合（United Farmers of Alberta or U. F. A.）の純然たる機關雜誌なり。

第四節　勞　働　黨

第一款　沿　革

加奈陀勞働運動に就ては組合運動は夙に前世紀の半頃より徐々と發達し來れるが、政治運動となりたるは極めて近代の事なり。蓋し加奈陀は人口甚だ稀薄にして而も其の大多數は農民にして、數個の工業都市は各數百哩を距てゝ散在し、加ふるに佛語系及英語系勞働者の連絡充分ならざること等は組織的勞働運動の發生を阻碍したればなり。

加奈陀勞働運動を培ひたる外國の影響は、

(イ)大多數加奈陀勞働團體が連絡を有する米國の聯合勞働組合 American Federation of Labour の政策。

(ロ)米國諸勞働雜誌に依る歐洲大陸の急進的社會主義の思想の傳播。

(ハ)英本國より來る多數新移民其他に依り移入せらるゝ英國勞働運動の影響。

(ニ)露西亞革命に依る「プロレタリアー」の世界支配の思想等を擧ぐるを得可し。

最近に至る迄は加奈陀に於ける勞働團體は米國聯合勞働組合の政策の影響を受け、政治運動參加は可成差し控ゆる傾向なりしが、近來英國勞働運動に刺激せられ殊に英國勞働黨組織以來組合の政治運動參加の氣運釀成せられ、一方組合外に於ても加奈陀社會黨其他の社會主義團體は純「マルクス」主義を宣傳し大戰及露西亞革命等は勞働者を馳りて政治運動に興味を起さしめ、遂に一九一七年には英國の例に倣ひ勞働黨の全國的組織計劃せられ、一九二一年「ウキニペツグ」市に於ける Trade and Labour Congress に於て加奈陀勞働黨 Canadian Labour Party 組織せられ、同年の總選擧には領議會に二名の代議士を送り、一九二五年の總選擧に於ても二名を送れり。又各州議會に於ても何れも數名の勞働黨議員を有す。

第二款　勞働黨と現自由黨政府との關係

加奈陀勞働黨は僅に三名の代議士を有するのみなれば中央政界に於て大なる勢力を有すと云ふを得ざれども、何れの黨派も絕對多數を有せざる現狀に於ては之が存在を無視するを得ざるなり。

勞働黨は一九二一年成立以來、常に現自由黨政府を支持し來れり。蓋し其の政綱は單に自由黨の急進的なりと云ふに過ぎず。且つ現首相たる「キング」氏は當國に於ける勞働問題の權威にして、常に勞働者に同情を有し各種の勞働立法に於ても勞働黨の要求の大部を容るゝ有樣なればなり。

第三款　勞働黨の政綱

一九二一年「ウィニペッグ」市大會に於て採用せられたる政綱左の如し。

(一)失業問題――國家的失業保險。
(二)公益企業 Public Utilities の公有並に其の民主的管理。
(三)選擧法の改正――比例代表制の採用、選擧保證金制の廢止、投票設備の增加。
(四)養老年金制度及疫病傷害保險。
(五)公選に依らざる立法機關の廢止。
(六)國際的軍備撤廢。
(七)直接立法――「イニシヤチイヴ」「レフエレンダム」「レコール」等の制定。
(八)華府勞働條約勸告の實施、特に八時間制採用。
(九)英國臣民の追放を規定せる移民法條項廢止。
(十)生活必需品課税廢止、土地價格課税。
(十一)銀行の國營。
(十二)戰爭債務減濟の爲資本課税の採用。

第四款　勞働黨の名士

（一）「ジェームス・ウッヅウォース」（James S. Woodsworth）勞働黨首領

一八七四年「オンタリオ」州「トロント」市に生る。「トロント」大學「オックスフォード」大學等に於て學びたる後、學校教師、牧師、大學講師、社會事業事務員、荷揚人足、勞働運動者等の經歷を經、一九二〇年B. C. 州々議會議員の候補に立ちたることあり。一九二一年以來現選擧區を代表し領議會勞働黨首領なり。

理想主義者にして、急進的國際主義者たるの許あり。能辯にして議院に於ても二三時間論ずること屢々なり、人種問題勞働問題等に關する數個の著述を有す。

第五款　勞働黨の機關紙

勞働黨は機關紙として日刊紙聞を有せず。又國內大都市に於て發行せらるゝ勞働雜誌も必ずしも勞働黨を支持せず。或ものは主義として勞働者の政黨組織に反對し居れり。主なる勞働雜誌を擧ぐれば次の如し。

（一）「オンタリオ」州

「レーバー・リーダー」（Labour Leader）	週刊「トロント」市發行、
「カナヂアン・レーバー・プレス」（Canadian Labour Press）	月刊「オタワ」發行、發行部數　約一萬。

（二）「クエベック」州

「レーバー・ワールド」（Labour World）	週刊　「モントリオール」市、

發行部數　約五千。

同誌は英佛兩語にて出版せらる。

(三)「ノヴァ・スコシヤ」州

「シチズン」(Citizen)　週刊「ハリファックス」(Halifax)市發行

(四)「マニトバ」州

「ワン・ビッグ・ユニオン・ブレチン」　週刊「ウイニペッグ」(Winnipeg)市發行、

(One-Big-Union Bulletin)　發行部數　三二、九二八。

I. W. W. の主張を奉ぜる過激雜誌なり。

(五)「アルバータ」州

「アルバータ・レーバー・ニュース」　週刊「エドモントン」(Edmonton)市發行。

(Alberta Labour News)

(六)「ブリチッシュ・コロンビア」州

「カナヂアン・レーパー・アドヴオケート」　週刊「ヴアンクーヴアー」(Vancouver)市發行。

(Canadian Labour Advocate)

「レーバー・ステーツマン」(Labour Statesman)　週刊「ヴアンクーヴアー」市發行・

發行部數　約五千七百五十。

第五節　各政黨の黨費調達方法

第一款　保守黨及自由黨

表面に現はれ居る黨費調達方法は總選擧に當り各選擧區に於て各黨公認候補を選定するに當り、入場券を一弗にて購入せしむることなり、其の他は一切寄附金に依るものにして各黨內幕は相當複雜し居るが如し。而して寄附金其の他黨費に就ては黨首領自身は一切關與せざることゝなり居る由なり。

第二款　進　歩　黨

自由黨保守黨と同樣の資金調達方法の外同黨は各州農業組合と一身同體の關係を有するを以て、農業組合の會費又は其の經營する穀物會社の利益金等を多少流用することある由なり。

第六節　議員の歳費及議會の會期

第一款　議員の歳費其の他の特權

（甲）歳費額

（イ）一般に議員は六十五日以上會期存續せる場合は四千弗の歳費を受くることを得。

（ロ）會期六十五日以內の場合は各議員出席日數に應じ日額二十五弗支給。

（ハ）議會開會地に居り且つ病氣の爲めに缺席する者の外會中十五日以上缺席せる議員は、歳費中より超過日數に付日額二十五弗減額せられ。

(ニ)六十五日以上の會期ある場合、五十日以上議員たる地位にありたるものは歳費を受くることを得。但し議員となる迄又は議員たる地位を失ひたる後の會期期間は日額二十五弗減額せらる。尙斯くの如き議員も前記(ハ)(ニ)の適用を受くるは勿論なり。

(ホ)五十日以內議員たるものには會期期間の如何に拘はらず、其の出席日數に依り日額二十五弗を支給す。

(ヘ)各院は時宜に應じ、其の議員の出席及歳費の減額に關し一層嚴重に議院規則を定むることを得。

(ト)右歳費の外兩院議長は各六千弗、下院副議長は四千弗の年俸を受く。(上院には副議長無し)

(チ)公認反對黨首領は議員としての歳費の外各會期毎に一萬弗を支給せらる。(議員法第三一條――第三九條)

(乙)其の他の特權

(イ)鐵道無賃乘車

一九一九年發布鐵道法第二四六條に依り上下兩院議員は各議院書記官長發給の證明書の提示に依り無賃乘車及手荷物の無料運搬を許さる。

右は加奈陀一切の鐵道に適用せらるゝものなり。而して C. P. R. 及 C. N. R. の二大鐵道共事實上は議員自身の外同居家族に付ても居住地より「オタワ」への往復に付無賃乘車券を發給することゝなり居れり。

(ロ)鐵道無賃乘車の外各會期毎に其の住所地より「オタワ」迄の旅費實額及相當なる生活費 Rosnable living expenses を支給す。(議員法第四〇條)

第二款　議會の會期

會期は一定せず。法理上は政府は時宜に應じて之を召集し、開會期は議案の終了迄となり居れども、近年平常時の慣習は一月又は二月の初に開會し、六月末又は七月初に閉會す。

第二章 加奈陀最近の政況

第一節 一九二五年總選擧前の形勢

一九二一年の總選擧に於て自由黨は一一八名（議員定數二三五名）を占め、多數黨として內閣を組織し其後屢々行はれたる補缺選擧も大勢に變化を來さざりき。一九二五年總選擧前各派議員數左の如し。

自由黨	一一七名
保守黨	四九名
進步黨	六一名
勞働黨	二名
中立	二名
計	二三一名
缺員	四名
合計	二三五名

斯くの如く政府は依然多數を維持し居たれども、其の多數たるや僅に一兩名に過ぎす、幾多の法案の通過に付其の支持を得來れる進步黨の制肘を受くる事大なるのみならず、進步黨中に於ても所謂「ジンヂャー・グループ」と稱する十數名の一團は同黨の政府に追隨する態度を潔とせず、幹部の節制に服せざる有樣にて、一九二五年議會に於ては政府も進步黨の

援助に多きを望む能はざること愈々明かとなれり。

一方一九二一年の總選擧は首相「キング」氏が前自由黨首領「ローリエー」氏歿後を襲ふて幾許も無く其の威望未だ具らざりし時に行はれたりし爲、同總選擧の勝利は首相の手腕人格に依ると云ふを得ず。勢ひ黨內に於ても充分の威力を用ふるを得ず。政策遂行に當りても東部出身者と西部出身者間意見の不一致に對し、充分統御する能はざるが如き有樣なりき。

斯の如き狀況にて兎も角も一九二五年の議會は經過せるも、政府重要法案の或は下院にて或は上院の爲に不成立に終りたる者多數に上れり。

一九二一年に行はれたる人口調査に依り十名の下院議員定數を增加することゝなれるが、之に關する議員割當法一九二四年に成りしかば、保守黨及一部進步黨議員は現議會は全國民を正當に代表するものに非ず、宜しく議會を解散す可きなりと論じ、一九二四年末頃より世上議會解散に關する風說頻りに傳はれり。本來議員の任期は五年にして、政府は當時兎も角も絕對多數を擁し居たりしを以て、政府に於て此儘議會を繼續せんとせば一九二七年初迄は總選擧を爲さゞるも可なりしなり。此の故に解散と否とは一に政府の便宜に存したり。當時世間より解散の有無の「バロメーター」を以て目せられたる一九二五年六月初に行はれたる「サスカチユワン」州々議會の總選擧自由黨の大勝に歸したりしが、之に反し同月末に行はれたる「ノヴア・スコシヤ」州々議會及八月に行はれたる「ニユー・ブランスウヰツク」州々議會總選擧に於ては自由黨は根底より覆され、保守黨大勝を博し、爲めに八月末に至りても同年中に於ける總選擧の有無逆睹を許さず、新聞紙上揣摩憶說頻りに行はれたり。政府部內に於ても沿海州出身者と西部出身者と意見岐れたるものゝ如かりしが、首相は沿海二州は之を合するも二十五名の議員定數にして新に增加せる十名は西部諸州に配當せられ居ること、西部穀物收穫近年に無き豐作を報ぜられ居ること、進步黨の多數は自由黨に馳す可きこと等を胸算用に入れたるものゝ如く、又斯くの如き不安の狀態に置くよりも民心の政府を去らざる內に一擧に勝敗を決し以て自己の理想とする政策を遂行せんと決意せるものゝ如く、終に九月五日共選擧區なる「リッチモンド・ヒル」に於ける選擧民大會に於て議會解散を聲明し總選擧は十月二十九日に行はる可き旨述べたり。

第二節　各派政綱及運動

各黨の政綱は既述の如くなれども今回（一九二六年）の總選擧に當り特に共政綱なりとして揭げたるものを述ぶれば次の如し。

（甲）自由黨政綱（一九二六年九月五日「リッチモンド・ヒル」に於ける首相の演說）

（一）財政問題

（イ）減稅――所得稅及販賣稅の輕減。

（ロ）經費の節約。

（ハ）歲入不足を止むること。

（ニ）國債の減却。

（二）運輸問題

1、鐵道問題

（イ）C. P. R. 及 C. N. R. 兩社併存の下に相協力する方法を法律に依り定むること。

（ロ）鐵道運賃率の均一制度。

2、海洋運輸問題

北太西洋運賃同盟の存在に依る加奈陀生產者及消費者の蒙る不利益を除却する方法講究。

(三)移民問題

量に於てのみならず質に於ても最も有效なる移民政策の採用。

(四)關稅問題

(1)(イ)關稅は歲入の爲めにのみ之を課すること：關稅は租稅の一種なるを以て出來る丈之を輕減すること。

(ロ)特に基本產業の生產用具及生活必需品は無稅又は出來得る限り輕課すること。

等に付從來の自由黨の主張維持。

(2)一般關稅の低下のみならず諸外國との通商條約の締結に依りて外國貿易を促進すること。

(3)英帝國特惠稅率の擴張に依り英本國其の他帝國內諸國との貿易を增進し、且つ之に依り加奈陀港の繁榮策を計り且つ鐵道の利益を增進すること。

(4)關稅率は國民一般の利益の爲めに定めざる可からず。加奈陀は中西部及一部東部農業地方と中部並東部及西部の一部と利害相反する部分を包含するを以て、高率の保護關稅賦課又は自由貿易の採用は共に不可にして、何れに偏するも加奈陀 統一を缺くに至るが故に、吾人は其中間なる國民の凡ての階級に利益なる現行關稅率を以て適當とす。

(五)租稅諮問機關の設置

租稅及關稅に關し諮問機關を設置し之が委員に婦人をも任用すること。

(六)上院改造問題

此爲めには各州代表會議を召集す可し。

(乙)保守黨の政綱

九月九日「オンタリオ」州「ウヰングアム」(Wingham)に於て保守黨首領「ミーエン」は政府四年間の政治振を攻擊したる後、保守黨の政綱は同年議會の終末に提出せる保守黨決議案の通りにして、加奈陀の重要問題たる移民問題、運輸問題、等保護關稅の採用に依りて解決せらると保護主義を高唱せり。右保守黨決議案內容次の如し。

(一)工業に新生命を與へ、加奈陀農產物に對する加奈陀內市場を擴大し、加奈陀人に依り天然資源を開發し、鐵道は運輸貨物を增加し、運賃を遞減し依りて以て內國租稅を減ずる爲に保護主義に基く關稅の即時改正。

(二)右改正は農產、水產、石炭に付ても、工業產品と同樣に適用せらる可きこと。

(三)加奈陀の原料及動力を加奈陀人の開發の爲に保存するの必要なる措置採用。

(四)英帝國特惠稅率擴張に努むるを要すれども右は加奈陀勞働者の不利となることは之を避けざる可からず。又一切の特惠は加奈陀港利用を條件とす可し。

(五)關稅委員會を設置し農業工業及勞働者の三階級代表者より委員を任命し同委員會の建議には政府を束縛する效力を與ふること。

(六)西部及沿海州產物を中央市場に輸送するに付ては一定の運賃額は全國に依り負擔する樣にすること。

(丙)進步黨の政綱

九月十六日進步黨首領「ロバート・フオーク」の聲明及十月十日同氏發表の宣言書內容次の如し。

(一)一般政策

自由黨保守黨と稱するも名稱の差のみにして、彼等は政權爭奪の爲に單に名目上政綱を異にするのみなり。加奈陀は聯邦成立以來數十年の間、交互に兩舊政黨の政府に依り行はれたる謬れる政策に依り、天然資源の開發は甚しく遲延したり。今や一般國民は舊政黨に對する盲從より目醒め玆に原始產業の利益、ひいては人民一般の利益の爲に進步主義の運動となりたるなり。

(二)財政及關稅問題

(イ)自由黨も保守黨も程度の差こそあれ本質上保護主義にして事實上は何れの政府も同樣なり。

進步黨は關稅に付ては一切の保護分子を排除し之を單に歲入の目的にのみ用ふ可し。

(ロ)歲入の手段としても關稅は漸次之を輕減し所得稅其他の直接稅及關稅より弊害少き間接稅に依り收入を增加す可きなり。

(ハ)節約に依り一層關稅を輕減す可し。

(ニ)租稅の輕減は關稅を大に輕減したる後に之を行ふ可し。

(三)運輸問題

(1)鐵道問題

(イ)貨物運賃率の差別撤廢

(ロ)C. N. R. の資本評價を政府の實際投資せる額に引下ぐること。

(ハ)兩鐵道の重複を避くること、然れども C. N. R. は「ハドソン」灣鐵道は勿論、出來得る限り其培養線を布設すること。

(2)海軍運賃問題

本問題に關しては前議會に於て政府提案の「ピーターソン」契約は本件解決に不充分なり、關稅の障壁を低下し以て歐洲殊に英本國より來る貨物を多からしむること。又船主會議に對抗する荷主會議に關し議會に於て充分講究す可きこと。

（四）銀行問題

（イ）銀行事業の東部財閥に依る殆んど獨占的なる現狀を打破し、以て各地方の利益を助長する爲一國立銀行を設置し之をして漸次唯一の發行銀行たらしむること。

（ロ）銀行法の改正に依り右國立銀行券を基礎とする地方銀行の設置を許すこと。

（五）移民問題

移民政策遂行には原始産業に對する諸種の障害を除去す可きなり。

（六）上院改造問題

上院議員の任命制度を選擧制度に改むること。

九月五日議會解散に依り加奈陀政戰の幕は開かれたり。今回の總選擧に於ける爭覇は云ふ迄も無く政府黨即ち自由黨對保守黨の間に行はれたり。

進歩黨は前回（一九二一年）の總選擧の如く意氣熾ならず、已に九月十四日「オンタリオ」州農民組合（United Farmers of Ontario）（前回には二十四名の進歩黨員を當選せしめたる團體なり）は組合全體としては今回の總選擧に參加せず、各選擧區に於ける支部の自由に任す可きを宣言し、又前進歩黨首領にして西部農民間に勢力ある「クレアラー」氏の如きも近來の進歩黨の態度の狹量を攻擊し、進歩黨の運動を冷眼視せるが如く、將又黨首「フォーク」も共に主張を「ハドソン」鐵道問題、西部運賃率問題等西部地方問題に集中し、進歩黨は西部平原三州の政黨なるが如き觀を呈したり。

政府は議會解散せらるゝや、直ちに内閣一部の改造を行ひ、又首相「キング」氏自ら東奔西走、加奈陀全國を遊說せり。而して首相は西部に於ては「ハドソン」灣鐵道、上院改造、鐵道運賃率の問題に付て西部の要求を容る可く其爲めには西部より多數を自由黨に送り以て自由黨を進步黨化す可きを說き、B. C. 州に於ては濠加通商條約の利益を說き、沿海州に於ては西印度通商協定の利益を述べ、「オンタリオ」州に於ては高率保護關稅を主張する保存黨と純然たる自由貿易主義を奉ずる進步黨の中間に居りて適當なる關稅を維持せんとする自由黨の主張は加奈陀の統一の爲最も必要なりと說き、又「クエベツク」州に於ては「ローリエー」の後繼者として佛人の利益擁護の爲自由黨を支持す可きを說きたり。

保守黨首領「ミーエン」氏亦首相に對抗し全國に亙りて遊說し、政府の四年間の施政及首相の言說を論難し、現內閣は聯邦政府成立以來最も無能なる內閣にして、首相の今回總選擧に於ける所謂政綱と稱する關稅問題、移民問題、上院改造問題等に付て何等一定の企劃を明かにせずと論じ、加奈陀の病根は自由黨の採れる關稅政策にあり、一切の產業に付保護關稅政策の採用に依りてのみ之を救濟し得べしと保護主義を高調せり。

本總選擧中問題となれる「ロカルノ」條約に對する加奈陀の加入如何に付ては、首相は十月二十四日「オタワ」市に於て開かれたる自由黨豫選會に於て『本問題は選擧の政爭以外に置き、適當の時に處理す可し』と述べ「ミーエン」氏も亦之に關し他の演說會に於て本問題を政爭外に置かんとする首相の意見に同意なる旨を述べたり。

又本總選擧中東洋移民問題は B. C. 州に於ては同州に於ける候補に依り相當論議せらたる模樣なれども、兩大政黨領袖は之に關しては特に論議せず、單に保守黨首領「ミーエン」氏が十月十三日「サスカチエワン」州「レヂヤイナ」市に於て『貨物に付自由貿易の實行には勞働の自由入國を必要とす。乍然諸君は東洋人及歐洲の賃銀低廉なる國より多數移民入國するも可とするや』と述べ又移民大臣「ゴールドン」氏新任の際亞細亞移民制限政策續行を述べたることあるのみなり。

第三節　總選擧の結果

十月二十九日總選擧の結果を州別に依り選擧前の各黨議員數と對照すれば次の如し。

（甲）總選擧前各黨勢力

州	自由黨	保守黨	進歩黨	勞働黨	中立	缺員	定員數
「ノヴァ・スコシャ」	一五	一	―	―	―	―	一六
「ニュー・ブランスウイック」	四	五	一	―	―	一	一一
「プリンス・エドワード」島	四	―	―	―	―	―	四
「クエベック」	六四	―	―	―	―	一	六五
「オンタリオ」	二四	三五	二一	―	―	二	八二
「マニトバ」	二	―	一三	―	―	―	一五
「サスカチエワン」	一	―	一五	―	―	―	一六
「アルバータ」	―	―	一〇	一	一	―	一二
「ブリチッシュ・コロムビア」	三	七	二	―	一	―	一三
「ユーコン」	―	一	―	―	―	―	一
計	一一七	四九	六一	二	二	四	二三五

（乙）總選擧の結果各黨勢力

州	自由黨	保守黨	進歩黨	勞働黨	中立	缺員	定員數
「ノヴァ・スコシア」	三	一一	―	―	―	―	一四
「ニュー・ブランスウイック」	一	一〇	―	―	―	―	一一
「プリンス・エドワード」島	二	二	―	―	―	―	四
「クエベック」	六〇	四	―	―	一	―	六五
「オンタリオ」	一二	六八	二	―	―	―	八二

「マニトバ」	一	七	七	二	―	―	一七
「サスカチエワン」	一五	―	六	―	―	―	二一
「アルバータ」	四	三	九	―	―	―	一六
「ブリチツシユ・コロムビア」	三	一〇	―	―	一	―	一四
「ユーコン」	―	一	―	―	―	―	一
計	一〇一	一一六	二四	二	二	〇	二四五

右の如く自由黨は數に於て大敗せるのみならず、首相以下閣員にして落選せる者次の九名を算す。

總理大臣	「マッケンヂー・キング」	
鐵道大臣	「グレハム」	
商務大臣	「ロー」	
勞働大臣	「マードック」	
移民大臣	「ゴールドン」	×
無任所大臣	「シンクレアー」	
同	「マッセー」	×
同	「フオスター」	×
同	「マーラー」	×

（×印は總選擧前新に任命せられたる大臣なり）

之に反し反對黨たる保守黨は四九名の少數より一一六名の最大多數黨となれり。

政府大敗の原因は種々ある可しと雖も四年の施政後、民心自由黨に倦きたること、政府の政綱に於て選擧民を魅する大政策無かりしこと、民心首相の八方美人政策を厭ひたること等を擧ぐるを得べし。

又保守黨の勝利の原因としては保護政策を高く掲げ、旗幟甚だ鮮明なりしこと、米國共和黨、英國保守黨勝利の影響もあり一般に保護政策謳歌の氣運となりたること、及黨首「ミーエン」氏の高邁なる人格等を擧ぐることを得可し。

進歩黨の敗因は前叙の如く黨として活動充分ならざりし外、過去四年間進歩黨の何等爲す無かりしこと、及三黨鼎立が當國政治に不適當なることを一般選擧民が自覺し來り二大政黨對立の舊に歸らんとする形勢となれること等なる可し。

第四節　自由黨政府の再立

自由保守兩黨ともに過半數に達せざるため何れが政權を握るや一時政界は渾沌たる狀態に陷れり。而して第三黨たる進歩黨が事實上「カスチング・ヴオート」を握れる形となりしを以て、其の去就は直ちに自由、保守兩黨の運命を決するに至れり。抑々進歩黨は黨の政策よりせば保守黨に近きも此の際果して兩黨中何れに左袒するやは政界の謎なりき。斯る混亂の狀況裡に「キング」首相は依然自黨の內閣を率ひて容易に政權を放擲せず、劃策大に努める間に進歩黨との妥協成り前內閣の顏觸れとは幾分變れるも兎に角自由黨の改造內閣成立せり。一月七日第十五議會召集され「キング」は「サスカチワン」州「プリンス・アルバート」より補缺選擧に當選し、間もなく議會場の駈引に鞅掌するに至れり。開會劈頭より反對黨は政府不信任案を提出し、政府攻擊の手を緩めず。政府は進歩黨の支援によつて辛ふして難關を切拔くるを得たるも、向後は政策―より云へば枉げても進歩黨の意思に聽從せざる可らざる立場となれり。是れ政界の變態にして果して何時迄兩黨の友好關係が持續せらるゝや、其處に政界の危機潜在すべし。

第五節　關稅行政積廢問題

第一款　關税問題議會提出

保守黨一派は不信任案の失敗に懲ることなく引續き政府倒潰に餘念なく、一九二六年二月二日晩香坡選出議員 H. H. Stevens は密輸入竝に脫税事件に關聯せる税關官吏の收賄瀆職問題を提げて再び政府に肉迫せり。

抑々當國に於ける密輸入事件は英佛其他の歐洲方面よりするものあれども主として米加間國境を超へて行はれしが、玆一兩年前よりは快速自働車及「モーター・ボート」等盛に利用さるゝに至りしを以て、密輸入は益々甚しくなれり。當國よりは「ウキスキー」「ブランデー」等の酒類輸出を、米國よりは「モルヒネ」「コカイン」等の禁劑、自働車及衣類等を輸入し巷間傳ふ處に依れば曾て米國監獄にて裁縫したる襯衣、股引類が大々的に密輸入され、各都市の大小商店となく破格の安値を以て賣捌かれ、爲めに國內製品は甚しく打擊を蒙れりと云ふ。而して東西三千哩に亘る關税線を監視するは容易の業にあらず。又脫税事件は主として東部に行はれ釀造家が虛僞の造酒石高を申告し是れが隱蔽のため盛んに賄賂の贈收行はれたりと云ふ。

一九二五年九月關税大臣 Jacques Burean は病氣辭職し後任として George H. Boivin 就任せり。政府に於ては兼ねてより右惡弊を一掃し關税事務の廓清を期せむが爲め、税關關係の「デテクチーヴ」Duncan なるものを Special Investigating Officer とし密輸脫税の實情調査方を命じたり。同人は一應の調査を終へ其の結果を政府に報告せしが更に引續き數名の援助を得て各方面に亘り調査を繼續するに決せり。一方政府に於ては右報告に基き瀆職官吏を馘首し、事務の革新に着手せる處なりしと云ふ。

第二款　調査委員會任命

本問題は其の後引續き議論せられ、政府に於ては極力辯明に努め、結局委員を任命して實情を調査することとなり、二月五日議會にて調査委員任命に關する決議通過せり。

調査委員は事件關係人の召喚、必要書類の蒐集、竝に隨時隨所に於て審問をなすの權能を與へられ、調査事項は左の如し。

一、密輸竝に脫稅を如何に取締り居りしか。

一、犯罪者の逮捕及處罰を如何に處理したるか。

一、押收品の保管及處分を如何に取扱ひしか。

次で附帶決議に依り自由黨より四名、保守黨より四名、進步黨より一名、合計九名の議員より成る委員會を構成せり。自由黨議員 P. Mercier が委員長と爲り、「スチーヴンス」も其の委員に加はれり。加奈陀全體に亘りて右調査を實行することは區域餘りに廣汎に過ぎ到底短日月を以て結了すること困難なるを以て、中部地方及大平洋岸を除ける「モントリオル」港を中心とする東部地方に就き先づ調査を開催するに決せり。二月九日より六月十一日まで一一五回の査問會を開き、二二四人の關係人を召喚聽取せり。其の結果出來上れる調査は之を議會に報告すると同時に委員會より政府に對し左記要項の建議をなせり。

一、密輸及脫稅關係會社に對する告發。

一、酒類及關稅關係法規の修正。

一、瀆職稅關吏の譴責、懲戒及免官。

等にして議會は滿場一致右報告竝に建議を承認せり。從て政府も亦稍々安心の色あり。

第三款　「スチーヴンス」修正案

然るに六月二十二日「スチーヴンス」は右調査委員報告に對し大要次の如き修正案を提出して飽迄政府を窮地に陷れんとせり。

關稅問題調査委員の報告に左記條項を補足せられたし。

關稅大臣は或は犯罪者の取扱に關し知己若しくは政黨緣故の者の依賴を受け起訴を猶豫し或は不起訴にし或は裁判所に干涉したりしことありしは證據により歷然たり。其の結果國庫の受けたる損失は實に莫大なる額に達す。又 Moses Azif 事件に關する現關稅大臣の G. H. Boivin 措置は全く正義に悖る。總理大臣竝に政府は右の如き綱紀頹廢を袖手傍觀し何等改革手段を執らざりき。以上の事實は國家の利益を侵害し、政治の公明を掩ふものなりと信ず。依て本調査委員は今後尙存續することを希望す。

第六節　自由黨政府の瓦解

右「スチーヴンス」の提出せる關稅大臣及首相に對する譴責的修正案は政府の威信に係る重大問題なるを以て政府の狼狽は一方ならざりき。與黨議員より同案に對する修正案を出せるも、從來政府を支援して來れる進步黨は本問題が今日迄進展せざる以前より黨員に分裂を生じ或は保守黨に走るものさへありて右修正案に對しても同樣の態度を持するを得ざりしにより政府側は「スチーヴンス」案に對し惡戰苦鬪せるも、形勢は愈々不利に陷り到底時局を切拔くる能はざるに至り、採決の結果は敗北すること明白となりしを以て「キング」首相は議會解散を奏請せるが總督は聽許せず、仍て止むなく、六月二十八日「キング」首相以下閣員は總辭職せり。

第七節　保守黨政府の成立

總督は保守黨首領「ミーエン」(Arthur Meighen) に組閣を命じ進歩黨は議會終了まで保守黨援助の覺書を總督に送致せるを以て「ミーエン」は翌二十九日總理大臣として親任し、保守黨内閣を組織せり。各省大臣は議席の關係より大臣代理 (Acting Minister) として就任することゝなりぬ。而して議會は保守黨政府の下に繼續せられ先づ第一に自由黨議員 F. Rinfret は「スチーヴンス」案に對し前政府に對する譴責的事項を削除し、三黨首領が各一名宛選定する判事(Judge)にて委員會を組織し、本問題を裁斷せしむべしとの修正案を提出せり。

「ミーエン」首相の代理として House Leader を勤めたる Sir Henry Drayton は右案は曩に採決に破れたる Woodworth 案に同一趣旨のものにして議事に上程する價値なしとて反對せり。然るに議長 (自由黨議員R. Lemeinx)は上程差支へなしと主張し、採決の結果、一一五對一一四にて議長の「ルーリング」通過せり。(進歩黨は此處に於ても亦黨員の結束なきを曝露し此の形勢にては保守黨内閣の前途も樂觀を許さざるに至れり。) 乃て「リンフレー」案を提出し採決に附したるが不幸にも一一九對一〇七にて破れたり。更に進歩黨員二名は「スチーヴンス」案に政黨以外にある Exchequer Court の判事より成る委員會を設立して本件を扱はしむることを附加することを提議せり。保守黨側は贊成したるが自由黨側は反對したり。結局投票を行ひて一一九對一〇九を以て通過せり。

第八節　議會の解散

保守黨内閣成立したるも自黨のみを以てしては議會の多數を制するを得ず。又政府支援を約せる進歩黨は黨員に結束なく個々の態度を持し、殊に後出總督が「キング」前首相に對し議會解散の奏請を拒めることの憲法上の問題に付ては進歩黨員の多くは自由黨の議論に耳を傾くる有樣にして、議場は紛糾に紛糾を重ねたり。七月一日は加奈陀各州聯合の紀念日にして大祭日なるに拘はらず、議員は徹宵「スチーヴンス」修正案に對する再修正案の議事を進めたり。偶々一大臣代理より關係者事務に關する經費事項の討議開始せらるゝや、自由黨議員 J. A. Robb（前大藏大臣）は大要左の如き緊急動議を提出し現政府の組織が憲法違反なることを指摘せり。

一、各大臣代理は政府事務措辯の爲め適法に就任したるものとせば議席に就く權能なかるべし。

二、若し適法に就任せざるものとせば政府事務措辯に要する豫策案を議會に提出する權能を有せざるべし。

右動議に對し W. R. Motherwell（前農務大臣）之を支持し議案成立せり。論戰の後採決せる處九六對九五にて新政府黨たる保守黨敗れたり。右は政府の威信に關する重大問題なるを以て、「ミーエン」首相は直ちに態度を決し總督に奏請の上七月二日議會は解散せられたり。かくの如くにして保守黨が議會を率ゐたるも僅かに一日に過ぎざりき。

第九節　一九二六年の總選擧

七月二日第十五議會解散となり總選擧は九月十四日行はれたるが、其の結果は次表の如く自由黨が多數を占むることゝなり、從來の進步黨は分裂して、（一）依然たる進步黨、（二）自由黨に接近しつゝある自由進步黨及（三）「アルバータ」州選出者のみにて新設せる農業者聯合(United Farmers' Association) の三黨となりぬ。

自由黨	一一九名
保守黨	九一名
進步黨	八名
自由進步黨	一一名

農業者聯合	一一名
勞働派	三名
中立派	二名
合計	二四五名

自由黨大勝の迹を檢するに、保守黨は其の年來の鞏固なる地盤たる「オンタリオ」に於てすら七十八票中二十五票と云ふ多數を奪はれ、平原三州の如き自由黨の風靡する處となりぬ。

最近三回に亙り施行せられたる總選擧に於いての各州の黨勢を比較する爲め左に三表を掲ぐ可し。

第一表　一九二一年總選擧後の黨勢表

州別	自由黨	保守黨	進歩黨	勞働黨	中立派	空席	議席計
「ノヴァ・スコシア」州	一五	一	—	—	—	—	一六
「プリンス・エドワード」島	四	—	—	—	—	—	四
「ニュー・ブランスキック」州	四	五	一	—	—	一	一一
「ケベック」州	六四	—	—	—	—	一	六五
「オンタリオ」州	二四	三五	二一	—	—	二	八二
「マニトバ」州	二	—	一二	一	—	—	一四
「サスカチワン」州	一	—	一五	—	—	—	一六
「アルバータ」州	—	—	一〇	一	一	—	一二
「ビーシー」州	三	七	二	—	一	—	一三
「ユーコン」領	—	一	—	—	—	—	一

合計	一一七	四九	六一	二	二	四	二三五

右表は一九二一年の總選擧の結果にして死亡其の他にて幾分の變化あり、一九二五年九月解散前の黨勢なし。

第二表　一九二五年總選擧後の黨勢表

州別	自由黨	保守黨	進步黨	勞働派	中立派	議席計
「ノヴァ・スコシア」州	三	一一	―	―	―	一四
「プリンス・エドワード」島	二	二	―	―	―	四
「ニュー・ブランスヰック」州	一	一〇	―	―	―	一一
「ケベック」州	六〇	四	―	―	一	六五
「オンタリオ」州	一二	六八	二	―	―	八二
「マニトバ」州	一	七	七	二	―	一七
「サスカチワン」州	一五	―	六	―	―	二一
「アルバータ」州	四	三	九	―	―	一六
「ピーシー」州	三	一〇	―	―	一	一四
「ユーコン」領	―	一	―	―	―	一
合計	一〇一	一一六	二四	二	二	二四五

一九二五年の總選擧に於ては各州議席數に變化ありき。即ち「ノアヴ・スコシア」州が二席を減じ「マニトバ」州が二席、「サスカチワン」州が五席、「アルバータ」州が四席、「ピーシー」州が一席を增し、合計一〇席を增すことゝなりぬ。

第三表　一九二六年總選擧後の黨勢表

州別	自由	保守	進歩	自由進歩	農夫聯合	勞働	中立	議席計
「プリンス・ドワート」島	三	一	—	—	—	—	—	四
「ノヴア・スコシア」州	二	一二	—	—	—	—	—	一四
「ニユー・ブランツヰツク」州	四	七	—	—	—	—	—	一一
「ケベツク」州	六〇	四	—	—	—	—	一	六五
「オンタリオ」州	二五	五三	二	二	—	—	—	八二
「マニトバ」州	四	—	四	七	〇	二	—	一七
「サスカチワン」州	一七	—	二	二	—	—	—	二一
「アルバータ」州	三	一	—	—	一二	一	—	一六
「ビーシー」州	一	一二	—	—	—	—	一	一四
「ユーコン」州	—	—	—	—	—	—	—	一
合計	一一九	九一	八	一	一二	三	二	二四五

因に自由保守兩黨の政綱より云はゞ、古くより開け比較的製造工業の發達せる東部地方(「ケベツク」州は別として)が保守黨に傾き、新しく開け東部と政治上經濟上其の他の問題にて平等の地位を要する西部が自由黨に傾くは自然の理と思考せらる。而して「マニトバ」「サスカチワン」及「アルバータ」の西部平原州は何れも自由黨に傾き、保守黨は右三州中僅かに一名の當選を見たるに過ぎざる實狀なり。然るに最も西端なる「ビーシー」州は獨り之に反し十年の久しきに亙り自由黨が州政府を支持し來れるに拘はらず、最近三回の總選擧に保守黨は七人、一〇人、一二人と遞增し、自由黨は三人三人と二度迄同數なりしが三回目には一人に減少せり。長年月の間保守黨の地盤鞏固なりしとはいへ實に奇態なる現象と云はざる可らず。

第十節　自由黨內閣成立

自由黨は大勝を博せる結果、再び政權を握るに至れり。而して「キング」首領は九月二十五日正午首相の印綬を帯び同時に左の如き閣員の任命を見たり。

(一)「キング」首相兼外相)(King)　スコッチ系、五四歲、プレスビテリアン教。
(二)「ロッブ」(藏相)(Robb)　スコッチ系、六八歲、製粉業、プレスビテリアン教。
(三)「ラポアント」(法相)(Lapointe)　フレンチカナデアン、四九歲、辯護士、ローマンカソリック教。
(四)「ダンニング」(鐵相)(Dunning)　イングリッシュ系、四二歲、農業者、プレスビテリアン教。
(五)「スチュワート」(內相)(Stewart)　スコッチ系、五九歲、農業者、アングリカン教。
(六)「エリオット」(土木相)(Elliott)　スコッチ系、五五歲、辯護士、バプテスト教。
(七)「マーザウエル」(農相)(Motherwell)　アイリッシュイングリッシュ系、六七歲、農業者、プレスビテリアン教。
(八)「マルコルム」(商相)(Malcolm)　スコッチ系、四七歲、製造業者、プレスビテリアン教。
(九)「フラー」(關稅相)(Fuler)　ジャーマンカナデアン、五二歲、出版業者、ルーテル教。
(十)「キング」(衛生相)(King)　スコッチ系、五五歲、醫師、バプテスト教。
(十一)「フォーク」(移民相)(Forke)　スコッチ系、六七歲、農業者、ユナイテット派。
(十二)「ヴエニオット」(郵政總監)(Veniot)　アカデアン系、六四歲、保險業者、ローマンカソリック教。
(十三)「カーディン」(海事漁業大臣)(Cardin)　フレンチカナデアン、四六歲、辯護士、ローマスカソリック教。
(十四)「カノン」(大訟師)(Cannon)　フレンチカナデアン、四〇歲、辯護士、ローマンカソリック教。

(十五)「リンフレット」(國務卿)(Rinfret)　フレンチカナデアン、四六歳、新聞記者、ローマンカソリック教。

(十六)「ヒーナン」(勞働相)(Heenan)　アイリツシ系、五三歳、機關技師、ローマンカソリック教。

(十七)「ダンヂュラン」(無任所大臣)(Dandurand)　フレンチカナデアン、六六歳、辯護士、ローマンカソリック教。

右の中自由進步黨の首領たりし Robert Forke を入閣せしめたるは「フオーク」は從來の進步黨首領にして黨解散後の今日、果して進步黨及農業者聯合に幾何の勢力を有するやは疑問なるも、同黨を引入れたるは百三十票の票數を以て絕對多數を制し得るを以てなり。又「キング」は「フオーク」の立候補地「マニトバ」州「ブランドン」市よりは自黨の立候補を差控へ、且つ同地にて「フオーク」の爲めに應援演說を爲したる程にして當初より兩者の間には靈犀相通ずる處ありしが如し。

第八編　南阿弗利加聯邦の政黨（一九二六年三月調）

第一章　各政黨の名稱及其の主義綱領

南阿聯邦には南阿黨、國民黨及勞働黨の三政黨あり。今左に之を詳述すべし。

第一節　南　阿　黨 (South African Party)

本黨は一九一〇年五月聯邦成立以來、一九二四年の中頃まで引續き內閣を維持し來りたるものにして、其の政策は當國の禍根たる英國系人と蘭國系人との軋轢を除去し、兩民族の統一を計り、國憲の基礎を確立し、以て南阿の福祉を期せんとするものなるが、對土人政策を除く外、常に穩健的態度を持しつゝあり。對土人政策に關しては、他黨と共に其の居住地域を局限し、人口の增殖を防止する等頗る極端なる手段を採ることなきにあらず。而して其の政綱の大要を列記すれば左の如し。

(1)南阿聯邦に於ける英、蘭兩系人種の融和を計り、以て其の福利を增進すること。

(2)南阿聯邦を英帝國の一部として保持し、且つ飽くまで國憲の擁護に努むること。

(3)內政上には半國家社會主義を適用すること。

(4)歐洲移民の入國は國內の開發に必要なる程度に之を制限すること。

(5)內國產業に對しては出來得る丈け保護を與ふること。

(6)非白皙人種を永遠に退け其の既得權を褫奪すること。

第二節　國　民　黨　(Nationalist Party)

由來國民黨は南阿本位乃至排英主義を標榜し、如何なる場合と雖も南阿の利害を以て第一とし、英帝國との關係に於ては南阿の利害が英帝國の夫れと一致する場合の外協力するの必要なしと主張し、英帝國の覇權に服從するを快しとせず。機會だにあらば共和主義の鼓吹に努め、憲法の改正により英帝國の覊絆を脱せんとしつゝありたるが、南阿黨が常に憲法の下に南阿が英帝國の從屬的關係より離脱して獨立することは不可能なる旨を主唱し之を攻擊しつゝありたるを以て、國民黨は自黨の立場を明かにする必要ありとし、一九二〇年十月中其の根據地たる「オレンジ」自由國州首府「ブロモフォンテン」市に於て大會を開き、左記の如き決議をなしたり。

本會議は自決の權利及南阿國民に附隨する諸種の權利を有する一共和國として聯邦の資格を定め、且本黨の根本主義即ち南阿本位の見地より南阿の永久安寧及福利を增進するを最も策の得たるものと認め、左記の各項を決議す。

(１)南阿國民の主權を確認し、凡ての機會に於て是が保護の責に任ず。

(２)南阿國民は憲法の條規により常に自決の權利を有するものなることを認識す。

(３)南阿國民は英帝國より分離し、南阿及英帝國間の現存關係を破壞し、若くは變更する權利を有するものなることを確認す。

(４)國民の主權的意思の神聖なることを認識し、政府又は其の他のものが恣に南阿と英帝國若くは他の列强との國際關係を變更せんとする有ゆる方法、又は手段に反對の意を表明す。

(５)共和主義の宣傳に關しては、何人と雖も我南阿に如何なる政府が最も適當するものなるやに關し、自己の所信を發表するを妨げず。又法律の許す範圍内に於て此の所信を廣く國民に傳播するも敢て憚る處なきものと信ず。

（6）實に我黨は憲法の條項に依らずして漫に共和主義を皷吹し少數の意思を以て多數を壓迫せんとするものに非ず。故に英本國との離脫問題に至りては一般投票若くは其の他の方法により國民の多數が之を是認するに至るまでは、何等決定的の處置に出づるものにあらず。

以て國民黨根本政綱の一班を窺知するに足るべし。然るに其の後此根本的政綱は多少の改變をなさざるを得ざる事實發生せり。即ち一九二四年の初頃、國民黨は勞働黨と盟約を結び、當時政府黨たる南阿黨に對抗することゝなりたるが、抑々勞働黨は主として英人系のものに係り、殊に其の首領株は全部英國人なるが爲、國民黨と提携するに先立ち第一に其の根本主義たる獨立問題を片附けざるを得ず。是に於て國民黨は此盟約期間（五ケ年間と稱せらる）は獨立乃至排英的の言動に出でざる旨を約し、初めて兩者間の盟約成立するに至れるものなりと云ふ。

斯くの如く國民及勞働兩黨合同して南阿黨に對抗するに至りたる爲、南阿黨は到底之に拮抗し得ざるに至りたると、又其の他種々後に述ぶるが如き事情の到來せるとにより遂に議會を解散するの已むを得ざるに至り、次で擧行せられたる總選擧に於て南阿黨は一敗地に塗れ、國民及勞働聯立内閣成立し、其の後を襲ふに至りたるが、國民黨は前述の如く勞働黨との盟約により其の根本主義たる獨立問題を陽に提唱すること能はざるも、而かも事實上に於ては着々之を決行しつゝあり。例へば當國の舊關稅法は特惠及一般稅率の二種に區別せられ、英國製品の殆んど全部に對し低率の特惠稅率を適用し來りたるも、一九二五年の議會に於て聯立政府は是が一大改革を行ひ、英國製品に對する特惠稅率を殆んど皆無ならしめたる而已ならず協定及一般の二稅率を新設し、獨り從來の英國のみに依賴しつゝありたる方針を一變し、廣く諸外國と通商し得るの基礎を作り、或は南阿人に對する英國名譽稱號下賜廢止請願を英國皇帝に發し、或は南阿人の定義を確立し一般英國人と區別せんとし、或は南阿自身の國旗を制定せんとしつゝある等を以て見るも敢て口に獨立を主張せざるも着々として其の排英政策を遂行しつゝあるを知るに足る。

第三節 勞働黨 (Labour Party)

本黨の主義綱領は所謂社會主義に酷似し其の大要左の如し。

（1）土地、資本、機械及交通機關等生産に必要なる主要物件は漸次之を國有又は公有に改め、若くは國家又は公有管理とすること。

（2）劣等民族を除き一般總選擧法を採用すること。

（3）社會上白晳人種と劣等人種とを區別し、其の兩人種間の雜婚を禁ずること。

（4）强壯者に對し生活上必要なる職業又は勞働の機會を保證すること。

（5）産業發達の爲其の成績に應じ獎勵金を支給すること。

（6）租税は政府より受くる恩惠に比例して賦課し、又不動産の自然騰貴に對し課税すること。

（7）契約勞働者の入國を防止し、又移民は其の入國が勞銀の標準を低下せしむることなき限り制限を設けざること。

而して同黨は戰後一時多數の失業者を生じ之に對する措置宜しからずとの非難攻擊を受け、黨勢不振に陷りたるも、一九二四年英本國に於ける勞働黨内閣現出の當時、再び勃興し來り、同年擧行せられたる總選擧に於ては更に一層の勢力を把握するに至れり。

第二章 各黨派成立の由來、其の勢力の優劣及其の勢力の根據

現南阿聯邦中喜望峰殖民地即ち今の喜望峰州以外の各殖民地に於ては英杜戰爭後に至る迄眞正の意義に於ける政黨なる

ものなく、「ナタール」に於ては在住歐洲人の殆んど全部は英人にして議會には政府黨及反對黨の二派ありたるも、政黨と認むべきものなかりき。又蘭系人（所謂「ボアー」人）の共和國たりし「トランスヴアール」及「オレンジ」自由國に於ては和蘭寺院の勢力強く、同寺院は權力は神より授けられたるものなりと說き、政府に反對するものは神に反抗するものとなしたれば、一般人民は政府を尊敬し其の政策に對し敢て反對するものなく、爲めに政黨の發生を妨げたり。唯喜望峰殖民地に於ては他の殖民地と異り、蘭人と英人と雜居し、兩民族の間には劃然たる區別ありて各相異なる理想を抱き、容易に融和することなく、英人系のものは「セシル・ローズ」を首領として進步黨(Progressive Party)を組織し、蘭人系のものは「ボンド」黨(The Bond)を樹立せり。而して進步黨は帝國主義を理想とし、一八九九年より一九〇一年に亘る英杜戰爭は進步黨派が英本國の帝國主義者と共に其の理想を實現せしめんが爲に起したるものなり。又「ボンド」黨は主として蘭系人の利益を增進するを以て主義とし、「ジョン・ホフマー」を首領として著しく其の勢力を扶植せり。而して南阿に於ける英領自治殖民地は最初喜望峰及「ナタール」の兩殖民地なりしも英國は一九〇七年に至り「トランスヴアール」及「オレンジ」自由國にも亦自治を許可したるより、英領南阿に四個の自治殖民地を出現し、同時に四個の議會を見るに至りたるが、此等殖民地に於ける歐洲人種の數は僅かに百二十五萬人に過ぎざりしかば、此の四個の議會は極めて無意義なる處より、一九〇八年各殖民地を合併し、聯邦を組織せんことを主唱するものありて之に賛成するもの少からず。終に一九一〇年五月三十一日を以て南阿聯邦の成立を告ぐるに至れり。

聯邦組織前に於ける南阿の政黨は喜望峰殖民地には「ボンド」黨及進步黨あり。「オレンジ」自由國には協和黨(De Unie)アり、「トランスヴアール」には人民黨(Het Volk)、國民黨(Nationalist)、進步黨（Progressive Party）、及勞働黨ありしが、聯邦成立と共に人民黨、國民黨、協和黨及「ボンド」黨の四派は合同して南阿黨（最初は South African National Party と稱せしが約一ケ年後 South African Party と改名せり）を組織し、進步黨は統一黨(Unionist Party)と改稱し之に勞働黨を加へ三政黨となれり。

而して聯邦議會下院議員の第一回總選擧は一九一三年九月に於て擧行せられたるが、其の議員黨派別は南阿黨六十六名、統一黨三十八名、勞働黨四名、及無所屬十三名にして、南阿黨は絕對多數を占め其の首領「ボータ」將軍 General Louis Botha）は內閣を組織せり。

由來南阿は蘭人の殖民地にして、蘭人は二百數十年に亘り英人と權力を爭ひ、遂に英人の爲め征服せられたるものなるを以て、英杜戰爭後已に二十有餘年を經過せる今日、蘭系人は猶英系人に對抗せんとするの氣風あり。之が爲め南阿の進運を妨ぐること少からず。隨つて南阿黨は英蘭兩系人種の融和を計るを以て施政の大綱とし來りたるが、前顯第一次「ボータ」內閣中には「ボータ」派と「ハートゾック」派（「ハートゾック」將軍は當時司法大臣たりき）を生じ、前者は南阿を英帝國の一部として保持することを主張し、後者は南阿本位を理想とし英國の羈絆を脫し、南阿の獨立を計らんとし、「ハートゾック」將軍入閣後も忌憚なく南阿に於ける英人資本家を攻擊し、痛く英人の反感を買ひ、終に累を內閣に及ぼし、一九一三年「ハートゾック」將軍に於て自ら引退するにあらざれば內閣は總辭職をなす外なきに至り、而かも同將軍は容易に辭職を肯んぜざりしかば、「ボータ」將軍は閣員と共に一旦總辭職を決行し、後一兩日を出でずして「ハートゾック」將軍を除き更に第二次南阿黨內閣を組織せり。

是に於て「ハートゾック」一派の排英主義者は此「ボータ」將軍の態度に憤慨し直ちに南阿黨より分離して新に國民黨（Nationalist Party）を組織し、「ボータ」內閣に反對し、即ち玆に四政黨を生ずるに至れり。而して南阿黨は「ハートゾック」一派の脫退により多數の黨員を失ひたるも、幸に統一黨の援助を得て依然議會に於て政府黨大多數を占むることを得たり。又統一黨に於ても排英派に對抗する爲めには「ボータ」內閣の存續を以て大局に利ありとし、殊に其の後幾許もなく歐洲戰爭勃發し、英本國の利益を計る爲一層其の必要を感じ南阿黨を助けて「ボータ」內閣擁護に任じ來りき。

抑々南阿聯邦議會下院議員總選擧は五ヶ年を以て一期とし、第一回總選擧は一九一五年九月に於て擧行せられたるが、其の結果は南阿黨五十四名、國民黨二十七名、統一黨四十名、勞働黨四名及無所屬五名にして、南阿黨は當時過半數を占むる能はざりしも、依然統一黨の援助により引續き內閣を維持し來りたるが、其の後歐洲戰爭終局を告げ、政界に於ても一變化を來さゞるを得ざると同時に、一九一九年八月「ボータ」將軍病沒し、當時國防大臣たりし「スマッツ」將軍が推されて其の後を襲ひ、翌一九二〇年三月第三回の下院議員總選擧ありて南阿黨四十一名、統一黨二十五名、國民黨四十四名、勞働黨二十一名及無所屬三名となれり。

此の總選擧の結果は何れの政黨も議會に於ける絕對多數を占むる能はず。殊に國民黨一派のものは政府不信任案を提出せんとするの意氣込にして政界頗る不安に陷りたるを以て、當時首相たりし「スマッツ」將軍は無政黨聯合內閣組織の下に諸政黨の合同問題を提起し、先づ國民黨に向つて折衝を試みたるに國民黨は戰後英本國の帝國主義發展に憤慨しつゝありし折柄なりしを以て、南阿黨より此交涉に接するや、「スマッツ」將軍が吾人を合同し一大立憲政黨を組織せんとせば南阿が速かに英國の羈絆を脫し完全に獨立すべきことを其の政綱中に挿入すべし、然らずんば吾人は之に與すること能はずとし、頗る不穩の聲明をなしたる爲、「スマッツ」將軍が國民黨と提携せんとしたる計畫は全然水泡に歸したり。又勞働黨は生活難問題を提げて政府黨に對抗し、政府の施政方針を攻擊し、寧ろ國民黨に雷同せんとする傾向ありし爲、國民黨は益々其の威を逞ふし、次期議會に於て一人たりとも黨の優勢を見たる時は之を獨立運動の目的に利用せんことを敢て公言するに至り、政界の風雲渾沌たる狀態を呈し來りたるが、一方「スマッツ」將軍は此の國民黨及勞働黨吸收策の失敗に終るや、直ちに親英派たる統一黨に向つて同樣の交涉を開始したるが、統一黨は最初合同には異議なきも南阿黨の吸收せらるゝは絕對に快とせざる處なりとし、稍々逡巡の色を示したるも、國民黨の言動前述の如くにして事態頗る危險なるより黨派的私念を放擲して危險分子に對抗するに決し、一九二〇年十月を以て同黨を解散し南阿黨に合併することゝし、斯べて統一黨は其の存在を失ひ政界は再び三黨鼎立となれり。

此等事情の下に「スマッツ」將軍は其の去就を國民の輿論に訴へ、同時に議會に於ける政黨の優劣を決定的たらしめざるを得ざる場合に立至りたるを以て、一先づ下院議會を解散することゝし、同年十二月を以て之を決行し、其の翌一九二一年二月第四回の總選擧を施行したるが其の結果は南阿黨七十八名、國民黨四十六名、勞働黨九名及無所屬一名となり即ち「スマッツ」將軍豫期の通り南阿黨の勝利に歸し、絕對過半數の實を收むるを得たり。

此の儘にて推移せば南阿黨の地位は鞏固にして政界無事太平なるが如きも、事態猶容易に豫測し難く、前記總選擧の結果に徵するも新南阿黨は元の統一黨を合し其の上勞働黨より多數を吸收し以て斯かる好結果を贏ち得たるも、國民黨の立脚地よりすれば以前と更に異る處なく其の根底容易に動かす可らず。而かも其の後數度の補缺選擧に於て南阿黨は常に連敗の憂目を重ね、剩さへ當時在野黨たりし國民黨及勞働黨の間には盟約なり、協力して政府黨に當ることゝなりたれば、「スマッツ」將軍は去就を國民に問ふの外なきに至り、一九二四年四月議會半にして再び解散し、續いて同年六月第五回の總選擧行せられたるが、其の結果南阿黨は一敗地に塗れて五十三名となり、國民黨六十三名、勞働黨十八名、及無所屬一名に變ぜり。而して此の南阿黨の敗因は蓋し同黨內閣が餘りに永續し、國民は漸く之に倦怠を感じたりし折柄、當時頻發せる「トランスヴァール」州に於ける勞働爭議の解決に失敗し、加之失業者及「プアー・ホワイト」の救濟に對しても何等の實績なかりし爲、國民は最早や政府に飽き、寧ろ內閣の更迭に依つて心氣の一轉を望むもの多く、隨つて國民黨をして之に乘ぜしむるの機會を與へたると、他方には時恰かも英本國に於ても勞働黨內閣出現し、人氣の關係上勞働黨の勃興に影響したることも亦一因と見るを得べし。

斯くの如く聯邦成立以來、間斷なく政府を維持し來りし南阿黨內閣は玆に初めて倒れ、「スマッツ」將軍は閣員と共に總辭職をなし、之と同時に組閣の大命は國民黨首領「ハートゾック」將軍に下りたるが、同黨單獨內閣を以ては猶困難なるべき處より勞働黨に十省中二省を分與し、（其後一省增設せられたるを以て現在は三省となれり）即ち國民及勞働の聯立內閣の誕生を見るに至れり。

然るに又國民黨自體に於ても軟硬の二派ありて現首相「ハートゾツク」將軍は寧ろ軟派に屬し司法大臣たる「チルマン・ルーズ」は過激派とも謂ふべく而も黨內に最も勢力ありて前章に於て述べたる處の如く國民黨と勞働黨の盟約には敢て排英的の言動に出でざることになり居りながら過激派のものは一向頓着せざるもの丶如く、又他方に於ては勞働黨のものは往々にして國民黨の意に反し行動すること少からず、爲めに兩黨の聯合は果して永續するものなるや否や疑問たるを得ず、兎に角南阿に於ける政黨の葛藤は英蘭兩系人種の感情の融和するまでは、到底幾多の波瀾を見るにあらざれば止まざるべし。

翻つて南阿政黨勢力の優劣及其の勢力の根據を査するに、元來當國の政黨は前述する處により明かなるが如く對英政策に對する意見の相違より發したるものなれば、自然親英、排英及中庸の三派を生じたるが、蘭系人は主として內地にありて農牧に從事し、英系人は礦山の採堀、資本の投下若くは都市に於て商工業を營むもの多く、隨つて國民黨は保守主義を有する農民の間に勢力を有し、元の統一黨は南阿に於ける英國人礦業者、資本家又は商工業者を代表し、統一黨を合同せざる前の南阿黨は專ら英蘭兩民族の利害調和を主義とせるより蘭系人と共に英人系中にも黨員を有したるも、素は蘭派に屬する諸政黨を合併して組織せられたるものなりしかば、蘭系人の間に黨員多く、寧ろ進步思想を抱持する蘭系農民を代表し隨つて蘭派の色彩濃厚なりしが、一九一三年に於ける內訌後統一黨の援助により內閣を維持し來りたる關係上、同黨の主張をも加味し、殊に一九二〇年統一黨合併後は一層英蘭兩派の色彩を發揮するに至りたり。更に勞働黨は勿論勞働者間に其の勢力を有し其の黨員の多くは礦山及工場の勞働者なれば、英蘭兩系人の混合體と見るを得べく、近年次第に勢力を扶殖し來れるもの丶如し。

第二章　各政黨現領袖の人物略歷

第一節　南阿黨

（一）「ジャン・クリスチャン・スマッツ」(General Jan Christian Smuts)

「スマッツ」將軍は南阿黨の首領にして前內閣の首相なり。而して氏は一八七〇年喜望峰州に生れたる蘭系人にして、「ケープ」及「ケンブリッヂ」二大學を卒業し、「ケープタウン」に於て辯護士の職に從事し、後今の「トランスヷール」州即ち元の南阿共和國大統領「クルーガー」に知られて檢事總長となり、又英杜戰爭に加はりて將軍の稱號を受く。歐洲戰爭の起るや元獨領西南阿弗利加に於ける防禦隊に從軍して指揮官となり、更に獨領東阿弗利加遠征軍の總指揮官に任ぜられ、同時に「ボータ」將軍內閣の國防大臣を兼任したるが、一九一九年「ボータ」將軍の歿するや推されて其の後を襲ひたるものなり。資性溫厚なる理想家にして、而かも權謀に富み、且人望あり、實に當國第一の政治家たるを失はず。常に世界の平和を理想とし、其の言動何時も此の理想より割出さるゝものゝ如く、是が爲には何物も犧牲とするに躊躇せざるの慨あり。又國際聯盟規約案出者の一人として知らる。

（二）「サー・トーマス・ウヰリアム・スマート」(Sir Thomas William Smartt)

氏は英國に生れ、後當國に渡り、種々の公職を奉し下院議員となり、同時に農業を經營し元の親英派たる統一黨の首領として名聲を博したるが、一九二〇年の政爭に際し國民黨が共和主義を鼓吹し事態頗る不穩なりし折柄「スマッツ」將軍の勸誘ありたるを以て飜然己が地位を擲て統一黨を解散し、南阿黨に合併し續いて「スマッツ」將軍內閣の農務大臣となり、今は下院議員の一人なり。

第二節　國民黨

（一）「ジェームス・バルリー・ナンニツク・ハートゾッグ」(General James Barry Nannik Hertzog)

國民黨の首領にして現內閣の首相たり。而して氏は一八六六年喜望峰州に生れ、蘭系にして「アムステルダム」大學を卒業し、辯護士及判事の職に就き、英杜戰爭中「スマッツ」將軍と共に一派の大將となりて將軍の稱號を得、後「ボータ」第一次內閣の司法大臣となりしが、當時常に過激なる排英主義を鼓吹したる爲め、同內閣より除籍せられ、國民黨を創設し、爾來現內閣を組織するまで引續き下院議員として當時の政府黨に反抗し來りたるが、氏は頗る感情に制せらるゝ傾ありて、其の以前米國へ渡りて共和主義を研究し歸途英國に於て冷遇せられたる爲、一層排英の熱度を高むるに至りたりと云ふ。然れども資性聰明且卒直にして蘭系人間に一大勢力を有す。

（二）「チルマン・ジョハネス・デ・ヴキリアース・ルース」(Tielman Johannes de Villiers Roos)

現內閣の司法大臣なるが、國民黨を軟硬の二派に別てば氏は硬派に屬し、過激派とも云ふべく、而も黨內に於て一大勢力を有し、內閣組織前は穩れたる首領として目せられたる人物なり。而して同氏は一八七九年「ケープタウン」市に生れ、同市「サウス・アフリカン・カレッヂ」を卒業し辯護士となり、下院議員を兼ね仲々の俠骨漢として知らる。

第三節　勞働黨

（一）「フレデリック・ヒュー・ページ・クレスウエル」(Colonel Frederic Hugh Page Creswell)

同黨の首領にして現國民及勞働聯立內閣の國防大臣なるが、氏は一八六六年「ジブラルター」に於て生れたる英人にして、工業を研究し地中海の測量に從事したることあり。後當國に於て礦山の顧問技師となり、傍ら政界に入り下院議員となり、諸礦山より白皙人種以外の勞働者を驅逐せんとするの主義を遂行するの故を以て有名なり。

第四章 現在議會の黨派別

第一節 上院

上院は財政及租税に關しては容喙するを得ざるのみならず、其の他立法上の權限は下院に比し甚だ少し。議員選擧の方法も亦下院の直接選擧なるに反し、間接選擧にして、各州より選出せらるゝものは、土地の廣狹若くは人口の多寡に拘らず等しく八名宛と規定せられ、各州々會議員及其の州より選出せられたる下院議員により選出せらるゝものにして、任期は十個年なるが、一九二一年擧行せられたる第二回總選擧の結果、其の黨派別は南阿黨十七名、國民黨十三名、及勞働黨二名なりき。此の外前述の如く總督の指名に係る八名の議員は何れも當時政府黨たりし南阿黨に屬するものなるを以て結局現在の黨派別は、

南阿黨　二十五名
國民黨　十三名
勞働黨　二名

なるが國民及勞働聯立内閣の今日猶南阿黨が優勢なる關係上、上下兩院の確執は常に免るべからざるものゝ如し。

第二節 下院

下院は上院の權限少きに反し頗る廣汎なる權限を有し、當國の盛衰は一に懸つて下院の立法權運用如何にある有樣なる

が、其の議員は人民の直接選擧に係り、喜望峰州より五十二名、「ナタール」州より十七名、「トランスヴアール」州より四十九名、及「オレンジ・フリー・ステート」州より十七名、合計百三十五名より成り現在の黨派別は左の如し。

國民黨	六十三名
南阿黨	五十三名
勞働黨	十八名
無所屬	一名

第五章　地方政府及地方自治體と政黨との關係

當國に於ける地方政府と政黨との關係は比較的密ならざるが如し。今其の理由を說くに先立ち、地方政府の組織を見るに、聯邦内各州は三機關を以て成り、其の一は行政長官(Administrator)にして聯邦政府の任命に係り、地方有志の一人なるも政黨上よりすれば何れも亦當時の政府黨に屬するものなり。其の二は聯邦議會下院議員選擧と同一の方法を以て選擧せられたる州會(Provincial Council)議員なるが、其の議員數は各州二十五人以上なり。更に其の三は州會議員により選擧せられたる四議員及行政委員長たる行政長官の五名より成る行政委員會(Executive Committee)にして此の州政府組織は瑞西憲法に模倣して作出せられたるもの由なるが、其の行政委員の如き自然二政黨以上より成ることもあり、隨つて所謂普通の意味に於け　政黨政府を組織することは不可能と云ひ得べく、又行政長官の任期は五個年とし其の期間内に於ては總督會議(Governor General in Council)の決議によるにあらずんば之を變更することを得ずと規定せられ、爲めに該行政長官は其の屬せざる他政黨政府の下に奉職することもあり得べし。故に政黨政略を利用すべき場合殆んど稀なる有樣にして、自ら政黨に關し冷淡ならしむる組織となり居れり。尤も聯邦議會上院議員の五分の四は別項に於て論述せしが如く、州會議員及其の州より選出せられたる下院議員とにより選出せられたるものなるを以て、州會議員に關する限りは政黨的色彩なしと云ふを得ざるなり。

次に地方自治體と政黨との關係を見るに、各都市々長及市會議員等の選擧は一般投票によるものなるを以て地方政府に比すれば多少政黨的色彩なきにあらざるも、而かも當國人の政黨を以て聯邦議會及聯邦政府のものと看做し、隨つて格別に地方自治體と政黨との關係は濃厚ならざるものゝ如し。尙各郡には聯邦政府の任命に係る地方官(Magistrate)なるものありて行政長官の下に位し、其の地方に於ける司法及行政の事務に任じつゝあり。

第六章　外交に關する各黨派の政見及其主張態度

南阿三政黨の中、勞働黨は國內勞働者殊に白人勞働者の保護向上に汲々たる有樣にして、廣く外交に關する政見を發表するの餘裕なきものゝ如し。而して南阿黨の一般的外交に關する政見を見るに、世界的平和を主義とし、就中歐洲の平和に最も留意するものゝ如く、殊に英帝國の盛衰如何は當國に影響する處甚大なりとの見地より、先づ重きを英帝國の外交に措くの感あり。從つて自ら進んで之に容喙せんとするの實狀なるが、之に反し國民黨は南阿本位、換言せば不干涉主義を持し、英帝國の外交に關與することは南阿に取りて危險なりと思惟し、成る可く英國より遠からんとするの傾向あり。兎に角最近之に關する事件發生せざるを以て其全般を窺知するに由なきも、近く英京に於て開催せらる可き帝國會議に於て國民黨政府が果して如何なる態度に出づべきやに關し今より種々の觀測行はれつゝあり。

第七章　各政黨の黨費調達方法

南阿政黨の黨費調達方法は何れも自發的寄附を原則とするものなるが、夫は各政黨により多少趣を異にする處あり。依づて左に之を各別說述すべし。

第一　南阿黨

同黨員は自署の方法により黨の主義綱領を維持し援助することを約すと雖も、夫れが爲寄附金を出すを要せず。唯聯邦議會及州會に選擧せられたる議員のみ黨の爲自發的に寄附金を出費することゝし、其の額は勿論種々の差異ある可きも、多額出費者の中には聯邦議會議員にして一ケ年五十磅、又州會議員は二十五磅を寄附するものありと云ふ。其の他同黨員中富裕のものは假令議員に選擧せられずとも多額の黨費を寄附するものなきにあらざるも、概して同黨財源の主なるものは時々「バザー」を開き舞踏會を催し或は各種の行事をなして得たる收入によるものゝ如し。

第二　國民黨

同黨員は一般に一ケ年約五志以上の寄附金を出すものとせられ、又南阿黨と同じく時々「バザー」若くは舞踏會を催し黨資を調達しつゝあり。

第三　勞働黨

同黨の黨資は全然黨員の寄附金によるものなるが黨の性質上他の二黨に比すれば其の財源甚だしく僅少なりと云ふ。尙議員選擧の際候補者は各政黨とも法規の定むる處により自ら其の費用を負擔せざるべからざることゝなり居れり。

第八章　議員の特權及議會の會期

第一節　議員の歲費額及其の他の特權

上下兩院議員の歲費は年額四百磅なるが、一九二一年度に於て二百磅の臨時增額となり、其の翌年度は臨時增額三分の一減とせられ、更に其の翌年度よりは一百磅となり、次て五百磅に增額され、一九二六年遂に七百磅となれり。而して議會開會中議員は十五日間缺席することを得るも夫れ以上は一日に付六磅宛を減額せらる。

但し左の場合は此の限りにあらず。

イ、委員會に出席したるに因る缺席。

ロ、疾病に因る缺席又は裁判所の召喚若くは呼出に因る缺席、（刑事被告人として出廷したるときを除く）

ハ、妻の死亡若くは重態に因る缺席にして議會の委員會が容認したる時。

議員の特權に關し無形的のものは英本國の夫れと殆んど同樣にして即ち言論の自由、陪審官として法廷へ召集せられざること、若くは民事裁判にして議員が被告なるときは議會所在地の法廷に於て裁判を受くること等なるが、有形的のものは獨り鐵道無賃乘車券のみにして、之は議員自身に對しては其の職務にある間常に無賃乘車券を附與せられ、其の家族に對しては議會開會中往復各一回を限り無賃券を給與せらる。

第二節　議會の會期

議會は少くとも一年一回開會せらるゝを要し時期は下院議會總選擧其他の事故の爲時に相異なきにあらざるも普通每年一月中旬或は下旬に於て開會せらる。而して其開期の日數は一定の期限なく聯邦成立以來の記錄によれば議會の解散又は臨時議會の場合を除き最も長かりしは二百十二日短きは百十一日なりき。

第九章　各黨主要機關紙

南阿には約三百の新聞紙あるも、其の多くは英字新聞にして蘭語新聞は甚だ振はざる狀態なるが、此等新聞紙中特に政黨の機關紙として經營せられ居るものなきが如きも、其の政黨的色彩より區別するときは概して英字新聞は南阿黨に屬し、蘭語新聞は國民黨に屬するものと云ふを得べく、而して其の主なるものを擧ぐれば左の如し。

名稱	用語	發行回數	一回の發行部數	所屬政黨
ケープタウン市				
Cape Times	英字	日刊	一〇、〇〇〇	南阿黨
De Burger	蘭字	同	五、〇〇〇	國民黨
ダーバン市				
Natal Mercury	英字	同	七、五〇〇	南阿黨
ピーターマリツツバーグ市				
Natal Witness	英字	同	一〇、〇〇〇	南阿黨
ジヨハネスバーグ市				
Star	英字	同	三〇、〇〇〇	南阿黨
プレトリヤ市				
De Volkstem	蘭字	同	七、五〇〇	南阿黨

第二類　「ゲルマン」系諸國の政黨

緒　言

墺地利國、和蘭國、瑞典國、瑞西國、「チェコ・スロヴァキア」國、丁抹國、獨逸國及諸威國を一國として便宜之を「ゲルマン」系諸國となす。蓋し此等國民の構成分子が主として「ゲルマン」民族なるが爲めに、其の政黨成立の狀況亦極めて相類似する所あるを以てなり。

凡そ此等諸國の政黨が先づ「アングロ・サクソン」系諸國の政黨と異る點少からずと雖も最も著しき點は後者が二大政黨對峙なるに反して、前者が小黨分立割據の狀態なること是なり。換言せば、「アングロ・サクソン」系諸國にありては政權は二大政黨の間に授受せらるゝを常とし、政治を行ふものは概ね議會に於て多數を占むる一政黨の單獨內閣なり。之に反して、「ゲルマン」系諸國にありては、議會に於て多數を制し得る政黨なく、從て比較的優勢なる政黨と雖も、他黨の援助なくしては自黨の政策遂行は殆ど不可能なる關係上自然政治は數個の政黨の妥協に基く聯立內閣に依りて纔かに行はるゝ有樣なり。而して政府は其の成立の事情右の如くなるを以て自然之を支持する幾多政黨の希望を萬遍無く滿足せしむる必要上勢ひ自黨の政策を斷行し得ず、結局右せず、左せず、煮へ切らざる所謂是々非々主義を以て一時を糊塗するの傾あり。又內閣は本來融和し難き幾多政黨の一般的妥協に依て組織せらるゝを常とするが故に若し各政黨の利害が相一致せざるに至る時は妥協は直ちに破れ、協力は從て消ゆ、聯立內閣は一朝にして瓦解するの外なきに至る。是れ「アングロ・サクソン」系諸國の內閣が先づ〳〵强硬なる政策を實行し且、比較的永續するに反し、「ゲルマン」系諸國の政黨が平凡なる政策に終始し且つ內閣が比較的短命なる所以なり。

第二の特徵は「アングロ・サクソン」系諸國の政黨は或は關稅政策、或は英本國との關係如何等の如き具體的問題に對する政見の相違を政黨分野の本源とするも、「ゲルマン」系諸國にありては、政黨の由來は斯くの如き具體的特殊問題のみならず抽象的且つ一般的問題に對する政見にも存す。即ち例へば獨逸國に於ける國權黨、國粹黨、民主黨の如き、又、和蘭國に於ける反革命黨、民主黨、改革黨の如き、又瑞西國に於ける急進民主黨の如き、丁抹國に於ける社會黨、保守黨、急進黨の如き、何れも英國の保守黨乃至自由黨、又は米國の共和黨乃至民主黨の如く單なる關稅政策を政綱の主眼とするに非ずして、更に廣汎なる立場より或は國權の伸展、或は國粹の保存或は社會の改革等を理想とし、個々の小問題に對する態度は要するに斯かる一大理想實現上の一手段として考究せらるゝ狀態なり。換言せば「アングロ・サクソン」系諸國の政黨は須要なる個々の問題が主にして抽象論、理想論は從なるに反し「ゲルマン」系諸國に於ては後者が主にして前者が從たり。是れ兩者は元來民族心理上大なる差異を有し「アングロ・サクソン」人が何事にまれ、實際的により現實に即するを旨とするに反し「ゲルマン」人が著しく理論的、哲學的、神秘的なるに由來すと云ふ可き歟、以上は主として「ゲルマン」系諸國に於ける政黨の「アングロ・サクソン」系諸國の政黨に對する特異性なる處、更に轉じて其の「ラテン」系諸國の政黨に對する特異性を見るに次の如し。

「ラテン」系諸國に於ては宗敎的政黨は稀なるに反し、「ゲルマン」系諸國には同一宗敎を信奉するものを以て組織する政黨多く且つ其の傳統的基礎甚だ鞏固なること其の一なり。例へば獨逸國には中央黨あり。墺地利國には基督敎社會黨あり。和蘭國には基督敎歷史黨、基督民主黨、新敎國民黨、羅馬加特力黨、羅馬加特力國民黨あり。瑞西國には加特力保守黨あり。「チェコ・スロヴァキア」國には「チェッコ・スロヴァキア」人民黨及獨逸基督社會人民黨あり。此等は各々其の信奉する宗敎の傳統的理想の實現を目圖し、一政界のみならず更に一般社會にも相當重きをなしつゝあるは人の知る所なり。

「ラテン」系諸國に於ては一地方又は一民族の利益擁護を目的とする政黨に反し、「ゲルマン」系諸國に於ては、一面國家的統一なほ不十分なると、他面小數民族介在するため假令同一國家內に在るも民族又は地方によりて各々其の利益關係を異にするもの少からざること其の二なり。茲に即ち一地方又は一民族の利益擁護を目的とする政黨の發達を見るに至る。例へば、獨逸國には巴威國民黨及獨逸「ハノーヴァー」黨あり。墺地利國には猶太民族黨、猶太國建設黨、「チエコ・スロヴエキシエ」少數民族黨、「ヽロヴエーン」民族黨、「クロアーチツシエ」黨あり。丁抹國には獨逸「スレスウイク」黨あり。又「チエコ・スロヴアキア」國には「マジヤール」基督社會黨、波蘭少數民族黨等あり。

今前述せる所を要約すること左の如し。

「ゲルマン」系諸國政黨の特異性
- (一)「アングロ・サクソン」系諸國の政黨との差異
  - (一)小黨分立
  - (二)聯立内閣多く、内閣の壽命比較的短く、又多數政黨を一樣に滿足せしむる必要上内閣の政策は平凡となるの傾あり。
  - (三)其の政綱とする政策は一般に抽象的且一般的なり。
- (二)「ラテン」系諸國の政黨との差異
  - (一)宗敎的政黨の存在。
  - (二)一地方又は一民族の利益擁護を目的とする特殊政黨の存在。

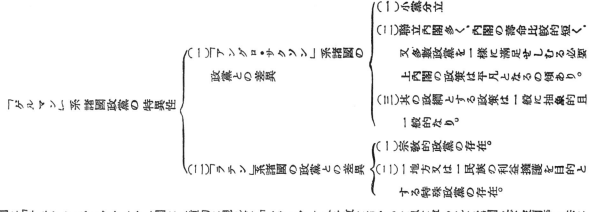

因に「チエツコ・スロヴアキア」國は人種的に觀れば「スラーヴ」人多數を占むるを以て寧ろ之を露國及び波蘭等と共に第四類に入る可きに似たれども、文化的に觀れば一面永年「ゲルマン」民族の支配を受けたると、又他面獨逸に隣接することに依て自然「ゲルマン」文化の影響を受くること著しきものあるに鑑み便宜本書に於ては姑く之を「ゲルマン」系諸國中に入れたり。

第一編　墺地利國の政黨（一九二六年十一月調）

第一章　墺國に於ける政黨の現狀

第一節　總　　說

墺國には現在四大政黨と數多の小黨と分立す。其の名稱左の如し。

（一）基督社會黨（Christlichsoziale Partei）

（二）大獨逸國民黨（Grossdeutsche Volkspartei）

（三）墺國社會民主黨（Sozial-demokratische Partei）

（四）墺國農民黨（Landbund für Österreich）

右四黨は國民及聯邦議會に議席を有し所謂大政黨と目せられつゝあり。

（五）獨逸民族社會勞働黨（Nationalsozialistische Arbeiterpartei）

（六）市民々主黨（Bürgerlich-demokratische Partei）

本黨は千九百二十三年の總選擧には市民實務黨（Bürgerliche Arbeitspartei）なる名を以て參加せり。

（七）墺國共產勞働黨（Kommunistische Arbeiterpartei Österreichs）

（八）猶太民族黨（Jüdischnationale Partei）

（九）猶太國建設黨（Zionitische Partei）

右二黨は千九百二十三年の總選擧には猶太人選擧團（Jüdische Wahlgemeinschaft）なる名の下に合同し居たり。

（十）墺國保守國民黨（Konservative Volkspartei）

（十一）勤王國民黨（Kaisertreue Volkspartei）

（十二）「チェコ・スロヴァキッシェ」少數民族黨（Tschechoslowakische Minderheits Partei）

（十三）「スロヴェーン」民族黨（Slowenische National Partei）

（十四）「クロアーチッシェ」黨（Kroatische Partei）

右の外最近更に左の二政黨新設せられたり。

（十五）中產國民黨（Mittelständische Volks Partei）前の Ersparungskommissär Dr. Hornik により發起宣傳せられつゝあり。

（十六）Wirtschaftliche Ständepartei 維納地方裁判所判事 Hofrat D. Ramsaner の發起する所にして、在來の選擧區制に代はるに職業を基礎とする代表選擧を以てせんことを主張するものなり。

此等諸黨は千九百二十三年の總選擧に際し當時設立計畫中なりし最後の二黨を除き既に存在し居り、獨逸民族社會勞働黨以外皆選擧に參加したり。

右の如く十數の政黨分立し國民及聯邦議會に其の議席を有するは僅かに四黨に過ぎず。其他の政黨にありては中央政界と殆んど交渉の有樣にあり。而かも大獨逸黨及農民黨にありても其議會に有する勢力は合せて定員の一割に過ぎざるのみならず、選擧每に漸次其勢力を失ひつゝあるを以て、政權を掌握し己が政綱の幾分を行ふの望みあるものは單に基督社會黨及社會民主黨のみなり。而して基督社會黨は地方中小農民及都市中小商工業者等を主なる地盤とし、且つ今尙ほ多數民衆信仰の中心を成せる天主教會を其の背景とするを以て、同黨の勢力には拔く可からざるものあるを以て、現時の隆盛は持續性を有するものと見ざる可からず　又社會民主黨は都市及工業地方を主要地盤とし、現代產業組織下にありて漸次增加しつゝある勞働者を味方とするが故に、同黨の勢力にも亦奪ふ可からざる根底を有す。而かも全國人口の三分の一を占め州としての權限を有する首都維納の市內を殆んど獨占して積極的に其抱持する社會政策を實行する傍ら地方農業勞働者間に「プロレタリヤ」政治の宣傳に努めつゝあるを以て、黨勢將來の進展見るべきものあるべく、墺國中央政界は漸次二大政黨對立の狀態に進みつゝありと云ふべし。而して基督社會黨が地方農民を土臺とし、天主教を背景とする保守的小「ブルジュア」黨なると社會民主黨が都市勞働者を中心とする進步的「プロレタリヤ」黨なる關係上、兩黨の政策は互に相反するものあるに拘らず、何れの黨派が政權を握る場合にも他黨の政策を無視して積極的に自黨の方策を實行し得ざる立場にあり。されば兩黨は漸次相接近して遂には妥協の域に達し兩黨聯立の民主的內閣を出現するに至るべしと觀測するものあり。

第二節　一九二七年の總選擧に現はれたる各黨の勢力

現宰相「ザイペル」が千九百二十六年十月「ラメツク」に代りて現內閣（基督社會黨及大獨逸國民黨聯立）を組織するや、同宰相は施政の大方針として行政の振作、立法の嚴正を掲げ之が爲めには反對黨の要求と雖も公正なるは之を容るゝに吝ならざるも其の不條理なる强要に至りては議會の解散をも辭せざる旨を聲明し直に前內閣の暗礁たりし官吏增俸問題を解決し、Centralbank der deutshen Sparkassen 及郵便貯金局の整理に着手すると同時に、多年の懸案にして政府反對兩黨の意見甚だしく懸隔せる爲め今日迄提案の運に至らざりし總括的勞働者保險法案を議會に提出し、政府は反對黨と協議し互讓により三月十五日迄に必らず成立せしむべく、若し右期日迄に成立に至らざる時は議會を解散すべきを約したり。然るに反對黨たる社會民主黨は政府原案を以て勞働者を保護するに充分ならずとし、政府黨側より見て財界の現狀に過重の負擔を齎らすべき實行不可能なる修正を連續要求して審議を進捗せざりしを以て、政府は右期日迄に同法案の成立を不可能と認め議會の解散を提案し三月五日議會は全會一致を以て之を可決したり。是に於て一九二七年秋行はるべかりし總選擧は之を四月二十四日に繰上げ行はるゝこととなり、同時に維納、「ブルゲンランド」、「ケルンテン」、「ニーダー・エーステルライヒ」、「ザルツブルグ」及「スタイエルマーク」の諸州會及幾多の市會も亦改選を行ふこととなれり。

現政府黨たる基督社會黨は千九百二十年及千九百二十三年の總選擧には過半數に近き議席を獲得して政權を掌握し、其の間國際借款に依る行政財政の整理を斷行し貨幣の安定を齎らし、歲出歲入の均衡を保つに至らしめ、一時同黨政府に對する民心の期待大なるものありしが、近年中央及地方に於ける同黨關係の諸銀行に破綻頻發し、又郵便貯金局等に不正事件の暴露せらるゝあり、反對黨に攻擊の好材料を提供したるのみならず、其黨策として常に提唱したる通商の促進、經濟の復興も亦見るべきもの少なく、輸出は反つて減退し輸入超過年々十億墺志餘を算へ、從つて物價の騰貴、農村の衰微、商工業の不振、失業者の增加を來し內政の現情又た政府黨に不利に開展し、加之七年の長きに亙る執政は漸く民心をして倦ましむるものありたる樣觀測せらる。

他方在野黨たる社會民主黨にありては革命直後共和政の創設に幸ひせられて、千九百十九年の臨時選擧には第一黨として政權を握れるも當時に於ける財政經濟の窮迫は其の急進政策より民心を離反せしめ、翌千九百二十年の總選擧には基督社會黨の爲め其の位地を奪はれ以後在野黨として政權奪回の機會を窺ひつゝあり。同黨は都會工業地を地盤とし殊に維納に於ては常に市會に絕對多數を擁して市政を專斷し積極的に社會主義政治の實行に努めつゝありて、維納其の他の都市に於ける工業勞働者及下級俸給衣食者間には拔くべからざる勢力を扶植し得たるのみならず、尙ほ進んで地方農業勞働者間にも漸次其の勢力を扶植しつゝあり。斯くの如く一般の形勢は政府黨に不利に、反對黨に有利に見受けられたるを以て社會民主黨は此機逸すべからずとし、今次の總選擧に臨みては全國無產者階級の協同一致による中央政權の奪取を標榜して巨額の資金を散して宣傳に運動に邁進せり。

斯くの如く政府黨は自黨の形勢餘り有利ならざるが上、反對黨が首都維納に占據して時と共に中央政局に急迫するを見、斯くの如き現經濟組織を破壞せんとする社會民主黨の脅威に對抗し市民政治の保持を確固ならしめんが爲め反對黨の反對を排して四月一日勞働者保險法を成立せしめ、以て勞働者に好意を有することを示すに努むると同時に、關稅改正案を提出して農業家方面の人心收攬を計り、總選擧に當りて「ザイペル」宰相は標語右方躍進（Rück nach rechts）を高調し非社會主義諸黨の排「マルクス」主義聯合を畫し、市民階級の階級意識を覺醒せしめ、以て諸小黨分立による得票の損失を防止せんとしたるも非社會主義諸派の間には由來之を統一すべき鞏固なる階級的意識の存するものなく、却て互に利害の相反するものあり、僅に維納市に於て基督社會黨、大獨逸黨、中產黨及民族社會黨の一部と統一被選人名簿（アインハイツリスト）成立したるに過ぎず、地方に於ては單に大獨逸黨及基督社會黨の統一名簿成りたるのみにて、市民諸小黨は各自獨立の行動を取るに至れり。

斯くて四月二十四日を以て行はれたる全國投票の結果左の如し。

黨派		千九百二十三年	千九百二十七年	增減	
アインハイツリスト統一名簿（基督社會黨及大獨逸黨）	基社	一、四九〇、八七〇	一、七二八、一七五	（減）	二二、〇七〇
	大獨	二五九、三七五			
	計	一、七五〇、二四五			
農民黨		一二四、一〇八	二二三、六九一	（增）	九九、五八三
社會民主黨		一、三一一、八七〇	一、五三六、三〇七	（增）	二二四、四三七
其他		一二六、三八三	一一三、二七四	（減）	一三、一〇九
計		三、三一二、六〇六	三、六〇一、四四七	（增）	二八八、八四一

にして有効投票に於ては千九百二十三年に比し二十八萬八千餘を增加し居るに拘はらず、統一名簿が得票二萬二千以上を減じたるは「スタイエルマーク」州に於て不正貸出に因る黨關係銀行の破綻等あり、甚だしく地方民心を離反せしめ五萬票以上を農民黨の爲めに奪はれたるに基因す。農民黨は其の他に於ても增加を示し其得票は千九百二十三年に比し約倍加せり。社會民主黨も亦非常の好況を呈し二十餘萬票以上の增加を見たり。是れ同黨が最も卑近なる日常生活問題、即ち借家人保護法の存續、農産物關稅引上反對等最も多衆の耳裡に徹し易き題目を捕へて選擧に臨み、政府黨の抽象的なる「マルクス」主義排斥の題目に比し民心を吸集し得たると、現政府黨多年の執政が何等著しき功績を擧げざるのみならず、近年多數黨橫暴の結果たる醜事件を頻發せしめたる爲め之に慊らずして單に反對黨に投票せる者多かりしとに因る。其の他諸小黨は政府反對兩黨の激甚なる競爭裡に介在し、而かも確固たる組織と政治的意義を有せざる爲め其切崩しの的となり、多くは得票を減ぜり。右得票に基く當選數は、

黨派	千九百二十三年	千九百二十七年	增減	
基督社會黨	八二	七三	（減）	九
大獨逸黨	一〇	一二	（增）	二
社會民主黨	六八	七一	（增）	三
農民黨	五	九	（增）	四
計	一六五	一六五		

の如くにして基督社會黨獨り九個の議席を失ひたるが、是れ維納市に於て約十二萬の得票を增加せる社會民主黨の爲め一、「スタイエルマーク」州に於て農民黨の爲め四の議席を奪はれたる外、近年著しく黨員を減じたる上、其の地盤甚だしく四散分在して獨立の名簿を以てしては當選者を出すこと甚だ困難の有樣にある大獨逸黨を誘ひ、統一被選擧人名簿を作らんが爲め、之に有利の條件を與へ二名を增加せしめ自黨を犧牲としたるに因る。若し兩黨各別に名簿を設けんか、基督社會

黨は幾分其の當選者を增さんも、大獨逸黨は大に其の當選者を減じ、結局現政府黨の當選者合計に於て益々勢力を減退することゝなり一層不利なりしならん。

第三節　聯邦議會及州議會に於ける各黨の勢力

墺國議會の上院たる聯邦議會は其の定員五十名にして各州の人口に比例し一定數を州會に於て選出す。其議員の現在所屬別左の如し。

基督社會黨	二六
社會民主黨	二〇
墺國農民黨	三
大獨逸國民黨	一
計	五〇

尙左に各州會に於ける議員數及其の所屬別を表示し各地方に於ける各黨の勢力關係を明かにせん。（一九二七年の總選擧の結果）維納市は獨立の一州と見做され其市會は州會たるの權限を有す。

左表により社會民主黨の進展、基督社會黨及大獨逸黨の聯合の衰退を窺ふべく、維納市に絕對多數を有する外「ケルンテン」州にて比較的多數を有するに至りたり。

黨派	Bargenland	Kärnten	Nieder Österreich	Salzburg	Steiermark	Wien	計
基督社會黨・大獨逸黨	一四(13)	一一(15)	三八(36)	一六(16)	二三(38)	四二(41)	一四四(159)
農民黨	五(7)	一二(10)	一(2)	一(1)	九(8)	〇	二八(28)

民族社會黨	〇	一(0)	〇	〇(1)	一(0)	〇	二(1)
猶太民族黨	〇	〇	〇	〇	〇	〇(1)	〇(1)
「スロヴェーン」黨	〇	二(2)	〇	〇	〇	〇	二(2)
「ウーデ」黨	〇	〇	〇	〇	二(0)	〇	二(0)
社會民主黨	一三(12)	一六(15)	二一(22)	九(10)	二一(24)	七八(78)	一五八(161)
計	三二(32)	四二(42)	六〇(60)	二六(28)	五六(70)	一二〇(120)	三三六(352)

備考　和數字は千九百二十七年、歐數字は千九百二十三年、選擧の當選者數を示す。

市會選擧に於ても亦社會民主黨前述の跡を見るべく、從來過半數を有したる「ウヰーナー・ノイスタット」、「サンクト・ペールテン」、「スタイル」以外に新たに「リンツ」は過半數を有することゝなり「ザルツブルグ」、「グラーツ」は比較的多數を有することゝなれり。

第四節　歷代內閣と政黨

革命後社會民主黨は急激の增進を爲し共和國第一內閣は「レンナー」を首相とし社會民主黨により組織せられたり。同內閣は單獨に社會黨多年の希望を實現せんと試みたるも、事志と違ひ執政意の如くならず、遂に基督社會黨と提携して聯立內閣に改造し、千九百二十年末總選擧に至る迄約二年間政權を掌握せしも、人心漸やく同黨の急進政策を離れ、同選擧の結果、基督社會黨の爲めに比較的多數を制せられ、遂に內閣を基督社會黨に讓るの止むなきに至れり。基督社會黨は選擧前創立せられたる大獨逸國民黨と結び「マイヤー」を首相とする聯立內閣を組織したり。千九百二十一年友「ショーバー」內閣之に代るに至りても、尙兩黨の提携を持續し居たりしが、千九百二十二年初め「チェ」墺政治協約問題に關し、大獨逸國民黨の援助を失ひ遂に基督社會黨單獨內閣の出現を見、墺國農民黨市民實務黨の援助を得て僅に一名の多數を議會に保持せしめ、千九百二十二年夏財政行詰りの結果「ショーバー」桂冠するに至りしを以て、基督社會黨大獨逸國民黨の提携玆に復活し、「サイペル」を首班とする聯立內閣を再現することゝなれり。同內閣は行政財政の整理及通商條約の改締による經濟的復興を標語として立ち、專心之が實現に努め、遂に同年秋國際借款に成効し、貨幣の安定を來たさしめ、國際聯盟案に基き行政財政の整理方法を確定し、經濟的復興の途を開けり。されば千九百二十三年秋に於ける總選擧には前述の如き好結果を齎らし、千九百二十四年末鐵道從業員同盟罷業に關聯し國際聯盟案による行政財政整理の斷行不可能なりとして、「サイペル」內閣辭任し「ラメツク」內閣之に代るに至りても尙大獨逸國民黨との聯合を持續し、議會に過半數を制しつゝあり。同內閣は前內閣の政綱を踏襲し「ゼネバ」整理案の實行及通商條約改締による經濟的復興を主眼として國際聯盟による財政監督の徹廢を求めつゝあり。一九二六年一月「スタイヤーマーク」一派の主唱に成る財政經濟案內閣の拒否する處となり、同派を代表せる大藏農務兩大臣の辭任を見たると外務大臣病氣の爲め職を退きたる結果、右三大臣の更迭を行ひたり。尙一九二六年六月小學校敎育改革問題に關し基督社會黨保守分子及大獨逸黨の壓迫に餘儀なくせられ社會民主黨に對する言質を充たし得ざるに至り文部大臣の更迭を見たり。其後幾何もなくして獨逸貯蓄中央銀行救濟、社會的諸保險法案の改正、及郵便貯金局失政の暴露等の諸問題に關し、社會民主黨の追擊益々急を加へ、其の解決に行詰りたる際、官吏增俸問題に就き妥協點を見出すことを得ず、遂に官吏同盟罷業の威嚇に會し一九二六年十月總辭職に決し、「サイペル」再び大獨逸黨と聯立內閣を組織するに至りたり。「サイペル」は其の施政方針として行政の振作、立法の嚴正を高唱し、官吏增俸問題の解決を手初めに、十三億志餘の豫算を要求して社會的諸保險法案、中央銀行整理案、郵便貯金法案等を議會に提出したるも勞働者保險法等再三反對黨と衝突し其の結果一九二七年三月議會を解散し四月二十四日總選擧の行はれたることは前述の如し。

第五節　黨費及選擧費

黨の財政及選擧費等に關して統計の徵すべきもののなきを以て黨の財政狀態及前總選擧に於ける總經費等を知るに由なきも、各黨には黨員を以て組織せらるゝ職業組合勞働組合の如きもの並存し、黨員は之に加入の義務を有し、同組合に對し組合費を納め、之を以て黨費に充てつゝあり。其の金額は組合の種類により異なるも大體一年一名六志乃至十二志見當にして此外約半額の總選擧費を每年納付することゝなり居れり。

第二章　墺國の議會及議員

第一節　議員の有する特權

千九百二十年十一月十九日附國民議院法第四十條により國民議院議員は墺國內官私設鐵道及汽船の各等無賃劵を其任期中交付せらる。而して右無賃乘用に對する補償として政府は每年其定むる所に從ひ各鐵道汽船經營當局に一定額を支拂ひつゝあり。

第二節　議員の歲費

千九百二十四年七月二十九日附法律により國民議院議員は歲費七千四百九十志、聯邦議院議員は年額三千七百五十志を支給せらる。而して國民議院議長三名は年額各一萬二千四百三十志を受くる外官舍及自動車を官給せらる。右歲費は租稅其他の賦課を免ぜられ强制執行を爲し得ず。尙ほ歲費は議員の意志により辭退することを得ざるものとす。

第三節　會　期

憲法の規定によれば國民議會は議員改選後少くとも三十日以内に大統領により召集開會を命ぜられざる可からず。而して其の停會は專ら議會自身の決議のみに基きて行はれ、其の再會は議員總數の四分の一或は政府の要求に基き大統領之を命ずることゝなり居り、其の他一定の會期等に關しては何等規定する所なきを以て、改選後三十日以内に行はるゝ第一回召集より議員の任期たる滿四年間は憲法の規定に基づき大統領之を命ずる時は常に開會せざる可からざるものにして、唯之が停會は議會自身の決議によるの外大統領と雖も之を强制することを得ざるものとす。

第三章　各政黨の現狀及政綱

第一節　基督社會黨

本黨は舊墺國保守國民黨(Konservative Volkspartei)が千八百九十年前後に於て、當時新に成立せる基督國民黨(Christliche Volks Partei)との合同によりて發生せるものにして、其の後一時隆盛を誇りたるも、千九百〇七年頃より漸次黨勢振はず、千九百十二年には衰微の極に達したりしも、革命後再び其の頽勢を挽回し千九百二十年革命後の總選擧には他「ブルージュア」諸黨の地盤を蠶食して今日の大勢力を成すに至れり。

本黨は元來天主教徒たる地方農民を基礎とする保守的小「ブルージュア」黨なり。されば創立當時は民族的舊教的色彩甚だ濃厚なりき。或は天主會を利用して新教會一派に痛擊を與へ、或は猶太人排斥を高唱して自由黨及社會民主黨に對抗し、以て今日の地盤を築き上げ、地方のみならず都市特に維納に於ても相當の勢力を扶植するに至れり。されど革命後世態の大變化に會し次で政權を其の掌中に收むるに至りてより、保守的小「ブルージョア」主義は漸次資本主義的傾向を帶び從て商工業、金融業、新聞經營等に殆んど獨占的地位を占め、右社會に隱然たる勢力を有する猶太人に接近しつゝあるを以て、公然民族的に猶太人排斥を唱ふる者都市特に維納に於て殆んどなきに至れり。

本黨は都市に於て中小商業者官公吏其他の俸給生活者を主なる支持者として有し、村落地方に於て農民を主とするが故に黨内には夙に都市派と農民派の二派を生じ、前者は自由主義商工中心主義に傾けるに反し、後者が保守的農業偏重の傾向を有する等、兩派の間に主義主張の衝突を來すこと屢々にして、頗る圓滿を缺けるの觀あり。獨墺合併問題に關しても中央政界に勢力を有する都市派は「ドナウ」關稅同盟を唱へて寧ろ合併問題に觸れざらんことを努め、暗に反對態度を持するに反し、地方農民派特に「チロール」「ザルツブルグ」「フォラルベルグ」諸州の黨員にありては獨墺合併を讙迎しつつあり。此の中央地方兩派の疎融は本黨の將來に取り悲むべき缺陷と云はざる可からず。

本黨總裁は「フォラルベルグ」州選出國民議會議員前副宰相 Josef Fink なるも、實際上の統率は現宰相 Dr. Ignaz Seipel により行はれつゝあり。其の他幹部として都市派に基督敎勞働組合長 Kunschak 現大藏大臣 Dr. Kienböck「スタイヤーマーク」基督社會黨首領前文部大臣 Rintelen 及國民議員 Gärtler あり。農民派には前農務大臣 Buchinger 及 Haneis あり。

本黨が主要政綱として提唱しつゝあるは財政經濟的復興の促進、政治經濟兩方面に於ける過激思想の撲滅、借家人保護法の漸進的廢止及內國生產品特に農產物に對する保護關稅の設定等なり。

借家人保護法廢止は前總選擧當時より本黨の主張する處なるが、本問題は其敵手たる社會民主黨に乘ずべき好口實を與へ、都市に於ける地盤の爲めに民主黨の侵食を受けつゝあり。且つ目下經濟界は不況の頂點にありて失業者の增加、農民の苦境、商工業の不振、輸入貿易の激增等益々甚だしく、此等の狀態は國際聯盟財政監督の徹回を遠からしめんが爲め採りたる經濟の人爲的修飾にして通商條約改訂を重視したる基督社會黨内閣の政策が助成せし處なりとして一部輿論の攻擊を受けつゝあり。又中央銀行問題、郵便貯金局失政等が基督社會黨資本主義化の所産なりとして社會民主黨に攻擊材料を供したる等、一九二七年の總選擧を控えて基督社會黨は甚だ不利の立場に陷りたるを以て。新「サイペル」内閣が或は社會問題に極力好意を示し、或は「チェック」國に對し通商追加條約の解除を通告し以て世論の不評を挽回せんと努めつつあるも、次總選擧に於ては著しく其得票を減して、或は社會民主黨の爲め第一黨たるの地位を奪はるゝに至るべきか。

第二節　大獨逸國民黨 (Grossdeutsche Volkspartei)

本黨は帝國崩壞直後成立したる Nationaldemokratische Partei と Dentschnationale Volkspartei との合同により千九百二十年秋創立せられたるも、事實は舊帝政時代に獨逸民族主義を標榜せる諸黨即ち獨逸進步黨、獨逸國民黨、獨逸急進黨及全獨逸黨の集團たる獨逸民族聯盟 Deutsche Nationalverband の變體に外ならず。

本黨は其の政綱として獨逸民族主義の立場より獨墺合併を徹底的に主張しつゝあり。

黨員は中流有識階級特に官公吏教師等を主とし、維納には比較的少數なり。其主たる地盤は聯邦各州の首府都たる「リンツ」「ザルツブルグ」「インスブルック」「クラーゲンフルト」「グラーツ」及其他の小都邑に存するも黨勢不斷の衰退を續け、黨員の一部は國民社會黨に走り、一部は基督社會黨に轉し、漸次に減少しつゝあり。千九百二十年の總選擧には二十一名の當選者を出したるも千九百二十三年には僅かに十名に減じ、基督社會黨と聯立内閣を組織し、一二の黨員を入閣せしむることにより、僅かに政界に其存在を認めしめつゝあるに過ぎず。次回總選擧に對する豫想は勿論好望にあらず。

總裁は現副宰相 Dr. Dinghofer にして幹部として國民議會議長前副宰相 Dr. Waber 及商務交通大臣 Dr. Schürff あり。

第三節　社會民主黨

本黨は千八百八十八年 Niederösterreich 州 Hainfeld に於ける會合により創立せられ、舊帝政時代には黨勢甚だ振はざりしが、大戰後帝政沒落すると共に俄かに擴大し、今日に至るも尚ほ漸次黨員の增加を續けつゝあり。されば本黨に有利なる今日の社會狀態に當つて行はるゝ次回總選擧には前回に比し著しき好結果を收むるを得可し。

本黨は國際社會民主主義を奉じ其の主義的見地は獨逸多數社會黨よりも寧ろ左傾し獨逸獨立社會黨と略ぼ同一程度の急進主義を標榜す。玆に本年十月「リンツ」に開催せる同黨總會の決議を摘記し其の政綱を窺ふことゝせん。

一、民主的共和國に於ける「ブルジュア」の政治支配は最早其の政治的特權によるにあらず、單に其の經濟力、傳統の惰力、其の有する新聞學校敎會の力により、多數國民を其の勢力下に吸集し居るによる。我等社會民主勞働黨は都市村落のあらゆる勞働者を糾合し小農、小商工業者、知識階級を共同盟者として多數國民の團結を形成し、普通選擧により政權を獲得し「ブルジュア」の階級支配を破壞せざるべからず。卽ち勞資間階級鬪爭とは何れが國民の多數を糾合するかの鬪爭を意味す。

階級鬪爭の道程に於ては勞資何れも單獨に政權を運用するに充分なる勢力を有せざる時代を生ずべし。然れども、斯る場合に於ける兩者の協力聯合は決して永續するものにあらず。幾許もなくして破壞せらるべく、此際我等自ら支配權を得るにあらずば再び「ブルジュア」の爲めに支配さるゝ處とならん。されば斯かる聯合は政權獲得の階級鬪爭に於ける一時的進步階段に過ぎず。社會民主勞働黨は勞働階級の利益を中心とする民主政の樹立、勞働階級の要求に適合する國家機關の制定、全生產及交換手段の共產化を實現せんか爲め政權の獲得を期す。

二、有產階級は容易に其の有する支配權を放棄するものにあらず。若し共和政治が現今彼等の有する支配權を危うするが如き場合には彼等は此共和政を破壊せんと試むるに至るべし。社會民主勞働黨は斯る有産階級の反動革命に對抗し政權を獲得せんが爲めには最後手段として武力に訴ふるの覺悟を有せざるべからず。

三、社會民主勞働黨は其政權を民主政の形式の下に行使し、之を國民の多數たる勞働階級監督の下に置き、多數國民を滿足せしむべき社會組織を確定して、其の民主政を擁護す。有産階級は此社會組織の改變に對し、或は經濟的に或は武力的に或は外國の力を借りて、あらゆる反抗を試むべし。勞働階級は斯る場合餘儀なく「デイクタツール」の手段を用ひて有産階級の反抗を防止せざるべからず。

四、勞働階級は新階級支配確立の爲め政權を獲得するにあらず。階級支配撲滅の爲に之を爲すなり。勞働階級の施政は資本家大地主の跡を絶ち、其の有せし生産並交換手段を國民全體の共有に歸せしめ以て支配者被支配者の區別を滅し階級支配階級鬪爭に終を告けしむるにあり。玆に初めて民主政は眞に平等なる全國民の自主政に變じ階級支配の機關たる國家は國民全體に對する共有機關たるに至るべし。

本黨は獨墺合併問題に對しては賛成の態度を持す。然れども是は民族的見地よりにあらずして合併の結果は自然有力なる獨逸社會民主黨との合同となり、自黨の强大を招き又獨墺合併の實現は君主政體の復活を阻止すべき最上の保障なりと思惟するに依る。

黨員は主として都會及工業地の勞働者及官公署下級雇傭人なるも地方村落に於ける小作人農業勞働者間にも漸次其の勢力を扶植しつゝあり。

總裁は現維納市長前大統領 Seitz にして、幹部として Dr. Otto Baner 前大臣 Dr. Deutsch 財政家 Dr. Danneberg、金屬工組合長 Hueber、鐵道從業員組員長 Tomschik、郵硬電信從業員組合長 Zelenka 等あり。前總裁たる前宰相 Dr. Renner は今日最早黨内に於て左迄勢力を有せざるに至れり。目下黨策として唱しつゝあるは借家人保護法の持續、勞働者及雇傭人に對する包括的社會保險法の即時制定、政教の事實的分離、舊教的離婚禁止法の撤去、生産的失業者保護の確立等なり。

第四節　墺國農民黨

本黨は千九百二十年中舊墺帝國時代に存立せる獨逸農民黨(Deutschagrarische Parteiの)延長として設立せられたり。大獨逸黨と等しく保守的民族主義を奉ずるも、大獨逸黨が職業階級の區別なくあらゆる獨逸民族を網羅せんとするに反し、本黨は獨逸民族にして舊教を信奉する農民を基本條件として、地方村落民中より純然たる職業的黨派を形成するを目的とするを以て、地方農民以外何人の入黨をも許さず。從て其の黨員は多數ならず、主なる地盤は「スタイヤマーク」「ケルンテン」及「アルゲンランド」の諸州に過ぎず。黨主として代議士 Stocker を有し「ケルンテン」州知事 Schumy 及代議士 Dr. Schönbauer を幹部とす。農産物保護關税の設定、猶太人排斥、獨墺合併を其の「モットー」とす。

第五節　國民社會勞働黨

本黨は舊帝政時代(千九百〇三年)に創立せられたる國民社會黨(National Sozialistische Partei)の後身にして、獨逸國に於ける國民社會運動の勃興に伴ひ、一時は甚だ發展を見たるが、内訌常に絶えざると、墺國々民社會運動に資金を供し居たる獨逸國民社會黨の衰退と共に其の援助杜絶し、資金の缺乏に苦しめられ千九百二十三年頃より見る影もなき衰狀を呈し居れり。

本黨は絶對的民族主義、排猶太主義を政綱とし、民主的議會政治を排し、伊國「ムッソリーニ」の獨裁政治を模範とする國民政治を要望す。其の經濟政策は寧ろ社會主義に極似し獨墺合併問題に對しては最も熱心なる態度を把持す。

黨員は學生、勞働者、店員、並鐵道從業員等青年血氣の徒大部分を占め、從つて其運動方法も亦急進的特性を帶び極端なる直接行動を主とす。

共和政時代最初の黨首は辯護士 Dr. Walter Riehl なりしが、同人が黨策の緩和を主張したる爲め、千九百二十四年其の地位を逐はれ、脱黨の餘儀なきに至れり。目下鐵道官吏 Ertl 及 Gattermager 敎授 Dr. Su·henwirth 幹部として黨を統率しつゝあり。猶太人排斥及民主々義反對を其の「モツトー」とす。

第六節　市民々主黨

本黨は千九百十九年舊自由黨(Leberale Partei)の後身として生れ、其の黨員は單に維納に於ける猶太人系金融業者商工業者及自由業者に限らる。一時維納に於ては可なりの勢力を有したりしも、前司法大臣 Dr. Klein 及代議士 Dr. Ofner の二有力領袖の死後、黨勢漸次衰退し、一九二〇年同黨唯一の選出議員たりし前外相 Czernin 伯も亦曩に政界を退き、黨との關係を絶ち千九百二十三年の總選擧には全く當選者を出すを得ず。今や黨首として戴くべき有力なる人物をも有せざるに至れり。

自由民主主義を奉し獨墺合併に贊成の態度を持す。

第七節　共產勞働黨

本黨は舊墺洪帝國時代より存在し第三「インターナショナル」に倣ひ極端なる共產主義を奉じ、議會政策を排斥す。其の黨員は多く維納並に Niederösterreich Oberösterreich 等の工業地方に於ける勞働者にして、而かも未成年者大部分を占め、過激なる直接行動を主眼とす。本黨は曾て第三「インターナショナル」本部より資金の援助を受け居たりしも、露國の墺國共産化運動全く望なきに至り「モスコー」より援助杜絶するに至り目下解散に瀕するの苦境にあり。其の機關紙たる Die Rote Fahne も亦本年一月全く廢刊するに至れり。

生産機關の共有、無産階級支配を「モットー」とし、Tomann 及 Koritschoner を領袖とす。

第八節　猶太國民黨

本黨は少數の黨員を維納市內に有するに過ぎず。猶太人の國民的承認、少數民族權の確立を其の政綱とし、社會主義類似の經濟政策を唱道す。建築技師 Stricker 醫師 Dr. Plaschkes を首領とす。

第九節　Zionistische Partei

猶太人の「パレスチナ」歸還を鼓吹しつゝあり。黨員は極めに少數にして多くは大戰中「ガリシヤ」より移住せる Ostjuden なり。

第十節　保守國民黨又は Monarchisten

本黨は共和政體を承認すると同時に立法的溫和方法により、君主政體の復活を要望す。其黨員は舊帝政時代の陸海軍人及高級文官並に舊貴族大部分を占む。其の首領は Wense 男爵なり。最近本黨員中にて國民社會黨と同傾向を取る極端なる排猶太人主義の一團 Schager-Eckertsan 男統率の下に本黨を脫退せり。

第十一節　君權復辟黨又は Schwarzgelbe Legitimisten

本黨は共和政體並「カール」皇帝の退位を承認せず。皇子「オット」を以て適法の墺國皇帝なりと主張し君主復興の爲めには武力に訴ふるをも辭せずとの態度を把持す。されど政治的には何等の勢力をも有せず。其の支持も亦少數にして舊帝政時代の陸海軍人大部分を占む。其の首領は Wolf 大佐とす。

墺國に於て君主政を公然主張するは右二黨に過ぎず其の他保守派諸黨中には暗に君主政の復活を喜ぶもの相當多數ならんも國民多數の意向は寧ろ共和政を歡迎し居り、今日の處共和政轉覆の將來を豫想することは夢想に過ぎざる如く思はる。

第十二節　Tschechoslowakische Minderheitspartei

維納に在る同民族勞働者を黨員とす。

第十三節　Slowenische National Partei

「ケルンテン」南「スタイヤーマルク」に住する同民族より成る。

第十四節　Kroatische Partei

南「ブルゲンランド」に住する同民族の農民より成る。（註一）

【註一】墺地利國の政黨に關しては尚大正十二年外務省歐米局編纂「各國の政黨」二九九頁乃至三一七頁、及外務省歐米局第二課編纂「各國政黨の近況」（歐洲政情研究資料第九輯）一頁乃至六頁參照。

第二編　和蘭國の政黨（一九二六年四月調）

第一章　各政黨の名稱及其の主義綱領

蘭國に於ける現在政黨の名稱を擧ぐれば、

（一）反革命黨 Anti-Revolutionaire Partij

（二）基督教歷史黨 Christelijk-Historische Unie

（三）基督民主黨 Christen-Demokratische partij

（四）和蘭共產黨 Communistische Partij in Nederland

（五）民主黨 Demokratische Partij

（六）改革黨 Hervormde (Gereformeerde) Staatspartij

（七）和蘭勞働黨、一名「パトリモニウム」Nederlandsch Werklieden Verbond "Patrimonium"

（八）和蘭婦人市民協會 Nederlandsche Vereeniging van Staas sburgeressen

（九）農民黨 Plattelandersbond

（一〇）新教國民黨 Protestantsche Volkspartij

（一一）羅馬加特力黨 Roomsch Katholieke Staatspartij

（一二）羅馬加特力國民黨 Roomsch Katholieke Volkspartij

（一三）和蘭社會民主勞働黨 Sociaal-Democratische Arbeiderspartij in Nederland

(一四)政治革新黨 Staatkundig Gereformeerbe Partij

(一五)聯合自由黨 Vrijheidsbond

(一六)自由民主黨 Vrijzinnig-Democratische Bond

等なるが此の中一九二五年七月擧行の總選擧の結果現在議會に黨員を出せるものは、

(イ)反革命黨	一三名
(ロ)基督歷史黨	一一名
(ハ)和蘭共產黨	一名
(ニ)改革黨	一名
(ホ)農民黨	一名
(ヘ)羅馬加特力黨	三〇名
(ト)羅馬加特力國民黨	一名
(チ)和蘭社會民主勞働黨	二四名
(リ)政治革新黨	二名
(ヌ)聯合自由黨	九名
(ル)自由民主黨	七名

等にして前顯の通り當國議會は所謂小黨分立の姿にして、絕對多數を有するもの一もなく、從て政變ある毎に議會政府組織の企は其の組織の大命を受けたる政黨に於て他の政黨と聯立の措置に出づるを常とす。而して當國議會に重きをなすものは、

（一）羅馬加特力黨
（二）和蘭社會民主勞働黨
（三）反革命黨
（四）聯合自由黨
（五）基督敎歷史黨
（六）自由民主黨

等とし、政變に際し內閣組織の大命も亦自ら右諸政黨の一に降るを常とせり。

今議會に議席を有する政黨の主義綱領の大要を示せば左の如し。

第一節　加特力黨（註一）

第二節　反革命黨（註二）

第三節　和蘭社會民主勞働黨（註三）

第四節　聯合自由黨（註四）

第五節　基督敎歷史黨

基督敎歷史黨の主義綱領左の如し、

一、聖書に示顯せらるゝ上帝の命令を以て國權を行使するを遵則とすべし。

一、蘭國に於ける基督教の歴史的發達に鑑み、蘭國は新教派の基督教國として統治すべし。
一、代議機關の任務は右に從ひ主權者の執るべき施政方針を總ての革命政治に對抗維持することに在り。
一、基督教歴史黨の目的は同黨の奉持する主義を承認せしむるに在り。故に必ずしも黨勢の擴張を欲求するにあらず。黨の組織及他黨との提携を策するに當りても、先づ右の主義を尊重すべし。
一、國費を以て小學教育を授くる限り、其の公立小學校に於ては基督教的教育を施すべし。特殊學校に關しても公立學校と同樣補助金を交付すべし。
一、刑罰を定むる原則は主權者の處罰權が上帝の意思に基くものなるを以て、社會の安寧を圖るに必要なる場合には死刑をも科すべし。
一、殖民地に於ては其の住民の道義的及物質的利益に愼重なる注意を拂ひ、公平無私なる政治を行ふべし。新教派の主義とする信仰の自由を尊重し政府は基督教的統率者たる其の職分を自覺し、依て以て邪教及「マホメツト」教に對すべし。又一派の宣教師が他派の事業に妨碍的干渉を試みざるやう注意すべし。
一、主權者は陸海軍を備え、國家の獨立保存に努むべきは勿論なるも、國防上の負擔は絶對必要の限度に留め、又軍隊内兵營内及艦上に於て各自秩序を守り、又敬虔なる生活を營むことを促進すべし。

第六節　自由民主黨

自由民主黨の主義及綱領は左の如し。
一、行政權及立法權は一切の丁年以上の蘭國臣民の自由且組織的意思表示に基準を求めざるべからず。
右目的を達成する爲國民の政治的訓練を促進し一切の政府の措置は可及的廣く公表せらるゝと同時に、主權者の代議機關に關する責任は無限なるべし。

一、國民の生産物及生産力の行使に於ける自由を促進する爲各自は其の努力の成果取得を保障せらるべく、從て私有財産權の承認は社會の秩序を維持する上に於て缺くべからざるものなりと雖も立法部は私有財産權の範圍を社會の發達に順應せしむることに努めざるべからず。

主權者は産業上指導的任務を果す責あるが故に、事業の自由經營が公益を害し若くは勞働果實の正當分配を妨くるが如き嫌ある場合には干渉をも試み、又必要の場合には個人經營の形式をも排すべし。

一、産業に從事する者は總て其の産業の利得に關係を有し、勞働條件の制定及事業の組織に關し發言權を有すべし。

主權者は嚴正なる社會政策を講じ生産に關與する者の物質的及道德的向上を計るべし。

【註一】 大正十二年外務省歐米局編纂「各國の政黨」三二〇頁參照。

【註二】 前掲「各國の政黨」三二一頁參照。

【註三】 前掲「各國の政黨」三二一頁乃至三二二頁參照。

【註四】 前掲「各國の政黨」三二三頁乃至三二四頁參照。

第二章　各黨派成立の由來、其勢力の優劣及根據

一、蘭國に於ける諸政黨中加特力黨、反革命黨及自由黨の三黨は最も古きものにして、蘭國立憲制度創始當時より既に存在し、社會民主黨及自由民主黨は前三者に比し比較的新しく、聯合自由黨及共産黨の成立は極めて最近のことに屬す。「ノイエンス」博士が曾て『世人は蘭國に加特力黨なしと云ふべからず。又等しく加特力黨ありと云ふべからず』と稱せる如く、蘭國に於て加特力黨は侮るべからざる勢力を有すれども、未だ議會に於て絕對多數を占むるに至らず。常に

各派と提手を求め來りしが、一八六四年以來自由黨との提手は破れたり。偶々一九一八年十一月に於ける社會民主勞働黨の革命運動の失敗は却て加特力黨の結束を固くすると共に、其の勢力の増大を來せるの觀あり。同黨の地盤はLimburg及Noord-Brabantを其の最たるものとす。

一九二八年の議會に於て外務豫算案中より羅馬法王廳駐剳使節費を削除するの動議政治革新黨より提出せらるゝや、羅馬加特力黨及反革命黨を除く爾餘の黨派は何れも右動議に賛同し、爲めに該動議は可決せられたるが、羅馬加特力黨は其の黨是とする法王廳に對する使節派遣を廢止するが如き動議を可決したるは之れ同黨の面目を傷つくるものとなし、且基督教歷史黨は自ら内閣協同組織者の一員たるに拘らず與黨に不利なる動議の通過を阻止するの擧に出でざりしは背信の行動なりと爲し、右兩黨の提携は最早之を以て終焉を告げたるものなりと聲明するに至れり。之に對し基督教歷史黨に於ては從來とても兩黨は其の政綱中互に相容れざるもの二三にして止まらざりしが、今日迄基督教歷史黨は其の重要なる政策の遂行上加特力黨と交綏互讓の態度に出づるを以て得策なりとしたるも、今や基督教歷史黨の重要「プログラム」の大半は遂行せられ、加特力黨との提携を必らずしも必要とせざるに至れりと暗に兩黨の絕緣を悅ぶの風あり。事情右の如くにして右兩黨の提携は一般に當分實現困難ならんと看做さる。

基督教歷史黨の地盤はGelderland, Zuid-Holland, Friesland等とす。

二、反革命黨は主として中産階級の人士を網羅し、多少民主的色彩を帶び、Groningen, Zuid-Holland. Friesland等を其の地盤とし、基督教歷史黨及羅馬加特力黨と密接なる關係を維持しつゝあり。

三、和蘭社會民主勞働黨は一八九四年Internationale（一八六八年「アムステルダム」市に設立せられたる和蘭最初の社會民主々義を標榜せる勞働者側の團體なり）並Domela Nieuwenhuisを領袖とするSociale Democratische Bond黨員の合體して組織せるものにして、勞働者間に勢力を有しZuid-Holland Friesland, Groningen等を根據地とす。一九二五年夏行はれたる總選擧の結果に依れば、同黨は社會黨發祥の地たる「アムステルダム」「北ホーランド」州に於て最多數の得票を獲たり。尙ほ「フリースランド」州に於ても他黨の覬覦を容易に容るさゞるの勢力を有せり。是亦同州の社會生活狀態不均衡にして住民も亦民主的思想を帶び、社會黨の勢力擴張に最も適當するに由ると謂ふ。社會民主勞働黨中の急進派は同黨より分離して共產黨を組織せるが、同黨は一九二五年夏の總選擧に於て僅かに一個の議席を議會に獲得したるに過ぎず。共產黨の根據地は「アムステルダム」市なり。

四、聯合自由黨は獨立自由黨、統一自由黨及經濟同盟會の合同せるものなり。近年加特力黨の勢力增大を來せるに反し左黨は小黨分立の姿を呈し、動もすれば其の結束を薄弱ならしむるの惧ありしにより、主義に於て互に相接近せる前記各黨は此の際寧ろ相合同して右黨に對する守備を固くするに若かずとなし、遂に一九二一年其の合同を實現し、聯合自由黨を組織するに至りしものにして、自由民主黨と共に自由主義を標榜し、右黨に對する一脅威をなせるものなり。同黨の地盤は Noord-Brabant, Zuid-Hollaud, 及 Noord-Holland を其の最たるものとす。

五、自由民主黨は一九〇一年、統一自由黨より分離して獨立の旗幟を立つるに至りたるものなり。同黨は自由派中最も急進的の思想を抱き共の黨員は多からずと雖も議院內に於て侮るべからざる勢力を有す。同黨の根據地は Groningen 及 Noord-Holland を其の最たるものとす。

同黨の院內總務「マルシヤン」が最近自由民主黨創立二十年祝賀の際、同黨に籍を置く者にして未だ曾て閣員に列したるものなきの事實は是れ政府外に立ちて政府を監督すべしとの同黨の標榜せる黨是に一致するものなりと揚言せり。依て以て同黨の面目を窺ふに足るべし。

第三章　各政黨現領袖株の人物及歷略

（一）「ノーレンス」Dr. W. H. Nolens（加特力黨）（註一）

（二）「コーライン」H. Colyen（反革命黨）（註二）

一九二三年八月藏相に任ぜられ、一九二五年七月擧行せられたる總選擧の結果に依り辭職したる「ロイス・デ・ベヤレンブルック」の後を受けて內閣を組織し、自ら首相兼藏相の任に就きしが、一九二五年秋議會に於て外務豫算修正案可決せられたる結果、同豫算の支持を主張せし加特力黨出身大臣の連袂辭職の爲、遂に同內閣は一九二六年三月辭職せり。

（三）「アルバルダ」J. W. Albarda（社會民主勞働黨）

一八七七年 Leeuwarden に生れ「デルフト」工科大學に學び、一九〇三年技師の免狀を受け、後一時 Almelo 及海牙の中學校教員となり、次で「アムステルダム」市勞働紹介所長と成る。一九一三年九月以來第二院議員に擧げられ、其の間一九一六年より一九一九年迄南「ホーランド」州會議員、海牙市教育部助役、同市會議員等の職に就き一九二五年前首領「ツルールストラ」引退後推されて社會黨領袖たり。

（四）「マルシヤン」Mr. H. P. Marchant（自由民主黨）（註三）

（五）「ドレッセルホイス」Mr. H. C. Dresselhuys（聯合自由黨）（註四）

（六）「スヌク・ヘンケマンス」J. R. Snoeck Henkemans（基督教歷史黨）

一八六二年海牙に生る。往年酒類販賣業を營みしが一九〇九年以來第二院議員に當選す。現に基督教歷史黨の機關紙「ドゥ・ネーデルランダー」紙の主筆たり。一九二四年以來黨首に推されて現在に至る。

（七）「フイッセル」Dr. J. Th. de Visser（基督教歷史黨）

一八五七年「ユトレヒト」市に生る。「ユトレヒト」大學に學び、一八八〇年神學博士の學位を受け、後「ロッテルダム」「アムステルダム」其の他に於て牧師たりしことあり。一八九七年以來第二院議員に當選すること數次、一九一八年より一九二五年迄文相の任にあり。同年冬組閣の大命を拜したるも奏效せざりき。現に同黨院内總務たり。

【註一】大正十二年外務省歐米局編纂「各國の政黨」三二八頁參照。

【註二】一九二三年以前の同氏の經歷に就ては前揭「各國の政黨」三二八頁參照。

【註三】前揭「各國の政黨」三二九頁參照。

【註四】前揭「各國の政黨」三二九頁參照。

第四章　現在議會の黨派別

和蘭議會は第一院（上院に當る）及第二院（下院に當る）より成り、議會の實權は實際上第二院に屬す。故に順序上第二院を（一）とし第一院を（二）として左に現在議會の情勢を要述すべし。

（一）第二院

第二院を代表せる黨派を大別して之を左黨及右黨に別つことを得。右黨側に屬するものは加特力黨、反革命黨、基督敎歷史黨とし、加特力黨其の數最も多く反革命黨之に次ぎ、基督敎歷史黨最も少數なり。

現第二院議長は一九一八年九月より一九二五年八月迄內閣總理たりし「ライス・デ・ベーヤレンブルック」Jhr. Ruys de Beerenbrouck なり。左黨側は之を分ちて自由黨系及社會黨系の二派に大別するを得べく、社會黨其の數最も多し。

一九二五年七月擧行の總選擧に於て右黨三派は前議會に比し、七個の議席を喪失したるに、猶左黨の四十六に對し五十四の優勢を保てり。同選擧に於て最も有利なる結果を得たるは社會黨にして、前議會に比し六個の議席を增加せり。今右總選擧の結果に基き議會に於ける左右兩黨の勢力を示せば左の如し。

第　二　院　　　　議員總數　百名

此の內譯左の如し。

右黨

羅馬加特力黨	三〇名
反革命黨	一三名
基督敎歷史黨	一一名
計	五四名

左黨

和蘭社會民主勞働黨	二四名
聯合自由黨	八名
自由民主黨	七名
共產黨	一名
改革黨	一名
農民黨	二名
羅馬加特力國民黨	一名
政治革新黨	二名
計	四六名

（二）第一院

第一院議長は「フアン・フオールスト・トット・フオールスト」男にして一九一四年五月以來引續き同職に在り。同院に於ける左右兩黨の勢力を比較すれば左黨の十九名に對し右黨は三十一名の優勢を示せり。

各黨派別勢力を示せば左の如し。

第一院　議員總數　五十名

此の內譯

右黨

羅馬加特力黨	一七名
基督教歷史黨	七名
反革命黨	七名
計	三一名

左黨

社會民主勞働黨	一一名
聯合自由黨	五名
自由民主黨	三名
計	一九名

第五章　地方自治體と政黨との關係

和蘭十一州 (Noord-Brabant, Gelderland, Zuid-Holland Noord-Holland, Zeeland, Utrecht, Friesland, Overijssel, Groningen, Drenthe 及 Limburg) に各州會を設け、各州會の議員數は其の人口に依り差異あり。今各州會に於ける主

なる政黨の勢力を示せば左の如し。（一九二五年度版議會及選擧人提要に依る）

州會名	加特力黨	反革命黨	基督教歴史黨	社會黨	聯合自由黨	自由民主黨
Noord-Brabant	53	2	3	3	11	2
Gelderland	19	9	10	9	6	4
Zuid-Holland	16	16	12	20	9	3
Noord-Holland	19	7	10	19	8	9
Zeeland	8	9	7	4	8	3
Utrecht	11	8	6	8	4	2
Friezland	4	12	9	12	6	3
Overijssel	13	7	8	9	5	3
Groningen	3	10	4	11	6	6
Drenthe	2	7	5	7	6	4
Limburg	38	0	1	4	1	1

市町村自治團體（Gemeente）の數極めて多く、從て此等多數の自治團體に於ける政黨勢力別を一々掲ぐることは至難なるに依り、玆には「ロッテルダム」及「アムステルダム」及海牙の重要三大都市に於ける状況を掲げ、以て一斑を窺ふの資とすべし。

市會名	加特力黨	反革命黨	基督教歴史黨	社會黨	聯合自由黨	自由民主黨
Rotterdam	8	7	4	16	4	3
Amsterdam	8	3	4	16	4	3
The Hague	10	5	4	13	6	2

第六章　各政黨主要機關紙（註一）

【註一】 大正十二年外務省歐米局編纂「各國の政黨」三三四頁參照。

第七章　各政黨々費、議員歲費及議會會期

第一節　政黨の黨費調達の方法

各政黨の黨費調達の方法として當國に特殊のものなし。即ち黨費は黨員の均しく醵出する所に係る。但し各政黨共黨費を要する最も重要なる時期は總選擧の際なりとす、當國に於ては此の場合に多くは各黨員に特別割增醵出金を課す。而して富裕なる黨員は其の分に應じて別に差等ある捐出を爲すを例とす。故に各政黨を通じて總選擧は右費用特別調達の爲め相當の算談を爲すを要するを以て、之を好まず。從て議會の解散は各黨擧て之を避ぐるに努む。當國に於ては解散は殆んど事實に於て之を見ず。總選擧は常に四年任期の終了後に來る定例の總選擧のみなり。從て一の總選擧より次の改選期までの間には差したる黨費支出の問題もなく、又實際各政黨を通じて其の所有資金は極めて手薄なりと云ふ。且つ又當時に於ては黨費獲得の目的を以て黨勢を利用して「コラプション」を行ひたることが議會又は新聞の討議又は非難の主題となりたることは稀有のことに屬す。加之總選擧の場合に於ても其の選擧に要する費用は他の文明大國に比して左まで多額ならず、且該費用は候補者自身の負擔することゝ爲し其の所屬黨派に於て原則的に選擧費を補助することなし。從て黨本部に於て財政手薄なりとも差して不都合を感ぜざるものなりと云ふ。

以上は各黨を通じて概言するに過ぎず。若し夫れ其の內部に立入りて仔細に點檢するに於ては、夫々特殊の事情存すべきも之れは特に取上げて論ずべき程のものは之なきが如く、且各黨の財政は之を公表せざるを以て其の隱れたる遣繰は外

間より之を窺知するに由なきも、實際の事情に通ずる其の道の人士に就き內聞する所に依れば、特筆すべきものは存せざるもの丶如く、又現に外部に現はれたる或種の事實より其の內部の特種の遣繰乃至悪辣手段を推知索想せしむるが如き現象乃至事件（インシデント）のありしを聞かず。殊に社會黨の如きは其の黨の豫算を公表することありとのことなり。

第二節　議員歲費額竝或種の特權

第二院議員の歲費額は五十盾にして（但し此の歲費を受くるには一會期中少くとも一回出席するを要す）月割を以て每月之を支給す。議長の歲費額は壹萬盾とす。

右の外議員は國內幹線鐵道の一等定期乘車券（abonnementskaarten）を支給せられ、右乘車券の通用せざる鐵道に對し無賃乘車せんとするときは、其の旅行の都度身分を明示すること丶せり。又議員辭職の際には其の在職中の各年に對し年額百五十盾の割を以て在職年數に應じ最高參千盾以下の恩給を支給せらる。又議員の遺族に對しては別に扶助の方法定めらる。

第一院議員には歲費を給せざるも、議會に出席したる日數に應じ日割二十盾の滯在費を支給す。其の他議會出席の爲め以外用務を帶びて旅行する場合には右の外更に一晝夜に對し十盾の手當を給す。但し前記滯在費は議會所在地在住の議員には之を支給せず。

第三節　議會の會期

一八一五年制定の憲法に於ては和蘭議會の通常會期は每年九月第三火曜日に始まり「少くとも二十日間以上」とすと規定せられ、現行憲法に於ても依然此の規定存續せるが、現時に於ては特別の事情なき限り通常會期は每年九月第三火曜日より始まり翌年同月の前週土曜日迄繼續す。

第三編　瑞典國の政黨（一九二六年五月調）

第一章　概　　說

瑞典の根本的政治組織を定むる憲法的法規は統治法（Regeringsformen, Constitution act）、議會組織法（Riksdagsordningen, Organic law for the Riksdag）、皇位繼承法（Successionsordningen, Act of Settlement）、及出版の自由に關する法律（Tryckfsihetsförordningen, The law on the Freedom of the Press）の四を數ふ。

一八六六年制定の議會組織法は普通選擧及比例代表法を採用したる一九〇九年の法律、及婦人に選擧權及被選擧權を賦與したる一九二一年の法律等に依り屢次の改正を經たり。議會は第一院即ち上院及第二院即ち下院より成る。上院は百五十名　議員を算し滿三十五歲以上の男子及女子にして選擧施行期日前少くとも三年間課稅價額五萬冠以上の不動產を所有し、且現在之を所有するか、又は同一期間所得年額三千冠以上を有し、且現在之を有する者は上院議員被選擧資格を有す。上院議員は縣會議員に依りて選擧せらる。但し縣より獨立せる都市（人口四萬以上を算する都市即ち「ストックホルム」「ゲョーテボリイ」「マルメオ」「ノルチエオピング」「イエーヴレ」及「ヘルシングボリイ」）に於ては上院議員は特別に選擧せられたる選擧人より間接選擧の方法に依り選擧せらる。公民權を有する一切の男子及女子にして生年二十八歲に達したる者（換言すれば滿二十七歲に達したる歷年の翌歷年）は縣會議員又は前記獨立諸都市の上院議員選擧人を選擧し、又は斯の如き者として選擧せらるゝの資格を有す。但し當該市町村に於て登錄せられたる瑞典臣民は生年二十四歲に達したる時より前記公民權を享有す。（被後見人、家資分散者、工場寄寓者、無資格の裁判々決を受けたる者は公民權を享有せず。最近三年間一回にても市町村稅を納付せざりし者は公民權を有せずとの制限は近年撤廢せられたり。）

上院議員選擧の爲、全國を十九の選擧區に別ち全國人口の百五十分の一即ち人口四萬人毎に一人の議員を選出す。上院議員の任期は八年なるが毎年八分の一づゝ改選す。投票方法としては下院議員選擧の場合と同樣、比例代表法を適用す。

第二院即ち下院は二百三十名の議員を有す。議員の任期は四年とす。全國を二十八の選擧區に別ち一選擧區より三人乃至十六人の議員を選出す。各選擧區の選出すべき議員數は全國人口の二百三十分の一に付一人の割を以て算出す。

生年二十四歲に達したる男子及女子は（特殊の事由に依る無資格者に關しては上院議員の場合と同樣なり）選擧權及被選擧權を有す。投票法は直接投票及比例代表法に依る。

兩院の權能には差異なし。豫算租稅及銀行の問題に關し上下兩院別個の決議を採用したるときは兩院合同して票決を爲す。

皇帝は上院及下院を解散するの權能を有す。選擧は九月に施行せらるゝを原則とす。議會會期は一月十四日以降通例百四十日間とし上院及下院議員は往復旅費及前記百四十日の會期に對する日當を受く。日當額は議會開會地に居住する議員の場合に在りては二十四冠、右以外に居住する議員の場合に在りては三十二冠とす。但し年額前者の場合に在りては三千四百冠、後者の場合に在りては四千五百冠を超過することを得ず。

瑞典の現政黨は保守的傾向のものより順次に之を列記すれば次の如し。

一、右黨（一名保守黨）（Högerpartiet）

二、農　民　黨（Bondeförbundet）

三、自　由　黨（De Liberala Partierna）

（イ）自　由　黨（Liberala Partiet）

（ロ）自由國民黨（Frisinnande Folkpartiet）

四、社會民主勞働黨（一名單に社會民主黨）（Socialdemokratiska Arbetarpartiet）
五、共　産　黨（Kommunistiska Partiet）

第二章　各政黨の主義綱領

第一節　右黨（保守黨）

右黨は沿革上の理由に基き第一院に於ては國民黨（Nationella Partiet）と稱し、第二院に於ては農民及有産黨（Lantmanna och Borgarpartiet）と稱す。右黨は階級制度を打破したる一八六五年の憲法大改革の際成立を告げたるものにして、一九〇五年迄議會を意の如く左右したる唯一の大政黨たりき。其の成立以來幾多の變遷あり。就中一八八〇年關稅政策に關し保護貿易主義者と自由貿易主義者とに分裂したるが、一八九五年又合同したり。本黨は有産階級、農民階級特に地主及官僚社會に其の支持者を有す。其の政綱は保守主義、現狀維持主義にして社會主義、酒類販賣制限及宗教無視論に反對し軍備充實を主張し、工業保護政策に左袒して關稅の引揚を主張し、國教擁護に努む。但し一九〇五年以降に於ては本黨の政綱も進歩的となり、一九〇九年の普通選擧法は本黨の提案たり。今日に於ては本黨は古典的意義に於ける自由主義を旗幟として社會主義に對抗しつゝあり。十數年前本黨に屬せし農業家は穀物輸入稅の引揚を要望し、其結果獨立して農民黨を組織したり。一九二四年の總選擧に臨める右黨即ち保守黨の政綱は以下述ぶる所の如し。

（1）戰爭防止の爲國際法上の制度を發達せしめ、其の有效となるに伴ひて軍事費負擔を輕減すること。（2）兵役に堪ゆる一切の壯丁に軍事的敎練を施すこと。（3）平時に於ける軍備に關しては現狀を維持すること。（4）新軍艦の建造を速進すること。（5）壯丁に充分なる軍事敎育を施すこと。（6）社會的權利と義務との權衡を保持すること。（7）國家の重要案作ゞ關し『無責任なる勢力』を增加せむとする傾向に反對すること。(8)國家の職能を制限すること。(9)行政の獨立を保持すること。(10)自作農を保持すること。(11)適當なる國有地買却等の手段に依り私有財產を有する小農を增加繁榮せしむること。(12)土地分割整理に關する立法を改正すること。(13)小作地に關する法制を改革し、土地改良の爲に費したる小作人の支出に對し相當の補償を與ふること。(14)農業を保護すること。(15)『眞實及自由』に反せる農政委員會の法律案を否決すること。(16)必要あるに於ては勞働者保護法を改善すること。(17)但し勞働者の代表をして各企業の管理に關與せしめむとする社會民主黨の法律案に反對し、且つ『勞働の價値及名譽』を減損し國內生產力を低減し國內產業の海外市場に於ける競爭力を薄弱ならしむる一切の法案特に八時間制に反對すること。(18)社會保險問題の公平にして且つ徹底的なる研究。(16)此の研究完了に至る迄保險制度に關する改正を延期すること。(20)勞働爭議に國家が中立を維持すべきこと。(21)勞働の自由及勞働者の自由を保護すること。(22)失業保險は不必要と認むること。(23)各市町村の財力及其の自治權を斟酌して諸學校の組織を改善發達せしむること。(24)諸學校改造に關する學制委員會の提案に反對すること。(25)國家、敎會及學校間の關係を維持すること。

第二節　農民黨

本黨は保守黨より分離して、一九一三年及一九一五年に成立したる二小黨の合同に依り一九二二年成立したるものなるが、主として農業者より成り、保守的傾向顯著にして、其の政綱前節に述べたる右黨の夫に大體類似するも、商工業には多くの注意を拂はずして農民の社會的經濟的及政治的利益を擁護する點に於て其の特色を發揮す。穀物輸入關稅の高率ならむことを要求し、政費節減の見地より陸海軍の充實に反對す。然れども本黨は元來保守黨より分立したるものにして前記二の特色を除けば、國敎擁護に努め社會主義に反對する等政綱保守黨に近く、保守黨と合して議會に於ける右翼を形成す。其の勢力大ならざるも右黨との合從連衡を策する結果、議會に於て比較的重きを爲す。一九二四年の總選擧に臨める本黨の政綱は次の如し。

(1)政費を節約し行政を簡易にすること。(2)自作農を保護すること。(3)有害なる土地投機を阻止すること。(4)小作農に對する社會立法を制定し小作人の地主となるを保護奬勵すること。(5)小農增加の爲國有地其他を分割整理賣却すること。(6)農業勞働者に有利なる條件を以て不動産を獲得するの機會を供與すること。(7)農業信用問題を解決すること。(8)工業と同一程度に於て農業を保護助長すること。(9)「トラスト」組織を制限し之を取締ること。(10)禁酒主義を普及し國民の衛生狀態改善の爲努力すること。(11)國民高等學校(Folkhögskolor)及農學校に補助を與ふること。(12)田園の境遇に適合せる實科小學校を設置すること。(13)自治團體の權能を擴張すること。

第三節　自　由　黨

自由黨は一九〇〇年 Karl Staaff に依りて組織せられ、迅速に勢力を扶植し、同氏は一九〇五年乃至一九〇六年及一九一一年乃至一九一四年に二度內閣を組織したり。一九一四年の議會に於ては最も優勢の政黨たりしも、爾來勢力漸く振はざるものあり。本黨は中流階級、智識階級、國教反對の現世的活動的宗教家に依りて支持せられ、從前は穩健なる自由主義を奉ずるものなりしが、其の政綱次第に進步的となりたるのみならず、政權掌握の權道上社會民主黨と聯合するを要したる爲、其の行動其の本來の主義に背馳したることあり。由來自由黨は一方社會民主黨と他方右黨及農民黨との間に介在し、其の政綱も亦兩者の中間に位す。故に臨機其の一方と提携して大勢を左右するの有利なる立場に在り。即ち一九二三年議會に於て「キャスチング・ヴォート」を握れる自由黨は社會民主勞働黨と一致して軍事費負擔の輕減を要求し、「トリツゲル」の保守黨內閣を倒壞せしめたるが如き、其の適例なり。是が爲議會に於ては此の左右兩翼の政黨に次ぎ勢力あり。

尤も近年に到り其の政綱寧ろ社會民主黨に接近し、今や國家社會主義を奉ずるに至れるやに觀察せられ、普通選擧、婦人參政權、婦人の官吏任用、現役期間短縮、選擧權の普遍且均等なること、酒類販賣の制限、「トラスト」組織征伐を標榜し、議會に於ける記名投票及軍事費の節約を主張す。然るに一九二三年偶々酒精飲料販賣禁止問題に關する意見の相違より二派に分裂し酒精飲料販賣絶對禁止反對論者たる少數者は自由黨（少數自由黨 Liberala Partiet）として殘り、右贊成論者たる多數者は自由國民黨(Frisinnande Folkpartiet)を組織したり。此の分裂に拘はらず兩者は共に依然として社會改良、自由貿易、國際聯盟擁護、及積極的平和政策を旗幟とする點に於て一致せり。一九二六年六月社會民主黨內閣瓦解するや、同七日、國民自由黨首領「エクマン」は自黨及自由黨の聯立內閣を組織せり。因に閣員の顏振左の如し。

首相兼藏相　「エクマン」
外　相　「リョーヴグレン」
法　相　「デイレーン」
國防相　「ローセン」
社會相　「ペツテルソン」
遞　相　「ミョルリング」
文　相　「アルムクヴイスト」
農　相　「ヘルストリョム」
商　相　「ハムリン」

一九二四年總選擧に臨める自由國民黨の政綱は次の如し。

（1）平和政策を採り國際的法的秩序の建設に協力し、公開外交の主義を實現し、國際聯盟の進步發達に協力し、其の眞に諸國民の議會となり、國家の安全及國防の根本主義を確立し得るに至らしむること。(2)軍備の縮少及整理、服役年限の短縮、下士の境遇及其訓練の改善、徵兵制度を廢止し而も相當額の經費を以て滿足すべき國防を組織し得るやを調査すること。(3)自作農を保護し、適當なる規模の農場及農家を設置し、農業勞働者其の他に地主となるの機會を與ふること。(4)小作地に關し新立法を採用すること。(5)「ノルランド」に植民し、農業信用の基礎を確立し、農產物の賣却を容易ならしむる一切の施設を採用すること。(6)義務敎育及宣傳の方法に依り國民の禁酒又は節酒を期すること。(7)酒精飲料に關する立法の違反者を嚴罰し、現在の刑罰を一層重くすること。(8)酒精密輸入防止の爲國際條約を締結すること。(9)歲計をして酒稅に依賴せざらしむるの措置を講じ、狀況有利となるに於ては直に酒精飲料の絕對禁止を實施すること。(10)租稅の負擔を輕減し、暫行市町村稅法に代ふるに確定法律を以てすること、但し課稅に當り家計豊かならずして多數の子女を養育する者を斟酌すること。(11)不必要なる國家の後見を排除し、自由企業に依りて產業の勃興を期すること。(12)勞働爭議を防止すること。(13)不規則且不確實なる勞働の需要を抑制し、勞働の供給分配の問題を解決し任意的ならざる失業に對する保險制度の採用等に依り失業を防止し、又は其の善後策を講ずること。(14)「トラスト」及大銀行の橫暴を制し「トラスト」を取締ること。(15)輸入關稅を改革し各種產業の狀況に適應せしむること。(16)自由貿易政策の實現を期すること。(17)國家及自治團體の經費の浪費を防ぎ國營事業の庶務改善を期すること。(18)小學校を普遍的、基礎的、敎育機關に改造すること。(19)少女の敎育を少年の敎育と同樣に尊重すること。(20)主義として男女の同權を認むること。(21)信敎の自由を實現すること。

一九二四年總選擧に臨める少數自由黨の政綱は次の如し。

(1)國際間の恒久的平和、特に國際聯盟の中外に於ける權威を高むることに協力すること。(2)敎育の一端として平和的精神を涵養すること。(3)國際法秩序の鞏固となるに從ひ國際的軍備縮少を期すること。(4)經濟上の必要に應ずる爲軍備を縮少すること、但し現在の過渡期に鑑み愼重審議の上國防の有效を害せざる底の成案を得るに努むること。(5)依て平時の師團及聯隊數は現狀を維持しながら服役期間を百四十日に短縮し、而も有事の際動員の確實にして國防の充實するを期すること。(6)海軍及空軍の充實を期すること。(7)海防の基礎を水雷艇及敷設水雷に置き、海軍建造計畫を立つること。(8)募兵敎育及下士の進級に關する制度を改善すること。(9)保護主義、社會主義、富源の獨占及有害「トラスト」の成立に抗し、經濟的自由を確保すること。(10)輸入關税の改正に際しては自由貿易主義を宣明するに努むること。(11)新輸入關税の設定又は既存關税の加重に反對すること。(12)租税負擔を輕減し衡平なる租税制度を採用すること。(13)地主の協力を得て土地制度の問題を解決すること、農民の土地を保護し、經濟的繁榮安固を期する爲農民間の協力を促進し、官憲主宰の下に土地の分割整理を行ふこと。(14)土地の分割及賣買に關する法律を刷新すること。(15)財政の許す程度に於て社會保險制度の發達、疾病保險及産婦保險の改革を所期すること。(16)酒販賣絶對禁止法案を採用するが如き方法に依りて國民の自由に干渉することを避け、唯敎育、諸種の制限及酒精飮料の不法取引取締の手段に依り、國民の禁酒節酒の習慣を養ふことに努力すること。(17)學校制度を改革し、階級の差異撤廢を期すること。(18)男女を問はず等しく學理及實際を習得し得しむること。(19)仲裁及調停手續を發達せしむること及必然的共通利益を基礎として勞働及資本の協調を企圖すること、社會狀態を危殆ならしむる同盟罷業を豫防する爲迅速の手段に出づることに依り不幸なる勞働爭議に國家が干渉すること。

因に右黨農民黨は勿論自由黨も色彩の濃淡こそあれ、孰れも社會組織の現狀維持を主張し、且私有財産制度を以て經濟組織の基礎となすことに於て一致せり。然れども議會に於ける政黨合従連衡の形勢より觀察するときは右黨及農民黨は元來一政黨の分立せるに過ぎずして、其の主張及代表せむとする利益相同じく、團結して一致の行動に出で、議會に於ける保守主義の右翼を形成す。之に反し自由黨と社會民主黨とは第一回自由黨內閣成立以降聯合して議會に於ける進歩主義社會民主主義者の左翼を形成す。

第四節　社會民主勞働黨

瑞典に於ける勞働社會民主運動は一八八〇年に始る。而して社會民主勞働黨の創設を見たるは一八九四年なり。同黨を創設し且之に今日の勢力あらしめ且第二「インターナショナル」に於ける將星たりし Hjalmar Branting は一八九六年始て議員に選出せられたり。爾來同黨は急速に發達し、一九〇九年には自由黨の主張に依り普通選擧法の施行を見るに至り、一九一一年には上下兩院を通じて六十三の議席を占め一九一七年自由黨と聯立內閣を組織し、一九二〇年一九二一年及一九二四年に獨力內閣を組織したり。然るに一九二六年三月「ストリッパ」に於ける一鑛山に同盟罷業起るや、是が對策に就き政府は議會と衝突し、其結果「サンドレル」の率ゆる社會民主勞働黨內閣は六月上旬遂に總辭職をなすのやむなきに至れり。

本黨は「プロレタリアート」、特に筋肉勞働者の利益を代表し、穩健なる「マルクス」主義及第二「インターナショナル」の政綱を奉ず。各個人の經濟生活を安泰ならしむることを國家活動の要諦となし、個人所有權の制限又は一部的撤廢に依り、社會主義的國家の建設を期す。但し從前本黨が政權を握りたる當時に於て一の政務調査會を設け如何なる種類の產業を國有となし得べきやを調査したる事實に徵するときは、本黨が漸進主義に傾けるを示すに足る。勞働者の生活改善には特に意を用ひ、瑞典が社會的立法の進步に於て世界に冠絕せるは社會民主黨の功蹟なりとす。軍備全廢は未だ其の時期に非ざるを以て軍備を縮少することに力を致し、徵兵制度は之を廢し民兵又は義勇兵を以て之に代ふることを期す。君主政體には主義上反對するも人民投票に依り共和政體の採用を決議する迄は現狀に滿足す。禁酒問題に關しては當初絕對禁止論なりしも政權を掌握したる後は酒精飮料消費制限を以て滿足するに至れり。

一九二四年の總選擧に臨める本黨の政綱は大略次の如し。

（1）漸進的合理的軍備の撤廢。（2）國際法の發達及國際政局に於ける國際聯盟の權能を擴張することに依り恒久平和を保障すること。（3）陸軍を半減すること。（4）海軍を稍々縮少すること。（5）近代的空軍を組織すること。（6）服役期間を相當短縮すること。（7）少産者又は無産者の境遇を改善し其の生活の向上を期すること。（8）是が爲貧困者の住宅問題を解決し、勞働者疾病保險を採用し、匿名組合に對し小地主を擁護し小作人の地位を改善し、社會保險を發達せしめ、學校を民主化し、租税力に適應する樣租税制度を改革し、失業保險制度を採用すること。（9）八時間勞働制を維持すること。

第五節　共　産　黨

從前社會民主勞働黨より分立せし左傾社會黨（Vänstra Socialistpartiet）存在したりしが、同黨は漸次共産的革命主義に傾き、遂に共産黨と稱するに至れり。然るに此の新黨派は早くも二派に分れ、左翼は左傾社會黨の色彩を濃厚にし、左翼は純粹の共産主義者の團結となれるが、一九二三年此の右翼は社會民主黨に合併し、左翼は一九二四年再び二派に分れ、一派は第三「インターナショナル」に屬し、莫斯科政府を總本山と仰ぐに對し、他派は獨立共産黨を構成す。然るに右獨立共産黨は一九二六年の初期に於て無條件にて社會民主黨に合併し、玆に純粹の第三「インターナショナル」に屬する共産黨の成立を見るに至れり。

共産の前身たる左傾社會黨は既に勢力なく、現今の共産黨に至りては上下兩院を通じ、議會に五つの議席を有するに過ぎず。其の政綱は自明の理なるを以て玆に贅せず、尙本黨は酒類販賣問題に關しては絕對禁止主義を唱ふ。

過激思想は工業中心地に於ける勞働者北部地方に於ける鑛山勞働者等の間に於ける例外の場合を除く外、深く人心に浸潤せず。經濟の進歩と自由內閣、社會民主黨內閣又は其の聯立內閣の社會的立法に依り生活の安定保障せられ、三十年前に比し無資産階級の幸福著しく增進し，且勞働階級が政權を掌握し「メー・デー」の示威運動も亦贅澤なる古典的祭禮と化せる瑞典は，地理的接近に拘はらず，共産革命を標語として萬國を席捲せむとする第三「インターナショナル」が奪取し得べき最後の障壁を構成するに似たり。

第三章　議會に於ける各黨の勢力

一九一四年春の總選擧より一九二〇年九月の總選擧に至る迄の間に於ける下院に於ける諸政黨の勢力の消長を示せば次の如し。

黨名	一九一五年春	一九一四年秋	一九一七年	一九二〇年
右黨（保守黨）	八六	八六	五九	七一
農民黨	—	—	一二	二九
自由黨／自由國民黨	七一	五七	六二	四八
社會民主勞働黨	七三	八七	八六	七五
左傾社會黨	—	—	一一	五
共産黨	—	—	—	二

一九二一年十月の總選擧以後に於ける各黨の上下兩院に於ける勢力次の如し。

黨名	上院	下院
右黨（保守黨）	四一	六二
農民黨	一八	二一

自由黨	三八	四一
社會民主勞働黨	五〇	九三
左傾社會黨	二	六
過激派	一	七
計	一五〇	二三〇

一九二四年九月の總選擧以後に於ける各黨の上下兩院に於ける勢力次の如し。

黨名	上院	下院
右黨（保守黨）	四七（註一）	六五
農民黨	一六	二三
自由黨	九	四
自由國民黨	二四	二八
自由主義無所屬者	一	一
社會民主勞働黨	五二	一〇五
共產黨	一	四
計	一五〇	二三〇

一九二四年九月下院議員總選擧の際に於ける各黨の得票數左の如し。

黨名	得票數
右黨（保守黨）	四四九、〇九九

農民黨	一八六、〇二四
自由黨	二九三、二七二
社會民主勞働黨	七一七、四六四
共產黨	七八、九一六

【註二】 右四十七名中には右黨に屬せざれども、其の地位及政見よりして當然右黨と行動を共にすべき「ハミルトン」伯爵、知事「ハムマルショルド」及參與官「エクマン」氏を含む。

第四章　諸政黨の組織及黨費調達方法

第一節　諸政黨の組織

議會內部に於ける諸政黨の組織は概して同一徹にして、通例議會の開院式以前各黨共總會を開き、總裁及九名乃至二十名より成る幹部會を任命す。右總會は通例秘密會にして其の決議は時局及當面の政治經濟問題に付黨の態度を宣明するものにして、政治上重要の意義あるや論なし。

議會以外に在りては右黨は選擧者協會を基礎として立つ。選擧者協會(Allmänna Ualmansförbundet)は一九〇四年設立せられたるものにして、會長一名幹部七名及評議員二十名を以て其の中央執行機關とす。各選擧區に於ける支部は本協會組織の基礎にして中央本部は其上に立てり。每年總會を開きて役員を任命し、協會の根本的方針及活動の計畫を決定す。中央婦人協會は選擧者協會に從屬するものなり。最近下院議員總選擧に於ける保守黨の得票數は四十五萬に上ると雖も有產階級は其の主張及擁護すべき利益一致せざる爲、充分鞏固なる團結を爲さず。從て選擧者協會に屬し、一定の會費を納附する者の如きは眞の有志者にして、誠に九牛の一毛に過ぎず。其の正確なる數字に至りては文献の徵すべきものなし。

農民黨は各種の農事組合等を合從連衡せしめて、其の上に立てる農民協會を基礎とす。本協會は執行委員會及評議委員會を以て其の活動の樞關とす。農民黨は斯くの如く一定の組織せられたる職業階級を基礎として成立せるが故に、保守黨に比すれば其の組織遙に良好にして、最近下院議員總選擧の際に於ける其の得票數十八萬に上れるが其の內比較的多數の登錄せられたる黨員を有す。唯其の割合に至りては文献の徵すべきものなし。

自由黨は自由協會を基礎とす。右協會は一九〇二年設置せられたるものにして、各選擧區に支部各地方に又其の支部を有し、每年總會を開きて役員の一部を任命し、政策を協議す。本協會は支部代表者大多數及總會に於て選擧せられたる者若干名合計六十名より成れる評議委員會を有し、評議委員會は總裁及執行委員會を任命す。最近下院議員選擧に於ける自由黨の得票數は二十九萬票に上れるが其の內比較的多數の登錄せられたる會員を有すること農民黨に同じ。

社會民主勞働黨の組織は前三者に比すれば複雜且優良なり。本黨は直接社會民主勞働組合に基礎を置き、右組合は各種の勞働組合に基礎を置く。各勞働組合は本部及支部を有し選擧運動の爲に選擧區を一團として鞏固なる結合を爲す。此等勞働組合は英國の夫れと等しく其の設立當時は特に政治的色彩を帶びたるものに非ずして、組合員たる勞働者の特殊利益を擁護することを主眼としたるものなりしも、社會民主黨は漸次勞働者の利益を代表する政黨として此等勞働組合に根據を築くに至り、勞働組合も社會民主黨を以て其の政治的利益を代表するものと認め、社會民主黨幹部の監督を甘受するに至り、今日に於ては社會民主黨に關係せざる勞働組合なきに至れり。本黨は二年每に會合する總會に於て二十三名の評議員を選擧し、且此の二十三名中より總裁、書記長、會計掛を含む七名の委員より成る執行委員を任命し、尙黨議を決定す。

以上の如くなるを以て社會民主黨の組織は最も完備し、最近下院議員選擧の際に於ける得票數七十一萬票に上れるが、其の過半は明確に登錄せられたる社會民主黨員なりとす。

第二節　諸政黨の黨費調達方法

黨費特に選擧運動費を如何にして調辨するやは誠に興味ある問題なれども、斯くの如きは何れの國に於ても寧ろ機密に屬し、容易に其の眞相を窺知することを得ず。各個人の談話を綜合して考ふるに、選擧者協會は其の登錄せられたる會員より、所得金年額千冠に付一冠の割合を以て會費を醵出せしめ、之を會の經常費に充つ。其の不足額及選擧運動費等に至りては保守黨員中の有力者及大商工業會社等の寄附に俟つもの丶如し。農民黨及自由黨に至りては登錄會員の多數なるが故に、經常費に關する限り會員の醵金にて足るもの丶如し。自由黨員は一律に年額十冠を醵出すと聞く。社會民主黨は勞働組合を基礎とし其の組織確實なり。勞働組合員は組合の種類等に依り其の額を異にするも大體少くも一週三冠の割合を以て組合費を支出す。其の一少部分は必然的に社會民主黨の黨費に充當せらる。各黨の經常費は餘り多額なるを要せず。

選擧運動費の如きも其の大部分は遊說費、宣傳費等にして從來の實蹟に徵するに投票買收の如き一般に行はれざるが如し。選擧運動費の相當額を候補者に於て負擔することも亦勿論なり。要するに瑞典に於ては黨費は黨人間の重大問題たらず。瀆職事件の如き稀有のことに屬し、選擧は理想的に行はる丶もの丶如し。因に有權者中實際投票する者の歩合は五割五分內外なり。

第五章　諸政黨の領袖

第一節　右　　黨

（一）「アルヴイド・リンドマン」（Arvid Lindman）

氏は海軍少將にして一八六二年「エステルビー」に生る。幼時身を海軍に投じ一九〇四年——一九〇八年電信局長、一九〇五年海軍大臣、一九〇六年——一九一一年總理大臣、一九一七年外務大臣に歷任せる人にして、一九一二年以降引續き下院に於ける右黨院內團の首領たり。國防問題に興味を有し、海軍擴張を主張す。戰爭中、戰時禁制品問題に關し英國側と交涉したる瑞典代表の一員たりき。特に金融業者及工業家の利益を代表す。

(二)「エルンスト・トリッゲル」(Ernst Trygger)

氏は一八五七年「ストックホルム」に生れ、法律を專攻し、嘗て「ウプサラ」大學法科の敎授たりき。一八九八年上院議員に選出せられ、爾來右黨の總裁にして兼て同院に於ける右黨院內團の首領たり。內閣を組織せること前後二回、倚嘗て國際聯盟總會に於ける瑞典代表者たりき。資產家にして諸種の商工業會社の取締役を兼ね瑞典屈指の實業家なり。

第二節　農民黨

(一)「ニルス・ヴォリン」(Nils Wohlin)

氏は一八八一年「ストックホルム」に生れ、一九一六年以降「ウプサラ」大學に於ける統計學の敎授たり。經濟學特に農政問題に精通し、農民黨の總裁にして兼て上院に於ける同黨院內團の首領たり。

(二)「カール・ヴェストマン」(Karl Westman)

氏は憲法學の敎授にして前宗敎大臣たり。水力利用の權利及「トラスト」取締立法に關する專門家なり。農民黨の有力家たるを失はず。

(三)「オルソン」(Ohlson)

氏は大地主にして地主の利益を代表す。亦農民黨の一有力者なり。

第三節　自由黨（少數自由黨）

（一）「エリエル・レオーヴグレン」（Eliel Löfgren）

氏は前司法大臣にして少數自由黨總裁たると同時に下院に於ける少數自由黨院內團の首領たり。尙國際法に蹽通せるを以て國際聯盟總會に於ける瑞典代表の一人なり。一九二六年六月七日自由黨及自由國民黨の聯立內閣成るや、「エクマン」內閣に入りて外相の地位を占め以て今日に及ぶ。

（二）「ダヴイド・ベリイストレオム」（David Bergström）

氏は前東京駐劄瑞典公使にして少數自由黨の上院院內團首領たり。器量に於て自由黨中氏の右に出づるものなしと稱せらる。

（三）「ニルス・エデン」（Nils Eden）

氏は一八七一年「ピテオー」に生れ、一九〇九年以降「ウプサラ」大學に於ける歷史學敎授たり。一九一七年自由黨及社會民主黨聯立內閣の首相となり、其の後各地の知事に歷任せり。氏は非常の雄辯家にして自由黨の傑出せる政治家なるが確固たる政見を有せず。之が爲同氏自由黨總裁就任以來同黨は尠なからず其の權威を失ひたり。

第四節　自由國民黨

（一）「カール・エクマン」（Carl Ekman）

氏は自由黨機關紙たる Aftontidningen の前主筆にして、下院に議席を有し、自由國民黨の總裁にして、下院院內團の首領たり。酒精飮料絕對禁止の熱心なる主張者たり。一九二六年三月「ストリツパ」に於ける鑛山同盟罷業勃發するや「エクマン」は從來の態度を一變して社會民主黨內閣の改革を攻擊し遂に「サンドレル」內閣をして總辭職のやむなきに至らしめ、六月七日自ら首相兼藏相として自由國民黨及自由黨の聯立內閣を組織せり。

（二）「ラウル・ハミルトン」伯爵（Comte Raoul Hamilton）

氏は自由國民黨の下院院內團首領たり。尙氏は瑞典に於ける萬國議員聯合團の有力者にして平和運動に貢献せしこと大なり。

第五節　社會民主勞働黨

（一）「リッカルド・サンドレル」（Richard Sandler）

氏は「ウプサラ」大學に學び、卒業後「ホラ」に於ける高等小學校敎師となり、其の後大藏省書記官たりしこともあり。一九一二年――一九一七年下院議員となり、一九一九年以來上院議員たり、而て「ブランチング」氏の歿後其の後を襲ひて社會民主黨の總裁となれり。一九二四年以來社會民主黨內閣の首相たりしが一九二六年六月同內閣の瓦解と共に下野せり。

（二）「エオステン・ウンデン」（Östen Unden）

氏は「ルンド」大學及「ウプサラ」大學に學び、國際私法敎授たりしこともあり。一九一七年――一九二〇年「エデン」內閣に於ける無任所大臣となり、一九二〇年成立せる第二次「ブランチング」內閣の司法大臣となり、一九二四年十月第三次「ブランチング」內閣の外務大臣となれり。社會民主黨の一有力者たるを失はず。

（三）「ペーアー・ハンソン」（P. A. Hansson）

氏は現に「サンドレル」內閣に於て國防大臣の要職を占めつゝあり。同氏は社會民主黨隨一の敏腕家と稱せらる。幼時貧困にして辛ふじて小學教育を終へたるが、後勞働に從事する傍ら勉强を續け智識を廣めたり。一度新聞記者となり其の非軍國主義を以て名物男となれるが、當初彼の出版せし宣傳用冊子は沒收せられたることあり。現今に於ても社會民主黨内に於ける軍備縮少論者の急先鋒たり。右黨新聞は彼を呼びて「反逆者」と云ふ。

(四)「エム・ベリイ」(M. Berg)

氏は社會民主黨機關新聞の寄稿家にして、社會民主黨上院院內團の首領なり。

(五)「アー・エングベリイ」(A. Engberg)

氏は「ソシアルデモクラーテン」紙の主筆にして社會民主黨下院院內團の首領たり。第六回聯盟總會に於ける瑞典代表たりしことあり。

第六章　一九〇〇年以降歴代內閣の施設

近古より一九〇五年迄は右黨全盛時代にして、同黨は常に政權を握り、一九〇〇年九月——一九〇二年七月「オッテル」(Otter)內閣は軍政の刷新に意を用ひ、一九〇一年服役年限を延長するの法案を通過せしむ。一九〇二年七月——一九〇五年四月「ボストリョム」(Boström)內閣も亦軍政を釐革し、國防を鞏固ならしむるに努む。當時自由黨新に成立し、普通選擧の採用及民主的社會改良を旗幟とす。該黨は迅速に成長し議會に優勢を占むるに至る。一九〇五年四月諾威分離獨立運動及普通選擧法の通過阻止に手を燒きたる「ボストリョム」內閣倒壞し、「ラムステット」(Ramstedt)の右黨系超然內閣成立す。此の內閣は何等の勢力なく何等經綸を施すところなくして同年八月「ルンドベリイ」(Lundberg)の超然內閣に政權を讓るに至る。此の內閣は諾威分離獨立の善後措置を完成し、同年十一月政權を最初の自由黨內閣たる「カール・スターフ」(Karl Staaff)內閣に讓る。同內閣の使命は下院議員の選擧に普通選擧制度を採用し自治團體議決機關の構成者及上院議員の選擧制度をも改革するにありき。政府の改革案は下院を通過したるも上院に於て否決せられ、一九〇六年五月第一次自由黨内閣瓦解す。之に次げるは「リンドマン」Lindman）の右黨内閣にして、其の使命は又緊急問題となれる選擧制度改革問題を解決するに存したり。同内閣は保守黨舊來の方針を一變し、一九〇七年上下兩院議員の選擧に比例代表法を應用し、下院議員の選擧を採用することに依り自由黨政府案よりも更に急進的の改革案を立て之を議會に提出せり。右案は一九〇九年上下兩院を通過し確定法律となり、其の結果從來五十萬三千百二十八人を算したる有權者は一躍百六萬六千二百人を算するに至れり。次に解決を要したる問題は諾威獨立後の新事態に應ずべき國防を完備するにありき。是が爲には財政狀態の許す限度に於て軍備を整頓することを要したるが、政府の此の趣旨の提案は議會に於て激烈なる黨爭を惹起し、政府は是が善後措置に手を燒けり。其の際議會は專門家委員會を任命して此の重大法律案を愼重審議せしめむことを要求し、其の結果成立したる右委員會は三年の日子を費して本問題の研究に從事し、漸く確定報告を提出せり。政府は右報告に基ける大膽なる改革案を議會に提出することを敢てせず、一九一一年當面の彌縫策として一千二百萬冠を以て「下型」軍艦一隻を建造せむが爲、初年度費として四百萬冠を要求したり。議會に於て與黨以外は右豫算案に反對し、翌年の議會迄何等の決定を與ふるを欲せず、喧々の論を見たりと雖も、政府は兎に角右建造案を通過せしめたり。

新選擧法は一九一一年九月初て其の實施を見たるが其の結果は頗る右黨の政府に不利にして下院は自由黨百二名、右黨六十四名、社會民主黨六十三名となれり。是に於て「リンドマン」の右黨内閣は政權を投出し、一九一一年十月自由黨の「カール・スターフ」内閣成立す。右内閣は直に上院を解散し、新選擧法に從ひ上院議員の一般改選を行ひたるが、其の結果右黨八十六名、自由黨五十二名、社會民主黨十二名の選出を見たり。「スターフ」の第二自由黨内閣は社會改良問題に沒頭し、多數の社會的立法を通過せしめたるが、其の最も重要なるは一般養老保險法にして、此の法律に從へば瑞典人民は六十七歳に達したるときは例外なく大凡百二十冠の年金を受くるの權利を有す。一九一一年議會を通過したる「下型」軍艦建造案は一部既に實施せられたるが、自由黨内閣は一九一二年初め突如として右建造案の實行を中止するに決せり。蓋し軍艦が大形に過ぎ、自由黨内閣は潜水艦敷設水雷等を以て海防を組織せむとしたるに依る。然るに此の決定は反對黨のみならず、自由黨内部に於ける國權主義者の反抗を買ひ、且國王と總理大臣との間に反目を生ぜしめたり。政府は再び特別委員會を組織し、各黨の代表者、軍事及非軍事專門家を其の委員に指名し、國防案を根本的に審議せしむることゝせり。然るに其の間政府反對者側の宣傳熾烈となり、右黨側は芬蘭に於ける露國の軍事的施設を指摘して國防充實に對する輿論の喚起に努めたるが、偶々露國の間諜事件發覺し一層反政府熱を煽るに資せり。

政府は前記特別委員會の調査報告完了するを待ちて確定的法律案を提出せむとしたるが、之より先、右黨側は一種の「クーデタ」に出で一九一四年二月「ストツクホルム」に於て有名なる農民行列を以て示威運動を行ひ、必要なる一切の國防費の負擔を辭せざるの慨を示し、(當時千二百萬冠の有志寄附金を以て巨艦一隻を建造するに至る)國防問題の即時解決を要求せしめ、國王は三萬二千人の百姓の前に演說して軍事專門家の必要と思考せる擴張案を斷じて抛棄せずと叫び、茲に政府と國王との間に非常なる軋轢を生じ、内閣は憤然として政權を投出し、國情騷然たり。國王は自由黨の「ズ・ゲール」(de Geer)を起用せむとしたるも成功せず、茲に縣知事「ハムマルショルド」(Hammarskjöld)の右黨系超然内閣成り、銀行家「ヴアレンバリイ」(K. A. Wallenberg)は外務大臣として、瑞典海運界の重鎭日瑞協會々長「ブロストリョム」(Dan Broström)は海軍大臣として共に入閣せり。新内閣は直に下院を解散し、總選擧を行ひ、時事問題解決の指針を輿論に問ふことゝしたるが、激甚なる政爭の結果、「國防の友」を旗幟とせる右黨は八十六、社會民主黨は七十三、自由黨は七十一議席を占むることに夫々成功せり。政府は一九一四年の議會に於て決定を見るに至らざりし前自由黨内閣の成案を基礎とせる國防案を提出したり。蓋し自由黨内閣の主張せる如く「下型」軍艦は太洋中の戰鬪には過小に過ぎず「ストツクホルム」の海灣を巡航するには過大にして其の不都合なること一般に識認せられ、潜水艦、敷設水雷等を以て海防の基本とすることは誠に止むを得ざるの措置たりしに依る。右國防案は議會を通過し、其の實施を見たり。然るに端なくも世界大戰勃發して、さしもに紛糾せる內政問題も今や高閣に束ねられ、政爭は一時休止の觀を呈せり。斯くの如きは各黨共當面の外交政策に關し嚴正局外中立を維持することに異論なかりしを以てなり。政府は時局の須要に應ずる爲、各種の經濟政策を實施したるも其の施設は自由黨及社會民主黨の反對を買ひ、爲に現政府支持論者頗る多く六十萬人の男女に依りて署名せられたる留任請願ありたるに拘はらず、「ハムマルショルド」內閣は一九一七年五月末遂に總辭職の擧に出でたり。後繼內閣は前內閣大藏大臣「シュヷアルツ」(Schwartz) に依りて組織せられたるが、其の際「リンドマン」は外務大臣として入閣せり。此の右黨系內閣は一九一七年十月迄存續したるのみにして格別施設せる所なかりき。一九一七年九月の總選擧は世界大戰に原因する經濟的危機對應策を目標として行はれ、右黨七十一名（農民黨を含む）、自由黨六十二名、社會民主黨九十七名の議員を得たり。

是に於て內閣は總辭職を決行し、國王は右黨、自由黨及び社會民主黨の大同團結を基礎とする內閣の成立を希望したるも、遂に實現に至らず。自由黨は社會民主黨の協力を得て、後繼內閣組織に成功す。其の際社會民主黨首領「ブランチング」(Branting) は大藏大臣として入閣したるも、一九一八年一月病氣の故を以て辭職し野に下れり。新內閣は選擧制度を改革し婦人參政權を認むるの法案を議會に提出したるが、下院の採擇に拘はらず、上院は之を否決したり。政府は一九一八年十月臨時議會を召集し、絕對的普通選擧に對する最後の制限を撤去し、婦人にも男子と同一の參政權を認むる法案を提出し、遂に之を通過せしむ。爾來選擧有權者數は倍加して男子百五十九萬三千九百六十六人、女子百七十四萬四千九百二十六人、合計三百三十三萬八千八百九十二人となれり。一九一九年秋臨時議會又召集せられ、諸種の經濟問題に關する法案及八時間勞働制適用に關する暫行法律案を可決したり。本臨時議會は又軍備縮少の目的を以て國防組織整理案を審議立案する爲、一委員會を構成したり。自由黨の「エデン」(Eden) 內閣は一九二〇年三月與黨內に於ける政見不一致の結果辭職し、玆に「ブランチング」の社會民主勞働黨は單獨に内閣を組織し、「パルムシエルナ」(Palmstierna)男爵は外務大臣として入閣せり。一九二〇年九月の總選擧後、「ブランチング」内閣辭職し、國王は知事「ルイス・デ・ゲール」(Louis de Geer)をして超然主義の官僚内閣を組織せしめたるが、此の内閣は長く政權に留ること能はず、一九二一年五月「コーヒー」輸入關税引上に關する法律案の否決に遭逢して失脚したり。國王は知事「フオン・シドー」(Von Sydow)をして再び超然主義の官僚内閣を組織せしめたるも、議會に於ける後援足らず、一九二一年十月辭職して政權を「ブランチング」の第二回社會民主黨内閣に讓れり。彼は閣員に第一次「ブランチング」内閣閣員を聯ね自ら總理大臣兼外務大臣の椅子に就けり。

此の内閣の解決を要したる重要案件は失業者補助の問題なり。本問題に關する政府の社會政策的法案は議會に於て否決せられ、爲に一九二三年四月「ブランチング」内閣倒れ、右黨農民黨及自由黨の少數者を味方とする右黨の「トリッゲル」(Trygger)内閣の成立を見たり。新右黨内閣は再び國防問題の解決を齎らさんむと欲し、之に全力を注ぎたるも、左黨側の反對に依り必要なる法案を通過せしむること能はず。一九二四年九月の總選擧後辭職し、「ブランチング」の第三次社會民主黨内閣に政權を讓れり。彼は當初總理大臣兼外務大臣たりしが、間もなく外相の地位を「ウンデン」氏(Unden)に讓りたり。「ブランチング」沒後「サンドレル」氏(Sandler)社會民主黨の總裁として後繼内閣を組織したりしも、一九二六年六月總辭職し、「エクマン」之を襲ひて自由黨及自由國民黨の聯立内閣を組織し以て今日に及べり。

「エクマン」内閣は成立直後其の政綱を發表せるが其の概要左の如し。

(1)議會の失業者補助金支出方針を嚴守し勞働爭議に際し政府は全く公平なる立場を維持すること。(2)外交政策に關しては從來の方針を踏襲し國際平和及國際協力の實現に貢献すること。(3)國防に關しては現在に於ける陸軍の企畫を變更せずして、其の能力を增大するに努むること。(4)軍艦建造の必要を審査し、其の調査終了するを待ちて議會に提案すること。(5)社會保險問題を調査し法制の完備を期すること。(6)勞働爭議の解決には國會の是認せる直接商議調停及隨意的仲裁制度を廣く採用すること。(7)工業の勃興を期すること。(8)地方税制度の改善を期すること。(9)歳計を切詰め公債を減少するに努むること。(10)節制問題に關しては差當り酒類の販賣制度に關する法制を改善するに止め、絶對禁酒主義の採用に就ては篤と其の利害を調査すべきこと。(11)教育に關しては議會の意思を尊重し、學校制度の刷新に關する法律案を提出すべきこと。(12)增加しつゝある人口に開拓すべき事實を與へむが爲必要なる農業政策を遂行し、特に家屋附農場を增加すること。觀し來れば「エクマン」內閣は國民自由黨政綱の一たる絶對禁酒主義を高閣に束ぬることに依り、「リョヴグレン」氏の率ゆる自由黨との結束を贏ち得、陸軍の素質を改善し海軍擴張計畫を考究することを約束することに依りて、犬猿啻ならざる右黨と聯繫を絶たず、失業者保護問題、工業政策、農業政策等に關して右黨及農民黨の意嚮に希望を與へ、社會保險制度の完備を約束することに依りて社會民主黨の怨恨を緩和し以て小數黨內閣の難關を切拔けむと所期するものの如し。

政變が外交政策に影響せざる點に關しては既に之を述べたるが如し。

第七章　政黨と地方自治團體との關係

瑞典は二十四縣百十九郡に區劃せらる。瑞典總人口の百五十分の一以上の人口を有する都市(「ストックホルム」、「ゲヨーテボリイ」、「マルメオ」、「ノルチョーピング」、「イエーヴレ」及「ヘルシングボリイ」)は縣より獨立す。郡の下に町村あり。縣の行政長官には政府任命の縣知事あり。大都市の行政長官には政府任命の判事兼市長あり。其の議決機關として縣會、市會あり、町村に町村會あること我國の例に異ならず。郡は略々我國の税務署に該當する機能を有し、行政上大なる意義を有せず。縣會議員は任期四年、各町村より選出せられ、市會議員は市より選出せらる。縣には大體二十名以上の縣會議員あり「ストックホルム」には百人の市會議員あり。毎年九月會合し、知事又は市長の權限に屬せざる縣又は市の一般經費、農工商業の奬勵、交通、保健、教育、公安等の問題を審議す。

諸政黨は其羽翼を地方に伸べ、各地方に支部を置きて地盤を固め、之を選擧運動の根據とするが故に、政黨の色彩は地方にも普及し、其の分野自ら明瞭となる。加之地方團體は其の地方特殊利益に關係する問題を審議するが故に、縣會議員及市會議員並其の選擧人は與黨勢力の消長に依り利害を痛切に感ずるが故に政爭比較的激烈なり。加之一九〇九年採用せられたる比例代表法は縣會及市會に於ける政黨の分野を一層明確ならしむるに至り、各地方に於ても右黨、農民黨、自由黨及社會黨は各對立すると同時に中央政局の推移に伴ひ團結し又は分裂するに至れり。然れども地方經濟狀態は政黨の分野にも必然的に影響するが故に各黨の勢力に急激なる變化を及ぼさず、是れ保守的上院議員選擧制度と相待ちて今日尙右黨が上院に於て比較的多數を有する所以なり。又「ストックホルム」の如き商工業の發達し勞働者多き市に於て社會民主黨が優勢なるも事理の當然なり。從て「ストックホルム」市會に於ては社會民主黨員大多數を占め、社會民主黨の政綱に遵據して市政を左右し、無產階級に有利なる各種の施設を實行せり。

尙瑞典に於ては當面の政治問題として中央集權又は地方分權の問題存在せず。官僚系の人士が有產階級より出で右黨に屬することは既に述べたり。知事其の他の地方官も亦此の例外を爲すものにあらず。殆んど終身官に近き知事は國家に功勞ありたる政界の耆宿之に任命せられ、佛國大統領の如く政爭より超越す。加之知事は警察權を有し、治安維持の責に任ずるも、決して自由裁量の餘地廣き行政問題に關與せず。知事が選擧に干涉するが如きことは瑞典人の夢想だもする能はざる所なり。政變が地方官の有爲轉變に影響せざる蓋し偶然にあらざるなり。

今各政黨が地方自治團體に於て有する勢力を見る爲に、一九二六年十月執行せられたる縣會議員の總選擧に於ける各政黨の選出議員數を示せば左の如し。

黨名	選出議員數	增減
右黨	三二四	減　四三
農民黨	一六五	增　一
自由黨	二〇	減　八
自由國民黨	一六一	減　四
社會民主黨	四四四	增　七六
共產黨	一四	減　一八

各政黨共投票數の增加を見たるが各政黨の總得點數左の如し。

黨名	總得點數	投票數增減
右黨	三三二、〇〇〇	增　五三、〇〇〇
農民黨	一六八、〇〇〇	增　四〇、〇〇〇
自由黨及國民自由黨	二〇九、〇〇〇	增　四三、〇〇〇
社會民主黨	四五六、〇〇〇	增　一六三、〇〇〇
共產黨	三六、〇〇〇	減　但し數字不明

第八章　諸政黨の外交政策

瑞典は嘗て北歐に雄飛し、「グスタヴ・アドルフ」及「カール」第十二世の治世に於ては歐洲大陸に廣大なる領土を有したるも、其の後國力振はず、「ナポレオン」一世に加擔して「アレキサンダー」一世の爲に芬蘭を奪はれ、後僅に矛を逆まにして「ナポレオン」に對抗したる皇太子「ベルナドット」將軍の武勳に依り丁抹より諾威を奪取し、瑞典と共に一君合國を組織したりと雖も、爾來「スカンヂナヴイア」の一角に跼蹐せり。斯くの如くなるを以て、現狀維持主義、平和政策、中立維持主義は瑞典外交政策の十戒にして此の根本的信條に關しては諸政黨間に異論あるを見ず。果然瑞典には重要なる外交案件あることなく外交問題は瑞典の最も重要なる政治問題にあらず。

恐露病は瑞典人に普遍の現象なるが、嘗て露西亞大帝國の自治領たりし芬蘭を以て此の大國と境を接し、今日に於ても芬蘭の國家的存在はしかく確實に非ざるが故に、疑心暗鬼を生ずるは自然の勢なるべし。瑞典既に露國を恐るとせば他の大國獨逸を恐るゝも又必然の勢なり。瑞典として獨露を敵に廻すは自殺的行動にして下策なり。一方を味方として他方を制するは中策なり。英米其の他隣國と經濟關係を結び獨露と親交を結び、絕對的中立政策を取り、何れの强國に對しても乘ずべき隙を與へざるは上策なり。瑞典の平和政策、中立政策の根底は實に斯くの如くに深きものあり。此の政策に就ては國論の一致せる所にして黨爭問題より超越す。

然れども其の他第二義的外交問題に關しては記載すべきことなきにあらず。例へば社會民主黨は公開外交を主張し、外務省を改革し、舊式官僚主義を打破せむと欲す。吾人は既に諸政黨の政綱に就き記述し其の際各政黨の對外政策にも言及したるが、諸政黨間の見解の差異は枘鑿相容れざるが如きものにあらずして、唯色彩の濃淡のみ。

獨逸聯邦の創設以前に在りては佛國の文化は瑞典に多大の影響を及ぼしたるも、其の後獨逸の政治的勢力の優越、文藝技術の進步は、兩國が地理的に接近せること及人種宗敎言語の近似せることゝ相待ちて、漸次一葦帶水の「スカンヂナヴイア」半島に獨逸文化を移植し、瑞典の國民感情をして獨逸贔負たらしめたり。世界大戰に際しては右黨は獨逸に向つて好感情を有したるも、自由黨及社會民主黨は其の非軍國主義的立場よりして同盟及聯合側に同情を表せり。但し今日に於てはかゝる偏頗なる國民的感情は大に寬和せられたり。

瑞典の聯盟加入問題は當時議會の重要問題となり、右黨は獨逸の加入せざること及聯盟が戰勝國の傀儡にして其の利益を擁護する機關に過ぎざることを理由として、聯盟加入に反對し、自由黨及社會民主黨は之に反し、瑞典の聯盟加入を主張し、能く瑞典の聯盟加入を確保することに成功したり。特に社會民主黨は國際聯盟を支持することに全力を注ぎ、其の將來に多大の希望を繫げり。右黨は聯盟加入問題が議會の懸案たりし當時、加入に反對し、特に「オーランド」島問題が自國に不利益なる解決を見るや、一層猜疑の眼を以て聯盟に對したるも、由來同黨は獨逸流の國權黨には非ざるが故に、其の後右反對は漸次に寬和せられ、現に右黨總裁「トリツゲル」氏は嘗て聯盟總會に於ける瑞典代表者たりき。要するに瑞典の政黨は例外なり、中立政策、平和政策を根本黨義とし法的秩序の發達に依り、國際平和を確保せむと欲するものなり。唯右黨は所謂 Internationalism に心醉せず、國際法の發達、國際平和の確立を確認したる後、徐ろに軍備を縮少すべしと主張し、之に反し社會民主黨は卒先して國際聯盟に協力を與へ、積極的に其の權威を增進するに努め、規約第八條は軍備縮少に充分の基礎を供し、而て各國の安全は軍備縮少てふ事實に內在すとの見解を把持す。

瑞典が嘗て義務的仲裁裁判を擴張する趣旨の規約改正案を提出し、國際調停委員會設置問題を聯盟總會の日程に上せ、「スカンヂナヴィア」諸邦及芬蘭と常設調停及審査委員會設置に關する條約を締結し、一九二五年末包括的義務的仲裁條約を丁抹、諾威、芬蘭、其他の諸國と締結したるが如きは皆社會民主黨の平和政策の發露なるが、此の政策に對しても右黨側より特に反對ありしを聞かず。

議會內部に於ては各政黨の上下兩院有力者を網羅せる外交の委員會あり。右委員會は政府の諮問に應じ、秘密會を開きて外交方針を決定す。此の制度は政府の處置をして國論の趨勢に背馳せざらしむるに資す。

日本と瑞典とは地理的に隔絕し、利害關係薄く、通商關係も充分密接ならざるが故に、瑞典人一般に日本及極東問題に關する知識普及せず。從て彼等は日本の內治外交に關し精確なる報道と充分の理解とを有せず。然れども商業界及學者中には往々日本に關し深き造詣を有し、諸種の問題を捉へて深遠なる講究を重ぬる者あり。日露戰爭以降、當國が日本に同情を示し多大の便宜を供與したるは大部分恐露病の結果に出づと認めらる、勿論其の後と雖も我國に對する好感には變化なきもの丶如し。偶々世界大戰中我國が同盟側に與して干戈を取りたる結果、世間內部の親獨論者の反感を招きたるが如きは過渡的現象に過ぎず。社會民主黨は從來日本を以て帝國主義軍國主義を信條となし、侵略的野望を抱懷するものとなし、我國を嫌惡する傾向ありたるも、近時我國の現狀維持主義及平和政策稍々了解せらる丶に至り、是が爲前記の誤解は大部分氷解するに至れり。從來自由敎會派（一八四〇年以降北部地方に興起せる團體にして、國立敎會の組織に反對す）の新聞紙は往々排日的感情に驅られつ丶ある在支那又は在朝鮮宣敎師の報道を掲載し、日本反對の宣傳を試みたりしも、今や此事なきに至れり。瑞典の北米合衆國に二百萬人の移民を送り、米國と密接なる經濟關係を有す。旁瑞典國民は米國の强大なる物質力に魅せられ、米國人の思潮に追隨し、不知不識の間に米國人の見解を基礎として日本の政策を批判するの傾向なきにあらず。是れ本邦外交當局者の注意すべき點なりとす。

第九章　諸政黨の機關紙

諸政黨の機關紙を列擧すれば次の如し。

第一、右　黨

新聞紙名		發行部數
一、Svenska Dagbladet	(Stockholm)	約四〇、〇〇〇
二、Stockholms Dagblad	(　,,　)	同一〇、〇〇〇
三、Nys Dagligt Allehanda	(　,,　)	同二三、〇〇〇

四、Aftonbladet　（　〃　）　約三〇、〇〇〇　八〇、〇〇〇　一週二回發行のタ刊

第二、農民黨

一、Uart Land och Folk　(Stockholm)　發行部數僅少

二、Skauska Dagbladet　(Malmö)　約一五、〇〇〇

第三、自由黨

一、Dagensnyheter　(Stockholm)　約九〇、〇〇〇

二、Stockholm's Tiduingen　(Stockholm)　同四〇、〇〇〇

三、Göteborgs Handelsoch Sjöfartstidning (Göteborg)　同五〇、〇〇〇

四、Suenska Morgonbladet　(Stockholm)　同四三、〇〇〇

第四、社會民主勞働黨

一、Social Demokraten　(Stockholm)　約一五、〇〇〇

二、Arbetet　(Malmö)　同一〇、〇〇〇

第五、共產黨

一、Folkets Dagblad Politiken (Stockholm)　約 五 〇〇〇

第四編　瑞西國の政黨（一九二六年五月調）

第一章　各政黨勢力の消長

瑞西に於ける政黨は十九世紀中葉頃より漸次發達し初め、進歩及保守の兩思想を懷く二團體に分れ相爭ひ居たるも、時代の變遷に伴ひ此等の團體が更に分れて今日の急進民主黨、加特力保守黨、社會黨、農民「ブールジョア」黨、自由民主黨、社會政策黨の小黨分立の狀態にあり。今一九二五年十一月兩院の總選擧の最後の各政黨勢力消長の狀況を表示せば左の如し。（註一）

政黨名	總選擧前（一九二二年十一月の選擧）			總選擧後（一九二五年十一月の選擧）		
	上院	下院	合計	上院	下院	合計
急進民主黨（Groupe Radical Democratique）	二三	五八	八一	二一	六〇	八一
加特力保守黨（〃 Conservateur-Catholique）	一七	四四	六一	一七	四二	五九
社會黨（〃 Sosialiste）	一	四三	四四	二	四九	五一
農民「ブールジョア」黨（〃 Des Paysans, Artisans et Bourgeois）	一	三五	三六	一	三〇	三一
自由民主黨（〃 Liberal-Democratique）	一	一〇	一一	一	八	九
社會政策黨（〃 Palitique Sociale）	一	三	四	一	三	四

共產黨 (Groupe Commniste)	一	二	二	一	三	三
無所屬	一	三	三	一	三	四
各派合計	四四	一九八	二四二	四四	一九八	二四二

右總選擧の結果、特に注意すべきは社會黨が下院に於て加特力保守黨を凌駕し、一躍第一黨に進み、上院に於ても一個の議席を增し、優勢を示せることなり。是社會黨が總選擧に際し當面の主要政策たる關稅々率引上問題、麥專賣問題、養老保險問題等に對し撤底したる態度を持し、一般勞働者のみならず、地方の小農保護を旗幟として戰ひたる結果、農民「ブルジョア」黨中之に趨りたるものありたると、急進民主黨が關稅々率引上問題に直面して、都市消費者の意嚮を慮り逡巡せしとに因る。然れども社會黨は上下兩院を合しては未だ加特力保守黨の下風に立ち、第二黨の地位を脫せず。其の上院に於ける勢力を伸張するに至る迄には尙前途遼遠の感あり。

尙共產黨が一名より二名に增加し議院に於ける交涉團體たるの資格を獲たるは「シヤフーズ」州に於て社會黨が候補者難に陷りたる際、急進民主黨に議席を奪はるゝを好まず進んで共產黨と提携を策したるがためなり。

【註一】瑞西國各政黨の主義綱領、各黨派成立の由來及其の勢力の優劣並根據、各黨の現領袖株の人物及略歷等に關しては大正十二年外務省歐米局編纂「各國の政黨」三八三頁乃至四一四頁參照。

第二章　各政黨の黨費及其の調達方法

瑞西國の政黨は何れも黨の收支計算を公表せず。又之を公表するの制度は聯邦及各「カントン」何れにも存在せず。從て各政黨の黨費は夫々機密に屬し居る次第なるが、各方面よりの情報を綜合するに、各政黨の經常費の年額平均は大體左の如し。

急進民主黨	二萬五千法
加特力保守黨	二萬法
社會黨	三萬五千法
農民「ブールジョア」黨	二萬法
自由民主黨	五六千法

但し右經常費は主として事務所費、黨書記職員の俸給、通信費及宣傳費を含むのみなるが、下院議員の總選擧（三年目毎）に際しては、當國は比例選擧制を施行し各黨派は各候補者表を有し、戸別訪問を禁止し、演說會の如きも黨所有の家屋又は學校敎會等を利用するを以て、選擧費用として比較的多額の支出を要するは文書廣告等に依る宣傳費にして、各黨派此種の費用の總額は過去十年間を平均して十萬法內外を要すと云ふ。

而て此等費用の調達方法は先づ各黨共其黨員に對し每年一定の醵出金を課し、（例へば加特力保守黨は一人年五法）臨時必要の場合には更に臨時的醵金を命じ得ることゝなり居り、其の他富豪又は有志の寄附に依る黨の基金を有するものあるも各黨共未だ多額の基本金を有するものなし。

尙當國に於て此點に付特異なるは當國內閣員は兩院の選出に係ると雖も、議院に席を有せず、專ら行政方面に對する手腕家を起用し居り、且つ議會に於ては問題の利害關係に依り多數の團結（「ブロツク」）が作らるゝを常とし、各種の法律案は右「ブロツク」を包含する委員會を中心として院の內外に對し宣傳運動を行ふことゝなり、而て當國は例の人民投票（「レフエレンダム」）の制度存在する結果、多數の重要法案は議會通過後、更に人民投票に附して後、始めて確定せらるゝ有樣にて、右人民投票の結果は法律の最後の運命を決するものなるを以て、人民に對する宣傳は議會の委員會中心となりて之を行ひ、之に要する費用は當國議會政治中最も多額を要するものなるが故に、往々右法律案と密接なる利害關係を有する銀行商工業者等より窃かに之を立替、又は寄附せしむることあり。政黨の宣傳運動も多くの場合此等の費用の多少に依り其の程度範圍を異にするに至ると云ふ。

第三章　議員の歳費其の他の特權

瑞西に於ては日給制度を採用し、議會開會中、上下兩院議員は日當三拾瑞法を支給せらる。但し議員會期中病氣に罹りたる時は其の健康狀態が自宅に歸還し得るの程度に至る迄引續き日當を給せらるべし。

議員には鐵道「パス」の特權なきため、其住所より議會地迄の往復に對し一粁に付五十仙の割合（一米料金より低く二米料金より高し）を以て旅費を給せらる。而も多數議員は三米汽車にて旅行するを常とす。

議員に支給せらるゝ右費用は上院議員に對しては各州より下院議員に對しては國庫より支辨す。

尙右の他上下兩院議員の特權としては會期中其の院の許諾なくして逮捕せらるゝことなく、又會期中其の國內に發送する全部の書信に對し郵便料金を支拂はざることを得。

第四章　議會の會期

議院法は六月の第一月曜及十二月の第一月曜を議會開會の日に定め、會期に關しては別に規定する所無きも、通常二週間乃至三週間を以て終了す。尙當國に於ては四月又は九月に於て屢々臨時議會を召集することあり。臨時議會の會期は召集の際豫め之を定め、必要に應じ聯邦令を以て之を延長することを得るも、通常二週間と定むる場合多し。

第五章　瑞西內閣員の選擧

當國閣員は新選擧後の兩院に依り更に三年間の期限を以て再選せられたるものなるが、其の所屬黨派別を示せば「モッタ」氏（外務）及「ミュージー」氏（財政）は加特力保守黨に屬し、他の「シュアー」氏（內務）「ヘベルリン」氏（司法警察）「ハーブ」氏（鐵道郵便）「ショイラー」氏（陸軍）「シュルテス」氏（經濟）の五名は急進民主黨の出身にして下院に於ける他の有力なる社會黨及農民「ブルジョア」黨は一人の閣員をも有し居らず。前述の如く當國に於ける內閣員は行政的才幹に重きを置きて選出せられ居り、從て閣員の黨派別は下院に於ける勢力及各黨派間の團結關係を反照するものにあらず。從來の習慣として一度閣員に選擧せられたるものは大なる失態のなき限り再選せらるゝを常とし、唯其の死亡又は病氣其他の事故に依る特定閣員の更迭のため生ずる新閣員の選擧に當りては、下院の各黨派は其の候補者及管掌省務の性質等に依り其の都度特別なる團結を形成することとなるべく、前記の如き事情に顧み、今後閣員中補欠選擧を行ふ必要生ずる場合には社會黨及農民黨は聯合して各自派の候補者を推薦するに至るべき狀勢なり。

第五編　「チェッコ・スロヴァキア」國の政黨

（一九二六年五月調）

第一章　各政黨の名稱、主義及綱領

第一節　「チェッコ・スロヴァキア」派

第一款　農民共和黨

地方農民の利益擁護を標榜する中產農民黨にして、共和政體の下に鞏固なる自給自足國の建設を理想とするを以て食料政策上將又農業と商工業の負擔均衡の上より穀物保護實現を主張し、「チェッコ・スロヴァキア」國民主義なるの點に於て國內獨、洪系大地主と利害を異にし、共和國建設後直に所謂土地改良法なるものを制定し、右大地主所有地を奪ひ「チェック」系中農に分割する制を設け、又八時間制度を農業勞働者に適用する立法をなせる如き、本黨の主張實現せるものなり。唯比較的下級の農民をも網羅せる爲、此利益を擁護する要あり。大地主の出現を防ぐ爲農業經營上には比較的嚴重なる國家監督を要求す。國家自存の爲義務徵兵制を唱ふるも國內獨逸民族其他小數民族に對する態度は著しく妥協的なり。

第二款　「チェッコ・スロヴァキア」人民黨

加特力主義を其の綱領とし、特に文化政策上政敎分離に反對する點社會黨各派と利益相反するも多數の下層民を包含する關係上之に適應する綱領を採用せざる可らず。從つて實際上種々社會的設備の改善を唱ふる點は社會黨の主張に近く獨逸、墺地利、白耳義に存在する基督社會黨と同一の立場に在り此等との横の關係亦疏ならず。

第三款 「チエツコ・スロヴアキア」國民々主黨

極端なる「スラヴ」國民主義にして國內少數民族に對する態度は全然之を被征服者を以て律せんとし、「チエツコ・スロヴアキア」語の强制と「チエツク」族覇權の確立を理想とす。「チエツク」主義を內外に對して防護する爲には精兵を要すとて民兵制度乃至兵役年限短縮に反對す。有產知識階級を背景とする關係上官吏並に知的勞働者の待遇向上を叫ぶ側ら極端なる工場勞働者の好遇に反對す。

第四款 「チエツコ・スロヴアキア」實業黨

中產商工業者の利益擁護を目的とするを以て、國內工業の機能の充分なる發揮を主張し、之を阻害する關稅牆壁の確立に反對する點社會黨の主張に近きも、國內產業政策に關しては甚しく非社會主義的にして、社會黨の勢力一層强大なりし前議會にて立法せられたる勞働者保護規定は當國工業の現狀に省み過大にして企業者の負擔に堪へずと主張し、其の緩和を內閣加入の條件とせりと傳へらる。

第五款 「チエツコ・スロヴアキア」社會黨（國民社會黨）

國家社會主義の上に立つ點社會民主黨と異り、特に其の國家至上の信念强きは有產國民諸黨以上と稱せられ近時舊西伯利亞義勇兵の投票を集むるに至れる以來一層其の勢を助長し、現在當國の國粹黨員（ファシスト）と稱せらるゝ一團は本黨と最も近き關係にありと觀察せらる。

文化問題としては政教分離の急先鋒なるが、本黨員に「チェツコ・スロヴァキア」教會（革命後起れる一宗派にして僧侶の妻帶と聖書國語譯を認むる點希臘の正教に似たり）に屬するもの多き爲此運動を以て加特力教に代ふるに右新宗派を以てせんとする似而非分離說なりと非難するものあり。

第六款　「チェツコ・スロヴァキア」社會民主黨

「マルクス」主義を奉じ勞働者階級の利益保護を其の究極の目的とする國際主義の政黨なるが、其の國家を容認するの態度に於て獨逸國內の社會民主黨と相似たり。兎角の批評あるも多年政權に近づき居りたると、一方國民信仰の的と云ふべき老大統領の思想が本黨の夫と相通ずるものありしことは（「マサリツク」博士の舊友は多く國民社會黨に屬するに拘らず）當國歷代政府の社會政策に本黨主張の強き反響を認め居る原因と云ふべく、例へば八時間制度の頗る完全に行はれ居ること　他に比儔稀なる規模宏大の社會保險法を制定し得たる如き本黨の功績に算へざるべからず。

產業政策としては古來の工業立國を維持すべく之が爲出來得る限り、關稅壁の撤廢を圖り輸出入の圓滑を期すると共に生活必需品に對する關稅賦課は勞働者の生活に對する直接脅威たるのみならず製造費增加を惹起し、失業問題に影響を及ぼすものなればとて農民黨の穀物保護稅の主張に反對す。

文化方面にて下級民の國費教育の完成を力說し教育を宗教より獨立せしめんとする所謂政教分離主張に於て加特力黨と相反す。

本領　戰爭撲滅に存るを以て、義務兵役を認めず。民兵制度の採用を唱へ、之に至る過程として服役年限の短縮を主張す。國內小數民族に對する態度は最も宥恕的にして最近速に獨逸民族との政治上協力を高唱す。本黨の國際的主張より當然のことなるも其の地盤が多く獨逸人との雜居地に位することも考慮に加へざる可らず。

第七款　「チエツコ・スロヴアキア」共産黨

莫斯科「インターナシヨナル」を綱領とするを以て、民主共和國を否認し、此の意味に於て議會にては政府提案一切に反對し、其の勞働階級の福祉を增進するものなりや否やの實質を問はず。且小數民族間にも相當人望あり、大なる非難の聲を聽かざる「マサリツク」大統領に對しても堂々反對の　を放ち講壇社會主義を以て無產階級の專制を阻止せんとする似而非哲學者なりと誹謗す。而も其の主張の變遷は常に露國の夫と一步遲の觀あり。「トロツキー」失脚後も當地共產黨にては尙久しく元老派即右派の天下なりしが客年初「ハーケン・ハウセル」等「ジノヴイエフ」に近き極端派の擡頭を見、本山に於て「ジ」氏の勢力昨の如くならざる今日に於ても、當國にては有產階級との妥協を絕對に排斥し階級鬪爭の爲に手段を選ばざる右の一派黨の牛耳を握れり。

第八款　「チエツコ・スロヴアキア」人民黨

主張大體に於て「チエツコ・スロヴアキア」人民黨に異らず。但「スロヴアキア」州に於ては宗敎の勢力尙旺盛なるを以て本黨の加持力主義一層廣汎にして其の社會上の勢力に拮抗せんとする凡ての勢力を敵視し、共和國成立後、「チエツク」人多數の來往は現狀に著しき變化を及ぼす虞ありと難し、所謂「スロヴアキア」自治論を以て對抗す。其の論ずる所必しも一定し居らざるものゝ如きも、「チエツク」人の唱ふる「チエツコ・スロヴアキア」單一の民族說に反對し「スロヴアキア」民族及其の獨特の言語、文化の存在を主張し、自治要求の法的根據としては戰時中の在米「スロヴアキア」移民代表者が同地「チエツク」移民代表者となしたる「ピツツバーグ」協定を引用す。自治の內容としては、一、「ス」州自治議會の設立、二、敎育機關の獨立管理、三、下級官吏任命權の獲得、四、「ス」州特別土地院の設立等を包むものゝ如し。

第九款　國民勞働黨

「マサリツク」大統領の進歩的實踐主義を繼承して所謂「レアル・ポリチツク」の確立を主張すると共に、知識階級の保護を高唱するも、其の間自ら新自由主義を唱ふるもの（有産派）と社會主義に傾くものとあり。選擧の結果後者は「ブルノ」大學教授「プラハ」の下に分れて進歩黨を設立せり。

第二節　少數民族派

第一款　獨逸地主黨

綱領「チエツク」農民黨と大同小異にして、民族問題に關しては主張他の獨逸系各黨と異らざるも、實利政策に重を置く點著しく目立ち、「チエツク」派との共助を厭はざるも、同時に國政參與を主張す。尤も黨內右翼には殆んど獨逸國民黨と主張選ぶなきもの存するも、大勢は妥協に傾けり。尙今次選擧の結果、本黨には從來獨立せる二個の團體を包含することゝなれり。（一）獨逸實業黨三名の代議士を有し、其の主張大體「チエツク」實業黨の夫を敷衍すべく、（二）「マジアール」國民黨六名の代議士を有す「スロヴアキア」州に於て獨洪兩系提携の產物と云ふべく此等當選擧者が多數の獨逸系投票を集めたるは疑なく（「ス」州には約十四萬の獨逸人散在す）主張も亦獨逸農民黨と異らず。

第二款　獨逸基督社會人民黨

獨逸系少數民族に立脚する外加特力主義の政黨たること「チエツコ・スロヴアキア」人民黨と異らざるが、其の民族問題に關する意見は最も安協的にして「チエツク」側に異論なくば「チエツク」派多數の政府に入閣共力することを辭せずと稱せらる。

第三款　獨逸國民黨

一九二〇年七月一日「チエツコ・スロヴアキア」國民議會席上に於て社會民主黨を除く獨逸各黨聯盟の名にて朗讀せられたる獨逸人抗議中に曰ふ。『獨逸人は「チエツク」人と協同して新共和國を建設することに同意したることなく、講和會議の決定は暴力制裁にして合法的狀態と認むることを得ず。從て共和國憲法の承認せざるものなり。』とは本黨の根本主張にして所謂消極政策となりしが、一般の氣運は安協に傾きて獨逸反黨側にて議會に出席するに至りては本黨にても獨逸民族の利益監視の爲なりとて代表者を議會に出席せしむることゝなりしが、漸次其の態度の變更を來し、今次選擧後「ロツヂマン」引退のことあるや其の所屬代議士殆んど全部議席を占むることゝなれり。

本黨の主張には國內獨逸人居住地域を「チエツコ・スロヴアキア」より解放せんとする傾向あるは辭む可らず。且黨員中全然右地域の獨逸國合併を宣傳するものあり。他方獨逸國民にて平和條約の決定を抗議する爲、當國內の「イレデンチズム」を助長するが如き議論行はるゝも實際上右の意味に於ける國境線變更は同地域工業の寂滅を意味するものなれば「チエツク」解放を嫌惡すること甚しく本黨と雖も眞摯に如此主張をなし居るものと信じ難く、寧ろ敵本の一手段にて其の點に求むる所は行政上の獨立即右地域の自治に外ならざるが、此點に於て本黨の主張は完全なる立法行政上の自治尠くも北米合衆國各州の自治に加ふるに徵兵上其の壯丁を地域外に出さゞらんことを要求し居り、到底「チエツク」側の承認し得ざる所に止り獨逸政黨內安協派の主張する言語敎育の自治との間にも著しき間隔あり。

第四款　獨逸國民社會黨

綱領に於て「チエッコ・スロヴァキア」社會黨の夫を類推して然るべきが、但獨逸系としては其の本領を進むも之を支持すべき國家に對する概念大に異るを以て其の實際上の主張は現在居住する國家の力に依り社會狀態の改良をなし、勞働階級の利福を圖らんとすと云ふより寧ろ民族問題に重きを措く感あり。要之獨逸國民黨の一派にして獨逸族下層に勢力あり國民黨より幾分妥協味を有するものと觀察し大過なからん。

第五款　獨逸社會民主黨

維納「インターナショナル」の傾向を襲ひ其の主張「チェック」系社會民主黨に比し一層國際的なるが、革命後他の獨逸諸黨と共同戰線に據り新共和國の成立に反對せるは一九一九年同黨「テプリッツ」總會の聲明に言ふ如く『新共和國は協商國國家主義勝利の產物にして獨逸人居住地域の併合を意味し民族自決權の侵害なり且「チエッコ・スロヴァキア」共和國の內外政策は反革命的なりと認む』云々の理論に立つもの、從て今尙協商國との同盟廢棄、軍國主義の排除、地方的、民族的基礎に立つ民兵制度の採用、國家領域の民族的分轄と其の完全なる自治を主張するを以て民族概念必しも濃厚ならざるに拘らず、現「チェック」多數黨との妥協困難なり。

第六款　獨逸民主自由黨

文化並に社會政策上に著しき進步傾向を有する點其の特徵にして民族問題に付ては元來獨逸黨聯盟の一員なるも最も實際的根據に立ち、獨逸人自治を主張し國語問題、土地分配問題等具體的機會に於て積極要求を提起し、進んで妥協を求むること他の獨逸諸黨が抽象論に膠着して其の主張を貫徹し得ざると大に趣を異にす。

第七款　「マジャール」基督社會黨

國內「マジャール」系少數民族に立脚する加特力黨にして主張は「チェック」系獨逸系の同名を冠する黨と別段異るなきも國民主義の濃厚なるは其の特徵と云ふべく此點にて友黨「マジャール」國民黨を遙に凌駕す。

第八款　波蘭小數民族黨

本來波蘭人民黨と波蘭系社會民主黨の選擧同盟なるを以て、共に共和國に忠順なること、當國內波蘭系少數民族の利益擁護と云ふ外本黨としての綱領主張あり得べからざる理にして前者は國民主義の上に立ち波蘭人の權利（特に敎育上）を主張し、後者は第二「インターナショナル」內に於ける一獨立分派を形り「チェック」系社會民主黨と共同の陣を張りて波蘭系勞働者の利益擁護を主張す。

第九款　「カルパートルス」自治農民黨

主たる同盟聯合國とチェッコ・スロヴァキア國間の條約に規定する「カルパート・ルテニア」の卽時自治施行と同地方に於ける「チェック」官吏に代へ土着民より官吏を任命すべきことを主張し、「チェック」政府の右地方同化政策に反對す。

第十款　猶太系小數民族黨

一、猶太黨（ザイオニスト）政治宗敎上進步主義にして、共和國內に於ける猶太人の文化的權利の擁護、特に「ヘブレイ」語を以て教育する學校の設立を主張す。

二、猶太實業黨（正統派）保守黨にして宗教上の傳統を固守する點に於て前者と相容れず。「スロヴァキア」、「カルパート・ルテニア」に於ける其の經濟上の地位保全を標語とす。共和國に忠順なること兩者に異なる所なし。

第二章　各政黨成立の由來、勢力の優劣及勢力の根據

第一節　「チェッコ・スロヴァキア」派

第一款　農民共和黨

一八九六年「チエツク」農民黨の名にて結束せる大農黨なりしが、一九〇七年墺國普通選擧法の實施と共に其の黨員の範圍擴張し、共和國成立後一九一九年――一九二〇年社會黨と聯立內閣を組織してより、後者の主張を加味し農村社會問題の解決を綱領に入れ農業資金融通機關、農業組合、家畜保險組合等を設け其の勢力固定を企てたり。

客年十一月選擧の結果第一黨の地位を占めたるが其の强味としては全人口の四割を占むる全國農民に立脚せる爲各種の資産階級を網羅し居ると其の全國的なる點なり。

第二款　「チエッコ・スロヴァキア」人民黨

一八九七年「シラーメク」氏の主唱に基き、「モラヴイア」及「シレジア」地方に「チエツク・スロヴアキア」基督社會黨組織せられたるもの黨の濫觴にして、一九〇四年「ボヘミア」地方を含む基督社會黨となり、共和國成立後は勢力一時「ス

ロヴアキア」に及べり。今次の選擧に於て大に其の勢力を增加せるは當國が加特力教の保護者を以て任じたる「ハプスブルク」帝國の承繼國にして人口の八割尙同敎徒なる點より當然とすべく、各種の階級に亘れること共和黨に比し一層廣汎なるが、其の主要なる地盤は矢張農村なる關係上之と競爭する傾あり。地方婦人有權者に勢力あるは其の特徵なり。

第三款　「チエッコ・スロヴアキア」國民民主黨

舊墺帝國議會に於て「ドクトル・クラマージユ」に率ゐられたる汎「スラヴ」主義の「チエック」國民黨の餘蘖にして更に數世期の後半、國民運動擡頭時代に生れ出たる新舊二個の「チエック」黨の正統を傳ふるものと認めらる。

從來「ボヘミア」「モラヴイア」の「チエック」人都會地に勢力を張りしが、今次の選擧にて「モラヴイア」派の離反あり。本據「プラーグ」市に於ても國民社會黨の爲蠶食せられ、兩院に於ける代表者數半減せり。

中產知識階級の政黨なりと自稱し居るも、選擧の結果比較的下層の黨員の支持減退せるを以て寧ろ商工資產階級の利益を代表すと見るを至當とせん。

第四款　「チエッコ・スロヴアキア」實業黨

一九二〇年總選擧前「ボヘミア」「モラヴイア」の中產商工業者は其の勢力擁護の爲一政黨の建設を圖りしが選擧後實業黨の名の下に下院に六名上院三名の代表者選出を見たるが、今次總選擧の結果は著しく國民民主黨の地盤に喰入り、其の代議士數を倍加して第二次「スウエフラ」內閣には首領「ムルチヨフ」氏入閣を見るに至れり。

第五款　「チエッコ・スロヴアキア」社會黨

一八九七年國民勞働黨の名にて世に出で初め國家主義の色彩のみ强く社會黨としての發達思はしからざりしも、漸次社會革進の主張に傾き社會黨たるの面目を顯はすに至れり。革命後は一時舊墺議會の無政府黨及「マサリツク」教授の進步黨より極右國粹黨の殘壘をも搔集め內部の統一頗る困難視せられたるが、一九二三年前土木大臣「ブルベンスキー」氏の除名に依り無政府黨系を一掃し得て其の禍源を芟除するを得たり。友黨社會民主黨が全然工場勞働者に立脚するに反し本黨は下級の中產階級即ち手工業者、下級俸給生活者に勢力あり。殊に國營事業下級使用人は殆んど本黨員を以て充たされ居るものゝ如く、鐵道、郵電の二省內には拔く可らざる潜勢力を有す。

第六款　「チエッコ・スロヴァキア」社會民主黨

一八七八年の創設に掛り當時は純然たる勞働者の階級鬪爭を標語として立たる關係上、官憲の壓迫甚しく黨首領株は常に獄窓に呻吟するの有樣にて地步極めて困難なりしが、一八九六年には始めて帝國議會に四名の代表者を選出し、一九〇七年普通選擧實施後は其の數二十四名となれり。而も黨內の空氣は溫和にして獨逸人系社會民主黨と同じく墺帝國の存續を必要とするもの多かりしが戰爭末期革命運動盛となるに從ひ、此一派は黨幹部より遠ざかり本黨も亦共和國建設の一中心となるに至れり。共和國第一回の總選擧には「ウラスチミル・ツサール」の下に七十餘名の代議士を得て新議會の第一黨となり、「ツサール」は前後二回內閣を組織するに至りしも其の有產階級との妥協は勞働者の離反を招き、黨內動搖、一九二〇年末黨員の三分の一を含む左傾分子は分立して共產黨を樹立せるが、其後も本黨は歷代の內閣と荷合せる結果益々下層民に不人望となり、今次の選擧には更に其の票數の三分の二を奪取せられ全く共產黨と共の勢力を顚倒するに至れり。

工場勞働者の政黨なるを以て主として「ボヘミア」「モラヴイア」の炭坑及工業地帶下層民に勢力あり。「モラスカ・オストロワ」「ピルセン」は其の二大中心にして、主張最も急進的なるが「プラーグ」市勞働階級を背景とする溫和派は目下振はず。

近時「スロヴァキア」及「カルパート・ルテニア」の農業細民間に黨勢擴張を企て相當成功の跡あり。

第七款　「チエツコ・スロヴァキア」共産黨

一九二〇年社會民主黨中幹部の「コアリション」政策に不平なるもの社會民主左黨を創立せるが、漸次左傾し遂に第三「インターナショナル」の主義を採用し、二十七名の代議士を擁する共産黨の成立を見、宛然莫斯科の出張所たる觀を呈す。今回の選擧に於ては更に其の勢力を增し、四十一名の代議士を以て議會の第二政黨たるに至れり。是中歐の工業地帶たる當國として必しも怪むべき現象にあらざるべきも、右の成功のみを以て當國人口七分の一が共産黨員なりとなすは當らず。共産黨候補に投ぜられたる票數には「コアリション」內閣に反對する非共産主義者の投票を含むを見るを至當とせん。勢力の分布は勿論「ボヘミア」、「モラヴイア」、「シレシア」の工業地帶（中心「グラドノ」、「ブリツクス」、「ライヘンベルグ」、「モラスカ・オストロワ」）なるも舊洪領地方殊に「カルパート・ルテニア」の農民に著しき勢力あるは同地方民間の貧富の差甚しきに加へ「チエツク」族專制に平かならざる不平分子が唯一の有力なる反對黨として之を支持するが爲なりと稱せらる。

國際主義に立脚する結果、本黨は當國唯一の全民族的政黨にして所屬代議士には獨逸人八名、「マジヤール」人三名、「ルテーン」人二名、波蘭人一名を含む。

第八款　「スロヴァキア」人民黨

一九二〇年總選擧には「チエツコ・スロヴァキア」人民黨として立候補、其の後「コアリション」政府與黨の一部をなせ

る も、一九二二年「スロヴァキア」州に於て教會管理に屬する中學二校の設立を主張して容れられざるや、同州出身代議士十一名は「フリンカ」僧正を中心として結束、人民黨を脱退し、州に「スロヴァキア」人民黨を作りて反對黨として政府の政策を批評し來れるが、今次の選擧にては反對黨たるの地位が一般の同情を集めたると、其の選べる「ス」州自治の題目が民意に投じ、同地方總票數の過半を占め二十三名の代議士を選出するを得たり。

黨の指導階級に在るものは多く同地方の僧侶なり。各種の階級を網羅すること、殊に婦人有權者間に勢力あること、他の人民黨と同樣なり。總選擧後社會民主黨の態度に慊らざりし舊「コアリション」内の有產各黨は本黨の合同加入を慫慂し、其の機運大に熟し居るを以て、今後農民黨及加特力黨聯合の内閣成立することありとせば本黨亦當然之に加入するものと觀測せらる。

第九款　國民勞働黨

客年總選擧の直前、國民民主黨中、俸給生活者の一團は他黨の同一分子を糾合し、「コアリション」反對の一知識階級黨創立を畫策し、全國に亘り運動を開始したるが、遂に國民民主黨「モラヴィア」派の重鎭「ドクトル・ドランスキー」氏の下に本黨の成立を見たり。右運動進行中同じく右「モラヴィア」派に屬する現藏相「エングリッシュ」氏の國民民主黨脱退あり。大統領の舊政友「マハール」氏の本黨加入あり。「ベネシュ」氏亦國民社會黨を退きて本黨に入るべしとの說傳はりて國民勞働黨の前途大に囑目せられしも、「ベネシュ」、「エングリッシュ」兩氏の加入は實現するに至らざりしのみならず、本黨設立運動夫自身立遲れの氣味あり。僅かに投票十萬餘を集めたるに過ぎず。而も此投票は少くも下院に四名、上院に二名の代表を出し得るものなるに拘らず、今次總選擧の爲に加へられたる選擧法改正(一選擧區にて何等「コンター」を得ざる政黨は第二以下の「スクルチヌム」に參加するを得ずと云ふ小政黨に執り不利益なる改正なり)の犧牲となり、上下兩院とも一名の代表者をも選出し得ざる結果を來せり。

第二節　少數民族派

第一款　獨逸地主黨

革命後の選擧に際し、獨逸系農民の結合を必要とせる立黨の原因にして、「ボヘミア」「モラヴィア」の獨逸人居住地域に勢力あり。今次選擧には其の本來の勢力を增大せるに加へ上記二黨の參加あり。少數民族政黨中の最大政黨となり社會民主黨の地位に取て代ることゝなれり。然れども「チエック」側國民政策の鋭鋒を最も强く感ずるは本黨員なる關係あり。將來本黨の土地整理に關する主張依然顧られず、獨逸農民に對する此壓迫尙繼續するに於ては、本黨の下層黨員は相率て共産黨に奔るの虞あり。幹事が「チエック」派との妥協に依り黨勢を推持せんと焦慮する理由亦玆に存す。

第二款　獨逸基督社會人民黨

舊墺時代の基督社會黨の餘蘗にして地方農民に勢力あり、「チエック」系人民黨と同じく各種農村機關網を張り、其の勢力維持を圖り居るが言論界に於ける勢力微弱なり。

第三款　獨逸國民黨

舊墺國瓦壞の直後「ボヘミア」に於ける獨逸人商工業者、舊官吏其他獨逸系知識階級の大部分は「チエック」族との協力を欲せず。北「ボヘミア」「リベレッツ」ニ「ライヘンベルク」市に「ドクトル・ロッヂマン」を長官とする獨逸地方政府を設け「チェツコ・スロヴアキア」共和國の成立に反對せるが、巴里講話會議の形勢は愈々新共和國建設と決定し、其の領域內に於ける「チエツク」の覇業略目鼻付き、右地方政府も自然崩壞するに至りたるが中最頑固派は獨逸國民黨を組織し「ロツチマン」を黨首と仰ぎ獨逸各黨の中心となりて、新共和國成立に對する抗議を繼續せり。一九二〇年選擧に本黨は上院七名、下院十名の代表者を選びたるも、所謂消極政策を採り議會に出席せず。國政參與を拒否する態度なりしが、戰後氣分薄らぐと共に、友黨間漸く「チエツク」系との妥協に傾くものあり。本黨の立場は甚だ困難となり、客年の選擧には大打擊を蒙り更に黨內にも幹部の頑固政策に慊らざるものを生じ、「ロツヂマン」は政界引退を聲明するの餘議なきに至れり。

第四款　獨逸國民社會黨

前回の總選擧には國民黨と協同立候補し五名の代議士を得たるが、客年總選擧には黨內實踐妥協派勢力を得國民黨との提携を廢棄し單獨立候補し其の數を增せり。

家內工業者、國家及公共事業の下級從業員に勢力あること「チエツク」系國民社會黨に同じ。

第五款　獨逸社會民主黨

舊墺國獨逸系社會民主黨の當國內に於ける地盤を其の儘繼承せるものにして當國北部獨逸人居住地域が工業地帶なる關係上其の勢力甚だ有力にして、一九二〇年選擧には六十萬の投票と下院三十一名、上院十六名の代表者を選出し得て獨逸黨の冠たりしが、今次選擧には共產黨の勃興に因り其の地盤の半を失へり。

第六款　獨逸民主自由黨

革命後「プラーグ」獨逸大學の「カフカ」「シュピーゲル」兩敎授を中心として成立せる知識階級黨にして、「プラーグ」市の獨逸人間に勢力あり。獨系猶太人亦多く之に屬す。前議會に於ては獨系各政黨の聯盟國く「プラーグ」獨逸系投票は黨派の別なく本黨に集り前顯二敎授を下院に送れるも、今次の總選擧には獨逸黨分裂の傾向と選擧法改正の爲到底當選定數を得る見込なく候補を斷念せり。

第七款　「マジャール」基督社會黨

舊洪國加持力黨の當國に於ける殘壘を守るものにして「カルパート・ルテニア」「スロヴアキア」南緣の「マジャール」族並「マジアローネ」(「マジャール」化せる「スロヴアキア」人)間に勢力あり。

第八款　波蘭小數民族黨

當國には「モラスカ・オストロワ」區の炭坑勞働者、「テッセン」地域の下級農民として約七萬五千の波蘭分子中社會黨系に屬せざるものは人民黨の名に統一せられ社會黨系は更に社會民主黨及共産黨に分る。今回の選擧には共産黨以外の分子間に提携なり、代表者の選出を見たるが本小數民族は本來四萬足らずの票數を有するに過ぎず。加ふるに共産黨派の對立(共産黨内にも一名の波蘭人あり)ありたるに拘らず尙一名の代表者を選出し得たるは、居住地の一地方に集中し居る賜なりと云はざる可らず。

第九款　「カルパートルス」自治農民黨

「カルパート・ルテニア」地方にては一九二四年に至り始めて國會第一回選擧を行ふことゝなりしが、此際中央に於ける各政黨は何れも同地方の地盤開拓に努めたる結果、二十五萬を算する投票は殆んど其の分割に委せられたり。唯同地方「ルテーン」農民の一部は政府黨たる「チェッコ・スロヴァキア」共和黨の傘下に入るを欲せず。本黨を組織し二萬二千の投票と代議士一名を贏ち得たり。今回選擧亦現狀維持に止り進展を見ざりしが同地方民の「プラーグ」政府に好感を有せざるは同地に共産黨の勢盛なるに依るべく、何れ自治議會の設立を見ることゝならば本黨は著しく其の勢力を增大すべしと觀察せらる。

第十款　猶太系小數民族黨

當國に在住する猶太人（約三十五萬）の大多數は、言語系統よりは獨逸系又は「マジヤール」系なるも、當國の事情「チエック」人側には舊支配階級たる右兩系人口を、可及的內輪に見積るを得策とする政治上の理由あり。猶太人側に於ても「チエック」側より右兩系人として待遇せらるゝの不利益を避くる必要あり。双方の希望一致し革命後猶太人なる一國民籍を認むることゝなりしが、猶太人にて此の國籍を主張するもの多く其の數十八萬に上れり。殊に猶太籍要求の傾向顯著なるは「スロヴアキア」、「カルパート・ルテニア」地方にて、政治上にも獨立せる猶太黨の設立を企つるものあり。遂に二個の政黨成立せり。而も新舊全く相反する傾向を代表せる兩黨には到底相融合し得ざる間隔あり。其の結果今次の選擧に於ても、猶太人が一選擧區にて當選圈に達し得べき唯一地盤たる「カルパート・ルテニア」にて票數二分せられ、何れも當選點に達せず。爲に有權者十萬餘を算する本小數民族は一名の代表者をも選出し得ざることゝなれり。

第三章 各政黨の現首領株の人物略歴

第一節 「チェッコ・スロヴァキア」派

第一款 農民共和黨

(一)「アントニン・スウェフラ」

一八七三年生、一九〇七年「ボヘミア」地方議會に選出せられ、翌年農民黨の首領となり大戰後期は「チェック」政黨各派の結束に力め、遂に一九一八年新共和國の建設を見るに至れり。一九一九年「クラマージュ」內閣に內相たり。一九二二年第一次「スウェフラ」內閣を組織し、一九二五年之を改造して第二次內閣の出現となりしも、本年二月病氣の爲「チェルニー」氏の現內閣に讓れり。「チェック」政客中最も調和妥協に富む點推薦せらる。

(二)「ブランチヤツク・ウドルシアル」

一八六六年生、一八九七年維納帝國議會に選出せられ一九〇八年下院副議長となる。一九一八年革命議會の副議長にして共後國防大臣(二回)たりしことあり。

(三)「ヴアヴロ・シユロバール」

一八六七年生、「スロヴアキア」州に於ける農民黨首領にして醫を業とす。衛生、文部、法制統一、「スロヴアキア」各大臣たりし經歷を有す。

(四)「ミラン・ホツヂア」

一八七八年生、元「ブダペスト」の新聞記者にして洪國議會議員たりしことあり。共和國に入りては法制統一、農務大臣（二回）たり。

第二款　「チエツコ・スロヴアキア」人民黨

（一）「ヤン・シユラーメク」

一八七〇年生、始め「ブルノ」大學の神學講師たり。一八九九年以來本黨の黨首として獨裁的勢力を有す。一九〇七年の帝國議會に選出せられ共和國となりては鐵道、衛生、郵電の各省に長たり。「ブルノ」近郊の僧院に住職たるは其の本業にて極めて簡易なる生活を營む。

（二）「モリツ・フルバン」

一八六三年生、「オロモーツ」の辯護士にて永く副黨首の地位を占め建國內閣に無任所大臣たり。

（三）「ヨセフ・トランスキー」

一八六六年生、「ブルノ」市の辯護士にて司法（二回）無任所大臣たりし經歷あり。

第三款　「チエツコ・スロヴアキア」國民民主黨

（一）「カレル・クラマージユ」

一八六〇年生、二十餘歲既に「チエツク」政治家として名を知られ、一八九一年帝國議會に選出せられて直に「チエツク」黨の牛耳を握るに至れり。外政上墺洪國の「スラヴ」殊に露國接近を主張し、國內に於ては獨洪系の專橫に反對し來れるが、戰時中之が爲に罪を得て獄に下り死刑の宣告を受けたるが、特赦に依り辛じて其の生命を繫げり。講和條約には當國の首席全權として名を連ね、共和國の第一次即ち所謂建國內閣を組織せり。從來本黨は「クラマージユ」黨の稱あり。同氏の勢力は殆んど絕對的なりしも近時新進分子の擡頭と共に昔日の觀なし。

(二)「アントニン・ハイン」

一八六八年生、黨紙「サモスタトノスト」の主幹にて副黨首たり。前者と同じく黨內守舊派の代表人物なり。

(三)「ヤン・ヅヴオジアーチエック」

一八八七年生、夙に外務省通商局長として新共和國の通商條約中一として其の手に成らざるものなく、客年の總選擧に代議士として選出せられ、第二次「スウエフラ」內閣に本黨を代表して商務大臣の椅子を占めたり。黨內小壯組の鬪將にして「クラマージユ」氏以下の如き極端なる國家主義者に非ず。殊に勞農露國に對しても其の正式承認に必しも反對ならざるも、未だ同氏の勢力を風靡するの程度に至らず。

第四款　「チエッコ・スロヴアキア」實業黨

「ルドルフ・ムルチヨフ」

一八八一年生、「プラーグ」市の工業家にして本黨の首領、機關紙「レフオルマ」の所有者兼主筆たり。第二次「スウエフラ」內閣に土木大臣の椅子を占む。

第五款　「チエッコ・スロヴアキア」社會黨

(一)「ワツラス・クロフアーチ」

一八六八年生、本黨の創設者にして甞て維納帝國議會の議員たり。戰時中維納に禁獄せられたるが、共和國成立後は後二回國防大臣たりしことあり。民兵論者にして其の爲端西に研究旅行せることあり、現時上院議長たり。

（二）「イジ・シッシイブルニー」

一八八〇年生、新聞記者出身にして帝國議會に選ばれ、革命後郵電、鐵道（二回）國防の各省に大臣たり。目下前者に代りて黨の第一線に活躍す。

（三）「エトワルト・ベネシュ」

一八八四年生、革命運動の爲國外に在りて活躍し、其の成功後外相として當國の外政を一手に引受け今日に至れるは周知の通なるが其の間一度內閣の首班たりしことあり。最近本黨の領袖の一人として政黨政治家たる色彩を增し來れりと稱せらる。

第六款　「チェッコ・スロヴァキア」社會民主黨

（一）「ルドルフ・ベヒネ」

一八八一年生、本業金屬工、夙に新聞記者として名あり。一九一一年帝國議會に入り、革命後は本黨々首「ツサール」の下に最高幹部となり、次で「スウェフラ」第一次內閣に文相の席を占めたるも、其の黨中の急進分子たる「モラスカ・オストロワ」派を率ゆる關係上他の閣僚と折合全からず、辭職したり。客年の總選擧に黨勢大に減退せるも彼の率ゆる一派は却て勢力を增したるを以て、再び黨の第一線に立ち、第二次「スウェフラ」內閣には鐵道大臣にて副總理を兼たるが、其の配下が有產黨との合同に反對すべきは自然の勢にして、偶々「スウェフラ」首相の病氣再發し「ベヒネ」氏に政務攝行の責任落つるや內閣に於ける形勢は收拾すべからざるに至り、內閣瓦解するに至れり。

（二）「アルフレッド・マイスネル」

一八七一年生、「プラーグ」市の辯護士にして行政法殊に自治法の研究家たり。黨內に於ては「コアリション」贊成の溫和派たる「プラーグ」派を率ゐ司法大臣たりしことあり。

(三)「レフ・ウインター」

一八七六年生、猶太系にて經濟學の造詣深く前後二回社會事務大臣たりし經歷を有す。

(四)「グスタス・ハーブルマン」

一八六四年生、「ピルゼン」派の首領にして本黨草分の黨員として屢々獄に下りしことあり。戰時中「ストックホルム」社會黨大會に「チェック」社會民主黨を代表す。革命後下院に選出せられ文部、社會事務省に大臣たりしことあるも、目下上院議員として「ピルゼン」に歸臥し黨紙「ノヴアドヴア」を主宰し、專ら黨の後方勤務に盡瘁す。尙外に「スロヴアキア」出身としては「イワン・デレル」「イワン・マルコヴイッチ」等の新進辯護士あり。屢々閣員の椅子に著けり。

第七款　「チェッコ・スロヴアキア」共產黨

(一)「ボフミル・シュメラル」

一八八〇年生、戰前既に社會民主黨領袖として維納帝國議會に名を知られたるが、共和國成立後、同黨が所謂「コアリション」政策にて國民主義者に近き勞働階級の利益と本來の國際主義を遠かるの觀あるや、之に反對する分子を率て本黨を樹立せり。最近黨の表面に立つことを避け居るも元老として重きをなし、其の所說比較的溫和なり。

(二)「ワツラフ・ハウセル」

戰前より引續き社會民主黨の書記長たりしが、共產黨に移りては其の急激派首領として前者に對立す。目下同じく引退の形にあるも、其の後繼者黨柄を握るを以て其の意見亦重ぜらる。

(三)「ヨセフ・ハーケン」

一八八〇年の生、元小學敎師にして目下事實上の黨首と云ふべく、主張最も過激なり。毎年莫斯科「コムミンテルン」會議に本黨を代表して出席し、同本部の覺最も目出度き一人とす。

(四)「カール・クライヒツヒ」

一八八三年の生、獨逸系勞働運動の指揮者にして、黨紙「フォワヴェルツ」の主幹たり。黨內の良頭腦として認められ、過激論者に非ざるも「ハーケン」氏とも黨の一勢力なり。

第八款　「スロヴアキア」人民黨

(一)「アンドレイ・フリンカ」

一八六四年の生、「ロジョンベルグ」の僧正にして既に舊洪國議會の議員たり。「スロヴアク」政治家として名聲を馳せ、洪國政府の迫害に依り屢々牢獄に下りしことあり。黨の首領としては殆んど獨裁的勢力を有し、本黨は「フリンカ」黨と通稱せらる。

(二)「フェルヂッシ・ユリガ」

「プラチスラワ」の僧侶にして舊洪國議會の議員たりしことあり。

(三)「ルデウイト・ラバイ」

一八八六年の生、「ロジョンベルク」の辯護士にして黨內新方向の指導者として重ぜらる。

第九款　國民勞働黨

（一）「ヤロスラフ・ストランスキー」

當國第一の發行部數を有する大新聞「リドヴェ・ノヴィニ」の所有者にして、其の主幹たり。事實上本黨設立の事務を統一す。

（二）「アトルフ・ストランスキー」

前者の父にして永く帝國議會の議員として名あり。共和國設立後は國民々主黨に屬して上院議員たりしが、今回本黨の立黨を企て、其の失敗後は表面より退きたるも依然後見役の地位にあり。改宗耶蘇教徒なり。

第二節 少數民族派

第一款 獨逸地主黨

（一）「フランツ・クシエペック」

一八五五年生、「ボヘミア」町「ライトメリッツ」の地主にして、黨中實踐妥協派の首領なるが目下半引退の姿に在り。

（二）「スランツ・シュピーナ」

一八六八年「モラヴィア」州地主の家に生れ、「プラーグ」獨逸大學「スラヴ」言語學教授なるが前者に代り黨の統率に當り、獨逸族を代表して下院副議長の席を占む。客年其の提案せる獨逸族教育自治案は「チェック」側よりも討議の基礎となし得べきものと認めらる。

（三）「ヨゼフ・マイエル」

一八七七年生、西「ボヘミア」「エーゲル」に農園を有し、獨逸系農會聯合會長たり。嘗て帝國議會に議席を有せしことあり。一九一八年維納革命後墺共和國第一內閣に陸軍大臣たり。本黨に於て國民的保守傾向を代表す。

（四）「アロイス・シュテンツル」

一八八二年生、實業黨を代表して本黨幹部たり。

（五）「ヨゼフ・セント・イヴアーニ」

一八八四年生、「スロヴアキア」地主にて同地方洪系各種農業機關に公職を帶び、本黨內にては「マジヤール」國民黨を代表す。

第二款　獨逸基督社會人民黨

（一）「オイゲン・ルデベール」

一八七三年生、舊伯爵家當主にして革命前既に「プラーグ」地方議會に名あり。目下上院に席を有す。

（二）「ヨセフ・ベール」

一八六二年生、「ワルンストルフ」「フオルクス・ツアイツンク」主筆にて上院議員たり。

（三）「ロベルト・マイル・ハルデング」

一八七四年生、「プラーグ」大學教授にて妥協派急先鋒たり。

（四）「ウイルヘルム・メヂンガー」

一八七八年生、獨逸國民黨の一首領たりしも獨逸系聯盟協會長として國外活動上不便を感じ。之を脫し暫く無所屬にありしが、今次總選擧と共に本黨より選ばれて上院議員たり。

第三款　獨逸國民黨

（一）「ルドルフ・ロッヂマン」

一八七七年生、舊帝國議會議員にして革命當時國內獨逸人の反「チェック」運動の先登に立ち、畫策する所あり。其の失敗後も本黨の首領とし獨逸人間に重きをなせるが、其の率ゆる政黨勢力の激減せるより漸く人心の離反し行くを悟り斷然政界引退を決せり。

（二）「ハインリヒ・ブルナー」

一八七六年生、前者の後を襲ひて本黨の指揮を執れるが本職辯護士にて上院議員たり。

（三）「ヨゼフ・カイプル」

一八七四年生、原地方裁判所部長、本黨代議士會長たり。

第四款　獨逸國民社會黨

（一）「ルドルフ・ユング」

一八八二年生、「シレシア」「トロッパウ」の鐵道官吏にして獨逸系鐵道從業員組合會長たり。

（二）「ハンス・クニルシュ」

一八七七年生、「ドックス」に於ける機關紙「ターグ」の主筆にて嘗て帝國議會の議員たりしことあり。

第五款　獨逸社會民主黨

（一）「ルドウイク・チェッヒ」

一八七〇年生、「ブルノ」市の辯護士にして前黨首「ヨゼフ・セリガー」の死後を襲ひ本黨の指揮に任じ、前議會には下院副議長たり。本黨が國際主義を奉ずるに拘らず共和國に拗執なる反抗を續くるのみならず、「チェック」系社會民主黨との關係接近の跡なきは上述純理論の外「チェッヒ」氏に率られ民族主義の濃厚なる「ブルノ」派が黨中の牛耳を握り居ること一因なりと稱せらる。

（二）「カール・ヘレル」

一八七二年生、「テプリッツ」の辯護士にして民族問題に關する穩和派を代表す。

第六款　「マジャール」基督社會黨

「ブルノ・カフカ」

一八八一年生、改宗猶太人にして「プラーグ」大學民法教授なり。前議會には反對黨隨一の外交通として常に「ベネシュ」外相と角逐し、其の所論は院内にて最も重きをなせり。

第七款　波蘭少數民族黨

（一）「ゲーザ・スュロエ」

舊洪王國時代「マジャール」人民黨創立者にして後「チッサ」伯の國民黨幹部となり革命後は當國に於ける「マジャール」聯盟協會長として洪系小數民族の利益擁護に盡瘁す。

（二）「ニコラウス・フエドル」

「マジアローネ」を率ゆ。

（三）「レオン・ヲルフ」

「シレシア」「フライシユタツト」の辯護士にして「ゼネヴア」國際小數民族會議に「チエツコ・スロヴアキア」國內の波蘭派を代表するが、代議士としては「チエツコ・スロヴアキア」共和黨の黨員にて共和國に忠順なる態度を持す。

第八款 「カルパートルス」自治農民黨

「イワン・クルチヤーク」

本黨の創立者にして唯一の代議士たり。元小學教師、現在「フスト」市附近の小地主として歸農す。嘗て黨を代表して國際聯盟に向ひ「プラーグ」政府の「カルパート・ルテニア」同化政策に反對する抗議を提出せることあり。

第九款 猶太系少數民族黨

（一）「ドクトル・シテルンバツハ」　「ムカチエオ」在住の醫師なり。

（二）「ドクトル・シユピーゲル」　同地の辯護士。

（三）「ドクトル・ジンゲル」　「プラーグ」市會議員。

以上猶太黨。

（四）「コルマン・ワイス」　「ウジホロド」の商人なり。

以上猶太實業黨。

第四章　現議會の黨派別

各政黨が代議院及元老院に於て占むる議席數左表の如し。

政黨の名稱	代議院	元老院
(一)「チエツコ・スロヴアキア」派		
農民共和黨	四六	二三
「チエツコ・スロヴアキア」人民黨	三一	一六
「チエツコ・スロヴアキア」國民民主黨	一三	七
「チエツコ・スロヴアキア」實業黨	一三	六
「チエツコ・スロヴアキア」社會黨	二八	一四
「チエツコ・スロヴアキア」社會民主黨	二九	一四
「チエツコ・スロヴアキア」共産黨	四一	二〇
「スロヴアキア」人民黨	一三	一二
國民勞働黨	〇	〇
(二)少數民族派		
獨逸地主黨	二四	一三
獨逸基督社會人民黨	一三	九
獨逸國民黨	一〇	五

獨逸國民社會黨	七	三
獨逸社會民主黨	一七	九
獨逸民主自由黨	〇	〇
「マジャール」基督社會黨	四	二
波蘭少數民族黨	一	〇
「カルパートルス」自由農民黨	一	〇
猶太系少數民族黨	〇	〇

第五章　各政黨の地方自治體との關係

第一節　「チェッコ・スロヴァキア」派

第一款　農民共和黨

農民黨たる關係上、地方農村自治に對しては最も重要なる役割を有し、殊に「ボヘミア」地方にて甜菜栽培に從事する農村に於ては其自治制に對して獨專的努力を有す。

第二款　「チエッコ・スロヴアキア」人民黨

「モラヴィア」州の地方農村に於て著しき努力を有し、「ブルノ」「オロモーツ」等の都市に於ても努力侮り難し。

第三款　「チエッコ・スロヴァキア」國民民主黨

「プラーグ」「ブルノ」を始め「チエック」人多數を占むる都會地に於て壓倒的多數を占め、自治體の行政を左右し居たるも一昨年來行はれたる市町村會の改造にて勢力一掃せられ、現在「ボヘミア」地方の二三都市に其の餘端を保つのみ。

第四款　「チエッコ・スロヴァキア」社會黨

「プラーグ」市會に於ける勢力は從來第三位に在るも、今次國會の總選擧に本黨の集めたる票數は遙に他黨を凌駕せるを以て、次回の改選には第一黨として市會議員の三分の一を占め市政に重大なる影響を與ふべしと云ふ。「ピルゼン」「オロモーツ」「ケーニヒスグレツ」「ブルノ」「モラスカ・オストロワ」等「チエック」人系都市に大勢力を有す。

第五款　「チエッコ・スロヴァキア」社會民主黨

「プラーグ」「ピルゼン」「モラスカ・オストロワ」等の工業市に於て殆んど半數の市會議員を占め、市政を左右す。尤も「プラーグ」に於ては客年國會の總選擧に共產黨國民社會黨の蠶食に遭へるも、尙現市長「カレル・バクサ」氏は本黨系に屬す。

第六款　「チエッコ・スロヴァキア」共產黨

工場勞働者を背景とする關係上、「ボヘミア」以下三州の都會に勢力あり。殊に炭坑市たる「クラドノ」及「ブリユツクス」に於ては市會に過半數を占む。「プラーグ」市會に於ける勢力亦第二位を占め居たるも客年初「バーケン」等の擡頭に反對して「プラーグ」選出本黨代議士「ブブニック」脫退あるや（本黨側にては政府の使嗾に因ると主張す）本黨系市會議員過半社會民主黨に復歸す。「スロヴアキア」、「カルパート・ルテニヤ」に於ては本黨員の素質甚だ貧弱なるを以て其の數の多きに比し勢力微弱なり。

第七款　「スロヴアキア」人民黨

「スロヴアキア」州を唯一地盤とし「スロヴアキア」主義を高唱する政黨なるを以て、州內に於ける根據は頗る固く「スロヴアキア」人多數を占むる町村は殆んど其の勢力下に在りと云ふべく、殊に中部「ス」州に於て其の著しきを見る。

第二節　少數民族派

第一款　獨逸國民黨

商工都會黨の性質を有するを以て北部「ボヘミア」の小都市に相當勢力あり。

第二款　獨逸社會民主黨

「チェック」系社會民主黨と同じく各種の團體を以て黨員を統括するを以て北「ボヘミア」「シレシヤ」の工業都市には

第六章　外交に關する各政黨の政見及主張

第一節　「チェッコ・スロヴァキア」派

第一款　農民共和黨

國民主義の政黨なるを以て大體に於て反獨、親聯合國の傾向を有するも、「ベネシュ」外相の親佛一本調子に不安を抱き速に自主外交の確立を叫び獨逸との宥恕にも反對ならず。最近「ベネシュ」が隣接國殊に舊敵國に對して採れる各種の「イニシアチーヴ」の裏面には本黨主張の反映するもの尠からずと觀測せらる。

第二款　「チエッコ・スロヴアキア」人民黨

外交問題に關する積極的の意見を吐けるを聞かざるが唯「ベネシュ」外相並に社會黨側の反加特力政策に極力反抗し、客年夏法皇廳使節「マルマジ」僧正の引揚に依り半ば斷絶し居る羅馬との外交關係回復を主張して已まず。

第三款　「チエッコ・スロヴアキア」國民民主黨

「クラマージュ」氏の意見は「チエック」君主國の建設「ロマノフ」皇族の擁立に依り、露國の支援を得て獨逸民族に對抗せんとするもの、後王位に對する候補者の變更、次で共和主義の承認となりしも、其の「スラヴ」主義の根本義は依然本黨主張の中心をなし、從て反獨的色彩最も濃厚なるが「ベネシュ」外相の政策に同せず。現下の形勢に備ふる爲富國强兵自ら守るの要を說き、「ソウエート」政府を惡み終始一貫其の正式承認に反對し居ると、波蘭が「スラヴ」族の協調に對し常に離反的傾向を有するものとして之との接近に氣乘りせざるは其の舊露崇拜の歷史より當然と云ふべきか。

第四款「チエツコ・スロヴアキア」社會黨

勞農政府承認、對國際聯盟、對近隣諸國問題等に付ては官邊の外政即ち「ベネシユ」外相の政策を無留保に支持し居るも、其の親佛一本調子には黨内にも相當不平の聲あるものゝ如く「シツシイプルニー」氏に近き黨紙「チエスケ・スロヲ」は時に思切りたる批評を挾むことなしとせず。反加特力氣分濃厚なり。

第五款　「チエツコ・スロヴアキア」社會民主黨

國際主義を奉ずる爲舊敵國に對する態度亦溫和にて有產國家主義者の獨逸孤立政策に反對し、「ベネシユ」氏の對墺、對獨仲裁條約締結、「ロカルノ」協定成立に對してなせる努力には全幅の支持聲援を吝まざりき。

第六款　「チエツコ・スロヴアキア」共產黨

勞農主義の世界革命完成本黨側よりすれば「チエツク・サウエート」共和國を建設し、大「サウエート」聯邦に加入することを結局の目的とすれば現政府の行ふ外交の全部に反對するは自然の理にして、他方赤露の即時無條件承認を要求するも、極て當然なり。「ロカルノ」協定は先づ民族關係を超越して一般に好評なるに拘らず、本黨激しく攻擊し居る事由は莫斯科の主張に省みれば蓋し明ならん。

第七款　「スロヴアキア」人民黨

殆んど纒りたる外交上の意見を聞かず。對洪國問題に關しては其の主領が舊王國時代「スロヴアキア」運動の張本たりしに拘らず、近時一大轉換をなし洪國との接近を說くもの黨內に多しと傳へらる。

第八款　國民勞働黨

本黨幹部の思想は「ベネシュ」外相と相通ずるものあり。從て其の政策を支持すべきは當然とすべきが、本黨としては未だ外交に關する意見の發表なく、僅に「リドウエノヴイニ」が國際協調主義の立場より舊敵國との宥恕を說くを發見するのみ。

第二節　少數民族派

第一款　獨逸國民黨

獨逸國民黨の「チエツク」政府と相接近するを恰はざるの色あるは、同政府の親佛政策を緩和する爲伯林政府が當國內に於ける獨系小數民族に與ふる心理的支持を抛棄して「チエツク」の歡心を買ふに至るなきやの杞憂に基き、同黨が「ロカルノ」協定の結果獨逸の聯盟に加入したることを歡迎し居るは「チエツク」政府が其の負へる小數民族保護の條約上の義務に反し、獨逸民族を壓迫し居る旨を獨逸の仲介にて聯盟に訴へ國內に於ける地位を有利に誘導せんとするものなり。

第二款　獨逸國民社會黨

大體に於て獨逸國民黨の主張に同じく兩首領は屢々國外の各種會議に出席し反「チエツク」の宣傳をなしたることあり。

第三款　獨逸社會主民黨

現政府の外政に最も鋭き攻撃を加へ居り、殊に佛國の大陸政策と之に迎合する「ベネシュ」の措置に反抗し之を目し獨逸民族に對する挑戰と叱び、國際聯盟に對しても好感を有せざるものゝ如し。

第四款　獨逸民主自由黨

外交上に於ては他の獨逸諸黨と異り豫め政府反對の原則を置くことなく、具體的場合に付政府の措置を批判するを常とす。對聯盟政策、「ゼネヴア」議定書等「ベネシュ」外相の措置を支持し居るもの尠からず。

第七章　各政黨の主要機關紙

第一節　「チェッコ・スロヴァキア」派

第一款　農民共和黨

一、「ウエンコフ」Venkov　（「プラーグ」）

一、「ウエチエール」Večer　「ウエンコフ」紙の夕刊。

一、「スロウエンスキー・テンニツク」Slovensky Denik　（「スロヴアキア」）

一、「スロウエンスカ・ポリチカ」Slovenská Politika　（「スロヴアキア」）

第二款　「チエツコ・スロヴアキア」人民黨

一、「リトウエ・ノヴイニ」Lidové Noviny　（「プラーグ」）

一、「デン」Den　（「ブルノ」）

一、「ナシーネツツ」Našinec　（「オロモーツ」）

一、「チエツフ」Čech　（「プラーグ」）

第三款　「チエツコ・スロヴアキア」國民民主黨

一、「ナロドニ・リスチー」Narodni Listy　（「プラーグ」）

六十五年の歴史を有し品位に於て正に當國第一と稱せらる。

一、「ナロトニ・ポリチカ」Narodni Politika　（「プラーグ」）

前者と共に「プラーグ」市最大新聞の一なり。

一、「チエスキ・テンニツク」Česky Denik　（「ピルヤン」）

第四款　「チエツコ・スロヴアキア」實業黨

一、「レフオルマ」Reforma　（「プラーグ」）

一、「チエスコスロヴエンスキ・テンニツク」Československy Denik　（「オロモーツ」）

第五款　「チエツコ・スロヴアキア」社會黨

一、「チェスケ・スロワ」České slovo　朝夕二刊　（「プラーグ」）

第六款　「チェッコ。スロヴァキア」社會民主黨

一、「プラワ・リドウー」Právo Lidu　（「プラーグ」）

第七款　「チェッコ・スロヴァキア」共產黨

一、「ルデ・プラワ」Rude Pravo　（「プラーグ」）

一、「ロヴノスト」Rovnost　（「ブルノ」

一、「チェルニツキー・デンニツク」Čelnicky Denik　（「モラスカ・オストロワ」）　以上チェック語。

一、「フオワヴェルツ」Vorwärts　（「ライヘンベルグ」）　以上獨逸語。

第八款　「スロヴァキア」人民黨

一、「スロヴアーク」Slovak　（「ロジヨンベルグ」）

第九款　國民勞働黨

一、「リドウエ・ノヴイニ」Lidové Noviny　（「ブルノ」）

一、「ナロドニ・プラーツエ」Narodni Prace　（「プラーグ」）

第二節　少數民族派

第一款　獨逸地主黨

1、「ドイッチェ・ランドポスト」D. utsche Landpost　(「プラーグ」　獨逸語

1、「パラジュダ」T`arazda　(「プラチスラワ」)　「マジャール」語

第二款　獨逸基督社會人民黨

1、「ターゲスポスト」Tagespost　(「ライトメリッツ」)

1、「ターゲスポスト」Tagespost für Mähren und Schlesien　(「ブルノ」)

第三款　獨逸國民黨

1、「ドイッチェ・ターゲスツアイツング」Deutsche Tageszeitung　(「プラーグ」)

1、「ライヘンベルゲル・ツアイツング」Reichenberger Zeitung　(「リベレッツ」)

第四款　獨逸國民社會黨

1、「ターグ」Tag　(「ドックス」)

第五款　獨逸社會民主黨

1、「ゾチアルデモクラート」Sozialdemokrat　(「プラーグ」)

1、「フライハイト」Freiheit　(「テプリッツ」)

一、「フオルクスフロインド」Volksfreund　（「ブルノ」）

第六款　獨逸民主自由黨

別に機關紙を有せざるも「アラーグ」市に於ける「ボヘミア」及「プラーゲル・ターゲブラツト」に本黨領袖の意見を見ること稀とせす。

第七款　「マジャール」基督社會黨

一、「プラーガイ・マジャール・ヒルラツプ」Pragai Magyar Hirlap　（「プラーグ」）

一、「カツサイ・ウイシアーグ」Ka sai Ujsag　（「コシツチエ」）

第八款　波蘭少數民族黨

一、「デエンニツク・チエチンスキー」　（「デツセン」）人民黨

一、「ロボートニツク・スレスキ」　（「フライシユタツト」）社會民主黨

第九款　「カルパートルス」自治農民黨

一、「ルスキーウエスニツク」　（「フスト」）　露語

一、「カルパーチ・ヒラード」　（「ウジホロド」）　洪牙利語

第十款　猶太系少數民族黨

一、「ジード・ナプラツプ」Zsido Naplap　（「ムカチエオ」）　洪牙利語

第六編　丁抹國の政黨（一九二六年四月調）

第一章　政黨の名稱及其の主義綱領

現に議會に議席を有する有力なる政黨の名稱左の如し。

一、社會黨
二、左黨
三、保守黨
四、急進黨
五、逸逸「スレスヴイク」黨

右の外商業黨、正義黨、共産黨及農民黨等あるも極めて少數の議員を有するに止まり勢力なきを以て之に言及することを省略す。

今左に一九二四年四月十一日總選擧の結果を示さん。

社會黨	四六九、九四九票
左黨	三六二、六八二票
保守黨	二四二、九五五票
急進黨	一六六、四七六票
獨逸「スレスヴイク」黨	七、七一六票

共産黨　六、二〇四票

第一節　社會黨

本黨は丁抹に於ける最大の政黨にして、又現に政府黨たり。一八八〇年代に創立せられ爾來年々發達し以て今日に至れり。

本黨の現政綱は一九一五年の社會黨會議の際制定せられたるものにして、大體に於て瑞典社會黨（「ブランチング」派）若は獨逸の多數社會黨の政綱に類似す。左に其の主要點を列記すべし。

現今の二院制度を廢し一院制度となし得る樣憲法を改正すること。

滿二十一歳以上の男女總てに直接投票權を附與すること。

政教分離。

八時間勞働。

公益施設は全部國家及自治團體の所有とすること。

教育機關を總ての市民に均等の待遇を與ふる國立學校となすこと。

武裝解除及國際仲裁裁判に依る國際紛爭の解決。

第二節　左黨

本黨の現政綱は一九〇九年に作成せられたるものにして、英國自由黨の政綱に類似す。

本黨は個人企業を奬勵して國家干渉に反對し、土地所有權の確立に努む。

本黨は幾分農民黨の性質を帶び「ヘンリージョージ」主義に基く自由主義地租政策に傾く。自由貿易主義を强調し政敎分離に反對す。武裝解除には不同意なるも保守黨の如く軍備增加に贊成せず。

本黨は中產階級農民より成る農民黨とも云ふべし。

第三節　保　守　黨

本黨の政綱は一九一五年の作成にして、社會黨の政策に極力反對し强大なる軍備の必要を高調するを以て多數の壯丁徵集說を維持す。又國內工業維持の爲高率保護關稅を希望す。本黨に加擔するは大地主、貴族並に實業家及都會に於ける商人なりとす。

外交政策として其の他の政黨と同じく嚴正中立及諸外國と仲裁條約の締結を希望し國際聯盟を擁立せんとす。

第四節　急　進　黨

本黨は一九〇五年の創立にして政綱も同時に作成せらる。武裝解除「ヘンリージョージ」主義の課稅、自由貿易、從價輸入稅法を希望し地方に小地主を多からしむるに努む。本黨の主義に贊し之を援助するは小地主、學校敎師、醫師、下級官吏、小實業家及知識階級なりとす。

第五節　獨逸「スレスウイク」黨

本黨は「ヴエルサイユ」條約に依り「スレスウイク」問題の解決後丁抹領となりたる元獨逸領土內に住する獨逸贔負の人々に依り組織せらるゝものにして丁獨國境の變更即ち該地域の獨逸返還を企圖す。

第六節　各黨の議會に於ける關係

前記各政黨は何れも獨立せるものなるも現在議會に於ては社會黨は急進黨と投票を共にし、以て左黨保守黨の共同投票に對抗するを常とす。獨逸「スレスウイク」黨は概して中立の態度を採る。

現に社會黨は下院に於て急進黨と合併し多數黨なるも、上院に於ては政府反對黨多數を占む。從て現に議會に於て急進黨は極めて重要なる團體にして政府の運命を扼す。

第二章　丁抹の議會並に議會に於ける黨派別

丁抹議會は上院(Landsting) 下院(Folketing) の二院より成立す。

一九一五年六月五日改正の憲法に依るに下院議員は滿二十五歳以上の男女直接投票に依り選擧せらる。總選擧は每四年之を行ふ。同院は目下、四九名の議員を有す。其の黨派別左の如し。

社會黨	五五
左黨	四五
保守黨	二八
急進黨	二〇
「スレスウイク」黨	一

右の內四大政黨は何れも婦人議員を有す。

上院は七十六名の議員を有し、內十九名は上院自身之を選擧す。現在員十九名は一九二〇年の選擧に先ち當選せる者にして、殘り五十七名は間接選擧により滿三十五歳以上の男女有權者之を選擧す。其の任期八年にして半數は毎四年改選せらる。最近の選擧は一九二四年九月に行はれ其の黨派別左の如し。

左黨	三一
社會黨	二五
保守黨	一二
急進黨	八

第三章　右黨內閣成立以來の諸內閣

一九〇一年七月に至る迄保守黨は政權を其の手に保ち得たりしが、同月皇帝初めて下院の多數黨たりし左黨に大命を下し、玆に「デウンツエル」(Deuntzer) を首相とする第一回の左黨內閣成立せり。

新內閣は稅制を更め「コペンハーゲン」附近の要塞を廢止し、且新軍隊及國防組織を採用せんが爲國防問題を解決し、尙敎會及學校關係事項に付立法手段を採用することを其の政綱中に含めたり。

一九〇五年國防問題に關し議員中に意見衝突し遂に左黨は分裂し急進黨の出現を見るに至り、左黨中比較的保守主義の領袖「クリステンセン」(M. I. C. Christensen) 內閣組織せられ、一九〇八年迄變動なかりき。然るに同年司法大臣たりし「アルベルチ」(Allberti) 二千萬「クローン」詐欺事件に關聯し逮捕せられたる爲內閣の瓦解を來せり。次で「ネールゴルド」(Neerguard) 內閣組織せられしも、國防問題解決に成功せず、翌一九〇九年「ホルスタイン・レドレボルグ」(Holstein-Ledreborg) 內閣成立し、「コペンハーゲン」の陸上防備撤廢案を通過せしめんとして失脚し、僅に二ケ月の生命を終へたり。是に於て始めて急進黨の首領「サーレ」(Zahle) 內閣の組織を見たるも、同內閣は勢力なく、憲法改正案を通過せしめ得ずして一九一〇年總選擧の後左黨の「ベルントセン」(Klaus Berntsen)に內閣を讓れり。同內閣も亦憲法問題に失脚し且つ一九一三年總選擧の際下院に多數黨たらざりしを以て第二次「サーレ」內閣の成立を見るに至れり。

第二次「サーレ」內閣は困難なる戰時時代を通過し一九二〇年迄繼續せり。其の間幾多の改革を行ひ丁抹領西印度諸島を米國に賣却し、又戰後「スレスウイック」の一部を丁抹に編入準備を爲したり。就中重要なるは憲法を改正し自由主義を加味せることなり。

一九二〇年三月下院に於て多數を占め居たる「サーレ」派に動搖を來たしたるを以て遂に「サーレ」內閣は辭職せり。其の後「リーベ」(Liebe)內閣（僅に一週間繼續）及「フリース」(Friis)內閣（非政黨內閣にして二ヶ月間繼續）を經て總選擧の後左黨大勝利を占め玆に第二次「ネーレゴルド」內閣の成立を見たり。本內閣の重要政策は戰後の財政を整理し「スレスウイック」の一部が編入することとなりき、然るに政府の財政政策健全ならざりしを以て遂に一九二四年總選擧の後社會黨と急進黨は相提携し下院に多數を得たるを以て、現今の「スタウニング」氏統社會黨內閣を組織せり。同內閣は軍備撤廢案に主力を注ぎ遂に一九二六年下院を通過せしめたり。同案が上院を通過するや否や疑問なるも、現內閣は既に二年間本問題に直面し來りたるを以て政變を豫想すべき理由なし。殊に政府は困難なる「クリユータ」問題を解決せる功績あり。同國貨幣爲替は平價に復せり。

第四章　各黨領袖株の人物略歷

第一節　社　會　黨

一、「スタウニング」(T. Stauning)（現首相）

一八七三年の出生にして一介の勞働者として身を起し一九〇六年初めて下院議員となり、又多年「コペンハーゲン」市會議員たり。一九一六年「サーレ」內閣に入り一九二〇年迄在職せり。

二、ボルグビエルグ（Borgbjerg）（現勞働大臣）

一八九八以來下院議員にして社會黨の主要機關紙「ソシアル・デモクラーテン」の主筆たり。

第二節　左　黨

一、ネールゴルド（N. Neergaard）

一八五四年生る。一八八七年以來下院議員にして一九〇九年首相となり、現に本黨の領袖たり。同氏は歷史及經濟學の造詣深し。

二、クラーグ（Kragh）

元內務大臣にして將來を囑望せらるゝ士にして本黨が政權を得る時は必ず入閣すべきものと認めらる。

第三節　保　守　黨

一、ピーペル（Piper）

一八五六年の出生にして現に上院議員たり、一八九八年以來政界に活躍す。

二、ピュルシエル（Pürschel）

曾て司法省官吏たりしが現に下院に於ける本黨領袖たり。

三、ドラクマン（Poul Drachman）

大工業界を代表する重要の士なり。

第四節　急　進　黨

一、サーレ (Ove R. Zahle)

一八六六年の出生にして二回首相たり。三十年餘も政界に活動する有力なる老士なり。

二、ローデ (Ove Rode)

一八六七年出生にして大戰當時極めて有力なる内務大臣たりし人なり。

第五章　政黨と地方自治團體との關係

政黨は唯僅少の例外を別とし地方自治團體の機關たる市町村會議員選擧に於ても議會議員選擧と同じく重要なる意義を有せり。

一例を擧ぐれば一九二五年「コペンハーゲン」市會議員選擧に於て社會黨三十一、保守黨十七、急進黨六、左黨一名を得、又地方重要都市に於ても社會黨の勝利となれり。

第六章　政府及議會の對外政策

政府及議會の對外政策は終始一貫せる局外中立なりとす。丁抹は領土擴張を希望せざるも大戰後獨逸より獲得せる「スレスウイク」を保持し、諾威の要求を斥け「グリーンランド」「アイスランド」及「フェーレー」群島を保有せんとす。政府は出來得る丈けすべての仲裁條約を締結せんとす。各政黨何れも丁抹が國際聯盟員たるに同意にして政府も亦聯盟を以て大國の膨脹及貪慾を防止するものと認む。

國際紛爭の解決は武力に訴へずして仲裁に依らんとする國民の熱心なる希望は、遂に政府の武裝解除案の議會提出となり現れたり。

前述丁抹外交政策に就ては各政黨何れも同意見なるを以て、議會が政府を監督せんが爲外務特別委員會を組織せり。同委員會は外務大臣に總ての報導を要求する權利を有す。

第七章　政黨の黨費調達方法

各黨は何れも其の黨員より費用を調達す。私人の寄附は自由なるも選擧運動費の如き丁抹に於ては多額ならず。政黨として最も多くの黨員を有するは社會黨にして現に十萬名を有す。保守黨は急進黨と共に富裕なる黨員を有するを以て財政上最も有力なるは勿論なるも、丁抹選擧運動には金力比較的効果なしとの評あり。

第八章　議員の特權及議會の會期

第一節　議員の歲費額及其他の特權

議員の歲費は「コペンハーゲン」に住する者、年四千「クローン」、地方に住する者、五千二百「クローン」なりとす。但し生活費の變動に依り多少の割增金を受く。

議員は國有並私設鐵道及遞信省より補助金を受くる汽船會社汽船の無賃乘船の權を有す。

第二節　議會の會期

通常議會は十月第一火曜日開院し六、七週繼續するを常とす。

第七編　獨逸國の政黨（一九二六年九月調）

第一章　獨逸の政黨

第一節　各政黨の名稱

獨逸の政黨にして現に國會議員を出せるもの十二あり。其の大部分は國の全部又は大部分に關する利益を代表し、右地域全體に基礎を置くも或ものは地方的利益又は一部階級の利益を代表し一定の地域にのみ基礎を有す（巴威農民同盟「ハノーヴァー」黨等）。前者は大體に於て政黨としての基礎鞏固にして堂々中央政界に覇を爭ひ一國政治の趨向如何に大關係を有するも中には黨の性質上到底著しき勢力の增大を期し難きものあり。（例へば兩國粹黨、中產階級經濟黨の如し）

此の外國會議員選擧の際候補者を立つるも國會議員を選出し得ざる勢力の極めて微弱なる小黨多數存在するも此等は政治上殆んど何等の意義を有せず。

又各聯邦議會には國會に代表せらるゝ政黨以外の黨派多數存在するも大體に於て何れか重要なる政黨と密接なる關係に立つを常とす。

現在國會議員を出せる政黨は左の如し。（議場に於ける議席の順序に依る）

（一）國　權　黨(Deutschnational Volkspartei)

（二）國粹自由黨（Deutschvölkische Freiheits Partei）
　國民社會勞働黨（Nationalsozialistsche Deutsche Arbeiter-Partei）
　｝國粹共働團（Völkische Arbeitsgemeinschaft）

(三)國　民　黨 (Deutsche Volks Partei)

(四)巴威國民黨 (Bayerische Volks Partei)

(五)中產階級經濟黨 (Wirtschafts Partei des Deutschen Mittelstandes)
　巴威農民及中產階級同盟 (Bayerische Bauern-und Mittelstandsbund)
　獨逸「ハノーヴァー」黨 (Deutsche-Hannöversche Partei)
　(以上三黨) 經濟聯合 (Wirtschaftliche Vereinigung)

(六)中　央　黨 (Deutsche Zentrums Partei)

(七)民　主　黨 (Deutsche Demokratische Partei)

(八)社會民主黨 (Sozialdemokratische Partei Deutschlands)

(九)共　產　黨 (Kommunistische Partei Deutschlands)

此の外一九二四年十二月國會議員選擧の際候補者を立てたるも議員を選出し得ざりし小黨十六あり。此等小黨の得票總數約六十萬票に過ぎず。從て得票率は一。九％なり。其の名稱左の如し。

1. Deutschsoziale Partei
2. Unabhängige Sozialdemokratiche Partei Deutschlands
3. Reichsbund für Aufwertung
4. Deutsche Aufwertungs-und Aufbau Partei
5. Aufwertungs-und Wiederaufbau Partei
6. Polnische Volks Partei
7. Masurische Vereinigung

8. Wendische Volkspartei
9. Schleswigscher Verein
10. Christlichsoziale Volksgemeinschaft Deutschlands
11. Freiwirtschaftsbund (F. F. F.)
12. Partei für Volkswohlfahrt
13. Haeusserbund
14. Deutschchristliche Volkspartei
15. Deutsch Völkische Reichspartei
16. Mieter Partei Deutschlands

此等の小黨中には國會議員選擧に際してのみ活動するもの少からず。一九二四年五月國會議員選擧の際存在したる此の種小黨中同年十二月選擧の時既に消滅したるもの約半數に上り、又十二月選擧に際して初めて組織せられたるもの少からず。（註一）

【註一】獨逸にては左黨、右黨、中間黨なる言葉屢々用ゐらるゝも此等は右黨派の議場に於ける議席の位置より來れる名稱にして其の意味する所必しも一定し居らず。今日左黨と稱する時は通常社會民主黨及び共產黨を意味し時に民主黨をも含む。右黨と稱するときは國粹黨國權黨及び國民黨を意味し又巴威國民黨、經濟聯合を含むことあり。中間黨とは中央黨を中心とする中央數個の黨派を言ふ。又極左右黨、兩翼黨と言ふ時は國粹黨と共產黨を意味し「ブルジョア」諸黨とは民主黨より右に位する黨派を言ふ。

第二節　現在議會の黨派別

獨逸に現在存在する政黨の名稱は前節に記述したるが、其中現在國會議員を有する政黨は左の如し。一九二四年十二月七日の國會議員選擧以來議員中死亡したる者、拋棄に依て議員の資格を喪失したるもの十數名ありて議員の顔振れに多少の變化を來したるも、此等の原因に基ける缺員は同一政黨に屬する者に依て補はるゝ爲め各政黨の有する議員數には影響を及ぼすことなし。

然れ共議員にして所屬政黨を變更したる者二三あるに依り、議會に於ける政黨の勢力關係には幾分の變動あり、即ち左の如し。

議會に於ける黨派名 (Fraktion)	所屬議員數 一九二四年十二月七日の選擧	所屬議員數 一九二六年一月二十九日現在
國權黨	一〇三 八(ランドブンド)	一一〇(小客員二)
國粹黨(Völkische Arbeitsgemeinschaft — Deutschevölkische Freiheits Partei, National-Sozialische Deutsche Arbeiter-Partei)	一四	一五(中客員一)
國民黨	五一	五一
巴威國民黨	一九	一九
經濟聯合 巴威農民及中產階級同盟	六	二一
經濟聯合 獨逸中產階級經濟黨	一一	
經濟聯合 獨逸「ハノーヴァー」黨	四	

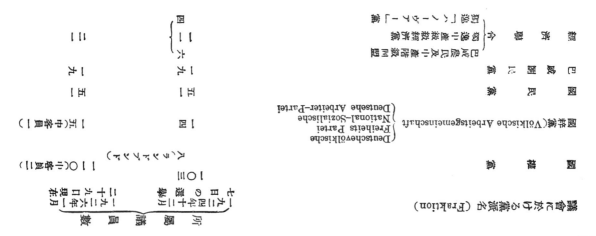

中央黨	六九	六八
民主黨	三二	三二
社會民主黨	一三一	一三一
共産黨	四五	四四
無所屬	一	二
計	四九三	四九三

第三節　各政黨成立の由來

獨逸政黨の由來は殆んど二百年の昔に溯るも眞の意味に於ける政黨の樹立するに至りたるは一八四八年にして爾來種々の變遷を經、以て今日に及びたり。以下現存諸政黨の成立の由來及沿革を說述すべし。

一、國　權　黨

國權黨は一九一八年十二月四日即ち革命後間もなく國粹的基督敎的政策を主張せる諸政黨相集まり組織したるものにして、獨逸保守黨、帝國黨、經濟聯合、獨逸改良黨等以前の保守黨系の諸政黨を中心とし、之に基督敎的反猶太主義者、國民自由黨の一部及び中間の小黨、中央黨、進步國民黨に屬したる少數の者參加せり。從て國權黨成立當初に於ける同黨の勢力範圍は東部、東北部等從來の保守黨の地盤以外に擴張せられたり。然れ共爾來同黨の勢力根據地は漸次再び東部、東北部地方に集中するに至れり。

次に國權黨の前身たる諸政黨成立の由來を概說せんに、

獨逸保守黨成立の發端は十八世紀末葉獨逸及び英吉利に於て時代精神に反抗して勃興したる國粹的基督教的國家思想に存す。獨逸にては此の思想に基き一八四八年憲法爭議の際普魯西保守黨（Konservative Partei Preussens）成立せり。一八七二年普魯西保守黨の一部は分れて新保守黨を組織し、舊保守黨は帝國統一後一八七六年に政黨の基礎を擴張し、獨逸保守黨を組織せり。此頃より同黨は經濟問題を重視するに至り、又一八九三年地主同盟組織せられ、保守黨の中堅を形成するや、農業者就中大地主の利益を擁護するに至れり。獨逸保守黨の一般政綱は一八九二年九月八日「テイヴオリ」綱領（Tivoliprogramm）に依り明なり。（註一）

帝國黨はもと普魯西保守黨より分離し發達したるものにして一八六六年普魯西保守黨中の小數の一派は普墺戰爭後議會に提出せられたる損害賠償法（Indemnitötsgesetz）に關し多數派と態度を異にし之に贊成を表し遂に「カルドルフ」及び「ストンム」を初めとし保守黨より分離せり。最初は自由保守聯合（Freikonservative Vereinigung）と稱し次で自由保守黨（Freikonservative Partei）と改め後帝國建設後國會に於ては帝國黨（Reichs Partei）と稱したり。帝國黨は保守黨に近きも保守黨の如くには極端なる保守主義を固執せず、又特に農業者の利益のみを擁護することなし、且反猶太主義に關しても明確には之を高調せず。（註二）

經濟聯合（Wirtschaftliche Vereinigung）及獨逸改良黨（Deutsche Reformpartei）は何れも基督教的國粹主義を主張する極端なる反猶太黨なり。經濟聯合は一九〇三年獨逸社會政策黨（一八八九年創立）の一部基督教社會政策黨（一八七八年創立）及び獨逸國民同盟等相集て組織したるものにして獨逸改良黨は一八八〇年に創立せられたり。經濟聯合及び獨逸改良黨は一九一六年一月帝國黨及び同主義者と共に獨逸黨（Deutsche Fraktion）を組織せり。（註三）

「ランドブンド」は各地方に於ける農民の利益を代表し、政治的傾向は國權黨に近似す。「ランドブンド」は一九二四年五月の選擧に初めて政治團體として活動せしが政黨として全國に亘る統一的組織を有するに非ずして各地方によつて異なる名稱を有し、聯邦議會に於ても夫々特別なる名稱を以て表はる。例へば「チューリンゲン」にては「チューリンゲン・ランドブンド」「ウュルテンベルグ」にては「ウュルテンベルグ」農民同盟「バーデン」に於ては「バーデン・ランドブンド」と稱するが如し。

「ランドブンド」と國權黨との關係は極めて密接にして國權黨は自黨勢力扶植の爲め「ランドブンド」を利用すること稀ならず。例へば南獨に於ては選擧民は國權黨內普魯西貴族の勢力を厭ふに依り選擧に際しては專ら「ランドブンド」をして活動せしむるが如し。國會に於ては「ランドブンド」選出議員は國權黨員となり、又は共客員となり、何れも國權黨に屬す。然れ共選擧に際しては兩者は必ずしも協同するに非ず。同一選擧區に於て獨立に候補者を立てゝ活動し又或聯邦議會にては國會に於けると異り兩黨併存せることあり。然れ共聯邦議會內に於ける政治上の行動は事實上常に之を共にす。

「ランドブンド」にして相當の勢力を有するものは「チューリンゲン」「ウュルテンベルグ」「バーデン」「ヘツセン・ダルムシュタツト」の四選擧區に於けるものなりとす。

〔註一〕　保守黨成立の歷史に就ては大正十二年外務省歐米局編纂「各國の政黨」六二〇頁乃至六二二頁をも參考すべし。

〔註二〕　帝國黨の歷史に就ては前掲「各國の政黨」六二二頁をも參考すべし。

〔註三〕　經濟聯合會及獨逸改良黨の歷史に就ては前掲「各國の政黨」六二二頁乃至六二三頁をも參考すべし。

二、國　粹　黨

世界大戰後歐洲諸國には革命の氣運漲りしが次で反動時代を現出し、伊太利の「ファシズム」運動を初めとし洪牙利、西班牙、佛蘭西、英國等到る處に國粹運動勃興せり。獨逸も是が影響を受け革命後極めて反動的なる國粹運動起れり。獨逸の國粹運動は純獨逸民族より成る鞏固なる國家を形成せんことを目的とし、異種族就中猶太人及び猶太主義を斷然排斥す。戰後斯の如き反猶太主義運動の旺盛となりし理由は戰爭及び革命に依て國民の嘗めたる大なる辛酸の責任を何人かに負はしめんと欲する群衆心理に基くものにして國粹運動は之が責任を悉く獨逸並に世界の猶太民族に歸せしめんとするに外ならず。

國粹運動は一九二〇年頃より南獨及び北獨地方を中心として各地に起りしが、鞏固なる組織に依て統一せらるゝ事なく之が指揮の甚だ統一を缺きたり。即ち各地には主要なる團體以外に多數の秘密結社存在し、各團體は夫々獨立の指揮者を有し、(例へば「ヒットラー」「グレエフエ」等の首領株以外に「ニユルンベルグ」には「シユトライヘル」「チユーリンゲン」には「デインター」在り)相互に組織的に結合せられざる場合甚だ多かりき。

南獨に於ける「ルドルフ・ヒットラー」の率ゆる國粹主義者の團體は時の巴威執政官「カール」一派と協同し「ウツレ」「グレエフエ」等とも氣脈を通じ一九二〇年國民社會勞働黨(Nationalsozialistiche Arbeiterpartei)を組織せり。一方國會に於ては國權黨の「ウツレ」「グレエフエ」「ヘンニヒ」等極端なる反猶太主義を主張する一派は一九二二年十月國權黨大會に於て同黨より分離して獨逸國粹自由黨(Deutsche Völkische Freiheitspartei)を組織せり。

獨逸國粹自由黨は一九二四年五月國會選擧の際「ヒットラー」の國民社會勞働黨と協同聯合し國民社會自由黨(Nationalsozialistische Freiheitspartei)と稱したり。國粹運動は一九二三年末迄は大に人の注目したる所にして一九二四年五月の國會議員選擧に一躍三十四名の議員を出したる頃を全盛時代とし、其の後時代の變遷と共に著しく勢力を失墜し、同年十二月の選擧には僅か十四名の議員を出したるに過ぎず。蓋し國粹運動は戰後反動時代の産物に外ならざれば、國情の安定と共に當然衰退の運命に遭遇せるものと言ふべく、又政黨としても將來に於ける大なる發展は到底望み得可らざるべし。國民社會自由黨は最近再び從前の兩國粹黨に分れ議會に於ては國粹協同團(Völkische Arbeitsgemeinschaft)を組織し互に協力しつゝあり。

三、國　民　黨

獨逸國民黨は一九一八年十一月九日國民自由黨一部の者に依て組織せられたり。之より先、十一月十五日には民主黨を創立すべき宣言發せられ、次で其の綱領を基礎として舊進歩國民黨及び國民自由黨の幹部間に新黨樹立に關する協議行はれたるが、遂に完全なる妥協を見るに至らず、國民自由黨左翼の進歩國民黨と共に獨逸民主黨を設立したるが現外相「ストレーゼマン」を初めとし國民自由黨右翼の一派は別に獨逸國民黨を創立せり。當時より今日に至る迄同黨内に左右二派の傾向存在せるは創立當時の事情に基く。國民黨は一九一八年十二月其の綱領を宣言し、翌年十月十九日の「ライプチッヒ」に於ける第二回國民黨大會に於て更に詳細なる政綱を決定せり。國民黨は主として生産者の利益を代表し之を組織せる要素並に黨の色彩は比較的單一なり。即ち同黨に屬する主なるものは工業を中心とする生産者及び國粹主義者にして國權黨又は中央黨の如くに種々多様なる分子を包含せず。

さて國民黨の前身たる國民自由黨はもと普魯西進歩黨（Preussiche Fortschrittspartei）より出でたるものにして、一八六六年普魯西進歩黨の一派は同黨の政府反對の態度を非とし、分離して國民自由黨を樹立し「ビスマルク」の大獨逸政策を援助するに至れり。斯くして同黨は一面自由思想を棄てざると共に、一面國粹思想を採用し、政綱中にも兩思想を掲げたり。爾來同黨中には常に此等二分子を包含し來れり。（註一）

（註一）國民黨の歴史に就ては前掲「各國の政黨」六二三頁乃至六二五頁及び外務省歐米局編輯「各國政黨の近況」（歐洲政情研究資料第九輯）三三頁乃至三八頁をも參考すべし。

四　巴威國民黨及び經濟聯合

（一）巴威國民黨

中央黨內には戰前より民主的傾向擡頭し、漸次勢力を增し從來の國粹的反動的色彩稀薄となりし爲之に滿足せざる巴威の舊教徒は、一九一八年別に巴威國民黨を組織せり。然れ共巴威國民黨は保守的なる舊教徒のみならず、凡て南獨の穩和派をも引き入れんことに努めたり。同黨は當初中央黨と全然關係を斷絕することを欲せず、一九一九年の國民議會に對する同黨十七名の選出議員は國民議會に於ては中央黨に屬したり。然るに中央黨內の民主的傾向益々濃厚となり、就中「エルツベルガー」は統一的財政々策を實行せるのみならず、巴威の聯邦主義に一致せざる要求を支持したるに依り遂に一九二〇年一月十四名の巴威國民黨選出議員は中央黨を脫したり。其の後兩黨は協議の結果選舉の際勢力範圍を區分す約束成り、中央黨は巴威に於ては候補者を立てず又巴威國民黨は巴威以外にては選舉運動を爲さざることゝなれり。

中央黨と巴威國民黨は政策上大に立場を異にすること稀ならざるも、宗教上の利害一致せる爲兩者の關係緩和せらるゝこと少しとせず。

（二）經濟聯合

（1）巴威農民同盟は一八九三年巴威の農民が農業問題に關する巴威中央黨の態度に慊らざるに依り之と別れ組織するに至りたるものにして　巴威議會及國會に於て重要なる意義を有したることなし。

（2）「ハノーヴァー」黨は「ハノーヴァー」國滅亡後、一八六九年「ハノーヴァー」地方の特殊利益及び「ハノーヴァー」朝の利益を代表する目的を以て同地方住民に依り組織せられたるものなり。同黨は主義上保守的なるも實際政策に關しては多くの場合中央黨と行動を共にし來れり。

（3）中產階級經濟黨は社會黨の政策に反對して生じたるものにして社會民主黨が消費者に重きを置くに反し、同黨は中產階級の經濟的利益を擁護せんとし、强制經濟に反對し家主の利益を保護せんとす。一九二〇年に初めて選擧運動を開始したるが一九二一年普魯西議會に數名の議員を送り一九二四年五月國會選擧の際は巴威農民同盟及「ハノーヴァー」黨と補候者名表を聯絡し爾來議會に於ては經濟聯合として協同す。

五、中央黨

中央黨發達の起源は元來獨逸就中普魯西舊敎徒の要求に出でたるものにして十九世紀の頃獨逸王侯の間に新敎を信奉する者增加し政治の權力は新敎信者の手に歸する有樣なりしより、舊敎徒は自己の權利を擁護する必要を感ずるに至りしなり。

政黨樹立直接の動機は一八五〇年頃普魯西文敎大臣の舊敎徒に對する政策に基き一八五二年普魯西議會に於て「ライヘンスペルガー」を中心とする舊敎議員の一團は舊敎黨を組織せり。同黨は議場の中央に議席を有したるに依り一八五九年黨名變更の際中央黨（Fraktion des Zentrums）なる名稱を選びたり。右舊敎黨は一八六六年の選擧の時殆んど全く消滅せしが、一八七〇年十二月には普魯西に舊敎徒たる中央黨の組織再び成り翌年獨逸帝國に於て中央黨の樹立を見、巴威の愛國黨を初めとし中央黨に來り參加するもの少からざりき。是實に今日の中央黨の發端なりとす。

中央黨は抑々舊敎徒の利益を擁護する目的を以て成立したるものにして初めより政府反對黨として立ちたるには非ず。獨逸帝國建設後「ビスマルク」が法王領復興の爲伊太利に干涉すべしとする舊敎徒の要求を拒絕したる事より政府に反對の方針を取るに至れり。爾後「ビスマルク」の舊敎々會に對する所謂文化鬪爭（Kulturkampf）に際しても、よく之に對抗し其の存立を維持したり。

一八九〇年頃より中央黨內に宗派的區別を重要視せざる傾向を生じ、二十世紀に至り此の傾向益々顯著となれり。彼の「ケルン」派と伯林派（正統派）の論爭として知らるゝもの是なり。基督教勞働組合の如きも宗派的區別を撤廢すべしとの態度を持し「カール・バツヘルン」は中央黨の地盤に於て新教徒を國會議員候補者に擧ぐべしとさへ主張せり。此の派の主張は黨內に於ける他の一派の强硬なる反對にも拘はらず、漸次貫徹せられ、一九〇九年の中央黨宣言中には宗教的區別を設けざる態度を明かに示せり。

大戰後の諸內閣は何れも中央黨の參加なくしては議會に多數を制するを得ざる狀態なりしを以て、中央黨の政界に於ける地位は愈々重要となれり。中央黨は今日迄總ての內閣に參加し、多くの聯立內閣は中央黨を中心として組織せられたるを以て、中央黨なる名稱は政治的にも適當なる意義を有することゝなれり。中央黨は本來舊教主義を根本とし其の政策は寧ろ保守的傾向をさへ帶びたるに二十世紀の初頃より民主的傾向現はれ、戰時中より戰後に亘り益々著しくなり「エルツベルガー」を初め南部及中部民主派の勢力は漸次右派を壓倒し、一九一八年六月の黨宣言及同年十二月の綱領中には左派の影響に依て新時代に適應すべき政綱掲げられたり。中央黨の左傾は同黨に對し少からざる損害を齎したり。其の最も大なるは巴威國民黨の分離なり。其の後中央黨は民主黨社會民主黨と共に「ライヒスバンナー」なる團體を組織して共和政體の擁護に當り、嘗ては君主々義を主張したる中央黨も一九二五年の黨大會に於ては共和政體を以て活動の目的とし舊教徒の理想なりとする政綱を決定せり。（註一）

【註一】　中央黨の歷史に就ては前掲「各國政黨の近況」三八頁乃至四二頁を參照すべし。

六、民　主　黨

一九一八年十一月十五日民主黨創立の宣言發せられ進歩國民黨と「フリードベルグ」「シッファー」等を中心とする國民

自由黨左派相集り民主黨を組織せり。民主黨は創立當初は比較的勢力を集め一九一九年の國民議會選擧に於ては得票數約五百六十萬、選出議員七十五名に達し、政黨として第三位に位し各聯邦議會に於ても之と同樣の勢力を示したるも其の後漸次衰へ今日は三十二名の議員を有するに過ぎず。斯くの如く當初多大の勢力を維持したる所以は一は選擧民の多數が革命直後にて未だ何れに向ふべきか事情を明にするを得ざりしと國民黨の創立が稍々遲れたる爲後日國民黨に轉したる者にして一時民主黨に參加したる者少からざると、又後國民黨の領袖となりし著名の士が多くは民主黨に集まり從て選擧民を引き付けたる等の理由に依る。

民主黨は「ヴェルサイユ」條約調印の際一時內閣を脫退したると、一九二五年の第一次「ルーター」內閣に黨としては參加せざりし以外に於ては革命後凡ての聯立內閣に加はり、積極的に中央政治に參與し來れり。

扨て民主黨の前身とも言ふべき進步國民黨發達の精神的基礎は十八世紀の頃佛國に起りし自由民主の思想に存す。此の思想に立脚せる政治團體は一八四七年の普魯西聯合議會及び一八四八年の「フランクフルト」國民會議に於て發生したるが進步國民黨の基礎は一八六一年に至りて成立せり。當時普魯西に於て「ビスマルク」が軍制改革を斷行せんとするや、自由民主の思想を抱ける者は之に反對し、團結して普魯西進步黨(Preussische Fortschritts Partei)を組織せり。同黨は一八六二年以後は普魯西下院に於て總數三五二名の議員中二五〇名の多數を占めたるが、一八六六年に至り保守黨と同樣「ビスマルク」の提案せる損害賠償法案贊否問題より黨の分裂を來し、穩和派は別に國民自由黨を組織せり。國民自由黨は爾後十年間「ビスマルク」黨として政府の政策を援助し常に時代の形勢に順應するの方針を採りたる結果、屢々無方針なりとの非難を受けたり。一八七七年「ビスマルク」が從來の自由經濟政策を一變するや國民自由黨に分裂を生じ、一八八〇年左翼の一派は自由協會(Liberale Vereinigung)を設立したりしが、同協會は一八八四年進步黨と合併して獨逸自由思想黨(Deutsche Freisinuige Paritei)を建設せり。然るに獨逸自由思想黨は一八九三年宰相「カプリヴイ」の軍備案に闘し意見衝突の結果再び分裂し、軍備案反對の左派は獨逸自由思想國民黨（Freisinnige Volkspartei）を右派は自由思想協會（Freinnige Vereinigung）を組織せり。

之より先一八四八年頃南獨に於て自由民主を主張する團體起り、一八六八年獨逸國民黨（現在の國民黨とは別物なり）なるものを樹立したるが其の傾向は大體に於て進歩黨左派と同一なり。

一九〇九年財政改革問題に原因して保守黨及自由黨の聯立内閣倒壞するや、自由思想國民黨、自由思想協會及び獨逸國民黨の三黨は「フリードリヒ・ナウマン」の斡旋に依り再び合同して進歩國民黨を組織せり。

此の外一九〇八年に自由思想協會中の「ヘルムート」「ブライトシャイド」等の一派は別に民主協會（Demokratische Vereinigung）を組織し、一九一二年一度進歩國民黨に合したるも國會選擧の後又之より分離せり。民主協會は國會議員を選出し得ざりしも戰前に於ける唯一の急進的民主黨なり。

七、社會民主黨

社會主義の思想は佛蘭西の社會學、英吉利の經濟學、獨逸の哲學を基礎として生じ、獨逸に於ける社會主義運動は一八三〇年代に其の端を發す。一八四八年の騷擾の頃獨逸勞働者間に社會革命の氣運存在したりしが、當時既に其の中に共產主義的傾向と共に穩和なる社會民主的傾向存したり。即ち「カール・マルクス」と共に他方佛の「ルイブラン」の改良派の影響をも受くる所ありたり。

一八四四年より四八年の間に起りたる階級鬪爭の思想は其の後反動時代に入りて一時衰へたるも、總て一八六二年に至り「ライプチッヒ」を中心として再び勃發せり。此の年「フェルヂナンド・ラッサーレ」は伯林に於て勞働運動を開始し、一八六三年五月二十三日一般獨逸勞働者組合（Der Allgemeine Deutsche Arbeiterverein）を設立せり。

一方一八六四年倫敦に於て國際勞働者協會（Die Internationale Arbeiterassoziation）（所謂第一「インターナショナル」）創立せられ「マルクス」一派は之に參加したるが「マルクス」の思想は「ウヰルヘルム・リーブクネヒト」の盡力に依り漸次獨逸勞働階級の間に傳播せられ、總て獨逸の勞働運動には「マルクス」と「ラッサーレ」の二派の別を生ずるに至れり。第一「インターナショナル」に屬する「リーブクネヒト」「ベーベル」の一派は一八六九年「アイゼナッハ」に於て一般獨逸社會民主勞働者組合（Der Allgemeine Deutsche Sozialdemokratesche Arbeiterverein）即ち所謂「アイゼナッハ」黨を組織せり。

「ラッサーレ」の主張は「マルクス」の主張と大差なく、共產主義的思想を根本とするも實際政治に重きを置き、社會改良、民主的政策を主張せり。而して其の後繼者たる「ラッサーレ」派は普魯西主義獨逸主義の色彩を有したるに反し、「リーブクネヒト」「ベーベル」の一派は反普魯西、大獨逸主義にして民主的國際的の傾向を有したり。

「ラッサーレ」派と「アイゼナッハ」派は一八七〇年普佛戰爭の當初は北獨逸議會に於て戰費の協贊に關し異なる態度を取り相爭ひたるが、後一致して之を拒絶せり。戰後勞働運動は大に發展し、一八七一年の第一次國會選擧の結果社會黨は二名の議員を出したるに一八七四年の選擧にては增加し十名となり、兩派の勢力略々匹儔するに至れり。兩派の爭は其の頃迄繼續せしが遂に多數の要求に從ひ、一八七五年五月「ゴータ」會議に於て合同して獨逸社會勞働黨（Die Sozialistische Arbeiterpartei Deutschlands）を組織せり。右會議に於て決議せられたる「ゴータ」綱領は民主、平和、社會改良主義的色調を帶び「マルクス」の痛烈なる非難を蒙りたり。

合同後社會勞働黨は大に發展し、一八七七年の國會選擧には約五十萬の投票を獲得し十三名の議員を出したり。是に於て「ビスマルク」は同黨抑壓の必要を認め、偶々皇帝「ウヰルヘルム」一世暗殺計畫ありたるを機とし一八七八年社會主義者取締法（ソシアリステン・ゲゼッツ）を發布せり。

該法律に依りて社會黨内の勢力は減殺せらるゝことなく、却て著しく增大したりしが、是に依り同黨の蒙りたる最も大なる打擊は黨組織の甚だしく攪亂せられたることなり。而して此機會に黨内に「ベルンシュタイン」一派の新しき思想的傾向を生じたることは黨將來の發達に大なる影響を及ぼしたり。一八九〇年に「ビスマルク」内閣は倒壞し社會主義者取締法は廢棄せられたり。一八九一年十月社會黨は「エルフルト」に大會を開き新政綱を揭げ其の名稱を社會民主黨と改めたり。「エルフルト」綱領は「カウツキー」の起草に懸り「マルクス」の理論を基礎とするも、實際政策として揭ぐる所は社會改良なり。

社會黨の改良派は獨逸工業の急速なる進步を爲したると當時勞働組合が勞働時間及賃銀問題に重きを置きたるに依り益々勢力を增大し一九一二年國會選擧の結果社會民主黨が四百萬以上の投票を獲得するに至りたるは正に改良派政策の成功を意味するに外ならざる可し。

次で一九一四年世界大戰勃發するや、當初勞働階級の大部分は社會民主黨改良派の政策に贊成を表し、國會に於ける戰費の要求に對しても社會民主黨は最初擧つて之に贊成したるも戰爭の進捗と共に左右及び中央の三派を生ずるに至れり。即ち(一)革命派たる「スパルタクス」團(二)「カウツキー」「ベルンシュタイン」「ハーゼ」等の率ゐる中央派即ち後獨立社會黨を形成したる一派(三)及び今日の社會民主黨是なり。

左翼の「リープクネヒト」一派は漸次發展して共產黨を組織するに至れり。(註一)

「ハーゼ」一派は一九一六年三月緊急軍事豫算の票決に際して反對投票を爲したるに依り、社會民主黨より除名せられたるが、同志十八名は社會民主協同團(Sozialdemokratische Arbeitsgemeinschaft)を組織し次で一九一七年四月「ゴータ」會議に於て獨立社會黨を組織せり。獨立社會黨は「リープクネヒト」派と共に即時講和及革命を鼓吹したるも其の態度は必しも一定せず。革命後は社會民主黨と妥協し國民受任委員の政府を組織し事實上社會民主黨の革命抑壓政策を支持する形となりしが、間もなく黨內の極端派に制せられ、かゝる妥協政策を行ふを得ざるに至り、一九一八年十二月下旬假政府より脫退せり。

扨て獨立社會黨內には成立の當時より左右二派の傾向存したりしが偶々第三「インターナショナル」加入問題に關し兩派の間に激烈なる軋轢起り一九一〇年十月十六日「ハルレ」の黨大會に於て莫斯科の提示したる加入條件大多數を以て可決せられたる爲玆に兩派は遂に分離するに至れり。「ベルンシュタイン」「クリスピエン」「デイットマン」等獨立社會黨有力者の大部分は右派に屬し、依然聲名を存續し左派は十一月一日の伯林に於ける共產黨大會に於て之と合併せり。

右分離により共產的分子を一掃したる獨立社會黨の主張は社會民主黨の主張に甚だしく接近し「ブルジョア」內閣の色彩ある「ウヰルト」內閣に對し好意的中立の態度を示し間接に之を支持し、以て從來の政策を拋棄せり。一九二二年の夏「ラテナウ」外相暗殺事件起るや兩黨は愈々接近し共和擁護法の議會通過に際しては協同團を組織して行動を共にしたるが其の頃より兩黨を合して戰前の單一社會黨を組織するの議起り、遂に一九二二年九月中旬「アウグスブルグ」の多數派社會黨大會及び「ゲラ」の獨立社會黨大會の可決を經て九月二十五日「ニュルンベルグ」の合同大會に於て合同を完成せり。

社會民主黨は革命後「ブルジョア」諸黨と聯立內閣を組織し此等と妥協政策を行ふに至れる結果、一九二二年九月「ゲアリッツ」大會に於て新政綱を決定し、階級鬪爭を以て既存の事實なりとしたるも最早之を以て同黨の主要なる任務とは看做さず、社會改良主義に依る實際政策に重きを置くことゝせり。爾來同黨は益々右傾する有樣にて歷代の「ブルジョア」內閣に對しては之を援助し來り(倫敦最後通牒「ルール」占領の終結、「ドーズ」案、「ロカルノ」條約等に對する態度)、一九二三年秋には國民黨を加へたる大聯立內閣にさへ參加せり。又其の頃政府は左右より來る革命運動を抑壓せんとしつゝ實は左黨の壓迫に峻嚴なりしに依り社會民主黨としては自黨の勢力を維持する點より見て温和なる妥協政策を取る事は極めて不利なりしにも拘らず一九二三年十二月の權限賦與法に贊成せり。

此等の事情に依り社會民主黨の聲價著しく減退し、時と共に沒落し行くの狀態を呈したるも其の後社會民主黨は何れの內閣組織にも參加せざりし爲最近は幾分勢力を恢復したるが如し。（註二）

【註一】詳細は共產黨發達の部參照。

【註二】社會民主黨の歷史に就きて前揭「各國政黨の近況」四五頁乃至五四頁をも參考すべし。

八、共產黨

共產黨は獨立社會黨と共に社會民主黨より分離し成立したるものにして、共產黨發生の原因は既に遠く社會民主黨創立の頃より存在したりと言ふを得べし。世界大戰の勃發するや社會民主黨の左翼は戰爭を非とし第一回戰時公債募集の贊否に關する黨議の際「リーブクネヒト」「ハーゼ」の一派十四名は之に反對せしも八月四日の議會に於ける投票に際しては黨議に拘束せられ贊成投票を爲せり。此の時より社會黨分裂の傾向時と共に顯著となり、一九一四年十二月二日第二回戰費要求の際には「リーブクネヒト」は黨の決議を顧みず單獨反對投票を爲し、翌年三月二十日豫算の表決に際しては「リーブクネヒト」は「リユーレ」と共に反對投票を爲し「ハーゼ」一派三十名は議場を去て投票を留保せり。「リーブグネヒト」等は「インテルナチヨナール」團として團結し一九一五年秋頃迄は「カウツキー」「ハーゼ」の穩和派と行動を共にしたるも其の頃より全然行動を別にし同志の會議を開き過激なる綱領を決定し殊に「スパルタクス」書翰を發行し大に宣傳に努めたり「インテルナチヨナール」團は該書翰の名に從て爾後「スパルタクス」團と稱せられたり。「スパルタクス」書翰は共產黨機關紙「ローテ・フアーネ」の前身なり。「リーブクネヒト」は一九一六年一月社會黨より公然除名處分を受けたり。

扨て「ハーゼ」一派は一九一五年十二月二十九日の國會に於ける第五回戰費要求に對し反對投票を爲し社會民主黨多數派との反目愈々顯著となり、翌年三月政府の緊急豫算表決の際同志十八名は遂に分れて社會民主協同團を組織せしが一九一七年四月獨立社會黨を創立せり。當時「スパルタクス」派は首領連入獄中なりし爲一時之と行動を共にしたるも兩者の主張素より一致すべくもあらず。一九一七年より一九一八年に亘り獨立社會黨より離れ、極端なる革命運動を實行し一九一八年十二月共產黨を組織せり。共產黨は成立後間もなく首領「リーブクネヒト」「ローザルクセンブルグ」の暗殺に依て少からざる打擊を蒙り、一九二〇年二月には「ラウフエンベルグ」一派は分れ共產勞働黨（Kommunistische Arbeiter Partei）を組織したるも久しからずして再び合同し、同年六月の國會選擧には二名の議員を出し同年十月には獨立社會黨の分裂に依り其の左翼を合併し勢力國會の內外に大に振へり。次で共產黨は一九二一年三月「カツプ」政變の一週年を期し中獨に暴動を起したるも失敗に歸し、之が責任問題に關し黨內に論爭起り黨首「パウル・レヴイ」は黨より除名せられたり。「レヴイ」は玆に於て「ドイミヒ」「アドルフ・ホフマン」等の領袖株と共に共產協同團として團結し後獨立社會黨に移り行けり。斯くて獨逸共產主義運動史上に於ける名士の大多數を失ひたる共產黨殘部は僅かに十一名の議員を擁するに過ぎざるに至れり。然れ共此の頃より黨內に於ける左右兩派の傾向減退し中央派の勢力安定し一九二一年八月「ヱナ」の黨大會に於ては中央派の政策を命じたる第三「インターナショナル」執行委員會の公開狀承認せられたり。當時國內に於ける反動的勢力著しく勃興し、藏相「エルツベルガー」の暗殺を初めとし國粹的陰謀團の活動顯著となり、遂に一九二二年六月外相「ラテナウ」の暗殺せらるるや共產黨は社會民主黨と共和政體保護手段の實行を要求せり。然るに共和政體保護法は却て共產黨活動抑壓手段として利用せられたり。

次で一九二三年「ルール」の占領開始せられ內政狀態混屯たる有様を呈するや、共產黨は再び勢力を挽回し「サクセン」及び「チューリンゲン」に於て社會民主黨と共に內閣を組織し、共產黨の主張を實行せんとしたるも、中央政府は戒嚴令と大統領の特別權限を利用して忽ちにし此の運動を鎮息せしめたり。此の共産黨「拾月の失敗」の結果、黨の歩調亂れ、右派を代表せる「ブランドラー」一派は、「ザクセン」問題に原因し全然勢力を失ひ、一九二四年四月の「フランクフルト」黨大會に於て全然幹部の地位より除外せられ、左派の勢力之に代りたり。一九二四年五月の國會議員選擧に於て共産黨は一躍三十七萬票を獲得し、六十二名の議員を出し正に左派政策の勝利を示したり。

然るに左派の中にも尠て二派の別を生じたり。一九二五年春大統領選擧の結果共産黨は反動政治の危險發生したるを見、是が對抗策を講ぜんとしたるが歩調統一策、勞働組合問題等に關し穩和派たる中央幹部と極左派との間に意見の衝突を來したり。（註一）

一九二五年六月伯林に於ける共産黨大會に於ては前の「ブランドラー」一派の最右翼及び「ルートフイツシヤー」「ショーレム」一派の左翼の危險に對し大に戰ふべき旨決議を爲せり。之より先、莫斯科第三「インターナショナル」執行委員會は獨逸共産黨に對し右傾政策を命ずる書翰を送りしが伯林大會に於ては之を承認せり。爾來中央幹部派と極左派との反目益々激しく最近「ショーレム」一派の極左派數名は黨より除名せられたり。「ルートフイツシヤー」一派は依然として黨の左翼を代表して止まれるも、最早勢力なく、現在の共産黨は第三「インターナショナル」の政策を遵奉する右派の城塞となれり。斯くの如く近來共産黨内に内訌の絶えざるは有力なる指揮者を缺けること、獨逸の政情及び經濟狀態の變化し來れること、莫斯科の共産黨、第三「インターナショナル」の政策變遷等に原因すと言ふべし。（註二）

【註一】　精確に云へば極左派中にも二派の別あり。「ルートフイツシヤー」「マスロ」一派は中央派とも云ふ可く、「ショーレム」「ローゼンベルグ」一派は極端派なり。

【註二】　獨逸共産黨の歴史に就きては尚ほ前掲「各國政黨の近況」五四頁乃至五七頁及「各國の政黨」六四二頁乃至六四五頁をも參照すべし。

第四節　各政黨の主義綱領

一、國　權　黨（一九一八年十二月二十七日の對選擧宣言及び一九二〇年の綱領參照）

國權黨は明かに君主政體を主張し帝政を以て獨逸民族の特性及び其の歴史的發達に最も適合したるものなりとなす。而して同黨の有力者間には專制君主制を主張する者あるも黨としては議會政治と普通選擧を承認す。又婦人參政權をも主張す。是多くの獨身婦人の投票を集得する政策上の打算より出づ。議會政治を認むるも民主々義に基く一院制度に反對にして下院の外に職業的區別を基礎とする上院を必要なりとなす。玆に職業代表制と言ふも實は階級代表を意味するに外ならざるべし。

聯邦組織に關しては革命後統一的國家組織要求の聲喧しかりし爲、中央政府の權力擴張を主張したるも實は特に聯邦の獨立を要求し「ビスマルク」憲法の下に於けるが如き普魯西の優越的地位を確保せんことを欲す。又國權黨內の貴族(ユンケル)階級の勢力增大に伴ひ普魯西の分裂には斷然反對す。各聯邦の政體は各聯邦の自ら定むる所に任すも少くとも普魯西に於ては帝制を復興し「ホーヘンツオルレルン」家の復活に努力す。共和政體の變更、君主政體の回復は合法的手段に依るべく暴力に訴ふべからずとするも「カツプ」「キュストリーン」「ミュンヘン」等の政變暴動に於て首謀者と國權黨との間に常に密接なる關係ありしを見れば國權黨內には暴力主義に從ふ者少からざるを知る。

舊保守黨以來の傳統に從ひ最高行政機關の獨立權限を大ならしむべしとして大統領の權限擴張を要求し職業官吏制を確立すべしとす。

猶太人問題に關しては大に國粹主義、獨逸民族主義を鼓吹し猶太人並に猶太主義を排斥す。此の傾向は國權黨創立後益々猛烈となれり。此の點に關しては國粹黨と主義を同じうす。即ち猶太人の權利の制限を要求し東方猶太人の獨逸移住を防止すべしとす。

次に對外政策に關しては獨逸國民を外國の羈絆より脫せしめ、「ヴェルサイユ」條約の變更、戰爭責任に對する誣言の撤回、植民地の回復、在外獨逸小數民族の保護、獨墺併合等を主張し外交政策は强硬にして妥協を排し獨逸主義に基く極めて巧妙なるものなるを要すと爲す。

經濟組織は私有財產制度を基礎とし、個人經濟を根本とし、自由主義に依り企業の社會化、强制經濟等には反對す。經濟的復興の第一要件は產業の振興に在りとし就中農業の發達を重視し是が利益を特に擁護し、國內移住を奬勵し海外移住を防止す。尙ほ商工業の發展、中產階級保護の必要を說くの外、時代の趨勢に鑑み社會政策的立法を認め、「ペトリープス・レーレ」の法律に贊成し勞働者の利益を保護すべしと言ふを忘れず。「マルクス」主義に對しては文化の破壞者として之を斥く。

租稅に就ては出來得る限り徵收すべきも租稅能力に從ひ又家族の事情を考慮すべく、租稅負擔に依り事業資金の集積を妨ぐることある可からずと唱ふ。

宗敎に關しては基督敎主義を力說し、信敎の自由、基督敎團體の自由、各宗派の平等を主張するも猶太敎は之を排斥す。敎育は獨逸精神の涵養を目的とし、學校制度に關しては統一制を明かに非難することなきも宗敎學校に便宜を與へ、私立學校の自由なる發達を望む。共通の小學校制度を設け、上級學校への連絡を保たしむること等は專ら時代の時求に副はしめんか爲め揭げたる政綱なり。

右國權黨の政綱は革命直後時勢の影響を受け、是が決定には同黨內の新人を加はらしめ時代の趨勢に順應する所ありたるも、爾來黨內には舊保守黨系の色彩漸次濃厚となりたれば實際政策は、必ずしも右政綱とは完全に一致すとは言ふを得ず。

二、國粹協同團

(イ)國粹自由黨

國家は群衆の合議制に依り支配し得るものに非ず。一の强力なる首長を必要とす。君主の地位を窺ふは非道德的なり。今日直ちに暴力を以て君主制を復興せんとするは得策に非ざるは之を認むるも聯邦の分立を否とし鞏固なる統一國家組織を必要とす。

議會政治は世界的資本主義の支配の具に外ならず獨逸の國民性とは合致せず、先づ小自治體に於て首領を選出し夫等の中より漸次大なる政治區域の首領を選出し最後に全國最高首領會議を組織し、之をして議會に代らしむ。獨逸の國家は血統を同じうする獨逸民族の團體として猶太民族を排斥し民族發展の根據たる家庭を尊重し家名の猶太人に依る亂用を防ぎ中歐に於ける獨逸民族の團結を主張す。

外交政策に關しては「ヴェルサイユ」條約を否認し、「ドーズ」案「ロカルノ」條約、國際聯盟加入に反對す。

次に「マルクス」主義は國家及經濟を破壞するものなれば之を排すべく、最高の發達を遂げたる資本主義も亦殘酷なる專制的支配を意味すとして反對す。私有財產制度を基礎とし農民に耕地を與へ、手工業者に自由を與へ企業は自由なるも社會的義務に從ふべし、勞働者には企業利潤の一部を分與す可しと主張す。

金融制度を國有化し、貸付資金の獨占的支配を排除し、公債の募集を廢止す。家庭の財產を維持する爲め相續權を維持し、高率なる相續稅の賓收を避く。十分なる「アウフウエルトウング」を爲し貯蓄の回復に努む。

敎育に關しては獨逸文化殊に文學、歷史、宗敎を尊重し學校制度は各聯邦の自由に任し國家は其の大綱を決定するに止む。

猶太人の學校は彼等自らの闘する所にして之に對し公共の費用を支辨すべからずと爲し、出征軍人、戰時傷病者、遺族を保護し凡て愛國的行動は自由にして之を擁護すべしと唱ふ。

（ロ）國民社會勞働黨

國民社會勞働黨の主張は國粹自由黨の主張と殆んど同一にして民族自決主義に基く大獨逸主義を奉し獨逸民族の獨逸を造り猶太人を排斥し彼等は客員として居住を許し外國人に對する法律を適用す。又他種族の獨逸への移住を防止し一九一四年八月二日以後移住し來れる他種族は速に放逐すべしと爲す。

個人の性質、能力を顧みず單に政黨政派の關係にて集合せる議會政治に反對す。立法、行政、司法に闘する公の職務は獨逸國民のみ之に從事することを得。

國民は生産的行爲を爲す義務を有し利子奴隷制度を破るべく戰時利得は徹底的に取立つべし。合同せる企業を國有化し、公共の利益を目的とする土地沒收法を發布し、地代を廢止し、土地に闘する投機を防止す。志願兵制度を廢して皆兵制度を採用す。

基督教主義を主張し物質的猶太精神と戰ふ。

以上の目的を遂行する爲鞏固なる中央勢力を必要とし國會をして大なる權威を維持せしむべしと爲す。

三 國民黨（一九一九年十月十九日「フイプチッヒ」黨大會に於て決議されたる政綱要旨）

國民黨は現在の共和政體を是認し國家の再興に努力せんとするも獨逸國民の本質と歴史に適合せる政體は君主政體なりとし是が國民の自由意思に依て實現せんことを希望す。國旗は黑白赤の三色旗と爲すべし。聯邦組織に闘しては統一的國家組織を要求し各聯邦に廣汎なる自治權を認めんとす。

革命後他民族（就中猶太人）の獨逸に移住し來れる者甚だ多かりしが是が對抗策を講ずべく獨逸民族の海外移住を防止し大規模の國內移住を實行し在外獨逸小數民族を保護すべし。

國家は强力なるを要し他國に對しては融和を目的とす。然れ共國の名譽毀損せられ、獨逸民族の結合禁止せられ、武裝的平和の維持せらるゝ間は此の目的を達するを得ず。

職業官吏制を確立し最高官吏を除く外政變に依り地位の變更を來すことなからしむ。

經濟上は私有財產制度、營業の自由を基礎とし、相續權を固守す。社會主義に反對し、勞資の協調に努力し、企業の國有化は之に依り一般的利益の增進せらるゝ場合にのみ是認すべし。勞働者の組合權を法律を以て保證し、農業を振興せしめ國內移住に依り農業勞働者問題を解決し、商工業の發展を計り手工業を保護す。

租稅に關しては租稅能力を標準として課稅し家族の事情を考慮すべし。稅制は國家の必要に應じて決定せられたるも尙ほ各聯邦に對しては適當なる程度に租稅に關する權限を與ふべし。

宗教に關しては信教の自由を認め、基督教を以て獨逸文化及び國民生活の根底とす。宗教團體の自由を認め、公共團體たる性質を保持せしむ。又國民教育、各宗派間融和の爲め教會と國家との共力を必要とす。教育に關しては統一學校制度を要求し有能者には上級學校に至るの途を講じ、宗教々育は之を存續せしむ。私立學校は國家監督の下に自由に存在せしむ。教育の目的は獨逸歷史の偉大なる所以を知らしめ愛國心を養ふに在り。

四、巴威國民黨（一九一八年十二月巴威國民黨綱領要旨）

巴威國民黨は巴威に於ける舊教黨にして其の主張する所、聯邦制を强調する點を除き大體に於て中央黨の主張と異ることなし、何れの聯邦にも優越權を認めざる聯邦制を要求し、戰前の如く普魯西勢力の下に壓迫せらるゝことを好まず。聯邦制を廢止せる統一的國家組織に斷然反對す。而して新教の「ホーヘンツオルレルン」家に反對し巴威の王家「ウキツテルスバツハ」の復興を望み、共和政體には不滿を抱くも一九一八年の革命に依り生じたる事態は一應歷史的事實として承認し、是が變更を必要とするも其の際暴力に依る直接行動は之を避くべしと爲す。巴威の王家に對しては忠誠を盡し從て國粹的なるも外交に關しては曾て獨立して他國と外交使節を交換したる時代を想起し、昔に還らんことを欲す。先年巴威の舊教徒が巴威の分離運動を爲したる際、屢々佛國側と接近したるが如きは正に此の理由に基けるなり。

又大獨逸主義を奉し獨墺併合の勢を促進せしめんとす。

次に經濟上は各職業、身分、階級の利益を均衡せしむべしとし、特定階級の優越權を排斥するも階級爭鬪を否定し、所有權、相續權の維持を主張す。農業生產力の增進を計り特に農民の利益を保護し商工業、手工業の發展を計り官吏雇員、勞働者の公の待遇を平等にし勞働階級保護の爲社會政策的立法を爲す。戰時傷病者の救恤を充分にす。租稅に關しては租稅能力に從ひ租稅を賦課し家庭の事情を大に斟酌し、戰時利得に對しては嚴格に課稅す。文教問題に關しては凡て基督教主義を基礎とし信教の自由、各宗派の平等待遇、宗教學校制を主張す。

五、經濟聯合

(イ)巴威農民同盟

小中農、手工業其の他中產階級は共同利益を有するを以て互に協力すべしとし、經濟問題の解決を以て第一の要務とし、是が解決を待ち初めて財政問題をも解決し得べしと爲し「トラスト」「カルテル」等に依る資本の勢力に對抗し物價騰貴を防ぎ賃金に對する高利に反對す。農業は國民經濟の基礎を爲すものなれば是が振興を計り關稅に依り十分保護す可しとす。貯蓄階級の破滅したることを遺憾とし僅か一割前後の「アウフウエルトウング」の如きは承認すべからずと爲す。文化問題に對しては基督教的觀念を基礎とし、教會の權利を確保し宗教學校の特質を維持せしむ。

凡ての事に關し政黨政派よりも先づ國家を第一とす。

(ロ)中產階級經濟黨

中產階級經濟黨は戰後中產階級が資本の勢力と勞働階級との間に介在して沒落の運命に逢著したる時、之を救濟する途は先づ政治的勢力を獲得するに在りとて成立したるものにして中產階級の擁護發展を目的とし、政治問題に比し經濟問題を遙かに重要なりとす。

經濟生活に對する國家の干涉を排斥し就中住宅に關する强制的支配の撤廢を要求し、經濟政策に關する黨派的差別消費者偏重主義に反對す。國家救濟の根本は勤勉なる勞働に在りとし請負仕事を奬勵し、生活必須の事業に就ては罷業を禁止す。農產物生產の增進を計り農民を保護し農事勞働者問題は多數の小自作農を作ることに依り解決すべく、大地主の利益を擁護せんとする國權黨の政策に反對し社會政策的立法を爲し就中保險に關する法律は健全なる基礎の上に立たしむべしと唱す。

財政に關しては國費の節約を爲し租稅を輕減し貯蓄力を增進せしむべく、各聯邦の租稅徵收權の獨立を回復せしむべしとす。職業官吏制の確立を要求す。國民の安寧幸福は教會と學校に在りとし、思想、信教の自由、基督教團體の保護發達、教育の自由を主張し、私立學校を承認す。

政治問題に關しては統一したる政綱なるもの決定せられざるも、外交の目的は祖國の發展に在りとして國際主義を排し「ヴエルサイユ」條約を非難し、他國の移住者にして獨逸國民の負擔となる時は是が追放を要求す。政治的傾向は略國民黨と中央黨の中間に位す。

（ハ）「ハノーヴァー」黨

國家の組織に關しては聯邦組織を基礎としたる鞏固なる國家を要求し此の點に於ては統一國家を主張する國民黨と立場を異にす。又各聯邦の平等を主張する點に於て普魯西の優越的地位を認むる國權黨の主張と異る。普魯西より分離し「ハノーヴァー」獨立の回復を要求し「ニーダーザクセン」の言語、歷史、文化を青年敎育の根本とす。中央集權制度に反對し官僚主義を排す。

外交問題に關しては「ヴェルサイユ」條約に反對し、正義の道を進むべく、戰爭責任に關する虛言を撤廢せしめたる後國際聯盟に加入し、獨逸民族を保護し、獨墺併合に迄進むべしとす。

經濟組織に關しては個人主義を基礎とし、國民の經濟的並に社會的利害の衝突を調和し、國內生產階級の發展を計り、國際資本主義に反對す。然れ共階級鬪爭は斷然否定し革命等の暴力手段は之を避くべしとなす。

六、中央黨（一九一八年十二月三十日の中央黨綱領及び一九二二年一月の伯林に於ける第二回黨大會の決議參照）

中央黨の目的は眞理、正義及び自由の爲に戰ふに在り。基督敎的國民黨として國家、社會、經濟、文化生活の中に基督敎主義を實現せしむべく、入黨に關しては宗派的差別を設くることなし。

國家の組織に關しては民主共和政體を主張し統一國家を要求するも同時に各聯邦の特色を毀損すべからず、外交國防は中央國家の事項なるも宗敎並に敎育の事は聯邦に一任す。

國家思想を養ひ暴力に依る國家の顚覆を非難す。獨逸國は民族國家たるべく、凡て獨逸民族は聯合すべし。公の職務に關しては國民は總て平等にして階級區別を設くることなく獨立なる職業官吏制を維持す。

對外政策に關しては正義に基き武裝的平和を排し、國際聯盟に就ては加盟國には大小の別を問はず平等の權を認むべく、義務的仲裁々判制度を設くべし。植民地の回復及び獨逸小數民族の保護を要求し、勞働問題に關する國際的協定を望む。

經濟組織は私有財產制度を基礎とし個人經濟を原則とするも資本勢力の過大となるを防ぎ又階級鬪爭は之を否認し各階級の協調を必要とす。經濟の目的は生產力の增進に在るも同時に分配の公平を忘る可からず。土地、住宅の改良を爲し、農業を振興せしめ國內移住を奬勵し、企業の自由なる活動を承認し、勞働者の能率、勞働に對する興味の增進を計り、其の他中產階級、手工業、商業等を保護振作せしむ。又生產者と同樣に消費者階級を顧慮し、社會政策を實行すべし。課稅は擔稅力を標準とし、大所得、大財產、就中戰時利得の如き不當所得に重稅を賦課すべしと爲す。

思想、信教、教育の自由を認め、教會其の他宗教團體の自由及獨立を維持し、教會と國家の協力を必要とし、公共生活に於ては宗派的區別を設けず。教育に關して國家の援助は非難すべからざるも學校制度の國家獨占は承認すべからず。青年の宗教々育は專ら教會の權利に屬すと爲す。

七、民　主　黨（一九一九年十二月の民主黨政綱要旨）

民主黨は「ワイマール」憲法の基礎の上に立ち、是が保護と實行を目的とす。統一的國家を要求するも各聯邦及び各種族の特性を尊重維持すべしとなし、中央集權制度に反對す。

職業官吏制を確立するも行政に關しては更に官吏以外の者を大に參加せしむべく、各聯邦には廣汎なる自治を認む。

傭兵制度を廢し一般的兵役義務を基礎とする民軍を設く。

國際關係は武力に依らず正義と自由の精神に依り維持すべく「ヴェルサイユ」條約並に「サンヂェルマン」條約の修正を要求す。獨逸民族の結合、民族自決權、在外獨逸小數民族の保護、植民地の回復を要求し、眞の目的に副へる國際聯盟に贊成す。

經濟上は私有財産制度に立脚し、個人經濟を原則とし、社會主義に反對す。何となれば生産機關の國有化は經濟の官僚化に外ならず、生産力を減退せしむればなり。

小數者の獨占的支配を排し、大なる耕地は分配して自作農を增加せしめ、農業勞働者移住の可能性を作り、土地の投機を防止す。商工業金融、保險業に關する企業の合同が利益を獨占する場合には國家はよく監督權を實行すべし。

强者の弱者壓迫及搾取、財産所得の不當なる分配廢除に努むべし。勞働の機械化を離し、手工業及び小商業の保護を必要とす。租稅は財産所得の著しき差別を調和平均せしむる目的を以て課稅すべきも其の際資本の形成に就き考慮を拂ふべし。何となれば資本の集積なくしては經濟全體の收果擧がらざるのみならず、個人の生活をも向上するを得ざればなり。

思想及び信教の自由を認め原則として國家と宗教と分離せしむべく、民主々義者は教會內に於ても民主思想を涵養すべし。教育は自由にして十四歲まで義務教育を受くべく、初等教育は無償にして有能者には學資金の補助を與ふ。統一學校制度を主張し、階級宗派の區別を設くる私立學校に反對す。

八、社會民主黨（一九二五年九月の「ハイデルベルグ」綱領要旨）

社會民主黨は革命後に於ても一八九一年「エルフルト」大會に於て決議せられたる政綱を其の儘維持したるも最早時勢に適せざるに至り、就中戰後社會民主黨內には急進派除外せられ社會改良派勢力を占め實際政策に當ても「ブルジョア」諸黨との妥協政策を實行する有樣となりしより新政綱を決定する必要に迫られ一九二一年九月「ゲアリッツ」に於ける黨大會並に一九二五年九月「ハイデルベルグ」に於ける黨大會に於て新政綱を決議せり。

此等の綱領に表はれたる社會民主黨の主張を一言にして言へば社會改良主義を主張し、議院政治共和政體を承認しつゝ合法的手段に依り徐々に生産機關の社會化を實行せんとするものにして暴力的革命、無產階級の獨裁を否認し、實際政治の上に於ては「ブルジョア」諸黨との妥協を辭せず。

「ハイデルベルグ」綱領の要旨左の如し。

社會民主黨は階級的特權に反對するのみならず、階級夫れ自身の沒滅を目的とし、勞働階級の壓迫搾取の排除を必要とするのみならず、凡て或特定階級及び民族の抑壓を排斥す。勞働階級の目的は生產機關を社會の有に歸せしむることに依り達するを得べし。勞働階級の解放運動は經濟戰たると同時に政治的鬪爭にして政治的勢力を獲得するに非ずんば其の目的を達成するを得ず。而して民主共和政體は政治勢力を獲得する爲めには最も適當なる政治組織なれば之を擁護すべし。聯邦組織に關しては地方自治制を基礎とする統一國家組織を要求す。

司法行政は直接中央國家の事項とし、司法官は中央國家の官吏とすべし。保安警察は統一的國法を以て原則を定め刑事警察は全國的に統一し軍隊の組織を變更し共和國の有用なる機關たらしむべし。

行政を民主化し各聯邦自ら之が實行の任に當り中央國家は聯邦行政の原則を改定す。

司法制度に關しては階級及び黨派的裁判を排し裁判には大に素人を參加せしむべく、民法上は財產權よりも公共の權利を第一に擁護し、男女を平等とし、離婚手續を容易ならしめ、私生兒の區別待遇を廢止し、刑法上は死刑を廢し陪審制度を舊に復し其の權限を擴張すべし。

社會政策に關しては組合權、罷業權を保護し、八時間勞働制を確立し、少年勞働に對しては更に勞働時間を短縮し、夜間勞働を制限し、每週少くとも四十八時間の繼續的休息を與へ、每年一定期間の休暇を與へ、休暇中は賃銀全額の支拂を爲し、義務敎育年齡の兒童勞働を禁止すべし。企業は監督の爲に勞働者、雇員を參加せしめ、團體的賃銀契約の效力を法律上確保し、勞働裁判所を設立し、統一的勞働法を制定すべし。

教育及び宗教問題に關しては有産者の教育上の特權を排し、統一學校制、初等教育の無償、學用品の無償給付を要求し、教育に對する宗教、教會の影響を拒け、國家と教會、學校と教會の分離を主張し、國家の費用を教會及び宗教の用に供することに反對す。

財政經濟に關しては大規模の財政改革を要求し源泉課税を原則とし、租税の負擔能力を標準とし、所得税、財産税、相續税を增徵し消費税を輕減し、賣揚税を撤廢し、生活最低限度迄租税の免除を爲す可し。土地、地下埋藏物、天然の動力源泉は之を社會の有に歸せしめ、「トラスト」「カルテル」等合同企業の活動に對し政府の監督を實行し、農工業の生產力增進を計り、國內移住を奬勵し、保護關税組織を撤收し、長期の通商條約を基礎とし國際間物資の交易を自由ならしむ。又營利を目的とせざる產業組合の發達を計り一般利益の爲の家屋建築を奬勵し、借家法を公法的のものとすべし。

國際關係に就ては社會民主黨は第二「インターナショナル」の一員として諸國の勞働者と共に帝國主義「ファッスム」に對抗し、社會主義實現の爲に努力す。而して各國民間反目の融和を計り平和の確保に努め義務的仲裁々判制度を基礎とし國際紛爭を平和的に解決し、民族自決權を認め、植民地民族の抑壓に反對し、國際的軍縮を要求し、國際聯盟の民主化を必要とし、歐洲の經濟的統一、歐洲合衆國建設に贊成す。

九、共產黨

共產黨の實際政策に關する根本方針を揭げたる綱領なるものなきも國會議員選擧の際に於ける宣言、每年共產黨大會の決議に依り其の主義方針を知ることを得べし。共產黨の實際政策に關する主義方針は同黨創立以來或は右派の影響を受け或は左派の影響を受くるに從ひ多少變化する所あり。(註一)一九二五年七月の伯林に於ける黨大會に於て決議せられたる實行綱領の要領左の如し。

反動的帝國主義的なる有產階級に反抗し無產階級の共同戰線を整ふるを現今第一の任務とし、就中勞働組合の國際的統一を計らんとす。有產階級の勞働者搾取に對する鬪爭手段としては勞働組合の力を利用すべく、以て一般的八時間勞働制、鑛山業の七時間制、年少者に對する六時間制の制定、生活最低限度迄の賃銀引上、十分なる勞働者保護、小兒の勞働禁止、姙婦保護、十分なる養老、廢疾保險制度の設定。出征軍人並に遺族手當の引上、失業者保護、失業者に對する强制勞働の撤廢等の目的を達すべしとし、保護關稅の撤廢、賃銀稅、賣揚稅等勞働者の負擔となるべき租稅の廢止、所得稅、財產稅の引上を要求し、企業家の怠業、多數勞働者の解雇等に反對す。產業會議に依て生產事業の管理を爲し、企業家が怠業を爲す時は產業會議自ら事業の經營に當る。

農民と都市勞働者の結合を計り世襲財產、舊王侯財產は之を沒收し、大地主の所有地を小中農民に分配し、小中農に對して低利資金の融通を爲し、廉價なる肥料農具を供給し、特に葡萄栽培者を保護し產業組合の發達を計る。戰時利得及び「インフレーション」利得に對し、徹底的課稅を爲し、小債權者に對し充分なる「アウフウェルトウング」を行ふべしとす。

眞の「デモクラシー」は無產階級の獨裁に依り搾取者たる資本家階級を征服することに依てのみ實現し得るも、共產黨は勞働者階級の政治的勢力の發展に資すべき機會は之を利用し、階級戰を容易ならしむるが如き權利は之を保護し以て反動的勢力に對抗す可く、有產階級との妥協政策を排す。

政治犯人の特赦、共和國保護の爲めの裁判所（Staatsgerichtshof）の廢止、國防軍の解散を要求し、反動的將校を免職して恩給を與へず。勞働者より成る民軍を組織し、是が維持費は企業家をして負擔せしめ、特權ある反動的官吏を免職して恩給を給せず。

宗教及教育問題に關しては反動的學制改革に反對し國家と教會及教會と學校との分離を主張す。

聯邦の分立主義を排し獨逸の統一を主張し獨墺を併合すべしとす。共産黨は又各國の軍備充實、保障條約の成立、英吉利の對露政策等を目して獨逸に取り戰爭勃發の危險を具體化せるものと爲すと共に右危險は帝國主義諸國との同盟政策に依て之を避くるを得ず。世界無産階級が協力して革命的鬪爭を實行することに依てのみ防止するを得べし。其の第一歩として勞働組合の國際的統一を完成せざるべからずと爲す。

要之共産黨は「ヴェルサイユ」條約、倫敦協定、保障條約、國際聯盟に反對し、有産階級の武裝解除を爲し、無産階級の武裝を整へ、世界の帝國主義と戰ひ、無産階級の露獨提携を目的とす。

【註一】 一九一八年の「スパルタクス」團の要求、一九一九年十月共産黨の聲明せる政綱大要左の如し。

共産黨は共産主義の實現を目的とし、革命手段に依り有産階級の政治的權力を奪取し無産階級の獨裁を實行し勞働者會議を設け、次で私有財産制度を撤廢し人類が他の人類を搾取するが如き制度を顚覆せしむ。而して右目的實現の手段としては政治的手段を用ゐ集團罷業、集團的示威運動、煽動、叛亂等すべて集團的運動を作り暗殺其の他の個人的恐怖主義は之を排斥す。而して最初の實行手段としては議會政治の參加を辭せざるも、飽く迄革命的鬪爭に於ける一小手段に過ぎず。社會民主黨の言ふ如く議會政治を通じて權力の征服に到達することは到底不可能なり。

又世界の帝國主義は反動勢力に對抗し、他國の無産階級と協同し、前線を整へて戰ふ可く、獨逸共産黨は第三「インターナショナル」の一員として世界革命の爲めに戰ふ。

第五節　各政黨勢力の根據

各政黨勢力の根據は階級、職業、宗教の別に從ひ分つことを得べく、又地理的に區別することを得。階級、職業、宗教等人に關する政黨勢力の根據を明かにすれば自ら其の地理的分布をも察知することを得べし。

例へば大地主の勢力を背景とする國權黨の主たる勢力の根據地は東「エルベ」地方に存在し、重工業を代表する國民黨の勢力は比較的全國に散亂し商業金融業を代表する民主黨の勢力は主として大都市に集中し勞働階級を代表する社會民主黨及び共産黨の地盤は中部獨逸「ルール」地方等の工業地並に伯林漢堡「ライプチヒ」等の大都會に存し、舊敎徒を代表する中央黨の勢力根據は西部並に「シレジヤ」の舊敎地方に存在するが如し。

一、國權黨

大中農業者、地主、舊保守黨系軍人官吏及び一部の自由職業者間に根據を有し、地理的には東部、東北部、北部の農業地方及び巴威に鞏固なる地盤を有す。同黨の最も勢力を有する選擧區は「ポムメルン」(一九二四年十二月の選擧に於ける得票率は四九・一%なり)を筆頭とし、東普魯西「メクレンブルグ」、「フランクフルト・アム・オーデル」、「シユレスウヰヒ・ホルスタイン」、「ブレスラウ」、「リーグニツツ」、「フランケン」、「ポツダム」等之に次ぐ。

二、國粹協同團

極右黨たる國粹黨は極端なる愛國者の團體にして獨逸國粹自由黨は北獨就中「メクレンブルグ」地方を根據地とし「ヒツトラー」の國民社會勞働黨は南獨巴威に勢力の中心を置く。此の外國粹運動は中獨、東普魯西等に盛なり。右兩國粹黨は一九二四年五月及十二月の國會選擧には國民社會自由黨(Nationalsozialistische Freiheitspartei)として臨み「メクレンブルグ」に於ける得票率は二〇・八及一一・九%「フランケン」に於ては二〇・七及七・五%を示したり。

三、國民黨

國民黨は所謂重工業黨にして重工業者を勢力の根據とし其の他舊國民自由黨系の有産階級官吏及び大商人の一部に基礎

を有す。同黨は國權黨の「ポムメルン」に於けるが如く特に鞏固なる勢力根據地なるものを有せず。其の勢力は比較的全國に分散せるも共の中西部及び中部の工業地方に比較的多くの勢力を占む。同黨の勢力分布に關し顯著なる事實は、西獨「シレジヤ」巴威等の中央黨の地盤に於ては勢力微弱にして、就中「プファルツ」を除ける「ライン」右岸の巴威に於ては殆んど勢力なく、國會選擧の際の得票率僅に一％内外に過ぎず。

四、巴威國民黨及經濟聯合

巴威國民黨は嚢に中央黨より分離したるものにして、巴威の舊教徒間に根據を有し、國會選擧の際は巴威の四選擧區に於てのみ候補者を立つ。

巴威農民同盟「ハノーヴァー」黨及び中產階級經濟黨は國會議員選擧の際は名票を連結し、又議會に於ては經濟聯合として交涉團體を形造る。巴威農民同盟及び「ハノーヴァー」黨は地方的黨派にして前者は巴威の農民の間に根據を置き、後者は「ハノーヴァー」地方のみを地盤とす。

中產階級經濟黨は中產階級の間に根據を有し、勢力は「ハノーヴァー」地方を除き全國に分散せり。

五、中　　央　　黨

舊教を信奉する者の間に勢力の根據を有し同黨に屬する者には工業家、商人、手工業者、官吏、自由職業者、勞働者あり。知識階級、有產階級、無產階級あり。各種の階級職業を包含す。

選擧人と舊教々會との密接なる關係の上に立脚せる爲其の勢力確乎たるものあり。

共の勢力は西部及東南部の舊教地方に集中し、最近の國會議員選擧に際し中央黨の「ケルン・アーヘン」「コブレンツ・ツリール」「デュッセルドルフ・オッペルン」等の選擧區に於て獲得せる投票率は四十乃至五十八%の多きに達したり。中央黨が新教地方に勢力無きは言ふ迄もなく「ライン」右岸の巴威に於て勢力を有せざるは巴威國民黨との間に選擧の際此等の選擧區に於て中央黨の候補者を立てざるの約束あるが爲めなり。

六、民主黨

精製工業、商業、金融業者等の有産階級其の他一般知識階級及一部勞働者間に勢力を有す。從て地盤は概して都市に集中し比較的全國平均に分布せり。

中央黨より右翼の諸黨は何れも基督教主義に依る爲、猶太人中有産階級に屬する者は多く民主黨に屬す。

七、社會民主黨

工業、手工業及農業の溫和的勞働者及一部の自由職業者間に勢力の根據を有す。勢力の中心地は工業地方及大都會に在り。然るに「オッペルン」「ルール」地方等に於ける勢力の比較的微弱なるは、一は此等地方の勞働者中に過激分子多く從て共産黨に屬する者多きと、一は同地方勞働者中基督教勞働組合に屬し中央黨に屬する者尠からざるが爲なり。一九二四年十二月の國會議員選擧に於て全國三十五の選擧區中社會民主黨の得票率二十%を越ゆるもの二十六數へたり。

八、共産黨

過激なる勞働者の間に勢力を有す。知識階級の者にて共産黨に屬する者あるも極めて少數なり。社會民主黨と異り勞働階級以外の者にして共産黨に來るもの甚だ少き爲同黨は純粹なる「プロレタリア」黨と稱することを得べし。其の勢力の最も大なる地方は漢堡一帶の所謂海岸地方（ワッサーカンテ）、伯林、中獨、「ルール」及び「オッペルン」地方なりとす。斯くの如く共産黨に於ては社會民主黨と異なり、其の勢力地方的に著しく相違せるが其の理由は過激化運動が個々の職業團體の內部より發すること、宣傳の效果の異ること、地方的に勞働條件、生活狀態の相違あること等に基く。

第六節 各政黨の組織

一、社會民主黨

社會黨は現在約八十五萬の黨員を有す。黨の組織は全國三十二の地方支部に分れ、地方支部は更に八二八〇の小團體に分る。黨の最高機關は黨大會（Parteitag）にして、黨委員會（Parteiausschuss）及び監督委員會（Kontrollkommission）は黨大會の開催せられざる間、黨幹部(Parteivorstand）監督の任に當る。黨委員會は三十六名の委員より成り、各地方支部より一名の委員を選出し、此の外數名の婦人委員を加ふ。監督委員會は九名の委員より成り、黨幹部は三名の總理、二名の會計監督、五名の幹事及十名の顧問より成る。監督委員會及黨幹部は黨大會毎に改選す。黨の雇員、議員候補者、黨大會に參加する各地の代表者は原則として黨員之を選任す。黨員の除名は專ら黨員の權限に屬したるも一九二四年以來は黨幹部にも右權限賦與せられたり。社會黨の機關新聞は統一したる組織の下に經營せられ、現在黨の所有に屬する日刊新聞は一六〇、印刷所は一六三を數へ、發行部數百萬を越ゆ。其の他社會黨は人的結合に依り殆んど總ての自由勞働組合新聞を左右す。地方機關紙は各地方支部の指揮監督を受くるも「フォーアウエルツ」紙には直接黨幹部の勢力加はる。

二、共產黨

一九二四年の「フランクフルト」黨大會以來、黨の組織を變更し、工場其の他各種事業の中に Betriebszelle なるものを組織し、之を共産黨組織の根底とせり。

Betriebszelle の形成は容易に進捗せざりしが一九二五年末には二六七三を數へたり。或る地の黨員は相集つて地方小團體(Ortsgruppe)を組織し Betribszelle は何れも Ortsgruppe に屬し Ortsgruppe は漸次大なる Unterbezirksorganisation, Bezirksorganisation に統一せられ最後に中央本部(Zentrale)之を統括す。一九二三年末の調査に依れば Ortsgruppe の數三三一一、黨員の數約三十萬に上りたり。

黨の最高機關は黨大會にして通常毎年一回第三「インターナショナル」執行委員會の諒解を得て開催す。黨大會に出席すべき者は地方支部大會(Bezirksparteitag)に於て選出す。執行機關として中央委員會(Zentralkomitee)財政監督機關として中央檢査委員會(Zentrale Revesionskommisson)あり。中央委員會及び中央檢査委員會委員は何れも黨大會に於て選任す。中央委員は約三十五名の委員より成る。

政黨以外の團體、例へば國會、市町村會、勞働組合、産業組合、失業者團體に於ては別に共産黨の政派(Fraktion)を組織す。政派は獨立の組織に非ずして政黨組織に從屬するものなり。

黨の機關紙は三十數種、黨の所有に屬する印刷所は十九あり。

三、其の他の政黨

其の他の政黨の組織は大體に於て他の諸國に於けるものと大差なく特に記述する要なきも、政黨と密接なる關係を有する諸種の經濟團體、政治結社に關し注意すべきもの少からず。

例へば國權黨と密接なる關係を有する有力なる經濟團體たる普魯西大地主の團體 Genossenschaftsbund des Reichslandbunds（通常「ライヒスランドブンド」と稱せらる）の如きは政治上國權黨と同一視することを得べく、國權黨の新聞經營、宣傳、選擧運動等の爲莫大なる金額を支出す。

「ドイチェ・ターゲスツァイトゥング」は「ライヒスランドブンド」の機關紙たると同時に國權黨の機關紙たり。其の他國權黨の機關紙にして工業系に屬せざるものは何れも「ライヒスランドブンド」と密接なる關係を有す。

國粹黨又は國粹黨に屬する政治結社にして反動的色彩極めて濃厚なるもの甚だ少からず。其の多くは表面上體育等の團體を裝ふも實は反動的政治運動を試む。「フェルアイニヒテ・ファーターレンディッシェ・フェルベンデ」（Vereinigte Vaterländische Verbände）「ユングドイチェル・オルデン」（Jungdeutscher Orden）「シュタールヘルム」（Stahlhelm）「ヴェールヴォルフ」（Wehrwolf）「ヴイキング」團（Bund Wiking）等是なり。

民主黨、中央黨、社會黨の共和派三黨は黑赤黃國旗團（Reichsbanner Schwarz-Rot-Gold）なるものを組織し共和政體の擁護に當る。共產黨に屬するものに「ローテル・フロントカムプフェル・ブンド」（Roter Frontkampfer Bund）なる團體あり。

第七節　各政黨の黨費

社會黨及び共產黨以外の政黨の黨費は專ら政黨と密接の關係ある諸種の團體、資本家等の負擔する所なり。（註一）

社會黨の主要なる財源の第一は黨員の納付する黨費にして第二は黨の機關紙經營に依る利益なり。黨員の納付する黨費は極めて小額にして年約五馬克なり。黨の本部及び支部に於ける現金有高は、一九二五年四月には約五十萬馬克に上りたり。黨費に關し資本家等の援助を受くることは革命當時に比し遙かに減少し先年の「バルコート」疑獄事件の如きは寧ろ稀なる例に屬す。社會黨機關紙たる日刊新聞經營に依る收入は重要なる財源の一なるも昨今經濟界不景氣の爲其の成績以前の如くには思はしからざるが如し。

共産黨財源の主要なるものは黨員の納付する黨費にして其の他特別の據金、黨の經營事業の收益等あり。黨員の納付する黨費は黨員の平均所得百分の一を最低限とし金額は中央委員會に於て決定す。

【註一】國權黨の黨費は主として大農之を負擔す。

國民黨の黨費は重工業者及び大商人に於て負擔す。

民主黨の黨費は大商人、金融業者に於て負擔す。

中央黨の黨費は舊教の大農業家、西獨の工業家等之を負擔す。

第八節　各政黨勢力の消長

獨逸に於ける各政黨勢力の優劣は、普通選擧及び極端なる比例代表法を採用せる今日、大體に於て國會選擧の結果即ち各黨派の得票數及選出議員數に依り知ることを得。革命後國會議員選擧に於ける各政黨選出議員數を示せば左の如し。

政黨名	一九一九年一月十九日の憲法制定國民會議選舉	一九二〇年六月六日の第一次國會選擧及一九二二年の追加選擧	一九二四年五月四日の第二次國會選擧	一九二四年十二月七日の第三次國會選擧
國權黨	四四	七一	一〇五	一一一
國粹黨	一	一	三二	一四
國民黨	一九	六五	四五	五一
巴威國民黨	一	二一	一六	一九
巴威農民同盟 } 經濟聯合	四	四 }		
中産階級經濟黨 } 經濟聯合	一	一 }	一五	二一
「ハノーヴァー」黨 } 經濟聯合	一	五 }		

中央黨	九一	六四	六五	六九
民主黨	七五	三九	二八	三二
社會民主黨	一六三	一〇二	一〇〇	一三一
獨立社會黨	二二	八四	―	―
共産黨	―	四	六二	四五
獨逸「デチアーレ」黨	―	―	四	―
其の他	二	―	―	―
計	四二一	四五九	四七二	四九三

戰後に於ける獨逸各政黨勢力關係の變動に關し一の顯著なる事實は極左右兩黨の勢力最近著しく減退せることなり。一九二四年五月四日の國會議員選擧に於ては極左右兩黨大成功を博し國粹黨は三十二名共產黨は六十二名の議員を出したるも、同年十二月の國會議員選擧の結果議員數は十四名及四十五名に減少せり。右五月の選擧に於て極左右兩黨勢力の急激なる增大を示したるは、當時馬克の暴落に原因せる經濟界及政治界の極端なる不安時代の漸く經過せんとする時にして、人心の尙ほ兩極端に走りしが爲なり。然るに半年後の十二月國會議員選擧の結果右二黨の勢力減退したるは國內の事情既に安定し人心平穩に歸りたるが爲なり。惟ふに左右極端派の勢力を占むるは社會人心の動搖と相終始するを常とす。從て獨逸國內の秩序及對外國關係の漸く安定せんとする今日國粹黨及び共產黨の勢力回復發展は恐らく近き將來に於ては到底期待し得ざるべし。

國權黨は革命直後未だ人心を收纜するを得ず。左黨の勢力に壓せられ「ワイマール」國民會議の選擧には四二名、一九二〇年の國會議員選擧には六五名（追加選擧を倂せて七十一名）の議員を選出したるに過ぎざるに國內に反動運動の勃興すると共に漸次勢を增し、殊に一九二二年同黨內の反猶太主義の極端派が國粹黨として分離し國權黨が之と協力せざるを宣言したる頃より大に勢力を擴張し一九二四年五月の國會選擧には一躍百五名の議員を出したり。同年十二月の選擧に同黨の勢更に增加したるは主として國粹黨の衰微に原因し之より國權黨に移り來れる者多かりしに依る。

國權黨は一九二五年の第一次「ルーター」內閣に參加したるを除き戰後八年間政府反對黨として終始したるも其の政策は政綱の中にも表はるるが如く必しも徹底的に非ず。「ヴェルサイユ」條約の調印を拒絕しながら同條約否認の貴を引き受け組閣するの勇を缺き聯合國に對する履行政策を非難しつゝも「ドーズ」案に對しては二分の一の贊成投票を爲し、其の後履行政策を實行せんとする第一次「ルーター」內閣に入閣したるが如き即ち其の例の顯著なるものたり。

社會民主黨は今日百三十一名の議員を擁し國會に於ける最大多數黨にして戰後獨逸の政界に於て中央黨と共に最も重要なる地位を占めたり。「ワイマール」國民會議には百六十三名の議員を有したるも其の後獨立社會黨、共產黨の成立に依り勢力を分割せられたり。

一九二四年十二月の國會議員選擧に於て社會民主黨の勢力稍々回復したるは、主として共產黨の勢力衰退せる結果なり。社會民主黨の勢力消長を論ずるに當りては勞働黨たる獨立社會黨及び共產黨をも件せて觀察せざる可からず。此等三黨の國會議員選擧に表はれたる結果を見るに勞働黨の勢力は革命當時に比し其の後稍減退せることを知る。

中央黨は舊教黨として舊敎地方に極めて鞏固なる地盤を有す。從て革命後、巴威國民黨の分離に依り勢力の一部を喪失したる以外極めて安定なる狀態を繼續し來れり。

國民黨は「ワイマール」國民會議選擧には創立後尙ほ日淺かりし爲十分の効果を擧げ得ざりしも今日は五十一名の議員を有し、重工業黨として比較的勢力の變動少く中央黨と共に聯立內閣組織に當り最も重要なる地位を占む。

民主黨は憲法制定國民會議には七十五名の議員を出したるも今日は僅か三十二名を有するに過ぎず。同黨が創立當初多數の贊成者を見出したるは本來國民黨其の他に屬すべき者にして一時民主黨に來れる者甚だ多かりしに依る。民主黨は中央黨の如く鞏固なる地盤を有せず。又國權黨の如く人心を收攬するに適當なる綱領を揭げず。其の勢力の根據は比較的薄弱なり。近時民主黨と社會民主黨の實際政策上の主張甚だしく接近し來れるが之に依り民主黨の存續性に疑を抱き將來民主黨の主張は悉く社會民主黨に依り代表せられ民主黨存立の意義消滅すべしと爲す者あるも、社會民主黨が如何に軟化するも階級鬪爭の原則は之を抛棄せざる可く從て民主黨と合同するが如き事は遽に斷定するを得ず。

第九節　地方政府及地方自治體と政黨との關係

各政黨は國會、聯邦議會及び地方自治體議會を通し其の政治的行動を一にし以て其の統一を維持するを常則とするも時に中央と地方とに於て態度を異にすることあり。例へば中央に於ては內閣に加入せず反對黨として立てるも地方に於ては之に反し內閣組織に加はり又は政府を援助するが如し。斯くの如きは地方に於ける政黨勢力關係の相違、地方の特殊的事情等に基くものなり。斯かる場合に政黨の本部と地方支部又は院外團と院內團との間に意見の杆格を來し黨內の紛爭を釀し遂に政黨の分裂をさへ招くこと稀ならず。

各聯邦議會に於ける黨派の種類は大體に於て國會に於けるものと同樣なるも往々にして異なる名稱を以て表はさるるものあり。例へば「ウュルテンベルグ」議會に於ける市民黨及び農民同盟（國權黨）、「チューリンゲン」の「オルドヌングスブント」（有產階級黨同盟）、「バーデン」の「ブルジョア」聯合（右黨聯合）、各聯邦に於ける「ランドブンド」等の如し。又國會には黨派として代表せられざるも聯邦議會に存在を有する地方的小黨少からず。

各聯邦議會は國會と同樣普通選擧、比例代表の原則（但し各票連絡法を採用せざるもの多し）に從ひ選擧せらるるに依り聯邦に於ける各政黨の勢力關係は其の選擧の結果に依り知ることを得。

各聯邦政府は聯邦議會に於ける政黨の勢力關係の相異に基き異なる結合を示す。普魯西に於ては左黨の勢力比較的優勢にして社會民主黨は殆んど凡ての內閣の中堅を爲し、今日中央政府には參加せざるも普魯西に於ては依然「ワイマール」聯立內閣を固執す。巴威に於ては巴威國民黨の勢力特に強く歷代の內閣は同黨を中心とし「ザクセン」「チューリンゲン」に於ては左黨の勢力大にして先年社會民主黨と共產黨の聯合內閣の成立をさへ見たるは世の耳目に新なる所なり。其の外漢堡「ブレーメン」「リウベック」「ブラウンシュワイグ」「ヘッセン」に在りては社會民主黨、「バーデン」にては中央黨、「メクレンブルグ」に於ては國權黨及國粹黨比較的優勢なり。

第十節　外交に關する各政黨の態度

一、國　權　黨

民族精神、國粹觀念を高調し獨逸國民を外國の強制的支配より解放する事を獨逸國民再生の前提條件なりとし、分割せられたる領土を回復し、強大なる國家を建設するを國策の最高目的とす。從て第一に「ヴェルサイユ」條約の改訂、獨逸國統一の回復、舊獨逸植民地の獲得を要求し、第二に在外獨逸民族の保護及在外獨逸民族との結合、就中獨墺併合を必要とし、第三に獨逸主義を以て貫徹せる強力なる繼續性ある外交政策を實行し、外交官は才幹學識あり且獨逸思想を抱ける者より選任し黨爭より超然たらしむべしとす。

外交政策は右の原則を基礎とし國際主義、平和主義（パチフィスムス）を斥け國際的協調を保つ爲に獨逸國家を第二段に置くを許さず。此の意味に於て國權黨は「ヴェルサイユ」條約の調印を拒絕し、一九二一年の倫敦最後通牒を拒否し、爾來履行政策に反對し來れり。賠償問題に關する佛國の政策は「ルール」占領に依り明瞭に曝露せられたるが如く專ら政治的目的を達せんとするに外ならずとして融和政策に反對し「ヴェルサイユ」條約の改訂を要求し、就中戰爭責任に關する虛言の條項徹廢を求む。「ドーズ」案倫敦協定に對しては國權黨本來の主張よりせば反對す可きに、一方黨略上議員の半數をして賛成投票を爲さしめ他方「ドーズ」案の要求する所は到底履行不可能なりとして是が修正を要求す。

次に安全問題に關しては眞の平和確保を目的とする安全條約並仲裁々判の思想には大に賛成なるも獨逸の軍事監督、「ラインランド」の占領は平和確保の目的と一致せずとす。「ロカルノ」條約に對しては第三の「ヴェルサイユ」なりとして反對せるが其の理由は一は之に依り對露關係に惡影響を及ぼすことを恐れたると、一は獨逸が自ら領土の拋棄を宣言せるを非とせるなり。國際聯盟加入問題に關しては國際聯盟は戰勝國の利益團體に外ならずとし獨逸の加入に極力反對す。

斯くの如く國權黨は西歐諸國對抗せんとするに反し常に露西亞との接近を主張し來れるを以て、一九二六年四月二十四日露獨中立條約の成立は大に之を歡迎せり。過激主義と國粹主義とは氷炭相容れざるに國權黨は勞農政府と露國とは必ずしも同一に非ず。露國と接近せんとするは勞農政府と提携せんとするに非ずとなして其の態度を辯明せり。

二、國粹黨

獨逸の解放を第一の目的とすることは他の政黨と同樣なり。同黨從來の政策より見るに獨逸解放の目的を達成せんが爲には戰爭手段をも辭せざるの態度窺はるるも同黨自身は斯くの如きは誤解に過ぎずとして之を否定す。外交政策と内政とは密接不離の關係に在り凡ての政策は内部の必要より發足すべく、獨逸の解放の如きも外部より來るものに非ずして、内部よりのみ達成し得べきものとす。「ドーズ」案に對しては獨逸をして賠償植民地と爲すものなりとして反對し「ロカルノ」政策は國際的政策なるも獨逸主義を基本とする政策に非ずとして攻撃し、同樣に獨逸の國際聯盟加入を否とす。獨逸の將來は東方に在りと露獨中立條約の成立を喜ぶ。又大獨逸主義を奉じ獨墺の併合を要求し猶太主義を排斥し、獨逸の解放は國の内外を問はず猶太人を排斥せずんば實現するを得ずとし、又國際的資本主義、帝國主義に反對す。

三、國　民　黨

外交政策に關しては國際主義、平和主義を排斥し、同時に現在獨逸の困難なる外交關係に顧み、戰前の外交政策の失敗を繰返すべからずとす。「ヴェルサイユ」條約及び倫敦最後通牒の受諾に反對し、其の後所謂履行政策には反對したるも、一九二三年八月「ストレーゼマン」內閣の成立以來歷代內閣の履行政策に贊成を表し來れり。斯くの如く國民黨は實際政策に當ては往々にして本來の主義主張と異る態度を示したるが其の理由を說明して曰く、聯立內閣に參加せる以上其の政策は自ら妥協的なるを免れずと。

獨逸現下の外交問題中獨逸國民に取り最も重大なるは「ライン」自由の回復なり「ライン」は獨逸の自由象徵にして之が自由に依り初めて獨逸の自由を得べしと爲す。從て「ルール」「ケルン」地帶の撤兵を初め「ライン」占領地帶の占領期間短縮、其の他同地方の解放を目的とせる「ストレーゼマン」の政策には大に贊成し、「ロカルノ」及び聯盟加入政策にも同意せり。「ロカルノ」條約に依り「アルサスローレン」の拋棄を宣言したるは極めて苦痛とする所なるも同地方の文化が獨逸文化なることを思ひ、將來何等かの效果を齎さんことを期待し、自ら慰むべしと爲す。第二の重要問題は東部國境問題にして「ヴェルサイユ」條約に依り決定せられたる現在の東部國境は之を承認するを得ず。將來必ず是が變更を要求すべしと爲す。

此の外、他國に獨逸小數民族の保護、植民地の回復、獨墺併合問題等、解決すべき問題少からざるも凡て「ライン」及東部國境問題に比し第二次的のものなりとす。國際聯盟加入に同意したるは政策上有利なりと考に出でたるものにして聯盟夫れ自身には多くの價値を認めず。從て多く期待する所なしとし、又獨逸と同樣各國の軍備縮少を要求す。西方諸國との接近を計るべきや將又東方露西亞との關係を重んずべきやの根本國策に關しては其の何れにも偏重せず、其の中道を行かんとするものにして、「ロカルノ」政策に依り西方諸島との平和を確保し中立條約の締結に依り露西亞との關係を密接ならしめんとする政府の外交政策は國民黨の政策と全く一致す。

四、巴威國民黨

外交政策に關しては常に中庸の態度を持し極端なる態度を避くべしとし「ヴェルサイユ」條約に關しては聯合國と妥協的精神を以て之が改訂に努め履行政策、倫敦協約、「ロカルノ」條約には贊成し、國際聯盟問題に關しては政府の政策に從ひたるも今日の組織餘りに不完全なるが爲黨內には主義反對を唱ふる者甚だ多し。戰爭責任問題に對しては徹底的に戰ふ可しと爲し、普魯西の優越なる地位に對抗して南方獨逸民族の結合を主張する意味に於て獨墺合併を要求す。

五、中產階級經濟黨

重心を內政問題に置き外交に關しては確定したる主義主張なるものなく、個々の問題に對し時と場合に應じて其の態度を決定す。今日迄同黨の外交問題に對する態度を見るに、「ドーズ」案に對しては主義上贊成し得ざるも前後の政治的事情を考慮し已むを得ず贊成投票を爲し、「ロカルノ」條約に對しては初めより反對すべき理由なしとせり。國際聯盟加入問題に關しては、國際聯盟は戰勝國の機關たるやの觀ありて極めて不完全なるのみならず、「ロカルノ」條約の反射的效果の實結未だ擧り居らずとの理由を以て之に反對せしも、國際聯盟加入問題が一度議會を通過したる今日、黨の政策としては國際聯盟政策を積極的に支持すべしとす。

六、中央黨

戰前より中央黨内に民主的傾向漸次顯著となり來りしことは前にも一言せしが此の傾向は外交政策に關しても同黨の態度に影響を與へたり。即ち中央黨は「ヴェルサイユ」條約調印以來外交問題に關しては略々社會民主黨と態度を同うし、倫敦最後通牒を受諾し、履行政策を實行し歷代内閣の中心となりて「ストレーゼマン」の外交政策を支持し聯合國との融和政策を實行し來れり。外交政策は國際主義、平和主義に基くに非ず、專ら基督敎的精神を根本とし、西歐諸國との融和を計ると共に東方露西亞との關係をも輕視せず、兩者何れにも偏せざる政策を支持す。國際聯盟加入を必要とするも聯盟組織の不完全なるを認め之が改革を要求し、民族自決、小數民族の保護、植民地の回復を要求す。

七、民主黨

外交政策に關しては平和主義を基礎とし國際間の融和を目的とす。國家は民族國家なるべく各國は相互に民族の自由なる決定權を尊重すべし。國家間の平和は武裝に依り維持し得べきものに非ず。即ち國際的軍縮を必要とす。國際聯盟は平和維持の機關なれば之に贊成し獨逸の加入を要求す。又平和實現の見地より履行政策、「ロカルノ」條約、伯林條約に贊成す。

政治と經濟は密接なる關係を有し國際間の平和的發展は自由なる通商貿易に依り期待し得べく、偏狹なる保護政策は須らく撤廢し中歐關税同盟計畫に贊意を表し、植民地を更に適當なる原則に從ひ各國間に分與することを理想とす。

八、社會民主黨

外交政策の骨子は平和主義(パシフィズムス)を基礎とし平和を確立せんとするに在り。而して平和確立の最も確實なる方法は國際的資本主義を征服し社會主義を實現するに在りとす。

戰前社會民主黨内に在りては、平和に關する見解分れ、或者は資本主義に對する無產階級の革命戰は避く可からずとの「マルクス」主義を奉じ、或者は資本主義制度の存續する限り各國間の利害衝突は避くべからずとせしが黨内の多數派は資本主義制度の存續中にも戰爭を避くるの道ありと主張せり。戰後社會民主黨は右多數派の主張に從ひ獨立社會黨の合同後愈々歩調を整へ平和主義外交政策の實行に進みたり。

平和主義の實行に關しては世界大戰の苦き經驗は最も適當なる機會を與へ國際聯盟の成立、仲裁々判制度の採用、民族自決權、小數民族の保護、國際的軍縮の必要等是認せられ歐洲關稅同盟、汎歐羅巴等の計畫論ぜらるゝに至れるは平和運動、平和思想の勃興を示すものに外ならず。而して之等平和實現の計畫中實行の運びに至らざるもの甚だ多く實行せられたるものも不完全なるもの少からざれば社會民主黨は之等の運動、計畫を支持し平和確保の爲全力を竭すべしとす。即ち國際聯盟に賛成し、獨逸の加入を要求すると同時に國際聯盟の民主化を主張し、仲裁々判制度を更に普遍的のものとし義務的のものたらしめ、國際的軍縮に關しては理論の域を脱し實行に進むべく民族自決權、小數民族の保護に對しては更に確實なる基礎を與ふべしとす。

「ヴェルサイユ」條約に關しては實力を以て規定を廢止せしむることに反對し、獨逸の國際的地位回復及其の發展の爲必要なりとして履行政策に賛成し、被占領地帶解放の時期を早めんが爲「ドーズ」案、「ロカルノ」條約に賛成せり。歐洲平和の維持の爲には特に佛國との友好關係の回復を急務とするも經濟的復興の必要より露西亞とも修好關係を維持すべし。然れ共軍事的關係を以て之と接近することは避くべしとす。

斯くの如くにして社會民主黨は履行政策を基調とする歷代内閣の外交政策は之を支持し來れり。

九、共產黨

共産黨の外交政策は第三「インターナショナル」の實行綱領を基礎とす。共産黨は共産主義の實現を目的とし、勞働階級の解放は革命的階級鬪爭及び國際的協調に依り社會革命と無產階級獨裁の手段に依てのみ達成することを得。共產主義實現の爲には世界無產階級の一致協力を必要とするを以て共產主義的國際協力を第一の義務とし、一國に關する事項は第二段に置くべしとす。

露西亞は世界に於て初めて共產主義の實行を試みたるものなれば之を支持し其の發展を期すべし。資本主義國の植民政策に對抗し亞細亞、亞弗利加等に於ける壓迫せられたる植民地民族の解放運動を援助すべく、平和主義に關しては戰爭を斥け勞働階級の解放に依る平和の實現を目的とす。資本主義、帝國主義は當然戰爭を惹起するものなれば眞の平和を實現せんには先づ資本主義制度の撲滅を計らざる可からず。資本主義組織の下に在りても平和實現の可能性ありとする空想的平和主義は斷然排斥すべし。國際聯盟は平和政策實行の機關に非ずして戰爭政策を行はんとするものなれば排斥すべく獨逸の國際聯盟加入には同意するを得ずとす。獨逸は戰後英米資本主義の植民地とも言ふべき狀態に陷りしが、かゝる奴隷狀態を脫せんが爲他國の無產階級と協力し「ヴェルサイユ」條約、「ドーズ」案に對抗せざるべからずとし、「ロカルノ」條約は獨逸を引き寄せ共に露西亞に對抗せんとする英吉利の對露政策の實行手段に外ならざれば是認すべからずとす。眞の獨逸民族の解放は歐洲の勞働階級が資本主義的階級支配を打破し、帝國主義を征服して社會主義歐維巴合衆國を建設したるときに初めて實現せらるべきものなりとす。

第十一節　各政黨現領袖株の人物略歷

一、國　權　黨

一、「オスカー・ヘルグト」(Oskar Hergt)

現國會議員、一八六九年十月「ナウムブルグ」に生る。大學にて法律學を學び多年普魯西の官吏なりしが一九一七年八月普魯西の大藏大臣となりし頃より政治界に活動するに至れり、革命後に於ける國權黨建設者の一人にして爾來「ウェスタルプ」伯及び「ヘルフェリッヒ」と共に國權黨の有力なる政治家として活動せり。一九一八年十二月以來久しく國權黨首領たりしが一九二四年夏「ドーズ」案の議會通過に關聯し起りたる問題の爲黨首の地位を辭するに至れり。普魯西の純官僚出身にして當初は比較的穩和なる政見を持したるも今日は極めて保守的にして國權黨の右翼に屬す。

二、「フォン・ウェスタルプ」伯 (Graf von Westarp)

現國會議員、一八六四年八月「オボルニク」郡「ルドム」に生る。獨逸各地の大學に學びたる後官界に入り司法官試補、郡長、內務省補助官、警察署長等を經、漸次昇進して普魯西行政裁判所評定官となり、又一九〇八年以來久しく國會議員たり。革命後「クロイツ・ツアイトウング」に盛んに執筆せしが其の頃より黨內に於て勢力を占むるに至り、現在は國權黨の首領たり。舊保守黨系の政治家にして非妥協家の典型なり。

三、「マルチン・シーレ」(Martin Schiele)

一八七〇年「グロース・シュワルツローゼン」に生る。一九一四年より革命まで及び一九二〇年以來國會議員たり。一九二五年一月第一次「ルーター」內閣成立するや國權黨は革命以來初めて內閣に加はりしが其の時國權黨を代表し內務大臣として入閣せり。國權黨領袖の一人なり。

四、「オットー・ホェッチ」(Otto Hoetzsch)

現國會議員、伯林大學敎授、一八七六年「ライプチヒ」に生る。「ライプチヒ」「ミュンヘン」兩大學に於て歷史及び國家學を學び現在は伯林大學の歷史及び東歐羅巴地理學敎授なり、露西亞に接近すべしとする大陸政策の主張者として知らる。「ターグ」の外交記事を擔當す。

五、「フオン・フライタツハ・ローリング・ホーフエン」男 (Freiherr von Freytagh Loringhoven)

現國會議員、一八七八年「アレンスブルグ」に生る。現在「ブレスラウ」大學法律學教授にして國權黨内の智者なり。右翼に屬し猶太主義に反對し「クエルキツシユ」の色彩ある「ドイツチエ・ツアイトウング」に屢々執筆す。露西亞に關する法律の著書多し。

六、「ウキルヘルム・バチツレ」(Wilhelm Bazille)

一八七四年「エスリンゲン」に生る。南獨に於ける國權黨の指揮者にして「ウュルテンベルグ」の總理大臣なり。佛國人の血を受くるも獨佛接近に極端に反對す。

七、「パウル・ベツカー」(Paul Baecker)

一八七四年十月「エーベルベルト」に生る。自然科學者にして一八九七年「ドイツチエ・ツアイトウング」の記者となり、一九〇七年「ドイツチエ・ターゲスツアイトウング」の記者となり、現在は同紙の主筆なり。大戰後政治界に乘出せる人なり。

二、國粹協同團 (Völkische Arbeitsgemeinschaft)

一、「アルブレヒト・フオン・グレエフエ」(Albreeht von Graefe)

現國會議員、「メクレンブルグ」の大地主にして退役陸軍少佐、一八六八年伯林に生れ一時伯林大學に學びしが後軍人となり、一九一二年軍務を退き保守黨議員となる。革命後は國權黨に屬したりしが、北獨に國粹(フエルキツシユ)運動起り、一九二二年末 Deutschvölkische Freiheitspartei の樹立せらるるや國權黨を去り新國粹黨の首領として活動するに至れり。

二、「レベントロー」伯 (Graf zu Reventlow)

現國會議員．一八六九年八月「フズム」に生る。もと海軍士官なりしも一八九九年退いて以來專ら筆を以て立ち「ベルリーナー・ターゲブラット」「テーグリッヘ・ルンドシャウ」等に執筆したる頃は民主的思想を抱きたるも、一九〇八年頃より政治的見解一變し次で右黨の「ドイッチェ・ターゲスツァイトゥング」に移りたり。連日長論說を掲ぐるを以て知らる。又週刊雜誌「ライヒスワルト」の發行者にして政治外交に關する多數の著述あり。

三、「ルーデンドルフ」大將 (General Ludendorff)

現國會議員、巴威に於て國粹(フェルキッシュ)運動起り「ヒットラー」一派が Nationa sozialistische Arbeiterpartei を組織するや有力なる領袖として之に參加せり。「ヒットラー」と共に一九二三年十一月の「ミュンヘン」に於ける叛亂の首謀者として知られ、翌二四年五月選擧の時同黨より國會に送られたり。

一八六四年四月「ポーゼン」附近の「プルスツェニア」に生る、一八八二年より革命に至る迄現役將校として軍務に從へり。世界大會に關する著書あり。

三、國　民　黨

一、「グスタフ・ストレーゼマン」(Gustar Stresemann)

現國會議員、外相、一九二三年八月總理大臣として內閣を組織したる時より今日迄外務大臣として歷代の內閣に列し最近獨逸外交を一人背負つて立つの慨あり。極めて熟達熱心なる政治家にして現在獨逸政界に於ける第一流少くとも國民黨第一の人物なり。「ルール」の消極的抵抗の後始末より「ドーズ」案、「ロカルノ」條約を經て國際聯盟の加入に至る迄其の外交政策は聯合國との融和政策 (Verständigungspolitik) 履行政策 (Erfüllungspollitik) を基調として一貫し、獨逸の國際的地位を向上せしめ、以て國家の利益擁護に努む。政治上は國民黨左翼に屬し內政問題に關しては其の政見國權黨の主張に近きも外交政策に關しては左黨の主張に略ぼ一致す。

一八七八年五月伯林に生れ伯林「ライプチヒ」兩大學に於て歷史、國家學及文學を學ぶ。一九〇一年獨逸「チョコレート」製造業者組合書記となりてより工業界に入り、其の頃諸種の著述を爲せり。夙に政治的方面に活動し一九〇六年「ドレスデン」市會議員となり、翌年國會議員に選出せらる。一九一七年國民自由黨首領「バッサーマン」の歿後、後繼者として「フリードベルグ」「シッファー」「ストレーゼマン」の三人擧げられしが、結局「ストレーゼマン」推されて黨首の地位に就きたり。國民自由黨內に在りては其の左翼に屬したりしが革命後國民自由黨の大半が進步國民黨と合併して獨逸民主黨を組織するや、從來の關係を失はざらんが爲暫らく右に傾き國民自由黨右派を團結して獨逸國民黨を組織せり。一九二〇年より一九二三年內閣組織に至る迄國民黨々首たり。個人的機關雜誌として「ドイチエシュテインメ」を發行し國民黨の準機關紙「ナチョナール・リベラーレ・コレスポンデンツ」及び「テーグリッヘ・ルンドシヤウ」に執筆す。諸種の著述あり。

二、「エルンスト・ショルツ」(Ernst Scholz)

現國會議員、一八七四年「ウキスバーデン」に生る。大學に學びたる後「フランクフルト」「ウキスバーデン」「デュッセルドルフ」「カッセル」等の市に勤務し、一九一三年より七年間「シヤーロッテンブルグ」の市長たり。又其の頃久しく獨逸及び普魯西都市會議幹部の一員たり。一九二〇年經濟案議會議員となり、又「ブランデンブルグ」州會伯林市會「シヤーロッテンブルグ」區會議員たり。都市行政通にして之に關する著書少からず。一九二〇年「フェーレンバッハ」內閣成るや國民黨を代表して經濟大臣として入閣せり。國民黨內に在つては右派に屬し屢々國權黨との提携を劃策せり。一九二三年「ストレーゼマン」が內閣を組織し院內總理の地位を退くや其の後を襲ひたり。

三、「ルドルフ・ハインツェ」(Rudolf Heinze)

現國會議員、一八六五年「オルデンブルグ」に生れ大學を出でて司法官となり、一九〇七年より一九一一年迄國會議員たりしが其の頃國民自由黨の幹部となり同黨の右翼に屬したり。戰後憲法制定國民會議の當時「ストレーゼマン」病氣の爲め一時黨首の役を勤めたり。一九一八年七月「ザクセン」國司法大臣となる。一九二〇年の總選擧後組閣の命を受けたるも成功せず、「フェーレンバッハ」內閣の成立するや入りて司法大臣、副宰相の地位に就けり。政治上は國民黨右翼に屬し國權黨に近く從て往々にして「ストレーゼマン」に對抗することあり。

四、「ジーグフリド・フオン・カルドマルフ」(Siegfried von Kardorff)

現國會議員、一八七三年二月伯林に生る。「メクレンブルグ」舊貴族の出にして父は「ビスマルク」時代の有力なる政治家にして自由保守黨の創立者なり。大學に於て法律學國家學を學びたる後官吏となる。

一九〇九年より革命に至る迄普魯西議會の議員にして、初めは自由保守黨に屬せしが普魯西の選擧法改正問題に關し主張を異にし同黨を脫したり。革命後は國權黨の樹立に參加し、普魯西の憲法制定國民會議には國權黨議員として選出せられしが不滿の爲一九二〇年四月脫黨して國民黨に移れり。國民黨內に於ては重工業派たる右翼よりも寧ろ左派に一致點を見出せり。大臣の候補者に擧げらるゝこと一ならず。「ストレーゼマン」內閣の倒れたる後にも組閣の命を受けたるも、黨首「ショルツ」を出し拔くこととなる爲黨內の反對ありしに依り之を辭せり。

五、「ウキルヘルム・カール」(Wilhelm Kahl)

現國會議員、伯林大學法律學教授、一八四九年巴威「クラインホイバッハ」に生る。「ロストック」「エルランゲン」「ボン」伯林各大學の教授となる。國民黨內の知識なるは五個の「ドクトル」稱號を有するに依り知らる。寺院法、國法、刑法に關する種々の著書あり。

六、「ハンス・フォン・ラウマー」(Hans von Raumer)

現國會議員、一八七〇年「デッサウ」に生る。大學にて法律學を學び初め官吏となりしが一九一一年去つて實業界に入り、一九一五年電力供給事業同盟理事長となりてより今日迄專ら電氣事業界に活動す。戰時中再び官界に接近し國庫省軍事關係囑託として問題の石炭稅法を立案せり。重工業と常に接觸を保ち、一九二〇年國會議員に選出せられしが議會に於ては「スチンネス」「ゾルゲ」「フォエーグラー」等の重工業家と步調を共にせり。從て一時は反「ストレーゼマン」派なりしが後兩者の間融和せり。

「フューレンバッハ」內閣の國庫大臣第一次「ストレーゼマン」內閣の經濟大臣たり。

七、「ヤコブ・リッサー」(Jacob Riesser)

現國會議員、國會副議長、伯林大學名譽教授、一八五三年「フランクフルト」に生る。伯林商業界元老にして嘗て伯林商業會議所副會頭、獨逸商業會議委員「ハンザブンド」會長となり、現に伯林法曹會長、銀行協會名譽會長なり。一九一六年國民自由黨の議員となり、現在は國民黨幹部の一員なり。猶太人にして黨內に在りては左翼に屬す。「ベンクアルヒーヴ」の發行者にして財政經濟銀行に關し多數の著書あり。

四、中　央　黨

一、「ウキルヘルム・マルクス」(Wilhelm Marx)

中央黨首領、現國會議員、一八六三年一月「ケルン」に生れ「ボン」大學に學ぶ。卒業後司法官となり、「エルベルフエルド」「ケルン」「デュッセルドルフ」の裁判所判事を經一九二一年「リムブルグ」地方裁判所長次で伯林控訴院長となり一九二三年內閣を組織するに至り司法界を退けり、一八九九年普魯西下院議員となりてより政治家として活動するに至り、一九一〇年初めて國會議員となり、一九二二年「トリンボルン」「ブルラーゲス」の後を受け中央黨首領となる。

一九二三年十一月中央諸黨聯立內閣を組織し、一九二四年六月總選擧の後第二次內閣を組織し、次で一九二五年一月第一次「ルーター」內閣成立するや司法大臣となり、第二次「ルーター」內閣に歷任し、一九二六年五月第二次「ルーター」內閣總辭職の後を受け內閣總理大臣となれり、黨內に於ける傾向は寧ろ左翼に傾くも常に調和的態度を持し、他黨派の間に立ちても常に協調的態度を失はず、從て議會の中にて政治上の反對者あるも個人的に對抗する者殆んどなし。

議會に於ける思慮ある雄辯家の一人にして政治家としても一定の型に嵌ることなく潑溂たる感情を有す。

二、「ヨゼフ・ウヰルト」(Joseph Wirth)

現國會議員、一八七九年「フライブルグ」に生れ同地大學に數學、自然科學、經濟學を學ぶ。戰前「フライブルグ」市會「バーデン」議會及び國會の議員となりしも政治家としては專ら戰後活躍するに至り、革命後「バーデン」大藏大臣となり、一九二〇年「ミユラー」內閣「フユーレンバツハ」內閣の大藏大臣となり、一九二一年五月所謂「ワイマール」聯立內閣を組織し外相、藏相を兼攝し同年十月第二次內閣を組織せり。

南獨の民主々義者なるも舊教徒として中央黨に來れり。黨內にては如何なる場合にも左翼を代表し來りしが一九二五年關稅稅制の改正に際し中央黨の態度に慊らずして遂に脫黨せり。

凡ての問題を數理的に合理的に解決せむとする性質を有するも政治問題に闘しては直觀に訴へ進むこと多く、巧みに調和せる知識及感情の持主なり。

三、「アダム・ステーガーワルド」(Adam Stegerwald)

現國會議員、獨逸基督教勞働組合首領、一八七四年「ウエルツブルグ」附近の「グロイゼンハイム」に生る。初め指物職人となり暫く「ミュンヘン」大學の聽講生となる。夙に勞働運動に參加し一八九九年基督教木材勞働者中央同盟を創立し、一九〇三年基督教勞働組合の首領となり、其の頃より勞働運動に於て嶄然頭角を現はすに至れり。一九一七年普魯西上院議員に選任せらる。

革命當時は未だ政治家として表面に出でざりしが、一九一九年三月中央黨より推され普魯西の民福大臣となり、一九二一年四月普魯西内閣を組織せり。基督教勞働組合首領として元來中央黨内の民主派に屬したるも今日は寧ろ右派の有力者なり。基督教勞働組合の機關紙（Der Deutsche）の編輯者にして勞働組合に關する諸種の著述あり。

四、「ハインリッヒ・ブラウンス」(Heinrich Brauns)

勞働大臣、現國會議員、一八六八年「ケルン」に生る。大學に於て神學、經濟學、國法學等を修め後久しく舊教牧師の職に在り。一九〇〇年舊教獨逸國民協會理事となりし頃より基督教勞働組合中に勢力を得るに至れり。一九二〇年六月即ち「フューレンバッハ」内閣の時より今日迄歴代内閣に勞働大臣として列す。其の間内閣の更迭實に十度に及ぶ。初め中央黨中の民主派なりしか漸次右傾せり。彼の社會政策は寧ろ消極的なる爲往々にして中央黨の勞働者側より非難を受くるも大臣の地位を危くする迄に至らず。

五、「ヨハネス・ベッカー」(Johannes Becker)

現國會議員、一八七五年「ウエストフアーレン」「エルスペ」に生る。勞働者出身にして、一九〇六年頃より新聞記者として各地の新聞に從事し一九一九年以來勞働者顧問たり。

六、「ヨハネス・ベル」(Johannes Bell)

現國會議員、國會副議長、一八六八年「エッセン」に生る。大學にて法律學、國家學を學ぶ。司法官より辯護士、公證人となり、戰前には「エッセン」市會、普魯西議會及び國會の議員となれり。一九一九年二月植民大臣、同六月交通大臣となり、一九二〇年五月一日辭職す。「ヴェルサイユ」條約に獨逸全權として調印す。一九二〇年以來議會副議長たりしが一九二六年七月「マルクス」內閣に司法大臣として入閣せり。「ライン」地方の中央黨幹部の一員なり。

七、「テオドール・フオン・ゲラルド」(Theodor von Guérard)

現國會議員、一八六三年「コブレンツ」に生る。大學卒業後官吏となる。中央黨右翼の有力者なり。

八、「ヨハン・ギースベルツ」(Johann Giesberts)

現國會議員、一八六二年「ストレーレン」に生る。勞働者出身にして一九一八年經濟省社會政策顧問に任ぜられ、次で勞働省次官となり一九一九年より一九二二年十一月迄郵政大臣たり。基督教勞働組合及び基督教金屬勞働者聯合の幹部、中央黨の全國委員會委員にして院內領袖の一人なるも、最近黨內に於ける勢力稍々減退せり。

此の外中央黨の著名なる人物としては「イムブッシュ」「ヨース」「ボン」大學の敎授にして寺院法の權威たる「カース」、「フランクフルト」大學敎授「デッサウアー」(何れも中央黨左派に屬す)、「クリコッタナー・コンツェルン」の頭役「クリエックナー」、東部に於ける中央黨の有力者にして上部「シレジア」問題の時知られたる「ウリツカ」等あり。

五、巴威國民黨

一、「ヨハン・ライヒト」(Johann Leicht)

現國會議員、巴威國民黨の院內總理、一八六八年「ビシュベルグ」に生れ一八九三年以來舊教牧師となる。一九一三年國會議員となり、一九二〇年以來再び國會議員たり。

二、「フーゴー・フオン・レルヘンフェルト」伯(Graf von Lerchenfeld)

現國會議員、一八七一年「ケーフェリング」に生る。大學卒業後內務省官吏となり、一九二一年より二二年迄巴威內閣總理大臣たり。一九二四年五月國會議員に選出せらる。

六、經濟聯合

（1）中產階級經濟黨

一、「ヘルマン・ドレエウキッツ」(Hermann Drewitz)

現國會議員、經濟黨首領、一八八七年「コスウキッグ」に生れ麵麭燒を習得し一九一二年「ベッカー・マイスター」となる、戰後伯林市會、普魯西議會及び國會の議員となる。

二、「ヨハン・ヴイクトール・ブレット」(Johann Victor Bredt)

現國會議員、一八七九年「バルメン」に生れ大學にて法律及び經濟學を修め初め行政官となり、一九一一年以來「マールブルグ」大學教授となる。

（2）巴威農民中產階級同盟

「ゲオルグ・アイゼンベルガー」(Georg Eisenberger)

現國會議員、一八六三年「フッツュナウ」に生る。初め農業に從事し一九〇五年、「ルーボルデイング」市長、巴威森林農民同盟會長となり、又巴威議會議員に選出せらる。多年市政に盡瘁したるに依り「ルーボルデイング」の名譽市民に推さる。一九〇〇年以來巴威農民中產階級同盟の首領たり。

七、民主黨

一、「エリツヒ・コツホ」(Erieh Koch)

民主黨首領、國會議員、辯護士、一八七五年「ブレーメルハーフェン」に生る。「ローザンヌ」、「ボン」「ミュンヘン」、伯林等の大學に學ぶ。一八九八年司法官試補となり、二十五歳の時「デルメンホルスト」市長及び「オルデンブルグ」議會の議員となりしが「オルデンブルグ」の王位繼承問題に關し意見を異にしたるより去つて「ブレーメルハーフェン」に移り、一九〇九年同市の市理事となり、次で「ブレーメン」議會の議員となり。一九一三年「カッセル」市長となり、普魯西上院議員となる。獨逸及普魯西都市會議の幹部員なり。「ヴェルサイユ」條約調印後民主黨再び内閣に加はるや、内務大臣となり、一九二一年辭職す。黨内に在りては早くより勢力を得、左派に屬す。

二、「アントン・エルケレンツ」(Anton Erkelenz)

現國會議員、一八七八年「ライン」河畔「ノイス」に生る。鍛職、旋盤職を習得す。一八九八年頃より勞働組合運動に參加し、舊教徒なるに拘らず基督教勞働組合に加入せず。「ヒルシュドゥンケル」勞働組合に來れり。社會主義を十分肯定せざると同時に資本主義の缺陷を感得せる爲、勞働組合の熱心なる賛成者にして一九〇七年獨逸勞働組合聯合首領となり一九一二年勞働者及び雇員自由組合を創立し、勞働組合と政治との接近を計り機關雜誌「ワハト」を發行せり。

勞働運動より漸次政治界に活動するに至り、初め進歩國民黨に屬し、今日は民主黨の最も有力なる領袖の一人にして黨の左派を代表す。「フリードリヒ・ナウマン」と親しく其の死後「ボイマー」夫人と共に雜誌「ヒルフェ」を引繼ぎ經營す。

二、「ベルンハルド・デルンブルグ」(Bernhard Dernburg)

現國會議員、一八六五年「ダルムスタット」に生る。伯林紐育にて商業を習ひ、一八八九年獨逸信託會社理事となり、其の後商工銀行專務取締役、外務省植民局長を經、一九〇七年植民大臣となる。一九一九年「シッファー」の後を受け暫らく大藏大臣兼副宰相となれり。民主黨右翼に屬す。

三、「オットー・ゲスラー」(Otto Gesler)

現國防大臣、一八七五年「ウュルテンベルグ」の「ルードウイツクスブルグ」に生る。大學卒業後初め司法官となり、一九一一年より一四年迄「レーゲンスブルグ」市長、一九一四年より一九年迄「ニュルンベルグ」市長たり。革命後政黨政治に關係するに至り、一九一九年十一月より一九二〇年三月迄復興大臣、一九二〇年三月「ノスケ」の後を襲ひて國防大臣となり以て今日に至る。一九二〇年より一九二四年五月迄國會議員たり。

四、「ワルター・シュツキング」(Walter Schücking)

現國會議員、伯林大學國際法教授、一八七五年「ミュンスター」に生る。「ミュンヘン」、「ボン」、伯林、「ゲッチンゲン」大學に於て歷史、政治、法律學を學ぶ。學生時代既に新理想家として知られたり。一九〇〇年「ブレスラウ」大學助教授となり、次で「マールブルグ」大學の教授となりしが、其の頃民主自由主義者となりし爲普魯西政府の不快を買ひ教授間にも困難なる立場に置かれたり。大戰中は平和主義者として第一に「ブラックリスト」中の人物となり一時外國との交通、通信をさへ禁ぜらる。戰後「ヴェルサイユ」講和會議に政府の代表として派遣せらる。現に海牙常設仲裁々判所判事にして諸種の獨逸及び國際的平和運動に關する團體の會員にして國法、國際法に關する著述多し。

八、社會民主黨

一、「ヘルマン・ミュラー」(Hermann Müller)

現國會議員、社會民主黨首領、一八七六年五月「マンハイム」に生る。同地の高等小學校を出て「ドレスデン」及び「ノイスタツト」の中學校に學ぶ。初め商人の弟子入を爲したるも興味を惹かず社會民主々義者となり、二十三歲の時「ゲアリツツアー・フオルクス・ツアイトウング」の記者となりしも滿足せず。一九〇六年社會民主黨幹部員に推さる。社會黨内に在つては左派に屬し「ベーベル」に近付きしも戰時中及び革命當時は「エーベルト」「シャイデマン」派に從へり。一九一九年「ワイマール」黨大會に於て選任せられ黨首領となり、一九二〇年國會議員に選出せられ、爾來社會黨院內總理たり。一九一九年「バウエル」內閣の外務大臣となり「ヴェルサイユ」條約に獨逸首席全權として調印す。一九二〇年三月より六月迄內閣總理大臣たり。

黨內の勢力に關しては今日稍々表面より退くの傾向あり。

二、「オットー・ウェルス」(Otto Wels)

現國會議員、黨の首領、一八七三年伯林に生れ壁紙貼付職人となる。早くより社會民主々義者となり、一九一二年國會議員に選出せられ、一九一三年「ベーベル」に推され黨の幹部となる。革命勃發の際伯林總指揮官を勤めたり。一九一九年以來「ミュラー」と共に黨の首領たり。

以前は黨の左翼に屬したりしが、革命後穩和に傾き黨內に於ける爭議に關しては常に最後の調停役を勤む。

三、「グスタフ・アドルフ・バウエル」(Gustav Adolf Bauer)

一八七〇年「ダームメン」に生る。「ケーニヒスベルグ」の小學校を出でゝ後久しく辯護士事務所書記となり、一九〇三年伯林自由勞働組合の書記となり、一九〇八年以來自由勞働組合總委員會の副會長として「レギエン」側にて働けり。一九一八年十月革命の直前勞働大臣となり、一九一九年六月より一九二〇年三月迄內閣總理大臣、次で「ミュラー」內閣の交通大臣、兩「ウキルト」內閣の國庫大臣兼副宰相となる。一九二五年二月國會議員を辭せり。

四、「エドアルド・ベルンシュタイン」(Eduard Bernstein)

現國會議員、一八五〇年伯林に生る。中學校を出でたる後銀行使用人となり、一八七二年社會民主黨に加入す。一八七八年より二十三年間外國に在り。其の間「フォールウェルツ」の通信員となり、雜誌「ノイエ・ツアイト」に執筆す。一九〇一年歸國後「ゾチアリスティッシェ・モナートヘフト」の記者となる。

戰時中「ハーゼ」と共に獨逸社會黨を樹立せしが兩社會黨合同の時社會民主黨に復歸せり。黨內の學者にして社會改良主義者として知られ多數の著書論文あり。

五、「オツトー・ブラウン」(Otto Braun)

現國會議員、一八七二年「ケーニヒスベルグ」に生る。石版及書籍印刷職工より身を起し社會民主黨幹部に迄進み、一九一九年普魯西の農務大臣となり、一九二〇年普魯西首相となる。一九二一年一時辭職し「スラーガーワルド」之に代りしも十一月再び內閣を組織し今日に至る。政治家として極めて穩健なる人物なり。

六、「ルドルフ・ブライトシヤイド」(Rudolf Breitscheid)

現國會議員、一八七四年「ケルン」に生れ大學にて國民經濟學を修む。今日社會民主黨領袖として落著く迄各種の黨派を轉々せり。先づ當初は諸種の「ブルジョア」系新聞記者となり一九〇三年より自由聯合(Freisinige Verreinigung)に屬し、一九〇八年民主聯合(Demokratische Vereinigung)なる純民主的新黨を樹立し共の首領となり、一九一二年急進民主家平和主義者として社會民主黨に移り、更に左傾し獨立社會黨創立に參加し、合同後社會民主黨に復歸せり。革命後一時普魯西內務大臣となれり。黨內に在りては中央に位し、人物は力の人に非ざるも賢明にして中庸を得、議會の雄辯家として知られ、政見比較的穩健、將來を囑望せらるゝ政治家なり。

七、「アルトーア・クリスピエン」(Artur Crispien)

現國會議員、一八七五年「ケーニヒスベルグ」に生る。小學校卒業後壁塗職を習得せり。南獨にて先づ舊社會黨の分裂を劃し次で獨立社會黨を樹立し共の首領となり、兩社會黨合同後社會民主黨の幹部となれり。

八、「エドアルド・ダヴイツド」(Eduard David)

現國會議員、曾て屢々名を擧げられし社會主義の元老にして黨內に於ける土地問題通なり。「ヘツセン・ダルムシユタツト」に於ける普魯西使節なり。一八六三年「エデイゲル」に生れ、「ギーセン」大學に學び、次で中學校教師となりしが其の頃社會民主黨に關係し教職を抛棄して新聞雜誌を經營す。一九〇三年國會議員となり、憲法制定國民會議議長、革命の際外務次官にして後無任所大臣となり、「ヴェルサイユ」條約調印後「ブロイス」に代り暫時内務大臣となれり。

九、「ウヰルヘルム・デイツトマン」(Wilhelm Dittmann)

現國會議員、一八七四年「オイテイン」に生る。指物職を習得す。夙に社會民主黨及び勞働組合に加入し社會黨諸新聞の編輯に從事し漸次名を知らるゝに至る。獨立社會黨創立後其の幹部となり、一九一七年の海兵一揆に關係し又一九一八年一月の罷業に關係し投獄せらる。革命の際放免せられ國民受任政府委員の一員となりしが、其の頃より漸次右傾し「シャイデマン」一派に近付き合同社會民主黨に屬す。

十、「ルドルフ・ヒルフアーデイング」(Rudolf Hilferding)

現國會議員、一八七七年「ウヰーン」に生れ醫學を修めたるも元來經濟學、社會主義に興味を有し「ノイエツアイト」「フオールウエルツ」「フライハイト」等の編輯に從ひ、現に「マルクス」研究雜誌「ゲゼルシヤフト」の發行者にして名著「フイナンツ・カピタール」の著者として知らる。社會黨の財政通にして人物は極めて快活なり。獨立社會黨より社會民主黨に來り、一九二三年第一次「ストレーゼマン」内閣の大藏大臣たり。

十一、「オツトー・ランズベルグ」(Otto Landsberg)

現國會議員、一八六九年「リブニック」に生れ、伯林大學に法律學を學び後辯護士となる。革命後國民受任委員の一員となり次で司法大臣となる。社會黨内討論家の一人にして右派に屬す。

十二、「パウル・レヴイ」(Paul Levi)

現國會議員、辯護士、一八八三年「ヘツヒンゲン」に生れ、大學にて法律學を修め司法官より辯護士となる。共産黨首領として同黨建設に功ありしも一九二一年の共産黨暴動事件に關し黨より除名せられ、後社會民主黨に來り、漸次勢力を得來れり。

十三、「パウル・ロエーベ」Paul Löbe)

現國會議長、一九二〇年以來一九二四年の議會第二會期を除き今日迄國會議長にして其の公平なる態度に依り名議長の定評あり。政治家としては寧ろ社會黨の左翼に屬し善き意味に於ける社會黨員の一人なり。一八七五年「リーグニッツ」に生れ、小學校卒業後植字職工となる。一八九九年以來「ブレスラウ」の「フオルクスワハト」紙編輯人となりしが當時政治問題に關聯し投獄せらるゝこと一再ならず。憲法制定國民會議副議長たり。獨墺合併國民聯合會々長にして屢々同問題に付意見を發表す。

十四、「カール・ゼーフエリング」(Carl Severing)

現國會議員、一八七五年「ペルクオルド」に生れ鍵職を習得し、後諸種の金屬勞働者團體內に活動す。革命の頃「ライン」「ルール」地方の大罷業起るや政府及び普魯西の執行委員に任ぜられ是が解決に盡力し、一九二〇年の鐵道從業員罷業「カツプ」叛亂の際に於ける共產黨避援鎭壓の爲奔走せり。

「カツプ」叛亂鎭定後普魯西の內務大臣となり、爾來共和政體擁護を以て施政方針とし、左右兩極黨の陰謀に斷然對抗す。最も實力ある政治家の一人にして彼が內務大臣たる限り普魯西の王政復古計畫の如きは到底物にならずと評せらる。

十五、「フリードリヒ・シユタムプフアー」(Friedrich Stampfer)

現國會議員、一八七四年「ブリユン」に生れ「ウヰーン」、「ライプチヒ」大學に學ぶ。一九〇〇年「ライプチーガー・フオルクスツアイトウング」の記者となり、次で伯林に來り、一九一六年「フオーアウエルツ」紙が社會黨右翼の勢力に屬するに至りてより同紙の主筆たり。社會黨內の外交通なり。

十六、「ルドルフ・ヴイツセル」(Rudolf Wissel)

現國會議員、一八六九年「ゲツチンゲン」に生る。機械職工として勞働に參加し漸次才幹を認めらる。革命後國民受任委員の一員となり、後經濟大臣となる。一九二四年末迄一般獨逸勞働組合同盟幹部員たり。

九、共　産　黨

一、「エルンスト・テールマン」(Ernst Thaelmann)

現國會議員、一八八六年漢堡に生る。運輸業及び港灣勞働者にして多年勞働局に雇はれたり。一九〇三年以來社會民主黨に屬し戰時中獨立社會黨に移り次で共産黨に入る。共産黨院内總理にして漢堡共産黨首領なり。

二、「エフリーデ・ゴルケ」(Effriede Golke) 夫人、通稱「ルート・フイツシヤー」(Ruth Fischer)

現國會議員、「ヴキーン」の猶太人にして一八九五年「ライプチヒ」に生れ「ヴキーン」大學に哲學國民經濟學を學ぶ。最近十年來勞働運動に參加し墺太利共産黨の成立するや前線に立つて活動し洪牙利革命後伯林に來る。一九二三年「ルール」占領の頃露國の「マスロー」と共に積極的煽動に努め爾來共産黨急進過激の小數派を代表す。激情家なり。

三、「ヴキルヘルム・コエーネン」(Wilhelm Koenen)

現國會議員、一八八六年漢堡に生れ、同地の勞働者學校、伯林の社會民主黨學校に入り、後新聞記者となる。一九一八年「メルゼブルグ」勞兵會委員となり、獨立社會黨幹部たりしが次で共産黨に移る、共産黨討論家の一人なり。

四、「ワルター・ストエツカー」(Walter Stoecker)

現國會議員、一八九一年「ケルン」に生る。新聞記者となり、後大學に經濟學及び史學を修む。獨立社會黨より共産黨に來る。

五、「クララ・ツエトキン」(Clara Zetkin)

現國會議員、一八五七年「ウィデラウ」に生る。「ライプチヒ」女子師範學校に學び女教師となりしが藝術家的熱情家にして當時大に社會問題に興味を持ち「ビスマルク」が社會主義者取締法を發布するや出でゝ巴里「ソルボンヌ」大學に學ぶ。同法の撤廢せらるゝや歸國し、「ローザ・ルクセンブルグ」と相知り相共に筆と演説に依り社會主義宣傳に努めたり。

舊社會黨内に在つては「ローザ・ルクセンブルグ」、「リーブクネヒト」、「メーリング」等と共に最左翼を代表し「スパルタクス」團に加はり、戰爭中は久しく檢束せられたるも革命と共に自由となり、共產黨の創立に參加せり。

「コムテスティツシエ・フラウエン・インテルナチョナール」の發行者にして多數の小著あり。

十、其の他の小黨

一、「ゲオルク・レーデブーア」(Georg Ledebour)

一八五〇年「ハノーバー」に生れ、小學校教師より新聞記者となる。初め民主々義者なりしが後社會民主黨に入り、漸次左傾し同黨左翼を代表するに至れり。大戰の際戰爭に反對せる一人にして獨立社會黨の建設に參加せり。一九二二年兩社會黨の合同したるとき行動を共にせず。依然獨立社會黨の名の下に居殘りたり。「アール・リーブクネヒト」の弟「テオドール・リーブクネヒト」も同派の有力者として加はれり。「レーデブーア」一派は「ルール」占領當時内部の分裂を來し、「ルーブクネヒト」派は獨立社會黨として存續し「レーデブーア」一派は「ゾチアリスティツシエル・ブンド」(Sozialistischer Bund)を組織せり。何れも政治上の意義殆んど無し。

二、「リヒヤード・クンツコ」(Richard Kunze)

一八七二年「ザガン」に生る。元小學校敎師にして伯林大學に語學、經濟學を學ぶ。一九〇九年敎育界を去つて爾來政治運動に從ひ、國權黨に屬したる頃大に反猶太主義の宣傳に努め反猶太雜誌 Deutsches Wochenblatt（一九二四年以後 Die neue Zeitung と改む）を發行し獨逸國民團（ドイッチエル・フォルクスブンド）を創立せり。

次て獨逸「ゾチアーレ」黨を創設し一九二四年五月選擧の結果四名の國會議員を出したるも同年十二月の選擧には得票數半減し、議員を出さず。極右國粹黨も亦反猶太主義を高調すれども同黨との合同は之を拒絕し來れり。

第十二節　政黨と機關紙

一、概　　說

獨逸全國に發行せらるゝ新聞は約三千二百種に上り、其の中明かに政黨の機關紙と目せらるゝもの約半數を占む。此の外關係新聞に報導を供給する通信社にして政黨的色彩を有するもの亦少からず。

政黨從關紙の數と國會議員選擧に於ける得票率の上に表はれたる各政黨の勢力關係を示さば左の如し。

政黨名	機關紙の數	新聞總數に對する百分率	一九二四年十二月七日の總選擧に於ける得票率
國權黨	四三九	一三・四八	二〇・五〇
國粹黨	一二	〇・三七	三・〇〇
國民黨	六五	二・六〇	一〇・一〇
巴威國民黨	一〇〇	三・〇七	三・七〇
經濟黨及巴威農民同盟	一七	〇・五二	三・三〇
中央黨	二九二	八・九六	一三・六〇

民主黨	一〇九	三・二五	六・三〇
社會民主黨	一六二	四・九八	二六・〇〇
共産黨	三九	一・二〇	九・〇〇
諸小黨	三七	一・一五	四・五〇
「ブルジョア」系	一一四	三・五〇	—
政黨關係なきもの	一、六八二	五一・六五	—
政府の公報	一四四	四・四一	—

右統計に於て注意すべき事は半數以上の新聞が表面上政黨的色彩を明かにせざることなり。此等表面上政黨に關係なしとせらるゝ中立新聞は通常特殊の政治的目的を有せず、專ら營利本位に經營せらるゝものなるも事實上は政黨と密接なる關係を有するもの甚だ多し。或は財政上或る政治團體の援助を受け、或は主たる經營者が或る政黨に屬する爲事實上此等政黨の利益を擁護するが如し。此等中立新聞は概して「ブルジョア」政策を代表し或るものは國民黨又は民主黨の色彩を有し、他のものは國民黨と國權黨との中間に位するを常とす。舊教地方に在りては中央黨とは直接の關係なきも事實上同黨の色彩を帶ぶるもの少なからず、又共産黨的傾向を有するものも有り。

伯林の新聞にして表面上は政黨との關係を明かにせざるも事實上政黨の準機關紙とも見るべきもの少からず。即ち左の如し。

（イ）「シェール」(Scherl) 系新聞は工業系の「フーゲンベルグ」新聞合同の一部にして明かに國權黨の政策に從ふ。

（ロ）「ベルリーナー・ベールゼン・クーリエ」(Berliner-Börsen- Courier) は本來伯林取引所理事に屬する新聞にして政治的傾向を明かにせざるも著しく反動的にして國權黨の色彩を有す。

（ハ）「ドイツチェ・アルゲマイネ・ツァイトゥング」(Deutsche Allgemeine Zeitung) は嘗て半官報なりしが後「スチンネス」の手に歸してより重工業の新聞となり、最近「スチンネス」破産の結果其の手を離れたるも依然工業の利益を代表し事實上國民黨右翼の傾向を有す。

（ニ）「アハト・ウーア・アーベンドブラット」(8 Uhr- Abendblatt) 政治上は民主黨と國民黨の中間に位するも時に著しく民主黨の傾向を示す。

（ホ）「テーグリッヘ・ルンドシャウ」(Tägliche Rundschau) は「獨立的國民政策の新聞」として中立的態度を標榜するも一方に於ては財政的契約に基き外相「ストレーゼマン」の發表機關となり、他方に於ては國權黨に近き政策を支持す。

（ヘ）「ベルリーナー・ターゲブラット」(Berliner Tageblatt) 及び「フォッシッシェ・ツァイトゥング」(Vossiche Zeitung) は何れも新聞紙上には政黨關係を明記せざるも内容を一讀する者は直ちに民主黨系新聞なることを知る。

二、各黨主要機關紙

各政黨の機關紙及び準機關紙中主要なるものを擧ぐれば左の如し。

（一）國　權　黨

「ドイッチェ・ターゲス・ツァイトゥング」(Deutsche Tageszeitung)

「クロイツ・ツァイトゥング」(Kreuz Zeitung)

「ロカール・アンツァイガー」(Lokal Anzeiger)

「ターク」(Tag)

國權黨の機關紙は政黨と密接なる關係を有する外大體二大勢力に支配せらる。一は工業を背景とする所謂「フーゲンベルグ」系新聞にして「ロカール・アンツアイガー」「ターグ」等之に屬し、他は獨逸武中央會所の大地主團體たる「ライヒスラントブント」(Genossenschaftsbund des Reiehsbunds) の援助を受くるものなり。「ライヒスラントブント」は國權黨の新聞經營、政治運動の爲に莫大なる金額を支出す。「ドイッチエ・ターゲスツアイトウング」は國權黨に屬すると同時に「ライヒスラントブント」の機關紙なり。「クロイツ・ツアイトウング」も「ライヒスラントブント」と密接なる關係に在り。

(二) 國　粹　黨

「フエルキッシエ・ベオーバハター」(Völkische Peobachter)

(三) 國　民　黨

「ドイッチエ・アルゲマイネ・ツアイトウング」(Deutshe Allgemeine Zietung) (準)

「ケルニッシエ・ツアイトウング」(Kölniche Zeitung) (準)

「ライニッシエ・ウエストフエーリッシエ・ツアイトウング」(Rheiniche-Westfälische Zeitung) (準)

「テークリッヘ・ルンドシヤウ」(Täglihe Rundschau)

(四) 中　央　黨

「ゲルマニア」(Germania)

(五) 巴威國民黨

「バイエルリッシエル・クーリエ」(Bayerische Courier) 巴威農民同盟

「デル・ビュンドラー」(Der Bü..dler) 週刊

(六) 民　主　黨

「ベルリーナー・ターゲブラット」(Berliner Tageblatt)（準）

「フオツシツシエ・ツアイトウング」(Vossische Zeitung)（準）

「フランクフルター・ツアイトウング」(Frankfurter Zeitung)（準）

民主黨は政黨として機關紙を經營することなきも、同黨系の者により經營せられ、其の準機關紙と見らるべき大新聞多し。

（七）社會民主黨

「フオーアワエルツ」(Vorwärts)

政黨中機關新聞に關し全國に亘り統一せる組織を有するは社會民主黨のみにして其の機關紙は殆んど全部同黨の所有に屬す。其の他地方的には政黨の所有に屬せざるも、社會黨員に依り經營せらるゝ小機關新聞少からず。社會民主黨は Der Sozialdemokratische Parlamentsdienst なる國際通信機關を有し國内の機關紙に報導を供給す。

（八）共　產　黨

「ローテ・フアーネ」(Rote Fahne)

第二章　獨逸政黨政治の特色

第一節　獨逸政黨の特質

獨逸に於ける小黨分立の原因は、獨逸民族の各種族夫々特性を有し各地、各種族の歷史、文化、宗教等が異なる發達を遂げ來れるに依ると言ふべく、小黨分立は今日最早歷史的事實なりと見ることを得べし。其の上戰後の情勢は小黨の出現に最も好機會を與へ國會選擧の際一時的に簇生する小黨實に枚擧に遑あらず。戰後に於ける獨逸政黨の發達過程上の特長は戰前と異り右黨左黨の區別劃然となりしことなり。就中憲法、政體問題に關し各政黨は大體二大分野に分れ一九二五年四月大統領選擧の際には民主共和主義を奉ずる中央黨、民主黨、社會民主黨は國民團（Volksblock）を組織し右黨の帝國團(Reichsblock) に對抗せり。此の傾向より獨逸に二大政黨發達の徵現はれたりとし、二大政黨制度實現の可能性ありと爲すものあるも、政黨發達の現狀はもと自然的要求に基き長年月を經發達し來れる歷史的事實に外ならざれば一朝一夕に大變化を來すこと容易に豫想し難し。

第二節　政黨と內閣

政黨と內閣の關係に就ては憲法に規定する所なし。憲法の條項に依れば內閣は總理大臣及各省大臣より成り、何れも大統領之を任命す。內閣總理大臣及び各大臣は議會の信任あるを要す（第五十二條乃至第五十四條）。內閣組織の實際に當り大統領は先づ各政黨領袖を引見し、其の意見を徵したる後總理大臣候補を選び之に內閣組織を委囑す。組閣の命は政黨の首領又は領袖の一人に下すを常とするも又政黨員以外の者に下すこと稀ならず。組閣の命を受けたる者は內閣組織に參加せしめんとする各政黨の幹部と交涉を開き次で大臣候補者の決定に關しては或は各政黨をして自ら入閣者を決定せしむることあり、或は自ら適當なる者を選びたる後關係各政黨の同意を求むることあり。小黨分立の獨逸に在りては各政黨間に各省大臣の劃當に付協議を重ね政黨自ら入閣者を決定するの方法によるときは協議容易に纏らず、徒らに紛糾を重ぬること多く、後の方法に依り比較的容易に組閣難を解決し得たる場合多し。內閣は政黨員に依り組織せらるゝを原則とするも、政黨員以外の者にして總理大臣として內閣を組織し事務大臣として內閣に列すること稀ならず。又元來政黨員なるも內閣には所屬政黨を代表せず單なる事務大臣として加はることあり。例へば前總理大臣「クーノー」は國民黨に近く、前內閣總理大臣「ルーター」は國民黨と國權黨の中間に位するも何れも政黨に直接の關係を有せず。現國防大臣「ゲスラー」は民主黨の參加せざる內閣に事務大臣として列したることあり。中央黨出身の現勞働大臣「グラウンス」も同樣のことあり。

各政黨中戰後未だ何れの內閣にも參加したることなく常に政府の反對黨として立てるは國粹黨と共產黨なり。反之中央黨は凡ての內閣に參加せり。歷代の內閣は何れも聯立內閣にして其の多くは稍々左傾し、社會民主黨の參加せるか少くとも其の支持を受けしもの多し。右黨の色彩强き內閣二三存在せしも眞の右黨內閣は第一次「ルーター」內閣のみなり。內閣の中政府與黨のみを以て議會に多數を制し得たるは「ワイマール」聯立內閣及「ストレーゼマン」大聯立內閣のみにして他は多くは中央諸黨の聯立內閣なれば其の基礎甚だ薄弱にして常に社會民主黨又は國權黨の支持を受け存在を維持するを得たり。

第三節 國會と議員

一、議會の會期

議會は每年十一月の第一水曜日に自ら集會す。然れども大統領又は議員三分の一以上の要求あるときは國會議長は右期日以前に召集するを要す（憲法第二十四條第一項）。議會の休會再會及び閉會の期日は議會自ら之を定む（同上第二項）。從て議會の會期には一定の制限なく通常は召集の翌年の夏迄繼續せられ其の間基督降誕祭復活祭等の前後は休會するを常とす。

然れども右憲法第二十四條第一項前段即ち『議會は每年十一月の第一水曜日に自ら集會す』との規定に關しては解釋上

疑義ある處、政府及び議會にては右の規定は單に新議會成立の時にのみ適用あるものにして既に成立せる議會が夏中休暇後再會する場合は同條第二項の適用を受け必しも十一月第一水曜に開會する必要なしとの解釋を執り居れりと云ふ。(但し通例は十一月第一水曜に再會す。)(註一)

國會は四年毎に改選せられ、該期間滿了後遲くとも六十日以內に選擧を行ふべく、解散せられたるときも解散後六十日以內に選擧を施行するを要す。國會は右選擧の後遲くとも三十日以內に集會するを要す。獨逸の議會には我國に於けるが如く通常議會、臨時議會の別なし。

【註一】 現に一九二五年八月十二日議會閉會に際し議長は議會再會の期日を十一月中旬に定めんこと、並に若し十一月中旬以前再會の必要あるときは「エルテステンラート」は其の再會期日の指定を議長に一任する旨の提議を爲し國會之に同意を與へたり。而して十一月に入り「ロカルノ」條約に關聯し內閣の危機發生し十一月中旬に國會を再會するを不便とする事情に立ち至りし爲め「ルーター」首相は各政黨領袖と協議を遂げ十一月二十日を以て國會を再會せり。

二、議員資格の得喪

國會議員は一般、平等、直接、秘密の選擧に依り比例代表の原則に基き選擧せられ任期は四年とす。

議員は任期滿了、議會解散、拋棄、選擧權の喪失、公權剝奪、選擧の無效宣告、追加又は再選擧に依る選擧の結果變更等に依り其の資格を喪失す。議員の死亡、資格の喪失等に依り議員に缺員を生じ之を補ふべき場合同一政黨に屬する者を以て爲すを以て之が爲特に補缺選擧を行ふが如きことなし。

獨逸の選擧法は比例代表の原則に依り名表聯結の方法を採用せる爲選擧人は政黨に對し投票す。從て選出議員は常に何れかの政黨に屬し中立、無所屬議員として選出せらるゝものなし。然れども後に至り議員が所屬政黨より脫黨し若くは除名せられ他の政黨に加入せざるときは無所屬となる。議員は所屬政黨を變更するも之に依り議員の資格を喪失するが如きことなし。何となれば議員は政黨を代表するに非ずして全國民を代表すればなり（憲法第二十一條）、議員が資格を喪失したるとき之が補缺は必ず同一政黨に屬する者を以て爲すに依り議會に於ける各政黨の勢力關係は脫黨、除名以外の原因にて變更を來すことなし。

三、議員の歳費竝鐵道非賃乘車權

（一）國會議員は議會召集の前日より議會の解散又は議員任期滿了の月の終迄歳費として「B６」級の官吏（各省大臣）俸給の百分の二十五（年額六千七百五十馬克）を受く。歳費は每月一日に支拂はる。

議會召集後議員となりたる者は議員となりたる前日より歳費を受け、議員の任期終了前に議員の資格を喪失したる者は喪失したる月の終迄之を受く。

議會の總會が一日以上開かれざる時に當り委員會に出席し又は最上級官廳の會議に出席したる者は歳費月額三十分の一の日當を受く。

總會に缺席したる者は歳費中より一日に付其の月額の三十分の一を減ぜられ、繼續して五日以上缺席するときは其倍額を減ぜらる。削減せらるべき金額は歳費の月額を越ゆるを得ず。但し委員會に出席し若くは議會の公用に依り又は病氣の爲に缺席したる時は此限に非ず。

國會議員にして同時に聯邦議會の議員を兼ぬる時は國會議員として歳費を受くる限り同時に聯邦議會議員として歳費を受くるを許さず。

國會議長、副議長及憲法第三十五條規定の常設委員會委員は議員としての任期滿了後又は議會解散後新議會の召集せられたる月の終迄引續き歳費を受く。但し再び新議會の議員となりたる場合には歳費は重複して受くることを得ず。

（二）國會議員は其の任期中及び任期滿了後八日間全國鐵道無賃乘車の權を有す　議會解散せられたるときは新議會選擧の日迄無賃乘車の權を有す。國內の往復に際し他國の鐵道を利用せざるを得ざる時、及び船舶の連絡による時は夫々實費を支給せらる。

國會議長、副議長及び憲法第三十五條規定の常設委員會委員は議員の任期滿了後新議會召集せられてより後八日に至る迄鐵道無賃乘車の權を有す。

四、國會議員選擧法概略

（憲法第二十二條、一九二四年三月六日の選擧法及び一九二四年三月十四日の投票手續法）

滿廿歲以上の獨逸國民は男女を問はず選擧權を有し、滿二十五歲以上にして少くとも一年以上獨逸國民たるものは凡て被選擧權を有す（選第一條、第三條）。全國を三十五の選擧區（Wahlkreis）に別ち之を十六の選擧區聯合（Wahlkreis-verband）に統括す（選第七條附屬表）。

國會議員選擧に際し候補者を出さんとする團體は候補者の氏名を列記したる候補者名表なるものを作成し提出するを要す。候補者名表には各選擧區候補者名表と全國候補者名表の二あり。選擧區候補者名表は各政黨が該選擧區より選出せんとする候補者の氏名を當選の順位に從ひ列記せるものにして、少くとも該選擧區の選擧權者五百名の署名あるを要し少くとも五百名の投票確實なる時は二十名の署名を以て足り遲くとも選擧の十七日前迄に當該選擧區の選擧長に提出すべきものとす（選第十五條）。全國候補者名表は各政黨が自黨得票中各選擧區及び聯合選擧區に於て有效に利用せられざりし所謂殘餘得票を以て選出せんとする自黨候補者の氏名を當選の順位にて列記せるものにして少くとも選擧權者二十名の署名あるを要し遲くとも選擧の十四日前迄に全國選擧長の下に提出すべきものとす（選第十七條）。

各選擧區に於ける候補者名表の殘餘得票を聯合選擧區内に於て合算し之を有效に用ゐんが爲聯合選擧區内各選擧區の候補者名表を聯結せしむることを得べく、之が爲には遲くとも選擧の十二日前迄に聯合選擧區長に向ひ書面を以て右聯結に關する宣言(Verbindungserklärung)を爲すを要す。右聯結せらるべき選擧區名表は何れも同一の全國候補者名表に聯繫せるか又は何れの全國候補者名表にも聯繫せざるものたるを要す（選第十六條）。

各選擧區に於ける殘餘得票を全國候補者名表に送致合算せしめんと欲する時は遲くとも選擧の八日前迄に各選擧區の選擧長に宣言するを要す（Anschlusserklärung）（選第十九條）。

投票は無記名にして規定の投票紙中投票せんとする政黨の下に記號を施す。從て選擧人は自己の欲する個人に對し投票を行ふことを得ず。

投票の結果に關しては、

（イ）各選擧區に於て各政黨の得票六萬毎に一名の議員を當選せしむ。六萬に足らざる得票及び殘餘得票は當該選擧區候補者名表が聯結せられたる場合には聯合選擧區に又單に一の全國候補者名表に聯繫せらるゝ場合には當該全國候補者名表に送致す。

（ロ）聯合選擧區に於ては右選擧候補者名表より送致せられたる殘餘得票を各政黨毎に合算し、六萬票に付一名の議員を選出す。而して當選の順位は殘餘得票最も多き選擧區の候補者を第一とす。殘餘得票同數なる時は抽籤に依り之を定む。何れの選擧區に於ても殘餘得票三萬に滿たざる時は議員を選出するを得ず。聯合選擧區に於て生じたる殘餘得票は之を全國候補者名表に送致す（選第三十一條）。

（ハ）選擧區候補者名表及び聯合選擧區より送致せられたる殘餘得票は各政黨の全國候補者名表毎に合算し六萬票に付き

一名の議員を選出す。最後に殘りたる三萬以上の殘餘得票は六萬と看做し更に一名を選出す。

全國候補者名表より選出せらるべき議員數は之と聯繫せる各選擧區候補者名表の當選者總數を超ゆるを得ず（選第三十二條）。議員當選の順位は選擧區候補者名表及び全國候補者名表に掲げたる順序に依る。

以上の如く獨逸の選擧法は名表聯結の方法に依る比例代表法を採用せる爲各政黨の得票數と選出議員數との間には極めて精密なる比例を保ち、得票中有效に利用せられざるもの甚だ小數なり。一九二四年十二月七日の選擧に於ては有效投票數約三千二十八萬、當選議員四九三名なれば殘餘數にして利用せられざりしもの僅に七十萬票に過ぎざるなり。

之と同時に該選擧法は次の如き缺點あり。六萬毎に一名を當選せしむる結果、選擧權者の數及び投票率の變化と共に議員數に增減を來し、就中議員數激增するときは議會の能力を充分發揮せしめ得ざるに至るの惧あり。又選擧人は自己の欲する政黨に對し投票することを得るも該政黨に屬する何人を當選せしめんとするやに就ては何等の意思表示を爲すを得ざるなり。當選の順位は政黨の自ら定むる所にして候補者名表列記の順序に依る。從て國民の代表として優秀なる個人を選出せんとする選擧人の希望を充分に滿たすを得ず。（註一）

【註一】 選擧法の詳細なる規定に就ては大正十三年十二月外務省歐米局譯「獨逸國選擧法」（歐洲政情研究資料第二十二輯）參照。

第三章　最近に於ける獨逸政情

第一節　「クーノー」內閣──「ルール」地方の占領と消極的抵抗

一九二二年十一月二十二日「ウイルト」內閣の後に成立したる「クーノー」內閣は國民黨より民主黨に至る有產階級內閣にして國權黨は之に對し好意的態度を示し、社會黨は中立の態度を持せり。獨逸政府は此の時迄賠償問題に關し聯合國との間に久しく交渉を重ね來れるも、遂に解決を見るに至らず。佛國は白耳義と共に一九二三年一月十一日實物賠償義務の履行遅滞を名として突然獨逸工業の中心たる「ルール」地方を占領し、獨逸政府は之に對し斷然消極的抵抗を爲すに決せり。

是に於て「ルール」地方の事業は悉く休止せしが、佛國は賠償の擔保たる「ルール」の占領を有効ならしめんとして自らの監督の下に事業の運轉を强制せんとするや形勢緊張し。占領軍と住民との間に屡々衝突を生じ投獄せらるるもの、追放せらるるもの日に增加し、佛國の壓迫政策に依り人民の困窮益々甚しきを加へたり。而して消極的抵抗は漸次他の「ライン」地方にも擴張せられ、爲に中央政府財政上の負擔は著しく增加せしも、政府は大に愛國心の鼓吹に努め以て消極的抵抗の持續に全力を注げり。然れ共政府財政は忽ち困難となり、紙幣の濫發を餘儀なくせしめられ、其の結果馬克は暴落し、經濟界は紊亂し、被占領地帶は人心甚しく不安となり、「ライン」地方の獨立運動擡頭し、「ルール」地方、上部「シレジヤ」地方には共産黨の罷業運動起り、一方佛國の壓迫政策は益々苛酷の度を加へ形勢愈々惡化せり。

然るに獨逸の重工業家は此の機を利用し獨逸工業の合同氣運を進捗せしめんと欲し、政府は消極的抵抗を持續することに依り賠償問題解決の却て容易ならんことを期待せり。即ち政府は五月二日及び六月七日聯合國に對し賠償問題解決方法を提議し、協議開始の前提として「ルール」地方の撤兵を要求したるも佛國は獨逸にして賠償義務を履行せば「ルール」地方を撤退すべしとして獨逸の要求に耳を傾けず。

翻て國內を見るに社會黨は獨佛の接近を主張し、「クーノー」內閣に對し好意的中立の態度を取り來しが、八月十一日伯林勞働組合委員會の會議に於て、「クーノー」內閣倒壞を目的として全國同盟罷業の開始宣言せらるるや、社會黨は已むなく勞働者の要求に從ひ、同日內閣不信任の決議を爲せり。斯くの如く偶發的事情により內閣は十二日總辭職を爲すに至れり。

第二節　「ストレーゼマン」內閣――消極的抵抗の廢止、第二次「ストレーゼマン」內閣の成立、社會黨の內閣脫退

「クーノー」內閣退くや國民黨首領「ストレーゼマン」組閣の命を受け、大聯立內閣組織を試みし處社會黨の同意を得容易に成功し、八月十三日國民黨より社會黨に至る聯立內閣成立せり。「ストレーゼマン」外相を兼攝し社會黨の「ヒルフェルディング」藏相に任命せられたり。新內閣に對しては國民は憲法上成立し得べき最後の內閣なりとし、何等かの積極政策を期待せり。政府は被占領地問題に關しては前內閣の政策を踏襲し、消極的抵抗を持續せしが、同時に「ルール」地方にして撤退せられんか賠償義務の履行に努力すべき旨の意思を表明し、佛國の態度變化に多少の希望を繫ぎたり。然るに未だ何等時局の變遷を見ざる中國內の事情急迫を告げ、就中財政態度は最早消極的抵抗の維持を許さゞるに至れり。「ストレーゼマン」は自ら消極的抵抗を廢止するに先立ち、之に對する佛國の態度を知らんとし佛國と協議せんことを希望したるも「ポアンカレー」は常に拒絕的態度を以て應酬し、佛國將來の政策を問はんとせば先づ消極的抵抗を廢止すべしと宣言せり。是に於て政府は佛國の態度如何に拘らず、自ら消極的抵抗廢止の問題を決定せざるを得ず。即ち被占領地出身の各政黨代表者と協議を開きたるに「ラインランド」隔離政策（Versackungspolitik）を主張する國權黨員以外は悉く政府の意見に同意し消極的抵抗廢止の必要を認めたり。斯くて政府は九月二十六日遂に消極的抵抗の廢止を宣言し同時に大統領令を以て消極的抵抗維持に關する諸法令を撤廢し、又佛白に對する實物賠償を再び開始すべき旨聲明せり。

內閣成立以來國民黨の領袖中に社會黨と同一內閣に列するを快しとせず、社會黨の排斥を劃策する者ありしが、偶々權限委任法問題より內閣の動搖を來すに至れり。即ち政府は內閣の改革を實行せんとして財政、經濟及社會政策一般に亘り政府に對し立法に關する特別權限を賦與すべしとの提案を爲したるに、社會黨は八時間勞働問題が政府の特別權限に依り

規律せらるるに同意し難しとして、白黨出身の大藏大臣を辭職せしめんとしたる爲、內閣は十月四日一先づ總辭職を爲し一部の改造を爲すことゝなれり。

同月六日第二次「ストレーゼマン」內閣成立せしが前閣員中藏相「ヒルフェルディング」辭して「ルーター」之に代り國民黨出身の經濟相「ラウマウ」は鐵相辭任の關係上內閣より脫したり。權限委任法に關しては政府は權限の範圍を財政經濟政策に止め社會政策就中勞働時間の問題は別に法律を以て定むべしと爲し、以て社會黨の同意を得、十月十五日議會の協賛を經たり。

消極的抵抗廢止の後、政府は佛國と協議せんと欲したるも、佛國は依然冷淡なる態度を示したり。而して當時獨逸國內の狀態を見るに「ライン」地方に於ては同地方の獨立を目的とする所謂「アクティヴィステン」の活動盛んにして「セパラティステン」の騷擾各處に蜂起し、巴威に於ては反動運動旺盛となり、中獨地方にては共産主義者頻りに革命的陰謀を廻らし馬克は未曾有の大暴落を續け經濟界は根底より攪亂せられ人心は極度の不安に滿たされたり。

政府は國內に於ける左右兩側面より來る政治上の危險に對しては武斷政策を以て當り、曩に九月二十七日全國に亘り戒嚴令を布き行政權を國防大臣の手に移し、先づ中獨地方には軍隊を派遣し、共産黨の百人隊を解散せしめ、共産黨員社會黨員を多數捕縛し、武力を以て「サクセン」內閣を倒壞せしめたる外、各地の赤化運動は實力を以て悉く鎭壓せり。共産黨は此の所謂『十月失敗』以來勢力を失ひ、社會黨の政府に於ける地位亦困難となれり。

社會黨は「ザクセン」に於ける政府の處置を不當なりとし、聯立內閣に對する最後通牒として全國の戒嚴狀態を解除し「ザクセン」の軍隊を撤退し警察力を以て秩序を維持し、反動運動に對しては斷然たる處置を施すべしとの要求を爲したり。然るに政府は之を拒絕したるに依り社會黨出身大臣は十一月二日內閣を脫退せり。

政府は又國粹派の反動運動に對しても注意を怠らず。巴威に於ては巴威政府は曩に國粹派の反動革命勃發の危險を慮り非常狀態を布告し「カール」を執政官とする獨裁政治を現出せしめたり。十一月九日革命の日をトし「ヒツトラー」「ルーデンドルフ」の一派は豫ての計劃通「ミユンヘン」に於て巴威獨立の旗揚を爲し伯林への進入を劃したるも、執政官「カール」事を共にせざりしに依り忽ち鎭壓せられたり。

一方「ラインランド」「ルール」地方等の占領地帶に於ける人民の窮狀は日と共に甚だしく、分離主義者(セパラティステン)の活躍と共に隔離主義者の主張亦勢力を得、中央政府の財政窮乏に從ひ「ラインランド」の分離は最早時の問題となれり。政府は被占領地に對する財政的援助を繼續すべきや否やの問題を論じたるに、內相「ヤレス」は隔離政策を主張し、藏相「ルーター」も財政的援助を中止し間接的隔離政策を實行すべしと爲し、遂に年內に財政的援助を中止すべきこと閣議の決定を見たり。斯くて「ラインランド」の運命も正に決せられんとしたる時、突如「レンテン」馬克の發行に依り時局の一大變動を來せり。

政府は權限委任法に基き十月十五日「レンテン」銀行を設立し、十一月十五日「レンテン　馬克を發行し、以て馬克の安定策を實行し財政整理を行ふや經濟界の不安も一擧にして消散し「ラインランド」分離問題も被占領地人民の心理狀態一變すると共に自ら解決せられ、國粹主義者、共產黨の運動も愈々沈衰するに至れり。

斯くの如く國情の正に安定せんとする時に當り內閣は脆くも崩壞せり。即ち曩に社會黨の內閣より脫退するや「ストレーゼマン」は內閣の建直しを試みしも成功せず。遂に議會に於ける政府不信任案は社會黨の贊成投票に依り通過し二十三日內閣は總辭職を爲すに至れり。

第三節　「マルクス」內閣―議會解散と總選擧、第二次「マルクス」內閣の成立、倫敦會議と「ドウズ」案の實施、議會解散と總選擧

十一月三十日中央黨首領「マルクス」を首相とし國民黨より民主黨に至る聯立內閣組織せられしが、閣員の顏振には殆んど變化を見ず。國民黨左翼は國權黨引入運動を試みたるも不成功に終りたり。先の權限委任法は社會黨の內閣脫退と共に效力を喪失したるが、政府は安定復興政策實行の爲更に第二の權限委任法を要求せり。同法の運命は一に社會黨の態度如何に懸りしが「マルクス」は該法案にして否決せられんか、議會の解散を辭せざる態度を示し社會黨の同意を促せり。社會黨內に於ては意見分れしが結局多數派の意見に從ひ縱令今日權限委任法を拒絕するも政府は議會解散後憲法第四十八條大統領の特別權限に據り必要なる法律を發布すれば結果に於て何等異ることなく、又「レンテン　馬克發行後日尙ほ淺き今日、議會の解散を招くは國家の爲不利益なりとし、更に解散の結果は社會黨に不利なるを見越し、遂に權限委任法に贊成するに至れり。而して同法は十二月八日議會を通過せり。權限委任法に關しては議會政治を無視するものなりとて强く非難する者ありしも、一般には一時的非常手段として其の必要を認めたり。政府は十二月初旬大統領の特別權限に基き第一租稅緊急令を發布し稅制の改革を爲し「アウフウエルトウング」問題の一時的解決を爲せり。

當時國內事情の安定と共に聯合國との間にも諒解の道開け「ポアンカレー」も「ラインランド」政策の失敗に歸するや時局の變遷と共に漸次態度を柔らぐるに至りしが、五月の國會總選擧は佛國の對獨政策に一轉期を劃したり。賠償問題に關しては一九二三年十一月二十三日獨逸の重工業と佛國の「ミクム」との間に實物賠償に關する協定成立せり。所謂「ミクム」協定是なり。之に依り從來履行政策に反對し來れる獨逸重工業は其の態度を一變し履行政策を以て實行し得べき唯一の政策なりとせり。同月賠償委員會は專門委員を任命して賠償問題解決の方法を考究せしむることとせり。該專門委員の研究報告は四月九日賠償委員會に交付せられ次で公表せられたり。「ドーズ」案即ち是なり。

斯くの如くにして內外に於ける危機は一先づ排除せられ今や安定復興の時期に向はんとする時に當り、政府は議會に於て多數を制し得ざるに依り、三月十三日議會を解散せり。尤も議會は三ケ月後には當然改選期に臨みたるなり。

總選擧は五月四日施行せらるることゝなり、各政黨は「ドーズ」案の賛否問題を中心として戰へり。選擧の結果政府黨は敗北し國粹黨共産黨の兩翼黨及國權黨は大勝を博したるが、是れ一九二三年以來の時勢を反映するものと謂ふ可し。

右選擧の結果政府の議會に對する地位極めて困難となり、國民黨は中間小數黨內閣の存續を否とし、國權黨を引入れんとし政府與黨互に協議を重ねたるも、國權黨は「テイルピッツ」元帥を首相候補者に擧げたるを以て、內閣改造計劃は頓挫し、五月二十六日內閣は總辭職を爲せり。然るに國權黨を參加せしめたる內閣の組織は結局成功せず、六月三日「マルクス」內閣は巴威國民黨を除く外其の儘復活せり。第二次「マルクス」內閣の基礎は極めて薄弱なりしも、よく緊急なる內政問題及賠償問題を解決するを得たり。

聯合國は「ドーズ」案の實施に關し七月十六日倫敦に會議を開きしが、聯合國側の步調整ひたる後、從來の例を破り獨逸を招請せり。獨逸側よりは「マルクス」、「ストレーゼマン」、「ルーター」政府代表として參加し協調的精神を以て臨みしが會議の經過も比較的獨逸側に有利にして、「ルール」撤退問題に關しては遲くも一年以內に撤兵を完了すべしとの保障を得同時に制裁占領三都市をも撤退すべき約束を得たり。次で倫敦協約及び其の他の「ドーズ」法案議會に提出せらるるや、鐵道法が三分の二の賛成を要するに依り「ドーズ」法の運命は一に懸て國權黨の態度如何に存したり。國民黨及び中央黨は國權黨と屢々交涉を重ねたる後國權黨の「ドーズ」法贊成の代償として後日同黨の內閣加入に盡力すべき約束を爲したるが如し。八月二十九日「ドーズ」法案議會の票決に問はるるや國權黨は投票を黨員の自由意思に任したるが實は贊否投票に關して豫め黨內の打合せ有りたるが如く、約半數は贊成投票を爲せるを以て同法案は議會を通過し、倫敦協約は翌日倫敦に於て正式調印を了するに至れり。九月國民黨は國權黨に對する前約に基き內閣の改造を要求し、國權黨の引入を主張せり。然るに內黨改造に當り國民黨は社會黨と協力するを肯ぜざりしを以て大聯立內閣乃至は首相の主張する擧國一致內閣成立の見込なかりしと同時に、民主黨は社會黨を除外し國權黨と協同するを欲せず、內閣改造は失敗し、十月二十日遂に議會の解散を見るに至れり。

總選擧は十二月七日施行せられたるが右黨は黑赤白の三色旗を推し立て Reiehsbauner を組織せる共和派は黑赤黃の國旗を翳して戰へり。選擧の結果は大體に於て政府與黨の勝利に歸し左右兩翼黨の勢力著しく減退せり。是れ內外の事情安定せるに依ると共に中央諸派の政策が國民に依り是認せられたるを意味するに外ならず。右選擧の結果內閣を改造すべきや否やの問題を生じ、首相は選擧の結果を左派の勝利なりとし大聯立內閣又は中間內閣を主張したるも國民黨は之に應ぜず、政局安定の道は有產階級內閣の組織に在りとし國權黨の加入を主張し意見の一致を見ず、即ち內閣は十二月十六日總辭職を爲せり。

第四節 第一次「ルーター」內閣―大統領選擧、「ロカルノ」條約の成立、國權黨の內閣脫退

後繼內閣組織に關し國民黨は依然右黨內閣の主張を固守したるも、中央黨の反對ありて成らず。各黨派間の意見容易に纏らず、年を越えて再び協議を重ねたる後、一月十六日前藏相「ルーター」を首相とし、國權黨及國民黨を中心とする右黨內閣組織せられたり。內閣に對し中央黨は好意的中立の態度を取り、民主黨は同黨の「ゲスラー」が國防大臣として留任せるも之に關しては黨として何等の協議に與からざりしに依り政府に對し何等の拘束を受くることなし。次で議會に於ける政府信任案は中央黨大部分の贊成投票に依り二百四十六對百六十票の多數を以て通過せり。

二月二十八日大統領「エーベルト」突然病歿するや、翌月二十九日を期して大統領選擧行はるゝこととなり、政界は右黨聯合と共和派の二大陣營に分れ、右黨聯合は「ロエベル」委員會を組織し國權黨の推薦せる「ヤレス」を候補者に擧げ、共和派は當初共同候補を立つるの計畫ありしも社會黨が突然普魯西首相「ブラウン」を候補者に擧ぐるや、各黨獨立の行

動に出で中央黨は「マルクス」を、民主黨は「バーデン」首相「ヘルバツハ」を推せり。此の外國粹黨は「ルーデンドルフ」大將、巴威國民黨は巴威首相「ヘルド」、共產黨は「テールマン」を候補者とせり。

選擧の結果何れの候補者も絕對過半數を得ざりしに依り、四月二十六日第二回選擧行はれたり。「ロエベル」委員會は「カレス」にては勝算無きを見越し國權黨の希望に從ひ「ヒンデンブルグ」元帥を更めて候補者に推擧し、共和派は「マルクス」を共同の候補者とせり。斯くて遂に前者の當選を見るに至れり。

「ルーター」內閣の成立したる時は內外の事情愈々安定し、獨逸復興の業漸く其の緖に着かんとする時にして、政府は內政外交問題に關し重大なる任務を負へり。「ルーター」內閣は右黨內閣なるも內は共和政體の擁護を力說し、社會政策の實行を約して、左黨側の希望を無視せざりしも、關稅改正、稅制改革に當りては專ら保護政策的見地より之を爲して、大に右黨側の利益の擁護に努め、尙ほ各國との通商條約締結に努力し經濟的復興の基礎を固めたり。此の頃中央黨は關稅、租稅に關する政府の有產階級保護政策に贊成を表し、著しく右傾的態度を示したり。是に於て中央黨內の民主派、就中勞働者側は大に不滿を抱き「ウヰルト」は同黨を脫退せり。斯くて中央黨の內部は極めて困難なる狀況に陷りたるも、其の後外交問題が內政問題を壓して論議せらるゝに及び、再び黨の結束を維持するを得たり。

一九二五年二月九日「ストレーゼマン」は聯合國に對し「クーノー」內閣の覺書を基礎とし安全條約締結の提議を爲せり。國權黨は之に對し該提議が閣員に何等諮る處なく、外相の一存にて行はれたりとて其の態度を非難せり。佛國は六月十六日右提議に對する回答を爲したるが、獨逸政府は七月二十日對佛覺書に於て更に其の態度を明にせり。次で覺書に基き法律專門家會議開かれ、九月十五日覺書に於て佛國は十月初旬列國外相會議を開催する提議を爲せり。

是に於て獨逸政府は各聯邦首相の意向を質し、外交委員會の同意を得たる後、九月二十六日會議に參加すべき旨回答せり。次で十月五日「ロカルノ」に於て安全保障問題に關する列國會議開かれ、獨逸よりは「ルーター」「ストレーゼマン」

政府代表として出席し、會議は極めて圓滿に進行し十月十六日無事條約の假調印を了したり。該條約は獨逸の國際聯盟加入を效力發生の條件となしたるに獨逸は之に關聯し聯盟規約第十六條の解釋に關する聯合國側の聲明を取付け又條約實施の條件として「ラインランド」占領地帶の行政に關し諸種の反射的效果を生ずべき旨の約束を得たり。政府は二十二日の閣議に於て滿場一致を以て「ロカルノ」條約贊成の決議を爲せり。然るに國權黨は該條約に反對し十月二十五日一旦之に贊成の意を表したる同黨出身の三大臣をして內閣を脫退せしめたり。國權黨の反對的態度明となるや議會に於ける「ロカルノ」條約の運命は一に懸て社會黨の態度如何に存したり。社會黨は「ロカルノ」條約夫れ自身には反對すべき何等の理由なきも、前に其の成立に關し責任を分ちたる國權黨は今や內閣を脫し、社會黨之に代つて其の責任を負ふは忍び得ざる所なりと主張したるが、首相は其の間大に盡力し「ロカルノ」條約の議會通過後內閣總辭職を行ふ旨聲明を爲し、社會黨の同意を得たり。社會黨は內政問題に關しては必しも政府の施政に滿足せざるも外交政策に關しては贊成なる旨を宣言し十一月二十七日「ロカルノ」條約は無事議會を通過せり。十二月一日「ロカルノ」約條の正式調印を終りたる後「ルーター」內閣は前の議會に於ける聲明に從ひ五日總辭職を爲せり。

第五節　第二次「ルーター」內閣より「マルクス」內閣の成立迄——壽府會議、舊王侯財產處分問題、國旗問題と內閣の更迭

後繼內閣問題に關し中央黨並民主黨は大聯立內閣を主張せしも國民黨と社會黨は同一內閣に列するを好まず。數次協議の末、結局「ルーター」再度組閣の命を受け、一九二六年一月二十日國民黨より民主黨に至る中間小數黨內閣を組織せり。二十八日議會に於て信任投票行はるゝや社會黨は內閣倒壞の意思なきも大聯立內閣組織を拒絕したる關係上國民黨の加入せる內閣に對し積極的に信任投票を爲すを得ずとして投票を留保し、消極的に內閣支持の態度に出でたるを以て政府は百

六十對百五十票を以て議會の信任を得たり。

「ルーター」內閣は內は一九二五年の三大法律を基礎とし、物價調節を行ひ社會政策をも等閑に附せず、更に租税の輕減を實行し、外國貿易並産業の振興を計り、經濟的復興に努力し、外は國際聯盟の加入に依り「ロカルノ」政策を繼續せんとせり。

國際聯盟加入問題に關しては「ストレーゼマン」は一九二三年九月獨逸の聯盟加入の條件として常任理事席獲得に關し關係十ケ國の意向を質したるに何れも贊成の意を示し、次で聯盟規約第十六條の解釋に關しては「ロカルノ」の條約成立の際調印諸國より滿足なる宣言を得たるが、一九二六年一月三十一日「ケルン」撤兵完了するや政府は愈々二月十日國際聯盟に對し聯盟加入の申込を爲せり。然るに此時より聯盟諸國の間に常任理事問題に關し困難なる事態を生じ三月八日壽府に於て國際聯盟臨時總會開催せらるゝや、會議は直ちに右常任理事問題にて頓挫し獨逸の加入問題を決定するに至らずして決裂せり。是に於て獨逸の加入問題は聯盟諸國間の常任理事問題解決したる後來るべき秋期總會を待つて決定せらるゝことゝなれり。壽府會議は斯くの如く失敗に終りたるも獨逸は其の際「ロカルノ」條約調印諸國に依て「ロカルノ」條約は法理上未だ效力を發生せざるも「ラインランド」に關する反射的效果は事實上實現せらるべしとの約束を得たり。

政府は右西歐諸國との融和政策を繼續すると共に東方露西亞との友好關係をも維持せんとし、四月二十四日伯林に於て中立條約を締結し「ロカルノ」條約に對應せしめたり。

外交政策に關しては政府は常に社會黨の贊成を得たれば容易に所信を實行するを得たるも、內政問題に關しては屢々困難なる事態を生じたり。壽府會議後租税輕減問題に關する政府の政策は著しく右傾的色彩を呈したるに依り、大に社會黨の攻擊を受け政府は妥協に努めたる結果、內閣の危機を免かれ又舊王侯財産處分問題に關しては社會黨は共産黨と共に是が無償沒收を要求し是非を國民投票に依て決定すべしとして政府の妥協案に應ぜず。四月四日より左黨の要求に從ひ全國に亘り國民請願（Volksbegehren）行はれたりしが國民請願に基く法律案は議會の否決する處となりしに依り、結局國民投票により國民の決定を待つことゝなれり。然るに政府は國民決定（Volksentscheid）を避けんとして各政黨の間に妥協策を講じたるも成らず、內閣の運命にも關すべき有樣を呈したるに內閣は却て豫想外の問題にて突然其の運命を決せらるゝに至れり。即ち「ルーター」は多年の懸案たる國旗問題中在外公館の國旗揭揚問題を遽かに解決せんと欲し、大統領は五月五日第二國旗令を發し在外公館に於ては黑赤黃の國旗と共に黑赤白の商船旗の揭揚を許すことゝせり。是に於て左黨就中社會黨は舊王侯處分問題の解決せざる今日不意に國旗問題を持ち出すは甚だ時機を失したる處置にして然かも大統領令を以て國旗問題の分部的解決を試みたるは不當なりとし、首相の政策を非難し從來內政問題に關し「ルーター」の政策に屢々不滿を抱ける社會黨は遂に首相の辭職を餘儀なくせしめたり。民主黨も國旗問題に關し首相不信任の態度を示し同黨の提出せる首相不信任案議會を通過するや內閣は五月十二日總辭職をなせり。

次で十六日前法相「マルクス」後繼內閣を組織したるが、前首相「ルーター」が個人として引責辭職したる以外閣員の顏振には變化なく、新內閣の政策は內治外交共に前內閣の政策を踏襲せり。即ち「ロカルノ」政策を繼續し露西亞との友好關係を維持し、國旗問題に關しては國旗令の實施に先立ち全般に亘る根本的解決を爲さんとし、舊王侯財產處分問題に關しては無償沒收に反對し、各政黨間の妥協點を見出さんとす、六月二十六日前の國民請願に基き無償沒收案に關する國民決定の投票施行せられたるが贊成投票數規定の數に達せず、即ち國民に否決せられたるにより該問題は再び政府と議會との協議に移されしが依然解決を見るに至らず來議會を待ち更に協議せらるゝ筈なり。（註一）

【註一】 尙最近獨逸政情に就ては、外務省歐米局第二課編纂「獨逸政況」其の一、其の二、其の三、其の四、參照。

第八編　諾威國の政黨（一九二六年五月調）

第一章　概　　說

諾威は立憲君主政體にして（憲法第一條）、行政權は國王に屬す（憲法第三條）、國王が行政權を行使する機關たる內閣は總理大臣及七名の閣員より成り、國王之を任命す。滿三十歲以上の諾威人にあらざれば國務大臣たることを得ず。

諾威國の議會は之を Storting と稱し「ストーゥルティング」は（Odelsting）及 Lagting より成る（憲法第四十九條）。議員の總數は兩院議員を合せ百五十名にして、內部部（即ち都市以外）の代表者は全員の三分の二を占めざるべからず（憲法第五十八條）。前記百五十名の議員の總選擧ありたる後、議員の互選に依り其の四分の一、換言すれば三十八名は「ラーグチング」を組織し、殘餘の議員百十二名は「オーデルスチング」を組織す。看るべし、諾威の「ラーグチング」が「オーデルスチング」の發出物にして兩院制度は名のみに過ぎざることを。（Odelsting 及 Lagting は譯語を附することを得ず。又譯語を附したる事例を未だ發見せず。）

兩院を構成すべき議員の選擧權を享有する者は、嘗て五年間諾威に居住し、且現に諾威に居住しつゝある滿二十三歲以上の諾威人にして、男子たると女子たるとを問はず（憲法第五十條）、一九〇六年總選擧の際に於ける有權者數は四十七萬八百五十八人（全人口の二割一分）なりしが、一九〇七年、婦人參政權を容認したる結果、一九〇七年の總選擧の際に於ける有權者數は七十八萬五千三百五十八人（全人口の三割三分一厘）となれり。被選擧資格を有する者は男女を問はず、滿三十歲以上の諾威人にして嘗て十年間諾威に居住し、當該選擧區に於て選擧權を有する者たることを要す（憲法第六十一條）。選擧區は比較的少數の議員を出す大選擧區なり。議員の任期は三年とし、國王に議會解散の權能なし、國王は拒否權を有するも同一法案に付一回之を行使し得るに過ぎず。國會は毎年原則として一月十日開會、會期は七月乃至八月とし之を春秋の二會期に頒つ。議會の權能は憲法第七十五條の定むる所に依り。頗る廣汎なり。豫算案、新政府の政綱等法律案の形式を取らざるものは、兩院議員全部を合併したる「ストウルティング」自身に於て審議決定せらる。法律案は先づ「オーデルスチング」を通過し次で「ラーグチング」を通過するにあらざれば法律として成立する能はず。「ストウルティング」には十六の常置委員會及當選證書審査委員會、記錄委員會、選擧委員會、外交委員會並機密事項委員會あり。

議員は議會の會期六月に對し、六千冠の歲費を受領す。會期六月を超ゆるときは一日毎に三十三冠三十三「ヨーレ」を受領す。議員は議會と住所又は居所との間の往復費及旅行中一日十五冠の日當を受く。議員病氣其の他の事由に依り缺席したるときと雖も補缺議員の召集せられざる限り、歲費の全額を受く。補缺議員召集せられたるときは、病氣缺席の場合に限り、毎日十二冠の病氣手當を受領す。

因に補缺議員は總選擧の際、投票者が同時に投票選擧する者なり(憲法第五十八條)。議員は會期中疾病に罹り、又は齒痛に艱むときは無償治療を受くる權利を有す。會期以外のときと雖も、急性疾患に罹りたるときは又同樣の權利を有す。會期中議員死亡したるときは、葬儀費は國家の負擔とす。議員は尙鐵道無償乘車券及保護汽船會社の無償乘船券を受く、議員が會期中現行犯を除く外、逮捕せられざる保障を有することは云ふ迄もなし(憲法第六十五條第六十六條)。

諸政は比較的多數の政黨を有す。今保守的傾向のものより順次に之を列擧すれば次の如し。

一、右　　　　黨(Höire)

二、自由主義左黨(Det Frisindede Ventre)

三、農　　民　黨(Landmandsforbundet, Norges Bondelag)

四、左　　　　黨(Venstre)

五、急進國民黨 (Det Radikala Folkeparti)

六、社會民主勞働黨 (Norges Socialdemokratiske Arbeiderparti)

七、諸威勞働黨 (Det Norske Arbeid rparti)

八、諸威共產黨 (Norges Kommunistiske Parti)

右諸政黨の主義政綱は諸外國、特に瑞典に於ける該當政派の主義政綱に頗る近似せり。然れども過去に於ける政治運動及社會的進化の反響として、諸威の諸政黨は該當瑞典諸政黨の政綱に比し一律に稍々左傾せることを看取し得。尙特に注意すべきは諸威の諸政黨が明確なる獨斷的政綱を旗幟とする團結にあらずして、寧ろ議會に代表せらるゝ諸種の利益及政界に於ける將星の勢力を張らむが爲に策する合從連衡の結果として、離合集散するの傾向幾分顯著なること是なり。

第二章　諸政黨の起源及政綱

第一節　右　黨

十九世紀前半期中、諸威に於ける顯著なる事件は、瑞典に併合せられたる後に於ける諸威の經濟的恢復を圖ること、及王權に對して民權を伸長せむとする運動の勃興せること是なり。此の民權運動に反抗して王權を擁護し君主の信任する政府及其の政策を議會に於て支持する徒は次第に團結し右黨を組織するに至れるものとす。然るに國會議員三分の二は都市以外より選出せらるべきこと、議會は每年開會せらるべきこと等の憲法上の原則を採用するに及び、右黨は次第に其の地步を失ひしと雖も、一八八四年護憲協會中央委員會を組織し既存の地に護憲協會を打つて一丸となし、憲法擁護を以て其の旗幟とし、大に面目を一新し Emil Stang (一八三四年――一九一二年) は右委員會第一次總裁となれり。

本黨は歐洲各國の保守黨に該當し、民權自由を尊重し國家組織の根本を變更せずして秩序ある社會的進化を實現せむと欲す。此の意味に於て本黨は既に古典的自由主義を根本的政綱とするものなり。

本黨は外國資本優遇主義を標榜して一九〇九年の選擧に一敗地に塗れ、一九一二年及一九一五年の選擧に於ても黨員著しく減少し、左黨は旭日沖天の勢を示したるが、後漸次に勢力を恢復し殆ど右黨と一黨の觀ある自由主義左黨を從へて議會に雄飛す。本黨を支持する者は有產階級、農民、學者及官吏等の智識階級なり。一九二〇年乃至一九二一年「ハウヴオルセン」は右黨内閣を組織し、一九二六年三月右黨及自由主義左黨は農民黨の支持を得左黨の「モヴインケル」内閣を倒し、「リツケ」内閣を成立せしむることに成功したり。然れども前記三黨の議會に於ける票數は七十六票に過ぎずして、議會の左翼に對し僅に一票の多數を占むるに過ぎざるを以て「リツケ」内閣の地位は安固なりと云ふことを得ざるや論なし。

一九二四年總選擧に際し本黨が發表したる政綱は次の如し。

（1）國家的生活を脅威する勢力に對抗し、憲法を擁護し、及法律を勵行し、以て國憲を擁護すること。（2）國家の獨立平和的勞働及國際法擁護の爲國防の安固を期すること。（3）經濟界の恢復を圖り爲替の順調となるを期すること。（4）私有財產制度を維持し、個人企業を奬勵し、生產の條件を安定し、工業の隆盛を期すること。（5）主要產業たる農業及漁業を奬勵すること。（6）歲計を切詰め公債を募集せず、租稅を輕減すること。（7）行政組織を簡易にすること。（8）戰時經濟調節の爲設置せられたる諸機關を廢止すること。（9）『勞働生活、勞働の自由及契約履行確保』に必要なる法律を制定すること。（10）資本家側の工場閉鎖及勞働組合側の同盟罷業決行に關する決議は公明正大に行はるべきこと。（11）公共設備の運轉を脅威するが如き同盟罷業を禁止すべきこと。（12）經濟狀況の許す限り交通機關を完備し住宅の改善を期すること。（13）基督教が國民教育及品性の陶冶に必要なるを認め學校に於て宗教々育を施さしむること。（14）學校教育をして實際生活に適合せしむること。(15)經濟上及法律上に於ける婦人の地位を向上せしむること。(16)禁酒制度を撤廢し、酒精飲料賣買の取締は弊害の防遏に必要なる程度に於て之を行ひ、且酩酊せる者の犯罪に對する刑罪を加重すること。(17)從來の方針に則り文化的及社會的進歩に貢獻するを期すること。

第二節　自由主義左黨

瑞典と諾威との分裂後外國資本は決河の勢を以て諾威に侵入し、特に水力利用事業に付利權を得むと努めたり。當時右黨は寬大の條件を以て外資の輸入に資せむとしたるに反し、左黨は苛重の條件を課し國家の富源を擁護するに努めたり。此の左黨多數派の政策に對し黨中異論を唱ふる者あり。左黨中の此の分子は一九〇九年左黨より分離して自由主義左黨（一名獨立左黨）を形成したり。本黨は其の保守的傾向に於て右黨に次ぎ選擧には常に右黨と同一の政綱を揭げ、比例代表法との關係上、右黨と共通の候補者名簿を作成す。議會に於ては同一の步調に出で、右黨と合して鞏固なる議會內の保守黨を形成す、自由主義左黨は敎育ある中產階級に依りて支持せられ其の利益を代表するものと目せらる。

本黨が一九二四年總選擧の際、公表したる政綱中、右黨の政綱に比し稍々特色ある點のみを摘記すれば次の如し。

(1)歲入歲出の均衡を計り、歲出を國の經濟力に應ずる程度に止めしむること。(2 階級鬪爭は國家が現在の經濟的不景氣より脫却するを阻碍するものと認め勞働の自由を確保するに努むること。(3)國民精神を鼓舞し國家主義を高調し、依て以て階級鬪爭の思想を剪除すること。(4)第三「インターナショナル」の經濟革命主義に抵抗すること。(5)政府の鞏固ならむことを期し、有產階級を代表する諸政黨の聯立內閣に協力を吝まざること。(6)貯蓄の精神を涵養すること。(7)禁酒制度を廢し、高度の酒精飲料には適當なる租稅を課する方針に出づること。(8)宣傳及敎育により禁酒又は節酒の習慣を養成すること。(9)國法を尊重せしめ、革命運動を抑壓すること。(10)法律を以て公用國語を定むるを不可とすること。

第二節　農　民　黨

農民黨は地主たる農業者が其の特種利益を擁護せむが爲、一九一八年の總選擧直前に於て組織したるものなるが、一九一八年の總選擧に於ては漸く議員三名を擧げ得たるに過ぎず。然るに右黨又は左黨より本黨に轉籍する者漸く加はり、一九二一年の總選擧に於ては十七名の議員を擧げ得たり。本黨は農民特に地主に依りて支持せられ、其の利益を擁護せむと努むるものなるが、其の政綱一方右黨及自由主義左黨、他方左黨の中間に位して稍々右黨に近く、國費の節約及貯金の奬勵を主張する點等頗る相近似せり。故に左黨に支持を與へたることなきにあらざるも、一九二六年三月右黨及自由主義左黨に左袒して極度の歲計切詰を要求し、遂に左黨の「モヴィンケル」內閣を瓦解せしめたり。然れども後繼內閣たる右黨の「リッケ」內閣には黨員を入れず、是々非々主義を標榜し、沈默の支持を與へ居れり。斯くの如きは本黨が其の比較的少數なるに拘はらず、議會に於ける合從連衡の見地より非常の勢力を振ひつゝあることを證明するものなり。

本黨が一九二四年の總選擧に際し、標榜したる政綱を示せば次の如し。

（1）國民の福利を增進し、國基を鞏固ならしめむが爲には國家の最も有能なる分子をして國政を處理せしむるの要あること。（2）基督教は大なる精神的活力なるを以て之を教育に應用し、兒童に充分宗教々育を施し、又基督教に反對する者は學校教師たるを得ざらしむること。（3）國家の改革は吾人の有する文明及傳統に基礎を置くべきものなること。（4）民主制度を維持すると同時に國權を擁護し革命運動に抵抗すること。（5）國家の獨立を危殆ならしむる一切の企圖に抵抗すること。（6）歲計切詰及行政の簡易刷新を期すること。（7）『勞働、能力、責任心』を尊重すること。（8）農民階級の獨立繁榮は國家政治經濟生活の基礎たること。（9）農民階級は獨自一切の問題を解決するの能力なきも農民黨程多數の人的及物的要素を有する階級なきを以て、農民階級は他階級に率先し之れを誘導して國家的繁榮に協力せしむるの必要あること。(10)家庭は國の基礎なれば之を破壞せむとする風潮又は勢力に反對すること。(11)諾威文化及諾威國民精神を保持し國語(riksmål)と地方語(landsmål)とを全然均等に待遇すること。(12)禁酒、節酒を奬勵し、酒精飲料の取引を嚴重に取締ること。(13)平和の維持及國際法の發達に貢献すること。(14)國防の基礎として一般義務兵役制度を維持すること。(15)下士の境遇を改善すること。(16)革命運動に關係する者は士官又は下士となるを得ざること。(17)兵役の義務に服し得ざる者には兵役税を課すること。(18)國富は之を諾威人の爲に保留すること。(19)水力及水力電氣會社にして外國人の有に屬するものは之を買收すること。(20)水力に關する利權は新法律の制定公布を見る迄之を個人に賦與せざること。(21)小なる水力は之に重税を課することに依り其の利用を不可能ならしめざる樣保護すること。(22)私有財産制度を確保すること。(23)道路橋梁を改修し鑛産及林産の採取を容易にすること。(24)鑛山及林産の開發に關する立法を改善すること。(25)農業を奬勵し、農民の繁榮を企圖し、農業信用を發達せしめ、土地を整理分割し、小農を増加すること。(26)農民の土地は『町村又は匿名組合』の利用に供する爲之を公用徴收すべからざること。(27)公用徴收に關する事項は法律に依り之を決定すべきこと。(28)耕地整理の際、水路又は溜池等設置の爲土地を失ひたる者には相當の賠償を與ふること。(29)電信電話等をして土地及森林に無用の損害を及ぼさざらしめむが爲、之が架設に際しては農務省の審議決定を待つべきこと。(30)森林業を保護する爲、森林業に關する知識を普及せしめ、荒廢せる土地に植林を奬勵すること。(31)新立法に依り、漁業を保護し、其の利益を増進し、個人の獨占的企業を抑壓すること。(32)魚類の配給を容易にする爲冷藏設備を改善し、交通機關を完備せしむること。(33)國産を奬勵し、諾威の勞働者と諾威の產業とを保護すること。(34)生活の安全は必需食料品たる麥類の供給潤澤なるに依り保障せらるゝが故に、麥類の耕作を奬勵すること。(35)關税制度を定むるには農工商を均等に待遇するの主義に遵據すること。(36)公賣入札に際しては諾威生産品を優遇すること。(37)「トラスト」を抑壓すること。(38)銀行を有効に取締ること。(39)農業、林業及漁業は國立銀行理事會に其の利益代表者を派遣し得ざるべからざること。(40)行政を簡易にし、議會の會期を短縮し、政費を節減すること。(41)現行八時間勞働制は之を改正する要あり、之が爲其の生産及物價に及ぼす影響を調査すること。(42)公共施設の運轉は同盟罷業に依り之を停止せしむべからざること。(43)社會保險は『自助』を根本精神とすること。(44)外交政策は國民精神を指針とすべきこと。(45)內外國に在る諸威人の協力を實現し、「グリーンランド」に關する權利を確保すること。(46)選擧法を改善し、投票の自由を確保すること。(47)議員は憲法に對し宣誓すべきこと。(48)現行法を勵行し、革命運動は之を阻止すべきこと。(49)憲法及法律を尊重すること。

第四節　左　　黨

一八三三年初て議會に過半數を占めたる農民の代表者は O. G. Ueland を黨首に仰ぎ、農民黨を組織し、自治を標榜し、官僚政治に對抗し、政費の節減を期せるが、是實に左黨の濫觴なり。爾來 Johan Sverdrup の率ひたる知識階級代表者と聯合して官僚政府及之を支持したる右黨に對抗し、一八五九年改革協會と稱し、一八六〇年其の解散を見たりと雖も、自由主義者及農民の代表者は常に政府反對黨として團結し、陪審制度の採用を主張し、王權に對抗し議會を每年開會すること（從前三年に一回開會）及都市以外より選出せらるべき議員は議員總數の三分の二を占むべきことの二箇條を憲法上の原則として採用せしめ、議會の地位を鞏固ならしむると同時に、自黨の地盤を築き議院政治を終局の目標とし、瑞典の瑞典諾威共通議會設置案に反對し、國家及自治團體の廣汎なる自治を要求し、一八八四年には「ヨアン・スヴエドルユプ」を首領に推し、諾威左黨協會と稱し、明瞭に政黨の體裁を具備するに至れり。一九〇五年諾威の獨立を見たる後、社會黨に對抗する爲孰れも有産階級代表者たる右黨と左黨との聯合を策する者ありたるも成功せず、議院政治の採用及諾威の獨立に最も貢献ありたる左黨は一九〇六年の總選擧には非常の優勢を示せり。一九〇九年左黨の右翼は外國資本優遇を主張して右黨と政見を同じくし遂に左黨より分離し自由主義左黨を組織するに至りたることは既に述べたるが如し。一九〇九年の總選擧に於ては左黨は社會黨と提携して右黨及自由主義左黨と戰ひ、遂に勝利を得て國內富源擁護に必要なる立法を採用し、一九一二年の總選擧にも非常の優勢を示し、一九一三年「グンナル・クヌードセン」の左黨內閣成立し、一九一五年及一九一八年の總選擧に於ては其の禁酒主義を標榜せることの理由に依り地盤を失ひしと雖も、一九二〇年迄一貫して政權を維持したり。爾後社會民主黨の發達に伴ひ昔日の勢力なきに至りしと雖も、尙少產者、小地主、信教自由主義者及禁酒主義者に依り支持せられ、議會に於て三十五名內外の議員を有し議會に於ける最左翼即ち社會民主黨、諸威勞働黨及共產黨を率ひて右翼の勢力に對抗し、一九二〇年乃至一九二一年「ハルヴオルセン」の右黨內閣に次ぎ又政權を握り一九二六年三月に至れり。

一九二四年の總選擧に際し左黨が發表したる政綱は次の如し。

(1)戰後に於ける國家の經濟力を恢復すること。(2)國家及自治團體の歲入歲出の均衡を圖り、歲計をして國家及自治團體の經濟力に適合せしむること。(3)國家が各個人を偏頗なく保護することに依り階級鬪爭を剪除すること。(4)財政の許す程度に於て社會的改革を企圖すること。(5)外交政策としては聯盟に協力を與へ其の權威を高め萬國を網羅し之を通じて列國相互の和親を實現すること。(6)國防を改善し、民主々義に適合せしむること。(7)國家の安全と兩立する範圍內に於て軍事費を減少すること。(8)農業を保護し、國民の最大多數をして農業に從事せしむること。(9)小農を增加する爲土地を安價に且其の移轉讓渡を容易ならしむこと。(10)不必要なる國有地を賣却すること。(11)國家に於て他に土地取得の方法なきに於ては公用徵收の手段に依り先づ匿名組合所有地を徵收すること。(12)小農保護資金を設置すること。(13)山間に交通路を開き、鑛山業及森林業の發達を企圖すること。(14)僻遠の村落にして人造肥料運搬の爲多額の費用を要するものには補助金を下附すること。(15)人造肥料工業を發達せしめ肥料を安價にし且つ其の供給を潤澤ならしむること。(16)交通を發達せしめ村落より都市に農産物を運搬するを容易ならしむること。(17)麥類及麥粉の輸入は國營とし以て國內農業を優遇するに資すること。(18)農業と工業とを關稅政策上均等に對遇すること。(19)林業を指導發達せしむること。(20)林業に關する立法を改正し、不規則なる伐採を阻止すること。(21)漁業の發達に留意し漁獵器具器械を安價ならしめ漁師の信用機關を設くること。(22)漁類及海產物の販路を廣むること。(23)生魚の運搬を便にし其の外國輸出の場合に在りては補助金を下附すること。(24)通商條約締結に當りては漁業家の利益を考慮すること。(25)海陸交通機關を完備し自働車路を延長すること。(26)外國資本をして諸威の國富の上に暴威を振はざらしむること。(27)自由競爭は社會組織の基礎なれば大資本が市場を支配するを抑止すること。(28)物價の騰貴を抑壓し、匿名組合に關する法制を改善し、檢査官吏を任命して其の會計を監督せしむること。(29)階級鬪爭の爲國家の重要公共設備の運轉を休止せざらしむること。(30)國家と官吏との間の紛爭を處理する爲仲裁機關を設置すること。(31)現時財政經濟上の困難に鑑み、歲計を切詰め、行政を簡易にし、地方團體の活動範圍を廣汎にすること。(32)租稅制度を改革し、收入の尠少なる者及家族多き者の負擔を輕くすること。(33)財政狀態の許す限り必需品に對する輸入關稅を輕減すること。(34)贅澤品の輸入稅を高むること。(35)社會生活の安全を脅威する勞働爭議には義務的仲裁制度を適用すること。(36)國家及自治團體は失業者を減少する爲必要なる措置を講ずること。(37)現行養老保險は『自助』主義に適合する樣之を改革すること。(38)義務的疾病及傷害保險制度を採用すること。(39)子女を有する寡婦を補助すること。(40)勞働法の充分發達する迄、工場監督制度を設け、此の監督に勞働者側を關與せしむること。(41)住宅問題を研究し、家屋建築資金の調達を容易にすること。(42)禁酒法を嚴重に適用すること。(43)人民投票に依り國民の過半數が反對せざる限り高度酒精飮料の絕對禁止を繼續すること。(44)麥酒及果實酒の生產を制限し、且取締ること。(45)警官及稅關官吏たらむが爲には絕對禁酒主義者たるを要すること。(46)

俱樂部に於て酒精飲料を供給するを禁止すること。(47)小學校其の他を改善し各程度の學校間の連絡を良好ならしむること。(48)專門學校及女子家庭經濟學校を設置すること。(49)地方語の地位を高め國民的言語の醇化に貢献すること。(50)學校に於て地方語を併用すること。(51)都市の名稱に諾威固有語を採用すること。(52)軍隊の號令は地方語即ち諾威固有語を以てすること。(53)學校に於ける基督敎々育は之を維持すること。

最後に國語及地方語問題に關して一言せむ。抑々諾威は十九世紀の初年迄過去數世紀の間丁抹に支配せられ、丁抹の言語及文化は諾威に波及し、丁抹語と發音及綴字に於て少差ある國語(riksmaal)成立し詩文に織られ學校にて敎授せらるゝを見たり。然れども諾威に從來存在せる地方語(landsmaal)は農村に於て餘喘を保ち、實際上大多數の國民は國語と地方語との中間語を使用す。故に言語改革運動(Maal Strev Movement)に於て國語は洋化主義、國際主義を意味し諾威固有の地方語は民族主義を意味し、前者は都市及官吏に依り支持せられ、後者は百姓及漁民に依りて支持せらる。今や小學校に於て國語と地方語と合せ敎授し、彼の「クリスチヤニア」を「オスロ」と改稱したるが如きは地方語の國語に對する勝利を意味するものなり。尙農民黨及左黨の政綱は地方語にて起草發表せられたり。

第五節　急進國民黨

一八八二年「トロンニエム」市に於て開催せられたる諸勞働者協會代表者會議は諾威勞働協會聯合を組織し、急進的改革を實現せむが爲に政黨として選擧場裡に出陣し、勞働民主黨(Arbeiderdemokratene)と稱し、多少の議員を擧ぐることに成功し、議會に於て左黨の左翼を形成したり。然れども一八九四年以降勞働階級を代表する他の政黨の擡頭し來るに逢ひて凋落するに至り、後「カストベリー」の斡旋に依り急進國民黨と改稱して尙餘喘を保てるも、今や二名の議員を有するに過ぎず。其の代表せんとする利益は小地主にして、小地主を增加し其の福利を增加せむと欲するに似たり。急進主義にして左黨よりは遙に左傾せるも議會に於ては左黨と進退を共にすること屢々なり。一九二四年總選擧に際し本黨の發表する政綱は大體左黨の夫と同一なり。唯獨特の點を試に摘記すれば左の如し。（1）累進的相續税を課すること。（2）各個人の預金額を政府に報告する義務を銀行に負はしむること。（3）勞働者の消費組合を發達せしむること。（4）聰明なる貧家の兒童にも中等及高等教育を受くる機會を與ふること。（5）田舍の小學校に補助金を與へ都市小學校と均等の立場に在らしむること。（6）小學校卒業以後に於ける實科及學理の義務教育を課すること。

第六節　社會民主勞働黨

第六節に述ぶる諾威勞働黨は勞働組合を代表し、社會主義を旗幟とし、第二「インターナショナル」に屬せしが、世界大戰直後「アムステルダム」に反きて莫斯科を總本山と仰ぎ、第三「インターナショナル」の政綱を奉ずるに至りたる結果、同黨の穩健分子にして依然第二「インターナショナル」の信條に忠誠ならむと欲する徒は分裂し一九二一年諾威社會民主勞働黨を組織するに至れり。本黨は尚諾威勞働黨と共に勞働組合を其の地盤とし、且舊時に於ける諾威勞働黨の機關新聞を多數其の掌中に收めたるを以て、比較的勢力あり、現に議員八名を有す。（註一）

一九二四年總選擧の際發表したる本黨の政綱は次の如し。

（1）男女共滿二十一歳より選擧權を行使せしむること。（2）比例代表主義を貫徹せむが爲都市と田舍とを問はず一定の人口數を標準として選擧區を區劃すること。（3）一切の重大問題に人民投票を適用すること。（4）『第一必要品』に對する輸入税を全廢すること。（5）所得及財產に累進的直接税を課すること。（6）最少限度の生活費には課税せざること。（7）相續税を重き累進税となすこと。（8）資本の流出を抑止すること。（9）外交政策をして民主的節度（Demokratick Kontroll）に服せしむること。（10）小學校を普遍的基礎的教育の機關とし、私設小學校を廢止すること。（11）軍備を全廢すること。(12)一切の國際紛爭を仲裁裁判に付託すること。(13)一切の天然富源、重要なる工業、一切の信用機關及一切の交通機關にして國家の經濟生活に缺くべからざるものを國有とすること。(14)官僚政治を阻止すること。(15)勞働者及消費者をして企業の管理に關與せしむること。(16)銀行及保險會社の行爲を有效に取締ること。(17)各個人の所得を一定限度に制限すること。(18)株劵證劵等に關する投機を禁止すること。(19)企業參與機關(Bedriftsraad Conseil D'exploitation)を設け、之に大なる權能を賦與し、生產組織をして國民の需要に應ぜしむること。(20)一切の公共設備の均等なる利用を一切の諾威人に確保すること。(21)土地を分割し小農に必要なる林野を獲得し得しむること。(22)自治團體は其の文化的職能達成上必要なる土地を所有すること。(23)自治團體をして土地其の他天然富源を購入するに必要なる公債を募集せしむること。(24)國家及自治團體は農場を獲得するの權利を有すべきこと。(25)此の權利は先づ匿名組合所有地の上に之を行使すること。(26)未開地に農民を植付くる爲、國有森林の材木等を下附すること。(27)農業と漁業との關係を密接にすること。(28)信用を賦與して漁業を奬勵すること。(29)漁類の輸出を取締ること。(30)絕對禁酒主義の法制を敷く爲には人民投票の方法に依ること。(31)一般社會保險法を速に立案すること。(32)子女を有する妻には年金を賦與すること。(33)自治團體の負擔に於て病院等を完備すること。(34)小農を增加し農業勞働者に家屋附農場を獲得せしむること。(35)國家と自治團體とは住宅を增加するの義務あること。(36)法律を以て家賃を決定し、家賃に關する投機を阻止すること。(37)失業及其の結果に對し善後策を講ずること。(38)國家及資本家の出資に依り失業救濟資金を設置すること。

【註一】 玆に統計表を見るに際し注意すべきは、一九二〇年以前に於ては諾威勞働黨は夫れ自身社會民主主義を奉じたるが故に、黨名の見地を離れ其の奉ずる主義より觀察するときは、諾威勞働黨員は全然社會民主黨員として計上せられつゝあること是なり。

第七節　諾威勞働黨

一八四九年乃至一八五〇年 Marcus Thrane が初て勞働運動を試み處罰せられたる後、一八八七年に至り漸く諾威勞働黨の組織を見るに至れり。本黨は當時「クリスチャニア」に本據を有したる社會民主協會を其の萠芽とし、當初普通選擧を主なる政綱として主張せり。其の社會主義を標榜したるは一八八九年以降に屬す。當初實際政治には大なる勢力を振はざりしも、本黨は諾威勞働黨の支持を得むが爲、其の政綱を常に顧慮するを要したり。本黨が初めて議會に議員を送りたるは一九〇三年のことに屬す。後社會主義的思想傳播し勞働組合の發達するに伴ひ次第に勢力を扶植し、一九〇九年總選擧には十一名、一九一二年の總選擧には二十三名、一九一五年の總選擧には十九名、一九一八年の總選擧には十八名の議員を擧げ得たれども、瑞典の社會民主黨に於けるが如く、保守主義に反對する勢力の中心勢力たるに至らず。加之大戰直後に於ては從來の如く第二「インターナショナル」に屬せむとする穩健主義の分子と莫斯科政府の主義を容認し、第三「インターナショナル」に加入せむとする過激分子との間に內訌を生じ、其の結果黨の幹部及黨員の大多數は依然第三「インターナショナル」の政綱を奉ずる諾威勞働黨として其の活動を續け、第二「インターナショナル」の政綱を奉ずる少數の穩健分子は一九二一年分裂して諾威社會民主勞働黨を組織するに至れり。瑞典に於て第二「インターナショナル」に屬する社會民主黨が旭日沖天の勢を示せるに對し、諾威勞働黨が第三「インターナショナル」に走り此の黨より分離獨立せる社會民主黨が大なる勢力を占め得ざるは、第一に諾威に於ける勞働條件が他國の夫れに比し劣等にして勞働者の思想が共產主義に傾けること、第二に政治運動に於て妥協的態度に出づることを快とせず、其の所信に向ひ猛進せむとする諾威人の國民的性格發露せること、第三に瑞典の社會民主黨領袖は「ブランチング」を始め有產階級、知識階級に屬せるに反し諾威勞働黨首領が狂暴なる煽動的政治家たることと等に歸せざるべからず。其の後諾威勞働黨は純粹の共產主義的過激派とし莫斯科政府の主義を容認し、莫斯科中央執行委員會には Jocob Friis を代表者として派遣し居りたるも、莫斯科政府が本黨の組織、宣傳、政治上の駈引に迄一々干渉し其の節制に服せしめむとしたる結果、一九二三年の本黨大會に於て多數派は莫斯科より獨立し、諾威獨立共産黨たるを旗幟とするに決し、玆に第三「インターナショナル」に忠順ならむとする少數派は別に獨立し共産黨を組織するに至れり。是に於て共産主義を奉ずる諾威勞働黨は保守的又は右傾共産黨の色彩を帶ぶるに至れり。勞働組合を其の政治的地盤とするも、未だ一度も政權を掌握したることなし。本黨が一九二四年總選擧の際發表したる政綱は、農民及漁師の利益を增進し交通を發達せしむる等の點に於て社會民主黨の政綱に酷似せるも、階級黨爭を高調し、勞働主義、共産主義を提唱する點に於て差異あり。今右政綱中顯著なる點を列擧せば次の如し。

(1)諾威に於て共産制度を確立すること、但し當面の目的としては勞働者利益の爲に戰ひ將來共産主義的國家建設の基礎を用意すること、(2)有産階級の統治が繼續する間は經濟恐慌は頻々として起り、勞働者の生活狀態は日々低下すべきこと。(3)生計の改善、社會的改革の實行、及公益施設の完備に必要なる經費は生産を增加することに依り撚出せざるべからざる所、有産階級は生産の增加を欲せず、寧ろ行政の繁文褥禮に沒頭し勞働者の福利增進を念とせず、贅澤品の生産に多くの勞力を浪費すること。(4)失業及勞働爭議は私有財産制度の歸結たること。(5)有産者は內國産業上の平和を企圖せず、勞働條件の改善を望まず、然るに國民の安寧は協力に在りて壓制に存せざること。(6)總選擧に於ては有産階級及有産階級の政策に反對する者を議員に選出すること。(7)諾威勞働黨は內國勞働者全體に利益ある政策を採用することを約束し、共産主義者、勞働者、漁師及農民の支持を要求すること。(8)耕地は實際之を耕作する者に屬せしむべきこと。(9)最低賃銀、勞働時間、休暇制度は法律を以て之を定むること。(10)一切の銀行、其の他の信用機關は國有とすること。(11)農民、漁師及勞働組合の代表を關與せしめ銀行監理委員會(Bankraad)を組織すること。(12)非近親者には相續權を認めざること。(13)軍備を全廢し、現在の軍事費は國民福利增進の目的に之を充當すること。(14)而て軍用材料は利用厚生に之を使用すること。(15)一切の國民に「勞働又は補助金」を與ふること。(16)多額の道路開通費を計上し、失業者減少に資すること。(17)禁酒問題は人民投票の結果に依り之を解決すること。(18)國民文化の程度を一樣に向上せしめ、基礎的國民教育を普遍共通ならしむること。(19)兒童の教育資料は官給とすること。(20)一切の兒童に其の能力に應ずる高等教育を受けしむること。

第八節　共產黨

今日尚第三「インターナショナル」の政綱を奉ずる共產黨は既に述べたるが如く、一九二三年諾威勞働黨より分離獨立したるものなるが、最近の總選擧後に於ける議會に議席六を有するに過ぎず。本黨は無條件に第三「インターナショナル」の政綱を奉ずるものなるが故に、一九二四年の總選擧に際し何等の政綱を發表せざりき。本黨は往々其の事務所維持費及機關新聞發行損失額補塡費等「モスコー」政府より補助金を受く。

第三章　政黨の組織及黨費

第一節　政黨の組織

諾威の政黨は何れも類似の組織を有し、中央に本部、各縣又は各市に支部を置く。本部に於て支部を指揮監督するや言を待たず。既に述べたるが如く、右黨は都市に於ける有產階級、大地主、官吏、學者等に依りて支持せられ、自由主義左黨も亦略々之と同樣の地盤を有す。農民黨は純粹の地主たる農業者に支持せらる。左黨は少產階級、小地主及自由主義、進步主義の人士に依りて支持せらる。但し一九一五年以降社會問題の重要となるに從ひ、右黨又は社會民主黨に走れる者ありて著しく其の地盤及勢力を失ふに至れり。急進國民黨は小作人及農業勞働者を地盤とするも勢力見るべきものなし。社會民主黨及諸威勞働黨は其の主たる根據を都市に於ける工業勞働者特に其の組織せる勞働組合に置く。資産なき官吏又は學者、學生等にして右二黨の主義に賛同する者尠からずと云ふ。

第二節　黨費及其の調達方法

黨費及選擧運動費を收得する方法は他の「スカンヂナヴィア」諸國に於ける政黨の例と異ならず。即ち諸威勞働黨は勞働組合費より之を得るに反し、其の他の政黨に於ては登錄せられたる黨員の納附する會費及當該政黨内に在りて勢力を有する資産家又は當該政黨の政策實施に依り利益を享受する商工業者等の任意的寄附金に待つものゝ如し。但し事機密に屬し、各政黨共黨略上之を嚴秘に附するが故に其の詳細を窺知すること能はず。尙諸威に於ても他の「スカンヂナヴィア」諸國と同樣投票賣買等の弊害を認めず。選擧運動費と云ふも、單に印刷費、宣傳費、遊說費等の少額を計上するに過ぎず。從て黨費の問題は決して政黨の重要問題にあらざるなり。

第四章　議會に於ける諸政黨の勢力

一九一二年、一九一五年及一九一八年總選擧後に於ける各黨の議會に於て有したる勢力を表示すれば次の如し。

黨名	一九一二年	一九一五年	一九一八年
自由主義 右黨 / 左黨	二四	二一	四九
農民黨	—	—	—

左黨	七六	七四	五二
急進國民黨	—	六	四
社會民主勞働黨	—	—	—
諾威勞働黨	二三（註一）	一九	一八
計	一二三	一二三	一二六

一九二一年十月及一九二四年十月の總選擧以後に於ける諸政黨の議會に於ける勢力を表示すれば次の如し。

政黨名	一九二一年總選擧後		一九二四年總選擧後	
右黨	四一	五七	四三	五四
自由主義左黨	一六		一一	
農民黨	一七		二二	
左黨	三七		三四	
急進國民黨	二		二	
社會民主勞働黨	八		八	
諾威勞働黨	二九		二四	
共產黨	—		六	
計	一五〇		一五〇	

一九二四年總選擧に於ける各政黨の得票數左の如し。但し右黨と自由主義左黨とが同一の候補者名簿を提出したることを記憶するを要す。

政黨名	一九二四年總選擧得票數
右黨 自由主義左黨	三一六、六四二
農民黨	一三一、五三七
左黨	一八〇、七四五
急進國民黨	七、一三三一
社會民主勞働黨	八五、二九一
諾威勞働黨	一七九、三五六
共產黨	五九、一四八
計	九七二、三八七

【註二】諾威勞働黨は世界大戰後迄、社會民主主義を奉じ、第二「インターナショナル」に屬し、主義上社會民主黨なりしことを注意すべし。

第五章　政黨と自治團體との關係

諾威は地力行政上、十八の縣（Fylker）、縣より獨立せる都市、及縣の下級自治團體たる村（Herreder）に區劃せらる。縣知事及市長は政府之を任命するも、村長は村會の選任する所なり。議决機關として縣會、市會及村會あること他國の例に異ならず。縣會は村會の代表者より成り、市會議員及村會議員は任期三年とし、男女を問はず滿二十三歲に達せ：諾威人にして最近二年間當該市又は村に居住したる者は選擧權及被選擧權を有す。市會及村會は之を構成する議員中より四分の一を選出し、其の執行委員會を構成す。執行委員會は又其の議長を選任す。執行委員會議長は自治團體に於ける行政權の首腦にして、市長又は村長は虚位を擁するに過ぎず。國會議員の選擧と市會議員及村會議員の選擧とは各年を異にし施行せらると雖も、其の選擧權者は常に同一なるのみならず、各大政黨は中央に本部各地方に支部を有するを以て、地方自治團體の議員選擧が政黨の榮枯盛衰を表徴するや言を待たず。

最近の自治團體議決機關議員選擧は一九二五年に行はれたるが、一九二二年の選擧成績に比し大なる變化を認めず。但し大都市に於ては右黨稍々其の勢力を恢復し、諾威勞働黨も亦其の地位を鞏固にしたるが、社會民主黨及第三「インターナショナル」黨員は幾分其の議席を失ひたり。今諾威の三大都市に於ける現在市會議員の黨派別を表示すれば次の如し。

黨派名	「オスロ」	「ベルゲン」	「トロンニエム」
右黨 自由主義左黨	四一	二六	三〇
禁酒主義者	二	—	三
左黨	—	—	五
社會民主黨	七	—	四
諾威勞働黨	三三	二	一八
第三「インターナショナル」	一	二二	一二
無所屬	—	—	四

第六章　諸政黨の內政問題及外政問題に關する態度

第一節　當面の內政問題に關する諸政黨の態度

第一款　禁酒問題

諾威に於ける禁酒運動は頗る古きものあり。一八四二年既に議會は十年を期して酒類の醸造を禁止する法律を通過したるが、國王の裁可を得るに至らず。一八四九年には酒類の醸造高及販賣高を制限する法律可決せられ、同時に節酒會、禁酒會等民間に組織せられ、宣傳に努む。一九一九年高度「アルコール」飲料絶對禁止問題に關し人民投票を行ふ。四十八萬七千九百九十九人は禁止に贊成の投票を爲し、三十萬四千二百七人は禁止反對の投票を爲す。即ち實際投票者總數合計約八十萬人にして投票有權者總數の六割六分六厘に當れり。諾威憲法は人民投票の制度を認めざるが故に前記人民投票の結果は唯勸告的效力を有するに過ぎざるものと了解せられたりしも、政府は兎に角右人民投票の結果に基き、遂に高度酒精飲料の飲用を禁止する法律を公布せり。尙ほ爾餘の酒精含有飲料に關しては專賣制度施行に決せり。

右法律施行後に於ても其の反對論は頗る有力にして、本問題は尙確定的に解決せられたりと見ることを得ず。禁止反對論者は佛蘭西、西班牙、葡萄牙等の高度酒精飲料輸出國との外交交渉難、禁止の結果却て諸種の弊害を醸成したること、禁止は既に多くの例外の場合を含み充分に實行し得ざること等を指摘して禁止に反對す。概して左黨、諾威勞働黨、及共產黨は禁止に贊成し右黨は之に反對す。左黨は今一度本問題の解決を人民投票に訴へむとするに反し、右黨の大多數及農民黨は議會に於て問題を審議決定すべきものなりとなす。最近議會は本問題を再び人民投票に訴ふるの決議案を通過したりと聞く。

第二款 勞働爭議と其の義務的仲裁々判

勞働爭議の解決に義務的仲裁裁判を適用すべきや否やの問題は久しき以前より諾威政界の一大重要懸案たり。左黨及農民黨は勞働爭議に義務的仲裁裁判を應用する法律案に贊成なるが、右黨、自由主義左黨、諾威勞働黨は終始各自獨特の理由を以て之に反對せり。

第三款 穀物專賣制度

穀物專賣制度を施行し、穀價を穀物消費者に有利に調節せむとする問題に關しては右黨及農民黨は極力之に反對し、左黨及諸威勞働黨は之に贊成す。

第四款 財政問題

一九二六年三月「モウインケル」の左黨內閣は右黨、自由主義左黨及農民黨の反對に依り倒壞す。蓋し此の諸政黨は左黨內閣提出の豫算案に反對し、歲計極度の切詰を要求し政府提出豫算案を否決する擧に出でたるに依れり。後繼內閣として右黨及自由主義左黨の聯立內閣成立す。農民黨は入閣せずして沈默を守りつゝ、右聯立內閣に支持を與へ居れり。

第五款 軍備縮少問題

諾威に於ける諸政黨は諾威の安全及中立を保障し得る最少限度に軍備を縮少せむとすることに於て一致せるが社會民主

黨及諸威勞働黨は軍備の不必要論を唱道す。一九二一年議會は軍備を如何なる方法に依り如何なる程度迄縮少し得べきやを審議する爲一の審査委員會を設置したるが、何等の結果を見るに至らざりき。諸威の海軍は云ふに足らず、陸軍は國民軍制度にして常備兵數は寧ろ僅少なるを以て軍縮問題は當國政界の重要案件を構成せず。

第二節　外交問題に關する諸政黨の態度

諸威は久しく丁抹に依りて統治せられ、一八一四年以降瑞典に合併せられ、此の後者と君合國を構成し、獨立運動の結果、一九〇五年漸く分離獨立したるものにして、近世國家の意義に於ける一新興國なり。從て其の特殊の國民性を陶冶し國民的利益を伸長せむと努力するは素より當然なり。然れども諸威は「スカンヂナヴィア」半島の西北隅に僻在し、接讓國は一樣に平和を愛好するを以て、外交問題の重要且緊切なるものあることなし。諸威過去十五年間の外交政策は自國の特殊利益を擁護し、高度酒精飲料禁止法の施行と關聯し酒精飲料輸出國との間に惹起せる紛爭を解決し、「スピッツベルゲン」に對する主權を要求し列國の承認を得るに存したりき。

諸威と瑞典との間の反感軋轢は前者の獨立以前に在りては頗る熾盛なりしと雖も、一九〇五年懸案解決し、獨立の希望を達成したる以後に於ては仲裁裁判條約、中立地帶設定に關する條約等を締結し平和關係を鞏固にし、爾來瑞典と共存共榮の道程を辿りつゝあるものと觀察せらる。一九二五年來瑞典との間に包括的義務仲裁裁判條約締結せられたるが、本條約は既存の常設審査及調停委員會設置に關する瑞諾條約を補足し、兩國間平和の保障を鞏固ならしめたり。

之に反し同文同種の關係に在りて而も一三九七年以降一八一四年迄四世紀間同一王朝の下に統治せられたる丁抹と諸威との關係は頗る圓滿を缺けり。斯くの如きは一八一四年締結の「キール」條約當時に胚胎す。戰敗の結果、諸威が瑞典に割讓せられたるは餘儀なき次第なるも、瑞典外交家の無智なるに乘じ、丁抹が諸威人の植民地と目せる「アイスランド」

及「フエレオウ」島を把持し、多數の諸威古文書、及歴史的紀念物を戰利品とし保留せるは諸威人の容認する能はざる所にして、是が恢復は諸威人の國民的要望なり。斯るが故に既存の丁抹諸威間常設審査及調停委員會設置に關する條約を補充すべき包括的義務仲裁裁判條約一九二五年末右兩國間に商議の目的となるや、此の條約は現狀維持主義に傾き諸威 Irrédentisme の實現を困難ならしむるものなりとして右黨側及輿論の一部に反對論隆に起り、「モウヴインケル」の左黨內閣は外交政黨及社會的施設等に於て「スカンヂナヴイア」諸國の協力を招來せむとする既定の方針に基き前記條約を調印したるも、其の果して議會を通過すべきや否やは俄に逆睹し難きものあり。右條約の調印議定書第二項に本條約締結前に起りたる紛爭と雖も尚之を本條約規定の平和的處理手續に附すべきことを規定せるは、實に這般の消息を語ると同時に、諸威外交の一部的成功を語るものなり。（「ロカルノ」仲裁裁判條約には右調印議定書第二項の規定と全然正反對の規定を含めり）尚右黨及農民黨側は丁抹を攻擊し、諸威國民主義を高調し、「アイスランド」及「フエレオウ」島に諸威合併熱を高めむと試むるが如きも未だ何等實際的效果を齎らさず。

諸威は外國と同盟關係又は協商關係を有せず。歐洲政策に關しては丁抹及瑞典と共に平和擁護、中立維持を旗幟とし、世界大戰中國民的感情は寧ろ同盟及聯合側に傾き、特に利害關係密接なる英國に好意を示したるも、途に終り迄中立を維持したり。

露國は諸威に於ける共產主義の有力なること及地理的地位の接近し且通商關係密接なる等の結果、諸威に對し特殊の興味を示し、時として兩國間意見の相違なきにあらざりしも、諸威に於ても亦通商上露國と親交を結ぶの必要あるに依り、交讓妥協の精神を示し、露國諸威間通商航海條約は一九二五年十二月十五日其の締結を見たり。

芬蘭は「スカンヂナヴイア」諸國と同文同種にもあらず、又運命を共にすべき地位にもあらず。最近諸威芬蘭間包括的義務的仲裁裁判條約の締結に際し輿論の一部は之を以て暗中高踏と評せり。

諸威の國際聯盟加入に關しては、當分「カストベリ」等少數者の之に反對せる外、各政黨孰れも之に賛成し、爾來少數政治家の懷疑論を聞かざるにあらざるも、諸威は概して熱心なる聯盟支持者なり。「スカンヂナヴィア」諸國は一律に其の平和政黨よりして調停委員會の設置、義務的仲裁裁判の擴充を主張し、軍備縮少に賛成し、安全の保障は聯盟規約第八條、第十條乃至第十六條にて足り、軍備を縮少すれば安全其の内に在りとの見解を支持し、其の中立政策よりして規約第十六條に定むる兵力援助の義務を負擔することを欲せず。經濟封鎖に協力することに就てすら既に難色あり。而て諸威は如上の「スカンヂナヴィア」諸國の對聯盟態度に關し其の例外を構成するものにあらず。

第七章　各政黨の領袖

第一、右　黨

(一)「イワール・リツケ」(Ivar Lykke)

右黨總裁にして、且同黨の院内團首領たる氏は、一八七二年の出生にして、初め商業に從事し一九〇七年乃至一九一三年、露國名譽領事たりしことあり。又一九一三年乃至一九一五年鄕里「トロンニエム」市長たりしことあり。一九一六年以降議員に選出せられ、一九二〇年以降諸威議會議長の椅子を占め、一九二六年三月「モウインケル」の左黨內閣を襲へる右黨內閣の首相となり以て今日に至れり。

(二)「セー・イー・ハムブレ」(C. J. Hambre)

氏は一八八五年の出生にして、右黨機關紙Morgenbladet主筆たり。一九一九年以降議員に選出せらる。右黨內の一有力家たるを失はず。

第二、自由主義左黨

（一）「アー・テー・ベルゲ」(A. T. Berge)

氏は一八五一年の出生にして大地主たり。左黨の一員として政治的生涯に入りしも、次第に保守的傾向を示すに至る。權威あり、經驗に富める政治家として重きを爲し、現に自由主義左黨の院內團首領たり。一八九二年以降屢々議員に選出せられ、一九〇六年大藏大臣となり一九一三年一度內閣を組織したり。

（二）「ピー・アー・ホルム」(P. A. Holm)

氏は辯護士にして現に自由主義左黨總裁たり。

第三、農民黨

「ヨハン・エゲベリ・メルビイエ」(Johan Egeberg Mellbye)

氏は一八六六年大地主の家に生れ、高等農事敎育を受けたり一九〇四年乃至一九〇五年農務大臣となり、一九二一年初て議員に選出せられ、農民黨の總裁にして兼て其の院內團首領たり。

第四、左黨

（一）「ギュンナール・クヌードセン」(Gunnar knudsen)

氏は一八四八年の出生にして大地主たると同時に船主なり。一八九二年以降屢々議員に選出せられ、一九〇一年乃至一九〇三年及一九〇五年に兩度大藏大臣となり、一九〇八年乃至一九一〇年及一九一三年乃至一九二〇年兩度總理大臣となりしことあり。諾威政界に於ける急進主義者の中心人物を以て目され、現に左黨の總裁たるも今や議會より引退し居れり。

（二）「ヨハン・ルードウイツヒ・モウウインケル」(Johan Ludwig Mowinckel)

氏は一八七〇年「ベルゲン」に於ける舊商家に生れ、一八八九年準文學士の學位を得、後英、佛、獨に留學し、歸來商業界に身を投じ、且船主として海運界に活躍したり。一九〇六年以降屢々議員に選出せられ、一九二一年乃至一九二三年商務大臣となり、一九二四年乃至一九二六年總理大臣兼外務大臣たりき。氏は特に力を外交問題に致し、萬國議院會議特に「スカンヂナヴィア」議院會議には多大の貢献をなせり。

（三）「ホー・テー・オールスタード」(H. T. Aarstad)

氏は左黨院内團首領なり。新進の政治家なればにや其の經歷に關し聞く所なし。

第五、急進國民黨

「ヨハン・カストベリ」(Johan Castberg)

氏は一八六二年の出生にして地方裁判所判事たりしことあり。後辯護士となる。一九〇〇年以降議員に選出せられ、一九〇八年乃至一九一〇年第一回「クヌードセン」內閣の司法大臣、一九一三年乃至一九一四年第二回「クヌードセン」內閣の內務大臣たりき。屢々研究の爲海外に赴き、一九一九年巴里平和會議中諸威代表として其の聯盟委員會に出席し、諸威の所見を開陳し、且華盛頓勞働總會に出席したり。現に急進國民黨の總裁兼院內團首領たり。

第六、社會民主勞働黨

（一）「ヨハンネス・オラブ・ベルゲルセン」(Johannes Olav Bergersen)

氏は一八七四年貧家に生れ、勞働者として身を起し、一九〇七年以降社會主義者となり、議員に選出せられ、現今社會民主勞働黨院內團首領なり。社會保險問題及穀物關稅問題に造詣深し。

（二）「マグヌス・ニルセン」(Magnus Nilssen)

氏は本黨の總裁なり。一八七一年出生にして小學校を卒へたる後、賃石商となり、後諸威勞働黨書記長となり、勞働組合の發達に貢獻し、「オスロ」市會議員となり、一九〇六年以降國會議員となり、屢々國際社會黨會議及平和會議に出席したることあり。

第七、諸威勞働黨

（一）「アルフレッド・マルチン・マドセン」(Alfred Martin Madsen)

氏は一八八八年の出生にして米國及獨逸に在りて勞働に從事したることあり。後諸威に於ける社會主義新聞の記者となり、次で議員に選出せられ、現今諸威勞働黨の院内團首領たり。

（二）「マルチン・トランメール」(Martin Tranmael)

氏は一八七九年の出生にして勞働者として身を起し、後共産主義新聞の記者となり、次で議員に擧げられ、諸威勞働黨の有力者と目せらる。

（三）「オスカル・トルプ」(Oscar Torp)

氏は現今諸威勞働黨の總裁なるが、新進の政治家なれば經歴に關し聞く所なし。

第八、諸威共産黨

（一）「スベーレ・コー・エー・ステースタード」(Sverre K. E. Stöstad)

氏は一八八七年の出生にして勞働組合の事務員より身を起し、議員となり現今諸威共産黨院内團首領たり。

（二）「オラフ・アンドレアス・シェフロ」(Olav Andreas Scheflo)

氏は一八八三年の出生にして久しく「ソシアル・デモクラーテン」紙の記者たりしことあり。一九二一年以降、議員に選出せらる。莫斯科過激派執行委員會の一員にして、又諾威共產黨有力者なり。

(三)「ペーデル・フリユボタン」(Peder Furuboten)

氏は現在諾威勞働黨の總裁なり。

第八章　諸政黨の機關紙

諸政黨の機關紙を列擧すれば次の如し。

第一、右　黨

Morgenbladet (Oslo)

Aften Posten („)

Trondhjems Adresseavis (Trondhjem)

Bergens Aftenavis (Bergen)

第二、自由主黨左黨

Tidens Tegn (Oslo)

Dagsposten (Trondhjem)

Morgenavisen (Bergen)

第三、農 民 黨

Nationen (Oslo)

第四、左　　黨

Dagbladet　(Oslo)

Verdens Gang (〃)

Bergenstidende (Bergen)

Stavanger Aftenblad (Stavanger)

Nidaros (Trondhjem)

第五、急進國民黨

Velgeren (Aervik)

第六、社會民主勞働黨

Arbeider Politiken (Oslo)

Smaalenenes Social-Demokrat (Fredriksstad)

Fremtiden (Drammen)

第七、諾威勞働黨

Social Demokraten (Oslo)

Ny Tid (Trondhjem)

Arbeidet (Bergen)

I Mai (Stavanger)

Sarlandets Social-Demokrat (Kristiansaud)

第八 共産黨

Norges Kommunistblad (Oslo)

各國の政黨〔第一分冊〕　日本立法資料全集　別巻 1147

平成29年3月20日　復刻版第1刷発行

編纂者　外務省歐米局

発行者　今井　貴
　　　　渡辺左近

発行所　信山社出版

〒113-0033　東京都文京区本郷6-2-9-102
モンテベルデ第2東大正門前
電　話　03（3818）1019
FAX　03（3818）0344
郵便振替　00140-2-367777（信山社販売）

Printed in Japan.

制作／（株）信山社，印刷・製本／松澤印刷・日進堂

ISBN 978-4-7972-7256-7 C3332

巻数	書名	編・著者	ISBN	本体価格
950	実地応用町村制質疑録	野田藤吉郎、國吉拓郎	ISBN978-4-7972-6656-6	22,000円
951	市町村議員必携	川瀬周次、田中迪三	ISBN978-4-7972-6657-3	40,000円
952	増補 町村制執務備考 全	増澤鐵、飯島篤雄	ISBN978-4-7972-6658-0	46,000円
953	郡区町村編制法 府県会規則 地方税規則 三法綱論	小笠原美治	ISBN978-4-7972-6659-7	28,000円
954	郡区町村編制 府県会規則 地方税規則 新法例纂 追加地方諸要則	柳澤武運三	ISBN978-4-7972-6660-3	21,000円
955	地方革新講話	西内天行	ISBN978-4-7972-6921-5	40,000円
956	市町村名辞典	杉野耕三郎	ISBN978-4-7972-6922-2	38,000円
957	市町村吏員提要〔第三版〕	田邊好一	ISBN978-4-7972-6923-9	60,000円
958	帝国市町村便覧	大西林五郎	ISBN978-4-7972-6924-6	57,000円
959	最近検定 市町村名鑑 附 官国幣社 及 諸学校所在地一覧	藤澤衛彦、伊東順彦、増田穆、関惣右衛門	ISBN978-4-7972-6925-3	64,000円
960	鼇頭対照 市町村制解釈 附 理由書 及 参考諸布達	伊藤寿	ISBN978-4-7972-6926-0	40,000円
961	市町村制釈義 完　附 市町村制理由	水越成章	ISBN978-4-7972-6927-7	36,000円
962	府県郡市町村 模範治績　附 耕地整理法 産業組合法 附属法令	荻野千之助	ISBN978-4-7972-6928-4	74,000円
963	市町村大字読方名彙〔大正十四年度版〕	小川琢治	ISBN978-4-7972-6929-1	60,000円
964	町村会議員選挙要覧	津田東璋	ISBN978-4-7972-6930-7	34,000円
965	市制町村制 及 府県制　附 普通選挙法	法律研究会	ISBN978-4-7972-6931-4	30,000円
966	市制町村制註釈 完　附 市制町村制理由〔明治21年初版〕	角田真平、山田正賢	ISBN978-4-7972-6932-1	46,000円
967	市町村制詳解 全　附 市町村制理由	元田肇、加藤政之助、日鼻豊作	ISBN978-4-7972-6933-8	47,000円
968	区町村会議要覧 全	阪田辨之助	ISBN978-4-7972-6934-5	28,000円
969	実用 町村制市制事務提要	河邨貞山、島村文耕	ISBN978-4-7972-6935-2	46,000円
970	新旧対照 市制町村制正文〔第三版〕	自治館編輯局	ISBN978-4-7972-6936-9	28,000円
971	細密調査 市町村便覧（三府 四十三県 北海道 樺太 台湾 朝鮮 関東州） 附 分類官公衙公私学校銀行所在地一覧表	白山榮一郎、森田公美	ISBN978-4-7972-6937-6	88,000円
972	正文 市制町村制 並 附属法規	法曹閣	ISBN978-4-7972-6938-3	21,000円
973	台湾朝鮮関東州 全国市町村便覧 各学校所在地〔第一分冊〕	長谷川好太郎	ISBN978-4-7972-6939-0	58,000円
974	台湾朝鮮関東州 全国市町村便覧 各学校所在地〔第二分冊〕	長谷川好太郎	ISBN978-4-7972-6940-6	58,000円
975	合巻 佛蘭西邑法・和蘭邑法・皇国郡区町村編成法	箕作麟祥、大井憲太郎、神田孝平	ISBN978-4-7972-6941-3	28,000円
976	自治之模範	江木翼	ISBN978-4-7972-6942-0	60,000円
977	地方制度実例総覧〔明治36年初版〕	金田謙	ISBN978-4-7972-6943-7	48,000円
978	市町村民 自治読本	武藤榮治郎	ISBN978-4-7972-6944-4	22,000円
979	町村制詳解　附 市制及町村制理由	相澤富蔵	ISBN978-4-7972-6945-1	28,000円
980	改正 市町村制 並 附属法規	楠綾雄	ISBN978-4-7972-6946-8	28,000円
981	改正 市制 及 町村制〔訂正10版〕	山野金蔵	ISBN978-4-7972-6947-5	28,000円

別巻　巻数順一覧【915～949巻】

巻数	書名	編・著者	ISBN	本体価格
915	改正 新旧対照市町村一覧	鍾美堂	ISBN978-4-7972-6621-4	78,000円
916	東京市会先例彙輯	後藤新平、桐島像一、八田五三	ISBN978-4-7972-6622-1	65,000円
917	改正 地方制度解説〔第六版〕	狭間茂	ISBN978-4-7972-6623-8	67,000円
918	改正 地方制度通義	荒川五郎	ISBN978-4-7972-6624-5	75,000円
919	町村制市制全書 完	中嶋廣蔵	ISBN978-4-7972-6625-2	80,000円
920	自治新制 市町村会法要談 全	田中重策	ISBN978-4-7972-6626-9	22,000円
921	郡市町村吏員 収税実務要書	荻野千之助	ISBN978-4-7972-6627-6	21,000円
922	町村至宝	桂虎次郎	ISBN978-4-7972-6628-3	36,000円
923	地方制度通 全	上山満之進	ISBN978-4-7972-6629-0	60,000円
924	帝国議会府県会郡会市町村会議員必携 附関係法規 第1分冊	太田峯三郎、林田亀太郎、小原新三	ISBN978-4-7972-6630-6	46,000円
925	帝国議会府県会郡会市町村会議員必携 附関係法規 第2分冊	太田峯三郎、林田亀太郎、小原新三	ISBN978-4-7972-6631-3	62,000円
926	市町村是	野田千太郎	ISBN978-4-7972-6632-0	21,000円
927	市町村執務要覧 全 第1分冊	大成館編輯局	ISBN978-4-7972-6633-7	60,000円
928	市町村執務要覧 全 第2分冊	大成館編輯局	ISBN978-4-7972-6634-4	58,000円
929	府県会規則大全　附 裁定録	朝倉達三、若林友之	ISBN978-4-7972-6635-1	28,000円
930	地方自治の手引	前田宇治郎	ISBN978-4-7972-6636-8	28,000円
931	改正 市制町村制と衆議院議員選挙法	服部喜太郎	ISBN978-4-7972-6637-5	28,000円
932	市町村国税事務取扱手続	広島財務研究会	ISBN978-4-7972-6638-2	34,000円
933	地方自治制要義 全	末松偕一郎	ISBN978-4-7972-6639-9	57,000円
934	市町村特別税之栞	三邊長治、水谷平吉	ISBN978-4-7972-6640-5	24,000円
935	英国地方制度 及 税法	良保両氏、水野遵	ISBN978-4-7972-6641-2	34,000円
936	英国地方制度 及 税法	髙橋達	ISBN978-4-7972-6642-9	20,000円
937	日本法典全書 第一編 府県制郡制註釈	上條慎蔵、坪谷善四郎	ISBN978-4-7972-6643-6	58,000円
938	判例挿入 自治法規全集 全	池田繁太郎	ISBN978-4-7972-6644-3	82,000円
939	比較研究 自治之精髄	水野錬太郎	ISBN978-4-7972-6645-0	22,000円
940	傍訓註釈 市制町村制 並ニ 理由書〔第三版〕	筒井時治	ISBN978-4-7972-6646-7	46,000円
941	以呂波引町村便覧	田山宗堯	ISBN978-4-7972-6647-4	37,000円
942	町村制執務要録 全	鷹巣清二郎	ISBN978-4-7972-6648-1	46,000円
943	地方自治 及 振興策	床次竹二郎	ISBN978-4-7972-6649-8	30,000円
944	地方自治講話	田中四郎左衛門	ISBN978-4-7972-6650-4	36,000円
945	地方施設改良 訓諭演説集〔第六版〕	鹽川玉江	ISBN978-4-7972-6651-1	40,000円
946	帝国地方自治団体発達史〔第三版〕	佐藤亀齢	ISBN978-4-7972-6652-8	48,000円
947	農村自治	小橋一太	ISBN978-4-7972-6653-5	34,000円
948	国税 地方税 市町村税 滞納処分法問答	竹尾高堅	ISBN978-4-7972-6654-2	28,000円
949	市町村役場実用 完	福井淳	ISBN978-4-7972-6655-9	40,000円

別巻　巻数順一覧【878～914巻】

巻数	書　名	編・著者	ISBN	本体価格
878	明治史第六編 政黨史	博文館編輯局	ISBN978-4-7972-7180-5	42,000円
879	日本政黨發達史 全〔第一分冊〕	上野熊藏	ISBN978-4-7972-7181-2	50,000円
880	日本政黨發達史 全〔第二分冊〕	上野熊藏	ISBN978-4-7972-7182-9	50,000円
881	政党論	梶原保人	ISBN978-4-7972-7184-3	30,000円
882	獨逸新民法商法正文	古川五郎、山口弘一	ISBN978-4-7972-7185-0	90,000円
883	日本民法鼇頭對比獨逸民法	荒波正隆	ISBN978-4-7972-7186-7	40,000円
884	泰西立憲國政治攬要	荒井泰治	ISBN978-4-7972-7187-4	30,000円
885	改正衆議院議員選擧法釋義 全	福岡伯、横田左仲	ISBN978-4-7972-7188-1	42,000円
886	改正衆議院議員選擧法釋義 附 改正貴族院令,治安維持法	犀川長作、犀川久平	ISBN978-4-7972-7189-8	33,000円
887	公民必携 選擧法規ト判決例	大浦兼武、平沼騏一郎、木下友三郎、清水澄、三浦數平	ISBN978-4-7972-7190-4	96,000円
888	衆議院議員選擧法輯覽	司法省刑事局	ISBN978-4-7972-7191-1	53,000円
889	行政司法選擧判例總覽―行政救濟と其手續―	澤田竹治郎・川崎秀男	ISBN978-4-7972-7192-8	72,000円
890	日本親族相續法義解 全	髙橋捨六・堀田馬三	ISBN978-4-7972-7193-5	45,000円
891	普通選擧文書集成	山中秀男・岩本溫良	ISBN978-4-7972-7194-2	85,000円
892	普選の勝者 代議士月旦	大石末吉	ISBN978-4-7972-7195-9	60,000円
893	刑法註釋 卷一～卷四(上卷)	村田保	ISBN978-4-7972-7196-6	58,000円
894	刑法註釋 卷五～卷八(下卷)	村田保	ISBN978-4-7972-7197-3	50,000円
895	治罪法註釋 卷一～卷四(上卷)	村田保	ISBN978-4-7972-7198-0	50,000円
896	治罪法註釋 卷五～卷八(下卷)	村田保	ISBN978-4-7972-7198-0	50,000円
897	議會選擧法	カール・ブラウニアス、國政研究科會	ISBN978-4-7972-7201-7	42,000円
901	鼇頭註釈 町村制　附 理由 全	八乙女盛次、片野続	ISBN978-4-7972-6607-8	28,000円
902	改正 市制町村制　附 改正要義	田山宗堯	ISBN978-4-7972-6608-5	28,000円
903	増補訂正 町村制詳解〔第十五版〕	長峰安三郎、三浦通太、野田千太郎	ISBN978-4-7972-6609-2	52,000円
904	市制町村制 並 理由書　附 直接間接税類別及実施手続	高崎修助	ISBN978-4-7972-6610-8	20,000円
905	町村制要義	河野正義	ISBN978-4-7972-6611-5	28,000円
906	改正 市制町村制義解〔帝國地方行政学会〕	川村芳次	ISBN978-4-7972-6612-2	60,000円
907	市制町村制 及 関係法令〔第三版〕	野田千太郎	ISBN978-4-7972-6613-9	35,000円
908	市町村新旧対照一覧	中村芳松	ISBN978-4-7972-6614-6	38,000円
909	改正 府県郡制問答講義	木内英雄	ISBN978-4-7972-6615-3	28,000円
910	地方自治提要 全　附 諸届願書式 日用規則抄録	木村時義、吉武則久	ISBN978-4-7972-6616-0	56,000円
911	訂正増補 市町村制問答詳解　附 理由及追輯	福井淳	ISBN978-4-7972-6617-7	70,000円
912	改正 府県制郡制註釈〔第三版〕	福井淳	ISBN978-4-7972-6618-4	34,000円
913	地方制度実例総覧〔第七版〕	自治館編輯局	ISBN978-4-7972-6619-1	78,000円
914	英国地方政治論	ジョージ・チャールズ・ブロドリック、久米金彌	ISBN978-4-7972-6620-7	30,000円

別巻　巻数順一覧【915 ～ 949 巻】

巻数	書　名	編・著者	ISBN	本体価格
915	改正 新旧対照市町村一覧	鍾美堂	ISBN978-4-7972-6621-4	78,000 円
916	東京市会先例彙輯	後藤新平、桐島像一、八田五三	ISBN978-4-7972-6622-1	65,000 円
917	改正 地方制度解説〔第六版〕	狭間茂	ISBN978-4-7972-6623-8	67,000 円
918	改正 地方制度通義	荒川五郎	ISBN978-4-7972-6624-5	75,000 円
919	町村制市制全書 完	中嶋廣蔵	ISBN978-4-7972-6625-2	80,000 円
920	自治新制 市町村会法要談 全	田中重策	ISBN978-4-7972-6626-9	22,000 円
921	郡市町村吏員 収税実務要書	荻野千之助	ISBN978-4-7972-6627-6	21,000 円
922	町村至宝	桂虎次郎	ISBN978-4-7972-6628-3	36,000 円
923	地方制度通 全	上山満之進	ISBN978-4-7972-6629-0	60,000 円
924	帝国議会府県会郡会市町村会議員必携 附関係法規 第1分冊	太田峯三郎、林田亀太郎、小原新三	ISBN978-4-7972-6630-6	46,000 円
925	帝国議会府県会郡会市町村会議員必携 附関係法規 第2分冊	太田峯三郎、林田亀太郎、小原新三	ISBN978-4-7972-6631-3	62,000 円
926	市町村是	野田千太郎	ISBN978-4-7972-6632-0	21,000 円
927	市町村執務要覧 全 第1分冊	大成館編輯局	ISBN978-4-7972-6633-7	60,000 円
928	市町村執務要覧 全 第2分冊	大成館編輯局	ISBN978-4-7972-6634-4	58,000 円
929	府県会規則大全　附 裁定録	朝倉達三、若林友之	ISBN978-4-7972-6635-1	28,000 円
930	地方自治の手引	前田宇治郎	ISBN978-4-7972-6636-8	28,000 円
931	改正 市制町村制と衆議院議員選挙法	服部喜太郎	ISBN978-4-7972-6637-5	28,000 円
932	市町村国税事務取扱手続	広島財務研究会	ISBN978-4-7972-6638-2	34,000 円
933	地方自治制要義 全	末松偕一郎	ISBN978-4-7972-6639-9	57,000 円
934	市町村特別税之栞	三邊長治、水谷平吉	ISBN978-4-7972-6640-5	24,000 円
935	英国地方制度 及 税法	良保両氏、水野遵	ISBN978-4-7972-6641-2	34,000 円
936	英国地方制度 及 税法	髙橋達	ISBN978-4-7972-6642-9	20,000 円
937	日本法典全書 第一編 府県制郡制註釈	上條慎蔵、坪谷善四郎	ISBN978-4-7972-6643-6	58,000 円
938	判例挿入 自治法規全集 全	池田繁太郎	ISBN978-4-7972-6644-3	82,000 円
939	比較研究 自治之精髄	水野錬太郎	ISBN978-4-7972-6645-0	22,000 円
940	傍訓註釈 市制町村制 並ニ 理由書〔第三版〕	筒井時治	ISBN978-4-7972-6646-7	46,000 円
941	以呂波引町村便覧	田山宗堯	ISBN978-4-7972-6647-4	37,000 円
942	町村制執務要録 全	鷹巣清二郎	ISBN978-4-7972-6648-1	46,000 円
943	地方自治 及 振興策	床次竹二郎	ISBN978-4-7972-6649-8	30,000 円
944	地方自治講話	田中四郎左衛門	ISBN978-4-7972-6650-4	36,000 円
945	地方施設改良 訓諭演説集〔第六版〕	鹽川玉江	ISBN978-4-7972-6651-1	40,000 円
946	帝国地方自治団体発達史〔第三版〕	佐藤亀齢	ISBN978-4-7972-6652-8	48,000 円
947	農村自治	小橋一太	ISBN978-4-7972-6653-5	34,000 円
948	国税 地方税 市町村税 滞納処分法問答	竹尾高堅	ISBN978-4-7972-6654-2	28,000 円
949	市町村役場実用 完	福井淳	ISBN978-4-7972-6655-9	40,000 円

別巻　巻数順一覧【878～914巻】

巻数	書名	編・著者	ISBN	本体価格
878	明治史第六編 政黨史	博文館編輯局	ISBN978-4-7972-7180-5	42,000円
879	日本政黨發達史 全〔第一分冊〕	上野熊藏	ISBN978-4-7972-7181-2	50,000円
880	日本政黨發達史 全〔第二分冊〕	上野熊藏	ISBN978-4-7972-7182-9	50,000円
881	政党論	梶原保人	ISBN978-4-7972-7184-3	30,000円
882	獨逸新民法商法正文	古川五郎、山口弘一	ISBN978-4-7972-7185-0	90,000円
883	日本民法鼇頭對比獨逸民法	荒波正隆	ISBN978-4-7972-7186-7	40,000円
884	泰西立憲國政治攬要	荒井泰治	ISBN978-4-7972-7187-4	30,000円
885	改正衆議院議員選擧法釋義 全	福岡伯、横田左仲	ISBN978-4-7972-7188-1	42,000円
886	改正衆議院議員選擧法釋義 附 改正貴族院令,治安維持法	犀川長作、犀川久平	ISBN978-4-7972-7189-8	33,000円
887	公民必携 選擧法規ト判決例	大浦兼武、平沼騏一郎、木下友三郎、清水澄、三浦數平	ISBN978-4-7972-7190-4	96,000円
888	衆議院議員選擧法輯覽	司法省刑事局	ISBN978-4-7972-7191-1	53,000円
889	行政司法選擧判例總覽―行政救濟と其手續―	澤田竹治郎・川崎秀男	ISBN978-4-7972-7192-8	72,000円
890	日本親族相續法義解 全	髙橋捨六・堀田馬三	ISBN978-4-7972-7193-5	45,000円
891	普通選擧文書集成	山中秀男・岩本溫良	ISBN978-4-7972-7194-2	85,000円
892	普選の勝者 代議士月旦	大石末吉	ISBN978-4-7972-7195-9	60,000円
893	刑法註釋 卷一～卷四(上卷)	村田保	ISBN978-4-7972-7196-6	58,000円
894	刑法註釋 卷五～卷八(下卷)	村田保	ISBN978-4-7972-7197-3	50,000円
895	治罪法註釋 卷一～卷四(上卷)	村田保	ISBN978-4-7972-7198-0	50,000円
896	治罪法註釋 卷五～卷八(下卷)	村田保	ISBN978-4-7972-7198-0	50,000円
897	議會選擧法	カール・ブラウニアス、國政研究科會	ISBN978-4-7972-7201-7	42,000円
901	鼇頭註釈 町村制　附 理由 全	八乙女盛次、片野続	ISBN978-4-7972-6607-8	28,000円
902	改正 市制町村制　附 改正要義	田山宗堯	ISBN978-4-7972-6608-5	28,000円
903	増補訂正 町村制詳解〔第十五版〕	長峰安三郎、三浦通太、野田千太郎	ISBN978-4-7972-6609-2	52,000円
904	市制町村制 並 理由書　附 直接間接税類別及実施手続	高崎修助	ISBN978-4-7972-6610-8	20,000円
905	町村制要義	河野正義	ISBN978-4-7972-6611-5	28,000円
906	改正 市制町村制義解〔帝國地方行政学会〕	川村芳次	ISBN978-4-7972-6612-2	60,000円
907	市制町村制 及 関係法令〔第三版〕	野田千太郎	ISBN978-4-7972-6613-9	35,000円
908	市町村新旧対照一覧	中村芳松	ISBN978-4-7972-6614-6	38,000円
909	改正 府県郡制問答講義	木内英雄	ISBN978-4-7972-6615-3	28,000円
910	地方自治提要 全　附 諸届願書式 日用規則抄録	木村時義、吉武則久	ISBN978-4-7972-6616-0	56,000円
911	訂正増補 市町村制問答詳解　附 理由及追輯	福井淳	ISBN978-4-7972-6617-7	70,000円
912	改正 府県制郡制註釈〔第三版〕	福井淳	ISBN978-4-7972-6618-4	34,000円
913	地方制度実例総覧〔第七版〕	自治館編輯局	ISBN978-4-7972-6619-1	78,000円
914	英国地方政治論	ジョージ・チャールズ・ブロドリック、久米金彌	ISBN978-4-7972-6620-7	30,000円

巻数	書　名	編・著者	ISBN	本体価格
843	法律汎論	熊谷直太	ISBN978-4-7972-7141-6	40,000円
844	英國國會選擧訴願判決例 全	オマリー、ハードカッスル、サンタース	ISBN978-4-7972-7142-3	80,000円
845	衆議院議員選擧法改正理由書 完	内務省	ISBN978-4-7972-7143-0	40,000円
846	戇齋法律論文集	森作太郎	ISBN978-4-7972-7144-7	45,000円
847	雨山遺稾	渡邉輝之助	ISBN978-4-7972-7145-4	70,000円
848	法曹紙屑籠	鷺城逸史	ISBN978-4-7972-7146-1	54,000円
849	法例彙纂 民法之部 第一篇	史官	ISBN978-4-7972-7147-8	66,000円
850	法例彙纂 民法之部 第二篇〔第一分冊〕	史官	ISBN978-4-7972-7148-5	55,000円
851	法例彙纂 民法之部 第二篇〔第二分冊〕	史官	ISBN978-4-7972-7149-2	75,000円
852	法例彙纂 商法之部〔第一分冊〕	史官	ISBN978-4-7972-7150-8	70,000円
853	法例彙纂 商法之部〔第二分冊〕	史官	ISBN978-4-7972-7151-5	75,000円
854	法例彙纂 訴訟法之部〔第一分冊〕	史官	ISBN978-4-7972-7152-2	60,000円
855	法例彙纂 訴訟法之部〔第二分冊〕	史官	ISBN978-4-7972-7153-9	48,000円
856	法例彙纂 懲罰則之部	史官	ISBN978-4-7972-7154-6	58,000円
857	法例彙纂 第二版 民法之部〔第一分冊〕	史官	ISBN978-4-7972-7155-3	70,000円
858	法例彙纂 第二版 民法之部〔第二分冊〕	史官	ISBN978-4-7972-7156-0	70,000円
859	法例彙纂 第二版 商法之部・訴訟法之部〔第一分冊〕	太政官記録掛	ISBN978-4-7972-7157-7	72,000円
860	法例彙纂 第二版 商法之部・訴訟法之部〔第二分冊〕	太政官記録掛	ISBN978-4-7972-7158-4	40,000円
861	法令彙纂 第三版 民法之部〔第一分冊〕	太政官記録掛	ISBN978-4-7972-7159-1	54,000円
862	法令彙纂 第三版 民法之部〔第二分冊〕	太政官記録掛	ISBN978-4-7972-7160-7	54,000円
863	現行法律規則全書（上）	小笠原美治、井田鐘次郎	ISBN978-4-7972-7162-1	50,000円
864	現行法律規則全書（下）	小笠原美治、井田鐘次郎	ISBN978-4-7972-7163-8	53,000円
865	國民法制通論 上卷・下卷	仁保龜松	ISBN978-4-7972-7165-2	56,000円
866	刑法註釋	磯部四郎、小笠原美治	ISBN978-4-7972-7166-9	85,000円
867	治罪法註釋	磯部四郎、小笠原美治	ISBN978-4-7972-7167-6	70,000円
868	政法哲學 前編	ハーバート・スペンサー、濱野定四郎、渡邊治	ISBN978-4-7972-7168-3	45,000円
869	政法哲學 後編	ハーバート・スペンサー、濱野定四郎、渡邊治	ISBN978-4-7972-7169-0	45,000円
870	佛國商法復説 第壹篇自第壹卷至第七卷	リウヒエール、商法編纂局	ISBN978-4-7972-7171-3	75,000円
871	佛國商法復説 第壹篇第八卷	リウヒエール、商法編纂局	ISBN978-4-7972-7172-0	45,000円
872	佛國商法復説 自第二篇至第四篇	リウヒエール、商法編纂局	ISBN978-4-7972-7173-7	70,000円
873	佛國商法復説 書式之部	リウヒエール、商法編纂局	ISBN978-4-7972-7174-4	40,000円
874	代言試驗問題擬判録 全 附録明治法律學校民刑問題及答案	熊野敏三、宮城浩蔵 河野和三郎、岡義男	ISBN978-4-7972-7176-8	35,000円
875	各國官吏試驗法類集 上・下	内閣	ISBN978-4-7972-7177-5	54,000円
876	商業規篇	矢野亨	ISBN978-4-7972-7178-2	53,000円
877	民法実用法典 全	福田一覺	ISBN978-4-7972-7179-9	45,000円

別巻　巻数順一覧【810～842巻】

巻数	書　名	編・著者	ISBN	本体価格
810	訓點法國律例 民律 上卷	鄭永寧	ISBN978-4-7972-7105-8	50,000 円
811	訓點法國律例 民律 中卷	鄭永寧	ISBN978-4-7972-7106-5	50,000 円
812	訓點法國律例 民律 下卷	鄭永寧	ISBN978-4-7972-7107-2	60,000 円
813	訓點法國律例 民律指掌	鄭永寧	ISBN978-4-7972-7108-9	58,000 円
814	訓點法國律例 貿易定律・園林則律	鄭永寧	ISBN978-4-7972-7109-6	60,000 円
815	民事訴訟法 完	本多康直	ISBN978-4-7972-7111-9	65,000 円
816	物権法(第一部)完	西川一男	ISBN978-4-7972-7112-6	45,000 円
817	物権法(第二部)完	馬場愿治	ISBN978-4-7972-7113-3	35,000 円
818	商法五十課 全	アーサー・B・クラーク、本多孫四郎	ISBN978-4-7972-7115-7	38,000 円
819	英米商法律原論 契約之部及流通券之部	岡山兼吉、淺井勝	ISBN978-4-7972-7116-4	38,000 円
820	英國組合法 完	サー・フレデリック・ポロック、榊原幾久若	ISBN978-4-7972-7117-1	30,000 円
821	自治論 一名人民ノ自由 巻之上・巻之下	リーバー、林董	ISBN978-4-7972-7118-8	55,000 円
822	自治論纂 全一册	獨逸學協會	ISBN978-4-7972-7119-5	50,000 円
823	憲法彙纂	古屋宗作、鹿島秀麿	ISBN978-4-7972-7120-1	35,000 円
824	國會汎論	ブルンチュリー、石津可輔、讃井逸三	ISBN978-4-7972-7121-8	30,000 円
825	威氏法學通論	エスクバック、渡邊輝之助、神山亨太郎	ISBN978-4-7972-7122-5	35,000 円
826	萬國憲法 全	高田早苗、坪谷善四郎	ISBN978-4-7972-7123-2	50,000 円
827	綱目代議政體	J・S・ミル、上田充	ISBN978-4-7972-7124-9	40,000 円
828	法學通論	山田喜之助	ISBN978-4-7972-7125-6	30,000 円
829	法學通論 完	島田俊雄、溝上與三郎	ISBN978-4-7972-7126-3	35,000 円
830	自由之權利 一名自由之理 全	J・S・ミル、高橋正次郎	ISBN978-4-7972-7127-0	38,000 円
831	歐洲代議政體起原史 第一册・第二冊／代議政體原論 完	ギゾー、漆間眞學、藤田四郎、アンドリー、山口松五郎	ISBN978-4-7972-7128-7	100,000 円
832	代議政體 全	J・S・ミル、前橋孝義	ISBN978-4-7972-7129-4	55,000 円
833	民約論	J・J・ルソー、田中弘義、服部德	ISBN978-4-7972-7130-0	40,000 円
834	歐米政黨沿革史總論	藤田四郎	ISBN978-4-7972-7131-7	30,000 円
835	内外政黨事情・日本政黨事情 完	中村義三、大久保常吉	ISBN978-4-7972-7132-4	35,000 円
836	議會及政黨論	菊池學而	ISBN978-4-7972-7133-1	35,000 円
837	各國之政黨 全〔第1分冊〕	外務省政務局	ISBN978-4-7972-7134-8	70,000 円
838	各國之政黨 全〔第2分冊〕	外務省政務局	ISBN978-4-7972-7135-5	60,000 円
839	大日本政黨史 全	若林清、尾崎行雄、箕浦勝人、加藤恒忠	ISBN978-4-7972-7137-9	63,000 円
840	民約論	ルソー、藤田浪人	ISBN978-4-7972-7138-6	30,000 円
841	人權宣告辯妄・政治眞論一名主權辯妄	ベンサム、草野宣隆、藤田四郎	ISBN978-4-7972-7139-3	40,000 円
842	法制講義 全	赤司鷹一郎	ISBN978-4-7972-7140-9	30,000 円